二十四史

文白对照精华版·精选精译

《二十四史》编委会·编

第六册

后汉书
三国志

线装书局

后汉书卷六十下

蔡邕列传第五十下

蔡邕字伯喈，陈留圉人也。六世祖勋，好黄、老，平帝时为郿令。王莽初，授以厌戎连率。勋对印绶仰天叹曰："吾策名汉室，死归其正。昔曾子不受季孙之赐，况可事二姓哉？"遂携将家属，逃入深山，与鲍宣、卓茂等同不仕新室。父棱，亦有清白行，谥曰贞定公。

邕性笃孝，母常滞病三年，邕自非寒暑节变，未尝解襟带，不寝寐者七旬。母卒，庐于冢侧，动静以礼。有菟驯扰其室傍，又木生连理，远近奇之，多往观焉。与叔父从弟同居，三世不分财，乡党高其义。少博学，师事太傅胡广。好辞章、数术、天文，妙操音律。

桓帝时，中常侍徐璜、左悺等五侯擅恣，闻邕善鼓琴，遂白天子，敕陈留太守督促发遣。邕不得已，行到偃师，称疾而归。闲居玩古，不交当世。感东方〔朔〕《客难》及杨雄、班固、崔骃之徒设疑以自通，乃斟酌群言，韪其是而矫其非，作《释诲》以戒厉云尔：

有务世公子诲于华颠胡老曰："盖闻圣人之大宝曰位，故以仁守位，以财聚人。然则有位斯贵，有财斯富，行义达道，士之司也。故伊挚有负鼎之炫，仲尼设执鞭之言，宁子有清商之歌，百里有豢牛之事。夫如是，则圣哲之通趣，古人之明志也。夫子生清穆之世，禀醇和之灵，覃思典籍，韫椟《六经》，安贫乐贱，与世无营，沈精重渊，抗志高冥，包括无外，综析无形，其已久矣。曾不能拔萃出群，扬芳飞文。登天庭，序彝伦，扫六合之秽慝，清宇庙之埃尘，连光芒于白日，属炎气于景云，时逝岁暮，默而无闻。小子惑焉，是以有云。方今圣上宽明，辅弼贤知，崇英逸伟，不坠于地，德弘者建宰相而裂土，才美者荷荣禄而蒙赐。盍亦回涂要至，俯仰取容，辑当世之利，定不拔之功，荣家宗于此时，遗不灭之令踪？夫独未之思邪，何为守彼而不通此？"

胡老傲然而笑曰："若公子，所谓睹暧昧之利，而忘昭皙之害；专必成之功，而忽蹉跌之败者已。"公子谡尔敛袂而兴曰："胡为其然也？"胡老曰："居，吾将释汝。昔自太极，君臣始基，有羲皇之洪宁，唐、虞之至时。三代之隆，亦有缉熙，五伯扶微，勤而抚之。于斯已降，天网纵，人纮弛，王涂坏，太极陁，君臣土崩，上下瓦解。于是智者骋诈，辩者驰说。武夫奋略，战士讲锐。电骇风驰，雾散云披，变诈乖诡，以合时宜。或画一策而绾万金，或谈崇朝而锡瑞珪。连衡者六印磊落，合从者骈组流离。隆贵翕习，积富无崖，据巧蹈机，以忘其危。夫华离蒂而萎，条去干而枯，女冶容而淫，士背道而辜。人毁其满，神疾其邪，利端始萌，害渐亦牙。速速方毂，夭夭是加，欲丰其屋，乃蔀其家。是故天地否闭，圣哲潜形，石门守晨，沮、溺耦耕，颜歜抱璞，蘧瑗保生，齐人归乐，孔子斯征，雍渠骖乘，逝而遗轻。夫岂傲主而背国乎？道不可以倾也。

"且我闻之,日南至则黄钟应,融风动而鱼上冰,蕤宾统则微阴萌,蒹葭苍而白露凝。寒暑相推,阴阳代兴,运极则化,理乱相承。今大汉绍陶唐之洪烈,荡四海之残灾,隆隐天之高,拆堙地之基。皇道惟融,帝猷显丕,汦汦庶类,含甘吮滋。检六合之群品,济之乎雍熙,群僚恭己于职司,圣主垂拱乎两楹。君臣穆穆,守之以平,济济多士,端委缙綖,鸿渐盈阶,振鹭充庭。譬犹钟山之玉,泗滨之石,累珪璧不为之盈,(探)〔采〕浮磬不为之索。囊者,洪源辟而四隩集,武功定而干戈戢,狁犹攘而吉甫宴,城濮捷而晋凯入。故当其有事也,则蓑笠并载,擐甲扬锋,不给于务;当其无事也。则舒绅缓佩,鸣玉以步,绰有余裕。

"夫世臣、门子,挚御之族,天隆其祐,主丰其禄。抱膺从容,爵位自从,摄须理髯,余官委贵。其取进也,顺倾转圆,不足以喻其便;逡巡放屣,不足以况其易。夫〔夫〕有逸群之才,人人有优赡之智。童子不问疑于老成,瞳矇不稽谋于先生。心恬淡于守高,意无为于持盈。粲乎煌煌,莫非华荣。明哲泊焉,不失所宁。狂淫振荡,乃乱其情。贪夫殉财,夸者死权。瞻仰此事,体躁心烦。暗谦盈之效,迷损益之数。骋骛骀于修路,慕骐骥而增驱,卑俯乎外戚之门,乞助乎近贵之誉。荣显未副,从而颠踣,下获薰胥之辜,高受灭家之诛。前车已覆,袭轨而骛,曾不鉴祸,以知畏惧。予惟悼哉,害其若是!天高地厚,蹋而踳之。怨岂在明,患生不思。战战兢兢,必慎厥尤。

"且用之则行,圣训也;舍之则藏,至顺也。夫九河盈溢,非一洰所防;带甲百万,非一勇所抗。今子责匹夫以清宇宙,庸可以水旱而累尧、汤乎?惧烟炎之毁燸,何光芒之敢扬哉!且夫地将震而枢星直,井无景则日阴食,元首宽则望舒朓,侯王肃则月侧匿。是以君子推微达著,寻端见绪,履霜知冰,战露知暑。时行则行,时止则止,消息盈冲,取诸天纪。利用遭泰,可与处否,乐天知命,持神任己。群车方奔乎险路,安能与之齐轨?思危难而自豫,故在贱而不耻。方将骋驰乎典籍之崇途,休息乎仁义之渊薮,槃旋乎周、孔之庭宇,揖儒、墨而与为友。舒之足以光四表,收之则莫能知其所有。若乃丁千载之运,应神灵之符,闿阊阖,乘天衢,拥华盖而奉皇枢,纳玄策于圣德,宣太平于中区。计合谋从,己之图也;勋绩不立,予之辜也。龟凤山翳,雾露不除,踊跃草莱,只见其愚。不我知者,将谓之迂。修业思真,弃此焉如?静以俟命,不敢不渝。'百岁之后,归乎其居。'幸其获称,天所诱也。罕漫而已,非己咎也。昔伯翳综声于鸟语,葛卢辩音于鸣牛,董父受氏于豢龙,奚仲供德于衡辀,倕氏兴政于巧工,造父登御于骅骝,非子享土于善圄,狼瞫取右于禽囚,弓父毕精于筋角,欨非明勇于赴流,寿王创基于格五,东方要幸于谈优,上官效力于执盖,弘羊据相于运筹。仆不能参迹于若人,故抱璞而优游。"

于是公子仰首降阶,忸怩而避。胡老乃扬衡含笑,援琴而歌。歌曰:"练余心兮浸太清,涤秽浊兮存正灵。和液畅兮神气宁,情志泊兮心亭亭,嗜欲息兮无由生。踔宇宙而遗俗兮,眇翩翩而独征。"

建宁三年,辟司徒桥玄府,玄甚敬待之。出补河平长。召拜郎中,校书东观。迁议郎。邕以经籍去圣久远,文字多谬,俗儒穿凿,疑误后学,熹平四年,乃与五官中郎将堂谿典,光禄大夫杨赐,谏议大夫马日磾,议郎张驯、韩说,太史令单飏等,奏求正定《六经》文字。灵帝许之，邕乃自书（册）〔丹〕于碑，使工镌刻立于太学门外。于是后儒晚学，咸取正焉。及碑始立，其观视及摹写者，车乘日千余两，填塞街陌。

初，朝议以州郡相党，人情比周，乃制婚姻之家及两州人士不得对相监临。至是复有三互法，禁忌转密，选用艰难。幽、冀二州，久缺不补。邕上疏曰：

伏见幽、冀旧壤，铠马所出，比年兵饥，渐至空耗。今者百姓虚县，万里萧条，阙职经时，吏人延属，而三府选举，逾月不定。臣经怪其事，而论者云'避三互'。十一州有禁，当取二州而已。又二州之士，或复限以岁月，狐疑迟淹，以失事会。愚以为三互之禁，禁之薄者，今但申以威灵，明其宪令，在任之人岂不戒惧，而当坐设三互，自生留阂邪？昔韩安国起自徒中，朱买臣出于幽贱，并以才宜，还守本邦。又张敞亡命，擢授剧州。岂复顾循三互，继以末制乎？三公明知二州之要，所宜速定，当越禁取能，以救时敝；而不顾争臣之义，苟避轻微之科，选用稽滞，以失其人。臣愿陛下上则先帝，蠲除近禁，其诸州刺史器用可换者，无拘日月三互，以差厥中。

书奏不省。

初，帝好学，自造《皇羲篇》五十章，因引诸生能为文赋者。本颇以经学相招，后诸为尺牍及工书鸟篆者，皆加引召，遂至数十人。侍中祭酒乐松、贾护，多引无行趣势之徒，并待制鸿都门下，熹陈方俗闾里小事，帝甚悦之，待以不次之位。又市贾小民，为宣陵孝子者，复数十人，悉除为郎中、太子舍人。时频有雷霆疾风，伤树拔木，地震、陨雹、蝗虫之害。又鲜卑犯境，役赋及民。六年七月，制书引咎，诰群臣各陈政要所当施行。邕上封事曰：

臣伏读圣旨，虽周成遇风，讯诸执事，宣王遭旱，密勿祗畏，无以或加。臣闻天降灾异，缘象而至。辟历数发，殆刑诛繁多之所生也。风者天之号令，所从教人也。夫昭事上帝，则自怀多福；宗庙致敬，则鬼神以著。国之大事，实先祀典，天子圣躬所当恭事。臣自在宰府，及备朱衣，迎气五郊，而车驾稀出，四时至敬，屡委有司，虽有解除，犹为疏废。故皇天不悦，显此诸异。《鸿范传》曰："政悖德隐，厥风发屋折木。"《坤》为地道，《易》称安贞。阴气愤盛，则当静反动，法为下叛。夫权不在上，则雹伤物；政有苛暴，则虎狼食人；贪利伤民，则蝗虫损稼。去六月二十八日，太白与月相迫，兵事恶之。鲜卑犯塞，所从来远，今之出师，未见其利。上违天文，下逆人事。诚当博览众议，从其安者。臣不胜愤满，谨条宜所施行七事表左：

一事：明堂月令，天子以四立及季夏之节，迎五帝于郊，所以导致神气，祈福丰年。清庙祭祀，追往孝敬，养老辟雍，示人礼化，皆帝者之大业，祖宗所祗奉也。而有司数以蕃国疏丧，宫内产生，及吏卒小污，屡生忌故。窃见南郊斋戒，未尝有废，至于它祀，辄兴异议。岂南郊卑而它祀尊哉？孝元皇帝策书曰："礼之至敬，莫重于祭，所以竭心亲奉，以致肃祗者也。"又元和故事，复申先典。前后制书，推心恳恻。而近者以来，更任太史。忘礼敬之大，任禁忌之书，拘信小故，以亏大典。《礼》，妻妾产者，斋则不入侧室之门，无废祭之文也。所谓宫中有卒，三月不祭者，谓士庶人数堵之室，共处其中耳，岂谓皇居之旷，臣妾之众哉？自今斋制宜如故典，庶答风霆灾妖之异。

二事：臣闻国之将兴，至言数闻，内知己政，外见民情。是故先帝虽有圣明之姿，而犹广求得失。又因灾异，援引幽隐，重贤良、方正、敦朴、有道之选，危言极谏，不绝于朝。陛下亲政以来，频年灾异，而未闻特举博选之旨。诚当思省述修旧事，使抱忠之臣展其狂直，以解《易传》"政悖德隐"之言。

三事：夫求贤之道，未必一涂。或以德显，或以言扬。顷者，立朝之士，曾不以忠信见赏，恒被谤讪之诛，遂使群下结口，莫图正辞。郎中张文，前独尽狂言，圣听纳受，以责三司。臣子旷然，众庶解悦。臣愚以为宜擢文右职，以劝忠謇，宣声海内，博开政路。

四事：夫司隶校尉、诸州刺史，所以督察奸枉，分别白黑者也。伏见幽州刺史杨熹、益州刺史庞芝、凉州刺史刘虞，各有奉公疾奸之心，熹等所纠，其效尤多。余皆枉桡，不能称职。或有抱罪怀瑕，与下同疾，纲网弛纵，莫相举察，公府台阁亦复默然。五年制书，议遣八使，又令三公谣言奏事。是时奉公者欣然得志，邪枉者忧悸失色。未详斯议。所因寝息。昔刘向奏曰："夫执狐疑之计者，开群枉之门；养不断之虑者，来谗邪之口。"今始闻善政，旋复变易，足令海内测度朝政。宜追定八使，纠举非法，更选忠清，平章赏罚。三公岁尽，差其殿最，使吏知奉公之福，营私之祸，则众灾之原庶可塞矣。

五事：臣闻古者取士，必使诸侯岁贡。孝武之世，郡举孝廉，又有贤良、文学之选，于是名臣辈出，文武并兴。汉之得人，数路而已。夫书画辞赋，才之小者，匡国理政，未有其能。陛下即位之初，先涉经术，听政余日，观省篇章，聊以游意，当代博弈，非以教化取士之本。而诸生竞利，作者鼎沸。其高者颇引经训风喻之言；下则连偶俗语，有类俳优；或窃成文，虚冒名氏。臣每受诏于盛化门，差次录第，其未及者，亦复随辈皆见拜擢。既加之恩，难复收改，但守奉禄，于义已弘，不可复使理人及仕州郡。昔孝宣会诸儒于石渠，章帝集学士于白虎，通经释义，其事优大，文、武之道，所宜从之。若乃小能小善，虽有可观，孔子以为"致远则泥"，君子故当志其大者。

六事：墨绶长吏，职典理人，皆当以惠利为绩，日月为劳。褒责之科，所宜分明。而今在任无复能省，及其还者，多召拜议郎、郎中。若器用优美，不宜处之冗散。如有衅故，自当极其刑诛。岂有伏罪惧考，反求迁转，更相放效，臧否无章？先帝旧典，未尝有此。可皆断绝，以核真伪。

七事：伏见前一切以宣陵孝子（者）为太子舍人。臣闻孝文皇帝制丧服三十六日，虽继体之君，父子至亲，公卿列臣，受恩之重，皆屈情从制，不敢逾越。今虚伪小人，本非骨肉，既无幸私之恩，又无禄仕之实，恻隐思慕，情何缘生？而群聚山陵，假名称孝，行不隐心，义无所依，至有奸轨之人，通容其中。（恒）〔桓〕思皇后祖载之时，东郡有盗人妻者亡在孝中，本县追捕，乃伏其辜。虚伪杂秽，难得胜言。又前至得拜，后辈被遗；或经年陵次，以暂归见漏；或以人自代，亦蒙宠荣。争讼怨恨，凶凶道路。太子官属，宜搜选令德，岂有但取丘墓凶丑之人？其为不祥，莫与大焉。宜遣归田里，以明诈伪。

书奏，帝乃亲迎气北郊，及行辟雍之礼。又诏宣陵孝子为舍人者，悉改为丞尉焉。光和元年，遂置鸿都门学，画孔子及七十二弟子像。其诸生皆敕州郡三公举用辟召，或出为刺史、太守，入为尚书、侍中，乃有封侯赐爵者，士君子皆耻与为列焉。

时，妖异数见，人相惊扰。其年七月，诏召邕与光禄大夫杨赐、谏议大夫马日䃅、议郎张华、太史令单飏诣金商门，引入崇德殿，使中常侍曹节、王甫就问灾异及消改变故所宜施行。邕悉心以对，事在《五行》《天文志》。

又特诏问曰："比灾变互生，未知厥咎，朝廷焦心，载怀恐惧。每访郡公卿士，庶闻忠言，而各存括囊，莫肯尽心。以邕经学深奥，故密特稽问，宜披露失得，指陈政要，勿有依违，自生疑讳。具对经术，以皂囊封上。"邕对曰：

臣伏惟陛下圣德允明，深悼灾咎，褒臣末学，特垂访及，非臣蝼蚁所能堪副。斯诚输写肝胆出命之秋，岂可以顾患避害，使陛下不闻至戒哉！臣伏思诸异，皆亡国之怪也。天于大汉，殷勤不已，故屡出袄变，以当谴责，欲令人君感悟，改危即安。今灾眚之发，不于它所，远则门垣，近在寺署，其为监戒，可谓至切。蜺堕鸡化，皆妇人干政之所致也。前者乳母赵娆，贵重天下，生则赀藏侔于天府，死则丘墓逾于园陵，两子受封，兄弟典郡；续以永乐门史霍玉，依阻城社，又为奸邪。今者道路纷纷，复云有程大人者，察其风声，将为国患。宜高为堤防，明设禁令，深惟赵、霍，以为至戒。今圣意勤勤，思明邪正。而闻太尉张颢，为玉所进；光禄勋姓璋，有名贪浊；又长水校尉赵玹、屯骑校尉盖升，并叨时幸，荣富优足。宜念小人在位之咎，退思引身避贤之福。伏见廷尉郭禧，纯厚老成；光禄大夫桥玄，聪达方直；故太尉刘宠，忠实守正：并宜为谋主，数见访问。夫宰相大臣，君之四体，委任责成，优劣已分，不宜听纳小吏，雕琢大臣也。又尚方工技之作，鸿都篇赋之文，可且消息，以示惟忧。《诗》云："畏天之怒，不敢戏豫。"天戒诚不可戏也。宰府孝廉，士之高选。近者以辟召不慎，切责三公，而今并以小文超取选举，开请托之门，违明王之典，众心不厌，莫之敢言。臣愿陛下忍而绝之，思惟万机，以答天望。圣朝既自约厉，左右近臣亦宜从化。人自抑损，以塞咎戒，则天道亏满，鬼神福谦矣。臣以愚赣，感激忘身，敢触忌讳，手书具对。夫君臣不密，上有漏言之戒，下有失身之祸。愿寝臣表，无使尽忠之吏，受怨奸仇。

章奏，帝览而叹息，因起更衣，曹节于后窃视之，悉宣语左右，事遂漏露。其为邕所裁黜者，皆侧目思报。

初，邕与司徒刘郃素不相平，叔父卫尉质又与将作大匠（杨）〔阳〕球有隙。球即中常侍程璜女夫也，璜遂使人飞章言邕、质数以私事请托于郃，郃不听，邕含隐切，志欲相中。于是诏下尚书，召邕诘状。邕上书自陈曰：

臣被召，问以大鸿胪刘郃前为济阴太守，臣属吏张宛长休百日，郃为司隶，又托河内郡吏李奇为州书佐，及营护故河南尹羊陟、侍御史胡母班，郃不为用致怨之状。臣征营怖悸，肝胆涂地，不知死命所在。窃自寻案，实属宛、奇，不及陟、班。凡休假小吏，非结恨之本。与陟姻家，岂敢申助私党？如臣父子欲相伤陷，当明言台阁，具陈恨状所缘。内无寸事，而谤书外发，宜以臣对与郃参验。臣得以学问特蒙褒异，执事秘馆，操管御前，姓名貌状，微简圣心。今年七月，召诣金商门，问以灾异，赍诏申旨，诱臣使言。臣实愚赣，唯识忠尽，出命忘躯，不顾后害，遂讥刺公卿，内及宠臣。实欲以上对圣问，救消灾异，规为陛下建康宁之计。陛下不念忠臣直言，宜加掩蔽，诽谤卒至，便用疑怪。尽心之吏，岂得容哉？诏书每下，百官各上封事，欲以改政思谴，除凶致吉，而言者不蒙延纳之福，旋被陷破之祸。今皆杜口结舌，以臣为戒，谁敢为陛下尽忠孝乎？臣季父质，连见拔擢，位在上列。臣被蒙恩渥，数见访逮。言事者因此欲陷臣父子，破臣门户，非复发纠奸伏，补益国家者也。臣年四十有六，孤特一身，得托名忠臣，死有余荣，恐陛下于此不复闻至言矣。臣之愚冗，职当咎患，但前者所对，质不及闻，而衰老白首，横见引逮，随臣摧没，并入坑埳，诚冤诚痛。臣一入牢狱，当为楚毒所迫，趣以饮章，辞情何缘复闻？死期垂至，冒昧自陈。愿身当辜戮，丐质不并坐，则身死之日，更生之年也。惟陛下加餐，为万姓自爱。

于是下邕、质于洛阳狱，劾以仇怨奉公，议害大臣，大不敬，弃市。事奏，中常侍吕强愍邕无罪，请之，帝亦更思其章，有诏减死一等，与家属髡钳徙朔方，不得以赦令除。（杨）〔阳〕球使客追路刺邕，客感其义，皆莫为用。球又赂其部主使加毒害，所赂者反以其情戒邕，故每得免焉。居五原安阳县。

邕前在东观，与卢植、韩说等撰补《后汉记》，会遭事流离，不及得成，因上书自陈，奏其所著十意，分别首目，连置章左。帝嘉其才高，会明年大赦，乃宥邕还本郡。邕自徙及归，凡九月焉。将就还路，五原太守王智饯之。酒酣，智起舞属邕，邕不为报。智者，中常侍王甫弟也，素贵骄，惭于宾客，诟邕曰："徒敢轻我！"邕拂衣而去。智衔之，密告邕怨于囚放，谤讪朝廷。内宠恶之。邕虑卒不免，乃亡命江海，远迹吴会。往来依太山羊氏，积十二年，在吴。

吴人有烧桐以爨者，邕闻火烈之声，知其良木，因请而裁为琴，果有美音，而其尾犹焦，故时人名曰"焦尾琴"焉。初，邕在陈留也。其邻人有以酒食召邕者，比往而酒以酣焉。客有弹琴于屏,邕至门试潜听之,曰:"憘!以乐召我而有杀心,可也?"遂反。将命者告主人曰:"蔡君向来,至门而去。"邕素为邦乡所宗,主人遽自追而问其故,邕具以告,莫不怃然。弹琴者曰:"我向鼓弦,见螳螂方向鸣蝉,蝉将去而未飞,螳螂为之一前一却。吾心耸然,惟恐螳螂之失之也。此岂为杀心而形于声者乎?"邕莞然而笑曰:"此足以当之矣。"

中平六年,灵帝崩,董卓为司空,闻邕名高,辟之,称疾不就。卓大怒,詈曰:"我力能族人,蔡邕遂偃蹇者,不旋踵矣。"又切敕州郡举邕诣府,邕不得已,到,署祭酒,甚见敬重。举高第,补侍御史,又转持书御史,迁尚书。三日之间,周历三台。迁巴郡太守,复留为侍中。

初平元年,拜左中郎将,从献帝迁都长安,封高阳乡侯。

董卓宾客部典议欲尊卓比太公,称尚父。卓谋之于邕,邕曰:"太公辅周,受命剪商,故特为其号。今明公威德,诚为巍巍,然比之尚父,愚意以为未可宜须并东平定,车驾还反旧京,然后议之。"卓从其言。

(初平)二年六月,地震,卓以问邕。邕对曰:"地动者,阴盛侵阳,臣下逾制之所致也。前春郊天,公奉引车驾,乘金华青盖,爪画两轓,远近以为非宜。"卓于是改乘皂盖车。

卓重邕才学,厚相遇待,每集宴,辄令邕鼓琴赞事,邕亦每存匡益。然卓多自很用,邕恨其言少从,谓从弟谷曰:"董公性刚而遂非,终难济也。吾欲东奔兖州,若道远难达,且遁逃山东以待之,何如?"谷曰:"君状异恒人,每行观者盈集。以此自匿,不亦难乎?"邕乃止。

及卓被诛,邕在司徒王允坐,殊不意言之而叹,有动于色。允勃然叱之曰:"董卓国之大贼,几倾汉室。君为王臣,所宜同忿，而怀其私遇，以忘大节！今天诛有罪，而反相伤痛，岂不共为逆哉？"即收付廷尉治罪。邕陈辞谢，乞黥首刖足，继成汉史。士大夫多矜救之，不能得。太尉马日磾驰往谓允曰："伯喈旷世逸才，多识汉事，当续成后史，为一代大典。且忠孝素著，而所坐无名，诛之无乃失人望乎？"允曰："昔武帝不杀司马迁，使作谤书，流于后世。方今国祚中衰，神器不固，不可令佞臣执笔在幼主左右。既无益圣德，复使吾党蒙其讪议。"日磾退而告人曰："王公其不长世乎？善人，国之纪也；制作，国之典也。灭纪废典，其能久乎！"邕遂死狱中。允悔，欲止而不及。时年六十一。搢绅诸儒莫不流涕。北海郑玄闻而叹曰："汉世之事，谁与正之！"兖州、陈留（闻）〔间〕皆画像而颂焉。

其撰集汉事，未见录以继后史。适作《灵纪》及十意，又补诸列传四十二篇，因李傕之乱，湮没多不存。所著诗、赋、碑、诔、铭、赞、连珠、箴、吊、论议、《独断》《劝学》《释诲》《叙乐》《女训》《篆艺》、祝文、章表、书记，凡百四篇，传于世。

论曰：意气之感，士所不能忘也。流极之运，有生所共深悲也。当伯喈抱钳扭，徙幽裔，仰日月而不见照烛，临风尘而不得经过，其意岂及语平日幸全人哉！及解刑衣，窜欧越，潜舟江壑，不知其远，捷步深林，尚苦不密，但愿北首旧丘，归骸先垄，又可得乎？董卓一旦入朝，辟书先下，分明枉结，信宿三迁。匡导既申，狂僭屡革，资《同人》之先号，得北叟之后福。屡其庆者，夫岂无怀？君子断刑，尚或为之不举，况国宪仓卒，虑不先图，矜情变容，而罚同邪党？执政乃追怨子长谤书流后，放此为戮，未或闻之典刑。

赞曰：季长戚氏，才通情侈。苑囿典文，流悦音伎。邕实慕静，心精辞绮。斥言金商，南徂北徙，籍梁怀董，名浇身毁。

译文：

蔡邕字伯喈，陈留郡圉县人。他的六世祖蔡勋，喜好黄老之学，平帝时任郿县县令。王莽初年，曾授他担任厌戎郡连率的官职，蔡勋对着印绶仰天叹道："我既然已出仕在汉王室，那么，我虽死也要归属于正统的王朝。过去曾子为了保持自己守礼法的清白名节，连季孙氏赐给他的竹席子都不接受，更何况今天要我仕事二朝呢？"于是携带着家属逃入深山，与鲍宣、卓茂等人一起，不在新朝供职任事。蔡邕的父亲蔡棱，也是有清白品行的人，他被谥号为贞定公。

蔡邕的品德十分孝敬。他的母亲曾缠绵病中三年，其间，蔡邕除了寒暑季节的变化，从没有脱解过衣带，先后有七十多天没有安稳睡眠过。母亲死后，蔡邕便在母亲的墓旁搭了座小茅屋，动静皆依准礼节。当时，有只小兔驯顺地伏在他的屋子旁边，又有树木并生在一起，远近的人觉得奇怪，都前来观看。此后蔡邕一直是与叔父和堂弟住在一起，祖孙三代从没有分过财产。为此，乡里人都推崇他的行谊。蔡邕小时候便很有学问，曾师从过太傅胡广学习。他喜好辞文章、数术、天文等，还弹的一手好琴。

桓帝时，中常侍徐璜、左悺等五侯擅权专横，听说蔡邕善于鼓琴，便告诉天子，敕令陈留太守立即督促发送蔡邕到朝廷来。蔡邕不得已起行，但是只走到偃师，便称说有病跑回了家。自此以后，蔡邕就闲居在家研习历史文物，不再与当世人交往。这时他曾有感于东方朔的《客难》和杨维、班固、崔骃等人设问自答纾解心绪的做法，在斟酌了各家的言论后，便阐发他认为对的道理，纠正他认为不对的观点，作成《释诲》一文，用来勉励和警诫自己云：

有务世公子诲于华颠胡老曰："盖闻圣人之大宝曰位，故以仁守位，以财聚人。然则有位斯贵，有财斯富，行义达道，士之司也。故伊挚有负鼎之炫，仲尼设执鞭之言，宁子有清商之歌，百里有豢牛之事。夫如是，则圣哲之通趣，古人之明志也。夫子生清穆之世，禀醇和之灵，覃思典籍，韫椟《六经》，安贫乐贱，与世无营，沈精重渊，抗志高冥，包括无外，综析无形，其已久矣。曾不能拔萃出群，扬芳飞文，登天庭，序彝伦，扫六合之秽慝，清宇宙之埃尘，连光芒于白日，属炎气于景云。时逝岁暮，默而无闻。小子惑焉，是以有云。方今圣上宽明，辅弼贤知，崇英逸伟，不坠于地，德弘者建宰相而裂土，才羡者荷荣禄而蒙赐。盍亦回途要至，俯仰取容，辑当世之利，定不拔之功，荣家宗于此时，遗不灭之令踪？夫独未之思邪，何为守彼而不通此？"

胡老傲然而笑曰："若公子，所谓睹暧昧之利，而忘昭晢之害；专必成之功，而忽蹉跌之败者已。"公子谡尔敛袂而兴曰："胡为其然也？"胡老曰："居，吾将释汝。昔自太极，君臣始基，有羲皇之洪宁，唐虞之至时。三代之隆，亦有缉熙，五伯扶微，勤而抚之。于斯已降，天网纵，人紘驰，王途坏，太极陁，君臣土崩，上下瓦解。于是智者骋诈，辩者驰说，武夫奋略，战士讲锐。电骇风驰，雾散云披，变诈乖诡，以合时宜。或画一策而绾万金，或谈崇朝而锡瑞珪。连衡者六印磊落，合纵者骈组流离。隆贵翕习，积富无崖，据巧蹈机，以忘其危。夫花离蒂而萎，条去干而枯，女冶容而淫，士背道而辜。人毁其满，神疾其邪，利端始萌，害渐亦芽。速速方毂，夭夭是加，欲丰其屋，乃蔀其家。是故天地否闭,圣哲潜形,石门守晨,沮、溺耦耕,颜歌抱璞,蘧瑗保生,齐人归乐,孔子斯征,雍渠骖乘,逝而遗轻。夫岂傲主而背国乎?道不可以倾也。

"且我闻之,日南至则黄钟应,融风动而鱼上冰,蕤宾统则微阴萌,蒹葭苍而白露凝。寒暑相推,阴阳代兴,运极则化,理乱相承。今大汉绍陶唐之洪烈,荡四海之残灾,隆隐天之高,拆絙地之基。皇道惟融,帝猷显丕,泋泋庶类,含甘吮滋。检六合之群品,济之乎雍熙,群僚恭己于职习,圣主垂拱手两楹。君臣穆穆,守之以平,济济多士,端委缙绖,鸿渐盈阶,振鹭充庭。譬犹钟山之玉,泗滨之石,累珪璧不为之盈,采浮磬不为之索。曩者,洪源辟而四隩集,武功定而干戈戢,猃狁攘而吉甫宴,城濮捷而晋凯入。故当其有事也,则蓑笠并载,摄甲扬锋,不给于务;当其无事也,则舒绅缓佩,鸣玉以步,绰有余裕。

"夫世臣、门子,䎒御之族,天隆其祜,主丰其禄。抱膺从容,爵位自从,摄须理髯,馀官委贵。其取进也,顺倾转圆,不足以喻其便;逡巡放扆,不足以况其易。夫夫有逸群之才,人人有优赡之智。童子不问疑于老成,瞳蒙不稽谋于先生。心恬澹于守高,意无为于持盈。粲乎煌煌,莫非华荣。明哲泊焉,不失所宁。狂淫振荡,乃乱其情。贪夫殉财,夸者死权。瞻仰此事,体躁心烦。暗谦盈之效,迷损益之数。骋骛骀于修路,慕骐骥而增驱,卑俯乎外戚之门,乞助乎近黄之誉。荣显未副,从而颠踣,下获熏胥之辜,高受灭家之诛。前车已覆,袭轨而骛,曾不鉴祸,以知畏惧。予惟悼哉,害其若是!天高地厚,踢而蹋之。怨岂在明,患生不思。战战兢兢,必慎厥尤。

"且用之则行,圣训也;舍之则藏,至顺也。夫九河盈溢,非一由所防;带甲百万,非一勇所抗。今子责匹夫以清宇宙,庸可以水旱而累尧、汤乎？惧烟炎之毁熠，何光芒之敢扬哉！且夫地将震而枢星直，井无景则日阴食，元首宽则望舒脁，侯王肃则月侧匿。是以君子推微达著，寻端见绪，履霜知冰，践露知暑。时行则行，时止则止，消息盈冲，取诸天纪。利用遭泰，可与处否，乐天知命，持神任己。群车方奔乎险路，安能与之齐轨？思危难而自豫，故在贱而不耻。方将骋驰乎典籍之崇途，休息乎仁义之渊薮，盘旋乎周、孔之庭宇，揖儒、墨而与为友。舒之足以光四表，收之则莫能知其所有。若乃丁千载之运，应神灵之符，岂阊阖，乘天衢，拥华盖而奉皇枢，纳玄策于圣德，宣太平于中区。计合谋纵，已之图也；勋绩不立，予之辜也。龟凤山翳，雾露不除，踊跃草莱，只见其愚。不我知者，将谓之迂。修业思真，弃此焉如？静以俟命，不欶不渝。百岁之后，归乎其居。幸其获称，天所诱也。罕漫而已，非己咎也。昔伯翳综声于鸟语，葛卢辩音于鸣牛，董父受氏于豢龙，奚仲供德于衡轭，倕氏兴政于巧工，造父登御于騑骝，非子享土于善圉，狼瞫取右于擒囚，弓父毕精于筋角，鈇非明勇于赴流，寿王创基于格五，东方要幸于谈优，上官效力于执盖，弘羊据相于运筹。仆不能参迹于若人，故抱璞而优游。"

于是公于仰首降阶，忸怩而避。胡老乃扬衡含笑，援琴而歌。歌曰："练余心兮浸太清，涤秽浊兮存正灵。和液畅兮神气宁，情志泊兮心亭亭，嗜欲息兮无由生。踔宇宙而遗俗兮，眇翩翩而独征。"

建宁三年（170年），蔡邕被征召到司徒桥玄的府中，桥玄对他很尊重。此后，他曾一度补任为平阿县的县令。不久，被召至朝中拜任郎中的官职，在东观校理图书。进而又被迁任为议郎。蔡邕认为，当时流传的经籍离圣人的时代已经很久远了，文字出现了很多错误，加上俗儒的穿凿附会，更增加了后来学子的疑惑和误解。于是便在熹平四年（175年）那年，与五官中郎将堂谿典、光禄大夫杨赐、谏议大夫马日䃅、议郎张驯、韩说、太史令单飏等，一起上奏，请求校定《六经》的文字。灵帝同意照办后，蔡邕亲自将经文用朱笔书写在石碑上，使工匠镌刻后立在太学的门外。于是，那些后儒晚学，便都用它作为经文的标准了。石碑初立的时候，观看和摹写的人很多，每天车乘多达千余辆，连街道巷陌都堵塞了。

起初，朝廷讨论，认为由于各州郡之间相互勾结为朋党，人情密切联系，结伙营私，便制定了凡有婚姻关系的家族和幽、冀两州的人士，不得在有关系的相应地区担任监察职务的回避法规。但到了蔡邕这时期，朝廷又颁布了"三互法"，使禁忌增多，选任人才也就更加困难，幽、冀二州亦因长时间缺职而得不到补任。于是，蔡邕便上疏说：

我看见幽、冀二州旧时的境域，原来盛产铠甲、马匹，因连年的争战与饥荒，差不多耗用殆尽了。现今百姓生活于水深火热之中，大地也一片萧条；官员的职位长期空缺，掾吏延颈属望，但是太尉、司徒、司空三府对于主官的选择，却长时间确定不下来。臣对此事常常感到奇怪不解，而谈起这件事的人却说这是为了"避三互"。我想，既然对于其他十一州的人在幽、冀二州担任地方长官有禁令，那么就直接选取两州的人罢了。此外，加上这二州的士人，有的又被任期限定，使得他们犹疑迟缓，不能及时到任。我认为"三互法"这种禁令，目的是为了管束那些道德浅薄的官员。对此，今日皇上只要树立声威，申明宪令，在职的人怎能不谨慎惧怕，难道还必须要设立"三互法"，来自设滞碍吗？过去韩安国被举用于徒犯之中，朱买臣出身于贫贱之家，他们都因为才能相宜，回到自己本邦土任职的。此外，本是亡命之徒的张敞，也是曾被升任为烦剧的冀州刺史的。怎能非要循守"三互法"，继续执行这无伤大局的支节制度呢？三公明知二州的重要，本当迅速决断，应超越禁忌去选取贤能，来补救时弊；但他们却不考虑那些正直臣僚的意见，仅仅为了不触犯细微的科条，使选举任用停滞，以致失去合适的人选。臣希望陛下能上效先帝，废除近时不当的禁令，使诸州有才能并可替换的刺史，不受任职时间和"三互法"的限制，派遣到二州的任上。

书奏上后，灵帝没有理会。

最初，灵帝喜好学术，曾经作过《皇羲篇》五十章，并因此引来许多善于为文作赋的书生。开始还多以经学的内容作为征召的标准，但后来却连一些普通善写书信和鸟篆的人，也都被征召了来，使这些人竟然多达几十人。其中，侍中祭酒乐松、贾护就召引了许多趋炎附势而无品行的人，侍从在鸿都门下待诏听令。这些人只喜欢说些地方风俗及闾里小事，灵帝却非常高兴，并且还不按常规地封职任用他们。此外，那些商贾市民，充作宣陵孝子的，也有数十人，也一律被委任为郎中、太子舍人等官职。那时，经常出现雷霆疾风，致使树毁木拔，还出现了地震、冰雹、蝗虫等各种自然灾害。鲜卑人也不断侵扰边境，使徭役赋税沉重地加在百姓的身上。熹平六年（177年）七月，灵帝为此下制书引咎自责，诏命群臣各自陈说应当施行的主要政务。于是蔡邕便奏上密封的奏章说：

臣下敬读圣旨，认为虽然周成王在秋收时遇到大风，讯问有关主官吏的事，和周宣王当政时遭逢大旱，更加勤勉戒惧的事，也不能与陛下您现在的举动相比美。臣下听说天降灾异，很多是有现实原因的。霹雳，是阳气振动，而多次发生，便完全是因为刑罚诛杀过多所造成。风，是上天的号令，是用来警告人君的。宣扬奉事上帝，就会有许多福祉降临；敬祀宗庙，鬼神也会庇佑。国家大事，首先要重视祀典，这是天子本身所应当恭行的事情。然臣自从在司徒府担任祭祀官以来，每次迎祀五郊，见天子的车驾很少出来，连一年四季中最隆重的一些祭祀典礼，您都只是常派些有关官吏，虽然也说自遣谢过的话，但还是有些疏忽不恭。所以皇天不悦，显现出这些灾异来。《鸿范传》说："当政治谬误，道德沦丧时，其风就要摧毁房屋，折断树木。"《坤》卦为地道，也为妻道，其理应该柔顺，《易象》解释为安贞之吉。如果阴气太盛，就要由静返之为动，按规律就是要出现治下叛逆的现象。若权力不在朝廷，那么就要有冰雹伤物；若政策苛暴，就要有虎狼食人；若因贪利而伤民财，就要有蝗虫损害庄稼。不久前的六月二十八日，太白星接近月球，这对于军事来说是不利的。目前鲜卑侵扰边塞，事情发生在边远的地方，今日出兵，未必有利。其既上违天文，也下逆人事。所以应当广泛征求众人的意见，采用比较稳妥的办法。臣下因情绪不胜愤懑，所以谨条列出应施行的七事在下边：

一事，天子居明堂，应当依顺各月的次序布政行令，而且要按照立春、立夏、季夏、立秋、立冬各季的节气之日，亲自迎取其气于所属的方位，并且祭祀其方位所主之帝，用这种方式来让神气降临，祈福丰年。清扫祖庙祭祀的目的，是为了追念往祖，表示自己孝敬的心意，在太学中尊养有贤德的老人，是要告诉人们尊重礼仪的教化，这些都是作帝王的主要大事，也是历代祖宗所敬奉的政策。但是如今有关官员却多次以蕃国关系疏远的丧事、宫内的妻妾生产小孩，以及小吏小卒的伤病死亡等事，借为禁忌的理由。再有，我见南效祀天时，天子斋戒行礼，从没有废过，但是对于其他祭祀，就有不同的说法了。难道南效祀天可以表现卑谦，其他祭祀就可以傲慢不敬了吗？孝元皇帝的策书说："礼中最敬肃的，莫过于祭祀，所以要竭全心来亲奉，以表明恭敬的态度。"再有元和年间的旧例，章帝曾制诏，再次申明元帝肃祇祭祀的策令。元、章二帝前后所下达的制书，无不是推心置腹，言恳意切。然而最近以来，却更换了太史。不仅忘却了礼敬的重要意义，还听任禁忌之书，拘信一些细小的支节，影响了重大的典礼。《礼记》记载，妻妾将要生小孩，斋戒时便不能进入旁侧房间的门，但是并没有不祭祀的说法。所谓宫中有死亡等事故三个月不举行祭典的说法，不过是说普通士庶人家只有几间小居室，共同使用一间中堂的情况罢了。怎么会指皇居宽旷，妻妾众多的情况呢？我认为，今后的斋戒制度应该如同过去的成例，这也许能回复风雨雷霆和灾异妖邪等各种各样的异常现象。

二事，臣下听说国家兴旺时，必能采纳多种深切中肯的言论，对内了解自己政治的得失，对外能见到民情的好恶。所以先帝虽然具有圣明的天资，还是不断地征求有关得失的言论。又因为有灾异出现，就更注意引用隐居的贤能，重视贤良、方正、敦朴、有道等科目人才的选举，使激烈的言论和极力的规劝，不断于朝廷。但是，自从陛下执政以来，连年出现灾异，却从没有听说有过特别引用或广选贤良人才的诏谕。这实在应该反思省悟，恢复过去的事例，使忠诚的臣僚能够无顾虑地尽其所言，用以解除《易传》所说的那种"政治谬误，道德沦丧"的情况。

三事，求贤的政策，不必仅就一方面表求，要么求德行显著的人，要么求言论中肯的人。近来，在朝廷的人员，不但没有因为忠信受赏的，反而经常出现因遭到诽谤而被诛杀，于是使得群臣闭口，不敢正面说话。郎中张文，日前曾倾述了自己的忠言，陛下接受采纳后，又批责司徒、司空、太尉三司改正。这事使得臣子的心情都很开朗无虑了，百姓们也很高兴。臣认为应当提升张文担任枢要的官职，以此来鼓励忠直的人，并且把这件事在国内宣扬，使政路广开。

四事，司隶校尉、诸州刺史，其职是督察下面奸诈和枉屈，分别邪正黑白的。而我所见到的幽州刺史杨熹、益州刺史庞芝、凉州刺史刘虔等，都是具有奉公疾恶之心的人，其中杨熹等所纠察的事件，效果尤其众多。至于其他则都是违法曲断，不能称职的人。有的甚至也有犯罪行为，与下面同样不正派。但由于法律纲纪弛废，不能检举督察。对此，中央机构却也不闻不问。熹平五年（176年），陛下曾下诏令，决议遣派八使，又令司徒、太尉、司空三公听采民间讽政的歌谣和疾苦奏上。当时，奉公守法的臣僚很高兴，不正派的小人则都怨怕失色。然而这个制度的拟议还没有完成，就不知什么缘故停止不实行了。从前刘向对皇帝说：'犹豫不决拿不定主意的人，就要出现许多枉曲的事，怀着没完没了的忧虑，还会引来谗邪的小人。'现在陛下刚要做点善政，却又马上改变，这样反而会促使国内人民猜测朝廷的政事不定。应该赶快决定八使的派遣，去纠举非法之徒，换选上忠正清白的人，以辩明奖赏和惩罚。每年年底再由司徒、司空、太尉三公定出其等次，使官吏知道他们奉公的福和营私的祸，那么各种灾异的原因也许就可以杜绝了。

五事，臣下听说古代录用人才，要求诸侯每年必须提供贤德有功的人。孝武帝时代，除各郡荐举孝廉外，还有贤良、文学之士的选拔，于是出现很多名臣，文武并兴。汉代取得人才，主要就是从这几个方面。书画辞赋，只是一种小才，治国理政是用不上这些才能的。陛下刚即位的时候，还谈论各种经学问题。听政的闲余时间，虽然也看些篇什文章，不过是借以松散情绪，代替掷采下棋等，而并不是想用这些作为教化或选取人才的根本途径。然而一般出生，为了争求利益，却纷纷兴作辞赋。其中高明的还能引用经训写出讽谕的话；而那些低下的则连带一些俚俗语言，如同歌舞小丑的打诨；有的更是抄袭成文，假冒写上自己的名姓。臣每次在盛化门接受诏命，按次序登录，看到其中有些才德低下的人也都随着一同受到选用。我想，陛下既然已经对他们加恩任用了，就很难再作改变，但是仅让这些人保住自己的禄位，就已经足够了，决不能再命令他们去地方州郡做官和处理民事。从前孝宣帝在石渠阁会集诸儒生，章帝在白虎观召集诸学士，讲释经义的异同，这两件事的意义非常大，文武之道，就应该这样办。至于那些小能小善，虽然也有可取的地方，但是孔子认为它们'要达到大目的，就泥滞而行不通了'。所以君子应当选择重大的事情来办理。

六事，县级的官吏，职责是掌管治理人民，所以都应当以惠民兴利的多寡作为他们政绩的标准，任职时间的长短作为他们勤勉的尺度。而对他们的奖惩的制度，也应该分明。但是，现在对于在任的官员已不再省察，等到他们离任时，一般多已升任为议郎、郎中等职了。我认为，假若是有用的人才，就不适宜安排在闲散的职务上。如果有违法的罪过，也应当按法律惩处。怎能有隐讳罪过畏怕考核，却反而有希望调任它职，大家竞相仿效，使好坏没有规章的道理呢？先帝旧日的制度是没有这样的，这些事都应该予以断绝，必须要考核人才的真伪。

七事，在此之前，见到昭帝陵园从祀的所谓孝子人员，都被任为太子舍人。臣听说孝文皇帝制定丧服三十六日，虽然是继位的君主，父子至亲，公卿各大臣等，虽然曾受有很重的恩情，也都应该压制自己的感情而遵从制度，不敢有所违背。现在一般的虚伪小人，本来就不是骨肉亲属，他们既没有私人的恩情，又没有拿国家俸禄的职务，其恻隐思慕的情感又从何而来呢！但是现在却让他们群聚在陵园中，假借为先皇称孝的名义，他们的所作所为既非真心实意，也没有确实的理由，甚至还有奸宄的小人，混在中间。桓思皇后将葬的时候，就有东郡拐骗别人妻子的犯人，混在孝子中，直到本县将他捉拿归案，方才服罪。这里面虚伪混乱丑陋的现象，实在难于尽言。又如孝子中那些先来的既被释为舍人，而后至的却往往被遗落，不得拜任；其中既有因经历时间长了制度混乱，使临时回家的人被漏失的事，也有请人顶替，自己却也一样蒙受宠荣的事。于是由此产生许多争讼和怨恨，到处争吵不休。太子府的官属，本应寻找有德行的人，哪能只取用这些凶丑的守陵人？这件事太不吉利了。应该把他们遣返回田里，揭露他们诈伪的欺骗。

蔡邕的封书奏上后，于是灵帝亲自到地坛举行了祭祀，又到学宫举行学礼。命令凡是因宣陵孝子而被拜为舍人的，一律改任为丞尉。光和元年（178年），终于又设置了鸿都门学，里面画上孔子及其七十二弟子的画像。鸿都门学中的学生都是命令州郡及三公推举征召的，学成后或出任为刺史、太守，或入朝任尚书、侍中等职务，甚至还有被封侯赐爵的，但是士人君子都不愿与他们同伍。

当时妖异现象多次发现，人们互相惊扰。这年七月，灵帝诏命蔡邕与光禄大夫杨赐、谏议大夫马日䃅、议郎张华、太史令单飏等到金商门，引入崇德殿，使中常侍曹节、王甫询问灾异现象和消除的措施。蔡邕用心地回答，这件事记载在《五行》《天文志》中。

灵帝又特别询问蔡邕说："最近灾变现象不断发生，也不知上天在谴责什么，朝廷很焦虑，我心中也很恐惧。每次访问群公卿士，认为可以听到忠实的言论，然而他们却都闭口不言，不肯尽心。我想你蔡邕的德学高深，所以特别秘密地召问你，你应该如实地披露得失，指出施政的要点，而不要犹豫不决，自生疑惑和避讳。你所陈述的经术，可以用皂囊封好奏上。"蔡邕回答说：

臣真诚地认为陛下圣德公允明智，深切悲悼世间的灾祸，褒奖我这才学浅薄的人，并垂恩下问于我，而这本不是臣这蝼蚁般小人物所能胜任的。但是这确实是我贡奉一切报答朝廷的时刻，对此，我又怎能只顾虑自己的祸患，避开要害的事不谈，而使陛下听不到中肯的告诫呢？臣认为这些异常现象，都是亡国的怪象。因为上天对于大汉王朝关怀不已，所以才屡次出现妖变，作为谴责，其意是在使人君感悟，转危为安。这次灾害的发生，不在别处，远不过在门墙之内，近则就在官舍，上天这种监察警诫，可以说是最关切的了。鸣蝉堕落和鸡的雌雄变化等异常，都是由于妇人干政造成的。先前有桓帝的乳母赵娆贵重天下，生前聚敛的财富就相当于皇家的库藏，死后的坟墓也大于皇陵，她的两个儿子都曾受到封爵，她的兄弟也掌管着郡守；继她之后又有永乐门史霍玉，依仗权势，为非作歹。而现在到处被人议论纷纷的，还有说到程大人某的事，考察有关他的传闻，将来也会成为国家的祸患。应该提高警惕防患未然，公布禁令，一定要将赵、霍二人的事引以为鉴戒。今陛下圣意殷勤，想分别辨明邪正。听说太尉张颢，就是霍玉所引荐；光禄勋姓璋，也是有名的贪污；还有长水校尉赵玹、屯骑校尉盖升，也都是靠一时的侥幸，获得荣华富贵的。陛下应该想到小人在位的祸害，反省起身让贤的福祉。我个人认为，廷尉郭禧，为人纯厚老成；光禄大夫桥玄，聪敏明事而且正直；前任太尉刘宠，也是忠实守本分；他们都是适宜作谋划政务的人，应该多多访问。国家的宰相大臣，就像君主的四肢一样，委派他们担当重任，责成他们办理政务，他们品行能力的优劣就已然很清楚了，所以不应该再随意听信小吏，却刻意挑剔大臣。再有尚方供奉的精巧制作，鸿都宫呈献的辞赋文藻，也可暂时停止欣赏，以表示对国事的担忧。《诗经》说："害怕上天的震怒，不敢玩乐安逸。"对上天的警诫实在不可当作儿戏呵。宰相府的孝廉，是士子中最高的选拔。近来由于征辟选择不慎重，您严厉地谴责了三公，但同时您却不按常规超越选拔那些善作小文的人，洞开请求托情之门，而这是完全违背圣明君主常规的。于此众心不服，却不敢言及。臣愿陛下忍痛割爱杜绝这些只善写些小文的小人，首先考虑国家的主要政务，以回答上天的希望。圣上既然能自己检束振奋，左右近臣自然也会跟着办。假若人人都能自我抑制，不为非作歹，防塞住各种灾祸，那么就会天道不亏，鬼神也降福保佑了。臣下由于愚直，感激心切而忘记自身的得失，所以才斗胆触犯忌讳，写下这些陈述来回答陛下的诏问。对于这些内容，如果您我不小心缜密，君上您就要因漏言而失去臣心，而我更将会有失身之祸。希望陛下保藏好臣的表章，不使我这个尽心的小吏，受到奸人的怨恨与仇视。

封章奏上，灵帝看后而叹息，因起身换衣，被曹节从后面偷看了封章的内容，并且将内容完全告诉给左右人员，于是事情被泄露了出来，因此，所有被蔡邕贬斥的人，无不怒目想着报复。

当初，蔡邕与司徒刘郃素来不和，而他作卫尉的叔父蔡质又与将作大匠阳球有仇隙。因为阳球是中常侍程璜的女婿，程璜便指使人写匿名信诬告说蔡邕、蔡质二人多次以私事去请托刘郃，刘郃没有应允，蔡邕因此含恨在心，决心要对刘郃中伤报复。对于此事，灵帝下诏到尚书台，令召蔡邕审讯对案。于是蔡邕上书自陈说：

臣被诏令召来，诘问大鸿胪刘郃从前任济阴太守时，臣的属吏张宛请病假百日，刘郃只批准了五日一事，以及刘郃任司隶时，臣请托他召用河内郡吏李奇担任州书佐事，和为营救前河南尹太山党魁羊陟、及其党侍御史胡毋班的事，前后三次请托刘郃没有被应而心怀怨恨的情况。为此，臣诚惶诚恐，虽竭尽忠诚，肝胆涂地，亦不知如何为王效命。但是若仔细寻找此案的情由，实际只关系张宛和李奇，而丝毫牵涉不到羊陟和胡毋班。按常理来说，一般小吏病假的事，是不能成为结怨的情由。而臣与羊陟系姻亲关系，又怎么敢去请托别人去帮助他的私党呢？如果臣叔侄二人真想伤害刘郃，本当明告尚书台，说明结怨的原因。这里面实际并没有什么事，但外面却散播有诽谤的书信，这就需要臣与刘郃对质参验。臣下由于学识，特蒙圣上的褒奖和重视，提拔到秘书馆侍从办事。为圣上起草文书，其行为性格，还未有使圣上感到不悦的地方。所以才于今年七月，受您的诏命到金商门，询问有关灾异的事，并且令人持诏申述您的旨意，诱导臣放心说话。但是臣实在愚昧戆直，只知道尽忠，舍命忘身，却不顾后害,于是讥刺了许多公卿的行为,其中也涉及您的宠臣。其实,我只想回答圣上的提问,消除灾异,为陛下规划建立康宁的计策。然而陛下不仅不考虑对忠臣的直言应该加以掩护,反而在诽谤来时,产生疑心和责怪。这样,尽心的官吏,又怎能容身呢?每次圣上的诏书下来,百官都各自奏上密封的章奏,想以此来改正国家政治上的失误,除凶致吉,但是谏言的人不仅蒙受不到建议被采纳所应得到的好处,反要受陷害遭致破身之祸。现在人们莫不闭口不言,以臣的例子为戒,谁又还敢为陛下尽忠孝呢?臣叔父蔡质,曾屡被擢升,现在官位已经列在了上层。而臣则蒙受圣上的厚恩,多次被访问。正因为这些,诽谤说事的人才要陷害臣父子二人,破坏臣的家族门户,而绝不是为了举发潜伏未露的坏人,以补益国家。臣年四十六岁,孤身一人,如果能因此而得以寄托忠臣的名声,那么我即使是死也是光荣的。但是我只怕陛下会从此再也听不到至诚的忠言了。臣实在愚劣,应该担负一切罪责。但是,前我在金商门与陛下对答的事,我叔父蔡质完全不知道,况且他已经是个白发老人了,却被横遭牵连,随同臣一起遭到摧折,并入坑阱之中,实在冤枉,实在痛心。想到臣一人牢狱,就要受到严刑的逼迫,屈从趋附告发我的匿名书信,那样,陛下又怎能听到我对此事的陈诉呢?因为我的死期行将到了,所以特意冒昧向陛下陈述这些。只愿由我自己来担当罪责受诛戮,而乞求赦免蔡质不一起受刑,那么我身死之日,也就如同再生之年了。臣只希望陛下健康,为了天下而爱护自己。"

于是将蔡邕、蔡质关入洛阳监狱,判决他们假公报怨,议害大臣,犯有大不敬的罪行,处以死刑。事情奏报上,中常侍吕强怜悯蔡邕无罪受罚,请求给予宽宥,灵帝也再次想到他的章奏,便诏命将其减除死刑一等,与家属一起受髡钳的刑处远徙朔方郡,不得因任何赦令免除刑罚。阳球使刺客在路上追杀蔡邕,但刺客被他的忠义所感动,都拒绝阳球的指令不肯动手。阳球又贿赂蔡邕的管制人员,让他们毒害蔡邕,可是那些受贿赂的人反而把真实情况告诫蔡邕,所以每次毒害蔡邕都能避免。当时,蔡邕住在五原郡安阳县。

蔡邕以前在东观,曾与卢植、韩说等补撰《后汉记》,恰遭讼事而被流放于他乡,来不及完成,便上书陈述,奏明他所著述的《汉记十意》,并将这《十篇》分别篇目,一同附置在奏章的后面。灵帝嘉许他的才学高,适逢第二年大赦,便宽宥他返回到家乡郡中。蔡邕以流放到赦归,共历时九个月。在他将要起程还乡时,五原郡的太守五智为他饯行,当酒兴正欢的时候,五智请蔡邕起身歌舞,蔡邕拒不答理。王智为中常侍王甫的弟弟,一向很骄傲,现在在宾客面前受到羞辱,便骂蔡邕:"你这流徒敢轻视我!"见此,蔡邕便佛衣而去。王智怀恨在心,密告蔡邕曾报怨对他的囚禁流放,并且还讥谤朝廷。因此,内廷的宠臣无不厌恶蔡邕。看到这些,蔡邕担心自己最终要难免受害,便逃命到江海之间,远到吴郡会稽等地,他往来依靠泰山羊氏的帮助,先后共十二年,生活在吴地。

吴地曾有人用桐木烧火做饭,蔡邕听到木头燃烧爆裂的声音,知道是块好木材,就要求将木材裁度成琴,琴制成,果然有悦耳的声音,由于这琴的尾部还留有烧焦的痕迹,所以当时人称它"焦尾琴"。当初,蔡邕在陈留时,他的邻人时常以酒食来召请他,而且每次去都是酒食尽欢。有一次,这邻居有位客人在屏风里面弹琴,蔡邕来到门口暗暗细听,并且自言自语地说:"奇怪呵!用音乐请我却又存杀心,这是为什么?"于是没有进屋便又返回去了。传话的差役告诉主人说:"蔡君刚才来过,但到门口又回去了。"由于蔡邕素来很受四乡邻里的尊重,所以主人一听便马上亲自追去询问其中的缘故,蔡邕告诉他实情后,两人都很奇怪,后来弹琴的客人解释说:"我刚才拔弦时,看见一只螳螂正向着鸣蝉爬去,蝉即将逃离但还没有起飞,螳螂却有些犹豫,进一步后又退一步,我很着急,唯恐螳螂捉不到蝉,这难道就是杀心反映在琴声上了吗?"听后蔡邕莞然而笑,说:"这就足以说明了。"

中平六年(189年),灵帝死,董卓担任司空。他听说蔡邕的名气很大,便征召他到朝廷,蔡邕称说有病不肯就任。董卓大怒,骂道:"我的权力是能使人满门抄斩,蔡邕再这样高傲,那可就快了。"又紧急下令州郡选送蔡邕到自己府上。蔡邕不得已,来到京城,被署任为祭酒,很得董卓的敬重。随即因考核政绩列为优等,而被补任为侍御史,转任持书御史,升为尚书。三日之间,历任三个府署。随后迁任为巴郡太守,复又留在朝中任侍中。

初平元年(190年),蔡邕被任命为左中郎将,跟从献帝迁都长安,受封为高阳乡侯。

董卓的门客和私兵将帅商议要推尊董卓与姜太公一样,称尚父。董卓征求蔡邕的意见,蔡邕说:"姜太公因曾辅助周王室,受命霸灭了殷商,所以才特加了这一称号。现在您的威信,确实很高,但是与尚父相比,我认为还是不行,应该等到关东平定,圣上的车驾返归到洛阳时,然后才能再讨论。"董卓采纳了他的意见。

初平二年(191年)六月,发生了地震。董卓问蔡邕地震的事,蔡邕回答说:"地动的现象,表明阴盛阳衰,是臣下僭越制度造成的。前次春季到南郊祭天，您导引圣上的车驾，乘着缀有金玉花饰，撑蓝黑色车盖伞，车盖木弓做成兽爪形，车厢描画着花纹的车乘，远近的人都认为这是不太合适的。"于是，董卓改乘撑黑色车盖伞的车子。

董卓尊重蔡邕的才学，给予很优厚的待遇，每次宴会，都要蔡邕弹琴赞美时事，而蔡邕也常劝诫他向往善行。但是董卓刚愎自用，蔡邕恨他很少听从劝谏，曾对堂弟蔡谷说："董公性格刚强，又好掩饰自己的过错，最终是难有成就的。我想往东逃奔到兖州，如果道路太远不易到达，就暂且躲到山东等候，你看怎样？"蔡谷回答说："你的相貌与一般人不同，每次出都都被许多人围观，以你这副相貌去隐匿，岂不太困难了吗？"蔡邕最终还是没有逃走。

待到董卓被诛，蔡邕恰在王允的府中坐客，谈起董卓的事，不由自主地为他叹息，面上现出痛惜的神色。见此王允勃然大怒地叱斥说："董卓是国家的大贼，几乎倾亡了汉室。你身为王朝大臣，本应当与大家同仇共忾，怎么能因感私恩而忘却大节呢！现在上天诛灭这个罪魁，你反而为他痛心，这岂不是同为叛贼吗？"随即将蔡邕拘捕交予廷尉治罪。蔡邕陈辞认错，乞求受面上刺字或砍去双腿的刑罚，保留性命以继续完成汉史。士大夫们也都怜惜蔡邕亟力挽救，却都不能免除。太尉马日䃅赶来对王允说："伯喈是旷世逸才，又熟识汉事，应当让他继成后史，撰成东汉一代的重要典籍。况且，他一向就有忠孝的名声，现今无名治罪，杀了他岂不是会大失人望吗？"王允说："从前武帝不杀司马迁，让他撰成诽谤之书，流传后世。现今国运中衰，帝位不够巩固，不能再让奸佞之臣在幼主左右执笔。否则不但无盖于彰示帝王的威德，还会使我们也蒙受他的讥刺诽谤。"马日䃅出来对人说:"王公能长此下去吗?善良人,是国家的纲纪;历史著作,是国家的大典,灭纪废典,他还能长久吗?"蔡邕最终死在狱中。这时,王允开始后悔,但是想制止已经来不及了。蔡邕当时的年龄是六十一岁。官绅和众儒生没有不流泪涕泣的。北海人郑玄听到蔡邕的死讯,叹息道:"汉世的历史,还有谁能写下留征后代!"在兖州、陈留等地,百姓们也都画像纪念他。

蔡邕撰集汉代史事,未见存录在以后续著的后史中。其以往所著的《灵纪》《汉记十意》和补述的诸列传四十二篇,也因李傕之乱,大多淹灭不存了。所著的诗、赋、碑、诔、铭、赞、连珠、箴、吊、论议、《独断》《劝学》《释诲》《叙乐》《女训》《篆艺》、祝文、章表、书记,共一百零四篇,流传于世。

史家论曰:情谊的深厚,是士人所时刻不能忘怀的;流放的厄运,是人生至深的悲痛。当伯喈身负刑枷,流放在边远之地,仰望日月而不能见到一线光明;遭临风雨却得不到丝毫躲避时,他的感触又岂是常人所能理解的呢?待他解除刑服,逃窜至欧越,偷泛小舟于江河深壑,也不知逃避了多远,尽管快步疾行在深山寒林中,还唯恐不够严密,这时,他只希望回到家乡,能将自己的尸体埋葬在故园,但这又怎么可能呢?董卓一旦入朝执政,辟召的文书立刻发下,不仅分清了冤结,还在两宿之间获得三次升擢,既表述了自己匡正的意见,董卓狂妄的僭越行为也有所更改。宛如《易·同人》卦"先大哭而后笑"的卦象,得到塞翁失马的后福。蒙受如此的恩惠,怎能不有所思念?君子断刑以后,尚有人不进食餐饮,表示不忍之心,更何况国家的法制刑律正处在变乱之中,不考虑先要办理的大事,却任情变色,这不是同邪党处罚人一样吗?执政的王允追怨司马迁的谤书流传后世,把这作为诛戮的理由,这真是没人听说过的刑律。

史家赞曰:像季长氏一样,才富情丰。研习典制文章,沈潜鼓琴吹笙。蔡邕实向往宁静,专心精美的辞文。但他却要在金商门对帝指斥佞人,使他不得不避祸南隅,流徙于北疆。孔融籍梁冀得以贵幸,蔡邕他却因怀念董卓的旧恩而名浇身毁。

后汉书卷六十二

荀韩钟陈列传第五十二

荀悦列传

悦字仲豫,俭之子也。俭早卒。悦年十二,能说《春秋》。家贫无书,每之人间,所见篇牍,一览多能诵记。性沉静,美姿容,尤好著述。灵帝时阉官用权,士多退身穷处,悦乃托疾隐居,时人莫之识,唯从弟或特称敬焉。初辟镇东将军曹操府,迁黄门侍郎。献帝颇好文学,悦与或及少府孔融侍讲禁中,旦夕谈论。累迁秘书监、侍中。

时,政移曹氏,天子恭己而已。悦志在献替,而谋无所用,乃作《申鉴》五篇。其所论辩,通见政体,既成而奏之。其大略曰:

夫道之本,仁义而已矣。五典以经之,群籍以纬之,咏之歌之,弦之舞之,前监既明,后复申之。故古之圣王,其于仁义也,申重而已。

致政之术,先屏四患,乃崇五政。

一曰伪,二曰私,三曰放,四曰奢。伪乱俗,私坏法,放越轨,奢败制。四者不除,则政末由行矣。夫俗乱则道荒,虽天地不得保其性矣；法坏则世倾，虽人主不得守其度矣；轨越则礼亡，虽圣人不得全其道矣；制败则欲肆，虽四表不得充其求矣。是谓四患。

兴农桑以养其（性）〔生〕，审好恶以正其俗，宣文教以章其化，立武备以秉其威，明赏罚以统其法。是谓五政。

人不畏死，不可惧以罪。人不乐生，不可劝以善。虽使契布五教，皋陶作士，政不行焉。故在上者先丰人财以定其志，帝耕籍田，后桑蚕宫，国无游人，野无荒业，财不贾用，力不妄加，以周人事。是谓养生。

君子之所以动天地，应神明，正万物而成王化者，必乎真定而已。故在上者审定好丑焉。善恶要乎功罪，毁誉效于准验。听言责事，举名察实，无惑诈伪，以荡众心。故事无不核，物无不切，善无不显，恶无不章，俗无奸怪，民无淫风。百姓上下睹利害之存乎己也，故肃恭其心，慎修其行，内不回惑，外无异望，则民志平矣。是谓正俗。

君子以情用，小人以刑用。荣辱者，赏罚之精华也。故礼教荣辱，以加君子，化其情也；桎梏鞭扑，以加小人，化其刑也。君子不犯辱，况于刑乎！小人不忌刑，况于辱乎！若教化之废，推中人而坠于小人之域；教化之行，引中人而纳于君子之涂。是谓章化。小人之情，缓则骄，骄则恣，恣则怨，怨则叛，危则谋乱，安则思欲，非威强无以惩之。故在上者，必有武备，以戒不虞，以遏寇虐。安居则寄之内政，有事则用之军旅。是谓秉威。

赏罚，政之柄也。明赏必罚，审信慎令，赏以劝善，罚以惩恶。人主不妄赏，非徒爱其财也，赏妄行则善不劝矣。不妄罚，非矜其人也，罚妄行则恶不惩矣。赏不劝谓之止善，罚不惩谓之纵恶。在上者能不止下为善，不纵下为恶，则国法立矣。是谓统法。

四患既蠲，五政又立，行之以诚，守之以固，简而不怠，疏而不失，无为为之，使自施之，无事事之，使自交之。不肃而成，不严而化，垂拱揖让，而海内平矣。是谓为政之方。

又言：

尚主之制非古。厘降二女，陶唐之典。归妹元吉，帝乙之训。王姬归齐，宗周之礼。以阴乘阳违天，以妇陵夫违人。违天不祥，违人不义。又古者天子诸侯有事，必告于庙。朝有二史，左史记言，右史书事。事为《春秋》，言为《尚书》。君举必记，善恶成败，无不存焉。下及士庶，苟有茂异，咸在载籍。或欲显而不得，或欲隐而名章。得失一朝，而荣辱千载。善人劝焉，淫人惧焉。宜于今者备置史官，掌其典文，纪其行事。每于岁尽，举之尚书。以助赏罚，以弘法教。

帝览而善之。

帝好典籍，常以班固《汉书》文繁难省，乃令悦依《左氏传》体以为《汉纪》三十篇，诏尚书给笔札。辞约事详，论辩多美。其序之曰：

昔在上圣，惟建皇极，经纬天地，观象立法，乃作书契，以通宇宙，扬于王庭，厥用大焉。先王光演大业，肆于时夏。亦惟厥后，永世作典。夫立典有五志焉：一曰达道义，二曰章法式，三曰通古今，四曰著功勋，五曰表贤能。于是天人之际，事物之宜，粲然显著，罔不备矣。世济其轨，不陨其业。损益盈虚，与时消息。臧否不同，其揆一也。汉四百有六载，拨乱反正，统武兴文，永惟祖宗之洪业，思光启乎万嗣。圣上穆然，惟文之恤，瞻前顾后，是绍是继，阐崇大猷，命立国典。于是缀叙旧书，以述《汉纪》。中兴以前，明主贤臣得失之轨，亦足以观矣。

又著《崇德》《正论》及诸论数十篇。年六十二，建安十四年卒。

译文：

荀悦，字仲豫，荀俭之子。荀俭早年去世。荀悦十二岁便能解说《春秋》。家境贫寒，无力买书，经常到民间去寻找借阅简牍，看过一遍多能背诵记忆。他生性沉稳恬静，容貌英俊，特别喜好著书立说。汉灵帝时阉官弄权，士人多退身穷乡僻壤，荀悦便推说患病而隐居，当时人没有了解他的，只有堂弟荀彧特别尊敬他。当初荀悦被镇东将军曹操府征召为官，又升迁为黄门侍郎。汉献帝很喜好学术，荀悦与荀彧以及少府孔融一起在宫内给皇帝讲学，朝夕与皇帝陪伴高谈阔论。接连擢升，先后为秘书监、侍中等职。

政权移至曹操手中，天子仅饬身克己，恭敬自持而已。荀悦有志于劝善规过，议兴议革，然而谋略无处施展，于是写出《申鉴》五篇。书中所论述辨析，全体现于《政体》一篇，写成后上奏给了献帝。大略内容说：

大道的根本，不过仁与义而已。父义、母慈、兄友、弟恭、子孝五种伦理是对仁义的规范，群经典籍是对仁义的说明，对仁义要歌颂赞美，先前的经验教训已很清楚，后人则一再重申。所以古代的圣王，能够做到仁义，就在于再三地重申道理。

治理政治的方略，在于先除去四种祸患，再推崇五项政务。

一是诡诈，二是私欲，三是放任，四是奢侈。诡诈扰乱风俗，私欲破坏律令，放任逾越法度，奢侈败坏制度。此四者不除，则政治无从行使。风俗扰乱了则道理荒废，即使天神地祇也无法保持其本性；律令破坏了则世道倾覆，即使君主也无法守稳制度；法度逾越了则礼制崩坏，即使圣人也无法保全大道；制度败坏了，则恶欲横流，即使极尽四方财物也无法满足欲望。这叫作四患。

兴隆农业来养育民生，审慎好恶来端正风俗，传播文化教育来表彰教化，建立武器装备来保持权威，赏罚分明来综理法律。这叫作五政。

民不畏死，则不可以不用刑罚来约束之。民不乐生，则不可以不劝其向善。否则即便是由契王来颁布五教，由皋陶设士制订五刑，政务也无法实施。因此，身为国君就得先使人丰衣足食以安定民心，如果皇帝亲耕籍田，皇后在宫内植桑养蚕，那么国家则无游闲之人，田野没有荒地，财用自足不必买卖，国家对劳力不妄加调发，以便使社会稳定。这叫作养生。

君子之所以能惊天地，应神明，端正万物以成圣王教化的原因，无非在于其本性必须稳定而已。因而君主可以此作为审定标准。区别善与恶的关键在于分清功与罪，毁誉是否得当要根据准则来证明。从一个人的言论来督责他的行动，从一事物的名称来检验它是否名实相符，不要被欺诈所迷惑，致使扰乱民心。如此，事情就没有不经过考核的，物与物之间就没有不切合融洽的，凡善事就没有不被传扬的，凡恶事也没有不使其昭彰的，没有奸怪世俗，也没有淫奢民风。百姓上下都将利害视为是与自身紧密相关的，因而使内心肃然恭敬，谨慎修养德行，内心不迷乱，外求无奢望，于是民意平稳。这叫作正俗。

君子可以动之以情，小人则只能用刑罚约束，荣与辱是赏罚的精华所在。所以把礼教、荣辱用于君子，是感化其性情的；桎梏、鞭挞用于小人，是改变其行为的。君子不可辱，更何况刑罚了！小人不忌讳刑罚，还怕耻辱吗！如果教化被废除，则将使中等道德的人推落至小人的行列；如果教化得以实行，则会引导中人进入君子的正道。这就是表彰的教化作用。小人的性情，放松了就骄傲，骄傲则恣肆，恣肆则怨恨，怨恨则背叛，背叛则阴谋作乱，安定时则考虑私欲，可见不用威严强制就无法惩治小人。所以身为国君，必须有武装戒备，以防不测，以遏制寇贼肆虐。军队在平时就用于保卫内政，战时则用于出征打仗。这叫作秉威。

赏罚是政治的权柄。赏罚要分明，政令要谨慎，赏赐用来劝善，刑罚用来惩恶。君主不可妄加赏赐，这并非仅仅是吝啬财物，因为妄加赏赐则起不到劝善的作用了。不妄加惩罚也并非出于怜悯，因为刑罚过滥则起不到惩恶的作用了。赏赐不能勉励于人则叫作止善，刑罚不能起惩戒作用则叫作纵恶。做国君的能够不制止百姓为善，不放纵百姓作恶，那么国法就算确立了。这叫作统法。

四患既除，五政又立，就应诚心施行，牢固守护，简便行事而不怠惰，疏缓而无失误，无为而无不为，顺其自然，不过分干预，使各类事物自行配合运转。不严肃而促成事情，不拘谨而感化万物，垂衣拱手，相互礼让，不费力气就使天下太平了。这叫作为政之方。"

荀悦又言：

英明君主订制度并非依据古制。帝王女儿可以下嫁，这是尧帝时的典制。嫁妹被认为是很吉利的事，这是商君帝乙的教诲。周王之女嫁到诸侯齐国，这是西周之礼。然而，以阴气驾于阳气之上是违背天道，以妇人陵于男人之位是违背人伦。违背天道则不吉祥，违背人伦则不仁义。又如，古代的天子、诸侯，凡有国家大事，必须去祖庙祭祀报告。朝中设两个史官，左史负责记录天子的言论，右史负责记录天子的行动。记事的史书是《春秋》，记言的史书是《尚书》。国君每一举动必有记录，其行为的善恶成败，没有不记录于史书的。史书记载对下也涉及士人百姓，如有卓越特异的人和事，也都予以记录。如此，有人想借史书求名而不可得，有人欲盖而弥彰。一朝的得失，荣辱却会留传千载。善人以此自勉，恶人为此恐惧。如今朝廷也应完备史官制度，由史官掌管典章文书，记录朝中行事。每至年末，把记录送交尚书令。以此作为赏罚的凭证，可用来弘扬法度、教化。

献帝阅毕荀悦的上奏，很是赞许。

汉献帝喜好典册书籍，曾因班固《汉书》文辞繁多难以察看，而令荀悦依照《左传》编年体例写成《汉纪》三十篇，诏令尚书供应笔和写字用的木片。《汉纪》文辞简约，内容详备，论述、辨析精美。书序中说：

过去上古的圣王，考虑的是建立帝王统治的准则，治理天地，观天象订历法，于是造文字，以沟通宇宙，颂扬朝廷，用途广大。先朝君主光大推演的事业，都编在了'夏'这首乐典之中。为后代考虑，永世作为法典。确立法典有此五项意义：一是通达道义，二是表明修史的成法，三是贯通古今，四是使功勋昭著，五是表彰贤能。如此则天道和人事之间的关系，事物之间的和谐，都鲜明而显著，无不完备了。世代贯通这种法则，不毁坏这项事业。不过做些损减盈余，弥补空虚，因时事不同而有生有灭的变动。褒贬虽有不同，法度却是惟一的。汉代至今四百零六年，治平乱世，使之回复正常，统领武功，振兴文治，永世不忘祖宗的大事业，期望祖上光耀开启万代宏福。圣上皇帝静思祖德，考虑礼乐文化安然保存，瞻前顾后，继承先辈大业，阐明综合大道，命令订立国家典制。于是我编辑记叙旧史文籍，写成《汉纪》。东汉建立以前，开明国君，贤能臣子的成败得失之迹，从此书足以察明了。

他还著有《崇德》《正论》以及各种论文数十篇。建安十四年（209年），他六十二岁时去世。

后汉书卷六十四

吴延史卢赵列传第五十四

卢植列传

卢植字子幹,涿郡涿人也。身长八尺二寸,音声如钟。少与郑玄俱事马融,能通古今学,好研精而不守章句。融外戚豪家,多列女倡歌舞于前。植侍讲积年,未尝转眄,融以是敬之。学终辞归,阖门教授。性刚毅有大节,常怀济世志,不好辞赋,能饮酒一石。

时皇后父大将军窦武援立灵帝,初秉机政,朝议欲加封爵。植虽布衣,以武素有名誉,乃献书以规之曰:

植闻嫠有不恤纬之事,漆室有倚楹之戚,忧深思远,君子之情。夫士立争友,义贵切磋。《书》陈"谋及庶人",《诗》咏"询于刍荛"。植诵先王之书久矣,敢爱其瞽言哉!今足下之于汉朝,犹旦、奭之在周室,建立圣主,四海有系。论者以为吾子之功,于斯为重。天下聚目而视,攒耳而听,谓准之前事,将有景风之祚。寻《春秋》之义,王后无嗣,择立亲长,年均以德,德均则决之卜筮。今同宗相后,披图案牒,以次建之,何勋之有？岂横叨天功以为己力乎！宜辞大赏，以全身名。又比世祚不竞，仍外求嗣，可谓危矣。而四方未宁，盗贼伺隙，恒岳、勃碣，特多奸盗，将有楚人胁比，尹氏立朝之变。宜依古礼，置诸子之官，征王侯爱子，宗室贤才，外崇训道之义，内息贪利之心，简其良能，随用爵之，强干弱枝之道也。

武并不能用。州郡数命，植皆不就。建宁中，征为博士，乃始起焉。熹平四年，九江蛮反，四府选植才兼文武，拜九江太守，蛮寇宾服。以疾去官。

作《尚书章句》《三礼解诂》。时始立太学《石经》，以正《五经》文字，植乃上书曰：

臣少从通儒故南郡太守马融受古学，颇知今之《礼记》特多回冗。臣前以《周礼》诸经，发起秕谬，敢率愚浅，为之解诂，而家乏，无力供缮〔写〕上。原得将能书生二人，共诣东观，就官财粮，专心研精，合《尚书》章句，考《礼记》失得，庶栽定圣典，刊正碑文。古文科斗，近于为实，而厌抑流俗，降在小学，中兴以来，通儒达士班固、贾逵、郑兴父子，并敦悦之。今《毛诗》《左氏》《周礼》各有传记，其与《春秋》共相表里，宜置博士，为立学官，以助后来，以广圣意。

会南夷反叛，以植尝在九江有恩信，拜为庐江太守。植深达政宜，务存清静，弘大体而已。

岁余，复征拜议郎，与谏议大夫马日䃅、议郎蔡邕、杨彪、韩说等并在东观，校中书《五经》记传，补续《汉记》。帝以非急务，转为侍中，迁尚书。光和元年，有日食之异，植上封事谏曰：

臣闻《五行传》"日晦而月见谓之朓，王侯其舒"。此谓君政舒缓，故日食晦也。《春秋传》曰"天子避位移时"，言其相掩不过移时。而间者日食自巳过午，既食之后，云雾晻暧。比年地震，彗孛互见。臣闻汉以火德，化当宽明。近色信谗，忌之甚者，如火畏水故也。案今年之变，皆阳失阴侵，消御灾凶，宜有其道。谨略陈八事：一曰用良，二曰原禁，三曰御疠，四曰备寇，五曰修礼，六曰遵尧，七曰御下，八曰散利。用良者，宜使州郡核举贤良，随方委用，责求选举。原禁者，凡诸党锢，多非其罪，可加赦恕，申宥回柱。御疠者，宋后家属，并以无辜委骸横尸，不得收葬，疫疠之来，皆由于此。宜敕收拾，以安游魂。备寇者，侯王之家，赋税减削，愁穷思乱，必致非常，宜使给足，以防未然。修礼者，应征有道之人，若郑玄之徒，陈明《洪范》，攘服灾咎。遵尧者，今郡守刺史一月数迁，宜依黜陟，以章能否，纵不九载，可满三岁。御下者，请谒希爵，一宜禁塞，迁举之事，责成主者。散利者，天子之体，理无私积，宜弘大务，蠲略细微。

帝不省。

中平元年，黄巾贼起，四府举植，拜北中郎将，持节，以护乌桓中郎将宗员副，将北军五校士，发天下诸郡兵征之。连战破贼帅张角，斩获万余人。角等走保广宗，植筑围凿堑，造作云梯，垂当拔之。帝遣小黄门左丰诣军观贼形势，或劝植以赂送丰，植不肯。丰还言于帝曰："广宗贼易破耳。卢中郎固垒息军，以待天诛。"帝怒，遂槛车征植，减死罪一等。及车骑将军皇甫嵩讨平黄巾，盛称植行师方略，嵩皆资用规谋，济成其功。以其年复为尚书。

帝崩，大将军何进谋诛中官，乃召并州牧董卓，以惧太后。植知卓凶悍难制，必生后患，固止之。进不从。及卓至，果陵虐朝廷，乃大会百官于朝堂，议欲废立。群僚无敢言，植独抗议不同。卓怒罢会，将诛植，语在《卓传》。植素善蔡邕，邕前徙朔方，植独上书请之。邕时见亲于卓，故往请植事。又议郎彭伯谏卓曰："卢尚书海内大儒，人之望也。今先害〔之〕，天下震怖。"卓乃止，但免植官而已。

植以老病求归，惧不免祸，乃诡道从轘辕出。卓果使人追之，到怀，不及。遂隐于上谷，不交人事。冀州牧袁绍请为军师。初平三年卒。临困，敕其子俭葬于土穴，不用棺椁，附体单帛而已。所著碑、诔、表、记凡六篇。

建安中，曹操北讨柳城，过涿郡，告守令曰："故北中郎将卢植，名著海内，学为儒宗，士之楷模，国之桢干也。昔武王入殷，封商容之闾；郑丧子产，仲尼陨涕。孤到此州，嘉其余风。《春秋》之义，贤者之后，宜有殊礼。丞遣丞掾除其坟墓，存其子孙，并致薄酹，以彰厥德。"子毓，知名。

论曰：风霜以别草木之性，危乱而见贞良之节，则卢公之心可知矣。夫蜂虿起怀，雷霆骇耳，虽贲、育、荆、诸之论，未有不尢豫夺常者也。当植抽白刃严阁之下，追帝河津之间，排戈刃，赴戕折，岂先计哉？君子之于忠义，造次必于是，颠沛必于是也。

译文：

卢植字子干，涿郡涿县人。长的身高八尺二寸，声音洪亮如钟。卢植年轻时，曾与郑玄一起跟从马融学习。他能通晓古今的学术,尤其喜好精深的研究而不是仅仅拘守于表面字句的理解。马融是外戚豪家,经常让女倡在面前歌舞。卢植虽侍从马融讲学多年,却从没有转眼窥看过。因为这些,马融对他很是敬佩。学业终了,卢植便辞别老师回到了自己的家乡,闭门教学授徒。卢植的性格刚毅而有节操,胸中常怀有济世的志向。他不太喜好辞赋,却能饮酒达一石之多。

当时,皇后的父亲大将军窦武迎立皇家宗室刘宏为灵帝,刚开始执掌朝廷的行政机要,朝廷议论,想对他加封晋爵。卢植虽然身为平民布衣,但他认为窦武平素名誉还好,便献书规劝窦武说:

"我听说寡妇尚有不恤纬纱缺少,却担忧国家衰亡将祸及自己的事,漆室的少女也有倚门感伤国政的吁叹,忧思深远正是君子的情怀。大凡士人结交能给予规谏的朋友,其重要意义就在于相互的切磋。《尚书》讲'谋划政务要下与平民商议',《诗经》也咏唱'询问政事问至打柴的人'。我诵读先王的书已经很久了,怎么能藏有一己之愚见而不说呢!目前足下对于汉朝,就像昔日周公旦、召公奭辅佐周王室一样,建立了贤明的君主,使四海的臣民有了依附。一般人们议论,认为您的功劳,最重要的便是在这里。天下人都在集目注视着,聚耳静听着,认为若是按照前朝的事例行事,您将会有受封的祸祚。按照《春秋》的文义,王后若没有子嗣,就应选立内亲中年龄较长的人,假若内亲中的人年龄相等,那么就选立有才德的人,才德若相等,那么便要求之卜筮来决定了。但是现而今,是同宗相承帝位,您也不过是披阅一下地图,查了查谱牒,依照血缘关系的亲疏顺序建置罢了,这又能有什么特殊的功劳?您又怎能强横地贪天之功以为己有呢!您应该辞退大赏,来保全自己的身节名誉。假若国家的子嗣继续不强旺,仍照这样向皇帝直系亲属以外去寻求继嗣皇位的人，那可能危险了。况且现今全国到处不安定，盗贼无不在伺机行动，恒岳、勃碣一带，盗贼尤其众多，在这种情况下，将会出现从前楚人胁迫其国君子比让位，和尹氏夺取周景王嫡子猛而立庶子子朝等篡夺皇位的历史。您最好依照古礼，设置诸王子的官学，征召那些王侯爱子，宗室贤才入学，使他们对外尊训导的礼仪，对内息泯自己贪利的邪心，然后再从中选拔出有才能的人，根据需要封予官职爵位，这正是加强中央力量的强干弱枝的办法。"对此，窦武都没有能采用。以后，地方州郡多次聘用卢植，卢植都没有去就任。至建宁年间（168—178年），朝廷征聘卢植担任博士，他这才开始出任职务。熹平四年（175年），九江的蛮族人谋反，丞相、御史、车骑将军，前将军四府一致推选卢植才兼文武，任命他担任九江郡的太守，蛮人也就渐渐顺服，对朝廷纳贡朝见了。此后，卢植因病去官离开了职务。

卢植曾著有《尚书章句》《三礼解诂》等。那时，朝廷刚开始准备在太学置立《石经》，用来校正世间流行的《五经》文字的讹误，卢植便上书说：

臣年轻的时候，曾跟从通儒前南郡太守马融学习过古代学术，很了解现在流行的《礼记》中有很多歪曲的地方。以前臣也曾根据《周礼》等众经典，揭发出其中的一些错误，并斗胆以自己的愚蠢和浅陋，为它作解训诂，但是自己家境贫乏，没有能力雇人将它缮写好奉上。希望能带领善写字的书生二人，一起前往东观殿，依靠国家的财力，专心研究，核订《尚书》的章句，考证《礼记》的正误，也许会裁定圣典，刊正《石经》碑的文字。古文经是以蝌蚪文写成的，更接近原来的实际情况，但是它却被贬抑在民间未立学官，仅仅作为六书的一体，降在文字学中。光武中兴以来，一些通儒达士如班固、贾逵、郑兴父子等，都很爱好它。目前《毛诗》《左氏春秋》《周礼》等，都已各自有了传注疏解，他们与《春秋经》共相表里，应设置博士，为它们立置学官，以帮助后来的学者，来广泛传播圣人的思想。

当时恰逢南夷反叛，因为卢植在九江地区曾经建立了德政和威信，便拜他为庐江郡的太守。卢植深知为政所应做的是务在简练而不烦扰民众，只要弘扬大义就行了。

一年多后，卢植复又被征拜为议郎，与谏议大夫马日䃅、议郎蔡邕、杨彪、韩说等一起在东观殿，校对朝内所收藏的《五经》记注传疏，补充续撰《后汉书》。不久灵帝因这些不是急需要办理的事，便又将他转任为侍中，迁升尚书。光和元年（178年），出现了日食的异象，卢植呈上密封的奏章劝谏灵帝说：

臣听刘向的《五行传》说："太阳还没有完全落下使天变黑月亮就出现了的天象称为朓，其时王侯的行为舒缓"，这是说因为王君的行政舒缓无力，所以出现日食掩住太阳使天晦暗。《春秋左氏传》说："天子避开正殿一会儿"，这是说日食时太阳被掩没不过一会儿。其间隔的日食时间是从巳时到午时，太阳完全蚀尽后，则天空云雾昏暗。近来连年发生地震，彗星也交错出现。臣听说汉朝是依顺大德立国的，所以为政教化就应当宽明。而其中近女色信谗言，是最为禁忌的事，这如同火畏水一样。根据今年国家发生的变故，无不是因为阳势消弱而阴势侵凌造成的，因此要想消除和抵御住灾凶，就应该有正确的方法。在此谨大略陈述应做的八事如下：一曰用良、二曰原禁、三曰御疠，四曰备寇，五曰修礼，六曰遵尧，七曰御下，八曰散利。用良者，就是应令地方州郡核实其所荐举的贤良，然后根据地方的情况，对他们予以往诸次对"党人"的禁锢，很多并不是这些人的罪过，对他们可以赦免宽恕，申明对他们的宽宥，纠正他们遭受的冤屈。御疠者，为宗皇后的家属，都是因为是无辜受刑的，他们现在陈弃尸首在荒野上，又不许收拾埋葬，而瘟疫的流行，无不是由此而来的，应该下令对他们予以收殓埋葬，来安定他们游荡的灵魂。备寇者，是王侯之家，因削减了他们所食奉的赋税数额，迫使他们在愁的情况下思考反叛，这样必然会容易在国家中引发出非常的变乱，朝廷应该使他们食俸供给充足，以防患于未然。修礼者，为应征辟有才学道德的人，如郑玄这样有见识的学者，要宣明《尚书·洪范》的意义，以祛除灾祸。尊尧者，是因现在郡守刺史的一般为一个月内升迁几次，而最好是依照唐尧黜陟升降官吏的办法，弄清楚官吏的才学道德能否，对他们纵使不能九年一考绩，也应该要满三年一考绩。御下者，是对那些私下请求授予其所想得到的官爵的人，应该一律予以杜绝，迁升推举官员的事，要责成有关主管部门办理。散利者，是作为天子本人，理应没有私人积蓄，天子应该去发展重大事务，蠲除或减少那些细微小事的费用。

对此灵帝并未办理。

中平元年（189年），黄巾贼乱兴起，丞相、御史、车骑将军、前将军四府荐举卢植，担任北中郎将，持掌符节为帅，并以护乌桓中郎将宗员为辅佐副帅，率领北军五校将士，调发天下诸郡的军队前往征伐黄巾军。卢植接连战败贼帅张角的部队，先后斩杀俘获万余人。张角等败遁退保广宗，卢植遂筑围挖壕，造作攻城的云梯，广宗很快就将要被攻破。此时，灵帝派遣小黄门左丰前来军营观察贼情,有人便劝说卢植给些财物贿赂左丰,卢植不肯。于是左丰回到京城后便对灵帝谎说:"广宗的叛贼太容易攻破了,卢中郎如今固守营垒不进攻,是专等着上天来诛杀贼军呢。"灵帝听后大怒,于是下令用囚车逮捕监禁住卢植,判他减死罪一等的刑罚。直到车骑将军皇甫嵩讨平黄巾军,极力称赞卢植指挥军队的规划谋略高明,而他正也是靠完全采用卢植提出的谋略,来帮助他成功的。于是这一年才再次任命卢植担任尚书。

灵帝死后,大将军何进谋划诛杀宦官十常侍,但是因惧怕太后的势力,于是便召并州牧董卓来一起参与计划。卢植知道董卓的性情凶悍不易控制,以后必生后患,而坚决制止何进的这种做法。但是何进不听从卢植的劝谏。等到董卓来到京城,果然欺凌虐待刚即位的少帝,甚至在朝堂上大会百官,提议废少帝立献帝。对此群官没有人敢言语,只有卢植一人抗议反对。董卓大怒,立即罢散会议,打算诛杀卢植,当时董卓的言行均收载在《董卓传》中。卢植平素与蔡邕很友善,当初蔡邕被判流刑朔方,卢植曾经独自上书为蔡邕求情。蔡邕此时正与董卓关系亲近,便就卢植冒犯的事向董卓求情。此外还有议郎彭伯也劝谏董卓说:"卢尚书是国内的大学者,人们都在以尊敬的心绪看着他,您今天首先就杀害了他,那么天下的人会感到震动和惧怕的。"于是董卓这才没有加害于卢植,只是免掉卢植的官职罢了。

卢植以年老体衰病弱为由请求回到自己的家乡,但是又害怕途中难免会遭到祸害,遂诈称要从轘辕道出走。董卓知道后果然命人追赶,追到怀邑,没能追赶上卢植。于是,卢植隐居在上谷,不与人事交往。后来冀州牧袁绍曾邀请过他做自己的军师。初平三年(192年)卢植卒。临终,卢植命他的儿子将他简单地葬在土穴中,不用棺椁,仅仅穿着贴身的单衣而已。卢植一生撰著有碑、诔、表、记共六篇。

建安年间（196—219年），曹操向北征讨柳城，路过涿郡时，曾告诉守令说："已故的北中郎将卢植，名著海内，他的学术也为学者们所尊崇，他是士人的楷模，国家的干才。过去周武王灭殷商后，就曾在对纣王提出过忠谏的商容的家乡表彰过商容，听说郑国的名相子产死了，孔子也曾流下伤心的眼泪。我来到此州，不觉也要赞许卢植遗下的风范。按照《春秋》的文义，贤者的后代，应该待有特殊的礼仪。你快派些官吏来清扫卢植的坟墓，慰问下他的子孙后代，并且对卢植之灵致以祭奠，来表彰他的德行。"卢植的儿子名毓，也很有名望。

史家论曰：如果说风霜中能识别草木的本性，危乱时能显现贞良的气节，那么卢公的心志也就会了解了。蜂蝎萦绕在胸前，雷霆震骇在耳旁，纵使是孟贲、夏育、荆轲、专诸一类的勇士，也没有不犹豫失去常态的。当卢植抽刀于形势险急的宫阁道下，义正词严地怒斥胁挟少帝出走的逆宦时，当他只身在黑夜中追从被逆宦劫走至河津一带的少帝，力推戈尖刀刃，坦赴残暴的阴谋失败的逆宦时，又怎能先考虑到自己的安危？君子对于忠与义，匆忙间必定是这样，动荡变乱间也必定是这样。

后汉书卷六十五

皇甫张段列传第五十五

张奂列传

张奂字然明,敦煌(酒)〔渊〕泉人也。父惇,为汉阳太守。奂少游三辅,师事太尉朱宠,学《欧阳尚书》。初,《牟氏章句》浮辞繁多,有四十五万余言,奂减为九万言。后辟大将军梁冀府,乃上书桓帝,奏其《章句》,诏下东观,以疾去官,复举贤良,对策第一,擢拜议郎。

永寿元年,迁安定属国都尉。初到职,而南匈奴左薁鞬台耆、且渠伯德等七千余人寇美稷,东羌复举种应之,而奂壁唯有二百许人,闻即勒兵而出。军吏以为力不敌,叩头争止之。奂不听,遂进屯长城,收集兵士,遣将王卫招诱东羌,因据龟兹,使南匈奴不得交通东羌。诸豪遂相率与奂和亲,共击薁等,连战破之。伯德惶恐,将其众降,郡界以宁。

羌豪帅感奂恩德,上马二十匹,先零酋长又遗金镡八枚,奂并受之,而召主簿于诸羌前,以酒酹地曰:"使马如羊,不以入厩;使金如粟,不以入怀。"悉以金马还之。羌性贪而贵吏清,前有八都尉率好财货,为所患苦,及奂正身洁己,威化大行。

迁使匈奴中郎将。时休屠各及朔方乌桓并同反叛，烧度辽将军门，引屯赤坑，烟火相望。兵众大恐，各欲亡去。奂安坐帷中，与弟子讲诵自若，军士稍安。乃潜诱乌桓阴与和通，遂使斩屠各渠帅，袭破其众。诸胡悉降。

延熹元年，鲜卑寇边，奂率南单于击之，斩首数百级。

明年，梁冀被诛，奂以故吏免官禁锢。奂与皇甫规友善，奂既被锢，凡诸交旧莫敢为言，唯规荐举前后七上。在家四岁，复拜武威太守。平均徭赋，率厉散败，常为诸郡最，河西由是而全。其俗多妖忌，凡二月、五月产子及与父母同月生者，悉杀之。奂示以义方，严加赏罚，风俗遂改，百姓生为立祠。举尤异，迁度辽将军。数载间，幽、并清静。

九年春，征拜大司农。鲜卑闻奂去，其夏，遂招结南匈奴、乌桓数道入塞，或五六千骑，或三四千骑，寇掠缘边九郡，杀略百姓。秋，鲜卑复率八九千骑入塞，诱引东羌与共盟诅。于是上郡沈氏、安定先零诸种共寇武威、张掖，缘边大被其毒。朝廷以为忧，复拜奂为护匈奴中郎将，以九卿秩督幽、并、凉三州及度辽、乌桓二营，兼察刺史、二千石能否，赏赐甚厚。匈奴、乌桓闻奂至，因相率还降，凡二十万口。奂但诛其首恶，余皆慰纳之。唯鲜卑出塞去。

永康元年春，东羌、先零五六千骑寇关中，围祋祤，掠云阳。夏，复攻没两营，杀千余人。冬，羌岸尾、摩蛰等胁同种复抄三辅。奂遣司马尹端、董卓并击，大破之，斩其酋豪，首虏万余人，三州清定。论功当封，奂不事宦官，故赏遂不行，唯赐钱二十万，除家一人为郎。并辞不受，而愿徙属弘农华阴。旧制边人不得内移，唯奂因功特听，故始为弘农人焉。

建宁元年，振旅而还。时窦太后临朝，大将军窦武与太傅陈蕃谋诛宦官，事泄，中常侍曹节等于中作乱，以奂新征，不知本谋，矫制使奂与少府周靖率五营士围武。武自杀，蕃因见害。奂迁少府，又拜大司农，以功封侯。奂深病为节所卖，上书固让，封还印绶，卒不肯当。

明年夏，青蛇见于御坐轩前，又大风雨雹，霹雳拔树，诏使百僚各言灾应。奂上疏曰：

臣闻风为号令，动物通气。木生于火，相须乃明。蛇能屈申，配龙腾蛰。顺至为休征，逆来为殃咎。阴气专用，则凝精为雹。故大将军窦武、太傅陈蕃，或志宁社稷，或方直不回，前以谏胜，并伏诛戮，海内默默，人怀震愤。昔周公葬不如礼，天乃动威。今武、蕃忠贞，未被明宥，妖眚之来，皆为此也。宜急为改葬，徙还家属。其从坐禁锢，一切蠲除。又皇太后虽居南宫，而恩礼不接，朝臣莫言，远近失望。宜思大义顾复之报。

天子深纳奂言，以问诸黄门常侍，左右皆恶之，帝不得自从。转奂太常，与尚书刘猛、刁韪、卫良同荐王畅、李膺可参三公之选，而曹节等弥疾其言，遂下诏切责之。奂等皆自囚廷尉，数日乃得出，并以三月俸赎罪。司隶校尉王寓，出于宦官，欲借宠公卿，以求荐举，百僚畏惮，莫不许诺，唯奂独拒之。寓怒，因此遂陷以党罪，禁锢归田里。

奂前为度辽将军，与段颎争击羌，不相平。及颎为司隶校尉，欲逐奂归敦煌，将害之。奂忧惧，奏记谢颎曰：

小人不明，得过州将，千里委命，以情相归。足下仁笃，照其辛苦，使人未反，复获邮书。恩诏分明，前以写白，而州期切促，郡县惶惧，屏营延企，侧待归命。父母朽骨，孤魂相托，若蒙矜怜，壹惠咳唾，则泽流黄泉，施及冥寞，非奂生死所能报塞。夫无毛发之劳，而欲求人丘山之用，此淳于髡所以拍髀仰天而笑者也。诚知言必见讥，然犹未能无望。何者？朽骨无益于人，而文王葬之；死马无所复用，而燕昭宝之。党同文、昭之德，岂不大哉！凡人之情，冤则呼天，穷则叩心。今呼天不闻，叩心无益，诚自伤痛。俱生圣世，独为匪人。孤微之人，无所告诉。如不哀怜，便为鱼肉。企心东望，无所复言。

颎虽刚猛，省书哀之，卒不忍也。时禁锢者多不能守静，或死或徙。奂闭门不出，养徒千人，著《尚书记难》三十余万言。

奂少立志节，尝与士友言曰："大丈夫处世，当为国家立功边境。"及为将帅，果有勋名。董卓慕之，使其兄遗缣百匹。奂恶卓为人，绝而不受。光和四年卒，年七十八。遗命曰："吾前后仕进，十要银艾，不能和光同尘，为谗邪所忌。通塞命也，始终常也。但地底冥冥，长无晓期，而复缠以纩绵，牢以钉密，为不喜耳。幸有前窀，朝殒夕下，措尸灵床，幅巾而已。奢非晋文，俭非王孙，推情从意，庶无咎吝。"诸子从之。武威多为立祠，世世不绝。所著铭、颂、书、教、诫述、志、对策、章表二十四篇。

长子芝，字伯英，最知名。芝及弟昶，字文舒，并善草书，至今称传之。

初，奂为武威太守，其妻怀孕，梦带奂印绶登楼而歌。讯之占者，曰："必将生男，复临兹邦，命终此楼。"既而生子猛，以建安中为武威太守，杀刺史邯郸商，州兵围之急，猛耻见擒，乃登楼自烧而死，卒如占云。

论曰：自郞乡之封，中官世盛，暴恣数十年间，四海之内，莫不切齿愤盈，愿投兵于其族。陈蕃、窦武奋义草谋，征会天下，名士有识所共闻也，而张奂见欺竖子，扬戈以断忠烈。虽恨毒在心，辞爵谢咎。《诗》云："啜其泣矣，何嗟及矣！"

译文：

张奂，字然明，敦煌渊泉人。父亲叫张惇，任汉阳太守。张奂年少的时候游历三辅，拜太尉朱宠为师，学习《欧阳尚书》。以前，《牟氏章句》中浮泛没内容的文字很多，共有四十五万多字，张奂把它删减为九万字。后来，他到大将军梁冀府中任职，于是上书给桓帝，献上他改作的《牟氏章句》，桓帝把它颁下到东观收藏。张奂因病离职后，又被举荐为贤良，在对策考试中名列第一，升任为议郎。

永寿元年（公元155），张奂升为安定属国都尉。刚刚到任，南匈奴奠鞬台耆、且渠伯德等率领七千多人侵犯美稷，而东羌又全族起来附应他们，张奂的军营中只有两百多人，听说之后，马上整顿军队出击。军中的小官认为力量悬殊，叩头来极力劝阻他。张奂不听，于是进军驻扎在长城，召集士兵，派将军王卫去招降东羌，自己乘机占守龟兹，使南匈奴无法与东羌联系。于是，各部首领相继与张奂讲和共同进攻奠鞬等人，连续进击，打败了他们。伯德害怕，带着他的人马来投降，于是边界得以安宁。

东羌的首领感激张奂的恩德，献来二十匹马。先零酋长还送来金耳环八枚。张奂都接受了，并召主簿到羌族首领的面前，用酒洒地祭奠说："我们的马和羊一样多，入不了马厩；我们的金和粟一样多，不放在怀里。"又把金和马还给他们。羌人情性贪婪而喜欢官吏清廉,以前有八位都尉全都好财物,所以备受愁苦,到现在张奂身正廉洁,德化和声威传播很广。

张奂升为使匈奴中郎将。当时休屠各和朔方乌桓一齐反叛,焚烧度辽将军的大门,带兵驻扎在赤坑,两军相距很近。汉军士兵十分害怕,都想逃生。张奂突然坐在帐中,和他的学生一起谈笑风生,士兵才稍稍心安。于是,张奂暗中诱使乌桓讲和,派人斩杀屠各的首领,然后攻破他的军队。所有的胡人都归降了张奂。

延熹元年(公元158),鲜卑人侵犯边境,张奂率领南单于进攻,斩杀敌人首级好几百。

第二年,梁冀被诛杀,张奂因为曾是梁冀旧僚而被免去官职,并受终身不得做官的处罚。张奂和皇甫规关系很好,张奂被禁锢不得做官后,所有的朋友都不敢为他说话,只有皇甫规前后七次举荐张奂做官。他在家四年后,又被任命为武威太守。他均平徭役赋税,消除灾祸,常常是各郡中政绩最好的,河西一带从此得以安宁。那里的风俗有很多迷信禁忌,凡是二月、五月份出生的孩子,以及和父母同月出生的孩子,都要被杀掉。张奂用道理教育他们,并严加赏罚,风俗才得以改变,老百姓给他建了生祠来供奉。后来推举优异的人才,升任他为度辽将军。几年之间,幽、并两地都治理得井然有序。

延熹九年春天,升任他为大司农。鲜卑人听说张奂离去,那年夏天,就勾结南匈奴、乌桓分几路进入边境,有的五六千人,有的三四千人,抢劫边界上的九郡,杀害百姓。秋天,鲜卑首领又带八九千名骑兵进入边界,引诱东羌和他结盟。于是,上郡的沈氏、安定的先零各族一同侵犯武威、张掖,边境各地遭到很大祸害。朝廷对此十分担忧,又任命张奂为护匈奴中郎将,执掌九卿的权力来指挥幽、并、凉三州和度辽、乌桓两支部队,同时还负责监督刺史、二千石的行事，受十分丰厚的赏赐。匈奴、乌桓听说张奂到来，就一起投降，总共有二十万人。张奂只是诛杀了罪魁祸首，其余的人全部加以安抚、收纳了。只有鲜卑出走边境离去。

永康元年（公元167）春天，东羌、先零的五六千名骑兵入侵关中，围困祋祤，攻占云阳。夏天，又攻打歼灭两个汉朝军营，杀死一千多人。冬天，羌族岸尾，摩螯等人胁迫同族人又掠夺三辅。张奂派司马尹端、董卓一起进击，大败敌军，斩杀敌方首领，所获敌人的首级有一万多颗，这三个州郡才得以安宁。按照功劳应该给张奂加封官爵，但他不讨好宦官，所以不给封高官，只是赏赐他二十万铜钱，任命他一位家人为郎。张奂都推辞不接受，而希望能把家迁徙到弘农郡的华阴。按以前的制度，边疆的人是不能迁回内地的，只因为张奂功劳卓著而例外，所以张奂就开始成了弘农人。

建宁元年（公元168），张奂整顿军队而回朝。当时窦太后代理政务，大将军窦武和太傅陈蕃商议诛杀宦官，事情泄露了出去，中常侍曹节等人在朝廷中发动变乱，认为张奂是刚召回的官员，不知道详情，假传圣旨让他和少府周靖率领五个军营的士兵包围窦武。窦武自杀，陈蕃也被杀害。张奂升为少府，又被任命为大司农，因功被封为侯。张奂对被曹节利用一事深深地感到内疚，上书坚决辞绝，退回了官印，始终不愿接受。

第二年夏天，有一条青蛇出现在皇帝座位的栏杆前，又有大风、暴雨、冰雹，雷电击毁树木。皇帝下诏让官员们讨论灾祸的感应。张奂上疏说：

"我听说风是上天的号令，使万物震动而通气。木生于火，相互作用才能有光明。蛇能屈能伸，和龙相配而腾云隐伏。顺应天意就有好处，违逆就会有灾祸。阴气过盛，就会凝结为冰雹。以前的大将军窦武、太傅陈蕃，他们或者立志安定国家，或者刚直不阿，在过去被奸人谗言所害，都受诛杀。全国人默默不语，都感到极大的悲愤。从前，周成王埋葬周公不合礼仪，上天就发威警告。现在，窦武、陈蕃忠良守节，他们的冤恨没有得到昭雪，所以怪异的天象降临，都是这个原因。应该赶紧给他们改葬，把他们的家属迁回原籍。那些受牵连而被禁锢的人，应该全部撤销平反。还有，皇太后虽然居住在南宫，但受不到皇上的恩礼，朝廷的大臣不敢说，远近的人们都很失望。皇上应该考虑回报养育之恩。"皇上听了很信服，又问那些黄门常侍，他们都加以反对，因此也无法自行其是。

张奂改任为太常，和尚书刘猛、刁韪、卫良，以及一同被举荐的王畅、李膺可以参与三公的选拔。而曹节等人极力诬陷张奂等，于是被皇上下诏严厉责问。张奂等人都被廷尉囚禁，几天后才得以出来，并且要拿出三个月的俸禄来赎罪。司隶校尉王寓，是宦官出身，想借助公卿的恩宠来求得举荐，官员们都怕他，所以没有不答应的，只有张奂自己拒绝了他。王寓很生气，于是用结党谋反的罪状诬陷他，使他遭禁锢而回归乡里。

张奂以前任度辽将军时，曾和段颎争着进攻羌，两人互不妥协。到段颎做司隶校尉后，想把张奂赶回敦煌，想法杀害他。张奂十分害怕担忧，写信给段颎谢罪说：

小人不聪明，得罪了您。我在千里之外任职，因为皇上的恩典才得以回来。您仁慈厚道，任劳任怨，使者还未回去，又接到您的来信。皇上诏书在这之前已写清楚了，我是可以回内地的，可是您对我又有关切的期望，我惶恐不安，关起门来企盼，等待召我回去的命令。我父母已死,孤独的魂魄无法安抚,如果能承蒙您的怜惜,给予我一点恩惠,那么您的恩德就会惠及死人那里,这不是我一生一世所能报答的大恩。没有毛发这么小的贡献,却希望别人像山丘那样重地来帮助自己,这是淳于越拍着大腿仰天大笑的原因。我确实知道这些话必然会被您耻笑,但还是不想放弃我的希望。为什么呢?无主的朽腐的骨头,对人没有什么用处,但文王用棺埋葬它;死马不能再用,但燕昭王珍视它。和周文王、燕昭王一样的恩德,难道不是很伟大吗!凡是人的本性,有冤就叫天,穷困就捶胸。现在我呼天天不应,捶胸也无用,心里十分悲哀。大家都生在太平盛世,只有我无人亲近。作为孤独微贱的人,无人可以诉说。如果您不加哀怜,我便会被人像鱼肉那样吃掉。我只是一心向东企盼,没什么话再说了。

段颎虽然性格刚烈,看了信也同情他,终于不忍心加害张奂。当时遭禁锢的人大多不能安于静养,因而有的被处死,有的被流放。张奂却闭门不出,收养学生一千人,写下《尚书记难》三十多万字。

张奂年少的时候就立下志愿,曾经对读书的朋友说:"大丈夫立身处世,应该为国家在边境上建功立业。"到他当了将领,果然很有功名。董卓崇拜他,派他哥哥送给张奂细绢一百四。张奂讨厌董卓的为人,没有接受。光和四年(公元181)张奂去世,享年七十八岁。他立下遗言说:"我前后一共当过十任官员,不能把光荣和尘浊同样看待,被奸邪小人所忌恨。官运的好与坏是命中注定的,但我始终坚持原则。只是我身在地下之后长期没有光明的日子,而又要用棉絮来缠缚自身,用钉子把我封紧,这是我不喜欢的。幸好有旧时的墓穴,早上死了晚上就可下葬，停尸在灵床上，用一块绢布束住头发就行了。没有晋文公那样奢侈，不像杨王孙那样俭朴，就按我的意思去办，就不会有什么耻辱责难的。"他的儿子们照办了的。武威地方给他立了很多祠，代代祭拜不断。他所写的铭、颂、书、教、诫述、志、对策、章表等共二十四篇。

他的长子叫张芝，字伯英，最有名。张芝的弟弟张昶，字文舒。他们两人都擅长草书，到现在还受称颂。

以前，张奂做武威太守时，他妻子怀孕，梦见自己带着张奂的官印登上楼唱歌。张奂把这事来问占卜的人，占卜的人说："一定会生男孩，又来这里当官，并且也死在这楼上。"后来，生了儿子张猛，他在建安年间（196—219年）任武威太守，杀了刺史邯郸商，州郡的军队围攻他，张猛不愿被捉住，于是登上楼自焚而死，终于像占卜人说的那样。

史家论曰：自从郑众被封为鄛乡侯后，宦官日益昌盛，肆意猖獗几十年，全国上下，没有不切齿痛恨的，都想铲除他们一族。陈蕃、窦武为伸张正义而策划，号召天下，这是有名有识的人士所共知的。然而，张奂被宦官所利用，举起兵器来杀害忠烈之士。虽然他心有狠毒，但仍能辞却官爵来谢罪。《诗经》中说："悲伤地哭泣了，后悔也来不及了。"

后汉书卷六十六

陈王列传第五十六

王允列传

王允字子师,太原祁人也。世仕州郡为冠盖。同郡郭林宗尝见允而奇之,曰:"王生一日千里,王佐才也。"遂与定交。

年十九,为郡吏。时,小黄门晋阳赵津贪横放恣,为一县巨患,允讨捕杀之。而津兄弟谄事宦官,因缘谮诉,桓帝震怒,征太守刘瓆,遂下狱死。允送丧还平原,终毕三年,然后归家。复还仕,郡人有路佛者,少无名行,而太守王球召以补吏,允犯颜固争,球怒,收允欲杀之。刺史邓盛闻而驰传辟为别驾从事。允由是知名,而路佛以之废弃。

允少好大节,有志于立功,常习诵经传,朝夕试驰射。三公并辟,以司徒高第为侍御史。中平元年,黄巾贼起,特选拜豫州刺史。辟荀爽、孔融等为从事,上除禁党。讨击黄巾别帅,大破之,与左中郎将皇甫嵩、右中郎将朱俊等受降数十万。于贼中得中常侍张让宾客书疏,与黄巾交通,允具发其奸,以状闻。灵帝责怒让,让叩头陈谢,竟不能罪之。而让怀协忿怨,以事中允。明年,遂传下狱。

会赦，还复刺史。旬日间，复以它罪被捕。司徒杨赐以允素高，不欲使更楚辱，乃遣客谢之曰："君以张让之事，故一月再征。凶慝难量，幸为深计。"又诸从事好气决者，共流涕奉药而进之。允厉声曰："吾为人臣，获罪于君，当伏大辟以谢天下，岂有乳药求死乎！"投杯而起，出就槛车。既至廷尉，左右皆促其事，朝臣莫不叹息。大将军何进、太尉袁隗、司徒杨赐共上疏请之曰："夫内视反听，则忠臣谒诚；宽贤矜能，则义士厉节。是以孝文纳冯唐之说，晋悼宥魏绛之罪。允以特选受命，诛逆抚顺，曾未期月，州境澄清。方欲列其庸勋，请加爵赏，而以奉事不当，当肆大戮。责轻罚重，有亏众望。臣等备位宰相，不敢寝默。诚以允宜蒙三槐之听，以昭忠贞之心。"书奏，得以减死论。是冬大赦，而允独不在宥，三公咸复为言。至明年，乃得解释。是时，宦者横暴，睚眦触死。允惧不免，乃变易名姓，转侧河内、陈留间。

及帝崩，乃奔丧京师。时，大将军何进欲诛宦官，召允与谋事，请为从事中郎，转河南尹。献帝即位，拜太仆，再迁守尚书令。

初平元年，代杨彪为司徒，守尚书令如故。及董卓迁都关中，允悉收敛兰台、石室图书秘纬要者以从。既至长安，皆分别条上。又集汉朝旧事所当施用者，一皆奏之。经籍具存，允有力焉。时董卓尚留洛阳，朝政大小，悉委之于允。允矫情屈意，每相承附，卓亦推心，不生乖疑，故得扶持王室于危乱之中，臣主内外，莫不倚恃焉。

允见卓祸毒方深，篡逆已兆，密与司隶校尉黄琬、尚书郑公业等谋共诛之。乃上护羌校尉杨瓒行左将军事，执金吾士孙瑞为南阳太守，并将兵出武关道，以讨袁术为名，实欲分路征卓，而后拔天子还洛阳。卓疑而留之，允乃引内瑞为仆射，瓒为尚书。

二年，卓还长安，录入关之功，封允为温侯，食邑五千户。

固让不受。士孙瑞说允曰："夫执谦守约，存乎其时。公与董太师并位俱封，而独崇高节，岂和光之道邪？"允纳其言，乃受二千户。

三年春，连雨六十余日，允与士孙瑞、杨瓒登台请霁，复结前谋。瑞曰："自岁末以来，太阳不照，霖雨积时，月犯执法，彗孛仍见，昼阴夜阳，雾气交侵，此期应促尽，内发者胜。几不可后，公其图之。"允然其言，乃潜结卓将吕布，使为内应。会卓入贺，吕布因刺杀之。语在《卓传》。

允初议赦卓部曲，吕布亦数劝之。既而疑曰："此辈无罪，从其主耳。今若名为恶逆而特赦之，适足使其自疑，非所以安之之道也。"吕布又欲以卓财物班赐公卿、将校，允又不从。而素轻布，以剑客遇之。布亦负有功劳，多自夸伐，既失意望，渐不相平。

允性刚棱疾恶，初惧董卓豺狼，故折节图之。卓既歼灭，自谓无复患难，及在际会，每乏温润之色，杖正持重，不循权宜之计，是以群下不甚附之。

董卓将校及在位者多凉州人，允议罢其军。或说允曰："凉州人素惮袁氏而畏关东。今若一旦解兵（关东），则必人人自危。可以皇甫义真为将军，就领其众，因使留陕以安抚之，而徐与关东通谋，以观其变。"允曰："不然。关东举义兵者，皆吾徒耳。今若距险屯陕，虽安凉州，而疑关东之心，甚不可也。"时，百姓讹言，当悉诛凉州人，遂转相恐动。其在关中者，皆拥兵自守。更相谓曰："丁彦思、蔡伯喈但以董公亲厚，并尚从坐，今既不赦我曹，而欲解兵，今日解兵，明日当复为鱼肉矣。"卓部曲将李傕、郭汜等先将兵在关东，因不自安，遂合谋为乱，攻围长安。城陷，吕布奔走。布驻马青琐门外，招允曰:"公可以去乎?"允曰:"若蒙社稷之灵,上安国家,吾之愿也。如其不获,则奉身以死之。朝廷幼少,恃我而已,临难苟免,吾不忍也。努力谢关东诸公,勤以国家为念。"

初,允以同郡宋翼为左冯翊,王宏为右扶风。是时,三辅民庶炽盛,兵谷富实,李傕等欲即杀允,惧二郡为患,乃先征翼、宏。宏遣使谓翼曰:"郭汜、李傕以我二人在外,故未危王公。今日就征,明日俱族。计将安出?"翼曰:"虽祸福难量,然王命所不得避也。"宏曰:"义兵鼎沸,在于董卓,况其党与乎!若举兵共讨君侧恶人,山东必应之,此转祸为福之计也。"翼不从。宏不能独立,遂俱就征,下廷尉。傕乃收允及翼、宏,并杀之。

允时年五十六。长子侍中盖、次子景、定及宗族十余人皆见诛害,唯兄子晨、陵得脱归乡里。天子感恸,百姓丧气,莫敢收允尸者,唯故吏平陵令赵戬弃官营丧。

王宏字长文,少有气力,不拘细行。初为弘农太守,考案郡中有事宦官买爵位者,虽位至二千石,皆掠考收捕,遂杀数十人,威动邻界。素与司隶校尉胡种有隙,及宏下狱,种遂迫促杀之。宏临命诟曰:"宋翼竖儒,不足议大计。胡种乐人之祸,祸将及之。"种后眠辄见宏以杖击之,因发病,数日死。

后迁都于许,帝思允忠节,使改殡葬之,遣虎贲中郎将奉策吊祭,赐东园秘器,赠以本官印绶,送还本郡。封其孙黑为安乐亭侯,食邑三百户。

士孙瑞字君策,扶风人,颇有才谋。瑞以允自专讨董卓之劳,故归功不侯,所以获免于难。后为国三老、光禄大夫。每三公缺,杨彪、皇甫嵩皆让位于瑞。兴平二年,从驾东归,为乱兵所杀。

赵戬字叔茂,长陵人,性质正多谋。初平中,为尚书,典选举。董卓数欲有所私授，戬辄坚拒不听，言色强厉。卓怒，召将杀之，众人悚慄，而戬辞貌自若。卓悔，谢释之。长安之乱，客于荆州，刘表厚礼焉。及曹操平荆州，乃辟之，执戬手曰："恨相见晚。"卒相国钟繇长史。

论曰：士虽以正立，亦以谋济。若王允之推董卓而引其权，伺其间而敝其罪，当此之时，天下悬解矣。而终不以猜忤为衅者，知其本于忠义之诚也。故推卓不为失正，分权不为苟冒，伺间不为狙诈。及其谋济意从，则归成于正也。

赞曰：陈蕃芜室，志清天纲。人谋虽缉，幽运未当。言观殄瘁，曷非云亡？子师图难，晦心倾节。功全元丑，身残余孽。时有隆夷，事亦工拙。

译文：

王允，字子师，太原郡祁县人。世代在州郡为官，是郡中的仕宦之家。同郡郭林宗曾见王允，认为他是一个与众不同的人，郭林宗说："王生犹如千里马，是王佐之才。"遂与他结下友谊。

他十九岁为郡吏。那时候，小黄门晋阳赵津非常贪暴，是一县的大祸害。允逮捕并杀了他。赵津的兄弟谄事宦官，凭借这种关系上诉诬陷允。桓帝大怒，召太守刘瓆，下狱死。允送瓆丧回平原，三年丧事毕，然后回家。后来，他又任郡吏，本郡人有个名叫路佛的，少年没有什么好名声好德行，而太守王球却征召任命他为吏，王允不顾冒犯太守的尊严据理力争，王球大怒，把他收入监狱想杀掉他。刺史邓盛听说，马上派人驰传征召他为别驾从事。允由此知名，而路佛因此而被废弃。

允年轻时就讲求大节,有志于建立功业,经常诵习经传,朝夕练习骑马射箭。三公同时征召他。后来,由于他是司徒所选的高第,当了侍御史。中平元年,黄巾兵起,特选任他为豫州刺史。他征召荀爽、孔融等为从事。皇帝罢除党禁。讨伐黄巾别帅,大破黄巾军,与左中郎将皇甫嵩、右中郎将朱俊等受降数十万。从黄巾军中得到常侍张让的宾客的信札,可见张让与黄巾军有来往。王允彻底揭发了其中的奸情,并把情况报告皇帝。灵帝发怒责问张让,让叩头谢罪,最后,竟未能治他的罪。张让怀恨在心,借其他事中伤王允。第二年,遂被逮捕下狱。

遇大赦,复官刺史。旬日之间,又以别的罪名被捕。司徒杨赐因见王允一向是高洁之士,不愿他再受痛苦和羞辱,便派宾客去对他说:"您因为张让的事,所以一月之中两次被捕,凶险难以预测,希望你自裁为好。"又有属下一些从事遇事好使气决绝的人,边流涕边捧药给王允。允厉声说:"我作为人臣,得罪于皇上,应当受大辟之刑以谢天下,怎能服药求死呢!"把杯子一扔,站起来出门上了槛车。到了廷尉,在旁侍候的人,都就这件事逼迫他,朝臣没有不叹息的。大将军何进、太尉袁隗、司徒杨赐共同上疏请求说:"在上者遇事能自视自听,反求诸己,则忠臣更加竭尽忠诚;能够宽待贤者爱惜才士,则义士将会更加激励自己的节操。正是由于这个原因,汉孝文帝采纳了冯唐的意见,晋悼公宽宥了魏绛之罪。王允以特选受到皇帝的重用,诛讨逆贼,安抚降人,不满一月,州境之内得以澄清。正要列具他的功勋,请加爵赏,却因为奉事有不妥当的地方,便将遭杀身之祸,罪责轻而量刑重,会失去人心。我们备位宰相,不敢缄默。我们认为王允一案当听取宰相三公的意见,以明忠贞之心。"书奏上,得以减死论罪。这年冬天大赦,而王允独不在赦宥的范围之内，三公再次为他说话。到了第二年，才被释放。那时候宦官横行霸道，只要有一点小怨小忿触犯了他们，便会被处死。王允惧怕不能免祸，于是变更姓名，往来于河内、陈留之间。

灵帝死，王允赴京师奔丧。那时，大将军何进欲诛灭宦官，召允商议此事，任命他为从事中郎，转河南尹。献帝即位，任命他为太仆，再迁守尚书令。

初平元年，代杨彪为司徒，守尚书令如旧。后来董卓迁都关中，允将兰台、石室所藏的图书、谶纬图录等秘籍，择重要的全都收敛起来带入关中。到了长安，都分别条列奏上。经籍之得以保存，王允是出了力的。那时，董卓还留在洛阳，朝政不论大小，全委托给王允。允假意奉承附合，董卓也推心置腹，不生怀疑，这样才得以扶持王室于危乱之中，皇帝及内外大臣莫不依恃于他。

允见董卓为祸愈来愈严重，篡逆的苗头已经显露出来，便秘密与司隶校尉黄琬、尚书郑公业等商议共同杀掉他。于是上书让护羌校尉杨瓒行左将军事，执金吾士孙瑞为南阳太守，并率军出武关道，以讨伐袁术为名，实际上是要分路征讨董卓，然后护送天子回洛阳。董卓看后有些怀疑，便把此书压下。允推荐士孙瑞为仆射，扬瓒为尚书。

（初平）二年，董卓回长安，论叙迁都长安的功劳，封允为温侯，食邑五千户。允坚决推让不受。士孙瑞劝说王允："信守谦让简约，也要看时候。公与董太帅地位相等又同受封赏，而您独自标立高尚节操，这难道符合和其光同其尘的道理吗？"王允采纳了他的意见，于是受封二千户。

（初平）三年春，连雨六十多天，允与士孙瑞、杨瓒登台祈求止雨。他们见面时重申以前的谋议。瑞说："自去年底以来，太阳不照，持续霖雨，雾气弥漫，这是气数将尽的征兆，由内部发难者将取得胜利。机会不可错过,您可谋划谋划。"允同意他的意见,于是暗地里勾结董卓手下的大将吕布,使他为内应。正好董卓上朝入贺,吕布趁机把他刺死。详细情况见《董卓传》。

起初王允打算赦免董卓部曲,吕布也屡次劝他。但过后又有些疑惑,说:"这些人并没有罪,只不过是跟从主人罢了。现在如果说他们是罪大恶极的叛逆而予以特赦,正好使他们产生疑虑,看来不是安定他们的办法。"吕布又想把董卓的财物赏赐给公卿将校,允又不依从。而且允向来轻视吕布,把他当剑客对待。布也自恃有功,常常自夸自骄,既然有失望之感,渐渐有些不平。

王允性格刚而有威,最恨邪恶之人,最初因为害怕董卓狠如豺狼,所以只得暂时曲从,然后再设法除掉他。董卓既被歼灭,王允自以为再也没有什么患难了,以致在集会场合每每缺乏温和的颜色,一味杖正持重,不遵行权宜之计,因此下面的群众不很服从他。

董卓部下将校及在位的多是凉州人,王允想解散这支军队。有人劝允说:"凉州人向来怕袁氏及关东诸军。现在一旦解散他们,一定会人人自危。可以让皇甫义真为将军,前去率领这群人,使他们留陕以安抚他们,然后慢慢与关东通谋,以观其变。"允说:"不对。关东举义兵的,都是我们这样的人。现在如果据险屯陕,虽然安定了凉州兵众,但会使关东诸军心生疑虑,甚为不可。"那时候,百姓中传讹言,说要把凉州人全都杀死,于是凉州兵众辗转相传,产生恐惧骚动。那些在关中的,都拥兵自守,互相交谈说:"丁彦思、蔡伯喈仅仅因为董公待他们亲厚,都要受牵连得罪。现在既不宽赦我们,还要解除我们的武装,今天解除武装,明天就该成为鱼肉了。"董卓的部曲将李傕、郭汜等先率兵在关东,因为不自安,于是合谋作乱,围攻长安。城陷，吕布逃走，驻马青琐门外，招呼王允说："您可以走了吗？"允说："如果靠社稷之灵，上安国家，这是我的愿望。如果不能，那就只有以身死国。皇上幼小，所依靠的仅我而已，面临危难，苟且免祸，我不忍心这样做。请勉励感谢关东诸公，希望他们以国家为念。"

早先，王允以同郡宋翼为左冯翊，王宏为右扶风。那时，三辅地区人口众多，军粮充实，李傕等想立即杀允，又怕二郡为患，于是先召宋翼、王宏。宏派人对宋翼说："郭汜、李傕因为我们两人在外，所以才没有危害王公。如果我们今天应召，明天全都会被杀。有什么好办法吗？"翼说："虽然祸福难以预测，但是王命是不能回避的。"宏说："义兵四起像开了锅一样，目标在于董卓，何况是他的党与呢！如若举兵共同讨伐天子身边的恶人，山东一定会起来响应，这是转祸为福之计。"翼不听。王宏不能单独行动，遂一齐应召，下廷尉。于是，李傕逮捕允及翼、宏，一并杀死。

允时年五十六。他的长子侍中盖、次子景、定以及宗族十余人都被杀死。只有他哥哥的儿子晨、陵得脱祸回到家乡。天子深感悲恸，百姓都很丧气，没有敢去收允尸的，只有故吏平陵令赵戬弃官为他办理丧事。

王宏，字长文，年轻时有气力，不拘小节。起初为弘农太守，考察郡中有靠侍奉宦官而买得爵位的人，即使位至二千石也都要拷打逮捕，以致杀了数十人，威震邻界。他旧时与司隶校尉胡种有仇怨，等到王宏下狱，种遂急忙把他杀了。宏临死骂道："宋翼这个没见识的儒生，不足以与他商议大事。胡种乐他人之祸，祸必将降到他身上。"胡种后来一睡觉就看见王宏拿棍杖打他，于是得病，不几天就死了。

后来迁都于许,皇帝念及王允的忠节,下令重新改葬,派虎贲中郎将奉皇帝策书前去祭奠,赏赐王室贵族用的棺木一具,赠予本官印绶,送回本郡。封他的孙子黑为安乐亭侯,食邑三百户。

士孙瑞,字君策,扶风人,颇有才干谋略。瑞因允把讨董卓的功劳都归于自己,因此把功劳让给别人,自己不求封侯,所以获免于难。后来为国三老、光禄大夫。每当三公之位缺人,杨彪、皇甫嵩总要让位给瑞。兴平二年,随皇帝东归,被乱兵所杀。

赵戬,字叔茂,长陵人,性诚朴多计谋。初平年,为尚书,主管选举。董卓屡次想授官给自己的私人,戬坚决拒绝不肯照办,而且声色俱厉。董卓发怒,召来准备杀死他,众人吓得直哆嗦,而戬言语表情泰然自若。卓悔,向他赔礼并且放了他。长安之乱,他客居荆州,刘表待以厚礼。等到曹操平了荆州,征召于他,操握着赵戬的手说:"相见恨晚。"后来,他死于相国钟繇长史任上。

史家论曰:士虽然以正立于世,但也要靠谋略才能成事。如王允之推重董卓而分他的权,侦得机会便打击他的罪行,当这个时候,天下倒悬得解。而始终没有人以猜疑忤逆作为他的缺点,因为知道他的这些作为是出于忠义之心。因此推重董卓不为不正,分他的权力也不算轻率冒突,窥伺可乘之机也不算狡猾诡诈。等到计谋实现,目的达到,也就归成于正了。

史家赞曰:陈蕃听任居室芜秽,而立志要扫清天下。人谋虽已聚合,但冥运不符。眼见国家衰败,怎能说不是由于贤人死亡?子师图谋解救国难,掩饰真心,屈意奉承。殄灭元凶建立功勋,而自身却被董卓余党残杀。时运有盛衰,人事也有巧拙。

后汉书卷六十七

党锢列传第五十七

范滂列传

范滂字孟博,汝南征羌人也。少厉清节,为州里所服,举孝廉,光禄四行。时冀州饥荒,盗贼群起,乃以滂为清诏使,案察之。滂登车揽辔,慨然有澄清天下之志。及至州境,守令自知臧污,望风解印绶去。其所举奏,莫不厌塞众议。迁光禄勋主事。时,陈蕃为光禄勋,滂执公仪诣蕃,蕃不止之,滂怀恨,投版弃官而去。郭林宗闻而让蕃曰:"若范孟博者,岂宜以公礼格之?今成其去就之名,得无自取不优之议也?"蕃乃谢焉。

复为太尉黄琼所辟。后诏三府掾属举谣言,滂奏刺史、二千石权豪之党二十余人。尚书责滂所劾猥多,疑有私故。滂对曰:"臣之所举,自非叨秽奸暴,深为民害,岂以污简札哉!间以会日迫促,故先举所急,其未审者,方更参实。臣闻农夫去草,嘉谷必茂;忠臣除奸,王道以清。若臣言有贰,甘受显戮。"吏不能诘。滂睹时方艰,知意不行,因投劾去。

太守宗资先闻其名,请署功曹,委任政事。滂在职,严整疾恶。其有行违孝悌,不轨仁义者,皆埽迹斥逐,不与共朝。显荐异节，抽拔幽陋。滂外甥西平李颂，公族子孙，而为乡曲所弃，中常侍唐衡以颂请资，资用为吏。滂以非其人，寝而不召。资迁怒，捶书佐朱零。零仰曰："范滂清裁，犹以利刃齿腐朽。今日宁受笞死，而滂不可违。"资乃止。郡中中人以下，莫不归怨，乃指滂之所用以为"范党"。

后牢脩诬言钩党，滂坐系黄门北寺狱。狱吏谓曰："凡坐系皆祭皋陶。"滂曰："皋陶贤者，古之直臣。知滂无罪，将理之于帝；如其有罪，祭之何益！"众人由此亦止。狱吏将加掠考，滂以同囚多婴病，乃请先就格，遂与同郡袁忠争受楚毒。桓帝使中常侍王甫以次辨诘，滂等皆三木囊头，暴于阶下，余人在前，或对或否，滂、忠于后越次而进。王甫诘曰："君为人臣，不惟忠国，而共造部党，自相褒举，评论朝廷，虚构无端，诸所谋结，并欲何为？皆以情对，不得隐饰。"滂对曰："臣闻仲尼之言，'见善如不及，见恶如探汤'。欲使善善同其清，恶恶同其污，谓王政之所愿闻，不悟更以为党。"甫曰："卿更相拔举，迭为唇齿，有不合者，见则排斥，其意如何？"滂乃慷慨仰天曰："古之循善，自求多福；今之循善，身陷大戮。身死之日，愿埋滂于首阳山侧，上不负皇天，下不愧夷、齐。"甫愍然为之改容。乃得并解桎梏。

滂后事释，南归。始发京师，汝南、南阳士大夫迎之者数千两。同囚乡人殷陶、黄穆，亦免俱归，并卫侍于滂，应对宾客。滂顾谓陶等曰："今子相随，是重吾祸也。"遂遁还乡里。

初，滂等系狱，尚书霍谞理之。及得免，到京师，往候谞而不为谢。或有让滂者。对曰："昔叔向婴罪，祁奚救之，未闻羊舌有谢恩之辞，祁老有自伐之色。"竟无所言。

建宁二年，遂大诛党人，诏下急捕滂等。督邮吴导至县，抱诏书，闭传舍，伏床而泣。滂闻之，曰："必为我也。"即自诣狱。县令郭揖大惊，出解印绶，引与俱亡。曰："天下大矣，子何为在此？"滂曰："滂死则祸塞，何敢以罪累君，又令老母流离乎！"其母就与之诀。滂白母曰："仲博孝敬，足以供养，滂从龙舒君归黄泉，存亡各得其所。惟大人割不可忍之恩，勿增感戚。"母曰："汝今得与李、杜齐名，死亦何恨！既有令名，复求寿考，可兼得乎？"滂跪受教，再拜而辞。顾谓其子曰："吾欲使汝为恶，则恶不可为；使汝为善，则我不为恶。"行路闻之，莫不流涕。时年三十三。

论曰：李膺振拔污险之中，蕴义生风，以鼓动流俗，激素行以耻威权，立廉尚以振贵势，使天下之士奋迅感慨，波荡而从之，幽深牢破室族而不顾，至于子伏其死而母欢其义。壮矣哉！子曰："道之将废也与？命也！"

译文：

范滂，字孟博，汝南郡征羌县人。青年时期厉志节操，为乡里所服，被推荐为孝廉、光禄四行。那时候，冀州饥荒，盗贼四起，于是以范滂为清诏使，巡行查办此事，滂登车揽辔，慨然有澄清天下之志。进入州境，郡守县令们自知贪赃枉法，望风解印而逃。他所举奏的，无不令人心服。升任光禄勋主事。其时陈蕃任光禄勋，范滂按照属下官员见上司的礼仪去见陈蕃，蕃未加制止，滂很不高兴，扔掉笏版弃官而去。郭林宗听说此事责备陈蕃说："像范孟博这样的人，岂能以常礼要求他？现在倒成全了他去就的名声，岂不是你自取不好的物议吗？"蕃马上谢过自责。

（范滂）复被太尉黄琼所征辟。以后皇上下诏三府属吏举奏自己所听到的有关人民疾苦及官吏好坏的谣言,滂举奏刺史、二千石权门豪贵之党二十多人。尚书责备范滂举劾太多,怀疑其中夹有私心。滂答道:"我所举奏的,如不是贪污残暴深为民害的,岂能写到简札上?因为规定的会期太迫促了,所以先举所急,那些还没弄清楚的,还得参验证实。我听说农夫把草除去,嘉谷自然茂盛;忠臣除去奸贼,王道才得以清。如果我说的有与事实不符的地方,甘受大戮。"吏不能再诘难他。范滂眼见时事艰难,知道自己的意见行不通,便递上辞呈离去。

太守宗资久闻其名,请他出任功曹,政事全交给他。滂在职,作风严正,疾恶如仇。无论是谁只要是行为违背孝悌之道,不合仁义的,都要被斥逐出去,不与他们共事。表彰举荐有特殊节操的人,选拔隐身民间地位卑下的人。滂的外甥西平李颂,也是世家公子,但被乡亲所唾弃,中常侍唐衡为李颂请于宗资,资用颂为吏。滂认为颂非适当人选,迟迟不召,宗资迁怒,捶了书佐朱零。朱零昂首答道:"范滂裁断公正,犹如利刃截腐朽,今天宁可挨打至死,也不可违背范滂。"资只得作罢。郡中中人以下,都怨恨范滂,指范滂所用之人为"范党"。

以后牢脩诬告党人,滂因此被拘押于黄门北寺狱。狱吏对他说:"凡被拘押的人都祭皋陶。"滂说:"皋陶是贤人,是古代的正直之臣。知道我没罪,将会在老天面前申理此事;如果我有罪,祭他又有什么用!"大家从此也中止了祭祀。狱吏将要拷打他们,范滂见同狱的人许多都生了病,就请求先上榜床受拷打,与同郡袁忠争受刑杖拷打。桓帝使中常侍王甫依次诘问,滂等脖子、手、脚都带上刑具,头被蒙住,露天站在阶下。其余的人在前面,有的回答有的不回答,范滂、袁忠越过众人走到前面。王甫问道:"你为人臣,不考虑如何忠心报国,而共同结为党团,互相褒扬举荐，评论朝廷，无中生有，虚造事端，勾结在一起搞了种种阴谋，都想干什么？都照实说来，不得隐瞒。"滂回答说："我听说孔子有句话，'看见善的唯恐追赶不及，看见不善的犹如探手于热汤之中就会赶快离开！'我们评论善之为善，是为了使天下人都知道谁清，我们评论恶之为恶，是为了使天下人都知道谁浊，我以为这是行王政者所愿听到的，没想到反而成了结党。"甫说："你们互相举拔，互为唇齿，有与你们不合的，只要一觉察就排斥，这是什么意思？"于是，滂慷慨激昂，仰天而叹："古时候遵守善道，可以自求多福，现今遵循善道，反而身陷大戮。我身死之日，希望把我埋葬在首阳山旁，上不负皇天，不下愧伯夷、叔齐。"甫听后有所感动，神色也变了。于是大家才得解除刑具。

滂后来获释，南归。刚从洛阳出发，汝南、南阳的士大夫前来相迎的有数千辆车。同时被囚的同乡殷陶、黄穆，也获释同归，两人侍卫在范滂身旁，应对宾客。滂回头对殷陶等说："现在你们相随，是加重我的灾祸。"于是偷偷逃回乡里。

起初，滂等拘押在监狱里，尚书霍谞曾为他们申辩。及获释，到京师，去看望霍谞，但没有致谢。有的人责怪范滂。滂说："从前晋国的叔向得罪，祁奚救了他，没听说羊舌胅（叔向）有谢恩的话，祁老有居功之色。"竟没说什么。

建宁二年，大范围诛杀党人，皇帝下诏紧急逮捕范滂等。督邮吴导到了县里，抱着诏书，关上驿舍的门，伏在床上哭泣。范滂听说此事，说："一定是因为我的缘故。"马上自己去监狱投案。县令郭揖大吃一惊，解下印绶，要与他一道逃走。说："天下大得很，你为什么要留在这儿？"他说："我范滂一死灾祸就可以了结，怎么能因为我的罪而连累于你，又使老母受流离之苦呢！"他的母亲去与他诀别。范滂对母亲说："我弟弟仲博很孝敬，能够供养母亲，我随父亲龙舒君归于黄泉，生死各得其所。只是大人要割舍这不可割舍的亲子之情，请您不要太悲伤了。"他的母亲说："你今天能与李（膺）、杜（密）齐名，死又何恨！既有美名，还要想长寿，可兼得吗？"滂跪下接受母亲的教导，再拜辞别。然后回过头来对他的儿子说："我要让你为恶吧，但是恶不可为；要让你为善吧，可是我并没有为恶。"过路的人听了，没有不流泪的。那年他三十三岁。

史家论曰：李膺奋起于污浊险恶的环境之中，蕴蓄道义，树立风声，以鼓动社会风尚，激励情操而使有威权的感到羞耻。树立廉洁的风尚以震慑那些有权有势的人，使天下之士感慨奋起直追，像波浪一样，一波接着一波，幽闭牢房破家灭族都在所不顾，以至于儿子心甘情愿地去死，而母亲为儿子的高尚节操而感到欣慰，真是雄壮呀！孔子说："道将废了吗？这是天命！"

张俭列传

张俭字元节，山阳高平人，赵王张耳之后也。父成，江夏太守，俭初举茂才，以刺史非其人，谢病不起。

延熹八年，太守翟超请为东部督邮。时中常侍侯览家在防东，残暴百姓，所为不轨。俭举劾览及其母罪恶，请诛之。览遏绝章表，并不得通，由是结仇。乡人朱并，素性佞邪，为俭所弃，并怀怨恚，遂上书告俭与同郡二十四人为党，于是刊章讨捕。俭得亡命，困迫遁走，望门投止，莫不重其名行，破家相容。后流转东莱，止李笃家。外黄令毛钦操兵到门，笃引钦谓曰："张俭知名天下，而亡非其罪。纵俭可得，宁忍执之乎？"

钦因起抚笃曰："蘧伯玉耻独为君子，足下如何自专仁义？"笃曰："笃虽好义，明廷今日载其半矣。"钦叹息而去。笃因缘送俭出塞，以故得免。其所经历，伏重诛者以十数，宗亲并皆殄灭，郡县为之残破。

中平元年，党事解，乃还乡里。大将军、三公并辟，又举敦朴，公车特征，起家拜少府，皆不就。献帝初，百姓饥荒，而俭资计差温，乃倾竭财产，与邑里共之，赖其存者以百数。

建安初，征为卫尉，不得已而起。俭见曹氏世德已萌，乃阖门县车，不豫政事。岁余卒于许下。年八十四。

论曰：昔魏齐违死，虞卿解印；季布逃亡，朱家甘罪。而张俭见怒时王，颠沛假命，天下闻其风者，莫不怜其壮志，而争为之主。至乃捐城委爵、破族屠身，盖数十百所，岂不贤哉！然俭以区区一掌，而欲独堙江河，终婴疾甚之乱。多见其不知量也。

译文：

张俭，字元节，山阳郡高平县人，是西汉赵王张耳的后人。父亲名成，任江夏太守。俭起初被举荐为茂才，因为举荐他的刺史不怎么样，所以托病不出来。

延熹八年，太守翟超请他担任东部督邮。那时候中常侍侯览家在防东，剥削百姓，行为不轨，张俭检举侯览及他母亲的罪行，请予诛杀。侯览扣压张俭的奏章，不予上达，因此结下了仇怨。俭同乡人朱并向来是个奸佞之人，为张俭所不齿，也怀恨在心，于是上书告俭与同郡二十四人结党。于是皇帝削去奏章上朱并的名字，下令根据奏章上所列出的姓名进行搜捕。张俭被迫逃亡，见有人家便去投宿，所到之家无不敬重他的名行，冒着破家的危险予以接纳。后来流转到东莱,住在李笃家。外黄令毛钦持着兵器来到门前,笃拉着毛钦对他说:"张俭知名天下,他之所以亡命并非他有罪。即使能得到张俭,难道忍心把他抓起来吗?"钦站起来拍着李笃说:"蘧伯玉以独自为君子感到可耻,足下为什么把仁义看作是自己专有的?"笃说:"笃虽然好义,但是今天阁下已经得到一半了。"毛钦叹息一番就走了。笃找到机会送俭出塞,这样才得以免祸。他所经过的地方,有十几处受重诛,宗族亲戚都被灭绝,郡县为之残破。

中平元年,党禁解除,才回到乡里。大将军、三公都来征辟他,又举荐敦朴,公车特征,一经征召,即拜少府,他一概不去。献帝初年,百姓遭饥荒,而张俭的经济情况较好,于是倾竭全部财产,与同邑里的人共同享用,靠它活下来的人以百数。

建安初,征为卫尉,不得已而赴任。俭见曹氏主掌天下的德运已见端倪,便闭门悬车,不参与政事。过了一年多,死于许下。年八十四。

史家论曰:从前魏齐为躲避赵王杀他而投奔虞卿,虞卿为他解下相印一同逃亡;季布逃亡到朱家,朱家甘冒罪及三族之祸而收容他。而张俭惹君王发怒,颠沛逃命,天下听到风声的,没有不怜惜他的壮志而争着收留他。以至于抛弃官职爵禄、破族屠身的,大概有数十百处,岂能说不贤!但俭以自己小小的一个巴掌,而想去堵塞江河,最终因疾恶过甚招致祸乱,这只显露了他的不知轻重而已。

后汉书卷六十九

窦何列传第五十九

窦武列传

窦武字游平,扶风平陵人,安丰戴侯融之玄孙也。父奉,定襄太守。武少以经行著称,常教授于大泽中,不交时事,名显关西。

延熹八年,长女选入掖庭,桓帝以为贵人,拜武郎中。其冬,贵人立为皇后,武迁越骑校尉,封槐里侯,五千户。明年冬,拜城门校尉。在位多辟名士,清身疾恶,礼赂不通,妻子衣食裁充足而已。是时,羌蛮寇难,岁俭民饥,武得两宫赏赐,悉散与太学诸生,及载肴粮于路,丐施贫民。兄子绍,为虎贲中郎将,性疏简奢侈。武每数切厉相戒,犹不觉悟,乃上书求退绍位,又自责不能训导,当先受罪。由是绍更遵节,大小莫敢违犯。

时,国政多失,内官专宠,李膺、杜密等为党事考逮。永康元年,上疏谏曰:

臣闻明主不讳讥刺之言,以探幽暗之实;忠臣不恤谏争之患,以畅万端之事。是以君臣并熙,名奋百世。臣幸得遭盛明之世,逢文、武之化,岂敢怀禄逃罪,不竭其诚!陛下初从藩国,爰登圣祚,天下逸豫,谓当中兴。自即位以来,未闻善政。梁、孙、寇、邓虽或诛灭,而常侍黄门续为祸虐,欺罔陛下,竞行谲诈,自造制度,妄爵非人,朝政日衰,奸臣日强,伏寻西京放恣王氏,佞臣执政,终丧天下。今不虑前事之失,复循覆车之轨,臣恐二世之难,必将复及,赵高之变,不朝则夕。近者奸臣牢脩,造设党议,遂收前司隶校尉李膺、太仆杜密、御史中丞陈翔、太尉掾范滂等逮考,连及数百人,旷年拘录,事无效验。臣惟膺等建忠抗节,志经王室,此诚陛下稷、离、伊、吕之佐,而虚为奸臣贼子之所诬枉,天下寒心,海内失望。惟陛下留神澄省,时见理出,以厌人鬼喁喁之心。臣闻古之明君,必须贤佐,以成政道。今台阁近臣,尚书令陈蕃,仆射胡广,尚书朱寓、荀绲、刘祐、魏朗、刘矩、尹勋等,皆国之贞士,朝之良佐。尚书郎张陵、妫皓、苑康、杨乔、边韶、戴恢等,文质彬彬,明达国典。内外之职,群才并列。而陛下委任近习,专树饕餮,外典州郡,内干心膂。宜以次贬黜,案罪纠罚,抑夺宦官欺国之封,案其无状诬罔之罪,信任忠良,平决臧否,使邪正毁誉,各得其所,宝爱天官,唯善是授。如此,咎征可消,天应可待。间者有嘉禾、芝草、黄龙之见。夫瑞生必于嘉士,福至实由善人,在德为瑞,无德为灾。陛下所行,不合天意,不宜称庆。

书奏,因以病上还城门校尉、槐里侯印绶。帝不许,有诏原李膺、杜密等,自黄门北寺、若卢、都内诸狱,系囚罪轻者皆出之。

其冬,帝崩,无嗣。武召侍御史河间刘儵,参问其国中王子侯之贤者,儵称解渎亭侯宏。武入白太后,遂征立之,是为灵帝。拜武为大将军,常居禁中。帝既立,论定策功,更封武为闻喜侯;子机渭阳侯,拜侍中;兄子绍鄠侯,迁步兵校尉;绍弟靖西乡侯,为侍中,监羽林左骑。

武既辅朝政,常有诛剪宦官之意,太傅陈蕃亦素有谋。时共会朝堂,蕃私谓武曰:"中常侍曹节、王甫等,自先帝时操弄国权,浊乱海内,百姓匈匈,归咎于此。今不诛节等,后必难图。"武深然之。蕃大喜,以手推席而起。武于是引同志尹勋为尚书令,刘瑜为侍中,冯述为屯骑校尉;又征天下名士废黜者前司隶李膺、宗正刘猛、太仆杜密、庐江太守朱寓等,列于朝廷,请前越巂太守荀翌为从事中郎,辟颍川陈寔为属:共定计策。于是天下雄俊,知其风旨,莫不延颈企踵,思奋其智力。

会五月日食,蕃复说武曰:"昔萧望之困一石显,近者李、杜诸公祸及妻子,况今石显数十辈乎!蕃以八十之年,欲为将军除害。今可且因日食,斥罢宦官,以塞天变。又赵夫人及女尚书,旦夕乱太后,急宜退绝。惟将军虑焉。"武乃白太后曰:"故事,黄门、常侍但当给事省内,典门户,主近署财物耳。今乃使与政事而任权重,子弟布列,专为贪暴。天下匈匈,正以此故。宜悉诛废,以清朝廷。"太后曰:"汉来故事世有,但当诛其有罪,岂可尽废邪?"时,中常侍管霸颇有才略,专制省内。武先白诛霸及中常侍苏康等,竟死。武复数白诛曹节等,太后尤豫未忍,故事久不发。

至八月,太白出西方。刘瑜素善天官,恶之,上书皇太后曰:"太白犯房左骖,上将星入太微,其占宫门当闭,将相不利,奸人在主傍。愿急防之。"又与武、蕃书,以星辰错缪,不利大臣,宜速断大计。武、蕃得书将发,于是以朱寓为司隶校尉,刘祐为河南尹,虞祁为洛阳令。武乃奏免黄门令魏彪,以所亲小黄门山冰代之。使冰奏素狡猾尤无状者长乐尚书郑飒,送北寺狱。蕃谓武曰:"此曹子便当收杀,何复考为!"武不从,令冰与尹勋、侍御史祝瑨杂考飒，辞连及曹节、王甫。勋、冰即奏收节等，使刘瑜内奏。

时，武出宿归府，典中书者先以告长乐五官史朱瑀。瑀盗发武奏，骂曰："中官放纵者，自可诛耳。我曹何罪，而当尽见族灭！"因大呼曰："陈蕃、窦武奏白太后废帝，为大逆！"乃夜召素所亲壮健者长乐从官史共普、张亮等十七人，喢血共盟诛武等。曹节闻之，惊起，白帝曰："外间切切，请出御德阳前殿。"令帝拔剑踊跃，使乳母赵娆等拥卫左右，取棨信，闭诸禁门。召尚书官属，胁以白刃，使作诏板。拜王甫为黄门令，持节至北寺狱，收尹勋、山冰。冰疑，不受诏，甫格杀之。遂害勋，出郑飒。还共劫太后，夺玺书。令中谒者守南宫，闭门，绝复道。使郑飒等持节，及侍御史、谒者捕收武等。武不受诏，驰入步兵营，与绍共射杀使者。召会北军五校士数千人屯都亭下，令军士曰："黄门常侍反，尽力者封侯重赏。"诏以少府周靖行车骑将军，加节，与护匈奴中郎将张奂率五营士讨武。夜漏尽，王甫将虎贲、羽林、厩驺、都候、剑戟士，合千余人，出屯朱雀掖门，与奂等合。明旦悉军阙下，与武对阵。甫兵渐盛，使其士大呼武军曰："窦武反，汝皆禁兵，当宿卫宫省，何故随反者乎？先降有赏！"营府素畏服中官，于是武军稍稍归甫。自旦至食时，兵降略尽。武、绍走，诸军追围之，皆自杀，枭首洛阳都亭。收捕宗亲、宾客、姻属，悉诛之，及刘瑜、冯述，皆夷其族。徙武家属日南，迁太后于云台。

当是时，凶竖得志，士大夫皆丧其气矣。武府掾桂阳胡腾，少师事武，独殡敛行丧，坐以禁锢。

武孙辅，时年二岁，逃窜得全。事觉，节等捕之急。胡腾及令史南阳张敞共逃辅于零陵界，诈云已死，腾以为己子，而使聘娶焉。后举桂阳孝廉。至建安中，荆州牧刘表闻而辟焉，以为从事，使还窦姓，以事列上。会表卒，曹操定荆州，辅与宗人徙居于邺，辟丞相府。从征马超，为流矢所中死。

初，武母产武而并产一蛇，送之林中。后母卒，及葬未窆，有大蛇自榛草而出，径至丧所，以头击柩，涕血皆流，俯仰蜿屈，若哀泣之容，有顷而去。时人知为窦氏之祥。

腾字子升，初，桓帝巡狩南阳，以腾为护驾从事。公卿贵戚车骑万计，征求费役，不可胜极。腾上言："天子无外，乘舆所幸，即为京师。臣请以荆州刺史比司隶校尉，臣自同都官从事。"帝从之。自是肃然，莫敢妄有干欲，腾以此显名。党锢解，官至尚书。

张敞者，太尉温之弟也。

译文：

窦武字游平，扶风平陵人，是安丰侯窦融的玄孙。他的父亲窦奉，曾做过定襄太守。窦武年轻的时候以经术品行著称于世，常在大片的沼泽中给学生传授知识，不接触当时时事，名声显扬于关西地区。

延熹八年（165年），窦武的长女被选入宫，汉桓帝将她封为贵人，于是任命窦武为郎中。这年冬天，窦贵人被立为皇后，窦武升任越骑校尉，封槐里侯，食邑五千户。第二年冬天，窦武又被任命为城门校尉。窦武在职期间多多辟用名士，又清正廉明，疾恶如仇，不接受礼物贿赂，家境清寒，妻子儿女仅能维持温饱而已。这时羌、蛮等族作乱，庄稼歉收、百姓饥贫，窦武得到帝、后两宫的赏赐，全部散发给太学诸生，并装载粮食菜肴到大街上，施与贫民食用。他的侄子窦绍，任官虎贲中郎将，性格放荡不羁,生活奢侈。窦武多次严厉劝诫他不要这样,但窦绍仍不改正,于是窦武上书请求桓帝撤掉窦绍的职位,又责备自己不能教训诱导,应当先受处罚。从此窦绍改而遵守礼节,窦氏大小没人敢违犯礼法。

当时朝政有很多失当之处,宦官独受宠信,李膺、杜密等人因为党事被抓入狱中。元永康元年(167年),窦武上书劝谏说:

臣听说明主不忌讳讽刺自己的言论,用以探明暗处的实际情况;忠臣不以因谏争引起的后患为灾难,来使复杂万端的事情得以上通。因此君臣的事业都得以兴盛,名声流传百世。臣有幸遇到盛明之世,得逢文王、武王那样的教化,哪里敢拿着国家俸禄而逃避罪责,不尽自己的诚心呢!陛下当初从藩国登上皇位时,天下百姓安乐,认为国家将从此中兴。但自从陛下即位以来,没有听到有什么好的政策。梁冀、孙寿、寇荣、邓万世虽被诛灭,但常侍黄门接着作恶,危害天下,他们欺骗陛下,大行狡诈之术,自己伪造制度,胡乱将爵位给予不恰当的人,朝政日渐衰败,奸臣的势力愈来愈强。臣寻思西汉朝廷因为放纵王氏,奸佞之臣执掌朝政,终于丢掉天下。现在如果不考虑前事的失策,又沿着翻车的车辙走下去,臣恐怕秦二世那样的灾难,一定会再次到来,赵高那样的变乱,将会发生在朝夕之间。最近奸臣牢脩捏造党事之议,于是收捕前司隶校尉李膺、太仆杜密、御史中丞陈翔、太尉掾范滂等入狱加以拷问,牵连达数百人,经年拘留审问,而其事并没有什么证据。臣想李膺等人忠心高节,立志辅佐王室,这确实是陛下如同稷、契、伊尹、吕尚一样的良佐,而现在却毫无根据地被奸臣贼子诬陷受冤,天下人为此痛心,四海之内失去希望。只有陛下用心察审澄清，早日将他们结案释放，来满足人鬼殷切盼望的心情。

臣听说古代的明君，必须有贤良的辅佐，才能成其政道。现在台阁近臣，尚书令陈蕃、尚书仆射胡广、尚书朱寓、荀绲、刘祐、魏朗、刘矩、尹勋等人，都是国家的忠贞之士，朝廷的良佐。尚书郎张陵、妫皓、苑康、杨乔、边韶、戴恢等人，文雅而有礼貌，通晓国家的典章制度。朝廷内外的职官，人才济济。但陛下却信任周围的亲幸之人，专门起用一些贪残之人，使他们在外掌管州郡大权，在内干预朝廷中枢大权。应该依次将他们贬官黜退，追究他们的罪恶给予惩罚，贬夺宦官凭借欺骗得来的封爵，审查其无礼诬告欺骗之罪行，信任忠良之臣，公平地分判善恶，使邪恶、正直、毁谤、赞誉，都名副其实，珍爱官位，只授给善良正直的人。如果能这样做，灾祸的征兆就可以消除，上天相当的报应也可以得到。近来有嘉禾、芝草、黄龙出现，吉瑞出现一定是产生于嘉士身上，福至实在来于善人，有德就是吉祥，没有德就是灾祸。陛下所做的事，不符合天意，不应该称庆。

书奏上以后，窦武就称病请求辞官，交还城门校尉、槐里侯的印绶。桓帝不许，下诏赦免李膺、杜密等人，自黄门北寺、若卢、都内等处的各监狱，在押囚犯罪轻者皆赦免出狱。

这年冬天桓帝死，没有子嗣。窦武召见侍御史河间人刘儵，征问他河间王国诸王子侯中贤良的人，刘儵说有解渎亭侯刘宏。窦武入宫禀告窦太后，于是征召刘宏策立为帝，这就是汉灵帝。太后任命窦武为大将军，命他常住宫禁之中。灵帝得立之后，论策立之功，又封窦武为闻喜侯；其子窦机为渭阳侯，任职侍中；其侄窦绍为鄠侯，升任步兵校尉；窦绍之弟窦靖为西乡侯。任职侍中，监羽林左骑。

窦武辅政以后，常有剪除宦官的想法，太付陈蕃也一直有这个考虑。当时他们相会于朝堂，陈蕃私下对窦武说："中常侍曹节、王甫等人，自先帝时就操纵国家权柄，混乱海内，百姓扰攘不安，都归罪于此。现在不除掉曹节等人，以后就不好处置他们了。"窦武深以为是。陈蕃大喜，用手推开座席一跃而起。于是，窦武引荐与他志同道合的尹勋任尚书令，刘瑜任侍中，冯述任屯骑校尉；又征辟曾被废黜的天下名士前司隶校尉李膺、宗正刘猛、太仆杜密、庐江太守朱寓等人，列于朝廷为官；又聘请前越巂太守荀翌为从事中郎，辟举颍川人陈寔为掾属，共商大计。于是天下智谋才能之士，都知道窦武等人的意图，无不殷切盼望，都想追随窦武，贡献自己的智慧和力量。

正赶上五月有日食，陈蕃再次劝说窦武说："从前萧望之被一个叫石显的宦官所困，最近李固、杜乔诸公又遭宦官诬陷而遭难株连到妻子儿女，何况如今像石显那样的人有几十个呢！我陈蕃以八十岁的年纪，想为将军除害，现在可以借日食的机会，驱逐罢黜宦官，以防止天变。还有赵夫人和女尚书们，一天到晚在那儿惑乱太后，应当赶快将他们全部斥退。希望将军考虑。"于是，窦武禀告太后说："按汉朝的惯例，黄门、常侍只应该供省内驱使，掌管门户，主持近署的财物。现在却使他参与政事而且任权很重，其子弟分布朝廷内外，专做贪婪残暴之事。天下扰攘不安，正是因为这个缘故。应该将他们全部诛灭，以肃清朝廷。"太后说："汉朝历来的惯例很多，但只应当诛灭有罪的宦官，怎能将他们全部废掉呢？"当时中常侍管霸很有才略，专断省内诸事。窦武先禀告太后请杀掉管霸及中常侍苏康等人，终于将他们处死。窦武又多次禀告太后请诛杀曹节等人，太后下不了狠心，犹豫不定，所以事情拖延很久未能动手。

到八月，太白星出现在西方。刘瑜素来擅长天文，对于这种现象很厌恶，上书太后说："太白星侵犯房宿左边，上将星进入太微垣，这种情况的卜象是宫门应当关闭，将相将有不利的事情，奸人在人主周围，希望赶紧防备。"又给窦武、陈蕃写信，说星辰位置颠倒，不利于大臣，应当迅速决断大计。窦武、陈蕃得信后决定立即刻动手，先任用朱㝢为司隶校尉、刘祐为河南尹、虞祁为洛阳令。随后窦武上书奏免黄门令魏彪，用自己所亲信的小黄门山冰代替其职。命山冰劾奏素来狡猾尤其胡作非为的长乐尚书郑飒，送往北寺狱。陈蕃对窦武说："这样的人就应当立刻抓来杀掉，还审问他干什么！"窦武不听，命令山冰与尹勋、侍御史祝瑨一块儿审问郑飒，其供词牵连到曹节、王甫。尹勋、山冰立即上书请收捕曹节等人，使刘瑜入宫上奏。

这时窦武出宫回归府第，掌管宫中文书的人便先把此事告诉长乐五官史朱瑀。朱瑀偷开窦武的奏章一看，骂道："胡作非为的宦官，当然可以杀掉。我们这些人有什么罪，而应该都被灭族吗？"因而大声喊道："陈蕃、窦武上奏禀告太后废黜皇帝，是大逆不道！"于是连夜召集他素所亲信并体格健壮的长乐从官史共普、张亮等十七人，歃血为盟发誓共杀窦武等人。曹节听到这个消息，惊惧而起，禀告灵帝说："外边形势紧迫，请陛下出临德阳前殿。"让灵帝拔剑做出姿势，命令乳母赵娆等人环护左右，取出䂮信，传令关闭宫禁诸门。召来尚书台官员，用刀剑威胁，逼迫他们作诏书。任命王甫为黄门令，拿着符节到北寺狱捉拿尹勋、山冰。山冰生疑，不肯受诏，王甫将他杀死。于是杀掉尹勋，放出郑飒。王甫等人回过头来劫持窦太后，夺到玺书。命令中谒者把守南宫，关闭宫门，断绝南、北宫间的复道。派郑飒等人拿着符节，和侍御史、谒者逮捕窦武等人。窦武不接受诏书，骑马驰入步兵校尉的营中，与窦绍一起射死使者。召集北军五营的士卒数千人屯驻在都亭附近，命令军士说："黄门常侍造反，凡尽力者封侯重赏。"这时，宦官又使灵帝下诏以少府周靖摄行车骑将军，加给他符节，命他与护匈奴中郎将张奂率领北军五营的士兵讨伐窦武。黎明的时候，王甫率虎贲、羽林、厩驺、都侯、剑戟士等，共有千余人，出屯朱雀掖门，与张奂等人会合。天明后将军队全部屯于阙下，与窦武军对阵。王甫军逐渐加多，命士兵大声召唤窦武军说："窦武谋反，你们都是禁卫军，应该保卫宫禁，为什么跟随谋反的人呢？先投降的有赏。"各营府本来畏服宦官，于是窦武的军士渐渐投降王甫。从早晨到吃饭时，窦武的士兵将近走光。窦武、窦绍逃走，众军追赶包围，两人被迫自杀，随后他们的头被砍下来挂在洛阳都亭。窦武的族人亲属，宾客、姻亲都被逮捕杀掉，刘瑜、冯述等人，也都被灭族。窦武的家属被迁至日南郡住，窦太后被迁往云台。

当此之时，凶恶小人得志，士大夫皆垂头丧气。窦武大将军府掾桂阳人胡腾，年轻时便曾以窦武为师，独自殓殡了窦武并给他行丧，结果因此遭到禁锢的处罚。

窦武的孙子窦辅，当时二岁，逃窜在外得以保住性命。这件事被发现后，曹节等人追捕甚急。胡腾和令史南阳人张敞一起带着窦辅逃往零陵境内，假称窦辅已经死掉，胡腾把窦辅当作自己的儿子，并给他娶了妻子。后来窦辅被举为桂阳孝廉。到建安年间，荆州牧刘表听说窦辅的事情，将他辟为从事，并使还姓窦氏，并将此事往上报告。但刘表恰在这时死去，曹操平定荆州，窦辅与同族的人被迁至邺城居住，被征辟入丞相府中任职，后跟从曹操征马超，身中流箭而死。

当初,窦武的母亲生窦武时一起生了一条蛇,家里的人将它送入树林里。后来窦武的母亲死去,在灵柩放入坑中尚未掩埋时,有一条大蛇从树丛的草中爬出,一直到埋葬之处,用头撞击灵柩,眼中流泪及血,上下俯仰扭动身体,好像悲泣的样子,过了一会儿才爬走。当时人知道这是窦家吉凶的征兆。

胡腾字子升。当初,桓帝巡狩南阳,以胡腾为护驾从事。公卿贵戚车辆马匹上万。所征求的资费力役,不可胜计。胡腾上奏说:"对天子来说没有外地,车驾所在之处,就是京师。臣请以荆州刺史比照司隶校尉,臣自然同于都官从事。"桓帝采纳。从此以后公卿贵戚肃然守法,没人敢妄自求取,胡腾因此闻名于世。党锢之禁解除后,他官至尚书。

张敞,是太尉张温的弟弟。

后汉书卷七十

郑孔荀列传第六十

孔融列传

孔融字文举,鲁国人,孔子二十世孙也。七世祖霸,为元帝师,位至侍中。父宙,太山都尉。

融幼有异才。年十岁,随父诣京师。时,河南尹李膺以简重自居,不妄接士宾客,敕外自非当世名人及与通家,皆不得白。融欲观其人,故造膺门。语门者曰:"我是李君通家子弟。"门者言之。膺请融,问曰:"高明祖父尝与仆有恩旧乎?"融曰:"然。先君孔子与君先人李老君同德比义,而相师友,则融与君累世通家。"众坐莫不叹息。太中大夫陈炜后至,坐中以告炜。炜曰:"夫人小而聪了,大未必奇。"融应声曰:"观君所言,将不早惠乎?"膺大笑曰:"高明必为伟器。"

年十三,丧父,哀悴过毁,扶而后起,州里归其孝。性好学,博涉多该览。

山阳张俭为中常侍侯览所怨,览为刊章下州郡,以名捕俭。俭与融兄褒有旧,亡抵于褒,不遇。时融年十六,俭少之而不告。融见其有窘色,谓曰:"兄虽在外,吾独不能为君主邪?"

因留舍之。后事泄，国相以下，密就掩捕，俭得脱走，遂并收褒、融送狱。二人未知所坐。融曰："保纳舍藏者，融也，当坐之。"褒曰："彼来求我，非弟之过，请甘其罪。"吏问其母，母曰："家事任长，妾当其辜。"一门争死，郡县疑不能决，乃上谳之。诏书竟坐褒焉。融由是显名，与平原陶丘洪、陈留边让齐声称。州郡礼命，皆不就。

辟司徒杨赐府。时，隐核官僚之贪浊者，将加贬黜，融多举中官亲族。尚书畏迫内宠，召掾属诘责之。融陈对罪恶，言无阿挠。河南尹何进当迁为大将军，杨赐遣融奉谒贺进，不时通，融即夺谒还府，投劾而去。河南官属耻之，私遣剑客欲追杀融。客有言于进曰："孔文举有重名，将军若造怨此人，则四方之士引领而去矣。不如因而礼之，可以示广于天下。"进然之，既拜而辟融，举高第，为侍御史。与中丞赵舍不同，托病归家。后辟司空掾，拜中军候。在职三日，迁虎贲中郎将。会董卓废立，融每因对答，辄有匡正之言。以忤卓旨，转为议郎。时黄巾寇数州，而北海最为贼冲，卓乃讽三府同举融为北海相。

融到郡，收合士民，起兵讲武，驰檄飞翰，引谋州郡。贼张饶等群辈二十万众从冀州还，融逆击，为饶所败，乃收散兵保朱虚县。稍复鸠集吏民为黄巾所误者男女四万余人，更置城邑，立学校，表显儒术，荐举贤良郑玄、彭璆、邴原等。郡人甄子然、临孝存知名早卒，融恨不及之，乃命配食县社。其余虽一介之善，莫不加礼焉。郡人无后及四方游士有死亡者，皆为棺具而敛葬之。时，黄巾复来侵暴，融乃出屯都昌，为贼管亥所围。融逼急，乃遣东莱太史慈求救于平原相刘备。备惊曰："孔北海乃复知天下有刘备邪？"即遣兵三千救之，贼乃散走。

时，袁、曹方盛，而融无所协附。左丞祖者，称有意谋，劝融有所结纳。融知绍、操终图汉室，不欲与同，故怒而杀之。

融负其高气，志在靖难，而才疏意广，迄无成功。在郡六年，刘备表领青州刺史。建安元年，为袁谭所攻，自春至夏，战士所余裁数百人，流矢雨集，戈矛内接。融隐几读书，谈笑自若。城夜陷，乃奔东山，妻、子为谭所虏。

及献帝都许，征融为将作大匠，迁少府。每朝会访对，融辄引正定议，公卿大夫皆隶名而已。

初，太傅马日磾奉使山东，及至淮南，数有意于袁术。术轻侮之。遂夺取其节，求去又不听，因欲逼为军帅。日磾深自恨，遂呕血而毙。及丧还，朝廷议欲加礼。融乃独议曰："日磾以上公之尊，秉髦节之使，衔命直指，宁辑东夏，而曲媚奸臣，为所牵率，章表署用，辄使首名，附下罔上，奸以事君。昔国佐当晋军而不挠，宜僚临白刃而正色。王室大臣，岂得以见胁为辞！又袁术僭逆，非一朝一夕，日磾随从，周旋历岁。《汉律》与罪人交关三日已上，皆应知情。《春秋》鲁叔孙得臣卒，以不发扬襄仲之罪，贬不书日。郑人讨幽公之乱，斫子家之棺。圣上哀矜旧臣，未忍追案，不宜加礼。"朝廷从之。

时论者多欲复肉刑。融乃建议曰：

古者敦庞，善否不别，吏端刑清，政无过失。百姓有罪，皆自取之。末世陵迟，风化坏乱，政挠其俗，法害其人。故曰上失其道，民散久矣。而欲绳之以古刑，投之以残弃，非所谓与时消息者也。纣斫朝涉之胫，天下谓为无道。夫九牧之地，千八百君，若各刖一人，是下常有千八百纣也。求俗休和，弗可得已。且被刑之人，虑不念生，志在思死，类多趋恶，莫复归正。夙沙乱齐，伊戾祸宋，赵高、英布，为世大患。不能止人遂为非也，适足绝人还为善耳。虽忠如鬻拳，信如卞和，智如孙膑，冤如巷伯，才如史迁，达如子政，一离刀锯，没世不齿。是太甲之思庸，穆公之霸秦，南睢之骨立，卫武之《初筵》，陈汤之都赖，魏尚之守边，无所复施也。汉开改恶之路，凡为此也。故明德之君，远度深惟，弃短就长，不苟革其政者也。

朝廷善之，卒不改焉。

是时，荆州牧刘表不供职贡，多行僭伪，遂乃郊祀天地，拟斥乘舆。诏书班下其事。融上疏曰：

窃闻领荆州牧刘表桀逆放恣，所为不轨，至乃郊祭天地，拟仪社稷。虽昏僭恶极，罪不容诛，至于国体，宜且讳之。何者？万乘至重，天王至尊，身为圣躬，国为神器，陛级县远，禄位限绝，犹天之不可阶，日月之不可逾也。每有一竖臣，辄云图之，若形之四方，非所以杜塞邪萌。愚谓虽有重戾，必宜隐忍。贾谊所谓"掷鼠忌器"，盖谓此也。是以齐兵次楚，唯责包茅；王师败绩，不书晋人。前以露袁术之罪，今复下刘表之事，是使跛犨欲窥高岸，天险可得而登也。案表跛扈，擅诛列侯，逼绝诏命，断盗贡篚，招呼元恶，以自营卫，专为群逆，主萃渊薮。郜鼎在庙，章孰甚焉！桑落瓦解，其势可见。臣愚以为宜隐郊祀之事，以崇国防。

五年，南阳王冯、东海王祗薨，帝伤其早殁，欲为修四时之祭，以访于融。融对曰：

圣恩敦睦，盛时增思，悼二王之灵，发哀悯之诏，稽度前典，以正礼制。窃观故事，前梁怀王、临江愍王、齐哀王、临淮怀王并薨无后，同产昆弟，即景、武、昭、明四帝是也，未闻前朝修立祭祀。若临时所施，则不列传纪。臣愚以为诸在冲龀，圣慈哀悼，礼同成人，加以号谥者，宜称上恩，祭祀礼毕，而后绝之。至于一岁之限，不合礼意，又违先帝已然之法，所未敢处。

初，曹操攻屠邺城，袁氏妇子多见侵略，而操子丕私纳袁熙妻甄氏。融乃与操书，称"武王伐纣，以妲己赐周公"。操不悟，后问出何经典。对曰："以今度之，想当然耳。"后操讨乌桓，又嘲之曰："大将军远征，萧条海外。昔肃慎不贡楛矢，丁零盗苏武牛羊，可并案也。"

时，年饥兵兴，操表制酒禁，融频书争之，多侮慢之辞。既见操雄诈渐著，数不能堪，故发辞偏宕，多致乖忤。又尝奏宜准古王畿之制，千里寰内，不以封建诸侯。操疑其所论建渐广，益惮之。然以融名重天下，外相容忍，而潜忌正议，虑鲠大业。山阳郗虑承望风旨，以微法奏免融官。因显明仇怨，操故书激厉融曰：

盖闻唐、虞之朝，有克让之臣，故麟凤来而颂声作也。后世德薄，犹有杀身为君，破家为国。及至其敝，睚眦之怨必仇，一餐之惠必报。故晁错念国，遘祸于袁盎；屈平悼楚，受谮于椒、兰；彭宠倾乱，起自朱浮；邓禹威损，失于宗、冯。由此言之，喜怒怨爱，祸福所因，可不慎与！昔廉、蔺小国之臣，犹能相下；寇、贾仓卒武夫，屈节崇好；光武不问伯升之怨；齐侯不疑射钩之虏。夫立大操者，岂累细故哉！往闻二君有执法之平，以为小介，当收旧好；而怨毒渐积，志相危害，闻之怃然，中夜而起。昔国家东迁，文举盛叹鸿豫名实相副，综达经学，出于郑玄，又明《司马法》，鸿豫亦称文举奇逸博闻，诚怪今者与始相违。孤与文举既非旧好，又于鸿豫亦无恩纪，然愿人之相美，不乐人之相伤，是以区区思协欢好。又知二君群小所构，孤为人臣，进不能风化海内，退不能建德和人，然抚养战士，杀身为国，破浮华交会之徒，计有余矣。

融报曰：

猥惠书教，告所不逮。融与鸿豫州里比郡，知之最早。虽尝陈其功美，欲以厚于见私，信于为国，不求其覆过掩恶，有罪望不坐也。前者黜退，欢欣受之。昔赵宣子朝登韩厥，夕被其戮，喜而求贺。况无彼人之功，而敢枉当官之平哉！忠非三闾，智非鼂错，窃位为过，免罪为幸。乃使余论远闻，所以惭惧也。朱、彭、寇、贾，为世壮士，爱恶相攻，能为国忧。至于轻弱薄劣，犹昆虫之相啮，适足还害其身，诚无所至也。晋侯嘉其臣所争者大，而师旷以为不如心竞。性既迟缓，与人无伤，虽出胯下之负，榆次之辱，不如贬毁之于己，犹蚊虻之一过也。子产谓人心不相似，或矜势者，欲以取胜为荣，不念宋人待四海之客，大炉不欲令酒酸也。至于屈縠巨狐，坚而无窃，当以无用罪之耳。它者奉遵严教，不敢失坠。郗为故吏，融所推进。赵衰之拔郄縠，不轻公叔之升臣也。知同其爱，训诲发中。虽懿伯之忌，犹不得念，况恃旧交，而欲自外于贤吏哉！辄布腹心，修好如初。苦言至意，终身诵之。

岁余，复拜太中大夫。性宽容少忌，好士，喜诱益后进。及退闲职,宾客日盈其门。常叹曰:"坐上客恒满,尊中酒不空,吾无忧矣。"与蔡邕素善,邕卒后,有虎贲士貌类于邕,融每酒酣,引与同坐,曰:"虽无老成人,且有典刑。"融闻人之善,若出诸己,言有可采,必演而成之,面告其短,而退称所长,荐达贤士,多所奖进,知而未言,以为己过,故海内英俊皆信服之。

曹操既积嫌忌,而郗虑复构成其罪,遂令丞相军谋祭酒路粹枉状奏融曰:

少府孔融,昔在北海,见王室不静,而招合徒众,欲规不轨,云"我大圣之后,而见灭于宋,有天下者,何必卯金刀"。及与孙权使语,谤讪朝廷。又融为九列,不遵朝仪,秃巾微行,唐突宫掖。又前与白衣祢衡跌荡放言,云"父之于子,当有何亲?论其本意,实为情欲发耳。子之于母,亦复奚为?譬如寄物瓴中,出则离矣"。既而与衡更相赞扬。衡谓融曰:"仲尼不死。"融答曰:"颜回复生。"大逆不道,宜极重诛。

书奏,下狱弃市。时年五十六。妻、子皆被诛。

初,女年七岁,男年九岁,以其幼弱得全,寄它舍。二子方弈棋,融被收而不动。左右曰:"父执而不起,何也?"答曰:"安有巢毁而卵不破乎!"主人有遗肉汁,男渴而饮之。女曰:"今日之祸,岂得久活,何赖知肉味乎?"兄号泣而止。或言于曹操,遂尽杀之。及收至,谓兄曰:"若死者有知,得见父母,岂非至愿!"乃延颈就刑,颜色不变,莫不伤之。

初,京兆人脂习元升,与融相善,每戒融刚直。及被害,许下莫敢收者,习往抚尸曰:"文举舍我死,吾何用生为?"操闻大怒,将收习杀之,后得赦出。

魏文帝深好融文辞，每叹曰："杨、班俦也。"募天下有上融文章者，辄赏以金、帛。所著诗、颂、碑文、论议、六言、策文、表、檄、教令、书记凡二十五篇。文帝以习有栾布之节，加中散大夫。

论曰：昔谏大夫郑昌有言："山有猛兽者，藜藿为之不采。"是以孔父正色，不容弑虐之谋；平仲立朝，有纾盗齐之望。若夫文举之高志直情，其足以动义概而忤雄心。故使移鼎之迹，事隔于人存；代终之规，启机于身后也。夫严气正性，覆折而已。岂有员园委屈，可以每其生哉！懔懔焉，皜皜焉，其与琨玉秋霜比质可也。

译文：

孔融，字文举，鲁国人。是孔子的二十世孙。他的七世祖名霸，曾是汉元帝的老师，官位达到侍中。父亲宙，为太山郡的都尉。

孔融幼年时就有特殊的才能。十岁时，他跟随父亲到达京城。当时，河南尹李膺以倨傲端重自居。不随便接待士人宾客，并命令守门人非当今世上名人及自己的世交，一律不得禀告。孔融很想见一见李膺这个人，便前往李府，对守门人说："我是李君世交的子弟。"守门的人照此通报后，李膺便邀请孔融相见。问道："您的祖先父辈曾和我有什么情谊呢？"孔融回答说："是啊，我的祖先孔子和您的祖先李老君因道德、仁义相同，成为师生朋友。那么，我与您自然应该是已延续多少代的世交了。"一席话，使在座的宾客无不赞叹。随后，太中大夫陈炜前来，在座的人把这件事告诉他。陈炜却说："一个人小时候聪慧懂事，长大不一定有惊人的才能。"孔融立即应声答道："听您的话,想必是您幼时不够聪明吧!"李膺哈哈大笑,夸奖说:"您将来一定能干一番大事。"

孔融十三岁时,父亲过世。他因过度悲哀损害了健康,扶着才能勉强起身。为此州郡乡里无不钦佩他的笃孝。孔融禀性好学,既能博览群书,又能掌握其中的精意。

山阳人张俭得罪了中常侍侯览。侯览便造匿名控告书发至各州郡,并以此借口逮捕张俭。张俭因同孔融的哥哥孔褒有交情,便逃往孔褒处避难,不巧未曾相遇。这时,孔隔年仅十六岁,张俭见他年龄太小不便实情相告。孔融见张俭面带着急的神色,便对他说:"哥哥虽然不在家,难道我就不能做您的东道主吗?"张俭因而暂时住在了孔府。后来此事泄露,国相以下,都遭到严密的突袭搜捕。因张俭已经逃脱,便把孔褒、孔融逮入监狱。但郡县官吏不知两人谁犯了罪。孔融就说:"是我留他藏在家中的,应当判我的罪。"孔褒说:"人来求助的是我,不该是弟弟的过失,请处罚我。"官吏见此无法判断,就又去问他们的母亲。其母却道:"家里的事是长辈做主,所以应当由我担当这个罪责。"就这样,一家人争着承担死罪。郡县官吏疑惑不能断案,便将此案呈送朝廷定夺。最后,皇帝下诏仅判孔褒一人有罪。事后,孔融美名传扬,与平原人陶丘洪、陈留人边让享有同样的声誉。这时,州里郡里都送来任命的文书,而孔融却均未接受。

后来,司徒杨赐征召孔融在司徒府任职。按当时的规定,审核贪官罪证的官吏凡有隐瞒实情的,一律受降职处罚。孔融检举核查的大多是宦官的亲戚族人。尚书因畏惧宦官,便召办事官员诘问,孔融一一陈述贪官的罪恶,义正词严,一点也不阿谀曲附。河南尹何进刚晋升为大将军时,杨赐派孔融奉名帖前去祝贺。可是孔融进去后，却未待通报就夺回名帖，然后留下弹劾呈状返身回府了。河南尹官属人员，都认为这是耻辱，遂暗中派刺客想追杀掉孔融。这时，客中有人劝谏何进说："孔文举的名气很大，您若与他结立怨仇，各地的豪杰志士都将要远离、背弃您。还不如就此以礼相待，来向天下广泛显示您宽广的胸怀。"何进接受了这一建议。不久后，他又恭恭敬敬地征召孔融任职，因孔融在政绩考核中成绩优异，被迁升为侍御史。后来，孔融因与中丞赵舍意见不合，便托病辞官回家了。

此后，孔融再被征召任司空署的部门负责人，官拜北军中侯。任职仅三日，又被改任为虎贲中郎将。这时期，恰逢董卓专权，废少帝立献帝。为此，孔融每有对策的机会，便阐发匡正国政的议论。因此他触犯了董卓的旨意，被转任为议郎。当时黄巾军已侵扰了几个州，其中北海郡正是黄巾军侵寇的要冲。董卓正想报复孔融，便暗示太尉、司徒、司空三府共同荐举孔融，担任北海郡太守。

孔融到北海郡上任后，一面组织士人百姓练兵习武，一面迅速发布命令传递书信，征引有关州郡防务的计谋。当贼将张饶等率领二十万大军从冀州返回时，孔融出兵迎击，却被张饶的军队打败，于是只好收集散兵退保朱虚县。很快，孔融就又纠集曾受黄巾蒙蔽的男女吏民四万余人，重新修建城邑，设立学校，表彰儒学，荐举贤良郑玄、彭璆、邴原等人。郡人甄子然、临孝存二人，都是德高望重却很早就故去了，孔融恨自己没能和他们相识，便命令地方在县社祠庙中祭祀他们。至于其他有点滴善行的人，孔融也都加以礼待。那些在郡中没有子女的百姓和暂住在此地的四方游士，凡有死亡的人，均给棺具予以安葬。就在此时，黄巾军又来侵扰劫掠，孔融遂出兵屯驻都昌，但又被贼军管亥部队围困住。孔融被逼迫急了,只好派东莱人太史慈向平原相刘备求救。刘备得知后,大为惊奇地说:"孔北海竟然还知道天下有我刘备?"刘备随即遣兵三千前往营救。贼寇这才溃散而去。

此时,袁绍、曹操的势力正盛,而孔融却没有协附于任何一方。有个叫左丞祖的人,自称具有远见谋略,他劝说孔融对于袁、曹二人的势力应该有所结交。孔融深知袁绍、曹操这样的人,最终是要图谋汉朝政权,不愿意与他们同流合污,所以他便一怒之下将左丞祖杀了。

孔融自恃气节清高,一心立志要平定国难,但是他志虽大才却疏,所以最终也没能成功。在担任北海郡守的第六年,刘备推荐他任青州刺史。建安元年(196年),青州受到袁谭的围攻,激战从春到夏,战士仅剩下几百人了,当时,攻守双方的飞箭往来,就像急雨般簇集,戈矛相接就如同密针在缝纫。但是孔融却凭几读书,谈笑自若。到了夜里,城池终于陷落了,孔融遂奔逃向东山,而他的妻室儿女则被袁谭所俘获。

及至献帝迁都许昌,朝廷征召孔融担任将作大匠,复又迁任少府。每当朝见商议国政时,孔融便引证经典来论决议题,使得其余的公卿大夫只不过列名罢了。

起初,太傅马日䃅奉命出使山东,但是待他到了淮南,却屡屡对袁术表示他的投靠之意。袁术轻视侮辱他,就夺去他的符节。马日䃅请求离去,袁术又不允许,因为袁术想逼迫马日䃅做自己的将帅。马日䃅深感悔恨,终至吐血而死。等到马日䃅的丧柩还朝,朝廷商议,想为他举行隆重的丧仪。对于这事,只有孔融独自上议说:"日䃅以上公的尊贵身份,担当使臣的使命,如此身负重任,本应不屈不挠,平和袁术的僭逆野心,然而他却曲意阿媚奸臣,受奸臣的摆布利用,让奸臣在所上的章表和签署的任命书中,把他的名字列在首位，而这也正是他迎附奸臣，欺罔皇上，以奸邪之心对待君主的表现。当初齐国的国佐面对强盛的晋军毫不屈服，宜僚不屈从白公胜反叛作乱的要求，面对威胁的刀尖也不改色。身为王室大臣，怎么能以受到威胁作为失节的借口！再说袁术的僭越逆行，也不是只有一朝一夕，日䃅与他交往，先后周旋已达一年了，按照《汉律》规定，与罪人往来三日以上者，均属于知情。所以《春秋》在记鲁国"叔孙得臣卒"事件时，因为叔孙得臣没有揭发襄仲想谋杀君主的罪行，便没有写明日期，以表示对他贬损的评价。而为了惩罚郑子家弑杀郑幽公的罪行，郑人则将他的棺木砍薄，不再让他享有卿的丧葬礼仪。如今圣上若因怜悯马日䃅是侍从您多年的老臣，不忍心追究此事可以，但是绝对不应该再对他加以礼葬了。"朝廷同意了他的意见。

此时，很多人想要恢复残害肢体的酷刑。孔融便建议说：

古人生性敦厚，好与不好之间没有多大差别，加上那时吏治端正刑狱清明，政治上没有什么过失，所以老百姓有了罪，都怨他们自己自找。然而到了衰颓的末世，风俗教化变得败坏混乱，不仅政治扰乱了以往的习俗，而且法令也残害了敦厚的百姓。可以说现在是朝廷既已失去了以往的统治原则方式，百姓们也涣散不受约束很久了。这种情况下，如果对他们绳之以古代的酷刑，使他们的肢体遭到残废，我想这绝不是什么依时变通的事情。当初殷纣王砍断清晨涉水人的脚，被天下人称为无道。中国九州之地，有千八百个国君，假若这些国君各残伤一个人，那么天下就该存在着千八百个纣王一样的暴君了。而那样再要求民间习俗平静和睦，也就绝不可能了。况且受到刑残的人，所考虑的已不再是如何生存，而是如何去死。这类人大多是走向罪恶，不再归复正路。如夙沙反叛齐君，伊戾祸害宋国，赵高、英布成为世上的大害等。这都说明肉刑并不能阻止人们去为非作歹，只能断绝刑人返恶归善的路罢了。而且尽管有如鬻拳那样忠诚的人，有如卞和那样的守信的人，有如孙膑那样机智的人，有如巷伯那样冤屈的人，有如司马迁那样聪睿的人，有如子政那样通达的人，一旦因受刑而残废，则至死都会被人看不起。相反，之所以太甲能思念改过自新，秦穆公之所以能称霸西戎，南睢之所以骨瘦如柴，卫武公之所以能赋《宾之初筵》诗表示悔过，陈汤之所以能在都赖水上斩敌立功，魏尚之所以能在云中固守边塞，无不是对罪人不施肉刑，用其所长的缘故。汉代之所以要废除肉刑开创改恶向善的方式，也都是因为这个缘故。因此，理解德政意义的君主，都能远谋深虑，任人会弃其短而就其长，并不轻易改革他所施行的政策。

朝廷认为孔融言之有理，终是没有改变废除肉刑的政策。

这时，荆州牧刘表不仅不向朝廷供奉应纳的地方赋税，还做有很多僭越非法的举动，到后来竟然祭祀天地，摹行起帝王的礼仪来。皇帝下诏书颁布这事后，孔融上疏说：

我听说荆州牧刘表凶暴行逆不服管束，行为越出常轨，以至于祭祀天地，效仿国祭社稷的礼仪。但是臣认为，尽管刘表利令致昏，僭越恶极，然因涉及国家的大体，最好暂且避讳不去宣扬。这是为什么呢？因为帝王最重要，也最尊贵，陛下的身躯就是圣躯，陛下的国家就是神明的器物，而皇位高高在上，其禄位已经是达到极限，这就犹如天的高度不可攀登，日月的亮度不能逾越一样。每出现一逆臣，便说想谋篡皇位，对于这些假若都四处张扬披露,我想绝不是杜塞邪念萌生的办法。我认为尽管这些竖逆之臣有大罪,也应该隐忍不发。贾谊所说的'掷鼠忌器',正是这个道理。所以齐国的军队屯驻在楚国,并不揭露楚国的篡逆之罪,只是仅仅谴责其不向朝廷进贡包茅;周王朝的军队打了败仗,《春秋》并不写明被晋人打败,以维护王者无敌的名誉。在此之前,朝廷已经揭露了袁术称帝的罪行,现在又下诏论列刘表的僭逆之事,这正是要让跛母羊存窥视陡峭直立高岸的妄想,以为天险也能攀登了。考察刘表的行为,他专横跋扈,擅自诛杀列侯,隔绝朝廷的诏令,劫掠地方向朝廷交纳的贡赋,招揽匪首,经营自己的势力,专门招降纳叛,萃集他们于草泽之涧,其一系列的罪恶逆行,早已象鲁桓公将宋国贿赂他的郜鼎放在太庙里一样罪证昭然,而又有什么能比这些事实更能揭示他的野心的呢!如同桑叶枯黄败落,屋瓦分崩解体一样,逆贼的败势早已明显可见。所以臣下认为朝廷应该隐讳刘表在郊祀中僭越的事,而以加强国家的防务为重。

建安五年(200年),献帝的儿子南阳王刘冯、东海刘祗相继死去,献帝悲哀他们过早地殁没,要为他们举行四季祭祀,并为此事向孔融咨问商议。对此孔融回答说:

皇上恩情亲厚和睦,而感伤现实发生的事情就更加重了思念的亲情,为了哀悼二王的亡灵,您发布了哀愍的诏书,并且还稽查核对了以往的典章制度,来修定现行的礼仪制度。对此我自己考察了历史,过去梁怀王、临江愍王、齐哀王、临淮怀王,去世时都是没有后代,他们的同母兄弟,就是景帝、武帝、昭帝和明帝,可是我并没有听说过前朝为他们设立祭祀的事。如果是临时措施,就不列入史籍。臣认为诸王均年龄幼小,圣上因慈爱而哀悼他们,对待他们采用同成年人一样的礼仪规格,还又加封了谥号,这样所表示的圣上恩爱之情应该说已经足够了,我想此时祭祀的礼仪完毕后,以后就不要这样了。至于对他们一年一祭的规定,既不合乎礼制,也有违先帝已定的法规,这点我是不敢贸然决断的。

初时,曹操攻屠邺城,袁绍家的妇孺很多遭到侵凌。而曹操的儿子则私下迎娶了袁熙的妻子甄氏。于是孔融写信给曹操,说:"武王伐纣,把殷纣王的爱妃妲己赐给给他的弟弟周公旦。"曹操看不明白什么意思,事后曹操问孔融这句话是出自什么经典。孔融回答说:"用现今发生的事推测,想当然罢了。"后来,曹操讨伐乌桓,孔融又嘲讽说:"大将军远征,使得海外萧条,这和以往肃慎氏不进贡楛矢,丁零人窃夺苏武牧放的牛羊使他陷入穷厄两件事,是可以相提并论的。"

当时,庄稼不收而且战事不断,曹操上表要求制定禁酒令,为此,孔融不断写信与曹操争辩,信中孔融对曹操常常带有侮辱的言辞。等见到曹操的奸雄诡诈日愈显著,使人往往不能容忍时,孔融就更有意说一些偏激诡怪的言论,去冒犯曹操。孔融还曾经上奏文说,朝廷应该按照古代王畿制度,在方圆千里以内,不分封建置诸侯。曹操很担心孔融的这些言论会逐渐扩散出去对自己不利,便更加害怕。但是因为孔融的名声太大了,表面上只得容忍他。然而,私下里却是非常忌讳孔融的这些正义严词。有个山阳人郗虑,为了迎合曹操的心意,便伺机以一些细小的过失为理由,上奏罢免孔融的官职。由于这是明显的寻报私怨,所以曹操又写信激发孔融说:

人们都听说在唐虞时代，因为有能够谦让的臣子，所以能有麒麟凤凰前来致意，并且产生出许多颂扬的诗歌。后世虽然道德浅薄了，但仍然有杀身为君，破家为国的忠臣。等到了敝败的衰世，睚眦类的小怨怼也都一定要报复，一餐饭类的小恩惠也一定要答谢。所以晁错虽为国家着想，却得罪了袁盎，最终导致自己获到杀身的灾祸；屈平虽哀悼楚怀王，却受到子椒、子兰的诬陷；彭宠的叛乱，也是缘起于朱浮的陷害；而邓禹之所以战败，更是由于宗钦、冯悟的争斗。由此言之，喜怒怨爱等情绪，往往是引来福祸的起因，因此，对于这些又怎能不慎重呢！以前，廉颇、蔺相如虽然身为一个小国的臣子，犹能相互礼让；寇恂、贾复仅一介鲁莽的武夫，亦能委屈求和；光武帝没有深究朱鲔曾经劝说更始帝刘玄杀了自己哥哥刘伯升的罪过，齐桓公也不怀疑射中过自己带钩的管仲。因此，作为立有大志向的人，怎能计较些细小的事端呵！过去我听说你和郗虑二人都有执法公正的好名声，怎能为一些芥蒂般的小怨伤了和气，我想你们还是应该捐弃前嫌，恢复旧时的友谊；可是你们却怨怒不断积深，而且还决心相互侵害，知道这些，我深深地感到不安，睡卧也不能安宁，往往半夜而起。过去国都从洛阳东迁到许昌时，文举你还曾经盛赞过鸿豫名声与实际行为相符合，通达儒学，说他既师出于大学者郑玄，又了解古《司马法》；鸿豫他也经常称叹文举你是奇才飘逸，博闻强识，我实在奇怪你们今天为什么会与开始时不一样了。其实我既与文举你不是旧时的好朋友，也与鸿豫间毫无恩情可言，但是我总希望人们相互赞美，不愿人们相互伤害。所以我诚心地希望帮助你们二人和好如初。我还知道你们二君的怨怼是因受到小人的离间造成的，对此，身为臣子的我虽说进不能教育感化海内的民风，退也不能建树美德使百姓和睦相处，但是抚养征战的士兵，杀身为国，戳穿浮华高谈的党徒，谋略还是绰绰有余的。

孔融回信说：

委屈您惠赐书信教诲我，指出我的不足。我与鸿豫的家是同州邻郡，很早就相互了解了。我虽然曾经讲过他的能力和美德，但那是希望我们之间的私人友谊更加深厚，对国家更为忠诚，而不是希望他掩覆我的过错，有罪不判。前不久他上书黜退我，我是欣然接受。古时候，赵宣子早晨刚推举韩厥担任司马的职务，傍晚就被他诛杀了自己手下使役的人。但是赵宣子却欣喜地要求别人祝贺他推举得人。何况我又没有赵宣子的功劳，怎敢平白担当官吏好坏的评定人呢！本人的忠诚赶不上屈原，才智也不如晁错，占据的官位却有过之，能免除罪恶就已值得庆幸了。现在让我把话对您讲，这使我深深感到惭愧和惧怕。朱浮、彭宠、寇恂、贾复等人都是世上的壮士，他们虽然因为爱憎的不同而相互攻击，但是他们却能为国家考虑。至于那些轻浮薄劣之辈的争斗，就好比是昆虫的相互咬杀，只能使他们自己受害，实在达不到什么效果。晋侯嘉许赞扬他的臣子中能以力相争的人，可是师旷却认为力争不如心竞。性情迟缓的人，是不会伤害别人的，虽然他们会受到韩信那种从人胯下爬过的欺负，及荆轲在榆次遭人怒目的那种污辱，但那些却不会令人感到是对自己的贬毁，而仅仅是好像蚊虻从身边擦过一样。然而正如子产所说的那样，人心是不相似的，有的人骄矜自负，总是以取胜为荣，而不考虑宋人本想接待四海宾客，造了大炉酿出很醇美的酒，却因为自己的凶犬吓走许多顾客，空让美酒变坏的事。至于屈穀的巨瓠，尽管既坚硬又无空穴,也只能担当无用的罪名罢了。其他的问题,我没有不尊奉您严厉的教诲,实不敢有所失误。郗虑作为我以前的属吏,是我一手推举提拔的。过去赵衰选拔郤縠的举动,与公叔提升家臣的意义同样重要。您与我是同样地爱护郗虑,可以对他提出发自内心的训诫教诲。敬叔虽然对懿伯存有怨忌,但还是没有以私仇影响到公务的办理,更何况我和郗虑本来就是旧交,我自己又凭什么要在郗虑这么好的官吏之间造矛盾呢!从心里说,我是希望能与郗虑修好如初的。对于这事,您的苦心至意,我会终身不忘。

一年以后,孔融又被升迁为太中大夫。孔融的性情很宽容是很少忌恨他人的,他喜好与士人交朋友,也乐于帮助和诱导那些晚生后进的人。等他退居闲散的职位后,便每天宾客盈门。对此他常常感叹地说:"坐上的宾客常常盈满着,尊中的酒也总不空着,这样我就可以无忧无虑了。"孔融与蔡邕一向很友好,蔡邕去世后,有位虎贲军的兵士相貌酷似蔡邕,每当孔融酒喝的很痛快时,便把这位军士叫来同坐共饮,并且引用《诗经·大雅·荡》篇的意思说:"现在虽然没有旧臣老朋友了,但还是有惯例故法可以照着做的。"每当孔融听到他人的优点,都是把它看作像是自己的一样,别人的言论中若是有价值的意见,他也必定要帮助敷陈引申,使这些意见更加完善。他还往往当面指出他人的缺点,但是在背后称赞那人的长处。在他所荐举的达观贤能的人士中,有很多后来都受到奖励和晋升。孔融认为知道有才能的人而不举荐,则是自己的过失。因此,国内的英雄俊才都很信服他。

由于曹操本来已经对孔融存有很多积怨猜忌,再加上郗虑又

给孔融捏造了罪名,于是曹操便令丞相军谋祭酒路粹,上奏文诬告孔融。奏文说:

少府孔融,以往在北海郡时,见王室动荡多事,便召集徒众,妄想图谋非法的行为,声称:"我是大圣人商汤的后代,祖先是被宋国的华督所杀害,有天下的人,为什么非要是姓刘的。"而等他与孙权的使者谈论时,他仍然妄意大肆谤毁讥讽朝廷。还有,孔融虽身列九卿之位,却不遵守朝廷的仪规,不戴巾帻,隐藏自己身份改装出行,冲犯后宫。再有,孔融以前与贱民祢衡放纵无礼,狂言:"父亲对于子女,会有什么亲情,论其本意,不过是情欲发作罢了。子女对于母亲,又算得了什么,就好比在缸里寄存的物品,拿出来也就分离了。"而在此不久,他还与祢衡相互吹捧。祢衡称他是"仲尼不死",他则答称祢衡为"颜回复生"。孔融的这些言行都是大逆不道的言行,应当对他严惩重诛。

此状被朝廷准奏后,孔融便被逮入监狱,不久就被处死街头。孔融当时的年龄是五十六岁。与此同时孔融的妻室儿女也都被诛杀。

当初,孔融的女儿七岁,儿子九岁,因为年幼的缘故,得以保全未杀,寄养在其他人家。那天,二个孩子正在弈棋,当孔融被抓走时,他们都没有动身。左右的邻人问:"父亲被抓时,你们为什么不起身站起来呀?"他们回答说:"哪里有鸟巢被毁掉,鸟卵不破的道理呢!"主人给他们喝肉汤,男孩子因为口渴,就接过来喝了。女孩却说:"今天有这样的灾祸,又能活多久,还有什么心思去尝肉汤呢?"于是他的哥哥大哭起来,也不再喝汤了。有人把这些事告诉给曹操,便把兄妹二人也诛杀了。就在前来抓他们的时候,小妹妹对他的哥哥说:"要是死了的人还能知晓事,这样就能够见到父母了,这不正是我们最大的愿望吗!"于是伸着脖子接受刑戮,面色一点也没有变,在场的人没有不悲怜他们的。

孔融生前,有个名叫脂习字元升的京兆人,与他很要好,常常提醒他不要过分刚直。等到孔融被害后,许都内没有人敢去收尸,而脂习却前去抚着孔融的尸体说:"文举抛下我先死了,我还活着干什么呢?"曹操听说了这件事勃然大怒,便下令将脂习逮捕监禁准备杀死,直到后来才被赦免放了出来。

魏文帝非常喜欢孔融的文辞,常常感叹说:"孔融的文名足以与杨雄、班固齐名并列。"而且招募天下,凡有献上孔融文章的人,就赏赐给金钱绸帛。孔融一生所著有诗、颂、碑文、论议、六言、策文、表、檄、教令、书记共二十五篇。同时,魏文帝也因脂习有栾布一样的节义,特给他加官担任中散大夫。

史家评曰:过去谏大夫郑昌曾经说过:"有猛兽出没的山中,野菜就没有人去采。"所以当孔父正直地主持朝政时,没人敢有弑君虐主的阴谋;而只要平仲还在朝廷执掌政事,陈氏便不敢作有窃取齐国政权的狂想。像孔文举这种具有高洁的志向和直率真情的人,是足以能感动正义抑制野心的。也正是因为这些缘故,才使曹操在生前不能实现他篡取汉家政权的企图,而由他的后代来完成。对于威严正义的人来说,只不过会遭受倾覆摧折罢了。但是,又怎会有委曲求全,贪恋生命的道理呢!颈烈呵,坚贞呵,孔融的品格是可以与白玉和积霜比美。

后汉书卷七十一

皇甫嵩朱俊列传第六十一

朱俊列传

朱俊字公伟，会稽上虞人也。少孤，母尝贩缯为业。俊以孝养致名，为县门下书佐，好义轻财，乡间敬之。时同郡周规辟公府，当行，假郡库钱百万，以为冠帻费，而后仓卒督责，规家贫无以备，俊乃窃母缯帛，为规解对。母既失产业，深恚责之。俊曰："小损当大益，初贫后富，必然理也。"

本县长山阳俊历郡职。后太守尹端以俊为主簿。熹平二年，端坐讨贼许昭失利，为州所奏，罪应弃市。俊乃赢服间行，轻赍数百金到京师，赂主章吏，遂得刊定州奏，故端得输作左校。端喜于降免而不知其由，俊亦终无所言。

后太守徐珪举俊孝廉，再迁除兰陵令，政有异能，为东海相所表。会交阯部群贼并起，牧守软弱不能禁。又交阯贼梁龙等万余人，与南海太守孔芝反叛，攻破郡县。光和元年，即拜俊交阯刺史，令过本郡简募家兵及所调，合五千人，分从两道而入。既到州界，按甲不前，先遣使诣郡，观贼虚实，宣扬威德，以震动其心；既而与七郡兵俱进逼之，遂斩梁龙，降者数万人，旬月尽定。以功封都亭侯，千五百户，赐黄金五十斤，征为谏议大夫。

及黄巾起，公卿多荐俊有才略，拜为右中郎将，持节，与左中郎将皇甫嵩讨颍川、汝南、陈国诸贼，悉破平之。嵩乃上言其状，而以功归俊，于是进封西乡侯，迁镇贼中郎将。

时南阳黄巾张曼成起兵，称"神上使"，众数万，杀郡守褚贡，屯宛下百余日。后太守秦颉击杀曼成，贼更以赵弘为帅，众浸盛，遂十余万，据宛城。俊与荆州刺史徐璆及秦颉合兵万八千人围弘，自六月至八月不拔。有司奏欲征俊。司空张温上疏曰："昔秦用白起，燕任乐毅，皆旷年历载，乃能克敌。俊讨颍川，以有攻效，引师南指，方略已设，临军易将，兵家所忌，宜假日月，责其成功。"灵帝乃止。俊因急击弘，斩之。贼余帅韩忠复据宛拒俊。俊兵少不敌，乃张围结垒，起土山以临城内，因鸣鼓攻其西南，贼悉众赴之。俊自将精卒五千，掩其东北，乘城而入。忠乃退保小城，惶惧乞降。司马张超及徐璆、秦颉皆欲听之。俊曰："兵有形同而势异者。昔秦、项之际，民无定主，故赏附以劝来耳。今海内一统，唯黄巾造寇，纳降无以劝善，讨之足以惩恶。今若受之，更开逆意，贼利则进战，钝则乞降，纵敌长寇，非良计也。"因急攻，连战不克。俊登土山望之，顾谓张超曰："吾知之矣。贼今外围周固，内营逼急，乞降不受，欲出不得，所以死战也。万人一心，犹不可当，况十万乎！其害甚矣。不如彻围，并兵入城。忠见围解，势必自出，出则意散，易破之道也。"既而解围，忠果出战，俊因击，大破之，乘胜逐北数十里，斩首万余级。忠等遂降。而秦颉积忿忠，遂杀之。余众惧不自安，复以孙夏为帅，还屯宛中。俊急攻之。夏走，追至西鄂精山，又破之。复斩万余级，贼遂解散。明年春，遣使者持节拜俊右车骑将军，振旅还京师，以为光禄大夫，增邑五千，更封钱塘侯，加位特进。以母丧去官，起家，复为将作大匠，转少府、太仆。

自黄巾贼后，复有黑山、黄龙、白波、左校、郭大贤、于氐根、青牛角、张白骑、刘石、左髭丈八、平汉、大计、司隶、掾哉、雷公、浮云、飞燕、白雀、杨凤、于毒、五鹿、李大目、白绕、畦固、苦唒之徒，并起山谷间，不可胜数。其大声者称雷公，骑白马者为张白骑，轻便者言飞燕，多髭者号于氐根，大眼者为大目，如此称号，各有所因。大者二三万，小者六七千。

贼帅常山人张燕，轻勇趫捷，故军中号曰飞燕。善得士卒心，乃与中山、常山、赵郡、上党、河内诸山谷寇贼更相交通，众至（伯）〔百〕万，号曰黑山贼。河北诸郡县并被其害，朝廷不能讨。燕乃遣使至京师，奏书乞降，遂拜燕平难中郎将，使领河北诸山谷事，岁得举孝廉、计吏。

燕后渐寇河内，逼近京师，于是出俊为河内太守，将家兵击却之。其后诸贼多为袁绍所定，事在《绍传》。复拜俊为光禄大夫，转屯骑，寻拜城门校尉、河南尹。

时董卓擅政，以俊宿将，外甚亲纳而心实忌之。及关东兵盛，卓惧，数请公卿会议，徙都长安，俊辄止之。卓虽恶俊异己，然贪其名重，乃表迁太仆，以为己副。使者拜，俊辞不肯受。因曰："国家西迁，必孤天下之望，以成山东之衅，臣不见其可也。"使者诘曰："召君受拜而君拒之，不问徙事而君陈之，其故何也？"俊曰："副相国，非臣所堪也；迁都计，非事所急也。辞所不堪，言所非急，臣之宜也。"使者曰："迁都之事，不闻其计，就有未露，何所承受？"俊曰："相国董卓具为臣说，所以知耳。"使人不能屈，由是止不为副。

卓后入关，留催守洛阳，而俊与山东诸将通谋为内应。既而惧为卓所袭，乃弃官奔荆州。卓以弘农杨懿为河南尹，守洛阳。俊闻，复进兵还洛，懿走。俊以河南残破无所资，乃东屯中牟，移书州郡，请师讨卓。徐州刺史陶谦遣精兵三千，余州郡稍有所给，谦乃上俊行车骑将军。董卓闻之，使其将李傕、郭汜等数万人屯河南拒俊。俊逆击，为傕、汜所破。俊自知不敌，留关下不敢复前。

及董卓被诛，傕、汜作战，俊时犹在中牟。陶谦以俊名臣，数有战功，可委以大事，乃与诸豪杰共推俊为太师，因移檄牧伯，同讨李傕等，奉迎天子。乃奏记于俊曰：

徐州刺史陶谦、前杨州刺史周乾、琅邪相阴德、东海相刘馗、彭城相汲廉、北海相孔融、沛相袁忠、太山太守应劭、汝南太守徐璆、前九江太守服虔、博士郑玄等，敢言之行车骑将军河南尹莫府：国家既遭董卓，重以李傕、郭汜之祸，幼主劫执，忠良残敝，长安隔绝，不知吉凶。是以临官尹人，搢绅有识，莫不忧惧，以为自非明哲雄霸之士，曷能克济祸乱！自起兵已来，于兹三年，州郡转相顾望，未有奋击之功，而互争私变，更相疑惑。谦等并共谘诹，议消国难。佥曰："将军君侯，既文且武，应运而出，凡百君子，靡不颙颙。"故相率厉，简选精悍，堪能深入，直旨咸阳，多持资粮，足支半岁，谨同心腹，委之元帅。

会李傕用太尉周忠、尚书贾诩策，征俊入朝。军吏皆惮入关，欲应陶谦等。俊曰："以君召臣，义不俟驾，况天子诏乎！且傕、汜小竖，樊稠庸儿，无他远略，又势力相敌，变难必作。吾乘其间，大事可济。"遂辞谦议而就傕征，复为太仆，谦等遂罢。

初平四年，代周忠为太尉，录尚书事。明年秋，以日食免，复行骠骑将军事，持节镇关东。未发，会李傕杀樊稠，而郭汜又自疑，与傕相攻，长安中乱，故俊止不出，留拜大司农。献帝诏俊与太尉杨彪等十余人譬郭汜，令与李傕和。汜不肯，遂留质俊等。俊素刚，即日发病卒。

子晧，亦有才行，官至豫章太守。

论曰：皇甫嵩、朱俊并以上将之略，受脤仓卒之时。及其功成师克，威声满天下。值弱主蒙尘，犷贼放命，斯诚叶公投袂之几，翟义鞠旅之日，故梁衍献规，山东连盟，而舍格天之大业，蹈匹夫之小谅，卒狼狈虎口。为智士笑。岂天之长斯乱也？何智勇之不终甚乎！前史晋平原华峤，称其父光禄大夫表，每言其祖魏太尉歆称"时人说皇甫嵩之不伐，汝豫之战，归功朱俊，张角之捷，本之于卢植，收名敛策，而己不有焉。盖功名者，世之所甚重也。诚能不争天下之所甚重，则怨祸不深矣"。如皇甫公之赴履危乱，而能终以归全者，其致不亦贵乎！故颜子愿不伐善为先，斯亦行身之要与！

赞曰：黄妖冲发，嵩乃奋钺。孰是振旅，不居不伐。俊捷陈、颍，亦弭於越。言肃王命，并迈屯蹶。

译文：

朱俊字公伟，会稽上虞人。小时父亲去世，他的母亲曾贩卖缯帛为生。朱俊以孝养母亲而得到好名声，在县中任门下书佐，好义轻财，乡里人很敬重他。当时同郡人周规得公府征召，临行之时，借郡库钱百万作为冠巾费，此后郡中催促逼要，周规家贫无钱可还。朱俊便偷拿母亲缯帛，替周规还钱了结了此事，母亲失去产业，大为生气责备他。朱俊说："小损失当受大益，初贫后富，是必然之理。"

本县县长山阳人阳度见到朱俊如此行事惊奇，将他推荐给会稽太守韦毅，渐渐在郡中历职。后来太守尹端任朱俊为主簿。熹平二年，尹端因讨伐盗贼许昭失利之罪，被州劾奏，其罪应处死刑。于是，朱俊身穿贫贱衣着从小路而行，轻装携百金到京师，贿赂掌管奏章官吏，遂得窜改州之奏章，尹端因此只得到输左校服役的处罚。尹端喜于免死受轻罚却不知道其中缘故，朱俊也始终一无所言。

此后太守徐珪举荐朱俊为孝廉，经过两次迁升被任为兰陵县令，执政有奇异才能，被东海相表奏朝廷。正好赶上交阯刺史部群贼并起，州牧郡守软弱不能禁制。又交阯盗贼梁龙等万余人，与南海太守孔芒一同反叛，攻陷郡县。光和元年，朝廷就朱俊所在之地任命他为交阯刺史，令其过本郡挑选招募家兵及所调发之兵，合为五千人，分从两道开入交阯。朱俊到交阯地界后，按兵不到，先派遣使者到交阯部，观察贼兵虚实，宣场朝廷威德，以震动敌军将士之心；随后与七郡兵一同进军逼迫其军，于是斩杀梁龙，降者数万人，一整月时间贼军尽皆平定。朱俊因战功封为都亭侯，赏赐黄金五十斤，征召入朝任官谏议大夫。

及至黄巾军起，公卿多推荐朱俊有才略，任命他为右中郎将，持节，与左中郎将皇甫嵩进讨颍川、汝南、陈国诸黄巾军，将其尽皆攻破平定。于是，皇甫嵩上言奏报战况，而以战功归于朱俊。于是朱俊进封为西乡侯，迁升镇贼中郎将。

当时南阳黄巾张曼成起兵，自称"神上使"，有部众数万，攻杀南阳郡守褚贡，屯据宛城之下百余日。后太守秦颉攻杀张曼成，黄巾又以赵弘为其统帅，其众蔓延日盛，于是有兵十余万，屯据宛城。朱俊与荆州刺史徐璆及秦颉合兵一万八千人围攻赵弘，自六月至八月城不能攻克。有关官员奏请征召回朱俊入朝问罪。司空张温上疏说："从前秦国任用白起，燕国任用乐毅，皆旷年历岁，才能克敌制胜。现在朱俊进讨颍川黄巾，已有攻效，率师南向，方略又已经设定，临战易换主将，是兵家所忌讳的，应当假以日月，责成他建功。"灵帝这才罢手未召朱俊。于是，朱俊猛攻赵弘军，斩杀赵弘。黄巾余帅韩忠又屯据宛城抵御朱俊，朱俊兵少不敌，便张围结垒，修筑土山临视城内，于是鸣鼓攻其西南方向，贼众尽数赴援西南。朱俊亲率五千精兵突袭东北，登城而入。韩忠便退守内城，惶恐请求投降。司马张超及徐璆、秦颉皆想准其降。朱俊说："兵事有形同而情势迥异的。从前秦、项之际，百姓没有一定之主，所以奖赏归附以鼓励来者。现在海内一统，只有黄巾作乱，纳降无以鼓励善良，讨伐它足以惩罚凶恶。现在如果接受它投降，又重新开启其叛逆之心，盗贼有利则进与我战，受挫则请求投降，放纵敌人长贼寇之志，这不是良策。"于是猛攻韩忠，连战不克。朱俊登土山观望敌阵，回头对张超说："我知道了。贼兵现在见外围严密坚固，内营情势危急，乞降被我拒绝，想出不能，所以死战。万人一心，尚且不可抵挡，何况十万呢！其危害甚大。不如我军主动撤围，合兵入城。韩忠见我包围开解，势必自己出战，其军一出则斗志松懈，是容易攻破其军的办法。"随之解围，韩忠果然出战，朱俊乘便进攻，大破敌军。乘胜追击败军数十里，斩首万余级。于是，韩忠等人投降。而秦颉积怨于韩忠，便将他杀掉。黄巾余众害怕不能自安，又以孙夏为统帅，还屯宛城境内。朱俊率军猛攻。孙夏逃跑，朱俊追至西鄂精山，又攻破其军。又斩首万余级，贼军这才溃散。第二年春，朝廷遣使者持节任命朱俊为右车骑将军，整军返还京师,朝廷任朱俊为光禄大夫,增加邑户五千,改封钱塘侯,加官特进。因母亲去世离开官位,后起于家中任职,又任将作大匠,转少府、太仆。

自黄巾军后,又有黑山、黄龙、白波、左校、郭大贤、于氐根、青牛角、张白骑、刘石、左髭丈八、平汉、大计、司隶、掾哉、雷公、浮云、飞燕、白雀、杨凤、于毒、五鹿、李大目、白绕、畦固、苦哂等人,并起事于山谷间,不可胜数。其嗓音大者称雷公,骑白马者称为张白骑,身体轻便者称飞燕,多胡须者号称于氐根,眼睛大者称大目,如此称号等等,各有其由来。部众多者二三万,少者六七千。

贼帅常山人张燕,体轻勇猛矫健敏捷,因此军中号称飞燕。善于得士卒之心,于是与中山、常山、赵郡、上党、河内等地诸山谷寇贼互相勾结相连,部众多至百万人,号称黑山贼。河北诸郡县皆遭其祸害,朝廷不能讨平。张燕便遣使到京师,上书请降,于是朝廷任命张燕为平难中郎将,使其领河北诸山谷事,每年可举荐孝廉、计吏。

张燕后来逐渐寇略河内郡,兵锋逼近京师,于是使朱俊出朝任河内太守,率家兵进击退敌。此后诸贼兵皆被袁绍平定,事记在《袁绍传》。又任命朱俊为光禄大夫,转任屯骑校尉,不久任命为城门校尉、河南尹。

当时董卓专擅朝政,因朱俊为朝廷宿将,外表很是亲近交纳而内心对他甚为猜忌。及至关东兵势大盛,董卓害怕,几次请公卿聚集商议徙都长安,朱俊屡次阻止,董卓虽然厌恶朱俊不附合自己,但贪图他名望显重,便表奏迁升朱俊为太仆,以为自己的副手。使者拜任,朱俊推辞不肯接受。乘便说道:"朝廷西迁,一定会辜负天下之望,而成就山东诸侯之祸乱,臣不认为可以这样做。"使者责问他说:"召您受拜而您拒绝,不问徙都之事而您却加以述说,这是什么缘故呢?"朱俊说:"副相国,不是臣所能担任的;迁都之计,不是一时急务。推辞我所不能承担的,言说所不急需的事情,这是臣所应当做的。"使者说:"迁都之事,没听说有此计谋,既便有也还未公开。您从哪里知道的呢?"朱俊说:"相国董卓全都跟臣说了,所以知道。"使人不能使朱俊屈服,于是仅仅使他不为相国之副而已。

董卓后入关中,留朱俊镇守洛阳,而朱俊与山东诸将联系谋为内应。不久害怕被董卓袭击,便弃官投奔荆州。董卓任命弘农人杨懿为河南尹,镇守洛阳。朱俊闻知,又进兵返回洛阳,杨懿逃跑。朱俊以河南残破无所资助其军,便东屯中牟,发移书于州郡,请求其各派军队资助自己讨伐董卓。徐州刺史陶谦派遣精兵三千,其余州郡亦稍稍派了一些兵将,陶谦便上疏奏请朱俊代理车骑将军。董卓闻知,派其将李傕、郭汜等数万人屯据河南抵御朱俊。朱俊印率军迎击,被李傕、郭汜击败。朱俊自知不能抵敌,留屯函谷关下不敢再进兵。

及至董卓被杀,李傕、郭汜作乱,朱俊当时还在中牟。陶谦以朱俊为一时名臣,屡立战功,可以委任以大事,便与群雄共同推举朱俊为太师,于是移檄文于各州牧,约同共讨李傕等人,奉迎天子。便上奏记于朱俊说:

徐州刺史陶谦、前扬州刺史周乾、琅邪相阴德、东海相刘馗、彭相汲廉、北海相孔融、沛相袁忠、太山太守应劭、汝南太守徐璆、前九江太守服虔、博士郑玄等,敢言之于行车骑将军河南尹幕府:国家既已遭董卓之乱,又重以李傕、郭汜之祸,幼主被劫执,忠良遭残害废弃,长安隔绝,不知吉凶如何。因此任职百官、士夫有识之人，没有人不忧愁恐惧，认为如果不是明哲雄霸之士，怎么能平定停止祸乱。自从关东州郡起兵以来，至今已经三年，各州郡互相顾望，没有奋力击敌之功，而互相为私利争斗，相互怀疑。陶谦等共同征求意见，商议消除国难。大家都说："将军君侯，文武兼资，应运而出，众人诸君，没有不仰慕而从的。"因此互相统率激励士卒，挑选精悍之士，能担当深入直进者，直指咸阳，多持物资军粮，足可支用半年，谦同此衷肠，委之于元帅。

正好赶上李傕采纳太尉周忠、尚书贾诩的计谋，征召朱俊入朝。军吏都害怕入关，想响应陶谦等人。朱俊说："以君召命臣子，从道义上说不能等待车马就要动身。何况天子诏命呢！况且李傕、郭汜小奴，樊稠庸儿，没有什么远略，又互相之间势力相匹敌，他们内部的变难一定会爆发。我乘机于中取事，大事可以成功。"于是辞谢陶谦等人建议而应李傕的征召，又任职太仆，陶谦等人之议也就作罢。

初平四年，代替周忠出任太尉，录尚书事。第二年秋，因日食免官，又代理骠骑将军事，持节镇抚关东。未及动身，正好此时李傕杀樊稠，而郭汜自己狐疑，与李傕相攻，长安城中混乱，因此朱俊止足未出，留居朝中被任命为大司农。献帝诏令朱俊与太尉杨彪等十余人譬喻郭汜，令他与李傕讲和罢兵。郭汜不肯，便扣留下朱俊等人当作人质。朱皓素来性格刚烈，当日发病死。

他的儿子朱皓，也有才干品行，官至豫章太守。

史家论曰：皇甫嵩、朱俊皆以上将之才略，受命于紧迫之时。及其功成师捷，威声满天下。及遭遇少主流亡，凶贼擅命,这确实是叶公挥袖愤怒之时,翟义誓告部旅之日,所以梁衍献策,山东州郡连盟,但他们二人舍弃格天之大业,循蹈匹夫的小诚小信,最终狼狈于虎口,被智士笑话。难道是上天助长这祸乱吗?为什么他们的智勇没有结局到如此之甚的地步呢!前史家晋平原人华峤,称其父光禄大夫华表,常常说其祖父魏太尉华歆言称"时人称说皇甫嵩有功而不自己夸耀,汝豫之战,归功于朱俊,攻破张角之捷,本之于卢植之谋略计划,卢植被捕不得论其功,但自己也不贪其功。功名,是世之所特别看重的东西,确实能不争这天下特别看重的东西,则怨祸便不会很深了。"象皇甫公的赴涉危乱,而最终能得以保全,其所得到的不也很可贵吗!所以颜子希望以不夸耀已善为先,这也是行身立世的要紧之处啊!

史家赞曰:黄巾贼乱暴发,于是皇甫嵩挥舞斧钺。谁这样整军凯旋,而能不居功不自夸。朱俊告捷于陈、颖,亦平定越地。恭敬王命,并致艰难困顿。

后汉书卷七十二

董卓列传第六十二

董卓字仲颖,陇西临洮人也。性粗猛有谋。少尝游羌中,尽与豪帅相结。后归耕于野,诸豪帅有来从之者,卓为杀耕牛,与共宴乐,豪帅感其意,归相敛得杂畜千余头以遗之,由是以健侠知名。为州兵马掾,常徼守塞下。卓膂力过人,双带两鞬,左右驰射,为羌胡所畏。

桓帝末,以六郡良家子为羽林郎,从中郎将张奂为军司马,共击汉阳叛羌,破之,拜郎中,赐缣九千匹。卓曰:"为者则己,有者则士。"乃悉分与吏兵,无所留。稍迁西域戊己校尉,坐事免。后为并州刺史,河东太守。

中平元年,拜东中郎将,持节,代卢植击张角于下曲阳,军败抵罪。其冬,北地先零羌及枹罕河关群盗反叛,遂共立湟中义从胡北宫伯玉、李文侯为将军,杀护羌校尉泠征。伯玉等乃劫致金城人边章、韩遂,使专任军政,共杀金城太守陈懿,攻烧州郡。明年春,将数万骑入寇三辅,侵逼园陵,托诛宦官为名。诏以卓为中郎将,副左车骑将军皇甫嵩征之。嵩以无功免归,而边章、韩遂等大盛。朝廷复以司空张温为车骑将军,假节,执金吾袁滂为副。拜卓破虏将军,与荡寇将军周慎并统于温。并诸郡兵步骑合十余万，屯美阳，以卫园陵。章、遂亦进兵美阳。温、卓与战，辄不利。十一月，夜有流星如火，光长十余丈，照章、遂营中，驴马尽鸣。贼以为不祥，欲归金城。卓闻之喜，明日，乃与右扶风鲍鸿等并兵俱攻，大破之，斩首数千级。章、遂败走榆中，温乃遣周慎将三万人追讨之。温参军事孙坚说慎曰："贼城中无谷，当外转粮食。坚愿得万人断其运道，将军以大兵继后，贼必困乏而不敢战。若走入羌中，并力讨之，则凉州可定也。"慎不从，引军围榆中城。而章、遂分屯葵园狭，反断慎运道。慎惧，乃弃车重而退。温时亦使卓将兵三万讨先零羌，卓于望垣北为羌胡所围，粮食乏绝，进退逼急。乃于所度水中伪立鄢，以为捕鱼，而潜从鄢下过军。比贼追之，决水已深，不得度。时众军败退，唯卓全师而还，屯于扶风，封斄乡侯，邑千户。

三年春，遣使者持节就长安拜张温为太尉。三公在外，始之于温。其冬，征温还京师，韩遂乃杀边章及伯玉、文侯，拥兵十余万，进围陇西。太守李相如反，与遂连和，共杀凉州刺史耿鄙。而鄙司马扶风马腾，亦拥兵反叛，又汉阳王国，自号"合众将军"，皆与韩遂合。共推王国为主，悉令领其众，寇掠三辅。五年，围陈仓。乃拜卓前将军，与左将军皇甫嵩击破之。韩遂等复共废王国，而劫故信都令汉阳阎忠，使督统诸部。忠耻为众所胁，感恚病死。遂等稍争权利，更相杀害，其诸部曲并各分乖。

六年，征卓为少府，不肯就，上书言："所将湟中义从及秦胡兵皆诣臣曰：'牢直不毕，禀赐断绝，妻子饥冻。'牵挽臣车，使不得行。羌胡敝肠狗态，臣不能禁止，辄将顺安慰，增异复上。"朝廷不能制，颇以为虑。及灵帝寝疾，玺书拜卓为并州牧，令以兵属皇甫嵩。卓复上书言曰："臣既无老谋，又无壮事，天恩误加，掌戎十年。士卒大小相狎弥久，恋臣畜养之恩，为臣奋一旦之命。乞将之北州，效力边垂。"于是驻兵河东，以观时变。

及帝崩，大将军何进、司隶校尉袁绍谋诛阉宦，而太后不许，乃私呼卓将兵入朝，以胁太后。卓得召，即时就道。并上书曰："中常侍张让等窃幸承宠，浊乱海内。臣闻扬汤止沸，莫若去薪；溃痈虽痛，胜于内食。昔赵鞅兴晋阳之甲，以逐君侧之恶人。今臣辄鸣钟鼓如洛阳，请收让等，以清奸秽。"卓未至而何进败，虎贲中郎将袁术乃烧南宫，欲讨宦官，而中常侍段珪等劫少帝及陈留王夜走小平津。卓远见火起，引兵急进，未明到城西，闻少帝在北芒，因往奉迎。帝见卓将兵卒至，恐怖涕泣。卓与言，不能辞对；与陈留王语，遂及祸乱之事。卓以王为贤，且为董太后所养，卓自以与太后同族，有废立意。

初，卓之入也，步骑不过三千，自嫌兵少，恐不为远近所服，率四五日辄夜潜出军近营，明旦乃大陈旌鼓而还，以为西兵复至，洛中无知者。寻而何进及弟苗先所领部曲皆归于卓，卓又使吕布杀执金吾丁原而并其众，卓兵士大盛。乃讽朝廷策免司空刘弘而自代之。因集议废立。百僚大会，卓乃奋首而言曰："大者天地，其次君臣，所以为政。皇帝暗弱，不可以奉宗庙，为天下主。今欲依伊尹、霍光故事，更立陈留王，何如？"公卿以下莫敢对。卓又抗言曰："昔霍光定策，延年案剑。有敢沮大议，皆以军法从之。"坐者震动。尚书卢植独曰："昔太甲既立不明，昌邑罪过千余，故有废立之事。今上富于春秋，行无失德，非前事之比也。"卓大怒，罢坐。明日复集群僚于崇德前殿，遂胁太后，策废少帝。曰："皇帝在丧，无人子之心，威仪不类人君，今废为弘农王。"乃立陈留王，是为献帝。又议太后蹙迫永乐太后，至令忧死，逆妇姑之礼，无孝顺之节，迁于永安宫，遂以弑崩。

卓迁太尉，领前将军事，加节传斧钺虎贲，更封郿侯。卓乃与司徒黄琬、司空杨彪，俱带鈇锧诣阙上书，追理陈蕃、窦武及诸党人，以从人望。于是悉复蕃等爵位，擢用子孙。

寻进卓为相国，入朝不趋，剑履上殿。封母为池阳君，置丞。

是时洛中贵戚室第相望，金帛财产，家家殷积。卓纵放兵士，突其庐舍，淫略妇女，剽虏资物，谓之"搜牢"。人情崩恐，不保朝夕。及何后葬，开文陵，卓悉取藏中珍物。又奸乱公主，妻略宫人，虐刑滥罚，睚眦必死，群僚内外莫能自固。卓尝遣军至阳城，时人会于社下，悉令就斩之，驾其车重，载其妇女，以头系车辕，歌呼而还。又坏五铢钱，更铸小钱，悉取洛阳及长安铜人、钟虡、飞廉、铜马之属，以充铸焉。故货贱物贵，谷石数万。又钱无轮郭文章，不便人用。时人以为秦始皇见长人于临洮，乃铸铜人。卓，临洮人也，而今毁之。虽成毁不同，凶暴相类焉。

卓素闻天下同疾阉官诛杀忠良，及其在事，虽行无道，而犹忍性矫情，擢用群士。乃任吏部尚书汉阳周珌、侍中汝南伍琼、尚书郑公业、长史何颙等。以处士荀爽为司空。其染党锢者陈纪、韩融之徒，皆为列卿。幽滞之士，多所显拔。以尚书韩馥为冀州刺史，侍中刘岱为兖州刺史，陈留孔伷为豫州刺史，颍川张咨为南阳太守。卓所亲爱，并不处显职，但将校而已。初平元年，馥等到官，与袁绍之徒十余人，各兴义兵，同盟讨卓，而伍琼、周珌阴为内主。

初，灵帝末，黄巾余党郭太等复起西河白波谷，转寇太原，遂破河东，百姓流转三辅，号为"白波贼"，众十余万。卓遣中郎将牛辅击之，不能却。及闻东方兵起，惧，乃鸩杀弘农王，欲徙都长安。会公卿议，太尉黄琬、司徒杨彪廷争不能得，而伍琼、周珌又固谏之。卓因大怒曰："卓初入朝，二子劝用善士，故相从，而诸君到官，举兵相图。此二君卖卓，卓何用相负！"遂斩琼、珌。而彪、琬恐惧，诣卓谢曰："小人恋旧，非欲沮国事也，请以不及为罪。"卓既杀琼、珌，旋亦悔之，故表彪、琬为光禄大夫。于是迁天子西都。

初，长安遭赤眉之乱，宫室营寺焚灭无余，是时唯有高庙、京兆府舍，遂便时幸焉。后移未央宫。于是尽徙洛阳人数百万口于长安，步骑驱蹙，更相蹈藉，饥饿寇掠，积尸盈路。卓自屯留毕圭苑中，悉烧宫庙官府居家，二百里内无复孑遗。又使吕布发诸帝陵，及公卿已下冢墓，收其珍宝。时长沙太守孙坚亦率豫州诸群兵讨卓。卓先遣将徐荣、李蒙四出虏掠。荣遇坚于梁，与战，破坚，生禽颍川太守李旻，亨之。卓所得义兵士卒，皆以布缠裹，倒立于地，热膏灌杀之。

时河内太守王匡屯兵河阳津，将以图卓。卓遣疑兵挑战，而潜使锐卒从小平津过津北，破之，死者略尽。明年，孙坚收合散卒，进屯梁县之阳人。卓遣将胡轸、吕布攻之。布与轸不相能，军中自惊恐，士卒散乱。坚追击之，轸、布败走。卓遣将李傕诣坚求和，坚拒绝不受，进军大谷，距洛九十里。卓自出与坚战于诸陵墓间，卓败走，却屯黾池，聚兵于陕。坚进洛阳宣阳城门，更击吕布，布复破走。坚乃埽除宗庙，平塞诸陵，分兵出函谷关，至新安、黾池间，以截卓后。卓谓长史刘艾曰："关东诸将数败矣，无能为也。唯孙坚小戆，诸将军宜慎之。"乃使东中郎将董越屯黾池，中郎将段煨屯华阴，中郎将牛辅屯安邑，其余中郎将、校尉布在诸县，以御山东。

卓讽朝廷使光禄勋宣璠持节拜卓为太师，位在诸侯王上。乃引还长安。百官迎路拜揖，卓遂僭拟车服，乘金华青盖，爪画两辀，时人号"竿摩车"，言其服饰近天子也。以弟旻为左将军，封鄠侯，兄子璜为侍中、中军校尉，皆典兵事。于是宗族内外，并居列位。其子孙虽在髫龀，男皆封侯，女为邑君。

数与百官置酒宴会，淫乐纵恣。乃结垒于长安城东以自居。又筑坞于郿，高厚七丈，号曰"万岁坞"。积谷为三十年储。自云："事成，雄据天下；不成，守此足以毕老。"尝至郿行坞，公卿已下祖道于横门外。卓施帐幔饮设，诱降北地反者数百人，于坐中杀之。先断其舌，次斩手足，次凿其眼目，以镬煮之。未及得死，偃转（柸）〔杯〕案间。会者战慄，亡失匕箸，而卓饮食自若。诸将有言语蹉跌，便戮于前。又稍诛关中旧族，陷以叛逆。

时太史望气，言当有大臣戮死者。卓乃使人诬卫尉张温与袁术交通，遂笞温于市，杀之，以塞天变。前温出屯美阳，令卓与边章等战无功，温召又不时应命，既到而辞对不逊。时孙坚为温参军，劝温陈兵斩之。温曰："卓有威名，方倚以西行。"坚曰："明公亲帅王师，威振天下，何恃于卓而赖之乎？坚闻古之名将，杖钺临众，未有不断斩以示威武者也。故穰苴斩庄贾，魏绛戮杨干。今若纵之，自亏威重，后悔何及！"温不能从，而卓犹怀忌恨，故及于难。

温字伯慎，少有名誉，累登公卿，亦阴与司徒王允共谋诛卓，事未及发而见害。越骑校尉汝南伍孚忿卓凶毒，志手刃之，乃朝服怀佩刀以见卓。孚语毕辞去，卓起送至阁，以手抚其背，孚因出刀刺之，不中。卓自奋得免，急呼左右执杀之，而大诟曰："虏欲反耶！"孚大言曰："恨不得磔裂奸贼于都市，以谢天地！"言未毕而毙。

时王允与吕布及仆射士孙瑞谋诛卓。有人书"吕"字于布上，负而行于市，歌曰："布乎！"有告卓者，卓不悟。三年四月，帝疾新愈，大会未央殿。卓朝服升车，既而马惊堕泥，还入更衣。其少妻止之，卓不从，遂行。乃陈兵夹道，自垒及宫，左步右骑，屯卫周匝，令吕布等扞卫前后。王允乃与士孙瑞密表其事，使瑞自书诏以授布，令骑都尉李肃与布同心勇士十余人，伪着卫士服于北掖门内以待卓。卓将至，马惊不行，怪惧欲还。吕布劝令进，遂入门。肃以戟刺之，卓衷甲不入，伤臂堕车，顾大呼曰："吕布何在？"布曰："有诏讨贼臣。"卓大骂曰："庸狗敢如是邪！"布应声持矛刺卓，趣兵斩之。主簿田仪及卓仓头前赴其尸，布又杀之。驰赍赦书，以令宫陛内外。士卒皆称万岁，百姓歌舞于道。长安中士女卖其珠玉衣装市酒肉相庆者，填满街肆。使皇甫嵩攻卓弟旻于郿坞，杀得母妻男女，尽灭其族。乃尸卓于市。天时始热，卓素充肥，脂流于地。守尸吏然火置卓脐中，光明达曙，如是积日。诸袁门生又聚董氏之尸，焚灰扬之于路。坞中珍藏有金二三万斤，银八九万斤，锦绮缯縠纨素奇玩，积如丘山。

初，卓以牛辅子婿，素所亲信，使以兵屯陕。辅分遣其校尉李傕、郭汜、张济将步骑数万，击破河南尹朱俊于中牟。因掠陈留、颍川诸县，杀略男女，所过无复遗类。吕布乃使李肃以诏命至陕讨辅等，辅等逆与肃战，肃败走弘农，布诛杀之。其后牛辅营中无故大惊，辅惧，乃赍金宝逾城走。左右利其货，斩辅，送首长安。

傕、汜等以王允、吕布杀董卓，故忿怒并州人，并州人其在军者男女数百人，皆诛杀之。牛辅既败，众无所依，欲各散去。傕等恐，乃先遣使诣长安，求乞赦免。王允以为一岁不可再赦，不许之。傕等益怀忧惧，不知所为。武威人贾诩时在傕军，说之曰："闻长安中议欲尽诛凉州人，诸君若弃军单行，则一亭长能束君矣。不如相率而西，以攻长安，为董公报仇。事济，奉国家以正天下；若其不合，走未后也。"傕等然之，各相谓曰："京师不赦我，我当以死决之。若攻长安克，则得天下矣；不克，则抄三辅妇女财物，西归乡里，尚可延命。"众以为然，于是共结盟，率军数千，晨夜西行。王允闻之，乃遣卓故将胡轸、徐荣击之于新丰。荣战死，轸以众降。傕随道收兵，比至长安，已十余万，与卓故部曲樊稠、李蒙等合，围长安。城峻不可攻，守之八日，吕布军有叟兵内反，引傕众得入。城溃，放兵虏掠，死者万余人。杀卫尉种拂等。吕布战败出奔。王允奉天子保宣平城门楼上。于是大赦天下。李傕、郭汜、樊稠等皆为将军。遂围门楼，共表请司徒王允出，问："太师何罪？"允穷蹙乃下，后数日见杀。傕等葬董卓于郿，并收董氏所焚尸之灰，合敛一棺而葬之。葬日，大风雨，霆震卓墓，流水入藏，漂其棺木。

傕又迁车骑将军，开府，领司隶校尉，假节。汜后将军，稠右将军，张济为镇东将军，并封列侯。傕、汜、稠共秉朝政。济出屯弘农。以贾诩为左冯翊，欲侯之。诩曰："此救命之计，何功之有！"固辞乃止。更以为尚书典选。

明年夏，大雨昼夜二十余日，漂没人庶，又风如冬时。帝使御史裴茂讯诏狱，原系者二百余人。其中有为傕所枉系者，傕恐茂赦之，乃表奏茂擅出囚徒，疑有奸故，请收之。诏曰："灾异屡降，阴雨为害，使者衔命宣布恩泽，原解轻微，庶合天心。欲释冤结而复罪之乎！一切勿问。"

初，卓之入关，要韩遂、马腾共谋山东。遂、腾见天下方乱，亦欲倚卓起兵。兴平元年，马腾从陇右来朝，进屯霸桥。时腾私有求于傕,不获而怒,遂与侍中马宇、右中郎将刘范、前凉州刺史种劭、中郎将杜禀合兵攻傕,连日不决。韩遂闻之,乃率众来欲和腾、傕,既而复与腾合。傕使兄子利共郭汜、樊稠与腾等战于长平观下。遂、腾败,斩首万余级,种劭、刘范等皆死。遂、腾走还凉州,稠等又追之。韩遂使人语稠曰:"天下反覆未可知,相与州里,今虽小违,要当大同,欲共一言。"乃骈马交臂相加,笑语良久。军还,利告傕曰:"樊、韩骈马笑语,不知其辞,而意爱甚密。"于是傕、稠始相猜疑。犹加稠及郭汜开府,与三公合为六府,皆参选举。

时长安中盗贼不禁,白日虏掠,傕、汜、稠乃参分城内,各备其界,犹不能制,而其子弟纵横,侵暴百姓。是时,谷一斛五十万,豆麦二十万,人相食啖,白骨委积,臭秽满路。帝使侍御史侯汶出太仓米豆为饥人作糜,经日而死者无降。帝疑赋恤有虚,乃亲于御前自加临检。既知不实,使侍中刘艾出让有司。于是尚书令以下皆诣省阁谢,奏收侯汶考实。诏曰:"未忍致汶于理,可杖五十。"自是后多得全济。

明年春,傕因会刺杀樊稠于坐,由是诸将各相疑异,傕、汜遂复理兵相攻。安西将军杨定者,故卓部曲将也。惧傕忍害,乃与汜合谋迎天子幸其营。傕知其计,即使兄子暹将数千人围宫。以车三乘迎天子、皇后,太尉杨彪谓暹曰:"古今帝王,无在人臣家者。诸君举事,当上顺天心,奈何如是!"暹曰:"将军计决矣。"帝于是遂幸傕营,彪等皆徒从。乱兵入殿。掠宫人什物,傕又徙御府金帛乘舆器服,而放火烧宫殿官府居人悉尽。帝使杨彪与司空张喜等十余人和傕、汜,汜不从,遂质留公卿。彪谓汜曰:"将军达人间事,奈何君臣分争,一人劫天子,一人质公卿,此可行邪?"汜怒,欲手刃彪。彪曰:"卿尚不奉国家,吾岂求生邪！"左右多谏，汜乃止。遂引兵攻傕，矢及帝前，又贯傕耳。傕将杨奉本白波贼帅，乃将兵救傕，于是汜众乃退。

是日，傕复移帝幸其北坞，唯皇后、宋贵人俱。傕使校尉监门，隔绝内外。寻复欲徙帝于池阳黄白城，君臣惶惧。司徒赵温深解譬之，乃止。诏遣谒者仆射皇甫郦和傕、汜。郦先譬汜，汜即从命。又诣傕，傕不听。曰："郭多，盗马虏耳，何敢欲与我同邪！必诛之。君观我方略士众，足办郭多不？多又劫质公卿。所为如是，而君苟欲左右之邪！"汜一名多。郦曰："今汜质公卿，而将军胁主，谁轻重乎？"傕怒，呵遣郦，因令虎贲王昌追杀之。昌伪不及，郦得以免。傕乃自为大司马。与郭汜相攻连月，死者以万数。

张济自陕来和解二人，仍欲迁帝权幸弘农。帝亦思旧京，因遣使敦请傕求东归，十反乃许。车驾即日发迈。李傕出屯曹阳。以张济为骠骑将军，复还屯陕。迁郭汜车骑将军，杨定后将军，杨奉兴义将军。又以故牛辅部曲董承为安集将军。汜等并侍送乘舆。汜遂复欲胁帝幸郿，定、奉、承不听。汜恐变生，乃弃军还就李傕。车驾进至华阴。宁辑将军段煨乃具服御及公卿以下资储，请帝幸其营。初，杨定与煨有隙，遂诬煨欲反，乃攻其营，十余日不下。而煨犹奉给御膳，禀赡百官，终无二意。

李傕、郭汜既悔令天子东，乃来救段煨，因欲劫帝而西。杨定为汜所遮，亡奔荆州。而张济与杨奉、董承不相平，乃反合傕、汜，共追乘舆，大战于弘农东涧。承、奉军败，百官士卒死者不可胜数，皆弃其妇女辎重，御物符策典籍，略无所遗。射声校尉沮俊被创坠马。李傕谓左右曰："尚可活不？"俊骂之曰："汝等凶逆，逼迫天子，乱臣贼子，未有如汝者！"傕使杀之。天子遂露次曹阳。承、奉乃谲傕等与连和，而密遣间使至河东，招故白波帅李乐、韩暹、胡才及南匈奴右贤王去卑，并率其众数千骑来，与承、奉共击傕等，大破之，斩首数千级，乘舆乃得进。董承、李乐拥卫左右，胡才、杨奉、韩暹、去卑为后距。傕等复来战，奉等大败，死者甚于东涧。自东涧兵相连缀四十里中，方得至陕，乃结营自守。时残破之余，虎贲羽林不满百人，皆有离心。承、奉等夜乃潜议过河，使李乐先度具舟舡，举火为应。帝步出营，临河欲济，岸高十余丈，乃以绢缒而下。余人或匍匐岸侧，或从上自投，死亡伤残，不复相知。争赴舡者，不可禁制，董承以戈击披之，断手指于舟中者可掬。同济唯皇后、宋贵人、杨彪、董承及后父执金吾伏完等数十人。其宫女皆为傕兵所掠夺，冻溺死者甚众。既到大阳，止于人家，然后幸李乐营。百官饥饿，河内太守张杨使数千人负米贡饷。帝乃御牛车，因都安邑。河东太守王邑奉献绵帛，悉赋公卿以下。封邑为列侯，拜胡才征东将军，张、杨为安国将军，皆假节、开府。其垒壁群竖，竞求拜职，刻印不给，至乃以锥画之。或赍酒肉就天子燕饮。又遣太仆韩融至弘农，与傕、汜等连和。傕乃放遣公卿百官，颇归宫人妇女，及乘舆器服。

初，帝入关，三辅户口尚数十万，自傕、汜相攻，天子东归后，长安城空四十余日，强者四散，羸者相食，二三年间，关中无复人迹。建安元年春，诸将争权，韩暹遂攻董承，承奔张杨，杨乃使承先缮修洛宫。七月，帝还至洛阳，幸杨安殿。张杨以为己功，故因以"杨"名殿。乃谓诸将曰："天子当与天下共之，朝廷自有公卿大臣，杨当出扞外难，何事京师？"遂还野王。杨奉亦出屯梁。乃以张杨为大司马，杨奉为车骑将军，韩暹为大将军，领司隶校尉，皆假节钺。暹与董承并留宿卫。

暹矜功恣睢，干乱政事，董承患之，潜召兖州牧曹操。操乃诣阙贡献，禀公卿以下，因奏韩暹、张杨之罪。暹惧诛，单骑奔杨奉。帝以暹、杨有翼车驾之功，诏一切勿问。于是封卫将军董承、辅国将军伏完等十余人为列侯，赠沮俊为弘农太守。曹操以洛阳残荒，遂移帝幸许。杨奉、韩暹欲要遮车驾，不及，曹操击之，奉、暹奔袁术，遂纵暴杨、徐间。明年，左将军刘备诱奉斩之。暹惧，走还并州，道为人所杀。胡才、李乐留河东，才为怨家所害，乐自病死。张济饥饿，出至南阳，攻穰，战死。郭汜为其将伍习所杀。

三年，使谒者仆射裴茂诏关中诸将段煨等讨李傕，夷三族。以段煨为安南将军，封閺乡侯。

四年，张杨为其将杨丑所杀。以董承为车骑将军，开府。

自都许之后，权归曹氏，天子总己，百官备员而已。帝忌操专逼，乃密诏董承，使结天下义士共诛之。承遂与刘备同谋，未发，会备出征，承更与偏将军王服、长水校尉种辑、议郎吴硕结谋。事泄，承、服、辑、硕皆为操所诛。

韩遂与马腾自还凉州，更相战争，乃下陇据关中。操方事河北，虑其乘间为乱，七年，乃拜腾征南将军，遂征西将军，并开府。后征段煨为大鸿胪，病卒。复征马腾为卫尉，封槐里侯。腾乃应召，而留子超领其部曲。十六年，超与韩遂举关中背曹操，操击破之，遂、超败走，腾坐夷三族。超攻杀凉州刺史韦康，复据陇右。十九年，天水人杨阜破超，超奔汉中，降刘备。韩遂走金城羌中，为其帐下所杀。初，陇西人宗建在枹罕，自称"河首平汉王"，署置百官三十许年。曹操因遣夏侯渊击建，斩之，凉州悉平。

论曰：董卓初以鸠虎阚为情，因遭崩剥之势，故得蹈藉彝伦，毁裂畿服。夫以刳肝斫趾之性，则群生不足以厌其快，然犹折意缙绅，迟疑陵夺，尚有盗窃之道焉。及残寇乘之，倒山倾海，昆冈之火，自兹而焚，《版》《荡》之篇，于焉而极。呜呼，人之生也难矣！天地之不仁甚矣！

赞曰：百六有会，《过》《剥》成灾。董卓滔天，干逆三才。方夏崩沸，皇京烟埃。无礼虽及，余烬遂广。矢延王辂，兵缠魏象。区服倾回，人神波荡。

译文：

董卓字仲颖，陇西临洮人。性情粗野有谋略。年轻时曾游历羌族居住地区，广泛与人豪帅交结。此后董卓归乡务农，诸豪帅有前来投奔他的，他杀掉耕牛，与他们在一起欢宴。豪帅们感念他的情意，回去收集各种牲畜千余头送给他，因此以健侠知名于世。后出任州兵马掾，巡守边塞一带。董卓臂力过人，骑马可以携带两鞬，左右驰射，被羌胡所畏惧。

汉桓帝末年，董卓以六郡良家子的身份入选羽林郎，在中郎将张奂手下任军司马，随张奂攻打汉阳叛羌，后打败叛羌，被任命为郎中，并受赐缣九千匹。董卓说："建立功劳的虽然是我，但却要与大家共享。"将赐物全部分与将士，自己一无所留。慢慢迁升至西域戊己校尉，后因犯事被免官。后来又出任并州刺史、河东太守。

中平元年（184年），董卓被任命为东中郎将，持节，代替卢植去下曲阳攻打张角，兵败，被免官抵罪。这年冬天，北地先零羌及枹罕河关群盗反叛，共立湟中义从胡人北宫伯玉、李文侯为将军，攻杀护羌校尉冷征。北宫伯玉等人随后劫持金城人边章、韩遂，使他们主持军政，又一起杀掉金城太守陈懿，进攻焚烧州郡各城。第二年春天，边章、韩遂等又率数万骑入寇三辅地区，威胁园陵，以诛杀宦官为名相号召。朝廷下诏以董卓为中郎将，作为左车骑将军皇甫嵩的副手而共同进兵征讨。不久皇甫嵩因无功免官回朝，边章、韩遂等势力大盛。朝廷又以司空张温为车骑将军，假节，执金吾袁滂为其副手。任命董卓为破虏将军，与荡寇将军周慎共同受张温指挥。加上诸郡兵共有步骑十余万，驻屯美阳，卫护园陵。这时，边章、韩遂等亦进兵美阳。张温、董卓与之战，连连失利。十一月的一天夜晚，有流星如火，光长十余丈，照边章、韩遂军营之中、驴马尽皆惊恐鸣叫。贼军认为不吉利，准备回归金城。董卓听说后欣喜，第二天，便与右扶风鲍鸿等人合兵一起进攻，大破敌兵，斩首数千级。边章、韩遂兵败，逃回榆中。于是，张温派周慎三万人追击。张温的参军事孙坚劝周慎说："贼兵城中没有粮谷，一定要从外面转运军粮。孙坚我愿意领兵万人断敌粮道，将军率大军在后继进，敌兵必定困乏而不敢出战。如果他们窜入羌人地区，我军并力进讨，那凉州就可以平定了。"周慎不听，率军进围榆中城。但边章、韩遂分兵驻屯葵园硖，反而断绝了周慎的运输道路。周慎害怕，便丢弃辎重退兵。当时张温也派董卓率兵三万进讨先零羌，董卓在望垣北被羌胡围困，粮食乏绝，进退形势都很危急。董卓便在所要渡过的水中截水修筑水堰，假装做出要捕鱼的样子，而暗中命军队从堰下过河。等到贼兵追到，堰决开，河水已深，敌军不能渡河。当时众军都败，只有董卓全军而还，驻屯于扶风，被朝廷封为斄乡侯，食邑一千户。

中平三年春天，朝廷派遣使者到长安任命张温为太尉。三公在朝外任职，始于张温。这年冬天，朝廷征召张温还京师，韩遂便杀掉边章及北宫伯玉、李文侯，拥有兵力十余万，进围陇西。陇西太守李相如反叛，与韩遂联合，共同进兵杀掉凉州刺史耿鄙。耿鄙的司马扶风人马腾，也拥兵反叛，汉阳人王国，也自号"合众将军"，都与韩遂联合。共同推举王国为首领。王国令马腾等人各自率领手下军队，寇掠三辅地区。中平五年，围攻陈仓。于是，朝廷任命董卓为前将军，与左将军皇甫嵩进兵打败王国等军。韩遂等又共同废掉王国，劫持前信都县令汉阳人阎忠，使他总统诸部人马。阎忠羞愧于被众人所胁迫，怨愤病死。韩遂等人渐渐地争权夺利，互相杀害，他们的部下也互相矛盾离心。

中平六年，朝廷征召董卓入朝出任少府，董卓不肯就职，上书说："所率领的湟中义从及秦胡兵都对臣说：'军粮钱没有发放，赏赐的廪食断绝，妻子儿女饥寒交迫'。拉住臣的车子，使臣不能上路。羌胡心肠凶恶性情如狗，臣下不能禁止，将立即抚顺安尉他们。如果有什么变动将再上奏。"朝廷对此不能制止，很以董卓为忧。等到汉灵帝患病不起，以诏书任命董卓为并州牧，命他将手下军队转交皇甫嵩统率。董卓又上书说："臣既没有深远周密的谋略，又没有辉煌可观的事迹。皇上的天恩误加于臣，执掌兵事十年。手下大小士卒与臣亲近已久眷恋臣的养育之恩，愿意为臣效一时死力。乞请率他们同去北州，效力边陲。"于是驻兵河东，静观时局的变化。

等到汉灵帝去世，大将军何进、司隶校尉袁绍谋划诛杀宦官，但太后不许，何进便私自召董卓率兵入朝，以便迫胁太后。董卓听得证召后，立即上路进京。同时上书说："中常侍张让等人凭借皇帝宠幸，扰乱海内。臣听说扬起开水使它停止沸腾，不如去掉下边的柴禾；穿破痛疮虽然疼痛，但却强于向内腐蚀肌肉。从前赵鞅召集晋阳的甲兵，用来驱逐君主身边的恶人。现在臣将立刻鸣敲钟鼓进入洛阳，请逮捕张让等人，以清除奸秽。"董卓未至京师而何进已经失败，于是虎贲中郎将袁术焚烧南宫，准备攻杀宦官，中常侍段珪等人劫持少帝和陈留王乘夜逃至小平津。董卓远远望见洛阳火起，率兵急进，天不亮时赶到城西，听说少帝在北芒山，便前去奉迎。少帝见董卓率兵倅然而至，因害怕而哭泣落泪。董卓与少帝交谈，少帝不能应对；董卓便和陈留王交谈，涉及朝中祸乱之事。董卓认为陈留王比少帝贤明，而且又是董太后所抚养，又自以为他与董太后同族，遂有废少帝改立陈留王的心思。

当初，董卓进入洛阳之时，步骑将士不过三千人，自己疑惑兵力微弱，恐怕不能使远近畏服，便每隔四五日命部下偷偷出军在近处宿营，等到第二天天亮后再大张旗鼓而回，使人以为是西边他的军队又开至洛阳，这一做法洛阳中没有人知道。不久何进及其弟何苗所领的将士都归入董卓手中，他又命吕布抓住执金吾丁原杀掉而吞并他的手下将士，于是董卓兵力大盛。这时董卓便暗示朝廷策免司空刘弘而自己代任其职。随后集会商议废立之事。百官聚在一起议事，董卓高抬起头来说："大者是天地，其次便是君臣，所以上下治国为政。皇帝愚昧懦弱，不能够尊奉宗庙，做天下之主。现在我想依照伊尹，霍光的旧例去做，改立陈留王为帝，各位以为怎么样？"公卿以下百官都不敢回答。董卓又大声说："过去霍光确定大计，田延年按剑而助。有胆敢阻挠大计的，都以军法治罪。"在座的人都很震惊。独有尚书卢植说："过去太甲被立为王以后不贤明，昌邑王有罪过千余条，所以才有废立之事。当今皇上年纪很轻，行为又没有失德之处，不能和以前的事相比。"董卓大怒，离座而去。第二天又在崇德前殿召集百官，于是胁迫太后，下诏书废掉少帝。诏书说："皇帝在服丧期间，没有孝子之心，举止仪表不像人君的样子，现在废皇帝为弘农王。"于是立陈留王为帝，这便是汉献帝。又议定太后蹙迫永乐太后，使得永乐太后忧愤而死，违背妇姑之间的礼节，没有孝顺的节义，迁至永安官居住，不久被董卓杀死。

董卓升任太尉，兼任前将军的职事，加节传、斧钺、虎贲，改封郿侯。于是，董卓与司徒黄琬、司空杨彪，一起身戴行刑用的铁锧入朝上书，请求为冤死的陈蕃、窦武及诸党人理冤平反，以顺从天下人的期望。于是将陈蕃等人的爵位全部恢复，擢用他们子孙为官。

不久董卓让朝廷升任自己为相国，并可以不遵守臣子的礼节，入朝不趋，剑履上殿。又封其母为舞阳君，仿照公主设置家臣令、丞等官。

当时洛阳城中贵戚的住宅府第相望，广有金帛财产等物，家家都很富裕。董卓放纵兵士，闯入这些人的住宅，淫掠妇女，抢夺财物，把这一举动叫作"搜牢"。洛阳人情紧张恐怖，人人朝不保夕。等到何太后下葬之时，文陵挖开，董卓又将陵中所藏的珍宝财物尽皆取出归为己有。又奸淫公主、官女，滥施严刑峻法，有瞪眼怒视一类的小事也必定会被处死，内外群臣百官无人能够自保。董卓曾派遣军队到阳城，当时人们正在社下聚会，董卓命令将聚会的人们全部杀死，驾着他们的运车，装载着他们的妇女，将他们的首级系在车辕，高歌呼喊而回。又毁掉五铢钱，重新铸造小钱，将洛阳及长安的铜人、钟虡、飞廉，铜马等铜物统统收集熔掉，以充铸钱之用。因而钱贱物贵，每石谷卖到数万钱。而且小钱上又没有轮廓、文字、花纹等物，使用起来很不便利。时人认为当年秦始皇在临洮见到长人，才铸造铜人。董卓便是临洮人，到现在将铜人毁掉。他们二人虽然铸成、毁掉铜人各不一样，但其凶暴却相类似。

董卓一向听说天下人都疾恨宦官诛杀忠良之士，及至他掌权时，虽然行事暴虐无道，但却还克制性子掩饰自己的真情，擢用众士人。于是任命吏部尚书汉阳人周珌、侍中汝南人伍琼、尚书郑公业、长史何颙等。又以处士荀爽为司空。被党锢之祸牵连的陈纪、韩融之类人物，都身列九卿之位。对散在民间不得入仕的士人，董卓也多所提拔任用。以尚书韩馥为冀州刺史，侍中刘岱为兖州刺史，陈留王人孔伷为豫州刺史，颍川人张咨为南阳太守。董卓对自己的亲信都不让他们身居显职，不过担任将校而已。汉献帝初平元年（190年），韩馥等人到职后，与袁绍等十余人，各举义兵，共同会盟讨伐董卓，伍琼、周珌暗中为内应。

当初在汉灵帝末年的时候，黄巾军余党郭太等人又在西河白波各起事，转而寇掠太原，于是攻破河东郡，百姓辗转流亡至三辅地区，郭太等被称为"白波贼"，有众十余万人。董卓派中郎将牛辅进兵攻打郭太，未能将其击退。及至听说东方讨卓军起兵，董卓害怕，便毒杀弘农王，准备徙都长安。集会公卿百官商议，太尉黄琬、司徒杨彪当朝劝谏董卓没有结果，伍琼、周珌又坚决劝谏。董卓因而大怒说："董卓我刚刚入朝时，您二位劝我任用善士，所以我才听从，但诸位到职后，却起兵来谋算我。这是二位卖我董卓，我有什么对不起他们的呢？"于是杀掉伍琼、周珌。杨彪，黄琬惧怕，向董卓道歉说："小人眷恋旧地，不是想阻挠国事，请以考虑不周治我们的罪。"董卓杀掉伍琼、周珌后，也立刻就后悔了，因而表奏杨彪、黄琬为光禄大夫。于是将皇帝迁至西都长安。

当初，长安遭赤眉军之乱，宫至营寺等建筑尽皆烧毁，荡然无存，这时，只有高帝庙、京兆尹的府舍还在，于是汉献帝选择便利吉日入居其地，后又移居未央宫。迁都同时，董卓将洛阳人口数百万全部迁往长安，百姓一路上遭步兵、骑兵驱迫践踏，又加上自己互相拥挤踩压、饥饿掳掠，积尸盈路。董卓亲自留住毕圭苑中，烧毁全部宫殿、宗庙、官署府衙、百姓住宅，洛阳方圆二百里内没有一点儿残余留下。又命吕布发掘诸帝坟墓，及公卿以下百官的坟墓，收取墓中陪葬的珍宝。

当时河内太守王匡驻兵于河阳津，准备进攻董卓。董卓先派疑兵挑战，然后暗中命精兵从小平津黄河至河阳津北，从后袭击大破王匡军，王匡将士死亡略尽。第二年，孙坚收合散失的将士，进屯梁县阳人。董卓派将领胡轸、吕布攻打孙坚。吕布与胡轸互相看不起，军中自相惊恐，士卒散乱。孙坚进兵攻击，胡轸、吕布兵败逃走。董越派遣将领李傕向孙坚去求和，孙坚拒绝，进军大谷，距离洛阳仅九十里。董卓亲自率军与孙坚在诸帝陵间交战，董卓兵败逃走，退守渑池，在陕县聚集兵力。孙坚从宣阳城门进入洛阳，转头攻击吕布，吕布又兵败而逃。于是孙坚清扫整理宗庙，平复掩埋诸陵，分兵出函谷关进至新安、渑池间，以拦截董卓后路。董卓对长史刘艾说："关东诸将屡次兵败，没有什么作为了。只有孙坚有点儿愚直，诸将军应当谨慎。"遂命东中郎将董越驻扎渑池，中郎将段煨驻扎华阴，中郎将牛辅驻扎安邑，其他的中郎将、校尉等分驻在各县，以抵御山东兵将。

董卓暗示朝廷命光禄勋宣璠持节任命自己为太师，位在诸侯王之上。于是率兵回长安。朝中百官沿路跪拜迎接，于是董卓非分使用皇帝车服，乘坐金华青盖车，爪形车盖，二个车厢上绘纹采，时人称其车为"竿摩车"，意思是说其服饰和天子所用相近。又以其弟董旻为左将军，封鄠侯，其侄儿董璜为侍中、中军校尉，皆掌管兵权。于是董氏宗族内外人众，都担任各种官职。其子孙即使尚在童年的，男的也尽皆封侯，女的封为邑君。

董卓多次与百官安排酒席欢宴，纵欲淫乐。于是在长安城东修筑堡垒自己居住。又于郿县修筑坞堡，高、厚各七丈，号称"万岁坞"。在坞堡中储存可供三十年用的粮谷。自称："大事成功，可以据有天下；不成，守此坞堡也足以养老。"曾经到郿县巡视坞堡，公卿以下百官在横门外为其饯行。董卓悬挂帐幔安置酒宴，将诱降的北地反叛数百人，在座位之间杀死。先割断这些人的舌头，再砍去手足，再挖去眼睛，然后用大锅煮杀。其中有当时未死者，挣扎跌扑于酒席之间。参加宴会者战抖不已，勺、筷落地，而董卓饮食自若。诸将偶然有言语失误的，便拉出来当众杀掉。又逐渐诛杀关中地区的旧族大家，诬陷以叛逆之罪。

这时太史望气，说将要有大臣被杀死。董卓便命人诬告卫尉张温与袁术勾结，于是在市中笞杀张温，以应对天象的变异。先前张温出兵驻屯美阳，命董卓与边章等交战，董卓作战没有功效，张温征召他又不按时应命，及至回来见张温又言辞不逊。当时孙坚任张温参军，劝张温列兵将董卓斩首。张温说："董卓素有威名，正要倚仗他西进。"孙坚说："明公您亲率天子之师，威震天下，有什么要仗恃董卓而依赖他的呢？孙坚我听说古代的名将，手握兵权，没有不断然斩首而显示威武的。因而司马穰苴斩庄贾，魏绛杀杨干的车夫。现在如果放掉他，自己损失自己的威严，后悔哪里来得及呢！"张温不能听从，但董卓却还心怀忌恨，张温因而身遭此难。

张温字伯慎，年轻时便有声誉，屡次任职公卿，也暗中与司徒王允等谋划杀掉董卓，但还没来得及动手便被杀害了。越骑校尉汝南人伍孚，愤恨董卓凶残狠毒，立志亲手杀死他，便身穿朝服内藏佩刀去见董卓。伍孚与董卓说完话告辞离去,董卓起身送至阁门,用手拍着伍孚的后背,伍孚乘机抽刀刺向董卓,未中。董卓自己挣脱得免,急忙呼叫手下抓住伍孚杀掉,大骂说:"你小子要造反吗"!伍孚大声说:"我恨不得在都市上磔裂你这奸贼,以酬谢天地。"话没讲完便死掉了。

这时王允与吕布及尚书仆射士孙瑞谋划杀掉董卓。有人将"吕"字写在布上,背着在市中行走,唱着歌说:"布哟!"有人报告董卓,董卓不能解悟。初平三年四月,皇帝患病初愈,在未央殿大会群臣。董卓身穿朝服登车,不一会儿,马突然受惊,董卓摔入泥中,随后入室更衣,其少妻劝他不要去了,董卓不听,起身入朝。董卓在沿途两侧排列将士,从他居住的堡垒直至未央宫门,左边步兵右边骑兵,环绕防卫,命令吕布等人护卫前后。王允便与士孙瑞向皇帝密奏诛杀董卓的计划,让士孙瑞亲自书写诏书交与吕布,命骑都尉李肃与吕布同心的勇士十余人,穿着卫士的服装冒充卫士在北掖门内等待董卓。董卓快要到达宫门时,马惊恐不行,董卓既奇怪又害怕,准备回马。吕布劝董卓进宫,于是进入宫门。李肃用戟刺向董卓,董卓内穿铠甲,未能刺入,手臂受伤掉下车来,回头大叫说:"吕布在哪儿?"吕布说:"有诏书命令讨伐贼臣。"董卓大骂说:"庸狗敢这样做吗!"吕布应声举矛直刺董卓,催促士兵杀死董卓。主薄田仪和董卓的奴仆扑向董卓的尸体,吕布又将其二人杀掉。命人携带赦免的诏书,骑马宣示宫殿内外。士卒都欢呼万岁,百姓在道上歌舞庆祝。长安城中卖掉珠玉衣服沽买酒肉来相庆的士女,填街塞巷、王允又命皇甫嵩去郿坞攻打董卓弟董旻,杀其母亲、妻子等人,将董氏一族尽皆杀掉。将董卓尸体丢弃在街市上。这时天气已开始变热,董卓素来肥胖,脂肪流了一地,看守尸体的官吏点火炬放在董卓的肚脐之上,光明达旦,一连点了数日。诸袁氏的门生弟子又积聚董氏一族的尸首,放在一起焚烧,将骨灰扬洒在道路之上。郿坞中珍藏有黄金二三万斤,银八九万斤,锦、绮、缯、纨、素等丝织物以及珍宝奇玩,堆积如山。

当初,董卓因牛辅是自己的女婿,对他素来亲近信任,使他率兵屯据陕县。牛辅分派其校尉李傕、郭汜、张济率领步骑数万,在中牟击破河南尹朱俊军。于是掳掠陈留、颍川二郡各县,杀略男女百姓,所过之处不再有留下的人口。吕布便命李肃凭依诏命至陕县攻讨牛辅等人,牛辅迎头与李肃交战,李肃败逃至弘农,吕布将他杀掉。其后牛辅营中将士无故大惊,牛辅恐惧,于是携带金宝逾城而逃。左右将士贪图牛辅的财宝,斩杀牛辅,送首级至长安。

李傕、郭汜等人因王允、吕布诛杀董卓,因此愤恨并州人,并州人在其军中男女数百人皆被他们杀掉。牛辅军败以后,部众无所依靠,都想各自散去。李傕等人害怕,便先派使者至长安,乞求赦免。王允认为一年之中不可赦免两次,不从其请。李傕等人更加忧愁恐惧,不知怎么办好。武威人贾诩当时在李傕军中,劝李傕说:"听说长安城中商议要尽皆杀掉凉州人,诸位如果弃军独自而走,那么一个亭长就可以捆绑各位。不如相率西进,攻打长安,为董公报仇。事成,尊奉朝廷以匡正天下。如果此计不成,再逃走也不晚。"李傕等以为是,各自相对说:"京师不赦免我们,我们应当以死来与他们决战。如果攻克长安,则得到天下;如果不克,则抄掠三辅地区妇女财物,西归乡里,还可以延长性命。"众将士以为是,于是共结同盟,率军数千,日夜兼程西进。王允闻知,便派遣董卓旧将胡轸、徐荣于新丰截击李傕等人。结果徐荣战死,胡轸率军投降李傕。李傕沿途收集兵众,等到至长安时，已经有兵十余万，与董卓旧部曲樊稠、李蒙等合兵一处，围攻长安。长安城墙险峻不能攻克，守军守至第八日，吕布军中有蜀兵于内城内反叛，接引李傕军入城。长安守军溃散，李傕纵兵掳掠，死者万余人。李傕军杀卫尉种拂等人。吕布迎战失败出城奔逃。王允侍奉天子自保于宣平城门楼上，于是下诏大赦天下，任命李傕、郭汜、樊稠等人都为将军。李傕等人围攻门楼，一同上表奏请司徒王允出来，问道："太师有什么罪"？王允迫于形势下门楼见李傕等人，几天后被杀。李傕等人埋葬董卓于郿县，并收集董氏被焚烧尸体的骨灰，合殓一棺材中埋葬。下葬之日，风雨大作，雷震董卓之墓，流水入其坟冢，漂起其棺木。

李傕又迁任车骑将军，开府，领司隶校尉，假节。郭汜任后将军，樊稠任右将军，张济任镇东将军，皆封列侯。李傕、郭汜、樊稠共执朝政。张济率军出屯弘农。李傕等人任贾诩为左冯翊，想封他侯爵。贾诩说："这是救自己性命的计谋，有什么功劳呢？"一再推辞，李傕等人才止。改任贾诩为尚书掌管选举。

第二年夏，大雨昼夜不停达二十余日，淹没百姓，又大风如同冬天一样。献帝命御史裴茂审讯诏狱囚徒，赦出在押者二百余人。其中有的犯人是被李傕冤屈下狱囚禁的，李傕恐怕裴茂赦免其罪，便上表劾奏裴茂擅自放出囚徒，怀疑他有奸谋，请求抓裴茂下狱。献帝下诏说："灾异屡屡降临，阴雨为害，使者奉命宣布朝廷恩泽，赦免解除轻微之罪，希望能上合天心。本欲释解冤结反而又妄加罪名吗！一律不加察问。"

当初，董卓入关时，邀请韩遂、马腾共谋山东诸军。韩遂、马腾见天下正乱，也想倚仗董卓之势起兵成事。兴平元年，马腾从陇后来朝，进屯子霸桥。当时马腾有私事求于李傕，未得李傕获准而怒,便与侍中马宇、后中郎将刘范、前凉州刺史种劭、中郎将杜禀等人合兵进攻李傕,连日不决胜负。韩遂闻知这件事,便率军前来想给马腾、李傕讲和,不久又与马腾合兵一处。李傕使其侄儿李利连同郭汜、樊稠与马腾等军于长平观下交战,韩遂、马腾兵败,斩首万余级,种劭、刘范等皆战死。马腾、韩遂逃还凉州,樊稠等人又随后追赶。韩遂派人对樊稠说:"天下反复还不能推知以后的情况,与将军相交于州里,现在虽有小小的矛盾,关键是应当大体相同,想与将军相互一叙。"便并马交臂相加,谈笑良久。樊稠等军还师,李利告诉李傕说:"樊稠、韩遂并马谈笑,不知他们谈的什么,但互相之间情意特别亲密。"于是李傕、樊稠开始互相猜疑。但李傕仍加樊稠及郭汜为开府,与三公合为六府,共同参商选举之事。

当时长安城中盗贼不能禁制,白日公然掳掠,李傕、郭汜、樊稠便三分城内,各自警备自己地界,仍然不能制止,而他们的子弟恣肆横行,侵暴百姓。当时谷一斛须钱五十万,豆麦一斛二十万,人相食,白骨堆积于路,臭秽充天。献帝命侍御史侯汶拨出太仓米豆为饥民作粥,几天后仍死者不减。献帝怀疑赈济之事有假,便亲自在御座前自己作粥加以检验。知道其事不实后,命侍中刘艾出宫责备有关官员。于是自尚书令以下百官皆至宫省阁门谢罪,奏请收捕侯汶考问证实其罪。献帝下诏说:"不忍致侯汶于法官,可杖责五十。"自此以后饥民多得以保全性命。

第二年春,李傕乘集会之机于座中刺杀樊稠,因此诸将个个互相猜疑,李傕、郭汜遂又整军相攻。安西将军杨定,是董卓的旧部曲将,畏惧李傕残忍,便与郭汜合谋迎天子临幸其营。李傕知道他们的打算,立即命他的侄儿李暹率数千人包围皇宫。用车三乘迎接天子、皇后。太尉杨彪对李暹说:"古今帝王,没有在人臣家中的。诸位做事，应当上顺天心，怎么能像这样办事？"李暹说："车骑将军的计已经决定了"。于是，献帝临幸李傕军营，杨彪等人皆徒步跟从。李傕乱兵入宫殿，掠取宫人什物，李傕又徙运御府金帛乘舆器服等物，然后放火焚烧宫殿官府房舍皆尽。献帝使杨彪与司空张喜等十余人为李傕、郭汜和解，郭汜不听，将公卿扣留当作人质。杨彪对郭汜说："将军通晓人间事务，怎么与别人分争君臣，一人劫持天子，一人扣质公卿，这是可以做的事吗？"郭汜怒，手持利刃要亲自杀死杨彪。杨彪说："您尚且不尊奉皇帝，我难道还想求生吗！"左右将士多来劝谏，郭汜这才作罢。于是郭汜率兵进攻李傕，弓矢及于献帝面前，又射穿李傕的耳朵。李傕部将杨奉本是白波贼帅，便率兵援救李傕，郭汜这才退兵。

当天，李傕又将献帝转移至其北坞，只的皇后、宋贵人跟随。李傕命校尉监守坞门，使献帝内外隔绝。不久又想将献帝迁徙于池阳黄白城，君臣惶恐。司徒赵温深加解释晓谕劝说，李傕才罢手。献帝诏令谒者仆射皇甫郦为李傕、郭汜和解。皇甫郦先譬谕劝说郭汜，郭汜立刻就听从了。又去见李傕，李傕不听。说："郭多，是一个盗马贼罢了，怎么敢和我作对！一定要杀了他。您看我的方略兵众，足够料理郭多不够？郭多又劫持扣质公卿。像他这样的所作所为，您果然要帮助他吗！"郭汜又名多。皇甫郦说："现在郭汜扣质公卿，而将军您胁迫天子，谁轻谁重呢？"李傕怒，呵斥遣退皇甫郦，于是命虎贲王昌追赶皇甫郦将他杀掉。王昌假作追赶不上，皇甫郦才得以免死。李傕便自任大司马。与郭汜连月相攻，死者数以万计。

张济从陕县来为李、郭二人和解，还想请献帝暂且临幸弘农。献帝也思念旧京，便遣使者敦促李傕请求东归洛阳，往返十次李傕才允许。献帝车驾即日动身出发。李傕率军出屯曹阳。以张济为骠骑将军，复还屯陕县。迁任郭汜为车骑将军，杨定为后将军，杨奉为兴义将军。又任原来的牛辅部将董承为集将军。郭汜等皆侍送献帝车驾。于是，郭汜又想胁迫献帝去郿县，杨定、杨奉、董承不同意。郭汜恐怕发生变故，便丢弃军队去依附李傕。献帝车驾进至华阴，宁辑将军段煨便备办服御及公卿以下百官所需物资粮食，请献帝移幸其营。当初，杨定与段煨有仇怨，这时便诬陷段煨要反叛，率兵进攻段煨军营，十余日不能攻克。而段煨仍供奉献帝御膳，供给百官饮食，始终没有二心。

李傕、郭汜既已后悔允许天子东归，便来救助段煨，乘便想劫持献帝西行。杨定被郭汜所拦截，逃奔荆州。张济与杨奉、董承不能相容，便反与李傕、郭汜相合，一同追赶献帝，与杨奉、董承大战于弘农东涧，董承、杨奉军败，百官士卒死者不可胜数，都丢弃其妇女辎重，皇帝御物符策典籍，殆无所剩。射声校尉沮俊受伤坠马。李傕对左右将士说："还可以让他活吗？"沮俊骂李傕说："你们这些凶逆之人，逼迫天子，乱臣贼子，没有像你们这样的！"李傕命人将他杀死。于是，天子露宿于曹阳。董承、杨奉便欺骗李傕与之连和，而暗中派遣使者偷偷至河东，招原来的白波帅李乐、韩暹、胡才及南匈奴右贤王去卑，李乐等人各率其兵众数千骑来，与董承、杨奉等共同进攻李傕等人，大破其军、斩首数千级，献帝车驾这才得以前行。董承、李乐拥卫献帝左右，胡才、杨奉、韩暹、去卑为后队断后。李傕等人又来交战，杨奉等人大败，死者多于东涧之时。从东涧开始兵将连绵四十里，献帝才得以至陕县，于是结营自守。当时残破之后，虎贲羽林卫士只有不足百人，都有离去之心。董承、杨奉便于当夜暗中商议渡过黄河，使李乐先渡河备办舟船，举火为号接应献帝。献帝步行出营，至黄河边准备渡河，河岸高十余丈，便以绢悬缒而下。别人或从岸上匍匐而下，或从上自己跳下，死亡伤残的，互相没人知道。人们争上渡船，不能禁制，董承用戈劈刺，断指掉于船中多的可用手掬捧。与献帝同渡过黄河的仅皇后、宋贵人、杨彪、董承及皇后之父执金吾伏完等数十人。献帝宫女都被李傕兵将掠走，冻死淹死者甚多。到了大阳后，献帝居宿于普通人家，然后临幸李乐军营。百官饥饿，河内太守张杨命数千人背负粮米进贡粮饷。献帝这才乘坐牛车行路，于是以安邑为都。河东太守王邑奉献绵帛，皆授予公卿以下百官。封王邑为列侯，任命胡才为征东将军，张杨为安国将军，皆假节，开府。拥据壁垒之类群盗，竞相请求授其官职，刻制印绶不及，至于用刀针画之成印。有人携带酒肉来与天子饮宴。又派遣太仆韩融去弘农，与李傕、郭汜等连和。于是，李傕放归公卿百官，稍稍放回宫人妇女，及乘舆器服。

当初，献帝入关时，三辅地区户口还有数十万，自从李傕、郭汜相攻，天子东归后，长安城空四十余日，强壮者四散而去，羸弱者互相为食，二三年内，关中不再有人之踪迹。建安元年春，诸将争权，于是韩暹进攻董承，董承投奔张杨，张杨便让董承先修缮洛阳皇宫。七月，献帝回至洛阳，居杨安殿。张杨以修建宫殿为自己之功，所以以"杨"作殿名。张杨对诸将说："天子应当与天下共同尊奉，朝廷自有公卿大臣，张杨我应该出外抵御外难，在京师干什么？"于是返回野王县。杨奉也出屯梁县。于是，献帝以张杨任大司马，杨奉任车骑将军，韩暹任大将军，兼任司隶校尉，三人皆假节钺。韩暹与董承都留居洛阳宿卫。

韩暹矜功跋扈自专，干预扰乱政事，董承忧患，暗中召兖州牧曹操。曹操遂至京师贡献物品，供给公卿以下百官食物，于是劾奏韩暹、张杨之罪。韩暹怕自己被杀，单骑投奔杨奉。献帝因韩暹、张杨有护卫车驾之功，诏令一律不问罪。于是封卫将军董承、辅国将军伏完等十余人为列侯，追赠沮俊为弘农太守。曹操以洛阳残破荒芜，便迁移献帝临幸许县。杨奉、韩暹意欲邀截献帝车驾，没有来得及，曹操进攻二人，杨奉、韩暹投奔袁术，于是横行暴虐于杨、徐二州间。第二年，左将军刘备诱捉杨奉将他杀掉。韩暹恐惧，逃还并州，路上被人杀死。胡才、李乐留居河东，胡才被仇家杀害，李乐自己病死。张济军困于饥饿，出军南阳，攻打穰县，战死。郭汜被其部将伍习所杀。

建安三年，献帝命谒者仆射裴茂诏令关中诸将段煨等人讨平李傕，夷灭其三族。以段煨出任安南将军，封閺乡侯。

建安四年，张杨为其部将杨丑所杀。以董承任车骑将军，开府。

自献帝都许县以后，朝廷大权归于曹氏，天子统已一身，百官聊以备位充数而已。献帝忌恨曹操专权相逼，便秘密诏令董承，令其结交天下义士共同诛灭曹操。董承遂与刘备同谋其事，还没有来得及动手，正好赶上刘备出征，董承改与偏将军王服、长水校尉种辑、议郎吴硕结谋。事情泄露，董承、王服、种辑、吴硕都被曹操杀掉。

韩遂与马腾自返回凉州后，二人互相争战，于是下陇山占据关中。曹操正在经营河北，怕其乘机作乱，便于建安七年任命马腾为征南将军，韩遂为征西将军，二人皆开府。后征召段煨入朝任大鸿胪，段煨病死。曹操又征召马腾入朝为卫尉，封槐里侯。马腾应召入朝，但留其子马超统带其部下兵将。建安十六年，马超与韩遂举关中之地背叛曹操，曹操进兵击破其军，韩遂、马超败逃，马腾因此罪被夷灭三族。马超攻杀凉州刺史韦康，又屯据陇右。建安十九年，天水人杨阜攻破马超，马超逃奔汉中，投降刘备。韩遂逃入金城羌人之中，被其部下所杀。当初，陇西人宗建在枹罕，自称"河首平汉王"，署置百官，近三十余年。于是，曹操派遣夏侯渊进击宗建，将其斩首，凉州尽皆平定。

史家论曰：董卓最初以将士之怒为其情由，由于遭逢崩乱之势，所以能践踏天地之常道，毁灭剥乱王畿之地。以他剖肝斩足之残暴本性，则群生不足以满足其杀人之手，然而他尚能对士大夫屈折己意，迟疑于欺凌侵夺之事，还算有盗贼之道。及至李、郭等残贼乘其余势，却是倒山倾海，昆岗玉石俱焚之火，自此而起，板荡之诗篇，到这里而致于其极。可悲啊！人活着也真艰难呀！天地的不仁也太甚了！

史家赞曰：百六有会，《过》《剥》成灾。董卓罪恶滔天，犯逆天、地、人三才。华夏四方动荡，京师化作烟埃。无礼虽自及于祸，余灾却也蔓延甚广。弓矢及于天子之车，兵器干戈缠绕宫阙。神州倾回，人神震荡。

后汉书卷七十三

刘虞公孙瓒陶谦列传第六十三

公孙瓒列传

公孙瓒字伯珪,辽西令支人也。家世二千石。瓒以母贱,遂为郡小吏。为人美姿貌,大音声,言事辩慧。太守奇其才,以女妻之。后从涿郡卢植学于缑氏山中,略见书传。举上计吏。太守刘君坐事槛车征,官法不听吏下亲近,瓒乃改容服,诈称侍卒,身执徒养,御车到洛阳。太守当徙日南,瓒具豚酒于北芒上,祭辞先人,酹觞祝曰:"昔为人子,今为人臣,当诣日南。日南多瘴气,恐或不还,便当长辞坟茔。"慷慨悲泣,再拜而去,观者莫不叹息。既行,于道得赦。

瓒还郡,举孝廉,除辽东属国长史。尝从数十骑出行塞下,卒逢鲜卑数百骑。瓒乃退入空亭,约其从者曰:"今不奔之,则死尽矣。"乃自持两刃矛,驰出冲贼,杀伤数十人,瓒左右亦亡其半,遂得免。

中平中,以瓒督乌桓突骑,车骑将军张温讨凉州贼。会乌桓反畔,与贼张纯等攻击蓟中,瓒率所领追讨纯等有功,迁骑都尉。张纯复与叛胡丘力居等寇渔阳、河间、勃海,入平原,多所杀略。瓒追击战于属国石门，虏遂大败，弃妻子逾塞走，悉得其所略男女。瓒深入无继，反为丘力居等所围于辽西管子城，二百余日，粮尽食马，马尽煮弩盾，力战不敌，乃与士卒辞诀，各分散还。时多雨雪，队坑死者十五六，虏亦饥困，远走柳城。诏拜瓒降虏校尉，封都亭侯，复兼领属国长史。职统戎马，连接边寇。每闻有警，瓒辄厉色愤怒，如赴仇敌，望尘奔逐，或继之以夜战。虏识瓒声，惮其勇，莫敢抗犯。

瓒常与善射之士数十人，皆乘白马，以为左右翼，自号"白马义从"。乌桓更相告语，避白马长史。乃画作瓒形，驰骑射之，中者咸称万岁。虏自此之后，遂远窜塞外。

瓒志埽灭乌桓，而刘虞欲以恩信招降，由是与虞相忤。初平二年，青、徐黄巾三十万众入勃海界，欲与黑山合。瓒率步骑二万人，逆击于东光南，大破之，斩首三万余级。贼弃其车重数万两，奔走度河。瓒因其半济薄之，贼复大破，死者数万，流血丹水，收得生口七万余人，车甲财物不可胜算，威名大震。拜奋武将军，封蓟侯。

瓒既谏刘虞遣兵就袁术，而惧术知怨之，乃使从弟越将千余骑诣术自结。术遣越随其将孙坚，击袁绍将周昕，越为流矢所中死。瓒因此怒绍，遂出军屯槃河，将以报绍。乃上疏曰：

臣闻皇羲已来，君臣道著，张礼以导人，设刑以禁暴。今车骑将军袁绍，托承先轨，爵任崇厚，而性本淫乱，情行浮薄。昔为司隶，值国多难，太后承摄，何氏辅朝。绍不能举直措枉，而专为邪媚，招来不轨，疑误社稷，至令丁原焚烧孟津，董卓造为乱始。绍罪一也。卓既无礼，帝主见质。绍不能开设权谋，以济君父，而弃置节传，迸窜逃亡。悉辱爵命，背违人主，绍罪二也。绍为勃海，当攻董卓，而默选戎马，不告父兄，至使太傅一门，累然同毙。不仁不孝，绍罪三也。绍既兴兵，涉历二载，不恤国难，广自封植，乃多引资粮，专为不急，割刻无方，考责百姓，其为痛怨，莫不咨嗟。绍罪四也。逼迫韩馥，窃夺其州，矫刻金玉，以为印玺，每有所下，辄皂囊施检，文称诏书。昔亡新僭伪，渐以即真。观绍所拟，将必阶乱。绍罪五也。绍令星工伺望祥妖，赂遗财货，与共饮食，克会期日，攻抄郡县。此岂大臣所当施为？绍罪六也。绍与故虎牙都尉刘勋，首共造兵，勋降服张杨，累有功效，而以小忿枉加酷害。信用谗慝，济其无道，绍罪七也。故上谷太守高焉、故甘陵相姚贡，绍以贪悷，横责其钱，钱不备毕，二人并命。绍罪八也。《春秋》之义，子以母贵。绍母亲为傅婢，地实微贱，据职高重，享福丰隆。有苟进之志，无虚退之心，绍罪九也。又长沙太守孙坚，前领豫州刺史，遂能驱走董卓，埽除陵庙，忠勤王室，其功莫大。绍遣小将盗居其位，断绝坚粮，不得深入，使董卓久不服诛。绍罪十也。昔姬周政弱，王道陵迟，天子迁徙，诸侯背叛，故齐桓立柯（会）〔亭〕之盟，晋文为践土之会，伐荆楚以致菁茅，诛曹、卫以章无礼。臣虽阘茸，名非先贤，蒙被朝恩，负荷重任，职在铁钺，奉辞伐罪，辄与诸将州郡共讨绍等。若大事克捷，罪人斯得，庶续桓文忠诚之效。

遂举兵攻绍，于是冀州诸城悉畔从瓒。

绍惧，乃以所佩勃海太守印绶授瓒从弟范，遣之郡，欲以相结。而范遂背绍，领勃海兵以助瓒。瓒乃自署其将帅为青、冀、兖三州刺史，又悉置郡县守令，与绍大战于界桥。瓒军败还蓟。绍遣将崔巨业将兵数万攻围故安，不下，退军南还。瓒将步骑三万人追击于巨马水,大破其众,死者七八千〔人〕。乘胜而南,攻下郡县,遂至平原,乃遣其青州刺史田楷据有齐地。绍复遣兵数万与楷连战二年,粮食并尽,士卒疲困,互掠百姓,野无青草。绍乃遣子谭为青州刺史,楷与战,败退还。

是岁,瓒破禽刘虞,尽有幽州之地,猛志益盛。前此有童谣言:"燕南垂,赵北际,中央不合大如砥,唯有此中可避世。"瓒自以为易地当之,遂徙镇焉。乃盛修营垒,楼观数十,临易河,通辽海。

刘虞从事渔阳鲜于辅等,合率州兵,欲共报瓒。辅以燕国阎柔素有恩信,推为乌桓司马。柔招诱胡汉数万人,与瓒所置渔阳太守邹丹战于潞北,斩丹等四千余级。乌桓峭王感虞恩德,率种人及鲜卑七千余骑,共辅南迎虞子和,与袁绍将麹义合兵十万,共攻瓒。兴平二年,破瓒于鲍丘,斩首二万余级。瓒遂保易京,开置屯田,稍得自支。相持岁余,麹义军粮尽,士卒饥困,余众数千人退走。瓒徼破之,尽得其车重。

是时旱蝗谷贵,民相食。瓒恃其才力,不恤百姓,记过忘善,睚眦必报,州里善士名在其右者,必以法害之。常言"衣冠皆自以职分富贵,不谢人惠。"故所宠爱,类多商贩庸儿。所在侵暴,百姓怨之。于是代郡、广阳、上谷、右北平各杀瓒所置长吏,复与辅、和兵合。瓒虑有非常,乃居于高京,以铁为门。斥去左右,男人七岁以上不得入易门。专侍姬妾,其文簿书记皆汲而上之。令妇人习为大言声,使闻数百步,以传宣教令。疏远宾客,无所亲信,故谋臣猛将,稍有乖散。自此之后,希复攻战。或问其故。瓒曰:"我昔驱畔胡于塞表,埽黄巾于孟津,当此之时,谓天下指麾可定。至于今日,兵革方始,观此非我所决,不如休兵力耕,以救凶年。兵法百楼不攻。今吾诸营楼橹千里,积谷三百万斛，食此足以待天下之变。"

建安三年，袁绍复大攻瓒。瓒遣子续请救于黑山诸帅，而欲自将突骑直出，傍西山以断绍后。长史关靖谏曰："今将军将士，莫不怀瓦解之心，所以犹能相守者，顾恋其老小，而恃将军为主故耳。坚守旷日，或可使绍自退。若舍之而出，后无镇重，易京之危，可立而待也。"瓒乃止。绍渐相攻逼，瓒众日蹙，乃却，筑三重营以自固。

四年春，黑山贼帅张燕与续率兵十万，三道来救瓒。未及至，瓒乃密使行人赍书告续曰："昔周末丧乱，僵尸蔽地，以意而推，犹为否也。不图今日亲当其锋。袁氏之攻，状若鬼神，梯冲舞吾楼上，鼓角鸣于地中，日穷月急，不遑启处，鸟厄归人，滀水陵高，汝当碎首于张燕，驰骤以告急。父子天性，不言而动。且厉五千铁骑于北隰之中，起火为应，吾当自内出，奋扬威武，决命于斯。不然，吾亡之后，天下虽广，不容汝足矣。"绍候得其书，如期举火，瓒以为救至，遂便出战。绍设伏，瓒遂大败，复还保中小城。自计必无全，乃悉缢其姊妹妻子，然后引火自焚。绍兵趣登台斩之。

关靖见瓒败，叹恨曰："前若不止将军自行，未必不济。吾闻君子陷人于危，必同其难，岂可以独生乎！"乃策马赴绍军而死。续为屠各所杀。田楷与袁绍战死。

鲜于辅将其众归曹操，操以辅为度辽将军，封都亭侯。阎柔将部曲从曹操击乌桓，拜护乌桓校尉，封关内侯。

张燕既为绍所败，人众稍散。曹操将定冀州，乃率众诣邺降，拜平北将军，封安国亭侯。

论曰：自帝室王公之胄，皆生长脂腴，不知稼穑，其能厉行饬身，卓然不群者，或未闻焉。刘虞守道慕名，以忠厚自牧。美哉乎，季汉之名宗子也！若虞、瓒无间，同情共力，纠人完聚，稽保燕、蓟之饶，缮兵昭武，以临群雄之隙，舍诸天运，征乎人文，则古之休烈，何远之有！

译文：

　　公孙瓒字伯珪，辽西令支人。家中世代为二千石官。公孙瓒因为其生母低贱，在郡中做小吏。其人容貌俊美，声音洪亮，言事聪敏善辩。太守惊异他的才干，便把女儿嫁与他为妻。后在缑氏山中师从涿郡人卢植学习经书，略通书传。本郡举荐他为上计吏。太守刘君因罪被槛车征回京师，官法规定不许属吏与犯法官员亲近，公孙瓒便化装易服，假称侍卒，亲身跟随照顾刘君生活，驾车到洛阳。太守刘君依罪应当迁徙日南，公孙瓒置办猪酒于北芒山上祭辞祖先，酹觞祝告说："从前是人子，现在是人臣，应当去至日南。日南多有瘴气，恐怕一旦不能回还，便当在此长辞坟茔。"慷慨悲泣，拜了两次而去，观者无不叹息。公孙瓒与刘君动身前往日南，途中刘君被赦。

　　公孙瓒返回本郡，被举荐为孝廉，任辽东属国长史。曾经带数十名骑兵出行塞下，突然遇到鲜卑骑兵数百名。公孙瓒便退入空亭，与其从者约誓说："今天我们如果不冲出去，就要都死在这儿了。"于是他自持两刃矛，率先驰出冲突贼阵，杀伤数十人，他的左右亦伤亡一半，这才得免于难。

　　中平年间，使公孙瓒督率乌桓突骑。车骑将军张温征讨凉州寇贼，正好此时乌桓反叛，与寇贼张纯等攻击蓟县一带，公孙瓒统率所领将士追讨张纯有功，迁任骑都尉。张纯又与叛胡丘力居等寇略渔阳、河间、勃海，又攻入平原郡，多所杀伤掳掠。公孙瓒追击，与之在辽东属国石门山交战，胡虏大败，抛弃妻子儿子逾塞而逃，公孙瓒将其所掠人口全部夺回。公孙瓒孤军深入没有后援，反而被丘力居等人包围于辽西管子城，公孙瓒被围二百余日，粮尽之后以马为食，马尽之后煮弩盾为食，力战不能抵敌，便与士卒互相辞别，各自分散自己寻路而还。当时雨雪很多，其士卒坠坑死者十之五六，胡虏亦饥饿困乏，远逃柳城。朝廷下诏任命公孙瓒为降虏校尉，封都亭侯，又兼任属国长史。其职统领兵马，连接边塞敌寇。每听说有寇敌警报，公孙瓒总是愤怒严厉形于颜色，如赴仇敌，望敌军尘土而追赶，有时继之以夜战。胡虏记住公孙瓒的声音，畏惧其勇，不敢对抗冒犯。

公孙瓒常与擅长射箭士卒数十人，都骑乘白马，分为左右翼，自称"白马义从。"乌桓互相告诉，躲避白马长史。于是画公孙瓒的图像，骑马奔驰射其图像，有中者大家齐呼万岁。胡虏自此之后，便远窜塞外。

公孙瓒立志扫灭乌桓，但刘虞想用恩信招降，因此与刘虞互相抵忤。初平二年，青、徐二州黄巾军三十万人进入勃海郡界，准备与黑山军会合。公孙瓒步骑二万人，在东光以南迎击，大破黄巾，斩首三万余级。黄巾弃其辎重车数万辆，奔逃去渡黄河。公孙瓒乘其渡过一半时以大兵逼迫，又大破其军，黄巾死者数万，流血染红河水，俘获人口七万余人，车辆铠甲财物不计其数，公孙瓒威名大震。朝廷拜他为奋武将军，封蓟侯。

公孙瓒劝谏刘虞不要派兵去袁术那里后，恐怕袁术知道后怨恨他，便使其堂弟公孙越带领千余骑兵去到袁术那里以求结好于袁术。袁术派遣公孙越随其将领孙坚进击袁绍将周昂，公孙越被流矢击中而死。公孙瓒因此怨恨袁绍，于是出军屯据盘河，准备报袁绍杀弟之仇。先上疏朝廷说：

臣听说皇羲以来，君臣之道显明，设礼以教导于人，置刑以禁止残暴。现在车骑将军袁绍，托承先王法度，爵位官职崇厚，而其本性淫乱，品行浮薄。当初任职司隶校尉，正值国家多难，太后临朝承制，何进辅佐朝政。袁绍不能举直错枉，却专行邪媚之事，招来不轨之徒，迷惑妨害社稷，以至于让丁原焚烧孟津，董卓至京师为祸乱之始。这是袁绍的第一桩罪过。董卓既行无礼之事，皇帝被其质押，袁绍不能策划应变之谋略，以救助君父，反而丢弃符节凭证，出窜逃亡。愧辱爵位王命，背违君主，这是袁绍的第二桩罪过。袁绍身为勃海太守，应当攻伐董卓，但他默默简选兵马，不告知父兄，致使太傅袁隗一门，牵连同死。不仁不孝，这是袁绍的第三桩罪过。袁绍起兵以后，经历二年，不救国难，广为培植自己势力。于是多取资粮，专为不急之事，掠夺无度，拷问责求百姓，其所作痛怨之事，莫不令人叹息。这是袁绍的第四桩罪过。逼迫韩馥，窃夺其州，假刻金玉，以为天子印玺，每有下发文书，总是用黑色袋囊并加以封泥，其文称作诏书。从前新莽僭越，逐渐成为真事。观察袁绍之所模仿，一定会成为祸乱之阶。这是袁绍的第五桩罪过。袁绍命令善望星者伺望吉凶之征兆，送与他们财货，与他们一同饮食，约定日期，攻掠郡县。这难道是大臣所应当做的事情？这是袁绍的第六桩罪。袁绍与前虎牙都尉刘勋首谋起兵，刘勋降服张扬，屡有功绩，而却以小怨，枉加残害。信用邪恶小人，助济其无道。这是袁绍的第七桩罪过。前上谷太守高焉，前甘陵相姚贡，袁绍因为贪婪，无端向二人索要钱财，钱没能毕备，高、姚二人都被他杀害。这是袁绍的第八桩罪过。《春秋》之义，子因为母亲而显贵。袁绍之母本为亲幸之侍女，地位确实低贱，占据位置高重，享受福祚丰隆。有侥幸进身之志，没有谦虚退让之心。这是袁绍的第九桩罪过。又长沙太守孙坚,以前曾代任豫州刺史,能够驱逐赶跑董卓,扫除陵庙,忠勤于王室,其功劳至大无比。袁绍却派小将盗居其位,断绝孙坚军粮,使其不能深入,以致董卓很久不能伏诛。这是袁绍的第十桩罪过。从前姬周政治衰弱,王道衰微,天子迁徙,诸侯背叛,所以齐桓公订立柯亭之盟,晋文公为践士之会,讨伐荆楚以使其进献菁茅,惩罚曹、卫二国以显明它们的无礼。臣虽然卑贱,名望不同于先贤,但深蒙朝廷之恩,身负重任,职在武将之位,奉辞讨伐罪恶,立即与诸将州郡等共讨袁绍等人。如果大事能够成功,罪人抓到,差不多可以承续齐桓、晋文忠诚之效。

于是发兵攻袁绍,这时冀州诸城尽皆背叛袁绍归顺公孙瓒。

袁绍害怕,便将自己所佩勃海太守印绶授予公孙瓒的堂弟公孙范,使他到勃海郡就任,想以此与公孙瓒相交结。但公孙范随之便背叛袁绍,领勃海郡的兵将以相助公孙瓒。于是,公孙瓒自己任命其将帅为青、冀、兖三州刺史,又尽数设置郡县守令,与袁绍大战于界桥。公孙瓒军败返回蓟县。袁绍派其将领崔巨业领兵数万围攻故安不能攻克,退军南还。公孙瓒率步骑三万人追击至巨马水,大破崔巨业军,杀其将士七八千人。乘胜南进,一路攻占郡县,到达平原郡,便派其青州刺史田楷占据齐地。袁绍又派兵数万与田楷连战二年,两军粮食皆尽,士卒疲劳困乏,田野中的青草都没有了。于是,袁绍使其子袁谭为青州刺史,田楷又与之战,军败退还。

这一年,公孙瓒击败俘获刘虞,尽占幽州之地,雄心更盛。在此之前有童谣说:"燕南垂,赵北际,中央不合大如砺,唯有此中可避世。"公孙瓒自认易县可以当童谣所说之地,便徙镇易县。于是大修营垒，又修楼观数十座，临易河，通于辽海。

刘虞的从事渔阳人鲜于辅等人，集合统带幽州州兵，准备报公孙瓒杀刘虞之仇。鲜于辅以燕国人阎柔素有恩德信用，推举他为乌桓司马。阎柔招诱胡汉数万人，与公孙瓒设置的渔阳太守邹丹战于潞县以北，斩杀邹丹等首级四千余级。乌桓峭王感念刘虞的恩德率其种人及鲜卑七千余骑，与鲜于辅一起迎接刘虞之子刘和，又与袁绍将领麹义合兵共有将士十万，一同进攻公孙瓒。兴平二年，在鲍丘水击破公孙瓒军，斩首二万余级。于是，公孙瓒还保易京，开置屯田，稍稍得以自给。二军相持一年有余，麹义军粮尽，士卒饥饿困乏，率余众数千人退走。公孙瓒出兵截击打败麹义军，将其辎重全部得到。

当时旱、蝗成灾，谷价昂贵，百姓相食。公孙瓒仗恃其才力，不抚恤百姓，记人之过忘人之善，横眉怒视一类的小怨也一定要报复，州里善士君子名望在他之上的，一定罗织罪名以法加害。常常说："士大夫皆因其职位富贵，我不辞谢别人给予的好处。"所以他所宠爱的部下，大多是商贩佣夫。这些人到处侵扰残暴百姓，百姓怨恨。于是代郡、广阳、上谷、右北平等地百姓各杀公孙瓒所设置的县令长，重新与鲜于辅、刘和兵会合。公孙瓒担忧发生变故，便居于高京（大土丘）之上，用铁制成大门。斥退左右将士，男人七岁以上不得入易京之门。身边专用姬妾侍奉，其文簿书记等皆用绳索悬提而上。令妇女练习大声吆喝，使其声能传数百步，用以传达宣示教令。疏远宾客，无所亲近相信，因此谋臣猛将，渐有离散而去的。自此以后，很少再做攻战之事。有人问其缘故。公孙瓒说："我过去驱逐叛胡于塞上，扫荡黄巾于孟津，当时，认为天下可以一举而定。但直至今日，兵革之事却正当开始，以此看来这不是我能决定的，不如休兵致力农耕，以救助荒年。兵法上说百楼不可以攻。现在我诸营楼橹千里，积谷三百万斛，食这些粮谷足以等待天下之变。"

建安三年，袁绍又大举进攻公孙瓒。公孙瓒派其子公孙续向黑山军诸帅去求救，而自己想亲率突骑直出，傍西山而进以断袁绍后路。长史关靖劝谏说："现将军手下将士，没有不怀瓦解之心的，所以还能在此相守，是顾恋其老小，而且仗恃将军为其主帅的缘故。坚守多日，或许可以袁绍自行退兵。如果舍他们而出，后方没有镇重之人，易京的危险，就立而可待了。"公孙瓒这才作罢。袁绍逐渐进攻向前逼近，公孙瓒部众日益艰难，便向后退却，修筑三重营垒自固。

建安四年春，黑山军帅张燕与公孙续率兵十万，分三路来救公孙瓒。救兵未到时，公孙瓒便暗中派使者携带书信告诉公孙续说："从前周末丧乱，僵尸遮地，以自己心意推断，还认为不是这样。想不到今天我亲当其锋。袁氏军队的攻击，状如鬼神，云梯直冲晃动于我的楼上，鼓角鸣响于地上，情势危急，没有空闲坐下。鸟有灾难归附于人，水急就要漫过高地。你应当以死请求张燕，疾驰告急。父子天性，不用说你也会有所感觉。暂且整束五千铁骑于北边洼地之中，举火为号，我将从内出击，奋武扬威，决生死存亡于这一战。如果不这样做，我死之后，天下虽广，连容你立足的地方也没有。"袁绍的守望哨兵得到公孙瓒的书信，袁绍将计就计依公孙瓒信中之期举火，公孙瓒以为救兵来到，出城接应。袁绍设下伏兵，于是公孙瓒大败，重还城中小城。自忖肯定无法保全，便将其姐妹妻子儿女尽皆缢死，然后点火自焚，袁绍士兵迅速登台将他斩首。

关靖见公孙瓒兵败，叹息遗憾地说："前次如果不劝止将军自己出行，事情未必不能成功。我听说君子陷人于危难之中，一定同赴其难。难道我可以独自偷生吗？"便策马冲入袁绍军中战死。公孙续被屠各胡杀死。田楷与袁绍交战战死。

鲜于辅带领其众归降曹操，曹操以他任度辽将军，封都亭侯。阎柔率部下随曹操进攻乌桓，被任为护乌桓校尉，封关内侯。

张燕被袁绍击败后，兵众渐渐离散。曹操将要平定冀州，张燕便率部下到邺城投降，被任为平北将军，封安国亭侯。

史家论曰：自来帝室王公之后代，皆生长于富贵优裕环境之中，不知耕种农事，而能厉行正已，卓然不群者，大概从来没听说过。刘虞遵守道德注意修好自己名声，以忠厚为自己行事的准则。美好呀！后汉的名宗子！倘若刘虞、公孙瓒没有隔阂，同心共力，收合人众完聚城守粮储，积蓄保持燕、蓟之富饶，修兵昭武，以临群雄争斗之机，借助于天运，验证于人事，则与古时美善的功业，还有什么远的呢！

陶谦列传

陶谦字恭祖，丹阳人也。少为诸生，仕州郡，四迁为车骑将军张温司马，西讨边章。会徐州黄巾起，以谦为徐州刺史，击黄巾，大破走之，境内晏然。

时，董卓虽诛，而李傕、郭汜作乱关中。是时，四方断绝，谦每遣使间行，奉贡西京。诏迁为徐州牧，加安东将军，封溧阳侯。是时，徐方百姓殷盛，谷实甚丰，流民多归之。而谦信用非所，刑政不理，别驾从事赵昱，知名士也，而以忠直见疏，出为广陵太守。曹宏等谗慝小人，谦甚亲任之，良善多被其害。由斯渐乱。下邳（阎）〔阙〕宣自称"天子"，谦始与合从，后遂杀之而并其众。

初,曹操父嵩避难琅邪,时谦别将守阴平,士卒利嵩财宝,遂袭杀之。初平四年,曹操击谦,破彭城傅阳。谦退保郯,操攻之不能克,乃还。过拔取虑、睢陵、夏丘,皆屠之。凡杀男女数十万人,鸡犬无余,泗水为之不流,自是五县城保,无复行迹。初三辅遭李傕乱,百姓流移依谦者皆歼。

兴平元年,曹操复击谦,略定琅邪、东海诸县,谦惧不免,欲走归丹阳。会张邈迎吕布据兖州,操还击布。是岁,谦病死。

初,同郡人笮融,聚众数百,往依于谦,谦使督广陵、下邳、彭城运粮。遂断三郡委输,大起浮屠寺。上累金盘,下为重楼,又堂阁周回,可容三千许人,作黄金涂像,衣以锦彩。每浴佛,辄多设饮饭,布席于路,其有就食及观者且万余人。及曹操击谦,徐方不安。融乃将男女万口、马三千匹走广陵。广陵太守赵昱待以宾礼。融利广陵资货,遂乘酒酣杀昱,放兵大掠,因以过江,南奔豫章,杀郡守朱皓,入据其城。后为杨州刺史刘繇所破,走入山中,为人所杀。

昱字元达,琅邪人。清己疾恶,潜志好学,虽亲友希得见之。为人耳不邪听,目不妄视。太仆种拂举为方正。

赞曰:襄贲励德,维城燕北。仁能洽下,忠以卫国。伯珪疏犷,武才趫猛。虞好无终,绍势难并。徐方歼耗,实谦为梗。

译文:

陶谦字恭祖,丹阳人。少为儒生,任职于州郡,经过四次迁升任车骑将军张温司马,西讨边章。恰巧其时徐州黄巾起事,朝廷以陶谦为徐州刺史,进击黄巾军,陶谦大破黄巾逼迫其逃走,境内安定。

当时董卓虽已被杀，但李傕、郭汜作乱于关中。这时四方与长安隔绝，陶谦经常派遣使者从小路而行，至京师长安进奉贡品。朝廷下诏迁升陶谦为徐州牧，加安东将军，封溧阳侯。其时徐州百姓殷盛，粮食甚为充足，流民多归附陶谦。然而陶谦信用非其人，刑政得不到治理，别驾从事赵昱，是一时名士，却因忠诚正直被陶谦所疏远，使他出任广陵太守。曹宏等人是邪恶小人，陶谦对他们却甚为亲密信任，良善之人多被他们所害。因此徐州渐渐混乱。下邳人阙宣自称"天子"，陶谦开始时与之合从，后来杀掉阙宣而吞并其部众。

当初，曹操之父曹嵩避难于琅邪郡，当时陶谦另将率军镇守阴平，其士卒贪图曹嵩的财宝，便袭击杀掉曹嵩。初平四年，曹操进攻陶谦，攻破彭城付阳县。陶谦退守郯县，曹操攻城不能下，便退军还师。所过攻陷取虑、睢陵、夏丘等城，皆屠城。共杀男女数十万人，鸡犬无余，泗水因之堵塞不流，自此五县城内，不再有行人踪迹。当初三辅地区遭李傕之乱，百姓流亡归依陶谦者皆被杀尽。

兴平元年，曹操再次进攻陶谦，攻占琅邪、东海二郡诸县，陶谦畏惧自己不能免祸，准备逃奔丹阳。恰巧此时张邈迎接吕布占据兖州，曹操还军进攻吕布。这一年，陶谦病死。

当初，陶谦同郡人笮融，聚集数百人去归附陶谦，陶谦令其监督广陵、下邳、彭城三郡粮运。笮融便割断三郡运输粮食，大修浮屠寺。上有重叠金盘，下修有层楼，又有堂阁环绕，可容纳三千余人，作涂金铜像，身穿绵彩之衣。每浴佛之时，总是多设饮食，摆席于道路之上，就食者及旁观者将近万余人。及至曹操进攻陶谦，徐州不再安定，笮融便带领男女万人。马三千匹逃至广陵。广陵太守赵昱待他以宾礼。笮融贪图广陵的钱财物资，便乘酒酣之时杀掉赵昱，纵兵大肆抄掠，于是凭此渡江，南奔豫章，杀豫章郡守朱皓，自己入据其城。后被杨州刺史刘繇攻破，逃入山中，被人杀掉。

赵昱字元达，琅邪人。清身正己疾恶如仇，专心好学，虽亲友也很少能见到他。为人耳不旁听，目不斜视。太仆种拂荐举他为方正。

史家赞曰：刘虞励德，连城卫国于燕北。仁德能够和睦下民，忠诚能够保卫国家。公孙瓒粗犷，武才勇捷。与刘虞交好没有结果，与袁绍之势难于并立。徐州百姓灭绝物资消耗，实在是陶谦造成的灾祸。

后汉书卷七十四上

袁绍刘表列传第六十四上

袁绍列传

袁绍字本初,汝南汝阳人,司徒汤之孙。父成,五官中郎将,(绍)壮健好交结,大将军梁冀以下莫不善之。

绍少为郎,除濮阳长,遭母忧去官。三年礼竟,追感幼孤,又行父服。服阕,徙居洛阳。绍有姿貌威容,爱士养名。既累世台司,宾客所归,加倾心折节,莫不争赴其庭,士无贵贱,与之抗礼,辎軿柴毂,填接街陌。内官皆恶之。中常侍赵忠言于省内曰:"袁本初坐作声价,好养死士,不知此儿终欲何作。"叔父太傅隗闻而呼绍,以忠言责之,绍终不改。

后辟大将军何进掾,为侍御史、虎贲中郎将。中平五年,初置西园八校尉,以绍为佐军校尉。

灵帝崩,绍劝何进征董卓等众军,胁太后诛诸宦官,转绍司隶校尉。语已见《何进传》。及卓将兵至,骑都尉太山鲍信说绍曰:"董卓拥制强兵,将有异志,今不早图,必为所制。及其新至疲劳,袭之可擒也。"绍畏卓,不敢发。顷之,卓议欲废立,谓绍曰:"天下之主,宜得贤明,每念灵帝,令人愤毒。董侯似可,今当立之。"绍曰:"今上富于春秋,未有不善宣于天下。若公违礼任情,废嫡立庶,恐众议未安。"卓案剑叱绍曰:"竖子敢然!天下之事,岂不在我?我欲为之,谁敢不从!"绍诡对曰:"此国之大事,请出与太傅议之。"卓复言"刘氏种不足复遗。"绍勃然曰:"天下健者,岂惟董公!"横刀长揖径出。悬节于上东门,而奔冀州。

董卓购募求绍。时,侍中周珌、城门校尉伍琼为卓所信待,琼等阴为绍说卓曰:"夫废立大事,非常人所及。袁绍不达大体,恐惧出奔,非有它志。今急购之,势必为变。袁氏树恩四世,门生故吏遍于天下,若收豪杰以聚徒众,英雄因之而起,则山东非公之有也。不如赦之,拜一郡守,绍喜于免罪,必无患矣。"卓以为然,乃遣授绍勃海太守,封邟乡侯。绍犹称兼司隶。

初平元年,绍遂以勃海起兵,(以)〔与〕从弟后将军术、冀州牧韩馥、豫州刺史孔伷、兖州刺史刘岱、陈留太守张邈、广陵太守张超、河内太守王匡、山阳太守袁遗、东郡太守桥瑁、济北相鲍信等同时俱起,众各数万,以讨卓为名。绍与王匡屯河内,伷屯颍川,馥屯邺,余军咸屯酸枣,约盟,遥推绍为盟主。绍自号车骑将军,领司隶校尉。

董卓闻绍起山东,乃诛绍叔父隗,及宗族在京师者,尽灭之。卓乃遣大鸿胪韩融、少府阴循、执金吾胡母班、将作大匠吴循、越骑校尉王环譬解绍等诸军。绍使王匡杀班、环、吴循等,袁术亦执杀阴循,惟韩融以名德免。

是时,豪杰既多附招,且感其家祸,人思为报,州郡蜂起,莫不以袁氏为名。韩馥见人情归绍。忌(方)〔其〕得众,恐将图己,常遣从事守绍门,不听发兵。桥瑁乃诈作三公移书,传驿州郡,说董卓罪恶,天子危逼,企望义兵,以释国难。馥于是方听绍举兵。乃谋于众曰:"助袁氏乎?助董氏乎?"治中刘惠勃然曰:"兴兵为国,安问袁!董?"馥意犹深疑于绍,每贬节军粮,欲使离散。

明年,馥将麹义反叛,馥与战失利。绍既恨馥,乃与义相结。绍客逢纪谓绍曰:"夫举大事,非据一州,无以自立。今冀部强实,而韩馥庸才,可密要公孙瓒将兵南下,馥闻必骇惧。并遣辩士为陈祸福,馥迫于仓卒,必可因据其位。"绍然之,益亲纪,即以书与瓒。瓒遂引兵而至,外托〔讨〕董卓,而阴谋袭馥。绍乃使外甥陈留高幹及颍川荀谌等说馥曰:"公孙瓒乘胜来南,而诸郡应之。袁车骑引军东向,其意未可量也。窃为将军危之。"馥惧,曰:"然则为之奈何?"谌曰:"君自料宽仁容众,为天下所附,孰与袁氏?"馥曰:"不如也。""临危吐决,智勇迈于人,又孰与袁氏?"馥曰:"不如也。""世布恩德,天下家受其惠,又孰与袁氏?"馥曰:"不如也。"谌曰:"勃海虽郡,其实州也。今将军资三不如之势,久处其上,袁氏一时之杰,必不为将军下也。且公孙提燕、代之卒,其锋不可当。夫冀州天下之重资,若两军并力,兵交城下,危亡可立而待也。夫袁氏将军之旧,且为同盟。当今之计,莫若举冀州以让袁氏,必厚德将军,公孙瓒不能复与之争矣。是将军有让贤之名,而身安于太山也。愿勿有疑。"馥素性恇怯,因然其计。馥长史耿武、别驾闵纯、骑都尉沮授闻而谏曰:"冀州虽鄙,带甲百万,谷支十年。袁绍孤客穷军,仰我鼻息,譬如婴儿在股掌之上,绝其哺乳,立可饿杀。奈何欲以州与之?"馥曰:"吾袁氏故吏,且才不如本初。度德而让,古人所贵,诸君独何病焉?"先是,馥从事赵浮、程涣将强弩万人屯孟津,闻之,率兵驰还,请以拒绍,馥又不听。乃避位,出居中常侍赵忠故舍,遣子送印绶以让绍。

绍遂领冀州牧，承制以馥为奋威将军，而无所将御。引沮授为别驾，因谓授曰："今贼臣作乱，朝廷迁移，吾历世受宠，志竭力命，兴复汉室。然齐桓非夷吾不能成霸，句践非范蠡无以存国。今欲与卿戮力同心，共安社稷，将何以匡济之乎？"授进曰："将军弱冠登朝，播名海内。值废立之际，忠义奋发，单骑出奔，董卓怀惧，济河而北，勃海稽服。拥一郡之卒，撮冀州之众，威陵河朔，名重天下。若举军东向，则黄巾可埽；还讨黑山，则张燕可灭；回师北首，则公孙必禽；震胁戎狄，则匈奴立定。横大河之北，合四州之地，收英雄之士，拥百万之众，迎大驾于长安，复宗庙于洛邑，号令天下，诛讨未服。以此争锋，谁能御之！比及数年，其功不难。"绍喜曰："此吾心也。"即表授为奋武将军，使监护诸将。

魏郡审配、巨鹿田丰，并以正直不得志于韩馥。绍乃以丰为别驾，配为治中，甚见器任。馥自怀猜惧，辞绍索去，往依张邈。后绍遣使诣邈，有所计议，因共耳语。馥时在坐，谓见图谋，无何，如厕自杀。

其冬，公孙瓒大破黄巾，还屯槃河，威震河北，冀州诸城无不望风响应。绍乃自击之。瓒兵三万，列为方阵，分突骑万匹，翼军左右，其锋甚锐。绍先令麹义领精兵八百，强弩千张，以为前登。瓒轻其兵少，纵骑腾之，义兵伏盾下，一时同发，瓒军大败，斩其所置冀州刺史严纲，获甲首千余级。麹义追至界桥，瓒敛兵还战，义复破之，遂到瓒营，拔其牙门，余众皆走。绍在后十数里，闻瓒已破，发鞍息马，唯卫帐下强弩数十张，大戟士百许人。瓒散兵二千余骑卒至，围绍数重，射矢雨下。田丰扶绍，使却入空垣。绍脱兜鍪抵地，曰："大丈夫当前斗死，而反逃垣墙间邪？"促使诸弩竞发，多伤瓒骑。众不知是绍，颇稍引却。会麴义来迎，骑乃散退。三年，瓒又遣兵至龙凑挑战，绍复击破之。瓒遂还幽州，不敢复出。

四年初，天子遣太仆赵岐和解关东，使各罢兵。瓒因此以书譬绍曰："赵太仆以周、邵之德，衔命来征，宣扬朝恩，示以和睦，旷若开云见日，何喜如之！昔贾复、寇恂争相危害，遇世祖解纷，遂同舆并出。衅难既释，时人美之。自惟边鄙，得与将军共同斯好，此诚将军之（羞）〔眷〕，而瓒之愿也。"绍于是引军南还。

三月上巳，大会宾徒于薄落津。闻魏郡兵反，与黑山贼于毒等数万人共覆邺城，杀郡守。坐中客家在邺者，皆忧怖失色，或起而啼泣，绍容貌自若，不改常度。贼有陶升者，自号"平汉将军"，独反诸贼，将部众逾西城入，闭府门，具车重，载绍家及诸衣冠在州内者，身自扞卫，送到斥丘。绍还，因屯斥丘，以陶升为建义中郎将。六月，绍乃出军，入朝歌鹿肠山苍岩谷口，讨于毒。围攻五日，破之，斩毒及其众万余级。绍遂寻山北行，进击诸贼左髭丈八等，皆斩之，又击刘石、青牛角、黄龙、左校、郭大贤、李大目、于氐根等，复斩数万级，皆屠其屯壁。遂与黑山贼张燕及四营屠各、雁门乌桓战于常山。燕精兵数万，骑数千匹，连战十余日，燕兵死伤虽多，绍军亦疲，遂各退。麴义自恃有功，骄纵不轨，绍召杀之，而并其众。

兴平二年，拜绍右将军。其冬，车驾为李傕等所追于曹阳，沮授说绍曰："将军累叶台辅，世济忠义。今朝廷播越，宗庙残毁，观诸州郡，虽外托义兵，内实相图，未有忧存社稷恤人之意。且今州城粗定，兵强士附，西迎大驾，即宫邺都，挟天子而令诸侯，稽士马以讨不庭，谁能御之？"绍将从其计。颍川郭图、淳于琼曰："汉室陵迟,为日久矣,今欲兴之,不亦难乎?且英雄并起,各据州郡,连徒聚众,动有万计,所谓秦失其鹿,先得者王。今迎天子,动辄表闻,从之则权轻,违之则拒命,非计之善者也。"授曰："今迎朝廷,于义为得,于时为宜。若不早定,必有先之者焉。夫权不失几,功不猒速,愿其图之。"帝立既非绍意,竟不能从。

绍有三子:谭字显思、熙字显雍、尚字显甫。谭长而惠,尚少而美。绍后妻刘有宠,而偏爱尚,数称于绍,绍亦奇其姿容,欲使传嗣。乃以谭继兄后,出为青州刺史。沮授谏曰:"世称万人逐兔,一人获之,贪者悉止,分定故也。且年均以贤,德均则卜,古之制也。愿上惟先代成(则)〔败〕之诫,下思逐兔分定之义。若其不改,祸始此矣。"绍曰:"吾欲令诸子各据一州,以视其能。"于是以中子熙为幽州刺史,处甥高幹为并州刺史。

建安元年,曹操迎天子都许,乃下诏书于绍,责以地广兵多而专自树党,不闻勤王之师而但擅相讨伐。绍上书曰:

臣闻昔有哀叹而霜陨,悲哭而崩城者。每读其书,谓为信然,于今况之,乃知妄作。何者?臣出身为国,破家立事,至乃怀忠获衅,抱信见疑,昼夜长吟,剖肝泣血,曾无崩城陨霜之应,故邹衍、杞妇何能感彻。

臣以负薪之资,拔于陪隶之中,奉职宪台,擢授戎校。常侍张让等滔乱天常,侵夺朝威,贼害忠德,扇动奸党。故大将军何进忠国疾乱,义心赫怒,以臣颇有一介之节,可责以鹰犬之功,故授臣以督司,谘臣以方略。臣不敢畏惮强御,避祸求福,与进合图,事无违异。忠策未尽而元帅受败,太后被质,宫室焚烧,陛下圣德幼冲,亲遭厄困。时进既被害,师徒丧沮,臣独将家兵百余人，抽戈承明，辣剑翼室，虎叱群司，奋击凶丑，曾不浃辰，罪人斯殄。此诚愚臣效命之一验也。

会董卓乘虚，所图不轨。臣父兄亲从，并当大位，不惮一室之祸，苟惟宁国之义，故遂解节出奔，创谋河外。时卓方贪结外援，招悦英豪，故即臣勃海，申以军号，则臣之与卓，未有纤芥之嫌。若使苟欲淈泥扬波，偷荣求利，则进可以享窃禄位，退无门户之患。然臣愚所守，志无倾夺，故遂引会英雄，兴师百万，饮马孟津，歃血漳河。会故冀州牧韩馥怀挟逆谋，欲专权势，绝臣军粮，不得踵系，至使猾虏肆毒，害及一门，尊卑大小，同日并戮。鸟兽之情，犹知号乎？臣所以荡然忘哀，貌无隐戚者，诚以忠孝之节，道不两立，顾私怀己，不能全功。斯亦愚臣破家徇国之二验也。

又黄巾十万焚烧青、兖，黑山、张杨蹈藉冀域。臣乃旋师，奉辞伐畔。金鼓未震，狡敌知亡，故韩馥怀惧，谢咎归土，张扬、黑山同时乞降。臣时辄承制，窃比窦融，以议郎曹操权领兖州牧。会公孙瓒师旅南驰，陆掠北境，臣即星驾席卷，与瓒交锋。假天之威，每战辄克。臣备公族子弟，生长京辇，颇闻俎豆，不习干戈；加自乃祖先臣以来，世作辅弼，咸以文德尽忠，得免罪戾。臣非与瓒角戎马之势，争战阵之功者也。诚以贼臣不诛，《春秋》所贬，苟云利国，专之不疑。故冒践霜雪，不惮劬勤，实庶一捷之福，以立终身之功。社稷未定，臣诚耻之。太仆赵岐衔命来征，宣明陛下含弘之施，蠲除细故，与下更新，奉诏之日，引师南辕。是臣畏怖天威，不敢怠慢之三验也。

又臣所上将校，率皆清英宿德，令名显达，登锋履刃，死者过半，勤恪之功，不见书列。而州郡牧守，竞盗声名，怀持二端，优游顾望，皆列士锡圭，跨州连郡，是以远近狐疑，议论纷错者也。臣闻守文之世，德高者位尊；仓卒之时，功多者赏厚。陛下播越非所，洛邑乏祀，海内伤心，志士愤惋。是以忠臣肝脑涂地，肌肤横分而无悔心者，义之所感故也。今赏加无劳，以携有德；杜黜忠功，以疑众望。斯岂腹心之远图？将乃谗慝之邪说使之然也？臣爵为通侯，位二千石。殊恩厚德，臣既叨之，岂敢窥觊重礼，以希彤弓旅矢之命哉？诚伤偏禅列校，勤不见纪，尽忠为国，翻成重怨。斯蒙恬所以悲号于边狱，白起歔欷于杜邮也。太傅日磾位为师保，任配东征，而耗乱王命，宠任非所，凡所举用，皆众所捐弃。而容纳其策，以为谋主，令臣骨肉兄弟，还为仇敌，交锋接刃，构难滋甚。臣虽欲释甲投戈，事不得已。诚恐陛下日月之明，有所不照，四聪之听，有所不闻，乞下臣章，咨之群贤，使三槐九棘，议臣罪戾。若以臣今行权为衅，则桓、文当有诛绝之刑；若以众不讨贼为贤，则赵盾可无书弑之贬矣。臣虽小人，志守一介。若使得申明本心，不愧先帝，则伏首欧刀，褰衣就镬，臣之愿也。惟陛下垂《尸鸠》之平，绝邪谄之论，无令愚臣结恨三泉。

于是以绍为太尉，封邺侯。时曹操自为大将军，绍耻为之下，伪表辞不受。操大惧，乃让位于绍。二年，使将作大匠孔融持节拜绍大将军，锡弓矢节钺，虎贲百人，兼督冀、青、幽、并四州，然后受之。

绍每得诏书，患有不便于己，乃欲移天子自近，使说操以许下埤湿，洛阳残破，宜徙都甄城，以就全实。操拒之。田丰说绍曰："徙都之计，既不克从，宜早图许，奉迎天子，动托诏令，响号海内，此算之上者。不尔，终为人所禽，虽悔无益也。"绍不从。四年春，击公孙瓒，遂定幽土，事在《瓒传》。

绍既并四州之地，众数十万，而骄心转盛，贡御稀简。主簿耿包密白绍曰："赤德衰尽，袁为黄胤，宜顺天意，以从民心。"绍以包白事示军府僚属，议者以包妖妄宜诛。绍知众情未同，不得已乃杀包以弭其迹。于是简精兵十万，骑万匹，欲出攻许，以审配、逢纪统军事，田丰、荀谌及南阳许攸为谋主，颜良、文丑为将帅。沮授进说曰："近讨公孙，师出历年，百姓疲敝，仓库无积，赋役方殷，此国之深忧也。宜先遣使献捷天子，务农逸人。若不得通，乃表曹操隔我王路，然后进屯黎阳，渐营河南，益作舟船，缮修器械，分遣精骑，抄其边鄙，令彼不得安，我取其逸。如此可坐定也。"郭图、审配曰："兵书之法，十围五攻，敌则能战。今以明公之神武，连河朔之强众，以伐曹操，（兵）〔其〕势譬若覆手。今不时取，后难图也。"授曰："盖救乱诛暴，谓之义兵；恃众凭强，谓之骄兵。义者无敌，骄者先灭。曹操奉迎天子，建宫许都。今举师南向，于义则违。且庙胜之策，不在强弱，曹操法令既行，士卒精练，非公孙瓒坐受围者也。今弃万安之术，而兴无名之师，窃为公惧之。"图等曰："武王伐纣，不为不义；况兵加曹操，而云无名！且公师徒精勇，将士思奋，而不及时早定大业，所谓'天与不取，反受其咎'。此越之所以霸，吴之所以灭也。监军之计，在于（将军）〔持牢〕，而非见时知几之变也。"绍纳图言。图等因是谮沮授曰："授监统内外，威震三军，若其浸盛，何以制之！夫臣与主同者〔昌，主与臣同者〕亡，此《黄石》之所忌也。且御众于外，不宜知内。"绍乃分授所统为三都督，使授及郭图、淳于琼各典一军，未及行。

五年，左将军刘备杀徐州刺史车胄，据沛以背曹操。操惧，乃自将征备。田丰说绍曰："与公争天下者，曹操也。操今东击刘备，兵连未可卒解，今举军而袭其后，可一往而定。兵以几动，斯其时也。"绍辞以子疾，未得行。丰举杖击地曰："嗟乎，事去矣！夫遭难遇之几，而以婴儿病失其会，惜哉！"绍闻而怒之，从此遂疏焉。

曹操畏绍过河，乃急击备，遂破之。备奔绍，绍于是进军攻许。田丰以既失前几，不宜便行，谏绍曰：

曹操既破刘备，则许下非复空虚。且操善用兵，变化无方，众虽少，未可轻也。今不如久持之。将军据山河之固，拥四州之众，外结英雄，内修农战，然后简其精锐，分为奇兵，乘虚迭出，以扰河南，救右则击其左，救左则击其右，使敌疲于奔命，人不得安业，我未劳而彼已困，不及三年，可坐克也。今释庙胜之策而决成败于一战，若不如志，悔无及也。

绍不从。丰强谏忤绍，绍以为沮众，遂械系之。乃先宣檄曰：

盖闻明主图危以制变，忠臣虑难以立权。曩者强秦弱主，赵高执柄，专制朝命，威福由己，终有望夷之祸，污辱至今。及臻吕后，禄、产专政，擅断万机，决事禁省，下陵上替，海内寒心。于是绛侯、朱虚兴咸奋怒，诛夷逆暴，尊立太宗，故能道化兴隆，光明融显，此则大臣立权之明表也。

司空曹操祖父腾，故中常侍，与左悺、徐璜并作妖孽，饕餮放横，伤化虐人。父嵩，乞丐携养，因臧买位，舆金辇宝，输货权门，窃盗鼎司，倾覆重器。操（奸）〔赘〕阉遗丑，本无令德，僄狡锋侠，好乱乐祸。幕府董统鹰扬，埽夷凶逆，续遇董卓侵官暴国，于是提剑挥鼓，发命东夏，广罗英雄，弃瑕录用，故遂与操参咨策略，谓其鹰犬之才，爪牙可任。至乃愚佻短虑，轻进易退，伤夷折衄，数丧师徒。幕府辄复分兵命锐，修完补辑，表行东郡太守、兖州刺史，被以虎文，授以偏师，奖就威柄，冀获秦师一克之报。而遂乘资跋扈，肆行酷烈，割剥元元，残贤害善。故九江太守边让，英才俊逸，以直言正色，论不阿谄，身被枭悬之戮，妻孥受灰灭之咎。自是士林愤痛，人怨天怒，一夫奋臂，举州同声，故躬破于徐方，地夺于吕布，彷徨东裔，蹈据无所。幕府惟强干弱枝之义，且不登畔人之党，故复援旌擐甲。席卷赴征，金鼓响震，布众破沮，拯其死亡之患，复其方伯之任。是则幕府无德于兖土，而有大造于操也。

会后銮驾东反，群虏乱政。时冀州方有北鄙之警，匪遑离局，故使从事中郎徐勋就发遣操，使缮修郊庙，翼卫幼主。而便放志专行，威劫省禁，卑侮王僚，败法乱纪，坐召三台，专制朝政，爵赏由心，刑戮在口，所爱光五宗，所怨灭三族，群谈者受显诛，腹议者蒙隐戮，道路以目，百辟钳口，尚书记期会，公卿充员品而已。

故太尉杨彪，历典二司，元纲极位。操因睚眦，被以非罪，笞楚并兼，五毒俱至，触情放慝，不顾宪章。又议郎赵彦，忠谏直言，议有可纳，故圣朝含听，改容加锡。操欲迷夺时明，杜绝言路，擅收立杀，不俟报闻。又梁孝王先帝母弟，坟陵尊显，松柏桑梓，犹宜恭肃。操率将史士，亲临发掘，破棺裸尸，掠取金宝，至令圣朝流涕，士民伤怀。又署发丘中郎将、摸金校尉，所过毁突，无骸不露。身处三公之官，而行桀虏之态，污国虐民，毒施人鬼。加其细政苛惨，科防互设，缯缴充蹊，坑阱塞路，举手挂网罗，动足蹈机陷，是以兖、豫有无聊之人，帝都有呼嗟之怨。

历观古今书籍所载，贪残虐烈无道之臣，于操为甚。幕府方诘外奸，未及整训，加意含覆，冀可弥缝。而操豺狼野心，潜包祸谋，乃欲桡折栋梁，孤弱汉室，除忠害善，专为枭雄。往岁伐鼓北征，讨公孙瓒，强御桀逆，拒围一年。操因其未破，阴交书命，欲托助王师，以见掩袭，故引兵造河，方舟北济。会行人发露，瓒亦枭夷，故使锋芒挫缩，厥图不果。屯据敖仓，阻河为固，乃欲运螳螂之斧，御隆车之隧。莫府奉汉威灵，折冲宇宙，长戟百万，胡骑千群，奋中黄、育、获之士，骋良弓劲弩之势，并州越太行，青州涉济、漯，大军泛黄河以角其前，荆州下宛、叶而掎其后。雷震虎步，并集虏廷，若举炎火以焚飞蓬，覆沧海而注熛炭，有何不消灭者哉？

当今汉道陵迟，纲弛网绝，操以精兵七百，围守宫阙，外称陪卫，内以拘质，惧篡逆之祸，因斯而作。乃忠臣肝脑涂地之秋，烈士立功之会也。可不勖哉！

乃先遣颜良攻曹操别将刘延于白马，绍自引兵至黎阳。沮授临行，会其宗族，散资财以与之。曰："势存则威无不加，势亡则不保一身。哀哉！"其弟宗曰："曹操士马不敌，君何惧焉？"授曰："以曹兖州之明略，又挟天子以为资，我虽克伯珪，众实疲敝，而主骄将忕，军之破败，在此举矣。杨雄有言：'六国蚩蚩，为嬴弱姬。'今之谓乎！"曹操遂救刘延，击颜良斩之。绍乃度河，壁延津南。沮授临船叹曰："上盈其志，下务其功，悠悠黄河，吾其济乎！"遂以疾退，绍不许而意恨之，复省其所部，并属郭图。

绍使刘备、文丑挑战，曹操又击破之，斩文丑。再战而禽二将，绍军中大震。操还屯官渡，绍进保阳武。沮授又说绍曰："北兵虽众，而劲果不及南军；南军谷少，而资储不如北。南幸于急战，北利在缓师。宜徐持久，旷以日月。"绍不从。连营稍前，渐逼官渡，遂合战。操军不利，复还坚壁。绍为高橹，起土山，射营中，〔营中〕皆蒙盾而行。操乃发石车击绍楼，皆破，军中呼曰："霹雳车"。绍为地道欲袭操，操辄于内为长堑以拒之。又遣奇兵袭绍运车，大破之，尽焚其谷食。

相持百余日，河南人疲困，多畔应绍。绍遣淳于琼等将兵万余人北迎粮运。沮授说绍可遣蒋奇别为支军于表，以绝曹操之钞。绍不从。许攸进曰："曹操兵少而悉师拒我，许下余守势必空弱。若分遣轻军，星行掩袭，许拔则操（为）成禽。如其未溃，可令首尾奔命，破之必也。"绍又不能用。会攸家犯法，审配收系之，攸不得志，遂奔曹操，而说使袭取淳于琼等。琼等时宿在乌巢，去绍军四十里。操自将步骑五千人，夜往攻破琼等，悉斩之。

初，绍闻操击琼，谓长子谭曰："就操破琼，吾拔其营，彼固无所归矣。"乃使高览、张郃等攻操营，不下。二将闻琼等败，遂奔操。于是绍军惊扰，大溃。绍与谭等幅巾乘马，与八百骑度河，至黎阳北岸，入其将军蒋义渠营。至帐下，把其手曰："孤以首领相付矣。"义渠避帐而处之，使宣令焉。众闻绍在，稍复集。余众伪降，曹操尽坑之，前后所杀八万人。

沮授为操军所执，乃大呼曰："授不降也，为所执耳。"操见授谓曰："分野殊异，遂用圮绝，不图今日乃相得也。"授对曰："冀州失策，自取奔北。授知力俱困，宜其见禽。"操曰："本初无谋，不相用计。今丧乱过纪，国家未定，方当与君图之。"授曰："叔父、母、弟悬命袁氏，若蒙公灵，速死为福。"操叹曰："孤早相得，天下不足虑也。"遂赦而厚遇焉。授寻谋归袁氏，乃诛之。

绍外宽雅有局度，忧喜不形于色，而性矜愎自高，短于从善,故至于败。及军还,或谓田丰曰:"君必见重。"丰曰:"公貌宽而内忌,不亮吾忠,而吾数以至言迕之。若胜而喜,必能赦我,战败而怨,内忌将发。若军出有利,当蒙全耳,今既败矣,吾不望生。"绍还,曰:"吾不用田丰言,果为所笑。"遂杀之。

官渡之败,审配二子为曹操所禽,孟岱与配有隙,因蒋奇言于绍曰:"配在位专政,族大兵强,且二子在南,必怀反畔。"郭图、辛评亦为然。绍遂以岱为监军,代配守邺。护军逢纪与配不睦,绍以问之,纪对曰:"配天性烈直,每所言行,慕古人之节,不以二子在南为不义也,公勿疑之。"绍曰:"君不恶之邪?"纪曰:"先所争者私情,今所陈者国事。"绍曰:"善"。乃不废配,配、〔纪〕由是更协。

冀州城邑多畔,绍复击定之。自军败后发病,七年夏,薨。未及定嗣,逢纪、审配宿以骄侈为谭所病,辛评、郭图皆比于谭而与配、纪有隙。众以谭长,欲立之。配等恐谭立而评等为害,遂矫绍遗命,奉尚为嗣。

译文:

袁绍字本初,汝南汝阳人,是司徒袁汤的孙子。他的父亲袁成,曾任职五官中郎将,壮健喜欢交结,自大将军梁冀以下众官,没有不跟他交好的。

袁绍年轻的时候入朝为郎,被任命为濮阳长,后因母亲去世离开官位。袁绍为母亲服三年丧后,追念很小的时候就失去父亲,又为父亲补行丧服。丧服期满后,迁居洛阳。袁绍容貌威武庄重,敬重士人又注意自己名声。本来袁家累世三公,就是宾客所喜欢归顺的地方,再加上袁绍礼贤下士,天下人都争着投奔他家,士人不分贫贱，袁绍皆以相平等的礼节对待，于是他家门前贵人乘坐的辎軿和贵贱者所乘坐的柴车满街满巷。宦官对袁绍的做法很厌恶。中常侍赵忠在省内说："袁本初自己抬高名誉身份，好养敢死之士，不知这家伙到底想干什么。"袁绍的叔父太付袁隗听说此事叫来袁绍，拿赵忠所说的话来责备他。但袁绍始终不改。

后袁绍被辟举为大将军何进的椽属，任侍御史、虎贲中郎将。中平五年，开始设置西园八校尉，以袁绍为佐军校尉。

汉灵帝死，袁绍劝何进征召董卓等军，以胁迫何太后诛杀诸宦官。转袁绍任职司隶校尉。其事已见于《何进传》。及至董卓率兵到京师，骑都尉太山郡人鲍信劝说袁绍说："董卓拥握强兵，将要有越轨的打算，现在不早想办法，一定会被他所制。现在乘他刚至疲惫之机，一击即可将他抓住。"袁绍惧怕董卓，不敢动。不久，董卓计议欲行废立之事，对袁绍说："天下之主，应该由贤明之人担任，每想到灵帝，令人痛恨，董侯这个人好像还可以，应该立他为帝。"袁绍说："现今圣上年轻，没有不善的事情宣扬于天下。如果您违犯礼法随心所欲，废嫡立庶，恐怕众人不会不议论。"董卓按剑呵斥袁绍说："小子你敢这样！天下之事，难道不在我掌握之中，我想做的事，谁敢不服从！"袁绍欺骗董卓说："这是国家的大事，请出去与太付商议。"董卓又说："刘氏种用不着再留下了。"袁绍勃然大怒说："天下壮健的人，难道只你董公一个！"横刀作长揖径自离去。悬符节于洛阳上车门，奔往冀州。

董卓悬赏捉拿袁绍。当时侍中周珌、城门校尉伍琼很得董卓信任，伍琼等人暗中为袁绍劝董卓说："废立大事，不是一般人所能做的，袁绍不识大体，因为害怕才出逃，不是有另外的意图。现在紧急悬赏捕捉他，势必会逼出乱子。袁氏施恩于人已经四世,门生故吏遍布天下,倘若他收集豪杰聚集徒众,天下英雄乘机而起,那样山东地区就不是您所有的了。不如赦免袁绍,任命他做一个郡守,袁绍高兴自己能够免罪,那样就一定不会有后患了。"董卓认为这个主意不错,便派人任命袁绍为勃海太守,封邟乡侯。袁绍仍然称自己兼任司隶校尉。

初平元年,袁绍便以勃海郡起兵,与堂弟后将军袁术、冀州牧韩馥、豫州刺史孔伷、兖州刺史刘岱、陈留太守张邈、广陵太守张超、河内太守王匡、山阳太守袁遗、东郡太守桥瑁、济北相鲍信等同时起事,每人各有数万人马,以讨伐董卓为名。袁绍与王匡驻军河内、孔伷驻军颍川、刘馥驻军邺城。剩下各军屯驻酸枣,众军会盟,从各驻地遥相推举袁绍为盟主。袁绍自称车骑将军,领司隶校尉。

董卓闻知袁绍起兵于山东,便诛杀了袁绍叔父袁隗,又将袁氏宗族在京师者尽数杀掉。董卓这才命大鸿胪韩融、少府阴循、执金吾胡母班、将作木匠吴循、越骑校尉王环等人臂喻和解袁绍等军。袁绍命王匡杀胡母班、王环、吴循等人,袁术也将阴循抓住杀掉,只有韩融因其名声道德得免于死。

这时众豪杰既已多依附袁绍,又感念他所遭的家祸,人人都想为其报仇,各州郡纷纷起事,无不以袁氏为名。韩馥见人心归胜袁绍,恐怕袁绍得众人拥护,将要算计自己,便常派从事看守袁绍家门,不许他发兵。这时桥瑁便假造三公移送的文书,通过驿车传送各州郡,数说董卓罪恶,天子被逼迫,企望义兵来解除国家的灾难。韩馥这时才准许袁绍发兵。于是,韩馥与部下众人商议说:"是帮助袁氏,还是帮助董氏呢?"治中刘惠生气地说:"起兵是为了国家,问什么袁、董呢?"韩馥心中仍然对袁绍疑虑重重,常常削减袁绍的军粮,想使袁绍的军队因此离散。

第二年,韩馥手下将领麴义反叛,韩馥与之交战失败。袁绍既对韩馥怀恨在心,便与麴义交结。袁绍的宾客逢纪对袁绍说:"想要做大事,不占据一州之地,便不能自立。现冀州实力雄厚,而韩馥却是庸才,可以秘密地邀公孙瓒率兵南下,韩馥听说一定会害怕。您同时派一能辩之士为韩馥讲说利害,韩馥被猝至的事变所逼,您一定可以乘机夺取其位。"袁绍认为逢纪的办法很好,对他更加亲近。立即给公孙瓒写书信送去。公孙瓒遂率兵南下,表面上假称讨伐董卓,而暗中准备袭击韩馥。袁绍这时便派外甥陈留人高干和颖川人荀谌等人劝说韩馥说:"公孙瓒乘胜南来,各郡纷纷响应。袁车骑率军东进,他的意图也很难测,我们私下为您感到危险。"韩馥害怕,说:"那么怎么办呢?"荀谌说:"您自己估量宽厚仁义容纳人众,被天下人所归附等方面,和袁氏比怎么样?"韩馥说:"不如。"荀谌再问:"面临危难而吐奇决策,智勇超过常人,与袁氏比又怎么样?"韩馥说:"不如。"荀谌又问:"世代施恩布德,天下人家家受其恩惠,与袁氏比又怎么样?"韩馥说:"不如。"荀谌说:"勃海虽名义为郡,其实相当于州。现将军您处于三方面都不如人家的情势,却一直处于其上,袁氏是一时之杰,一定不会安心于位在将军之下。况且公孙瓒率燕、代的士卒,锐不可当。冀州是天下非常富裕的地方,如果袁绍与公孙瓒二军合力来攻,您与他们交战于城下,那么危亡立刻就会来到。袁绍是您的旧友,而且曾经是同盟。当今之计,不若将整个冀州让给袁氏,那样袁绍一定会很感念您的大德,公孙瓒也就不能再与他相争了。这样将军有让贤之名,而自身的安全也会稳如泰山。希望您不要犹豫了。"韩馥本来性格懦怯,因而同意了荀谌等人的计划。韩馥的长史耿武、别驾闵纯、骑都尉沮授闻知劝谏韩馥说:"冀州虽然地处边鄙，但战士百万，储备的粮各可以支用十年。袁绍孤军客居冀州，依赖我们才能生存，就如同婴儿在我掌握之中一样，断了他的奶，立刻可以将他饿死。怎么要将冀州让给他呢？"韩馥说："我本来是袁氏的故吏，而且才能不如袁本初，度量自己的德行来让贤，古人认为是可贵的，各位怎么偏偏责难我呢？"当初，韩馥的从事赵浮、程奂率强弩军士一万人屯驻孟津，闻知这件事，率军队急驰而还，请求抵御袁绍，韩馥又不听从。于是避让冀州牧住所，出居于中常侍赵忠的旧宅，派其子送州牧印绶给袁绍因之将冀州让与袁绍。

袁绍于是做了冀州牧，秉承皇帝命令以韩馥为奋威将军，但手下没有兵将统带。袁绍引用沮授为别驾，于是对沮授说："现在贼臣作乱，天子被迁移。我世代受朝廷宠信，要竭尽全力，兴复汉室。但齐桓公没有夷吾便不能成其霸业，勾践没有范蠡便不能保住国家。现我想与您同心协力，共同安定汉家社稷，要怎样做才能使朝廷得以匡正保全呢？"沮授进言说："将军您二十岁就入朝为官，名扬海内。正当有人谋废立天子之时，您忠义奋发，单骑出走，使董卓害怕，渡过黄河北向，勃海全郡归服。您手握一郡的士卒，拥有整个冀州的百姓，神威震动河北，名声为天下所重。倘若率军东向，则黄巾军可以扫灭；回头讨伐黑山军，则张燕亦可消灭；再回师北进，则公孙瓒一定被擒；以声威胁迫戎狄，则匈奴指日可定。横扫大河以北，合并冀、青、幽、并四州之地，收揽英雄之士，手握百万大军，从长安迎回皇上大驾，在洛阳重建汉家宗庙，号令天下，讨灭不肯降服的人。凭借这样的条件与人争战，谁能抵挡！等待几年后，这样的功业并不难。"袁绍高兴地说："这正是我的心愿啊。"立即上表推荐沮授为奋武将军，使他监护众将。

魏郡人审配、巨鹿人田丰，都因为正直而不为韩馥重用。袁绍便以田丰为别驾、审配为治中，对二人极为信任。韩馥自己既猜疑又害怕，辞别袁绍请求离开，去依附张邈。后袁绍派使者到张邈那里，与张邈商量事情，二人附耳低语。韩馥当时在座，以为是图谋自己，过了一会儿，去厕所自杀了。

这年冬天，公孙瓒大破黄巾军，回军屯驻盘河，威震河北，冀州诸城邑无不望风响应。袁绍便亲自率军去攻打公孙瓒，公孙瓒军三万人，列成方阵，又分精锐骑兵万人，在两翼策应，其兵锋甚锐。袁绍先令麹义率精兵八百，强弩军士千人，作为先锋。公孙瓒轻视麹义兵少，命骑兵冲击袁军，麹义兵伏于盾牌之下，待敌将要接近之际同时俱起，公孙瓒军大败，袁军斩公孙瓒设置的冀州刺史严纲，斩获其甲士首级千余。麹义追至界桥，公孙瓒收集军队回头与麹义再战，麹义又击破之，于是进至公孙瓒的营寨，拔掉其牙门大旗，剩下的公孙瓒军全部逃走。袁绍在麹义之后十余里，听说公孙瓒军已被击败，松鞍下马，身边只有帐下强弩军士数十人，大戟军士百余人。这时公孙瓒军散兵二千余骑突然来到，将袁绍重重包围，向袁军射箭，矢下如雨。田丰搀扶袁绍，请他退入空墙之内躲避。袁绍将头盔扔在地下，说："大丈夫应当向前战斗而死，怎么反而逃避墙避之间呢！"急令强弩士猛烈射箭，杀伤公孙瓒骑兵很多。公孙瓒的兵众不知道所围的是袁绍，有些骑兵逐渐退走。正好麹义回来迎接，于是敌骑散乱退走。初平三年，公孙瓒又派兵至龙凑向袁绍挑战，袁绍再次将其击败。于是公孙瓒退回幽州，不敢再出兵了。

初平四年初，天子派太仆赵岐来为关东各路诸侯和解，命令他们各自罢兵。公孙瓒乘此机会给袁绍写信譬喻解释说："赵太仆以周公、召公的德行，带着天子之命行走来此，宣扬朝廷的恩德，显示让我们和睦的美意，光明如云开见日，这多让人高兴啊！过去贾复、寇恂二人相争，互相危害，遇光武帝替他们排解纠纷，二人遂和好同车而出。怨仇解除以后，当时人都赞美这件事。我想自己为边鄙之人，如果能与将军共相结好，这真是将军对我的顾念，也是我公孙瓒的愿望。"于是，袁绍率军南还。

三月上巳这天，袁绍大会宾客徒众于薄落津。这时众人得到消息，魏郡兵反叛，与黑山贼军于毒等数万人一道攻破邺城，杀了魏郡郡守。座席中宾客家在邺城的闻听此讯，都忧惧失色，有的甚至起立哭泣，而袁绍容貌自若，不改常态。贼兵中有一个叫陶升的，自号"平汉将军"，只有他从诸贼中反正，率部众翻越西城而入，关闭袁绍的车骑将军府门，备办辎重车辆，装载袁绍家眷及官绅士夫在州者，亲身捍卫，送到斥丘。袁绍率军还师，因而屯驻斥丘，任命陶升为建义中郎将。六月，袁绍进军，进入朝歌鹿肠山苍岩谷口，征讨于毒。袁绍军围攻于毒五日，大败于毒军，杀于毒及其手下部众万余人。于是，袁绍循山望北而行，进击其余盗贼左髭丈八等人，将他们都斩杀，又进攻刘石、青牛角、黄龙、左校、郭大贤、李大目、于氐根等人，又斩杀数万人，将其所屯壁堡中人全部杀死。于是与黑山军贼张燕及四营屠各、雁门乌桓交战于常山。张燕有精兵数万，战马数千匹，两军连战十余日，张燕兵众死伤虽然很多，但袁绍军亦已疲惫，两军各自退兵。麴义恃恃立有战功，骄纵不遵法纪，袁绍将他召来杀掉，其所率兵众并归自己亲自指挥。

兴平二年，袁绍被任命为右将军。这年冬天，汉献帝被李傕等人追赶至曹阳，沮授劝说袁绍说："将军累世台辅，世代辅助忠义。现在朝廷流亡，宗庙残毁，观察各州郡，虽然表面上假托为义兵，但内心实际是互相算计对方，没有忧虑如何保存社稷顾惜百姓的心思。况且现在冀州各城大致安定,兵卒强壮士人归附。如果西迎皇帝大驾,立即以邺城为都,挟制天子来号令诸侯,积蓄士马来讨伐不服朝廷之臣,谁能抵挡?"袁绍准备听从沮授的计策。颍川人郭图、淳于琼说:"汉室衰微,时间已经很长了,现在要想使它复兴,不也很难吗?况且英雄并起,各自占据州郡,连合徒众收聚百姓,动辄以万计,正像所谓秦丢失天下,先得到的可称王。现在如果迎接天子,动辄都要向他报告,如果听他的您的权力就轻了,如违抗就是抗命,这不是好的计策。"沮授说:"现在迎接朝廷,从道义上说是有利的,从时机上说正合适。如果不早决定,一定会有先于我们去做的。权变不可失掉隐微的兆头,为功唯恐不快,希望您能考虑。"献帝之立本来就不是袁绍的意思,最终没能听从沮授之计。

　　袁绍有三个儿子,袁谭字显思,袁熙字显雍,袁尚字显甫。袁谭年长而聪明,袁尚最小而容貌俊美。袁绍后妻刘氏得袁绍宠爱,她偏爱袁尚,经常向袁绍称赞袁尚,袁绍也认为袁尚的相貌不同寻常,想让他做自己的继承人。袁绍便以袁谭继承他哥哥的门世,出去任职青州刺史。沮授进谏说:"世人说一万人追逐一兔,一人得到以后,贪图得兔者便全部罢手,这是因为名分定了的缘故。而且选拔继承人,年龄一样则立贤,德行一样则占卜决定,这是古时的制度。希望您上想前代成败的警示,下想追逐兔子名分有定的意义。倘若不改正,灾祸就从此开始啦。"袁绍说:"我想让诸子各据一州,以观看他们的才能。"于是以中子袁熙为幽州刺史,外甥高干为并州刺史。

　　建安元年,曹操迎接天子以许县为都,于是下诏书给袁绍,责备他兵多地广却专门为自己树私结党,没听说他起兵勤王却只知擅自动兵与诸侯互相征伐。袁绍上书说:

臣听说从前有哀叹而导致夏天降霜，痛哭而使城墙崩塌的。每读记载其事的书籍，认为事情果真是这样的，但拿现在的事情比照，才知道那是妄作。为什么呢？臣身出家门是为国出力，毁破家庭而创建事业，却至于怀忠心而获罪，执信义而被怀疑，日夜长叹，剖肝泣血，竟然没有城崩霜降的兆应，所以邹衍、杞妇怎么能感动于上天。

臣以卑贱之人，被拔取于仆隶之中，供职于宪台，被提拔任职将校。常侍张让搅乱天常，侵夺朝廷威权，残害忠德之士，煽动奸党。故大将军何进忠于国家疾恨乱党。义心愤怒，认为臣稍有一丝气节，可以受任驱使，所以使臣担任司隶校尉，向臣咨询方略。臣不敢畏怕强暴，去避祸求福，与何进合谋，对其事无所违异。忠谋未尽而何进事败被杀，太后被扣，宫室焚烧，陛下圣德年幼，身遭厄困。当时何进已经被害，将士沮丧，臣单独率家兵百余人，抽刀于承明堂，挥剑于翼堂，怒斥众官，奋击凶徒奸党，连十二天都不到，便将罪人全部消灭。这确实是臣效命于朝廷的一个验证。

正好这时董卓乘虚而起，图谋不轨。臣父兄亲从，都居高位，但臣不惧一室之祸，只思念安定国家的大义，所以便解节弃官出奔，创谋大事于河南。当时董卓贪图结交外援，取悦于英豪之士，所以立刻任命臣为勃海太守，并给予军号，如此则臣与董卓之间，没有丝毫的私怨。倘若使臣苟且与之同流合污，偷荣求利，那就进可以享窃官位俸禄，退没有门户之祸。然而臣愚心守节，志向不改，所以便聚会英雄，兴师百万，饮马孟津渡口，明誓于漳河。恰巧前冀州牧韩馥心怀逆谋，想要自专权势，断绝臣的军粮，臣粮无以为继，致使狡敌得逞凶毒，祸害及于臣之一族，尊卑大小，同日被杀。鸟兽之情遇此情形，尚且知道呼号；

而臣之所以全然忘记悲痛，看起来像没有忧戚的样子，实在是因为忠、孝之节，从道义上不能两全，顾念一己之私，就不能成就大功。这也是愚臣破家殉国的第二个验证。

又黄巾十万人焚烧青、兖二州，黑山军、张杨作乱冀州境内。于是，臣还师，奉严正之辞讨伐反叛。战鼓未响，狡敌知道自己必亡之势，所以韩馥畏惧，谢罪献上冀州，张杨、黑山军同时请求投降。臣当时即秉承皇帝旨意，私下比之于窦融，以议郎曹操暂且代理兖州牧。正好这时公孙瓒军队南下，掳掠北境，臣立刻率全军星夜驰还，与公孙瓒交锋。凭借天子之威，每战必克。臣备身于公族子弟，生长于京师，颇知礼仪祭祀，不擅长军旅之事；再加自臣祖上陛下先臣以来，世代为辅弼大臣，都以文德尽忠，得免于罪过。臣不是想与公孙瓒比校戎马之势，争竞战阵之功，确实是因为贼臣不灭，是《春秋》所贬责的，如果说能够有利于国家，专力行之而无所迟疑。所以顶霜冒雪，不怕辛劳，实在希望能有一战之捷，以立终身的功业。社稷没有安定，臣实在觉得羞耻。太仆赵岐奉命远行来此，宣明陛下宏大之恩，免除微过，与下民重新开始，臣奉接诏书之日，立即引军南还。这是臣畏惧天威，不敢怠慢的第三个验证。

又臣所上报的将校，大都为清英宿德之士，美名显迹，亲临战阵，死者过半，勤勉谨慎之功，不见书列序功。而州牧郡守，竟相盗取名声，心持二端，游移观望，却都封赐爵位，分封的上地跨州连郡，因此使得远近狐疑，议论纷纷。臣听说恪守成法之世，德高的人位置尊显，离乱之时，功劳多的人赏赐优厚。陛下流离失所，洛阳陵庙无人祭祀，海内伤心，志士悲愤惋惜。之所以忠臣肝脑涂地，肌肤横分而没有后悔之心，是因为道义所感动的缘故。现在赏赐加于无功的人，而使有德之人离去；离远黜退忠直有功的人，而使众望疑惑。这难道是腹心大臣的长远谋划？还是奸佞之徒的邪说造成的呢？臣爵位为通候，官秩为二千石，朝廷的殊恩厚德，臣已经愧领，难道还敢窥测重位，以希求彤弓旅矢诸侯之策命吗？实在是感伤偏裨将校，勤劳不被录记，尽忠为国，却反成重错。这是蒙恬之所以悲号于边地之狱所，白起叹息于杜邮的缘故。太傅马日䃅位为师保，假节东征，而昏乱王命，宠信任用皆非其人，凡他所荐举任用的，都是众人之所鄙弃的人。而朝廷容纳其策，以他为主谋之人，使臣骨肉兄弟，反为仇敌，交锋接刃，结仇甚深。臣虽然想解甲摆兵，但事不得已。实在是恐怕陛下的日月之明，有照不到的地方，四聪之听，有所听不到的事情，乞请您颁下臣的表章，咨询于群贤，使三公九卿，议决臣的罪过。如果认为臣现在是行权为祸，则齐桓公、晋文公也应当受诛灭之刑；如果认为众人不征讨贼党为贤，那么赵盾可以不受被书以弑君的贬责了。臣虽然是微末之人，但坚守一介之志。如果能使臣申明本心，不愧于先帝，那么伏首于刑刀之下，提衣而就油锅，是臣所愿意做的事情。只希望陛下能持《尸鸠》的公平之心，断绝邪诡之论，不要使臣遗憾于地下。

于是以袁绍为太尉，封邺侯。当时曹操自己任大将军，袁绍耻于位在曹操之下，假意上表推辞不受。曹操十分害怕，便让大将军位给袁绍。建安二年，命将作大匠孔融拿着符节任命袁绍为大将军，赐予袁绍弓矢节钺、虎贲勇士百人，兼督冀、青、幽、并四州，袁绍这才接受。

袁绍每每接到诏书，常担忧其中有不利于自己的内容，便想将天子迁移到离自己近一些的地方，命人劝说曹操以许都地势低洼潮湿，洛阳残破不堪为由，应该迁都鄄城，以便靠近完整富裕之地。曹操拒绝。田丰劝袁绍说:"迁都之计既然不能听从,应该早作打算谋图许都,奉迎天子,举动假托皇帝诏令,号令海内,这是上策。否则,最终会被人所擒,那时虽然后悔也没有用处了。"袁绍不听,建安四年春,进攻公孙瓒,遂安定幽州,其事在《公孙瓒传》。

袁绍吞并四州之地后,有战士数十万,其骄傲自满之心更盛,给皇帝的贡品和次数都减少了。主簿耿包暗中对袁绍说:"汉室的赤德衰弱将亡,袁氏为黄帝的后裔,黄应该代替赤,现在应当顺从天意,顺应民心。"袁绍将耿包所陈之事宣示军府僚属,议论的人都认为耿包妖妄该杀。袁绍知道大家心中不同意代汉自立,不得已将耿包杀掉以便为自己去掉嫌疑。于是袁绍挑选精兵十万,战马万匹,准备出兵进攻许都,以审配、逢纪主管军事,田丰、荀谌及南阳人许攸主管谋划定策,颜良、文丑为将帅。沮授劝说袁绍说:"最近讨伐公孙瓒,大军出征历年,百姓疲惫,仓库没有储备,赋役正当繁重之时,这是国家很严重的忧患。现在应该先向天子献捷,致力农桑与民休息。如果朝见天子不能得见,便表奏曹操阻隔我尊王之路,然后进军驻屯黎阳,逐渐经营河南地区,多多制造舟船,修缮器械,分派精锐骑兵,抄掠其边界,使得曹操不能安宁,而我得到休息。如果能这样,我们坐着不动便可以平定曹操。"郭图、审配说:"兵书的法则说,我方兵力十倍于敌人便可围之,五倍于敌便可主动进攻,与敌兵力相当则可以迎战,现在凭借明公您的神武,聚集河朔地区的强壮战士,用来讨伐曹操,其形势就如同翻手那样容易。现在不乘机消灭他,夺取许都,以后就难办了。"沮授说:"救助祸乱诛灭强暴,叫作义兵;仗恃人多兵强,叫作骄兵。为义者无敌,而骄者先被消灭。曹操奉迎天子,建立宫阙于许都。现在兴兵南向，便是违背道义的事情，况且战争取胜之道，不在强弱。曹操法令严明，士卒精锐训练有素，不是公孙瓒那样坐受围困的人。如今舍弃绝对安全的办法不用，而出动无名之师，我私下为您害怕。"郭图等人说："周武王讨伐商纣，不算不义，何况兵加于曹操，怎么能说无名！而且您兵卒精锐勇猛，将士渴想竭尽全力，这种情况不及时尽早成就大业，正是所谓'天与不取，反受其咎。'这是越之所以成就霸业，吴之所以灭国的原因。监军的计策，在于持重把稳。但却不是适时而起见机而作，通变化的做法。"袁绍采纳郭图的意见。郭图等人借此机会诬陷沮授说："沮授监督统辖内外，威震三军，如果他的势力渐渐强盛，用什么来制辖他呢！臣下听从君主，那样国家就可昌盛，君主听从臣下，国家就要灭亡了。这是《黄石》书上所忌讳的。而且让他统率士卒在外，就不应该主持内部的事。"于是，袁绍把沮授所统部众分为三都督，命沮授予郭图、淳于琼各掌一军。大军尚没有出发。

建安五年，左将军刘备杀了徐州刺史车胄，占据沛郡背叛曹操。曹操害怕，亲率军队进攻刘备。田丰劝说袁绍说："与您争天下的是曹操。曹操现今东击刘备，战事一开就不能即刻结束，现在起兵袭击其后方，可以一举而定。战事凭借机会而动，现在正是时候。"袁绍以儿子生病为借口，最终没能发兵。田丰举手杖击地说："哎呀，大事完了！遇到这样难得的机会，却以儿子生病失掉它，可惜啊！"袁绍听说后很生气，从此对田丰疏远。

曹操害怕袁绍过黄河袭已后方，便迅速进攻刘备。终于击败刘备。刘备投奔袁绍，袁绍便在这时发动军队进攻许都。田丰认为既然已错过前边的机会，不应该立即进兵，劝谏袁绍说：

曹操已破刘备，则许都不在空虚。而且曹操善于用兵，变化多端，兵众虽少，不可轻视。现在之计不如与他长期相持。将军您占据山、河的坚固地势，拥有四州之地的百姓，对外交结英雄，对内扶植农业和军事力量，然后可以挑选精锐，分出奇兵，找寻对方空虚无备的地方不断出击，扰乱敌人的河南之地，倘若敌方援助右边我们就攻其左边，援助左边，我们就攻其右，使敌人疲于奔命，百姓不能安居乐业，这样下去，我方不曾劳累而对方已经疲困，用不了三年，我们坐着不动便可使敌人灭亡。现在您放弃取胜之道不用而企图决胜败于一次战斗，如果不能如愿，后悔可就来不及了。

袁绍不肯采纳。田丰再三强谏触怒了袁绍，袁绍认为他涣散军心，将他用镣铐囚禁起来。袁绍先宣示讨伐曹操的檄文说：

听说明主谋划救助危难的办法是图变，忠臣思虑平定祸难是要建立权力。从前强秦弱主在位，赵高掌权，专擅朝命，作威作福，秦二世最终有望夷之祸，身受污辱至今。及至吕后临朝时，吕禄、吕产专制朝政，擅断国家大事，决策于禁省之中，臣子犯上君主衰弱，海内人士惶恐痛心。于是绛侯、朱虚侯兴威奋怒，诛灭叛逆暴徒，尊立太宗皇帝，所以能道化兴隆，光明显扬。这便是大臣建立权力的明例。

司空曹操的祖父曹腾，是原中常侍，与左悺、徐璜等人一起祸乱国家，贪残横暴，伤化害人。他的父亲曹嵩，是曹腾的抱养之子，利用赃物买得官位，车载珍宝，贿赂权门，窃居三公之位，倾覆国家。曹操宦官之后，本没有好的名声，轻捷行侠，好乱乐祸。我幕府总统将士，扫灭凶逆宦官，接着又遇董卓侵越职守迁都长安，于是幕府提剑击鼓，发命令于勃海，广为收罗英雄，弃其缺点而给予录用，因此便与曹操参商策略，认为他是鹰犬之才，可供驱使奔走之用。谁知他竟至轻佻短虑，轻进易退，身被创伤全军挫败，数次损兵折将。幕府总是再分与其精兵利器，补充修整，表奏他代理东郡太守、兖州刺史，给其虎文武将之衣，授以偏师，助以其威权，希望能获得像秦将孟明那样最终取胜的结果。然而曹操随即以此为资本飞扬跋扈，肆行酷烈，剥削百姓，残害贤良善人。故九江太守边让，英才超群，因直言正色，言谈之间不曾阿谀奉承，竟身遭斩首示众之残害。妻子也尽遭诛灭。从此士人尽皆愤恨痛心，天怒人怨，一人振臂，举州同声相合，所以曹操亲自带军败于徐州，兖州之地被吕布夺取，彷徨于东边，进退失所。幕府思虑强干弱枝之义，况且不能成全吕布叛人之徒，所以曹操得以重新整治军队，席卷而发征伐吕布，战鼓响震，吕布军败，拯救了曹操死亡的忧患，恢复了其州牧之任。因此幕府没有恩德于兖州，却有大功于曹操。

恰巧后来车驾东返，群虏乱政。当时冀州正有北边的战事，来不及调军远离，因此命从事中郎徐勋前去分派曹操，命他修缮郊庙，卫护幼主。然而曹操便放肆专行，威劫皇帝，欺侮王公百官，败法乱纪，坐召尚书、御史、谒者三台，专制朝政，封爵奖赏凭其心愿，刑罚杀戮由其一言而定，所爱的人光耀五宗，所恨的人诛灭三族，聚众而谈者明令诛杀，腹诽者暗中杀戮，百姓道路以目，百官钳口不言，尚书唯记朝会之事，公卿充员备位而已。

故太尉杨彪，历任三公，宰相极位。曹操因为怒目而视一类的小怨，便陷杨彪以不当之罪，笞打并施，五种毒刑俱用，违反真情肆意作恶，不顾法度。又议郎赵彦，忠谏直言，建议必有可取之处，所以皇帝听从，改容礼待而加以赏赐。曹操想要迷乱夺取当代明哲之士，杜绝言路，擅自逮捕立即杀掉，不等待报告上闻。又梁孝王为先帝同母弟，他的坟墓陵蒙受到尊显，对于其中的松柏桑梓，尤其应当恭肃。曹操率领将士，亲临发掘坟陵，破开棺木裸露尸体，掠取金宝，致使皇帝流泪，士民伤心。又设置发丘中郎将、摸金校尉等官，所过毁破坟墓，没有骸骨不被其暴露的。身居三公之官，而作凶徒之态，污国虐民，毒害施于人鬼。加上其政烦琐苛刻，条律禁令交错设置，箭矢充蹊，陷阱塞路，百姓举手挂于罗网，动足踩于陷阱，因此兖、豫二州人不聊生，帝都有长叹之怨。

历观古今书籍之所记载，贪残暴虐无道的臣子，以曹操为最甚。幕府正忙于责问外奸，没有来得及整训，对其加意包含容忍，希望他能够弥补其罪。然而曹操狼子野心，暗藏祸心，竟想摧折栋梁之臣，孤立削弱汉室，除去忠臣谋害善良，专为凶豪之事。去年整军北伐，进讨公孙瓒，强敌凶逆，抵御一年。曹操乘其未被攻灭之时，暗与之书信相交，想托助于王师，以袭击我军，因此引兵进至黄河，想要方舟北渡。正好使者被发现暴露，公孙瓒也被消灭，所以使其锋芒挫缩，阴谋没能实现。于是他屯据敖仓，依仗黄河固守，竟想运螳螂之臂，来抵挡大车行进之路。幕府承奉汉之威灵，折冲于宇宙，长戟之士百万，胡骑千群，奋中黄伯、夏育、乌获一样的猛士，骅良马劲弩之势，并州之兵翻越太行山而进，青州之兵涉渡济、漯二水而进，大军漂渡黄河而攻其前，荆州之兵下宛、叶而进牵制其后。雷震虎步，齐集房廷，如举炎火而烧蓬草，倾覆沧海以浇火炭，有什么能不被消灭呢？

现在汉家道统衰微，朝纲驰懈，曹操用精兵七百围守宫阙，表面上假称侍卫，实际上是拘质天子，恐怕篡逆的灾难，将从这而起。现在正是忠臣肝脑涂地的时候，壮士立功的机会。能不勉力吗！

于是，袁绍先派颜良进兵白马攻打曹操的偏将军刘延，自己率军进至黎阳。沮授临行，大令其宗族，将家财散给了他们，说："如果势力能够保全则尊宠有加，灭亡就一身也不能保全，真让人伤心哪！"其弟沮宗说："曹操士马不敌我方，您有什么害怕的呀？"沮授说："凭着曹兖州的明略，又挟制天子以为资本，我方虽然消灭了公孙伯珪，但军队实际已经很疲惫，而且主上自满将领骄奢，军队的失败，在此一举了。杨雄有话说：'六国蚩蚩，为赢弱姬'，说的不就是今天这种形势吗？"于是，曹操进兵援救刘延，进攻颜良将他杀死。袁绍便渡过黄河，在延津南边修筑壁垒。沮授临登船时叹道："上边要满足自己的意志，下边要建立自己的功劳，悠悠黄河，我还能再渡吗？"于是称病告退，袁绍不许但心中怨恨沮授，又减省其手下部众，都拨给郭图统带。

袁绍命令刘备、文丑向曹军挑战，曹操又击败袁军，斩杀文丑。曹操二战杀掉袁军两员大将，袁绍军中将士大为震惊。曹操回军屯守官渡，袁绍进军驻扎阳武。沮授又劝说袁绍说："北军虽然人数众多，但果敢强劲不如南军；南军粮谷贫乏，军资储备不如北军。南军希望速战速决，北军利于稳扎稳打。应该慢慢与曹军长期相持，拖延时间。"袁绍不听，于是袁军营寨相连慢慢前进，逐渐逼近官渡，与曹军交战。曹操兵败，回头坚守营垒。袁绍命军士修筑高楼、堆起土山，向曹营射箭，曹营中人身蒙盾牌而行。曹操命将士造发石车击打袁军高橹，高橹皆破，军中称发石车为"霹雳车"。袁绍又命将士挖地道，想从地道偷袭曹军营寨，曹操立即在营中挖长堑来对抗。曹操又派奇兵袭击袁绍运输队伍，将其运输车打得大败，将粮草全部烧掉。

袁、曹二军相持百余日后，黄河以南百姓疲惫不堪，很多人叛曹附袁。这时袁绍派淳于琼等人率兵万余人往北接应运粮队伍。沮授劝袁绍另派将领蒋奇率另外一军在外策应，以断绝曹操对运粮队伍的抄掠。袁绍不听,许攸进言说:"曹操兵少但却以全部军队来抵抗我军,许都剩下的防守力量一定很虚弱。如果分头差遣轻装部队,乘夜偷袭,攻破许都曹操就会被擒住了。如果其军不曾溃散,也可以使他首尾不能相顾,疲于奔命,一定能击败他。"袁绍又没能采用其计。正好许攸家人犯法禁,审配将其逮捕,许攸已不得志于袁绍,便转而投奔曹操,而劝说曹操,让他袭击淳于琼等军。淳于琼等人当时宿营于乌巢,离袁绍大军四十里。曹操自率步骑兵五千人,乘夜偷袭攻破淳于琼等军,将淳于琼等人全部斩首。

当初,袁绍闻知曹操进攻淳于琼,对长子袁谭说:"趁曹操击败淳于琼等,我攻破他的大营,他就没地方回了。"便命令高览、张郃等进攻曹营,不能攻克。二将听说淳于琼等军已败,便投奔了曹操。于是袁绍军惊慌失措,全军溃散。袁绍和袁谭戴着幅巾慌忙乘马逃跑,率八百骑兵渡过黄河,到黎阳北岸,进入其将军蒋义渠的营寨。袁绍至蒋义渠帐中,抓住他的手说:"我把性命托付给你了。"蒋义渠让开营帐给袁绍,请他在里面宣布命令。袁军士众闻听袁绍在,又渐渐集聚起来。袁军剩下的兵马假意投降,曹操将他们全部活埋,前后杀死八万人。

沮授被曹操捉住,大声呼叫说:"沮授不是投降的,是被军士捉住的。"曹操见到沮授对他说:"我们所处地域不同,于是与你断绝多年,想不到今天才得见到你。"沮授回答说:"袁冀州失策,自己招致失败,沮授我智慧和体力都已疲困,应该被捉。"曹操说:"袁本初无谋,不能用你的计谋。现天下丧乱已过十几年,国家尚未安定,正要与您一起谋划大事。"沮授说:"我的叔父、母亲、兄弟,性命都掌握在袁氏手中,如果能蒙您的威灵,赶紧让我死便是福事。"曹操感叹说:"如果我能早得到你，天下就没有可忧虑的了。"于是赦免沮授并给他以很好的待遇。沮授不久谋划逃归袁氏，曹操才将他杀掉。

袁绍表面宽宏文雅有君子风度，喜怒不形于色，但性格矜持刚愎自用，不善于听从别人的正确意见，因此导致失败。当袁绍还师之时，有人对田丰说："这一回您一定会被重用。"田丰说："袁公表面宽厚而内心忌刻，不体谅我的忠心。我却几次用直言触忤他。如果得胜心中高兴，一定能赦免我，战败心中怨恨，内心的忌恨就要发作出来。倘若军队出动战事得利，将能保全，现在既然兵败而回，我不用想活命了。"袁绍回来，说："我不能用田丰的谋划，果然被他笑话。"遂将田丰杀死。

官渡之败，审配的两个儿子被曹操抓获。孟岱与审配有嫌怨，通过蒋奇对袁绍说："审配在位专权，宗族强大，手下兵强，而且他的两个儿子在南边曹操手中，一定怀有反叛之心。"郭图、辛评也认为是这样。袁绍便以孟岱为监军，代替审配镇守邺城。护军逢纪与审配不很和睦，袁绍拿审配的事来问他，逢纪回答说："审配天性刚烈正直，平常一言一行，仰慕古人的节操，不会因为两个儿子在曹操那里而做出不义的事情，请您不要怀疑他。"袁绍说："您不厌恶他了吗？"逢纪说："当初我们相争是为个人的私情，现在所讲的乃是国家之事。"袁绍说："好。"于是不罢免审配的职位，审配、逢纪从此更加和好。

冀州城邑多反叛袁绍，袁绍进兵将其平定。袁绍自官渡军败后发病，建安七年夏死。袁绍没有来得及定自己的继承人，逢纪、审配平素因为骄奢被袁谭厌恶，辛评、郭图都依附于袁谭而与审配、逢纪素有嫌怨。众人因为袁谭年长，准备立他为主。审配等人恐怕立袁谭以后辛评等人对己为害，于是假称袁绍留下的遗嘱、拥立袁尚为袁绍的继承人。

后汉书卷七十四下

袁绍刘表列传第六十四下

刘表列传

刘表字景升,山阳高平人,鲁恭王之后也。身长八尺余,姿貌温伟。与同郡张俭等俱被讪议,号为"八顾",诏书捕案党人,表亡走得免。党禁解,辟大将军何进掾。

初平元年,长沙太守孙坚杀荆州刺史王叡,诏书以表为荆州刺史。时,江南宗贼大盛,又袁术阻兵屯鲁阳,表不能得至,乃单马入宜城,请南郡人蒯越、襄阳人蔡瑁与共谋画。表谓越曰:"宗贼虽盛而众不附,若袁术因之,祸必至矣。吾欲征兵,恐不能集,其策焉出?"对曰:"理平者先仁义,理乱者先权谋。兵不在多,贵乎得人。袁术骄而无谋,宗贼率多贪暴。越有所素养者,使人示之以利,必持众来。使君诛其无道,施其才用,威德既行,襁负而至矣。兵集众附,南据江陵,北守襄阳,荆州八郡可传檄而定。公路虽至,无能为也。"表曰:"善。"乃使赵遣人诱宗贼帅,至者十五人,皆斩之而袭取其众。唯江夏贼张虎、陈坐拥兵据襄阳城,表使越与庞季往譬之,乃降。江南悉平。诸守令闻表威名,多解印绶去。表遂理兵襄阳,以观时变。

袁术与其从兄绍有隙，而绍与表相结，故术共孙坚合从袭表。表败，坚遂围襄阳。会表将黄祖救至，坚为流箭所中死，余众退走。及李傕等入长安，冬，表遣使奉贡。傕以表为镇南将军、荆州牧，封成武侯，假节，以为己援。

建安元年，骠骑将军张济自关中走南阳，因攻穰城，中飞矢而死。荆州官属皆贺。表曰："济以穷来，主人无礼，至于交锋，此非牧意，牧受吊不受贺也。"使人纳其众，众闻之喜，遂皆服从。三年，长沙太守张羡率零陵、桂阳三郡畔表，表遣兵攻围，破羡，平之。于是开土遂广，南接五领，北据汉川，地方数千里，带甲十余万。初，荆州人情好扰，加四方骇震，寇贼相扇，处处麇沸。表招诱有方，威怀兼洽，其奸猾宿贼更为效用，万里肃清，大小咸悦而服之。关西、兖、豫学士归者盖有千数，表安尉赈赡，皆得资全。遂起立学校，博求儒术，綦母闿、宋忠等撰立《五经》章句，谓之《后定》。爱民养士，从容自保。

及曹操与袁绍相持于官渡，绍遣人求助，表许之，不至，亦不援曹操，且欲观天下之变。从事中郎南阳韩嵩、别驾刘先说表曰："今豪桀并争，两雄相持，天下之重在于将军。若欲有为，起乘其敝可也；如其不然，固将择所宜从。岂可拥甲十万，坐观成败，求援而不能助，见贤而不肯归！此两怨必集于将军，恐不得中立矣。曹操善用兵，且贤俊多归之，其势必举袁绍，然后移兵以向江汉，恐将军不能御也。今之胜计，莫若举荆州以附曹操，操必重德将军，长享福祚，垂之后嗣，此万全之策也。"蒯越亦劝之。表狐疑不断，乃遣嵩诣操，观望虚实。谓嵩曰："今天下未知所定，而曹操拥天子都许，君为我观其衅。"嵩对曰："嵩观曹公之明，必得志于天下。将军若欲归之，使嵩可也；如其犹豫，嵩至京师，天子假嵩一职，不获辞命，则成天子之臣，将军之故吏耳。在君为君，不复为将军死也。惟加重思。"表以为惮使，强之。至许，果拜嵩侍中、零陵太守。及还，盛称朝廷曹操之德，劝遣子入侍。表大怒，以为怀贰，陈兵诟嵩，将斩之。嵩不为动容，徐陈临行之言。表妻蔡氏知嵩贤，谏止之。表犹怒，乃考杀从行者。知无他意，但囚嵩而已。

六年，刘备自袁绍奔荆州，表厚相待结而不能用也。十三年，曹操自将征表，未至。八月，表疽发背卒。在荆州几二十年，家无余积。

二子：琦、琮。表初以琦貌类于己，甚爱之，后为琮娶其后妻蔡氏之侄，蔡氏遂爱琮而恶琦，毁誉之言日闻于表。表宠耽后妻，每信受焉。又妻弟蔡瑁及外甥张允并得幸于表，又睦于琮。而琦不自宁，尝与琅邪人诸葛亮谋自安之术。亮初不对。后乃共升高楼，因令去梯，谓亮曰："今日上不至天，下不至地，言出子口而入吾耳，可以言未？"亮曰："君不见申生在内而危，重耳居外而安乎？"琦意感悟，阴规出计。会表将江夏太守黄祖为孙权所杀，琦遂求代其任。

及表病甚，琦归省疾，素慈孝，允等恐其见表而父子相感，更有托后之意，乃谓琦曰："将军命君抚临江夏，其任至重。今释众擅来，必见谴怒。伤亲之欢，重增其疾，非孝敬之道也。"遂遏于户外，使不得见。琦流涕而去，人众闻而伤焉。遂以琮为嗣。琮以侯印授琦。琦怒，投之地，将因奔丧作难。会曹操军至新野，琦走江南。蒯越、韩嵩及东曹掾傅巽等说琮归降。琮曰："今与诸君据全楚之地，守先君之业，以观天下，何为不可？"巽曰："逆顺有大体，强弱有定势。以人臣而拒人主，逆道也；以新造之楚而御中国，必危也；以刘备而敌曹公，不当也。三者皆短，欲以抗王师之锋，必亡之道也。将军自料何与刘备？"琮曰："不若也。"巽曰："诚以刘备不足御曹公，则虽全楚不能以自存也。诚以刘备足御曹公，则备不为将军下也。愿将军勿疑。"

及操军到襄阳，琮举州请降，刘备奔夏口。操以琮为青州刺史，封列侯。蒯越等侯者十五人。乃释嵩之囚，以其名重，甚加礼待，使条品州人优劣，皆擢而用之。以嵩为大鸿胪，以交友礼待之。蒯越光禄勋，刘（光）〔先〕尚书令。初，表之结袁绍也，侍中从事邓义谏不听。义以疾退，终表世不仕，操以为侍中，其余多至大官。

操后败于赤壁，刘备表琦为荆州刺史。明年卒。

论曰：袁绍初以豪侠得众，遂怀雄霸之图，天下胜兵举旗者，莫不假以为名。及临场决敌，则悍夫争命；深筹高议，则智士倾心。盛哉乎，其所资也！《韩非》曰："佷刚而不和，愎过而好胜，嫡子轻而庶子重，斯之谓亡征。"刘表道不相越，而欲卧收天运，拟踪三分，其犹木禺之于人也。

赞曰：绍姿弘雅，表亦长者。称雄河外，擅强南夏。鱼俪汉舳，云屯冀马。窥图讯鼎，禋天类社。既云天工，亦资人亮。矜强少成，坐谈奚望。回皇家嬖，身颓业丧。

译文：

刘表字景升，山阳高平人，是鲁恭王的后代。刘表身高八尺有余，容貌温和壮美。与同郡人张俭等一同被诽谤诋毁，被人们称之为"八顾"。朝廷下诏搜捕党人问罪，刘表逃走得免。党锢之禁解除，被征召入大将军何进府为掾。

初平元年，长沙太守孙坚杀荆州刺史王叡，朝廷以刘表为荆州刺史。当时江南宗贼大盛，又袁术拥兵屯据鲁阳，刘表无法去荆州赴任，便单骑进入宜城，请南郡人蒯越，襄阳人蔡瑁与自己共相谋划对策。刘表对蒯越说："宗贼虽盛但其部众并没有真正归附，如果袁术乘机利用他们，灾祸就一定会来了。我想要征兵，恐怕不能得到，现在应该怎么办呢？"蒯越回答说："治理太平之世要以仁义为先，治理乱世便要以权变谋略为先。兵不在多，重要的是在于得人。袁术骄横没有谋略，宗贼大都贪残暴虐。蒯越我有素常收养的宾客，使他们向宗贼示之以利，其部帅一定会率部众而来。使君您诛杀其无道之人，任用其才干之士，威德施行之后，宗贼部众便会携带幼子而来。兵将集聚众人归附之后，您南据江陵，北守襄阳，荆州八郡，传一纸文书便可以平定。公路（袁术字）虽来，也不会有什么作为。"刘表说："好。"便命蒯越派人招诱宗贼部帅，来的有十五人，刘表将他们全部杀掉而袭取其部众。只有江夏宗贼张虎、陈坐拥兵屯据襄阳城，刘表命蒯越与庞季前往晓渝劝降，二人归降。江南全部平定。诸郡守县令闻听刘表威名，大多解印缓弃官而去。于是，刘表在襄阳整顿军队，以观时局之变。

袁术与其堂兄袁绍有仇怨，而袁绍与刘表相交结，所以袁术与孙坚交结袭击刘表。刘表兵败，孙坚围攻襄阳。正好刘表部将黄祖率救兵来到，孙坚被流箭射中死去，其余众退走。及至李傕等人攻入长安，冬天，刘表遣使者至长安进奉贡品。李傕任命刘表为镇南将军、荆州牧，封武成候，假节，以作为自己的外援。

建安元年，骠骑将军张济从关中奔向南阳，于是进攻穰城，中箭而死。荆州官属皆向刘表贺喜。刘表说："张济因穷困而来，主人无礼，至于双方交锋，这不是州牧我的本意，我接受吊问而不接受祝贺。"命人接纳张济部众,张济余众闻之喜悦,都归从刘表。建安三年,长沙太守张羡率零陵、桂阳及长沙三郡背叛刘表,刘表派兵进攻围困,击败张羡,平定三郡。于是刘表开拓疆土甚广,南接五岭,北据汉川,占地数千里,有将士十余万。当初,荆州民风好相侵扰,加上四方惊扰震荡,寇贼互相煽动,处处动乱纷扰。刘表招诱有方,恩威兼施而恰到好处,奸猾惯贼改而为其效用,万里肃清,四方大小人等皆心悦诚服。关西、兖州、豫州儒学之士归附刘表者有千数之多,刘表抚慰赈济,皆给他们以资业安置。于是修建学校,广求儒术,綦母闿、宋忠等人撰写订正《五经》章句,谓之后定。爱惜百姓收养士人,从容自保。

及至曹操与袁绍相持与官渡,袁绍派使者来请求刘表帮助,刘表答应却不派兵前去,也不帮助曹操,想暂且静观天下之变。从事中郎南阳人韩嵩、别驾刘先劝说刘表说:"现在豪杰群争,两雄相持,天下之重心在于将军您。如果想要有所作为,利用其疲惫之机乘势而起就可以了;如果不是这样,那本来是应当选择所应该追随的。怎么可以拥兵十万,坐观成败,别人求援而不能相助,见到贤良而不肯归附!这两方怨恨一定会集于将军身上,恐怕不能中立。曹操善于用兵,况且贤俊之士多归顺于他,其势一定能打败袁绍,然后移师进军江汉,恐怕将军不能抵御。现在求胜之计,不如举荆州以归附曹操,曹操一定会看重感激将军,您便可以长享福祚,传之后代,这是万全之策。"蒯越也劝刘表归附曹操,刘表犹豫不决,便派韩嵩到曹操那里去观看虚实。对韩嵩说:"现在天下不知道将被谁所平定,而曹操拥握天子以许县为都,您为我观看他的破绽。"韩嵩回答说:"韩嵩我看以曹公的明断,一定会平定天下,将军如果想归顺他,让我去可以;

如果犹豫不决，我到京师，天子使我暂任一个职位，推辞不能获准，便成为天子之臣，而只是将军的故吏了。做君主之臣就要为君主出力，不能再为将军效死了。只希望您加以深思。"刘表认为他畏惧出使，强迫他去了。韩嵩到了许都，果然被任命为侍中、零陵太守。及至返回荆州，盛称朝廷曹操之德，劝刘表派遣儿子入侍。刘表大怒，认为韩嵩怀有贰心，陈列兵将责骂韩嵩，要杀掉他。韩嵩不为之变色，慢慢陈述临行之言。刘表之妻蔡氏知韩嵩贤德，劝阻刘表。刘表仍怒气不息，便拷打审问从行之人致死，知道韩嵩没有别的心思，只囚禁韩嵩而已。

建安六年，刘备从袁绍那里投奔荆州，刘表对他优厚相待加以交结却不能任用。建安十三年，曹操自率大军进攻刘表，尚未到达荆州，八月，刘表后背发毒疮而死。在荆州近二十年，家无余财。

刘表有两个儿子：刘琦、刘琮。刘表起初因为刘琦相貌与自己相像，对刘琦甚是喜爱，后来刘琮娶其后妻蔡氏的侄女，于是蔡氏宠爱刘琮而厌恶刘琦，每天都向刘表进毁此誉比之辞。刘表宠爱沉溺于蔡氏，常常相信听从她的话。又刘表妻弟蔡瑁及外甥张允都得到刘表宠信，这二人也与刘琮关系很好。刘琦心中不安，曾经向琅邪人诸葛亮请教求得自安的办法。诸葛亮开始不肯回答。后刘琦便与他共登高楼，于是命人撤去登楼之梯，对诸葛亮说："现在上不着天，下不着地，话出于您口而入于我耳，可以说了吗？"诸葛亮说："您不见申生在内而危险，重耳居外而得平安吗？"刘琦心中感悟，暗中谋划求出之计。正好这时刘表部将江夏太守黄祖被孙权所杀，刘琦便请求代其职任。

及至刘表病重，刘琦回襄阳探视，他素来孝顺，张允等人恐怕他见到刘表触动父子之情，刘表又改以刘琦托其后，便对刘琦说:"将军命您治理江夏,其职任非常重要。现放下兵众擅自来襄阳,一定会让将军生气责怪。有损君亲对您的喜爱,重加其疾病,不是孝敬之道。"于是将刘琦拒之门外,使他不能和刘表相见。刘琦流泪而去,人众听见都很悲伤。最后终以刘琮为继承人。刘琮以侯爵之印授予刘琦,刘琦生气,投之于地,准备乘奔丧之机发难夺位。正好曹操军至新野,刘琦奔向江南。蒯越、韩嵩及东曹掾付巽等劝说刘琮投降曹操。刘琮说:"现在与诸位占据整个楚地,恪守先君之业,以观天下之变,有什么不可以?"付巽说:"逆顺有大体,强弱有定势。以人臣而抗拒人君,这是逆道;以新开创的楚地而抵御中原,一定会很危险;用刘备而对抗曹公,其势不能相敌。这三方面都有所短缺,而想抵御王师之兵锋,是必亡之道。将军您自己估计您的才具与刘备相比怎么样?"刘琮说:"不如。"付巽说:"确实凭刘备的才干不足以抗拒曹公,则虽然全楚之地也不能自存。确实凭借刘备才干足以抵御曹公,则刘备一定不会甘居于将军之下。希望将军不要犹豫了。"

等到曹操军至襄阳,刘琮举州请降,刘备逃奔夏口。曹操以刘琮为青州刺史,封列侯。蒯越等封侯者十五人。于是释放韩嵩,因为韩嵩名望重,曹操对他甚加礼遇,命他品评州中士人优劣,皆加以提拔任用。以韩嵩为大鸿胪,平时以朋友之礼相待。任用蒯越为光禄勋,刘先为尚书令。当初,刘表结交袁绍,侍中从事邓义劝谏而刘表不听,邓义遂托病隐退,终刘表一世不曾入仕任职,这时曹操任用他为侍中。荆州其他士人也多至高位。

曹操后来兵败于赤壁,刘备表奏刘琦为荆州刺史。第二年死。

史家论曰:袁绍最初以雄豪侠义而得到众人的拥护,于是心怀称雄图霸的打算，天下精兵举义者，没有不假托袁绍的名义的，至于临战与敌决胜，则有勇士为其拼命效力；深谋远虑，则有智用之士为其竭力尽心。强盛啊！袁绍之所凭借。韩非说："凶狠则烈不能和人，固执己过而贪于争胜，嫡子地位轻而庶子地位重，这就叫灭亡的征兆。"刘表行事不违背道义，然而意欲坐收天运，仿效三分天下之事，就如同木偶一样毫无见识。

史家赞曰：袁绍姿貌高雅，刘表也有长者之风。袁绍称雄于河北，刘表擅强于南夏。如鱼排列汉水之船，如云屯聚冀州之马。窥图问鼎，祭天祀社，既说是天工之力，也要凭借于人的信用。自负恃强难于成功，坐谈空论又能期望得到什么。嫡子与宠爱庶子随意颠倒废立，自身死去事业败亡。

后汉书卷七十五

刘焉袁术吕布列传第六十五

袁术列传

袁术字公路，汝南汝阳人，司空逢之子也。少以侠气闻，数与诸公子飞鹰走狗，后颇折节。举孝廉，累迁至河南尹、虎贲中郎将。

时，董卓将欲废立，以术为后将军。术畏卓之祸，出奔南阳。会长沙太守孙坚杀南阳太守张咨，引兵从术。刘表上术为南阳太守，术又表坚领豫州刺史，使率荆、豫之卒，击破董卓于阳人。

术从兄绍因坚讨卓未反，远，遣其将会稽周昕夺坚豫州。术怒，击昕走之。绍议欲立刘虞为帝，术好放纵，惮立长君，托以公义不肯同，积此衅隙遂成。乃各外交党援，以相图谋，术结公孙瓒，而绍连刘表。豪桀多附于绍，术怒曰："群竖不吾从，而从吾家奴乎！"又与公孙瓒书，云绍非袁氏子，绍闻大怒。初平三年，术遣孙坚击刘表于襄阳，坚战死。公孙瓒使刘备与术合谋共逼绍，绍与曹操会击，皆破之。四年，术引军入陈留，屯封丘。黑山余贼及匈奴于扶罗等佐术，与曹操战于匡亭，大败。术退保雍丘，又将其余众奔九江，杀杨州刺史陈温而自领之，又兼称徐州伯。李傕入长安，欲结术为援，乃授以左将军，假节，封阳翟侯。

初，术在南阳，户口尚数十百万，而不修法度，以抄掠为资，奢恣无猒，百姓患之。又少见谶书，言"代汉者当涂高"，自云名字应之。又以袁氏出陈为舜后，以黄代赤，德运之次，遂有僭逆之谋。又闻孙坚得传国玺，遂拘坚妻夺之。兴平二年冬，天子播越，败于曹阳。术大会群下，因谓曰："今海内鼎沸，刘氏微弱。吾家四世公辅，百姓所归，欲应天顺民，于诸君何如？"众莫敢对。主簿阎象进曰："昔周自后稷至于文王，积德累功，参分天下，犹服事殷。明公虽奕世克昌，孰若有周之盛？汉室虽微，未至殷纣之敝也。"术嘿然，使召张范。范辞疾，遣弟承往应之。术问曰"昔周室陵迟，则有桓、文之霸；秦失其政，汉接而用之。今孤以土地之广，士人之众，欲徼福于齐桓，拟迹于高祖，可乎？"承对曰："在德不在众。苟能用德以同天下之欲，虽云匹夫，霸王可也。若陵僭无度，干时而动，众之所弃，谁能兴之！"术不说。

自孙坚死，子策复领其部曲，术遣击杨州刺史刘繇，破之，策因据江东。策闻术将欲僭号，与书谏曰：

董卓无道，陵虐王室，祸加太后，暴及弘农，天子播越，宫庙焚毁，是以豪桀发愤，沛然俱起。元恶既毙，幼主东顾，乃使王人奉命，宣明朝恩，偃武修文，与之更始。然而河北异谋于黑山，曹操毒被于东徐，刘表僭乱于南荆，公孙叛逆于朔北，正礼阻兵，玄德争盟，是以未获从命，橐弓戢戈。当谓使君与国同规，而舍是弗恤，完然有自取之志，惧非海内企望之意也。成汤讨桀，称"有夏多罪"；武王伐纣，曰"殷有重罚"。此二王者，虽有圣德，假使时无失道之过，无由逼而取也。今主上非有恶于天下，徒以幼小胁于强臣，异于汤、武之时也。又闻幼主明智聪敏,有凤成之德,天下虽未被其恩,咸归心焉。若辅而兴之,则旦、奭之美,率土所望也。使君五世相承,为汉宰辅,荣宠之盛,莫与为比,宜效忠守节,以报王室。时人多惑图纬之言,妄牵非类之文,苟以悦主为美,不顾成败之计,古今所慎,可不孰虑!忠言逆耳,驳议致憎,苟有益于尊明,无所敢辞。

术不纳,策遂绝之。

建安二年,因河内张炯符命,遂果僭号,自称"仲家"。以九江太守为淮南尹,置公卿百官,郊祀天地。乃遣使以窃号告吕布,并为子娉布女。布执术使送许。术大怒,遣其将张勋、桥蕤攻布,大败而还。术又率兵击陈国,诱杀其王宠及相骆俊,曹操乃自征之。术闻大骇,即走度淮,留张勋、桥蕤于蕲阳,以拒操。〔操〕击破斩蕤,而勋退走。术兵弱,大将死,众情离叛,加天旱岁荒,士民冻馁,江、淮间相食殆尽。时舒仲应为术沛相,术以米十万斛与为军粮,仲应悉散以给饥民。术闻怒,陈兵将斩之。仲应曰:"知当必死,故为之耳。宁可以一人之命,救百姓于涂炭。"术下马牵之曰:"仲应,足下独欲享天下重名,不与吾共之邪?"

术虽矜名尚奇,而天性骄肆,尊己陵物。及窃伪号,淫侈滋甚,媵御数百,无不兼罗纨,厌粱肉,自下饥困,莫之简恤。于是资实空尽,不能自立。四年夏,乃烧宫室,奔其部曲陈简、雷薄于灊山。复为简等所拒,遂大困穷,士卒散走。忧懑不知所为,遂归帝号于绍,曰:"禄去汉室久矣,天下提挈,政在家门。豪雄角逐,分割疆宇。此与周末七国无异,唯强者兼之耳。袁氏受命当王,符瑞炳然。今君拥有四州,人户百万,以强则莫与争大,以位则无所比高。曹操虽欲扶衰奖微,安能续绝运,起已灭乎!谨归大命,君其兴之。"绍阴然其计。

术因欲北至青州从袁谭，曹操使刘备徼之，不得过，复走还寿春。六月，至江亭。坐簀床而叹曰："袁术乃至是乎！"因愤慨结病，呕血死。妻子依故吏庐江太守刘勋。孙策破勋，复见收视，术女入孙权宫，子曜仕吴为郎中。

论曰：天命符验，可得而见，未可得而言也。然大致受大福者，归于信顺乎！夫事不以顺，虽强力广谋，不能得也。谋不可得之事，日失忠信，变诈妄生矣。况复苟肆行之，其以欺天乎！虽假符僭称，归将安所容哉！

译文：

袁术字公路，汝南汝阳人，是司空袁逢的儿子。袁术少年时以侠气闻名，经常与诸贵家子弟飞鹰走狗，游猎为戏，后一改往日习性，屈已立志。被推举为孝廉，经过几次迁升官至河南尹、虎贲中郎将。

当时董卓将要行废立皇帝之事，以袁术为后将军。袁术害怕董卓之祸，出京师直奔南阳。正好此时长沙太守孙坚杀南阳太守张咨，率其兵将投奔袁术。刘表上疏奏请袁术为南阳太守，袁术又上表奏请孙坚代理豫州刺史，命孙坚率荆、豫二州之兵，在阳人击败董卓军。

袁术的堂兄袁绍乘孙坚进讨董卓未回，路途遥远，派遣其将领会稽人周昕夺取孙坚的豫州。袁术大怒，进攻周昕将他赶跑。袁绍建议拥立刘虞为帝，袁术平时好放纵自己，害怕立年长之君会受拘束，便以公义为托词不肯同意，二人因此积怨而渐有隔阂。于是各自外交党援，以互相图谋对方，袁术结交公孙瓒，袁绍联结刘表。当时豪杰之子多归附袁绍，袁术生气地说："这群小子不追随我，却跟随我家的奴隶吗？"又给公孙瓒去信，称袁绍不是袁氏之子，袁绍听说很生气。初平三年，袁术派遣孙坚进军襄阳攻击刘表，孙坚战死。公孙瓒命刘备与袁术合谋一起进逼袁绍，袁绍与曹操合击，将二人之军击败。初平四年，袁术率军进入陈留，屯据封丘。黑山军余众及匈奴于扶罗单于帮助袁术，与曹操军战于匡亭，袁术军大败。袁术退保雍丘，又率其余众逃奔九江，杀扬州刺史陈温而自代其职，又兼称徐州牧。李傕进入长安后，想结交袁术为外援，便授他以左将军，假节，封阳翟侯。

当初，袁术在南阳时，南阳户口还有数十百万，但袁术不修明法令制度，以抄掠供应军资，极尽奢侈没有限度，百姓忧患。又少时曾见到谶书，谶书说："代汉者当涂高"，袁术自称其名字正应谶语。又认为袁氏出于陈国是舜的后代，以黄代赤，是德运的次序，于是有僭逆称帝的打算。又闻知孙坚得到传国玉玺，便拘执孙坚的妻子将玉玺夺了过来，兴平二年冬，天子流亡，兵败于曹阳。袁术大会手下僚属，对他们说："现在海内鼎沸，刘氏微弱。我家四代皆任公辅，百姓所归，我想应天顺民即帝位，诸位认为怎么样？"众僚属没有人敢回答。主簿阎象进前说："从前周朝自后稷直至周文王，积功累德，与商三分天下而有其二，仍然依臣礼奉事商王。明公您虽然累世昌盛，与周相比哪一个更盛？汉室虽然衰微，还没有到殷纣那样衰败的地步。"袁术默然不语，命人召张范。张范称病不来，使其弟张承去应命。袁术问张承说："从前周王室衰微，则有齐桓公、晋文公那样的霸业；秦朝失其政，汉接替而治之。现在我以土地广大、士人众多为资本，想要做齐桓公那样的事以求福，模仿汉高祖的事业，可以吗？"张承回答说："事情成败在于道德而不在于人多。

如果能以德去符合天下人的愿望，虽说是单独一人，也可以成就霸业。如果不守本分僭越无度，逆时而动，这是被众人所抛弃的事，谁能参与呢？"袁术不高兴。

自孙坚死后，其子孙策又统领其部众，袁术派遣孙策进攻扬州刺史刘繇，孙策击败刘繇，遂占据江东。孙策闻知袁术将要僭称帝号，送给他书信劝谏说：

董卓无道，欺凌暴虐王室，祸加于太后，残暴及于弘农王之身，天子流亡，宫殿宗庙烧毁，因此豪杰发愤，沛然俱起。元凶既已毙命，幼主东归，便命王使奉命，宣明朝廷之恩，息武事修文德，与万民重新开始。然而河北袁绍图异谋于黑山军，曹操荼毒遍于东边徐州，刘表僭越作乱于南边荆州，公孙度叛逆于朔北，刘繇阻我之兵，刘备争盟，因此未能服从朝廷之命，止息干戈。我还以为使君您将要与国同心共谋，而您却舍此不加救助，全然有自取天下之志，恐怕这不是海内所企望您的意思。成汤讨伐夏桀称'有夏多罪'，周武王讨伐商纣，说：'殷有重罚'。这两个王，虽有圣德，假使当时在位君主没有失道的过错，也没有理由逼取其王位。现在主上不是有过恶于天下，只不过是因为幼子胁迫于强臣之手，与成汤、周武之时并不一样。又听说幼主明智聪敏，有早成之德，天下虽然还未蒙其恩德，但众人都已归心。如果辅佐而使他兴盛，则周公旦、召公奭那样的美德，是率土之内所期望您的。使君您五代相承，为汉宰相，荣宠之盛，无与为此，应当效忠诚守臣节，以报答王室。时人多迷惑于图纬之言，随意拘于不正之文，苟且进言以取悦主人为美，不顾成败之计，这是古今所慎重的，能不深思熟虑吗？忠言逆耳，异议招致憎恶，但如果有益于您，不敢有所推辞。

袁术不听，于是孙策和他断绝交往。

建安二年，凭借河内人张炯的符命，袁术终于僭号称帝，自称"仲家"。以九江太守为淮南尹，设置公卿百官，祭祀天地。于是派遣使者将僭称帝号告诉吕布，并且为其子聘吕布之女为妻。吕布拘执袁术使者送至许都。袁术大怒，派其将领张勋、桥蕤进攻吕布，结果大败而回。袁术又率兵进攻陈国，诱杀陈王刘宠及陈国国相骆俊，于是曹操亲自率兵来讨伐袁术。袁术听说非常害怕，立刻逃跑渡过淮水，留下张勋、桥蕤屯据蕲阳抵御曹军。曹操大败桥蕤将其斩首，张勋退兵逃走。袁术兵力微弱，大将战死，众心离散。加上天旱年荒，士民饥饿寒冷，江、淮间百姓相食殆尽。当时舒仲应出任袁术所设置的沛国国相，袁术交与舒仲应十万斛米作为军粮，舒仲应将这些粮米全部散发助济饥民。袁术闻听大怒，陈列兵将准备将舒仲应斩首。舒仲应说："我知道一定会死，故意这样做的。宁愿以一人之命，救百姓于困苦之中。"袁术下马拉住他说："仲应，您想单独享受天下重名，不与我共享吗？"

袁术虽然自重名声崇高奇行，但他天性骄傲放纵，尊崇自己欺侮他人。及至僭称帝号，奢侈更甚，侍妾数百，无不身穿数重罗纨之衣，饱食美饭佳肴，而以下将士饥饿困乏，从不看视抚恤。于是物资储备空虚用尽，不能自立。建安四年夏，便焚烧宫室，投至灊山投奔其部将陈简、雷薄。又被陈简等人拒绝，于是大为窘困，士卒散逃。袁术忧懑不知所为，便送归帝号于袁绍，说："福禄离开汉室已经很久了，幸赖天下扶持，政在家门。豪雄角逐，分割土地。这与周末七国割据没有什么不同，只有强者能兼并群雄统一天下。袁氏受天命当为君主，符瑞显明。现在您拥有四州，户口百万，以强而论则没人能与您争大，以位而论则没有人能与您争高。曹操虽然想要扶衰辅微,但怎么能接续已绝之运,兴起已经灭亡的东西呢!谨将天命献给您,希望您使之兴盛。"袁绍暗中答应了他的计议。

袁术因而想北往青州投奔袁谭,曹操命刘备在半途截击,袁术不能通过,又返回寿春。六月,袁术至江亭,坐在竹席上叹息道:"袁术竟到了这种地步吗!"于是愤慨郁闷成疾,吐血死。妻子儿女投靠袁术故吏庐江太守刘勋。孙策攻破刘勋,袁术妻子儿子又被孙策收留照看,袁术的女儿被选入孙权宫中,儿子入仕东吴任郎中。

史家论曰:天命符验之事,可得而见,不可得而言之。然而大体受大福的,一定是归因于信顺吧!事情不以顺行,虽然力量强大智谋深远,也不能得到。谋算不可能做到的事情,日益失去忠信,变诈之事就会任意而生。何况又肆意胡行,是要欺骗上天吗?虽然假符僭称帝号,哪里是他可以容身的归处呢!

吕布列传

吕布字奉先,五原九原人也。以弓马骁武给并州。刺史丁原为骑都尉,(原)屯河内,以布为主簿,甚见亲待。灵帝崩,原受何进召,将兵诣洛阳,为执金吾。会进败,董卓诱布杀原而并其兵。

卓以布为骑都尉,誓为父子,甚爱信之。稍迁至中郎将,封都亭侯。卓自知凶恣,每怀猜畏,行止常以布自卫。尝小失卓意,卓拔手戟掷之。布拳捷得免,而改容顾谢,卓意亦解。布由是阴怨于卓。卓又使布守中阁,而私与傅婢情通,益不自安。因往见司徒王允,自陈卓几见杀之状。时允与尚书仆射士孙瑞密谋诛卓,因以告布,使为内应。布曰:"如父子何?"曰:"君自姓吕，本非骨肉。今忧死不暇，何谓父子？掷戟之时，岂有父子情也？"布遂许之，乃于门刺杀卓，事已见《卓传》。允以布为奋威将军，假节，仪同三司，封温侯。

允既不赦凉州人，由是卓将李傕等遂相结，还攻长安。布与傕战，败，乃将数百骑，以卓头系马鞍，走出武关，奔南阳。袁术待之甚厚。布自恃杀卓，有德袁氏，遂恣兵抄掠。术患之。布不安，复去从张杨于河内。时李傕等购募求布急，杨下诸将皆欲图之。布惧，谓杨曰："与卿州里，今见杀，其功未必多。不如生卖布，可大得傕等爵宠。"杨以为然。有顷，布得走投袁绍，绍与布击张燕于常山。燕精兵万余，骑数千匹。布常御良马，号曰赤菟，能驰城飞堑，与其健将成廉、魏越等数十骑驰突燕阵，一日或至三四，皆斩首而出。连战十余日，遂破燕军。布既恃其功，更请兵于绍，绍不许，而将士多暴横，绍患之。布不自安，因求还洛阳。绍听之，承制使领司隶校尉，遣壮士送布而阴使杀之。布疑其图己，乃使人鼓筝于帐中，潜自遁出。夜中兵起，而布已亡。绍闻，惧为患，募遣追之，皆莫敢逼，遂归张杨。道经陈留，太守张邈遣使迎之，相待甚厚，临别把臂言誓。

邈字孟卓，东平人，少以侠闻。初辟公府，稍迁陈留太守。董卓之乱，与曹操共举义兵。及袁绍为盟主，有骄色，邈正义责之。绍既怨邈，且闻与布厚，乃令曹操杀邈。操不听，然邈心不自安。兴平元年，曹操东击陶谦，令其将武阳人陈宫屯东郡。宫因说邈曰："今天下分崩，雄桀并起。君拥十万之众，当四战之地，抚剑顾眄，亦足以为人豪，而反受制，不以鄙乎！今州军东征，其处空虚，吕布壮士，善战无前，迎之共据兖州，观天下形势，俟时事变通，此亦从横一时也。"邈从之，遂与弟超及宫等迎布为兖州牧，据濮阳，郡县皆应之。

曹操闻而引军击布，累战，相持百余日。是时旱蝗少谷，百姓相食，布移屯山阳。二年间，操复尽收诸城，破布于巨野，布东奔刘备。邈诣袁术求救，留超将家属屯雍丘。操围超数月，屠之，灭其三族。邈未至寿春，为其兵所害。

时刘备领徐州，居下邳，与袁术相拒于淮上。术欲引布击备，乃与布书曰："术举兵诣阙，未能屠裂董卓。将军诛卓，为术报耻，功一也。昔金元休南至封丘，为曹操所败。将军伐之，令术复明目于遐迩，功二也。术生年以来，不闻天下有刘备，备乃举兵与术对战。凭将军威灵，得以破备，功三也。将军有三大功在术，术虽不敏，奉以死生。将军连年攻战，军粮苦少，今送米二十万斛。非唯此止，当骆驿复致。凡所短长亦唯命。"布得书大悦，即勒兵袭下邳，获备妻子。备败走海西，饥困，请降于布。布又恚术运粮不复至，乃具车马迎备，以为豫州刺史，遣屯小沛。布自号徐州牧。术惧布为己害，为子求婚，布复许之。

术遣将纪灵等步骑三万以攻备，备求救于布。诸将谓布曰："将军常欲杀刘备，今可假手于术。"布曰："不然。术若破备，则北连太山，吾为在术围中，不得不救也。"便率步骑千余，驰往赴之。灵等闻布至，皆敛兵而止。布屯沛城外，遣人招备，并请灵等与共飨饮。布谓灵曰："玄德，布弟也，为诸君所困，故来救之。布性不喜合斗，但喜解斗耳。"乃令军候植戟于营门，布弯弓顾曰："诸君观布射〔戟〕小支，中者当各解兵，不中可留决斗。"布即一发，正中戟支。灵等皆惊，言"将军天威也"。明日复欢会，然后各罢。

术遣韩胤以僭号事告布，因求迎妇，布遣女随之。沛相陈珪恐术报布成姻，则徐、杨合从，为难未已。于是往说布曰："曹公奉迎天子，辅赞国政，将军宜与协同策谋，共存大计。今与袁术结姻，必受不义之名，将有累卵之危矣。"布亦素怨术，而女已在涂，乃追还绝婚，执胤送许，曹操杀之。

陈珪欲使子登诣曹操，布固不许，会使至，拜布为左将军，布大喜，即听登行，并令奉章谢恩。登见曹操，因陈布勇而无谋，轻于去就，宜早图之。操曰："布狼子野心，诚难久养，非卿莫究其情伪。"即增珪秩中二千石，拜登广陵太守。临别，操执登手曰："东方之事，便以相付。"令阴合部众，以为内应。始布因登求徐州牧，不得。登还，布怒，拔戟斫机曰："卿父劝吾协同曹操，绝婚公路。今吾所求无获，而卿父子并显重，但为卿所卖耳。"登不为动容，徐对之曰："登见曹公，言养将军譬如养虎，当饱其肉，不饱则将噬人。公曰：'不如卿言。譬如养鹰，饥即为用，饱则飏去。'其言如此。"布意乃解。

袁术怒布杀韩胤，遣其大将张勋、桥蕤等与韩暹、杨奉连势，步骑数万，七道攻布。布时兵有三千，马四百匹，惧其不敌，谓陈珪曰："今致术军，卿之由也，为之奈何？"珪曰："暹、奉与术，卒合之师耳。谋无素定，不能相维。子登策之，比于连鸡，势不俱栖，立可离也。"布用珪策，与暹、奉书曰："二将军亲拔大驾，而布手杀董卓，俱立功名，当垂竹帛。今袁术造逆，宜共诛讨，奈何与贼还来伐布？可因今者同力破术，为国除害，建功天下，此时不可失也。"又许破术兵，悉以军资与之。暹、奉大喜，遂共击勋等于下邳，大破之，生禽桥蕤，余众溃走，其所杀伤、墯水死者殆尽。

时太山臧霸等攻破莒城，许布财币以相结，而未及送，布乃自往求之。其督将高顺谏止曰："将军威名宣播，远近所畏，何求不得，而自行求赂。万一不克，岂不损邪？"布不从。既至莒，霸等不测往意，固守拒之，无获而还。顺为人清白有威严，少言辞，将众整齐，每战必克。布性决易，所为无常。顺每谏曰："将军举动，不肯详思，忽有失得，动辄言误。误事岂可数乎？"布知其忠而不能从。

建安三年，布遂复从袁术，遣顺攻刘备于沛，破之。曹操遣夏侯惇救备，为顺所败。操乃自将击布，至下邳城下。遗布书，为陈祸福。布欲降，而陈宫等自以负罪于操，深沮其计，而谓布曰："曹公远来，势不能久。将军若以步骑出屯于外，宫将余众闭守于内。若向将军，宫引兵而攻其背；若但攻城，则将军救于外。不过旬月，军食毕尽，击之可破也。"布然之。布妻曰："昔曹氏待公台如赤子，犹舍而归我。今将军厚公台不过于曹氏，而欲委全城，捐妻子，孤军远出乎？若一旦有变，妾岂得为将军妻哉！"布乃止。而潜遣人求救于袁术，自将千余骑出。战败走还，保城不敢出。术亦不能救。

曹操堑围之，壅沂、泗以灌其城，三月，上下离心。其将侯成使客牧其名马，而客策之以叛。成追客得马，诸将合礼以贺成。成分酒肉，先入诣布而言曰："蒙将军威灵，得所亡马，诸将齐贺，未敢尝也，故先以奉贡。"布怒曰："布禁酒而卿等酝酿，为欲因酒共谋布邪？"成忿惧，乃与诸将共执陈宫、高顺，率其众降。布与麾下登白门楼。兵围之急，令左右取其首诣操。左右不忍，乃下降。布见操曰："今日已往，天下定矣。"操曰："何以言之？"布曰："明公之所患不过于布，今已服矣。令布将骑，明公将步，天下不足定也。"顾谓刘备曰："玄德，卿为坐上客，我为降虏，绳缚我急，独不可一言邪？"操笑曰："缚虎不得不急。"乃令缓布缚。刘备曰："不可。明公不见吕布事丁建阳、董太师乎？"操颔之。布目备曰："大耳儿最叵信！"操谓陈宫曰："公台平生自谓智有余，今意何如？"宫指布曰："是子不用宫言，以至于此。若见从，未可量也。"操又曰："奈卿老母何？"宫曰："老母在公，不在宫也。夫以孝理天下者，不害人之亲。"操复曰："奈卿妻子何？"宫曰："宫闻霸王之主，不绝人之祀。"固请就刑，遂出不顾，操为之泣涕。布及宫、顺皆缢杀之，传首许市。

赞曰：焉作庸牧，以希后福。曷云负荷？地堕身逐。术既叨贪，布亦翻覆。

译文：

吕布字奉先，五原九原人。以弓马武勇供职于并州。并州刺史丁原为骑都尉，屯据河内，以吕布为其主簿，甚得亲信优待。灵帝去世，丁原受何进征召，率兵去至洛阳，任官执金吾。正好赶上何进失败，董卓招诱吕布杀掉丁原而吞并其兵。

董卓以吕布为骑都尉，与之立誓为父子，对吕布甚为爱重亲信。逐渐迁升为中郎将，封都亭侯。董卓知道自己凶恣残暴，常怀猜疑恐惧之心，起居出行常让吕布随从自卫。吕布曾经做事稍有差错不合董卓心意，董卓拔手戟投砍吕布，吕布因力猛敏捷得免，并且赔笑道歉，董卓怒气才消。吕布因此心中暗恨董卓。董卓又命吕布守卫中阁，而吕布擅自与董卓侍婢私通，心里更加不安。于是吕布去见司徒王允，向王允述说险些被董卓杀掉的情形。当时王允正与尚书仆射士孙瑞密谋诛杀董卓，便将此事告诉吕布，让他做内应，吕布说："对我们的父子关系怎么办？"王允说："您自姓吕，与董卓本来不是骨肉。现在担忧性命还来不及，说什么父子之情？投戟之时，难道有父子之情吗？"于是，吕布答应，便于门前刺杀董卓，其事已见于《董卓传》。王允任命吕布为奋威将军,假节、仪同三司,封温侯。

王允既不答应赦免凉州人,因此李傕等便相联结,回头进攻长安。吕布与李傕交战,兵败,便率领数百骑兵,将董卓首级系于马鞍之上,逃出武关,投奔南阳。袁术待吕布甚为优厚。吕布自恃诛杀董卓,有德于袁氏,于是纵兵抄掠。袁术忧患。吕布心中不安,又去往河内投奔张扬。当时李傕等人悬赏购拿吕布甚急,张扬手下众将都想要捉拿吕布请赏。吕布害怕,对张扬说:"我与您是州里同乡,现在把吕布杀死,功劳不一定大。不如将我活着献上,可以大得李傕的奖赏爵宠。"张扬以为吕布的话很对。不久,吕布得机会逃脱投奔袁绍,袁绍与吕布进击张燕于常山。张燕有精兵万余,骑兵数千人。吕布平常所乘坐的良马,名叫"赤兔",能驰城越堑。吕布与其骁将成廉,魏越等数十骑疾驰冲突张燕军阵,一天之中有时达三四次,都斩得敌人首级而回。二军连战十余日终于攻破张燕军。吕布既仗恃他的功劳,便再向袁绍请求兵将,袁绍没有答应,而吕布将士残暴蛮横,袁绍忧患。吕布自己心中不安,因而请求返回洛阳。袁绍准许,秉承皇帝旨意任命吕布为领司隶校尉,派遣勇士送别吕布而暗中命他们将吕布杀掉。吕布怀疑袁绍派人图谋自己,便命人在帐中弹筝,自己偷偷出帐跑掉了。半夜袁绍兵起,而吕布早已逃走。袁绍闻知吕布逃脱、害怕他成为自己的祸害,招募兵将使其追赶吕布,但众人都不敢逼近吕布,于是吕布逃投张扬。途中经过留陈留,陈留太守张邈派人迎接,相待甚厚,临别时与吕布握手言誓。

张邈字孟卓,东平人,少年时以侠气闻名。最初被公府征召入仕,逐渐迁升至陈留太守。董卓之乱时,他与曹操一起兴举义兵讨伐董卓。及至袁绍为义军盟主,有骄傲自得之色,张邈以大义正言责备他。袁绍已经怨恨张邈,而且听说张与吕布相交甚为亲密,便令曹操杀掉张邈。曹操不听,但张邈自己心中很不踏实。兴平元年,曹操东进攻击陶谦,命令其将武阳人陈宫屯据东郡。陈宫便劝说张邈说:"现在天下分崩离析,英雄俱起。您拥有十万大军,占据四面可战之地,抚剑顾盼,也足以为人中之豪杰,却反而受制于人,不也太鄙陋了吗!"现在兖州州军东征,其地空虚,吕布壮勇之士,善战无敌,迎接他共同占据兖州,然后观望天下形势,等待世事变化通达,这也可以纵横一时。"张邈听从了陈宫的劝说,便与其弟张超及陈宫等人迎接吕布出任兖州牧,屯据濮阳,兖州郡县皆起兵响应吕布。

曹操闻知率军进攻吕布,二军屡次交战,相持百余日。这时旱蝗成灾缺乏粮食,百姓人相食,吕布移屯山阳。兴平二年间,曹操又尽皆收复兖州诸城,在巨野大败吕布,吕布东逃投奔刘备。张邈到袁术那里去求救兵,留下张超携带家属屯据雍丘。曹操围攻张超数月,攻下雍丘,屠城,夷灭张超三族。张邈未到寿春,路上被手下兵将杀害。

当时刘备代理徐州牧,居于下邳,与袁术相持于淮水一线。袁术想要招诱吕布进攻刘备,便给吕布书信说:"袁术我举兵向京师,没能杀掉董卓。将军诛杀董卓,为袁术报仇,是您的第一桩功劳。过去金元休南至封丘,被曹操击败。将军讨伐曹操,使袁术又得明月于远近之地,这是您的第二桩功劳。袁术平生以来,没听说天下有刘备这个人,刘备却竟然举兵与我对敌交战。凭借将军威灵,得以攻破刘备,这是将军的第三桩功劳。将军对于袁术有此三大功,袁术虽然不才,愿以性命奉戴将军。将军连年攻战,军粮苦于短缺,现在送米二十万斛。不是仅此而止,将再络绎送上。凡将军所需他物也全凭您吩咐。"吕布得到书信大喜,立即率兵袭击下邳,俘获刘备妻子儿女。刘备败逃海西,饥饿困乏,向吕布求降。

这时吕布又恼怒袁术运粮不再来，便准备车马迎接刘备，以刘备担任豫州刺史，命他屯据小沛。吕布自称徐州牧。袁术害怕吕布危害自己，为其子向吕布求婚，吕布又答应了。

袁术派遣将领纪灵等步骑三万人进攻刘备，刘备向吕布求救。众将领对吕布说："将军您平常总想杀掉刘备，现在可以借袁术之手杀掉他了。"吕布说："不对。袁术如果攻破刘备，则北连太山，我因为在袁术包围之中，不能不救刘备。"便亲率步骑千余人，疾驰去救刘备。纪灵等人听说吕布来到，都收兵而止。吕布屯兵于小沛城之外，命人召来刘备，并请来纪灵等人与他们一同饮宴。吕布对纪灵说："玄德（刘备字），是我吕布的弟弟，被诸位所困，所以我来救他。吕布我生性不喜欢使人相斗，只喜欢为人解除争斗。"便令军候在营门埋插一支戟，吕布持弓拉开回过头来说："诸位观看我射戟上的小枝，如果射中则两相罢兵，不中，你们便可留下决斗。"吕布立即一射，正中戟上小枝。纪灵等皆大吃一惊，说："将军天威呀！"第二天众人再度欢会，然后各罢兵而去。

袁术派韩胤将自己僭称帝号事告诉吕布，乘便请求迎娶儿媳，吕布命令女儿随使者同去。沛国国相陈珪恐怕袁术与吕布成为姻亲，则徐、扬二州合从，便会作难不已。于是去劝说吕布说："曹公奉迎天子，辅佐国政，将军应当与之协同谋划，共思大计。现在与袁术联姻，一定会得不义之名，将有累卵之危。"吕布也一直怨恨袁术，但其女儿已在途中，便追赶接回女儿与袁术绝婚，捉住韩胤送往许都，曹操将韩胤杀掉。

陈珪想使其子陈登到曹操那里去拜见，吕布坚决不许，正好朝廷使者到，任命吕布为左将军，吕布大喜，即刻准许陈登前往许都，并令他奉献表章谢恩。陈登拜见曹操，述说吕布有勇无谋，反复无常，应当及早除掉。曹操说："吕布狼子野心，确实难于久养，除了您没人能探究其真伪。"立即增陈珪官秩为中二千石，任命陈登为广陵太守。临别，曹操拉着陈登的手说："东边的事情，便托付给您了。"令陈登暗中集合部众，以做内应。开始吕布通过陈登向朝廷求徐州牧一职，没有得到。陈登回来后，吕布大怒，拔戟砍桌几说："您的父亲劝我协同曹操，与袁术绝婚。现在我所求的一无所获，而您父子并皆官位显重，白白被您出卖了"陈登不为之变色，慢慢回答他说："陈登我见到曹公，说养将军譬如养虎，应当喂饱其肉，曹公说：'不是像您说的，譬如养鹰，饥饿则为我所用，饱食后就要飞扬而去了。'他的话就是这样。"吕布怒气才息。

袁术恼怒吕布杀掉韩胤，派遣其大将张勋、桥蕤等与韩暹、杨奉连兵，共有步骑数万，分七路进攻吕布。吕布当时有兵三千，战马四百匹，恐怕不敌，对陈珪说："现在招来袁术大军，是因为您的缘故，现在怎么办。"陈珪说："韩暹、杨奉与袁术的军队，是乌合之众。没有长远的谋划计策，不能互相维系。我的儿子陈登谋算，将他们比作连鸡，其势不能俱栖于一处，立时就可以离间他们。"吕布用陈珪的计策，给韩暹、杨奉去信说："二位将军亲手救出皇帝大驾，而吕布我亲手杀掉董卓，都立有功名，应当垂名于史册。现在袁术为逆，应当共同诛杀讨伐，你们怎么与贼臣反过来攻我吕布？可以乘此机会同力攻破袁术，为国除害，建立大功于天下，这个时机不可失却。"又许诺攻破袁术军后，将其军资尽数给予杨、韩二人。韩暹、杨奉大喜，于是与吕布合力进攻张勋于下邳，大破其军，活捉桥蕤，袁术军余众溃散逃走，被杀伤和落水死者殆尽。

当时太山人臧霸等攻破莒城，答应送给吕布财物钱币以与之相交结，但还没来得及送上钱财等物，吕布便自己去要。督将高顺劝谏吕布说："将军威名四布，远近畏服，想要什么得不到，却自己去求得财物。万一不能得到，难道不损名声吗？"吕布不听。到了莒城以后，臧霸等人猜测不出吕布所来的真意，固守抵御，吕布无所获而回。高顺为人清廉有威严，少言寡语，治军严整，每战必胜。吕布性格轻于决策，所作之事反复无常。高顺常劝谏说："将军平常有所举动，不肯仔细考虑，轻易便有所改易去从，动辄言语失误。这种做法所误之事难道可以计算吗？"吕布知其忠心但不能听从。

建安三年，吕布最终又去追随袁术，派遣高顺到沛城进攻刘备，击破刘备军。曹操派夏侯惇救援刘备，被高顺击败。于是，曹操自己率领军队进攻吕布，直至下邳城下。给吕布送去书信，为他陈说分析祸福。吕布想要投降，但陈宫等人自以为对曹操负有罪过，尽力阻挠吕布投降，他说："曹公远道而来，其势不能久。将军如果以步骑将士出屯城外，陈宫我等率余众固守城内。如果曹军向将军进攻，陈宫率兵攻其后；如果曹军攻城，则将军从外面相救。不过一月，曹军军粮皆尽，乘此时机进攻便可大破其军。"吕布认为其计可行。吕布之妻说："从前曹操待公台（陈宫字）如同赤子，他尚且离开曹操而归附我们。现在将军待陈宫之厚没超过曹操，而您却要委他以全城，抛弃妻子儿女，自己孤军远出吗？倘若一旦有所变故，我还能做将军的妻子吗？"吕布便没有依陈宫计策行事，而暗中派人去向袁术求救，又亲自率千余骑兵出战，兵败逃回城中，坚守不敢出。袁术也没有发兵来救。

曹操挖堑壕围城，阻截沂、泗二水灌下邳城。三月，吕布军上下离心。其将领侯成使宾客放牧他的名马，宾客驱赶马匹叛逃。侯成追上宾客夺回自己的名马，众将凑集礼物向侯成祝贺。

侯成分酒肉请众将享用，先入内去见吕布说："蒙将军威灵，追回所丢失的马匹，诸将齐来祝贺，我们没有敢先尝，所以先拿来奉贡将军。"吕布生气地说："吕布我禁酒而你们酿酒，是想凭借酒来一起谋算我吕布吗？"侯成又怒又怕，便与众将一起捉捕陈宫、高顺，率其手下将士投降曹操。吕布与手下将士登上白门楼。曹军将士围攻甚急，吕布令左右取自己首级去见曹操投降。左右将士不忍，吕布便与部下下城投降。吕布见到曹操说："从今以后，天下可以一举而定了。"曹操："为什么这样说呢？"吕布说："明公您所忧患的没有超过我吕布的，现在已经降服您了。令吕布率领骑兵，您率领步兵，天下不足一定。"回头对刘备说："玄德，您为座上客，我为降虏，绳索捆我紧急，难道不能替我说一句话吗？"曹操笑着说："捆缚老虎不能不紧。"便命手下放松捆缚吕布的绳子。刘备说："不能这样，明公您没有见到吕布奉事丁建阳、董太师之事吗？"曹操领首称是。吕布瞪着刘备说："你这大耳儿最不可相信。"曹操对陈宫说："公台平生自认为智谋有余，现在觉得怎么样？"陈宫指着吕布说："这个人不用我陈宫的计谋，以至于到这地步。如果能够采用我的计谋，事情还不好估量。"曹操又说："您的老母怎么办呢？"陈宫说："老母怎么样在于您，不在于我陈宫。以孝治天下的人，不害人之亲属。"曹操又说："您的妻子儿女怎么办呢？"陈宫说："我听说霸王之主，不绝人之祭祀。"陈宫坚决请就死刑，于是走出不回头，曹操为之流泪。吕布及陈宫、高顺皆被缢杀，传首级于许都市上。

　　史家赞曰：刘焉作益州牧，希望得到后福。说什么继承其位，地方丢失身被驱逐。袁术既贪婪而亡，吕布也身遭复灭。

后汉书卷七十六

循吏列传第六十六

循吏列传序

初,光武长于民间,颇达情伪,见稼穑艰难,百姓病害,至天下已定,务用安静,解王莽之繁密,还汉世之轻法。身衣大练,色无重采,耳不听郑、卫之音,手不持珠玉之玩,宫房无私爱,左右无偏恩。建武十三年,异国有献名马者,日行千里,又进宝剑,贾兼百金,诏以马驾鼓车,剑赐骑士。损上林池御之官,废骋望弋猎之事。其以手迹赐方国者,皆一札十行,细书成文。勤约之风,行于上下。数引公卿郎将,列于禁坐。广求民瘼,观纳风谣。故能内外匪懈,百姓宽息。自临宰邦邑者,竞能其官。若杜诗守南阳,号为"杜母",任延、锡光移变边俗,斯其绩用之最章章者也。又第五伦、宋均之徒,亦足有可称谈。然建武、永平之间,吏事刻深,亟以谣言单辞,转易守长。故朱浮数上谏书,箴切峻政,钟离意等亦规讽殷勤,以长者为言,而不能得也。所以中兴之美,盖未尽焉。自章、和以后,其有善绩者,往往不绝。如鲁恭、吴祐、刘宽及颍川四长,并以仁信笃诚,使人不欺;王堂、陈宠委任贤良,而职事自理:斯皆可以感物而行化也。边凤、延笃先后为京兆尹,时人以辈前世赵、张。又王涣、任峻之为洛阳令，明发奸伏，吏端禁止，然导德齐礼，有所未充，亦一时之良能也。今缀集殊闻显迹，以为《循吏篇》云。

译文：

　　当初，东汉光武帝在民间长大，对于民间的真假情况都很清楚，他亲眼看到了农业生产的艰苦和平民百姓的痛苦。等到天下平定以后，光武帝努力安定民心，废除了王莽时期繁密严酷的法令，恢复了西汉较为宽松的法律。他身穿粗帛制作的衣服，颜色也不艳丽，耳朵不听淫荡的郑卫俗乐，手中不拿珠玉等玩物，在宫房之内没有偏心的宠爱，对左右大臣也没有偏向的恩惠。建武十三年，外国献上了名马，能日行千里，又进献了宝剑，价值百金，光武帝却下诏书让名马拉鼓车，宝剑则赐给了骑士。光武帝还精简了上林苑皇家园林的官员，废除了游览射猎的活动项目。他以亲笔手迹赐书四方诸侯国，都是一札十行，用小字撰写成文。当时勤政节约的风气，贯通上下。光武帝多次召集公卿郎将，到自己皇座的近前谈论问题。又广泛地了解民间疾苦，收集观览反映风土民情的歌谣。所以当时内外官吏都能努力工作而不松懈，百姓得以在宽松的环境中休养生息。管理邦国城邑的地方官，竞相在自己的岗位上显示才能。如杜诗管理南阳郡，被当地的人们尊称为"杜母"；任延、锡光改变边疆地区的风俗，这是那些成绩最为显著的一些人。又有第五伦、宋均之类的地方官，也有许多值得称赞和谈论的事迹。然而建武、永平之间，处理官吏的事特别苛刻，只凭信谣言和片面的言辞，就急急忙忙地撤换地方长官。所以朱浮多次呈上谏书，规诫改变严峻的政治，钟离意等人也不断地用婉言隐语相规谏，他们凭着长者的身份为那些地方官说话，但没有被接受。因为光武中兴的善政，并未达到尽善尽美。自从章帝、和帝以后，那些有良好政绩的官员，一直没有断绝。比如鲁恭、吴祐、刘宽以及被称为颍川四长的荀淑、韩韶、陈寔、钟皓等官吏，都凭着讲仁义，守信用，笃实忠诚，使人们不受欺枉；王堂、陈宠把政事委任给贤良的助手，而职责内的事都自然得到了处理，这些都可以使人们受到感动而使教化得以推行。边凤和延笃先后担任京兆尹，当时的人们把他们与西汉的赵广汉、张敞相提并论。又有王涣、任峻做洛阳县令，公开地揭发潜伏的坏人坏事，吏治端正，令行禁止，虽然用仁德引导及整齐礼仪方面，还有所不足，但也是一时的贤良人才。现在缀集他们特殊的珍闻和显要的事迹，编为《循吏篇》。

任延列传

任延字长孙，南阳宛人也。年十二，为诸生，学于长安，明《诗》《易》《春秋》，显名太学，学中号为"任圣童"。值仓卒，避兵之陇西。时隗嚣已据四郡，遣使请延，延不应。

更始元年，以延为大司马属，拜会稽都尉。时年十九，迎官惊其壮。及到，静泊无为，唯先遣馈礼祠延陵季子。时天下新定，道路未通，避乱江南者皆未还中土，会稽颇称多士。延到，皆聘请高行如董子仪、严子陵等，敬待以师友之礼。掾吏贫者，辄分奉禄以赈给之。省诸卒，令耕公田，以周穷急。每时行县，辄使慰勉孝子，就餐饭之。

吴有龙丘苌者，隐居太末，志不降辱。王莽时，四辅三公连辟，不到。掾史白请召之。延曰："龙丘先生躬德履义，有原宪、伯夷之节。都尉埽洒其门，犹惧辱焉，召之不可。"遣功曹奉谒，修书记，致医药，吏使相望于道。积一岁，苌乃乘辇诣府门，愿得先死备录。延辞让再三，遂署议曹祭酒。苌寻病卒，延自临殡，不朝三日。是以郡中贤士大夫争往宦焉。

建武初，延上书愿乞骸骨，归拜王庭。诏征为九真太守。光武引见，赐马杂缯，令妻子留洛阳。九真俗以射猎为业，不知牛耕，民常告籴交阯，每致困乏。延乃令铸作田器，教之垦辟。田畴岁岁开广，百姓充给。又骆越之民无嫁娶礼法，各因淫好，无适对匹，不识父子之性，夫妇之道。延乃移书属县，各使男年二十至五十，女年十五至四十，皆以年齿相配。其贫无礼娉，令长吏以下各省奉禄以赈助之。同时相娶者二千余人。是岁风雨顺节，谷稼丰衍。其产子者，始知种姓。咸曰："使我有是子者，任君也。"多名子为"任"。于是徼外蛮夷夜郎等慕义保塞，延遂止罢侦候戍卒。

初，平帝时，汉中锡光为交阯太守，教导民夷，渐以礼义，化声侔于延。王莽末，闭境拒守。建武初，遣使贡献，封盐水侯。领南华风，始于二守焉。

延视事四年，征诣洛阳，以病稽留，左转睢阳令，九真吏人生为立祠。拜武威太守，帝亲见，戒之曰："善事上官，无失名誉。"延对曰："臣闻忠臣不私，私臣不忠。履正奉公，臣子之节。上下雷同，非陛下之福。善事上官，臣不敢奉诏。"帝叹息曰："卿言是也。"

既之武威，时将兵长史田绀，郡之大姓，其子弟宾客为人暴害。延收绀系之，父子宾客伏法者五六人。绀少子尚乃聚会轻薄数百人，自号将军，夜来攻郡。延即发兵破之。自是威行境内，吏民累息。

郡北当匈奴，南接种羌，民畏寇抄，多废田业。延到，选集武略之士千人，明其赏罚，令将杂种胡骑休屠黄石屯据要害，其有警急，逆击追讨。虏恒多残伤，遂绝不敢出。

河西旧少雨泽，乃为置水官吏，修理沟渠，皆蒙其利。又造立校官，自掾（吏）〔史〕子孙，皆令诣学受业，复其徭役。章句既通。悉显拔荣进之。郡遂有儒雅之士。

后坐擅诛羌不先上，左转召陵令。显宗即位，拜颍川太守。永平二年，征会辟雍，因以为河内太守。视事九年，病卒。

少子恺，官至太常。

译文：

任延字长孙，是南阳宛人。他十二岁时，为诸生，在长安学习。他明晓《诗经》《易经》《春秋》，名显于太学，被称为"任圣童"。正值兵乱突起，任延便到陇西避难。当时隗嚣已据有陇西四郡，遣使请任延，任延不应。

更始元年，更始帝以任延为大司马属官，拜他为会稽都尉。当时任延年十九岁，迎者对他年少而被任用感到惊奇。任延到任后，清静无为，只先派人致馈礼祭延陵季札之祠。当时天下刚平定，道路尚未通畅，避乱江南的人都还未归中土，因此会稽有多士之称。任延一到，聘请高行之人如董子仪、严子陵等，以师友之礼敬待他们。对于掾吏中的贫困者，任延就把自己的俸禄分给他们以赡济之。又并省诸卒，让他们耕种公田，以此周济穷急。每次巡行诸县时，都派人慰问孝子，请他们吃饭。

吴地有个名叫龙丘苌的人，隐居于太末县，不辱降其志。王莽时，四辅三公连连征辟他，他都不应。掾史告诉任延，请求召他。任延说："龙丘先生亲行德义，有原宪、伯夷的节操。我为他洒扫门庭，都怕有辱于他，不可以召他。"使派功曹奉命谒见，又写信慰问，送医送药。前往的吏使相望于道。如此一年，龙丘苌便乘辇到府门，愿被编进郡职的名录。任延再三辞让，最后让他署理仪曹祭酒。不久龙丘苌病死，任延亲临其殡，三日不办公。所以郡中贤士大夫争着到他手下任职。

建武初年，任延上书请求辞官，归拜王庭。光武帝诏征他为九真太守，并召见他，赐其马和杂缯，让他的妻子留在洛阳。九真俗以射猎为业，不知牛耕，百姓常到交阯买粮，生活困乏。任延便令铸造农具，教他们垦荒。于是，田畴年年被开垦，百姓供给充足。又骆越地区的百姓没有嫁娶礼法，各按照自己的淫好，没有嫡妻匹配，也不识父子之性，夫妇之道。任延便给郡县发下文书，令男年二十至五十，女年十五至四十，皆以年龄相配。对那些贫穷无聘礼者，任延令长吏以下各省自己的俸禄来赈助他们。使同时相娶者有两千多人。这一年风雨顺节，庄稼丰收。那些生儿女的人，始知种姓，都说："是任君使我有此子啊。"因此，多为子取名为"任"。于是，境外蛮夷夜郎等慕其义而自保边塞，任延也撤掉在边境侦察的戍兵。

当初，汉平帝时，汉中人锡光为交阯太守。他在任慢慢用礼仪教导民夷，善于教化的名声与任延相同。王莽末年，锡光闭境自守，建武初年，锡光遣使贡献，被封为盐水侯。岭南华风流行，开始于任延、锡光两个太守。

任延在职四年后，被征到洛阳，因病滞留，降职为睢阳县令。九真吏人在他活着时就为他立祠堂。后任延被拜为武威太守，光武帝亲自召见他，告诫他说："好好侍奉上级，不要丢了名誉。"任延回答说："臣听说忠臣不私，私臣不忠。履正奉公是臣子之节，上下雷同不是陛下之福。好好侍奉上级的诏令，臣不敢遵奉。"光武帝叹息说："你说得对呀。"

当时武威将兵长史名叫田绀，是郡中的大姓，他的子弟宾客仗势暴害人民。任延到任,当即将田绀逮捕,父子宾客有五六人伏法。田绀的小儿子田尚乃聚会数百个轻薄之徒,自号将军,夜来攻郡。任延立即发兵破之。从此以后,任延威行境内,吏民守法。

武威北对匈奴,南接种羌,民害怕匈奴,种羌寇抄,多废田业。任延到任,选集一千名武略双兼的人,明其赏罚,让他们率领杂胡休屠、黄石骑兵屯据要害之处,若出现警急,即迎击追讨。敌虏长期受到打击,便不敢犯塞。

河西旧时少雨,任延便设置水官吏,修理沟渠,百姓都受其利。任延又设置学官,命掾史子孙全到学官处受业,免除他们的徭役。学好之后,全使他们得到选拔荣进。于是,郡中有儒雅之士。

后来任延因擅诛羌人而不先上报,被降职为召陵县令。显宗孝明帝即位,又拜他为颖川太守。永平二年,又被征会于辟雍,因此又为河内太守。在职九年,病死。

任延小儿子任恺,官至太常。

后汉书卷七十八

宦者列传第六十八

曹节列传

曹节字汉丰，南阳新野人也。其本魏郡人，世吏二千石。顺帝初，以西园骑迁小黄门。桓帝时，迁中常侍，奉车都尉。建宁元年，持节将中黄门虎贲羽林千人，北迎灵帝，陪乘入宫。及即位，以定策封长安乡侯，六百户。

时窦太后临朝，后父大将军武与太傅陈蕃谋诛中官，节与长乐五官史朱瑀、从官史共普、张亮、中黄门王尊、长乐谒者腾是等十七人，共矫诏以长乐食监王甫为黄门令，将兵诛武、蕃等，事已具《蕃》《武传》。节迁长乐卫尉，封育阳侯，增邑三千户；甫迁中常侍，黄门令如故；瑀封都乡侯，千五百户；普、亮等五人各三百户；余十一人皆为关内侯，岁食租二千斛。

先是瑀等阴于明堂中祷皇天曰："窦氏无道，请皇天辅皇帝诛之，令事必成，天下得宁。"既诛武等，诏令太官给塞具，赐瑀钱五千万，余各有差，后更封华容侯。二年，节病困，诏拜为车骑将军。有顷疾瘳，上印绶，罢，复为中常侍，位特进，秩中二千石，寻转大长秋。

熹平元年，窦太后崩，有何人书朱雀阙，言"天下大乱，曹节、王甫幽杀太后，常侍侯览多杀党人，公卿皆尸禄，无有忠言者。"于是诏司隶校尉刘猛逐捕，十日一会。猛以诽书言直，不肯急捕，月余，主名不立。猛坐左转谏议大夫，以御史中丞段颎代猛，乃四出逐捕，及太学游生，系者千余人。节等怨猛不已，使颎以它事奏猛，抵罪输左校。朝臣多以为言，乃免刑，复公车征之。

节遂与王甫等诬奏桓帝弟勃海王悝谋反，诛之。以功封者十二人。甫封冠军侯。节亦增邑四千六百户，并前七千六百户。父兄子弟皆为公卿列校、牧守令长，布满天下。

节弟破石为越骑校尉，越骑营五百妻有美色，破石从求之，五百不敢违，妻执意不肯行，遂自杀。其淫暴无道，多此类也。

光和二年，司隶校尉阳球奏诛王甫及子长乐少府萌、沛相吉，皆死狱中。时连有灾异，郎中梁人审忠以为朱瑀等罪恶所感，乃上书曰：

臣闻理国得贤则安，失贤则危，故舜有臣五人而天下理，汤举伊尹不仁者远。陛下即位之初，未能万机，皇太后念在抚育，权时摄政，故中常侍苏康、管霸应时诛殄。太傅陈蕃、大将军窦武考其党与，志清朝政。华容侯朱瑀知事觉露，祸及其身，遂兴造逆谋，作乱王室，撞蹋省闼，执夺玺绶，迫胁陛下，聚会群臣，离间骨肉母子之恩，遂诛蕃、武及尹勋等。因共割裂城社，自相封赏。父子兄弟被蒙尊荣，素所亲厚布在州郡，或登九列，或据三司。不惟禄重位尊之责，而苟营私门，多蓄财货，缮修第舍，连里竟巷。盗取御水以作鱼钓，车马服玩拟于天家。群公卿士杜口吞声，莫敢有言。州牧郡守承顺风旨，辟召选举，释贤取愚。故虫蝗为之生，夷寇为之起。天意愤盈，积十余年。故频岁日食于上，地震于下，所以谴戒人主，欲令觉悟，诛鉏无状。昔高宗以雉雊之变，故获中兴之功。近者神祇启悟陛下，发赫斯之怒，故王甫父子应时饍截，路人士女莫不称善，若除父母之仇。诚怪陛下复忍孽臣之类，不悉殄灭。昔秦信赵高，以危其国；吴使刑人，身遘其祸。虞公抱宝牵马，鲁昭见逐乾侯，以不用宫之奇、子家驹以至灭辱。今以不忍之恩，赦夷族之罪，奸谋一成，悔亦何及！臣为郎十五年，皆耳目闻见，瑀之所为，诚皇天所不复赦。愿陛下留漏刻之听，裁省臣表，埽灭丑类，以答天怒。与瑀考验，有不如言，愿受汤镬之诛，妻子并徙，以绝妄言之路。

章寝不报。节遂领尚书令。四年，卒，赠车骑将军。后瑀亦病卒，皆养子传国。

审忠字公诚，宦官诛后，辟公府。

译文：

曹节，字汉丰，南阳郡新野县人。他本来是魏郡人，世袭二千石的官职。汉顺帝初年，他从西园寺的骑手升为小黄门。桓帝时，又提升为中常侍和奉车都尉。汉灵帝建宁元年，他手持符节率领中黄门虎贲和羽林军一千人，向北迎接灵帝。陪同灵帝的车马进宫。灵帝即位后，因为曹节有决策的功劳，受封长安乡侯，享有六百户的食邑。

当时窦太后临朝听政，太后的父亲大将军窦武，和太傅陈蕃密谋诛杀宦官，曹节就和长乐官五官史朱瑀、从官史共普、张亮、中黄门王尊、长乐宫谒者腾是等十七个人，一起伪造圣旨任命长乐宫食盐王甫为黄门令，领兵杀死了窦武和陈蕃等人，这件事在陈蕃和窦武列传中有详细记述。曹节升任长乐都尉，受封育阳侯，增加三千户的食邑；王甫升任中常侍，黄门令一职仍旧照做；朱瑀受封都乡侯，享有一千五百户食邑；共普和张亮等五个人各三百户；其他十一个人全都做了关内侯，每年享食租禄二千斛。

在此以前，朱瑀等人在明堂里面暗暗地向皇天祈祷说："窦氏一家横行无道，请求皇天帮助皇帝诛杀他们，保佑此事成功，天下才能安宁。"诛杀窦武等人之后，皇帝诏令太官拨给还愿报祠所需的钱物，赏赐朱瑀铜钱五千万，其他人或多或少，后来又封朱瑀为华容侯。建宁二年，曹节病重，下诏拜任他为车骑将军。不久曹节病愈，还上车骑将军的印绶，任用一事作罢，重又担任中常侍，位特进，官秩为二千石，不久转任大长秋。

灵帝熹平元年，窦太后驾崩，不知道是什么人在朱雀阙上写字，说是"天下大乱，曹节、王甫暗杀太后，常侍侯览也杀了很多党人，王公大臣们都是白拿朝廷俸禄，没有人说真心话。"皇帝下令司隶校尉刘猛追捕，十天会审一次。刘猛因为"诽谤书"说得直率，不肯卖力搜捕，一个多月过去了，写字的人还没有查出。刘猛因此被降职为谏议大夫，用御史中丞段颎代替他，段颎四出追捕，查到在太学游学的学生那里，抓了一千多人。曹节等人不停地埋怨刘猛，让段颎借其他事告刘猛的状，把刘猛送到左校服劳役抵罪。朝中群臣很多人为刘猛说情，于是免了刘猛的刑，又用公车征召他入朝。

曹节后来和王甫等人诬告桓帝的弟弟渤海王刘悝谋反，诛杀了他。这次因功受封的有十二个人。王甫受封冠军侯。曹节也增加了四千六百户的食邑，加上以前的共有七千六百户。他的父兄子弟都做了公卿列校、牧守令长，遍布天下。

曹节的弟弟曹破石任越骑校尉，越骑军营里任职为五百的人的妻子长得很美，曹破石就前去提出要求，五百不敢违抗，妻子执意不从，于是自杀。曹破石淫暴无道，像这样的事情有很多。

灵帝光和二年，司隶校尉阳球奏请诛杀王甫及他的儿子，长乐少府曹萌和沛国的相曹吉。他们都死在监狱里面。当时连年发生自然灾害，郎中梁人审忠认为这是上苍对朱瑀等人罪恶的感应所造成的，就上书说：

我听说治理国家得到贤能的人就能安定，失去就会危险，因此舜有了五个大臣天下大事就井井有条，商汤任用伊尹那些不仁不义的人只好远远地避开。陛下刚即位时，还不能处理各种事务，皇太后从培育着想，权衡时势临朝摄政，因此中常侍苏康和管霸被诛杀也就是顺应时局。太傅陈蕃、大将军窦武审问他们的党羽，意在清理朝政。华容侯朱瑀知道事情泄露，大祸即将降临到自己身上，于是发动反叛的逆谋，扰乱王室，在宫廷中横行霸道，争权夺利，胁迫皇上，聚会群臣，离间太后和皇上骨肉母子的恩情，因此诛杀了陈蕃、窦武和尹勋等人。然后他们一起分割军国大权，自封自赏。他们的父子兄弟享尽荣华富贵，把平时的亲信安插到各州郡当中，有的位列九卿，有的盘踞三司。不仅贪图高官厚禄，他们还为家族营私舞弊，大量积蓄财物，连街串巷成片地建造房屋。偷取宫苑中的御水用来养鱼钓鱼，车马服装和饰物都和天子相比拟。文武群臣们都忍气吞声。不敢说话。州牧和郡守都顺承他们的意旨，任用和选拔官员，放弃贤能录用愚劣。因此蝗虫滋生，蛮夷和盗贼兴兵作乱。天意充满愤怒，已经有十多年了。所以多年以来上有日食，下有地震，就是在谴责和告诫地上的君王，要他觉悟，铲除罪恶之人。当年高宗因为在祭祀时，发生野鸡跳上鼎耳鸣叫的异样情况，修整德行，最终建立了中兴的功业。近来神灵启示陛下，兴威发怒，因此王甫父子得到被杀的报应。路上的男女老幼无不拍手叫好，就像除掉了他们父母的仇人。诚心地责怪陛下还在容忍和任用那类乱臣贼子，不把他们全部消灭。当年秦王宠信赵高，以致危害国家；吴王使用俘虏，招来杀身之祸。虞国公抱着宝玉牵着骏马，鲁昭公被放逐到乾侯，都是因为不听宫之奇、子家驹的劝告，以至于亡国受辱。如今皇上不忍下手，饶恕那些匪类的罪过，等到他们的阴谋得逞。后悔就来不及了！我做郎中十五年，亲耳闻听亲眼所见，朱瑀的所作所为，确实不能得到皇天的宽恕。希望陛下拿出一点时间，判断和思考一下我的上书，扫灭丑类，以平息上天的愤怒。对朱瑀审查对质，如果言不属实，我愿意受在沸水锅中烫死的刑罚。妻子儿女一起流放，以此使其他人再也不敢胡言乱语。

奏章被束之高阁。曹节得以担任尚书令。光和四年，曹节死去，追认他为车骑将军。后来朱瑀也病死，他们的封国都由养子继承。

审忠字公诚，宦官被诛杀后，他得到公府的任用。

张让列传

张让者，颍川人；赵忠者，安平人也。少皆给事省中，桓帝时为小黄门。忠以与诛梁冀功封都乡侯。延熹八年，黜为关（中）〔内〕侯，食本县租千斛。

灵帝时，让、忠并迁中常侍，封列侯，与曹节、王甫等相为表里。节死后，忠领大长秋。让有监奴典任家事，交通货赂，威形喧赫。扶风人孟佗，资产饶赡，与奴朋结，倾竭馈问，无所遗爱。奴咸德之，问佗曰："君何所欲？力能办也。"曰："吾望汝曹为我一拜耳。"时宾客求谒让者,车恒数百千两,佗时诣让,后至,不得进,监奴乃率诸仓头迎拜于路,遂共辇车入门。宾客咸惊,谓佗善于让,皆争以珍玩赂之。佗分以遗让,让大喜,遂以佗为凉州刺史。

是时,让、忠及夏恽、郭胜、孙璋、毕岚、栗嵩、段珪、高望、张恭、韩悝、宋典十二人,皆为中常侍,封侯贵宠,父兄子弟布列州郡,所在贪残,为人蠹害。黄巾既作,盗贼糜沸,郎中中山张钧上书曰:"窃惟张角所以能兴兵作乱,万人所以乐附之者,其源皆由十常侍多放父兄、子弟、婚亲、宾客典据州郡,辜榷财利,侵掠百姓,百姓之冤无所告诉,故谋议不轨,聚为盗贼。宜斩十常侍,县头南郊,以谢百姓,又遣使者布告天下,可不须师旅,而大寇自消。"天子以钧章示让等,皆免冠徒跣顿首,乞自致洛阳诏狱,并出家财以助军费。有诏皆冠履视事如故。帝怒钧曰:"此真狂子也。十常侍固当有一人善者不?"钧复重上,犹如前章,辄寝不报。诏使廷尉、侍御史考为张角道者,御史承让等旨,遂诬奏钧学黄巾道,收掠死狱中。而让等实多与张角交通。后中常侍封谞、徐(奏)〔奉〕事独发觉坐诛,帝因怒诘让等曰:"汝曹常言党人欲为不轨,皆令禁锢,或有伏诛。今党人更为国用,汝曹反与张角通,为可斩未?"皆叩头云:"故中常侍王甫、侯览所为。"帝乃止。

明年,南宫灾。让、忠等说帝令敛天下田亩税十钱,以修宫室。发太原、河东、狄道诸郡材木及文石,每州郡部送至京师,黄门常侍辄令谴呵不中者,因强折贱买,十分雇一,因复货之于宦官,复不为即受,材木遂至腐积,宫室连年不成。刺史、太守复增私调,百姓呼嗟。凡诏所征求,皆令西园驺密约敕,号曰"中使",恐动州郡,多受赇赂。刺史、二千石及茂才孝廉迁除，皆责助军修宫钱，大郡至二三千万，余各有差。当之官者，皆先至西园谐价，然后得去。有钱不毕者，或至自杀。其守清者，乞不之官，皆迫遣之。

时巨鹿太守河内司马直新除，以有清名，减责三百万。直被诏，怅然曰："为民父母，而反割剥百姓，以称时求，吾不忍也。"辞疾，不听，行至孟津，上书极陈当世之失，古今祸败之戒，即吞药自杀。书奏，帝为暂绝修宫钱。

又造万金堂于西园，引司农金钱缯帛，仞积其中。又还河间买田宅，起第观。帝本侯家，宿贫，每叹桓帝不能作家居，故聚为私藏，复（臧）寄小黄门常侍钱各数千万。常云："张常侍是我公，赵常侍是我母。"宦官得志，无所惮畏，并起第宅，拟则宫室。帝常登永安候台，宦官恐其望见居处，乃使中大人尚但谏曰："天子不当登高，登高则百姓虚散。"自是不敢复升台榭。

明年，遂使钩盾令宋典缮修南宫玉堂。又使掖庭令毕岚铸铜人四列于仓龙、玄武阙，又铸四钟，皆受二千斛，县于玉堂及云台殿前。又铸天禄虾蟆，吐水于平门外桥东，转水入宫。又作翻车渴乌，施于桥西，用洒南北郊路，以省百姓洒道之费。又铸四出文钱，钱皆四道。识者窃言侈虐已甚，形象兆见，此钱成，必四道而去。及京师大乱，钱果流布四海。复以忠为车骑将军，百余日罢。

六年，帝崩。中军校尉袁绍说大将军何进，令诛中官以悦天下。谋泄，让、忠等因进入省，遂共杀进。而绍勒兵斩忠，捕宦官无少长悉斩之。让等数十人劫质天子走河上。追急，让等悲哭辞曰："臣等殄灭，天下乱矣。惟陛下自爱！"皆投河而死。

论曰：自古丧大业绝宗禋者，其所渐有由矣。三（世）〔代〕

以嬖色取祸,嬴氏以奢虐致灾,西京自外戚失祚,东都缘阉尹倾国。成败之来,先史商之久矣。至于衅起宦夫,其略犹或可言。何者?刑余之丑,理谢全生,声荣无辉于门阀,肌肤莫传于来体,推情未鉴其敝,即事易以取信,加渐染朝事,颇识典物,故少主凭谨旧之庸,女君资出内之命,顾访无猜惮之心,恩狎有可悦之色。亦有忠厚平端,怀术纠邪;或敏才给对,饰巧乱实;或借誉贞良,先时荐誉。非直苟恣凶德,止于暴横而已。然真邪并行,情貌相越,故能回惑昏幼,迷瞀视听,盖亦有其理焉。诈利既滋,朋徒日广,直臣抗议,必漏先言之间,至戚发愤,方启专夺之隙,斯忠贤所以智屈,社稷故其为墟。《易》曰:"履霜坚冰至。"云所从来久矣。今迹其所以,亦岂一朝一夕哉!

赞曰:任失无小,过用则违。况乃巷职,远参天机。舞文巧态,作惠作威。凶家害国,夫岂异归!

译文:

张让,颍川人;赵忠,安平人。年轻时都在内侍省做事。桓帝时担任小黄门。赵忠因为参与诛杀梁冀的功劳,被封为都乡侯。延熹八年,被贬为关内侯,享受本县一千斛的租食。

汉灵帝时,张让和赵忠一起升任中常侍,受封为列侯,和曹节、王甫等人平起平坐。一起共事。曹节死后,赵忠兼任大长秋。张让有一个监奴主管家事,行贿受贿,八面威风。扶风人孟佗家财万贯,和监奴相结交,馈赠问候,不遗余力。仆人们都很感激孟佗,问他:"你想要什么?我们都能办到。"孟佗说:"我只是希望你们向张让引见我。"当时请求拜见张让的客人,马车常常有几百上千辆,每次孟佗来到张让的府第,因为来得迟，都进不了门，监奴就领着仆人们在路上迎接他，抬着马车一起进了大门。客人们都大为吃惊，说孟佗和张让关系很好，都争着用奇珍异宝贿赂他。孟佗分开赠送给张让，张让非常高兴，就使孟佗做了凉州刺史。

当时张让、赵忠和夏恽、郭胜、孙璋、毕岚、栗嵩、段珪、高望、张恭、韩悝、宋典十二个人，都任中常侍。封侯受宠，父兄子弟都安插在州郡里面，贪财残暴，害人不浅。黄巾军起兵，盗贼作乱，郎中中山人张钧上书说："我认为张角之所以能兴兵作乱。成千上万人愿意跟随他，其根源都是因为十常侍大多使他们的父兄、子弟、姻亲和宾客盘踞在各州郡，搜刮民财，掠夺百姓。老百姓的冤情无处申诉，所以图谋不轨，聚集起来成为盗贼。应该杀掉十常侍，把他们的头悬挂在南郊，用来向百姓谢罪，另外派使者向天下发布告示，就能不劳师动众，而盗贼自然归于消灭。"皇帝把张钧的奏章拿给张让等人看，他们都脱掉帽子光着脚，叩头不止，乞求自己到洛阳皇帝特设的监狱里去，并拿出家财来充作军费。皇帝下令他们戴帽穿鞋照常办事。皇帝对张钧很生气，说："这真是个狂人，十常侍就没有一个是好的？"张钧再次上书，内容和以前一样，被搁置起来不予上报。皇帝诏令廷尉和侍御史审查为张角施展道术的人，御史就按照张让等人的意见，诬告张钧学黄巾军道术，把他抓起来弄死在监狱里。实际上张让等人倒和张角有很多往来。后来中常侍封諝、徐奉的事情单独泄露被杀掉，皇帝因此责备张让等人说："你们这些人常说党人想要图谋不轨，下令把他们都关起来不许做官，有的还被诛杀。现在党人又在为国效命了，你们反倒和张角私通，是不是该杀？"张让等人都叩头说："那都是从前的中常侍王甫和侯览干的。"皇帝才不再追究。

第二年，南宫发生火灾。张让和赵忠等人劝皇帝下令天下每亩田收税十钱，用来修建宫室。征发太原、河东、狄道等郡的木材和有文理的石头，每次州郡送这些东西到京城，黄门常侍们常常训斥说不合要求，于是强行折价贱买，十成才给一成的钱。就送到宦官那里，又得不到立即接收，木材逐渐地堆积腐朽，宫室多年也未能造成。刺史和太守又私自增加征调，老百姓唉声叹气。凡是皇帝下诏有所征用，都下令西园的养马人细密地约定和劝令，名为"中使"，恐吓惊动州郡，大量收受贿赂。刺史、二千石和茂才、孝廉的升迁和任命，都责令交纳助军、修宫钱，大的郡多达二三千万，其余的多少不一。将要上任的官员，都先到西园去讨价还价，然后才能动身。有的人因钱不够，甚至自杀。那些坚持清廉的，乞求不去上任，都被强迫送走。

当时巨鹿太守河内人司马直刚被任命，因为有清廉的名声，被责令少交三百万。司马直奉诏后，忧愁地说："做老百姓的父母官，反而要剥削老百姓，来应付一时的要求，我不忍心这样做。"推说有病，拒不从命。走到孟津时，上书大力揭露当朝的失误，以及古往今来灾祸败亡的教训，当即服毒自杀。奏章上达后，皇帝为此暂停征收修宫钱。

又在西园建造万金堂，把司农那里金银丝绸运来，满满地储存在里面，还回到河间郡国去购买田产，建造房屋。皇帝出生在侯府，一向贫穷，常常叹息桓帝不能经营家业，所以大量地聚集私藏，又在小黄门常侍那里各存了几千万钱。皇帝常说："张常侍是我父亲，赵常侍是我母亲。"宦官们一朝得志，便肆无忌惮，大量起造府第住宅，仿效宫廷的模样。皇帝时常登上永安宫的瞭望台，宦官们害怕他望见他们的府第，就让中大人尚但进谏说："天子不应该登高，否则老百姓就会虚散。"从此皇帝再也不敢登上亭台。

第二年，派钩盾令宋典修缮南宫的玉堂。又派掖庭令毕岚铸造铜人，四面摆放在仓龙关和玄武关。又铸造四口大钟，每口都有二千斛的容积，悬挂在玉堂和云台殿的前面。又铸造出天禄蛤蟆，在平门外的桥东吐水，水转而入宫。又造出翻车、渴乌。设置在桥西，用来给南北的郊路洒水。以省去百姓洒水的繁杂。又铸造四出文钱，钱上都有四条道道。有见识的人私底下说，奢侈暴虐已到了极点，征兆已经出现，这种钱铸成后，一定会四道而去。等到京城大乱，四出文钱果然流落到四面八方。又任用赵忠为车骑将军，一百多天后免职。

中平六年，灵帝驾崩。中军校尉袁绍劝说大将何进，下令诛杀宦官以使天下人高兴。计划泄露，张让、赵忠等人就入宫，一起杀掉了何进。但是袁绍率兵杀死赵忠。抓住宦官不论老少一律杀掉。张让等几十人劫持皇帝沿黄河逃走。追兵临近，张让等人悲悲切切地哭着告别说："我们这些臣子被杀光，天下就大乱了。只望皇上多多保重！"都跳进黄河而死。

史家论曰：自古以来断送大业绝灭宗族的事情，其原因都是由来已久的。夏商周三代因为宠恋女色而取祸，秦始皇嬴政因为奢侈残暴而致灾，西汉因外戚而丧失了社稷，东汉因宦官而覆灭了国家。兴衰成败的缘由，前辈的史家已作了长久的探讨。至于宦官作为致祸的根源，其中的详情或者还有论述的余地。为什么呢？这些人身受阉刑成为羞耻，照理与健全的生活已经无缘，名声和荣誉既不能光耀门庭，又无法为自己传宗接代，跟他谈论感情未见得有什么害处，办事情更易于取得信任，再加上逐渐参与朝中政事，对典籍人物颇有见识，所以年轻的君主重用其谨慎老成。后妃借以传达旨意,来往中没有猜忌的心理,亲近他又有令人欢悦的容貌。也有的忠厚端正,心怀计策纠正邪恶;有的才思敏捷,应对如流,难辨真假;有的赞誉忠贞贤良,及早地举荐他们。并不只是放纵凶恶,也非只有残暴骄横。但是正邪并存,面貌和实质相掺杂,大奸若忠,所以能够迷惑年幼的昏君,扰乱众人的视听,大概也是自有其道理可寻的。不正当的权利既然滋长,同伙和附从自然与日俱增,正直大臣的非议,必然会泄露出来,至亲外戚的愤恨,才导致专权夺利的争端,这就是忠正贤良的臣子无计可施,社稷终于沦为废墟的原因。《易经》说:"脚踏着霜,就快要冰冻三尺了。"这是说凡事的形成,都是由来已久的。如今我们追寻这些原因,又怎能局限在一朝一夕呢!

史家赞曰:用人失误都非小事,过于重用就违背了道理。何况本是宫内的小官,却参与起天朝的机要。搬弄文墨惺惺作态,夺利专权作威作福。损害门庭祸乱国家,除此没有别的结果!

后汉书卷七十九上

儒林列传第六十九上

儒林列传序

昔王莽、更始之际，天下散乱，礼乐分崩，典文残落。及光武中兴，爱好经术，未及下车，而先访儒雅，采求阙文，补缀漏逸。先是，四方学士多怀协图书，遁逃林薮。自是莫不抱负坟策，云会京师，范升、陈元、郑兴、杜林、卫宏、刘昆、桓荣之徒，继踵而集。于是立《五经》博士，各以家法教授，《易》有施、孟、梁丘、京氏，《尚书》欧阳、大小夏侯，《诗》齐、鲁、韩，《礼》大小戴，《春秋》严、颜凡十四博士，太常差次总领焉。

建武五年，乃修起太学，稽式古典，笾豆干戚之容，备之于列，服方领习矩步者，委它乎其中。中元元年，初建三雍。明帝即位，亲行其礼。天子始冠通天，衣日月，备法物之驾，盛清道之仪，坐明堂而朝群后，登灵台以望云物，袒割辟雍之上，尊养三老五更。飨射礼毕，帝正坐自讲，诸儒执经问难于前，冠带缙绅之人，圜桥门而观听者盖亿万计。其后复为功臣子孙、四姓末属别立校舍，搜选高能以受其业，自期门羽林之士，悉令通《孝经》章句，匈奴亦遣子入学。济济乎，洋洋乎，盛于永平矣！

建初中，大会诸儒于白虎观，考详同异，连月乃罢。肃宗亲临称制，如石渠故事，顾命史臣，著为通义。又诏高才生受《古文尚书》《毛诗》《穀梁》《左氏春秋》，虽不立学官，然皆擢高第为讲郎，给事近署，所以网罗遗逸，博存众家。孝和亦数幸东观，览阅书林。及邓后称制，学者颇懈。时樊准、徐防并陈敦学之宜，又言儒职多非其人，于是制诏公卿妙简其选，三署郎能通经术者，皆得察举。自安帝览政，薄于艺文，博士倚席不讲，朋徒相视怠散，学舍颓敝，鞠为园蔬，牧儿荛竖，至于薪刈其下。顺帝感翟酺之言，乃更修黉宇，凡所造构二百四十房，千八百五十室。试明经下第补弟子，增甲乙之科员各十人，除郡国耆儒皆补郎、舍人。本初元年，梁太后诏曰："大将军下至六百石，悉遣子就学，每岁辄于乡射月一飨会之，以此为常。"自是游学增盛，至三万余生。然章句渐疏，而多以浮华相尚，儒者之风盖衰矣。党人既诛，其高名善士多坐流废，后遂至忿争，更相言告，亦有私行金货，定兰台漆书经字，以合其私文。熹平四年，灵帝乃诏诸儒正定《五经》，刊于石碑，为古文、篆、隶三体书法以相参检，树之学门，使天下咸取则焉。

初，光武迁还洛阳，其经牒秘书载之二千余两，自此以后，参倍于前。及董卓移都之际，吏民扰乱，自辟雍、东观、兰台、石室、宣明、鸿都诸藏典策文章，竞共剖散，其缣帛图书，大则连为帷盖，小乃制为縢囊。及王允所收而西者。裁七十余乘，道路艰远，复弃其半矣。后长安之乱，一时焚荡，莫不泯尽焉。

东京学者猥众，难以详载，今但录其能通经名家者，以为《儒林篇》。其自有列传者，则不兼书。若师资所承，宜标名为证者，乃著之云。

《前书》云：田何传《易》授丁宽，丁宽授田王孙，王孙授沛人施雠、东海孟喜、琅邪梁丘贺，由是《易》有施、孟、梁丘之学。又东郡京房受《易》于梁国焦延寿，别为京氏学。又有东莱费直，传《易》，授琅邪王横，为费氏学。本以古字，号《古文易》。又沛人高相传《易》，授子康及兰陵毋将永，为高氏学。施、孟、梁丘、京氏四家皆立博士，费、高二家未得立。

译文：

在王莽末年至更始称帝之际，天下大乱，礼乐制度分崩离析，典籍文章残破散落。到光武帝中兴，建立东汉，光武帝爱好儒家经学，所到之处，来不及下车歇息，就先去访问儒雅方士，采集经典散落的篇章，予以补缀。在此之前各地学者有许多都怀揣图书，逃往山林隐居。自此以后则他们之中没有人不携带典籍，云集京都的，如范升、陈元、郑兴、杜林、卫宏、刘昆、桓荣之徒，都接踵而至。于是，光武帝设置《五经》博士官，他们各以自己的一家之学进行教授，《易经》有施、孟、梁丘、京氏四家之学，《尚书》有欧阳、大小夏侯三家，《诗经》有齐、鲁、韩三家，《礼经》有大小戴两家，《春秋经》有严、颜两家，共计十四个博士，他们都归由太常官依次统领。

光武帝建武五年（29年），就修建起太学，效法古典，笾、豆、干、戚一类祭祀礼器和仪式道具完备地陈列于殿上，身着直领服装，步履规矩合度的儒生，雍容自得地漫步其中。中元元年（56年），开始建造辟雍、明堂、灵台三雍宫。汉明帝即位时，亲自在此举行典礼。天子从此开始头戴通天冠，身穿绘有日月星辰的服装，配备仪仗队所用的车辆，盛行用前卫清道的仪式，端坐在明堂接受列国诸侯的朝拜，登灵台观察天象云气之色,在辟雍宫中举行叫作"袒割"的敬老之礼,以表示对三老五更这些由天子赡养的老人的尊重。每年春秋两季飨射之礼结束后,天子都正襟危坐亲自讲授儒家经典,儒生们则手持经卷在天子面前相互诘问驳辩,此时博衣大袖的士大夫们都围绕在辟雍四门外的水边桥头观望倾听,人数之多,数以万计。后来又为有功大臣的子孙、外戚樊、郭、阴、马四姓家族的子弟另立学校,搜罗选拔高才学生入校学习,还令在期门、羽林皇帝护卫军的战士都得通晓《孝经》的章节与句子,当时就连匈奴也送子弟前来就学。人才济济,洋洋大观,盛况又有过于明帝永平年间了!

建初年间(76—84年),汉章帝在白虎观召集众儒生大会,审慎考核《五经》各家之学问的同异之处,会议连续数月才结束。汉章帝亲自到会行使权力,就如同当年汉宣帝亲临石渠阁会议一样,会议内容由先帝的顾命史官班固记录写成《白虎通义》一书。汉章帝还下诏书令高才生学习《古文尚书》《毛诗》《穀梁春秋》《左氏春秋》,虽然这几门经学没有设置博士学官,但也都选拔有很高造诣的儒者作为讲郎,在天子身边的部门供职,如此得以网罗散失的经典,广泛保存了各家经学。汉和帝也屡次亲往东观阅览群书。到邓太后执政时期,学者则很是懈怠。当时樊准、徐防一同陈述朝廷应该敦促学业,又说儒官中有许多不称职的人,于是朝廷下诏,令公卿认真选择,三署统领的郎官中凡是通晓经学的人,都可以被察举为儒官。自从汉安帝亲自执政,轻视经籍,博士不设坐讲学,学生们无所事事,怠惰散漫,校舍颓敝,园内荒草丛生,牧儿和割柴草的小童,都入内割伐柴草。汉顺帝有感于翟酺的劝言,于是翻盖修缮校舍,建筑房屋二百四十套,共计一千八百五十间。通过考试录取了一批在以往考试中被列为下等的考生,补充大学弟子,增加了甲乙两科学员各十人,将地方郡国的老年儒者都增补为郎官或舍人。汉质帝本初元年(146年),梁太后下诏说:"自大将军以下至六百石一级官员,都遣送子弟入学,每年都在春天的三月,秋天的九月举行的乡射礼上,由这些高官贵族子弟学生充当典礼生,年年如此。"从此以后来太学学习者猛增,竟至三万余人。但是以往那种寻章析句钻研经典的学风逐渐荒疏,学者多以浮华的学问相互推崇,儒者的纯朴学风大抵衰减了。诛杀党人以后,许多有名望的、品行高尚的人都被流放或处以肉刑,随之而来的便是怨恨争端,相互告发,也有人私下以金钱贿赂,改定藏在宫中兰台中经书上的漆字,为的是与他私家藏书的经文相符合。为此,汉灵帝在熹平四年(175年)下诏,令众儒者准确刊定《五经》文字,镌刻在石碑上,碑文用先秦古文、秦朝小篆、秦汉隶书三种书法相互参验,将石碑竖立于太学门外,让天下人都以此经文为准则。

当初,光武帝定都洛阳时,从长安运来的经籍简札、宫中藏书装车二千多辆,从那以后书简又增加到了以前的三倍。到董卓迁都长安的时候,官吏百姓上下混乱,在皇宫中辟雍、东观、兰台、石室、宣明宫、鸿都门各处所藏的典策文章,都被人竞相剖裂散失,那些以绢帛制成的图书,大部头的就被连接制成了帷帐、车盖,小一些的就作为绑腿、行囊。到了司徒王允收集起来运往长安的图书,只装车七十多辆,而道路艰难遥远,途中丢弃的又占了一半之多。后来长安战乱,一时间焚毁荡涤,经典图书没有不在此时灭绝的。

东汉的学者太多了,难以详细记载,现在只选择那些能通晓经典的著名学者，辑为《儒林篇》。至于那些已经载入列传的学者，在此则不重复记载，如果有师承关系，应该标出姓名说明的，则在记述中提到。

《前汉书》云：田何教授《易经》，传给丁宽，丁宽传授给田王孙，田王孙传授给沛人施雠、东海人孟喜、琅邪人梁丘贺，从此《易》学有了施氏学、孟氏学、梁丘氏等。又有东郡人京房向梁国人焦延寿所学的《易》学，另称为京氏学。还有东莱人费直教授《易经》，传给琅邪人王横，成为费氏学。此一派用的是古文字经书教本，号称《古文易》。又有沛人高相教授《易经》，传给其子高康和兰陵人毋将永，成为高氏学。施、孟、梁丘、京氏四家《易》学均被立为博士官学，而费、高二家未能立为官学。

杨政列传

杨政字子行，京兆人也。少好学，从代郡范升受《梁丘易》，善说经书。京师为之语曰："说经铿铿杨子行。"教授数百人。

范升尝为出妇所告，坐系狱，政乃肉袒，以箭贯耳，抱升子潜伏道傍，候车驾，而持章叩头大言曰："范升三娶，唯有一子，今适三岁，孤之可哀。"武骑虎贲惧惊乘舆，举弓射之，犹不肯去；旄头又以戟叉政，伤胸，政犹不退。哀泣辞请，有感帝心，诏曰："乞杨生师。"即尺一出升，政由是显名。

为人嗜酒，不拘小节，果敢自矜，然笃于义。时帝婿梁松、皇后弟阴就，皆慕其声名，而请与交友。政每共言论，常切磋恳至，不为屈挠。尝诣杨虚侯马武，武难见政，称疾不为起。政入户，径升床排武，把臂责之曰："卿蒙国恩，备位藩辅，不思求贤以报殊宠,而骄天下英俊,此非养身之道也。今日动者刀入胁。"武诸子及左右皆大惊,以为见劫,操兵满侧,政颜色自若。会阴就至,责数武,令为交友。其刚果任情,皆如此也。建初中,官至左中郎将。

译文:

　　杨政字子行,京兆人。自幼好学,跟从代郡范升学习《梁丘易》学,擅长解说经书。京城人们称赞他的话是:"说经铿锵的杨子行。"他教授的弟子达数百人。

　　他的老师范升曾被所休前妻告发而关押入狱,于是杨政裸露上身以箭穿耳以示谢罪,怀抱范升的儿子潜伏在道旁,待光武帝车驾经过时,他手持奏章叩头大声说:"范升三次娶妻,唯有这一个儿子,现在才三岁,孤独可怜。"武装骑兵虎贲恐怕他惊了御驾,举弓射向杨政,但他仍不肯离去;旌旗手又用戟来击刺杨政,杨政虽被刺伤胸部,但仍不退却。他哀痛流涕地替老师请求赦罪,此举感动了光武帝,下诏曰:"把杨政的老师给他。"以此诏书救出了范升。杨政由此而扬名。

　　杨政为人嗜酒贪杯,不拘小节,果敢自负,然而极重义气。当时光武帝女婿梁松,皇后弟阴就,皆仰慕杨政的声名,因而请求与他交友。杨政每每与他们一道谈论,总是认真切磋,不因他们是贵族而屈意迎奉。一次,他去杨虚侯马武府上拜访,马武认为不便见他,而借口有病不出来接待。杨政就直接进入卧室,径直到床上去推醒马武,抓住马武的手臂责问道:"您蒙受国恩,担任辅佐大臣,不考虑广求贤士以报答君上的特殊宠幸,反而傲视天下英杰,这可不是修身养性的道理。今天你动一动就刺死你。"马武的几个儿子和左右随从闻讯大惊,以为遭到打劫,各操兵器围住杨政，而杨政却神色自如。这时恰好阴就至此，他一再斥责马武，令其与杨政交友。杨政刚毅果敢、任情而动，待人处事总是如此。汉章帝建初年间，他官至左中郎将。

杨伦列传

杨伦字仲理，陈留东昏人也。少为诸生，师事司徒丁鸿，习《古文尚书》。为郡文学掾。更历数将，志乘于时，以不能人间事，遂去职，不复应州郡命。讲授于大泽中，弟子至千余人。元初中，郡礼请，三府并辟，公车征，皆辞疾不就。

后特征博士，为清河王傅。是岁，安帝崩，伦辄弃官奔丧，号泣阙下不绝声。阎太后以其专擅去职，坐抵罪。

顺帝即位，诏免伦刑，遂留行丧于恭陵。服阕，征拜侍中。是时，邵陵令任嘉在职贪秽，因迁武威太守，后有司奏嘉臧罪千万，征考廷尉，其所牵染将相大臣百有余人。伦乃上书曰："臣闻《春秋》诛恶及本，本诛则恶消；振裘持领，领正则毛理。今任嘉所坐狼藉，未受辜戮，猥以垢身，改典大郡，自非案坐举者，无以禁绝奸萌。往者湖陆令张叠、萧令驷贤、徐州刺史刘福等，衅秽既章，咸伏其诛，而豺狼之吏至今不绝者，岂非本举之主不加之罪乎？昔齐威之霸，杀奸臣五人，并及举者，以弭谤讟。当断不断，《黄石》所戒。夫圣王所以听僮夫匹妇之言者，犹尘加嵩岱，雾集淮海，虽未有益，不为损也。惟陛下留神省察。"奏御，有司以伦言切直，辞不逊顺，下之。尚书奏伦探知密事，激以求直。坐不敬，结鬼薪。诏书以伦数进忠言，特原之，免归田里。

阳嘉二年，征拜太中大夫。大将军梁商以为长史。谏诤不合，出补常山王傅，病不之官。诏书敕司隶催促发遣，伦乃留河内朝歌，以疾自上，曰："有留死一尺，无北行一寸。刎颈不易，九裂不恨。匹夫所执，强于三军。固敢有辞。"帝乃下诏曰："伦出幽升高，宠以藩傅，稽留王命，擅止道路，托疾自从，苟肆狷志。"遂征诣廷尉，有诏原罪。

伦前后三征，皆以直谏不合。既归，闭门讲授，自绝人事。公车复征，逊遁不行，卒于家。

中兴，北海牟融习《大夏侯尚书》，东海王良习《小夏侯尚书》，沛国桓荣习《欧阳尚书》。荣世习相传授，东京最盛。扶风杜林传《古文尚书》，林同郡贾逵为之作训，马融作传，郑玄注解，由是《古文尚书》遂显于世。

译文：

杨伦，字仲理，陈留郡东昏县人。自幼作读经的学生，拜司徒丁鸿为师，学习《古文尚书》。在郡府当了文学掾吏。在任期间经历了几届统领，仍感自己志向与时尚相左，因为搞不好官场上的人际关系，就辞职不作，而且以后再没有应州郡政府的入仕征聘。从此他在大湖之畔讲授经学，弟子多达千余人。汉安帝元初年间，郡府以礼聘请，三公府一起征辟他为官，公车前来迎接，他都托病辞官不作。

后来朝廷特别征召他为博士，做了清河王的国傅。这年，汉安帝驾崩，杨伦就弃官奔丧，来到皇宫前的楼台下，号啕痛哭，声不绝耳。阎太后认为杨伦专权独擅罢了他的官，以触犯法律论罪。

汉顺帝即位，下诏赦免对杨伦的刑罚，于是他就留下来参加了在恭陵的汉安帝葬礼。丧期满后，他被征皋为侍中。当时邵陵县令任嘉在职贪污善于行贿，因而迁升为武威郡太守，后来有官员上奏朝廷告发任嘉贪赃上千万钱,他被征召至廷尉府考问,此案牵扯的将相大臣有一百余人。于是,杨伦上奏书道:"臣下听说《春秋》经典认为消灭罪恶要抓住根本,根本问题解决了那么罪恶也就消除了;抖动皮衣应该抓住衣领子,衣领子抓正了,皮毛自然理顺。现在任嘉一案声名狼藉,身为县令未获惩治,而众多官员牵扯有染,反将其升迁为大郡郡守,假如不去法办那些举荐他为官的人,则无法禁绝邪恶的发端。过去湖陆县令张叠、萧县县令驷贤、徐州刺史刘福等人,他们罪恶已被揭露,都已伏法受惩罚,但是那些豺狼般凶狠的官吏至今仍未能禁绝,其原因难道不是对举荐者不予论罪而造成的吗?古时齐威王作霸主,杀了五个奸臣,并罪及举荐这些奸臣为官的人,以此消除诽谤和怨言。"当断不断,反受其乱",这是兵书《黄石公三略》上所告诫的。圣王所以能够听得进奴仆、妇人之言,就好似以灰尘加之地嵩山、岱岳,将雾气聚集在淮河、大海之上,虽说对于山海不可能有所增加,但也不会有所减损。请陛下留神察看。"奏书进献朝廷之后,官员们认为杨伦言语急迫直率,文辞不够谦逊、恭顺,扣下了奏书。尚书官禀奏,认为杨伦刺探国家密事,以过激言辞求取正直名声。于是,将杨伦按不敬罪名论处,处以鬼薪之刑。汉顺帝下诏书以为杨屡进忠言,将其特赦,罢官回归故里。

汉顺帝阳嘉二年,朝廷征拜杨伦为太中大夫。大将军梁商任命他为长史。因为直言进谏不合上意,他被发出京城,补为常山王傅,因病没去就任。朝廷下诏,令司隶催促发遣,杨伦上路后就逗留在河内郡的朝歌,因病上书自述道:"在此逗留等死也许尚能生存一时,但病体确实已无法北行。刎颈自杀虽不易做到,但若为自己志向即使九死也不悔恨。匹夫的志向,胜过三军。所以敢对诏命有所拒绝。"于是,汉顺帝下诏曰:"杨伦迁升高位,得宠而被任命为封国的王傅,但却拖延王命,擅自滞留于道路,推托疾病自做主张,随意放纵狂狷志向。"于是朝廷将他征至廷尉堂前问罪,顺帝下诏赦罪。

杨伦前后多次被征召入仕,都因为直言进谏而与圣上意图不合。归故乡之后,他闭门不出,教授经学,与世间人事隔绝。朝廷派公车再次征他入仕,他辞让、逃逸而未从命,最后死于家中。

东汉中兴以后,北海人牟融通晓《大夏侯尚书》,东海人王良通晓《小夏侯尚书》,沛国人桓荣通晓《欧阳尚书》。桓荣的家学世代相传授,在东汉京城洛阳最为盛行。扶风人传授《古文尚书》,杜林的同郡人贾逵为此书作训诂,马融作传文,郑玄作注解,从此《古文尚书》就流传于世了。

后汉书卷七十九下

儒林列传第六十九下

周泽列传

周泽字穉都,北海安丘人也。少习《公羊严氏春秋》,隐居教授,门徒常数百人。建武末,辟大司马府,署议曹祭酒。数月,征试博士。中元元年,迁黾池令。奉公克己,矜恤孤羸,吏人归爱之。永平五年,迁右中郎将。十年,拜太常。

泽果敢直言,数有据争。后北地太守廖信坐贪秽下狱,没入财产,显宗以信臧物班诸廉吏,唯泽及光禄勋孙堪、大司农常冲特蒙赐焉。是时京师翕然,在位者咸自勉励。

堪字子穉,河南缑氏人也。明经学,有志操,清白贞正,爱士大夫,然一毫未尝取于人,以节介气勇自行。王莽末,兵革并起,宗族老弱在营保间,堪常力战陷敌,无所回避,数被创刃,宗族赖之,郡中咸服其义勇。

建武中,仕郡县。公正廉洁,奉禄不及妻子,皆以供宾客。及为长吏,所在有迹,为吏人所敬仰。喜分明去就。尝为县令,谒府,趋步迟缓,门亭长谴堪御吏,堪便解印绶去,不之官。后复仕为左冯翊,坐遇下促急,司隶校尉举奏免官。数月,征为侍御史，再迁尚书令。永平十一年，拜光禄勋。

堪清廉，果于从政，数有直言，多见纳用。十八年，以病乞身，为侍中骑都尉，卒于官。堪行类于泽，故京师号曰"二稺"。

十二年，以泽行司徒事，如真。泽性简，忽威仪，颇失宰相之望。数月，复为太常。清洁循行，尽敬宗庙。常卧疾斋宫，其妻哀泽老病，窥问所苦。泽大怒，以妻干犯斋禁，遂收送诏狱谢罪。当世疑其诡激。时人为之语曰："生世不谐，作太常妻，一岁三百六十日，三百五十九日斋。"十八年，拜侍中骑都尉。后数为三老五更。建初中致仕，卒于家。

译文：

周泽，字稺都，北海郡安丘县人。年轻时学习《公羊严氏春秋》，隐居而教授经学，门徒常有数百人之多。东汉建武末年，受大司马府征辟，暂任议曹祭酒。数月之后，被召入朝廷应试博士。光武帝中元元年，出任渑池县令。他在任期间克己奉公，抚恤孤寡贫弱，官吏百姓对他都很爱戴。汉明帝永平五年，他升任右中郎将。永平十年，被任命为太常。

周泽为人果敢直言，对朝政屡屡据理直谏。后来北地郡太守廖信因贪污行贿入狱，明帝将廖信所贪赃物分发给廉洁的官员，接受这种特殊赏赐的只有周泽和光禄勋孙堪、大司农常冲。此时京城安定，在职官员都自行勉励。

孙堪，字子稺，河南郡缑氏县人。为人通晓经学，有志向节操，清白正直，爱戴士大夫，而且从不向他人索取丝毫，以有气节勇敢为自我行动准则。王莽末年，战乱四起，宗族中老弱躲避于营垒城堡之中，孙堪经常拼力抗敌，冲破敌阵，无所回避，多次负伤挂彩，宗族人赖他得以平安，郡中都叹服他见义勇为的精神。

光武帝建武年间，他曾入仕郡县。他为官公正廉洁，俸禄收入不用于抚养妻子儿女，全部用于供养宾客。待他做了县级长吏，所在之处总有政绩，受到下属和百姓的敬仰。做事总是取舍分明。他当县令时，有一次去郡府拜见，因为进见时行走步子迟缓被认为不敬，门亭长将他解至御史处受审，孙堪便解下印绶离去，辞官不作。后来又入仕为左冯翊，因对下级行事过于急促，被司隶校尉弹劾免职。数月之后，又被征任为侍御史，迁升为尚书令。汉明帝永平十一年，被任命为光禄勋。

孙堪清白廉洁，为政果敢，屡次直言进谏，多被采纳。永平十八年，因病请求退职，改任侍中骑都尉，死于官任之上。孙堪行事风格颇似周泽，因此京城人士称二人为"二稺"。

永平十二年，朝廷让周泽代理司徒行使各种职权。而周泽生性简朴，不重视细微礼仪，颇失宰相声望。数月后，仍旧担任太常。他为官巡视廉洁，敬奉宗庙。一次他卧病不起于斋祀官内，妻子心疼他年老有病，前去探问疾苦。周泽大怒，认为妻子干预触犯了斋祀之法，将妻送至诏狱谢罪。当时人怀疑他奇异偏激，背离常理。当时有人形容他们夫妇说："天生不和谐，做了太常妻，一年三百六十日，三百五十九日要吃斋。"永平十八年，被任命为侍中骑都尉。后来多次因其品行高尚而被尊为三老五更的荣誉称号。汉章帝建初年间退休，死于家中。

楼望列传

楼望字次子，陈留雍丘人也。少习《严氏春秋》。操节清白，有称乡间。建武中，赵节王栩闻其高名，遣使赍玉帛请以为师，望不受。后仕郡功曹。永平初，为侍中、越骑校尉，入讲省内。十六年，迁大司农。十八年，代周泽为太常。建初五年，坐事左转太中大夫，后为左中郎将。教授不倦，世称儒宗，诸生著录九千余人。年八十，永元十二年，卒于官，门生会葬者数千人，儒家以为荣。

译文：

楼望，字次子，陈留郡雍丘县人。年轻时研习《颜氏春秋》。节操清白，为乡里所称道。汉光武帝建武年间，赵节王刘栩听说他的高名，派遣使者携玉帛之礼邀请他为师，被他拒绝。后来他入仕为郡府功曹。明帝永平初年，先后为侍中、越骑校尉，在宫禁之内给皇帝讲学。永平十六年，升任大司农。永平十八年接替周泽任太常一职。汉章帝建初五年，因触犯法律降职为太中大夫，后又任左中郎将。他始终不倦地教授经学，世人称他为儒宗，众儒生在他门下注册者有九千余人。年八十岁时，即汉和帝永元十二年，死于官任之上，门生弟子前来参加葬礼的有数千人之多，儒学之家引以为荣。

许慎列传

许慎字叔重，汝南召陵人也。性淳笃，少博学经籍，马融常推敬之，时人为之语曰："《五经》无双许叔重。"为郡功曹，举孝廉，再迁除洨长。卒于家。

初，慎以《五经》传说臧否不同，于是撰为《五经异义》，又作《说文解字》十四篇，皆传于世。

译文：

许慎，字叔重，汝南郡召陵县人。性情敦厚质朴，年轻时博览群经典籍。大经学家马融曾经对他表示推崇、敬意。当时人有这样的说法："若论学《五经》，无人比得许叔重！"许慎做过本郡功曹，又被举为孝廉，两度升迁之后，担任了洨县长。许慎晚年死于家中。

当初，许慎认为《五经》的注释、说解对于善恶的褒贬并不一致，于是撰写《五经异义》一书，又著有《说文解字》十四篇，都传于后世。

蔡玄列传

蔡玄字叔陵，汝南南顿人也。学通《五经》，门徒常千人，其著录者万六千人。征辟并不就。顺帝特诏征拜议郎，讲论《五经》异同，甚合帝意。迁侍中，出为弘农太守，卒官。

论曰：自光武中年以后，干戈稍戢，专事经学，自是其风世笃焉。其服儒衣，称先王，游庠序，聚横塾者，盖布之于邦域矣。若乃经生所处，不远万里之路，精庐暂建，赢粮动有千百，其耆名高义开门受徒者，编牒不下万人，皆专相传祖，莫或讹杂。至有分争王庭，树朋私里，繁其章条，穿求崖穴，以合一家之说。故杨雄曰："今之学者，非独为之华藻，又从而绣其鞶帨。"夫书理无二，义归有宗，而硕学之徒，莫之或徙，故通人鄙其固焉，又雄所谓"譊譊之学，各习其师"也。且观成名高第，终能远至者，盖亦寡焉，而迂滞若是矣。然所谈者仁义，所传者圣法也。故人识君臣父子之纲，家知违邪归正之路。

自桓、灵之间，君道秕僻，朝纲日陵，国隙屡启，自中智以下，靡不审其崩离；而权强之臣，息其窥盗之谋，豪俊之夫，屈于鄙生之议者，人诵先王言也，下畏逆顺势也。至如张温、皇甫嵩之徒，功定天下之半，声驰四海之表，俯仰顾眄，则天业可移，犹鞠躬昏主之下，狼狈折札之命，散成兵，就绳约，而无悔心，暨乎剥桡自极，人神数尽，然后群英乘其运，世德终其祚。迹衰敝之所由致，而能多历年所者，斯岂非学之效乎？故先师垂典文，褒励学者之功，笃矣切矣。不循《春秋》，至乃比于杀逆，其将有意乎！

赞曰：斯文未陵，亦各有承。涂方流别，专门并兴。精疏殊会，通闳相征。千载不作，渊原谁澄？

译文：

蔡玄，字叔陵，汝南郡南顿县人。为学通晓《五经》，门徒常有千人之多，在他门下注册的学生竟达一万六千人。几次要他入仕的征辟全部被拒绝。汉顺帝特诏征拜他为议郎，他对《五经》异同的讲论，甚合顺帝心意。后来升为侍中，出任为弘农郡太守，最终死于官任之上。

史家论曰：自光武帝统治中期以后，战争稍稍平息，朝廷开始重视经学，从此经学学风日渐浓厚。那些穿儒衣，赞美先王，游学庠序，聚集学舍的人，几乎遍布全国各地了。像那些有儒家博士居住的地方，人们总是不远万里去投奔，学舍迅速建立起来，自带口粮来学经的人动辄有几百上千之多，年老著名、德高望重的经师开门讲学时，注册的学生不下万人，经师都专门传授祖上的一家学派，没有人在教学中与其他学派混杂讹传的。以致发生不同学派在朝廷相互争论，在地方私家各立朋党，他们把对经典的解释不断烦琐，穿凿附会经义，以便合于自家学说。所以杨雄说："现在的学者，不仅追求华丽辞藻，而且是在衣带、佩巾上刺绣，过于烦碎。"经典中的道理是专一不二的，蕴藏的含义万变不离其宗,就连话某一经的大学问家也没人有所改动,所以博学通达的学者鄙视他们的墨守经义,这正如杨雄所说"争辩不休的经学,只因各自固守本家师法"。况且就那些已成名而因此考取高第做官的学者,最终能有很大学术成就的人,大概也很少,迂腐由此可见。然而儒生所谈论的都是仁义道德,所传授的皆为孔子圣人之法。因而使得人人懂得君臣父子的纲常名教,家喻户晓何为违邪归正的道路。

从桓帝、灵帝统治时期开始,政治恶化,朝廷纲纪,日益受到侵犯,国家弊端屡屡有所呈现,即使在中等智力以下,也无人不能发现这种分崩离析之势;而那些手握重权的大臣,仍不敢为篡位之谋,豪强武士也得听从小小儒生的建议,人人背诵先代君王的言论,下层百姓也畏惧多年按经典教化形成的是非风气。至于张温、皇甫嵩一类人,虽然有安定半壁江山之功,声名威震四海之内,转眼之间,帝王基业便可移至自己手中,但是他们仍在昏君手下鞠躬尽力;虽然不被汉献帝重用,处境狼狈,解散军队,被征调拘制,但是仍不觉悔。至汉朝国运折损自终,天人气数殆尽,然后各路英雄乘势而起,最终废除了汉献帝。考察汉朝如此衰败,却又能维持多年的统治,这难道不是长期以来儒学倡行的功效吗?所以说,先代大师们留下经典艺文,勉励学者的功劳,真是厚重而又深切。如果不遵循《春秋》一类儒家经典之义,以致相互勾结而凶杀作乱,那样对社会有何意义呢!

史家赞曰:学术文化没有败坏,学者各自承袭家学。学术分为流派,各成专家,一并兴起。精细与疏浅,不同学派互相交会,通达与阻隔,不同学说互相征引。千百年中儒者述而不作,渊源谁来澄清?

后汉书卷八十下

文苑列传第七十下

刘梁列传

刘梁字曼山,一名岑,东平宁阳人也。梁宗室子孙,而少孤贫,卖书于市以自资。

常疾世多利交,以邪曲相党,乃著《破群论》。时之览者,以为:"仲尼作《春秋》,乱臣知惧。今此论之作,俗士岂不愧心!"其文不存。

又著《辩和同之论》。其辞曰:

夫事有违而得道,有顺而失义,有爱而为害,有恶而为美。其故何乎?盖明智之所得,暗伪之所失也。是以君子之于事也,无适无莫,必考之以义焉。

得由和兴,失由同起,故以可济否谓之和,好恶不殊谓之同。《春秋传》曰:"和如羹焉,酸苦以剂其味,君子食之以平其心。同如水焉,若以水济水,谁能食之?琴瑟之专一,谁能听之?"是以君子之行,周而不比,和而不同;以救过为正,以匡恶为忠。经曰:"将顺其美,匡救其恶,则上下和睦能相亲也。"

昔楚恭王有疾，召其大夫曰："不谷不德，少主社稷。失先君之绪，覆楚国之师，不谷之罪也。若以宗庙之灵，得保首领以殁，请为灵若厉。"大夫许诸。及其卒也，子囊曰："不然。夫事君者，从其善，不从其过。赫赫楚国，而君临之，抚正南海，训及诸夏，其宠大矣。有是宠也，而知其过，可不谓恭乎！"大夫众之。此讳而得道者也。及灵王骄淫，暴虐无度，芋尹申亥从王之欲，以殡于乾溪，殉之二女。此顺而失义者也。鄢陵之役，晋楚对战，阳縠献酒，子反以毙。此爱而害之者也。臧武仲曰："孟孙之恶我，药石也；季孙之爱我，美疢也。疢毒滋厚，石犹生我。"此恶而为美者也。孔子曰："智之难也！有臧武仲之智，而不容于鲁国，抑有由也。作不顺而施不恕也。"盖善其知义，讥其违道也。

夫知而违之，伪也；不知而失之，暗也。暗与伪焉，其患一也。患之所在，非徒在智之不及，又在及而违之者矣。故曰"智及之仁不能守之，虽得之，必失之"也。《夏书》曰："念兹在兹，庶事恕施。"忠智之谓矣。

故君子之行，动则思义，不为利回，不为义疚，进退周旋，唯道是务。苟失其道，则兄弟不阿；苟得其义，虽仇雠不废。故解狐蒙祁奚之荐，二叔被周公之害，勃鞮以逆文为成，傅瑕以顺厉为败，管苏以憎忤取进，申侯以爱从见退：考之以义也。故曰："不在逆顺，以义为断；不在憎爱，以道为贵。"《礼记》曰："爱而知其恶，憎而知其善。"考义之谓也。

桓帝时，举孝廉，除北新城长。告县人曰："昔文翁在蜀，道著巴汉；庚桑琐隶，风移碨磥。吾虽小宰，犹有社稷，苟赴期会，理文墨，岂本志乎！"乃更大作讲舍，延聚生徒数百人，朝夕自往劝诫，身执经卷，试策殿最，儒化大行。此邑至后犹称其教焉。

特召入拜尚书郎。累迁，后为野王令，未行。光和中，病卒。

孙桢，亦以文才知名。

译文：

刘梁，字曼山，又有一名叫刘岑，东平宁阳人。刘梁是汉朝宗室的后裔，但他从小就成为孤儿，生活贫困，依靠在市集上卖字来维持生活。

刘梁常常痛恨社会上的人多趋炎附势，互相利用，结党营私，于是写了一篇《破群论》。当时看过这篇文章的人认为，"孔子写作《春秋》，乱臣贼子感到畏惧；如今写出这篇议论，那些凡夫俗子难道不感到惭愧吗！"这篇文章没有存留下来。

刘梁又写了《辩和同之论》，辞中说：

天下的事，有因为违背而符合规法（"道"）的，有因为依顺而丧失正理（"义"）的，有因为爱宠而导致害人的，有因为厌恨而受到称颂的。这是什么原因呢？因为懂道理，有见识就会有所得，头脑糊涂，明知故犯就会有所失。所以君子处理问题，应该对人对事没有偏颇，无所厚薄，而必须以正理、即"义"的准则来检验它。

符合规法是由于"和"而产生的，丧失正理是由于"同"而导致的，所以，把是否能够有所增益叫作"和"，好坏不分叫作"同"。《春秋传》说："和就好比汤汁，加入了酸味苦味来增添它的味道，君子吃了可以平和心气。同就好比水，如果以水来补充水的味道，谁会去喝它呢？如果琴和瑟都成为一个音调，谁会去听它呢？"所以，君子做事，应该讲求忠实信义，而不是阿谀偏袒，要有所增益，而不要好坏不分，要以挽救过失为正直，以纠正错误为忠贞。经中说："顺从引导那些正确而有益的行为，纠正挽救那些错误而有害的行为，那么君臣之间就能够和睦相处，心意相通。"

从前楚恭王有病时，召集众大夫说："我没有什么善行和德望，却从小就当了君王。鄢陵之战失败，丢掉了先王的业绩，丧失了楚国的军队，这是我的罪过。如果以宗庙的神灵，能够保佑我善终，那么请用灵或厉为我的谥号。"大夫们同意了他。到他死后，子囊说："不对。为君王服务的人，应该依从他的正确做法，不应依从他的错误做法。堂堂楚国，由君王来主持，其治理的领地达到了南海，训喻遍及华夏诸国，他的荣耀够大的了。有这样大的荣耀，还能够明白自己的过失，能不叫作恭吗！"大夫们听从了他的意见。这就是因违背而符合规法。到了楚灵王时，他骄奢淫逸，暴虐无度，芋尹申亥纵容他的欲望，灵王死在乾溪，申亥以二个女儿为他殉葬。这就是因依顺而丧失正理。在鄢陵战役中，晋国与楚国打仗，阳谷向司马子反进酒，子反因此而丧失性命。这就是因爱宠而害了他。臧武仲说："孟孙厌恨我，这是治病的药石；季孙爱宠我，这是舒服的疾病。病毒滋生增多，而药石会使我再生。"这就是因厌恨而受到称颂。孔子说："要做到明智是真够难的！有臧武仲这样的明智，可是还不能被鲁国所容，这也是有缘由的。因为他行为不顺从事理，做事不讲求忠恕。"这是称赞他明白正理，讥讽他违背规法。

明白事理而违背它，这是伪；不明白事理而失去它，这是暗。暗与伪，其祸害是一样的。之所以有祸害，不仅仅在于没有认识到，还在于认识到而又违背了。所以说，"认识到了的仁还不能坚持它，虽然得到了，必然要失掉。"《夏书》说："以此身来考虑此事，舍身处地想事做事（念兹在兹，庶事恕施）。"这才是忠实而又明智的。

所以君子做事，只要一行动就要考虑是否符合正理，不因为有利可图就去阿从，也不因为坚持正理而感到负疚，说话办事，进退周旋，都要遵从规法。如果不符合规法，那么兄弟之间也不偏袒，如果符合正理，即使是仇人也不拒绝。所以，祁奚举荐仇人解狐，周公除掉兄弟管叔蔡叔，晋文公接见反对过自己的勃鞮，郑厉公诛杀降顺自己的傅瑕，楚恭王因管苏以义忤逆自己而授他官爵，因申侯以欲乐惯纵自己而将他遣退，这些都是以正理、即"义"来作为行事准则的。所以说："事情不在于反对还是依顺，要以义来判断；不在于憎恨还是爱宠，要以道为珍重。"《礼记》说："爱宠而又明白他的过失，厌恨而又明白他的优点。"这才是以"义"为准则。

桓帝时，刘梁被推举为孝廉，任命为北新城长。他通告县里的人说："从前文翁担任蜀郡太守，兴办学校，他的道行著名于巴、汉。庚桑不过是一个小小的役吏，却使得畏垒地方风俗大变。我虽然只是个小官，也还有一片社稷，如果能使人们定期聚集在一起，谈论学问，写作文章，不正是我的根本志向吗！"于是重新大修学堂讲馆，招聚学生门徒数百人，每天早晚亲自前去勉励告诫，手执经卷，测试学业，县里尊教重学蔚成风气。这个县直到后来还在称颂他的教化呢。

为此，皇帝特命召他入朝，授为尚书郎，以后一再升迁。后来授为野王县令，但未能赴任。光和中叶，刘梁病逝。

刘梁的孙子刘桢，也以有文才而知名。

侯瑾列传

侯瑾字子瑜,敦煌人也。少孤贫,依宗人居。性笃学,恒佣作为资,暮还辄燃柴以读书。常以礼自牧,独处一房,如对严宾焉。州郡累召,公车有道征,并称疾不到。作《矫世论》以讥切当时,而徙入山中,覃思著述。以莫知于世,故作《应宾难》以自寄。又案《汉记》撰中兴以后行事,为《皇德传》三十篇,行于世。余所作杂文数十篇,多亡失。(西)河〔西〕人敬其才而不敢名之,皆称为侯君云。

译文:

侯瑾,字子瑜,是敦煌人。侯瑾小的时候是个孤儿,生活贫困,寄居在同族人家里。他生性好学,白天靠为别人佣工来赚钱维持生活,晚上回来就点燃柴草照明,在火光下读书。他日常惯以礼教的规范来约束自己,独自在房间里,就好像面对着严肃的宾客。州里郡里屡次召见他,公车一次次征召他,他都托病不去。他写了一篇《矫世论》来谴责讥讽当时的世事。以后他移居到山里,潜心著书。因为世上的人都不了解他,所以他写了一篇《应宾难》来寄托自己的思想。他又按照《汉记》的风格撰写了光武中兴以后所做的事情,写了《皇德传》三十篇,在世上流传。他还著有杂文等数十篇,大多遗失不存了。河西人敬佩他的才华,但不敢直接称呼他的名字,都称他为侯君。

后汉书卷八十一

独行列传第七十一

刘茂列传

刘茂字子卫,太原晋阳人也。少孤,独侍母居。家贫,以筋力致养,孝行著于乡里。及长,能习《礼经》,教授常数百人。哀帝时,察孝廉,再迁五原属国候,遭母忧去官。服竟后为沮阳令。会王莽篡位,茂弃官,避世弘农山中教授。

建武二年,归,为郡门下掾。时赤眉二十余万众攻郡县,杀长吏及府掾史。茂负太守孙福逾墙藏空穴中,得免。其暮,俱奔盂县。昼则逃隐,夜求粮食。积百余日,贼去,乃得归府。明年,诏书求天下义士。福言茂曰:"臣前为赤眉所攻,吏民坏乱,奔走趣山。臣为贼所围,命如丝发,赖茂负臣逾城,出保盂县。茂与弟触冒兵刃,缘山负食,臣及妻子得度死命,节义尤高。宜蒙表擢,以厉义士。"诏书即征茂拜议郎,迁宗正丞。后拜侍中,卒官。

(元初)〔延平〕中,鲜卑数百余骑寇渔阳,太守张显率吏士追出塞,遥望虏营烟火,急趣之。兵马掾严授虑有伏兵,苦谏止,不听。显蹙令进,授不获已,前战,伏兵发,授身被十创,殁于阵。显拔刃追散兵，不能制，虏射中显，主簿卫福、功曹徐咸遽（起）〔赴〕之，显遂堕马，福以身拥蔽，虏并杀之。朝廷愍授等节，诏书褒叹，厚加赏赐，各除子一人为郎中。

永初二年，剧贼毕豪等入平原界，县令刘雄将吏士乘船追之。至厌次河，与贼合战。雄败，执雄，以矛刺之。时小吏所辅前叩头求哀，愿以身代雄。豪等纵雄而刺辅，贯心洞背即死。东郡太守捕得豪等，具以状上。诏书追伤之，赐钱二十万，除父奉为郎中。

译文：

刘茂字子卫，是太原晋阳人。从小为孤儿，独与母居，侍奉她。因家贫，刘茂劳作奉养其母，孝行闻名于乡里。后来刘茂长大，能习《礼经》，教授常数百人。哀帝时，被察举为孝廉，再迁五原属国侯。值母丧去官。丧服期满后任沮阳县令。正值王莽篡位，刘茂弃官，在弘农山中避世教授。

建武二年，刘茂从弘农山中回来，为郡门下掾。当时赤眉二十多万人攻郡县，杀长吏及府掾史。刘茂背着太守孙福越过城墙藏在空洞中，得免于难。当天晚上，一同逃奔盂县。他们白天隐藏，夜出寻找粮食。一百多天后，赤眉军离开这里，他们才得以归府。第二年，光武帝下诏寻求天下义士。孙福推荐刘茂说："臣先前被赤眉所攻，吏民坏乱，奔走入山。臣被贼所围，死在旦夕，全仗刘茂背着我越城出保盂县。刘茂与其弟触冒兵刃，缘山负食，我和妻子得以活命。刘茂节义尤高，应该被表擢，以厉义士。"光武帝下诏立即征刘茂，拜他为议郎，又迁宗丞，后刘茂又被拜为侍中，死于官任。

延平年中，鲜卑数百骑兵侵略渔阳。太守张显率吏士追击出塞，远远望见敌营烟火，便催军速进。兵马掾严授恐怕敌人有伏兵，苦苦谏止，张显不听。张显催促令进，严授不得已，上前与鲜卑战。鲜卑伏兵出来，严授身上负伤十多处，战死。张显拔刀追逃散之兵，不能制止，又被敌人射中。主簿卫福、功曹徐咸急忙向他奔去。张显跌落马下，卫福以身蔽之，敌人将他们一齐杀掉。朝廷哀悯严授等人尽节，下诏褒扬，厚加赏赐，提拔他们每人的一个儿子为郎中。

永初二年，大贼毕豪等入平原县界，县令刘雄领吏乘船追击。至厌次河，与贼交战。刘雄败，被抓住。贼以矛刺之，当时小吏所辅上前叩头哀求，愿以己身代刘雄受死。毕豪等便放掉刘雄而刺所辅，矛头洞穿其胸背，所辅当即死去。东郡太守抓住毕豪等人，将所辅之事详细奏上。安帝下诏追伤之，赐其钱二十万，提拔其父所奉为郎中。

李充列传

李充字大逊，陈留人也。家贫，兄弟六人同食递衣。妻窃谓充曰："今贫居如此，难以久安。妾有私财，愿思分异。"充伪酬之曰："如欲别居，当酝酒具会，请呼乡里内外，共议其事。"妇从充置酒晏客。充于坐中前跪白母曰："此妇无状，而教充离间母兄，罪合遣斥。"便呵叱其妇，逐令出门，妇衔涕而去。坐中惊肃，因遂罢散。充后遭母丧，行服墓次，人有盗其墓树者，充手自杀之。服阕，立精舍讲授。

太守鲁平请署功曹，不就。平怒，乃援充以捐沟中，因谪署县都亭长。不得已，起亲职役。后和帝公车征，不行。延平中，诏公卿、中二千石各举隐士大儒，务取高行，以劝后进，特征充为博士。时鲁平亦为博士，每与集会，常叹服焉。

充迁侍中。大将军邓骘贵戚倾时，无所下借，以充高节，每卑敬之。尝置酒请充，宾客满堂，酒酣，骘跪曰："幸托椒房，位列上将。幕府初开，欲辟天下奇伟，以匡不逮，惟诸君博求其器。"充乃为陈海内隐居怀道之士，颇有不合，骘欲绝其说，以肉啖之。充抵肉于地，曰："说士犹甘于肉！"遂出，径去。骘甚望之。同坐汝南张孟举往让充曰："一日闻足下与邓将军说士未究，激刺面折，不由中和，出言之责，非所以光祚子孙者也。"充曰："大丈夫居世，贵行其意，何能远为子孙计哉！"由是见非于贵戚。

迁左中郎将，年八十八，为"国三老"。安帝常特进见，赐以几杖。卒于家。

译文：

李充，字大逊，陈留人。家贫，兄弟六人没有分家，全家共食，一件衣服出入轮流更换着穿，妻子便悄悄对他说："现在穷得这个样子，是不能长期过下去的。我还有些私房钱，我想还是分家的好。"李充便假装答应，说："如果想分家，应该先酿一些酒，把乡亲们请来，一起商量。"妻子便听从吩咐，摆酒请客。席间，李充从坐中起身，向前跪于母亲面前说："这个媳妇品质不好，竟然教唆我疏远母亲和弟兄，论罪，应当休了她。"说完便呵斥妻子出门，妻子只好流着眼泪走了。在座的乡亲大为吃惊，极为佩服李充的德行，在这种情况下，也无意继续喝酒，便纷纷离席而去。后来，李母去世，李充在墓庐守孝，有人来偷伐墓树，被李充一刀杀了。孝满，李充便修了一座精舍，开始收徒讲学。

太守鲁平征请李充代理功曹，他没答应，鲁平发怒，便把他推到了一条沟中，并且把他降职，作代理县都亭长。李充不得已，只好就职。和帝时，公车征辟，李充又没有去。延平年间，诏令公卿，中二千石各推举隐士大儒，并且要求一定要选拔高行之士，以激励后进。于是，李充被特征为博士。当时鲁平也同为博士，每次集会，常对李充的道德表示叹服。

后来李充升为侍中。大将军邓骘身为贵戚，权倾一时，从不借助于人，但因为李充品质高洁，便常常卑谦地敬待他。有一次，邓骘宴请李充，宾客满堂，大家喝得尽兴的时候，邓骘在席间跪着，对众人说："我幸运地托身于外戚，位列于上将，现在衙署初设，极欲广招天下奇伟之士，用以补救我的过失，希望大家为我博选这样的人才。"李充便详细介绍海内隐居怀道之士，所举人选多不合邓骘的心意，邓骘想打断他的话，便敬肉给他吃。李充生气地把肉丢到地上说："我论说天下高士胜过吃肉！"说完就径直走了。邓骘因此很恨他。同座的汝南人张孟举第二天来到李充家中，责备道："昨日听到足下与邓将军论说人才，还没有作结论，而您却当面刺激将军，有失中和之德。祸从口出，您这可不是在给子孙造福啊！"李充回答道："大丈夫在世，贵在能按照自己的意愿行事，哪能远为子孙作想呢？"从此，他便受到贵戚们的责难。

李充后改迁左中郎将。年八十，被选为"国三老"，安帝时，常受特召进见，并赐予凭几和手仗。后卒于家。

后汉书卷八十二上

方术列传第七十二上

许杨列传

许杨字伟君,汝南平舆人也。少好术数。王莽辅政,召为郎,稍迁酒泉都尉。及莽篡位,杨乃变姓名为巫医,逃匿它界。莽败,方还乡里。

汝南旧有鸿郤陂,成帝时,丞相翟方进奏毁败之。建武中,太守邓晨欲修复其功。闻杨晓水脉,召与议之。杨曰:"昔成帝用方进之言,寻而自梦上天,天帝怒曰:'何故败我濯龙渊?'是后民失其利,多致饥困。时有谣歌曰:'败我陂者翟子威,饴我大豆,亨我芋魁。反乎覆,陂当复。'昔大禹决江疏河,以利天下。明府今兴立废业,富国安民,童谣之言,将有征于此。诚愿以死效力。"晨大悦,因署杨为都水掾,使典其事。杨因高下形势,起塘四百余里,数年乃立。百姓得其便,累岁大稔。

初,豪右大姓因缘陂役,竞欲辜较在所,杨一无听,遂共谮杨受取赇赂。晨遂收杨下狱,而械辄自解。狱吏恐,遽白晨。晨惊曰:"果滥矣。太守闻忠信可以感灵,今其效乎!"即夜出杨,遣归。时天大阴晦,道中若有火光照之,时人异焉。后以病卒。晨于都（官）〔宫〕为杨起庙，图画形像，百姓思其功绩，皆祭祀之。

译文：

许杨字伟君，汝南郡平舆县人。年轻时就喜好占候、卜筮一类术数之学。王莽辅佐汉朝政事时，征召他做了郎官，逐渐迁升为酒泉郡都尉。到王莽篡位自立为皇帝时，许杨就更名改姓做了巫医，逃亡隐匿到了其他地方。王莽失败之后，才重返故里。

汝南过去有个鸿郤陂，汉成帝时，丞相翟方进上奏建议毁坏了这条堤岸。汉光武帝建武年间（25—56年），太守邓晨想要进行堤岸的修复工作，听说许杨通晓水脉，就召见他商议此事。许杨说："过去汉成帝采用了翟方进毁堤的建议后，随即梦见自己升上天去，上帝发怒道：'为什么要毁坏我的洗龙渊？'从此老百姓丧失鸿郤陂的水利，并多次造成饥荒贫困。当时有个歌谣唱道：'毁我陂的是翟子威，吃掉我的大豆，烹煮我的芋头。翻来覆去，我陂应当修复。'从前大禹治水，开决疏通江河以利天下，而今太守要修复废堤，富国安民，过去的童谣将就此应验了。我真心愿意为此事拼死效力。"邓晨闻听此话非常高兴，因而让许杨代理都水掾一职，委托他具体执行修复堤岸一事。许杨因地制宜，按照地形的高低，筑起堤岸四百余里，数年之后大堤竣工。当地百姓由此获得极大方便，以致连年粮食丰收。

当初，豪强大族趁着修复堤岸的机会，争着要刻剥这一带的人民，许杨则没有让他们中任何一人得逞，于是这些豪强联合起来诬陷许杨收取贿赂。邓晨听信诬告就将许杨逮捕入狱，但是只要给他带上脚镣和手铐，他都能自己解脱。狱吏感到恐惧，急忙报告邓晨。邓晨吃惊道："罪状果然不属实。我听说忠诚、有信用可以感动神灵,现在怕是应验了吧!"当晚就释放了许杨,送他回家。那里天空阴沉昏暗,归途中似乎有火光为他照路,当时人对此事颇感惊异。后来他因病去世。邓晨在郡都城的宫中为许杨建了庙堂,绘制了他的画像,百姓们思念他的功绩,都前去祭祀他。

樊英列传

樊英字季齐,南阳鲁阳人也。少受业三辅,习《京氏易》,兼明《五经》。又善风角、星算,《河洛》七纬,推步灾异。隐于壶山之阳,受业者四方而至。州郡前后礼请,不应;公卿举贤良方正、有道,皆不行。

尝有暴风从西方起,英谓学者曰:"成都市火甚盛。"因含水西向漱之,乃令记其日时。客后有从蜀都来,云"是日大火,有黑云卒从东起,须臾大雨,火遂得灭"。于是天下称其术艺。

安帝初,征为博士。至建光元年,复诏公车赐策书,征英及同郡孔乔、李昺、北海郎宗、陈留杨伦、东平王辅六人,唯郎宗、杨伦到洛阳,英等四人并不至。

永建二年,顺帝策书备礼,玄纁征之,复固辞疾笃。乃诏切责郡县,驾载上道。英不得已,到京,称病不肯起。乃强舆入殿,犹不以礼屈。帝怒,谓英曰:"朕能生君,能杀君;能贵君,能贱君;能富君,能贫君。君何以慢朕命?"英曰:"臣受命于天。生尽其命,天也;死不得其命,亦天也。陛下焉能生臣,焉能杀臣!臣见暴君如见仇雠,立其朝犹不肯,可得而贵乎?虽在布衣之列,环堵之中,晏然自得,不易万乘之尊,又可得而贱乎?陛下焉能贵臣,焉能贱臣!臣非礼之禄,虽万钟不受;若申其志,虽箪食不厌也。陛下焉能富臣,焉能贫臣!"帝不能屈,而敬其名,使出就太医养疾,月致羊、酒。

至四年三月，天子乃为英设坛席，令公车令导，尚书奉引，赐几杖，待以师傅之礼，延问得失。英不敢辞，拜五官中郎将。数月，英称疾笃，诏以为光禄大夫，赐告归。令在所送谷千斛，常以八月致牛一头，酒三斛；如有不幸，祠以中牢。英辞位不受，有诏譬旨勿听。

英初被诏命，佥以为必不降志，及后应对，又无奇谟深策，谈者以为失望。初，河南张楷与英俱征，既而谓英曰："天下有二道，出与处也。吾前以子之出，能辅是君也，济斯人也。而子始以不訾之身，怒万乘之主；及其享受爵禄，又不闻匡救之术，进退无所据矣。"

英既善术，朝廷每有灾异，诏辄下问变复之效，所言多验。

初，英著《易章句》，世名樊氏学，以图纬教授。颍川陈寔少从英学。尝有疾，妻遣婢拜问，英下床答拜。寔怪而问之。英曰："妻，齐也。共奉祭祀，礼无不答。"其恭谨若是。年七十余，卒于家。

孙陵，灵帝时以谄事宦人为司徒。

陈郡邰巡，学传英业，官至侍中。

论曰：汉世之所谓名士者，其风流可知矣。虽弛张趣舍，时有未纯，于刻情修容，依倚道艺，以就其声价，非所能通物方，弘时务也。及征樊英、杨厚，朝廷若待神明，至竟无它异。英名最高，毁最甚。李固、朱穆等，以为处士纯盗虚名，无益于用，故其所以然也。然而后进希之以成名，世主礼之以得众，原其无用亦所以为用，则其有用或归于无用矣。何以言之？夫焕乎文章，时或乖用；本乎礼乐，适末或疏。及其陶搢绅，藻心性，使由之而不知者，岂非道邈用表，乖之数迹乎？而或者忽不践之地，赊无用之功，至乃诮噪远术，贱斥国华，以为力诈可以救沦敝，文律足以致宁平，智尽于猜察，道足于法令，虽济万世，其将与夷狄同也。孟轲有言曰："以夏变夷，不闻变夷于夏。"况有未济者乎！

译文：

樊英字季齐，是南阳鲁阳人。年轻时在三辅学习，掌握了《京氏易》，又通晓五经，还善于以观察天象变化来预测吉凶，擅长天文算数，通晓《河图》《洛书》和七种纬书，以及推算天文历法、预知灾难的法术。他隐居在壶山之南，向他求学的人从四面八方到他这里来。州郡的官员先后多次以礼相请，他都没有答应；公卿这样的高官推举他为贤良方正、有道，他也都没有去。

一次，暴风从西面刮来，樊英对来求学的人说："成都市里火势很猛烈。"因此他含了一口水向西方喷去，而且让人记下当时的日期和时辰。后来有从蜀都来的客人，说起："那天城里着起了大火，当时突然从东方涌来一片黑云，一会儿便下起了大雨，大火就这样被雨浇灭了。"从此后天下人都盛赞樊英的法术。

汉安帝初年，樊英被征为博士。到建光元年，皇帝再次下诏，命令叫"公车"的官署赐给他策书，并且征召他和同郡的孔乔、李昺，北海的郎宗、陈留的杨伦和东平的王辅共六位，但只有郎宗和杨伦应征前往洛阳，樊英等四位都没有去。

永建二年，汉顺帝派人带着皇帝的策书，备好礼品，带着黑色的币、帛去征召樊英，他仍然借口说病重，推辞不去。于是，皇帝下诏严厉斥责郡、县的各级官员，并亲自登车出发了。樊英出于无奈，只好前往京都，到京后又推说有病、不肯上朝。皇帝就派人用轿子硬把他抬到皇宫，他却仍然不向皇帝行礼。汉顺帝大怒，对他说："我能让您生，也能让您死；能使您高贵，也能使您低贱；能让您富有，也能让您贫困。您为何对我的要求如此怠慢？"樊英说："我受命于天。我若能活够一辈子，那是天意，我若突然死去，那也是天意。陛下您怎能让我生、让我死啊！我见到残暴的君主就像见到仇人一样，连在他的朝廷上站一下都不愿意，又怎么能成为高贵的人呢？而我即使身为百姓，生活在土墙之中，却是安逸自得，就是让我去当天子我也不去，又怎能说我是低贱的人呢？陛下您怎能使我高贵、使我低贱啊！我对于没有礼遇的官位，即使是有万锺俸禄的高官，我也不接受；而如果能使志向得以实现，即使是粗茶淡饭我也会很满足。陛下您又怎能使我富有、使我贫困呢？"汉顺帝无法改变他的想法，却敬重他的名望，于是让他出宫，并让太医去给他治病，每个月还派人给他送去羊和酒作为礼品。

到永建四年三月，天子竟然为樊英建坛，又在坛上设席，让公车作车前的领路人，命令尚书捧着引车轴的皮带，极其隆重地去迎接樊英。顺帝又赐给他几案和手杖，用对待老师的礼节对待他，向他请教政事的得失。樊英不敢再推辞，就做了五官中郎将。几个月后，樊英说自己病加重了，天子就下诏封他为光禄大夫，恩准他告老还乡，并命令他所在地的官员送去一千斛粮食，又经常在八月里送给他一头牛，三斛酒。如果他去世，就要用中牢之礼来祭祀他。樊英辞官不受，又有诏书说让他一定接受。

樊英刚刚接受诏命时，人们都以为他一定会大展宏图。到后来他回答皇帝的询问时，又没说出什么奇谋妙计，和他谈论的人因此感到失望。张楷是和樊英一道被征入朝的，他后来对樊英说："天下有两种为人处事的方法，就是'出'和'处'。以前我见你出山，以为你一定能辅佐当今圣上，救助天下万民。而开始时你以贫贱之躯，激怒了至尊的圣上；等到做官享受爵禄之后，又没听说你有什么救助天下的方法。你这些做法实在没有道理。"

樊英精通方术，朝廷每逢遇到反常的自然现象，就要下诏向他询问这些变化和恢复之后的结果，他的答复大都应验了。

当初，樊英曾写过一本《易章句》，世间称之为"樊氏学"。他教给学生图纬之学。颍川的陈寔年轻时曾向樊英学习。一次陈寔病了，他妻子派使女到樊英那里去下拜、询问，樊英下床答复并向她回拜。陈寔觉得奇怪，就问他为何这样做。樊英答道："'妻'的意思是'齐'，是与丈夫共同祭祀的。按照礼节应该这样答复她。"樊英就是这样恭敬谨慎地对待别人。他七十多岁时，在家中去世。

他的孙子樊陵，在汉灵帝时巴结宦官而做了司徒。

陈郡的郐巡学习和传布樊英的方术，做官做到侍中。

史家论曰：汉代所说的那些名士，他们的官位和恩宠，从上面的叙述便可以知道了。虽然朝廷对待名士的态度有时宽松，有时严格，有时接近，有时疏远，常常有不适当的情况，然而那些装得道貌岸然，凭借其学问与技能来换得名声官位的人，绝不是能调和世间万事万物、解决当前重大问题的人啊。在征召樊英、杨厚做官之时，朝廷对他们奉若神明，而他们在朝廷里竟然毫无特别之处。樊英的名望最高，对他的诽谤也最多。李固、朱穆等人认为那些没做官的人完全是欺世盗名，就是这个原因。然而还没做官的人希望以此来成名，君主则通过对他们以礼相待来吸引更多的人才。宽恕那些没用的人而把他们当作有用的人对待，这样那些有用的人才就有可能变得无用了。为什么这么说呢？即使是很华美的文章，若遇到国家衰败之时也就无用了，尽管礼和乐是国家的根本，遇到衰微的时代也就被荒废了。至于说它们能陶冶士大夫的思想性情，使人们在不知不觉中接受它们，这种情况难道不正是大道深邃幽远，不合于一般常规的表现吗？而有的人却不能理解常人达不到的境界，宽恕无用的"功劳"，甚至于贬低礼乐，蔑视和排斥掌握大道的隐士，以为致力于骗术就可以拯救危亡的国家，修补法律就可以使天下太平，想尽办法去揣测、侦察被统治的人，挖空心思制定出种种法令，这样做即使能维持一万代，也只能是与野蛮人一样了。孟轲曾经说过："（我只听说过）用中原的文化去改造野蛮人，没听说过用野蛮人来改造中原文化的。"更何况还有维持不了多久的朝代呢！

后汉书卷八十二下

方术列传第七十二下

韩说列传

韩说字叔儒,会稽山阴人也。博通五经,尤善图纬之学。举孝廉。与议郎蔡邕友善。数陈灾眚,及奏赋、颂、连珠。稍迁侍中。光和元年十月,说言于灵帝,云其晦日必食,乞百官严装。帝从之,果如所言。中平二年二月,又上封事,刻期宫中有灾。至日南宫大火。迁说江夏太守,公事免,年七十,卒于家。

译文:

韩说字叔儒,是会稽山阴人。他完全掌握了五经,尤其精通《河图》和纬书。被依照孝廉科目荐举为官。他和议郎蔡邕关系很好。他多次向朝廷陈述有关灾难之事,并且上奏赋、颂和连珠。后渐渐升为侍中。光和元年十月,韩说向汉灵帝进言说,当月的最后一天一定会出现日食,要求皇帝让百官穿戴整齐。皇帝听从了他的意见,到那天果然出现日食。中平二年二月,他又上奏一份密封的奏章,说明哪一天宫中将要有火灾。到那天南宫果然着起大火。于是朝廷提升韩说为江夏太守,他因公事没有到任。七十岁那年,他在家中去世。

华佗列传

华佗字元化,沛国谯人也,一名旉。游学徐土,兼通数经。晓养性之术,年且百岁而犹有壮容,时人以为仙。沛相陈珪举孝廉,太尉黄琬辟,皆不就。

精于方药,处齐不过数种,心识分铢,不假称量,针灸不过数处。若疾发结于内,针药所不能及者,乃令先以酒服麻沸散,既醉无所觉,因刳破腹背,抽割积聚。若在肠胃,则断截湔洗,除去疾秽,既而缝合,傅以神膏,四五日创愈,一月之间皆平复。

佗尝行道,见有病咽塞者,因语之曰:"向来道隅有卖饼人,萍齑甚酸,可取三升饮之,病自当去。"即如佗言,立吐一蛇,乃悬于车而候佗。时佗小儿戏于门中,逆见,自相谓曰:"客车边有物,必是逢我翁也。"及客进,顾视壁北,悬蛇以十数,乃知其奇。

又有一郡守笃病久,佗以为盛怒则差。乃多受其货而不加功。无何弃去,又留书骂之。太守果大怒,令人追杀佗,不及,因瞋恚,吐黑血数升而愈。

又有疾者,诣佗求疗,佗曰:"君病根深,应当剖破腹。然君寿亦不过十年,病不能相杀也。"病者不堪其苦,必欲除之,佗遂下疗,应时愈。十年竟死。

广陵太守陈登,忽患匈中烦懑,面赤,不食。佗脉之,曰:"府君胃中有虫,欲成内疽,腥物所为也。"即作汤二升,再服,须臾,吐出三升许虫,头赤而动,半身犹是生鱼脍,所苦便愈。佗曰:"此病后三期当发,遇良医可救。"登至期疾动,时佗不在，遂死。

曹操闻而召佗，常在左右，操积苦头风眩，佗针，随手而差。

有李将军者，妻病，呼佗视脉。佗曰："伤身而胎不去。"将军言间实伤身，胎已去矣。佗曰："案脉，胎未去也。"将军以为不然。妻稍差百余日复动，更呼佗。佗曰："脉理如前，是两胎。先生者去，血多，故后儿不得出也。胎既已死，血脉不复归，必燥著母脊。"乃为下针，并令进汤。妇因欲产而不通。佗曰："死胎枯燥，势不自生。"使人探之，果得死胎，人形可识，但其色已黑。佗之绝技，皆此类也。

为人性恶，难得意，且耻以医见业，又去家思归，乃就操求还取方，因托妻疾，数期不反。操累书呼之，又敕郡县发遣，佗恃能厌事，独不肯至。操大怒，使人廉之，知妻诈疾，乃收付狱讯，考验首服。荀彧请曰："佗方术实工，人命所悬，宜加全宥。"操不从，竟杀之。佗临死，出一卷书与狱吏，曰："此可以活人。"吏畏法不敢受，佗不强与，索火烧之。

初，军吏李成苦咳，昼夜不寐。佗以为肠痈，与散两钱服之，即吐二升脓血，于此渐愈。乃戒之曰："后十八岁，疾当发动，若不得此药，不可差也。"复分散与之，后五六岁，有里人如成先病，请药甚急，成愍而与之，乃故往谯更从佗求，适值见收，意不忍言。后十八年，成病发，无药而死。

广陵吴普、彭城樊阿皆从佗学。普依准佗疗，多所全济。

佗语普曰："人体欲得劳动，但不当使极耳。动摇则谷气得销，血脉流通，病不得生，譬犹户枢，终不朽也。是以古之仙者为导引之事，熊经鸱顾，引挽腰体，动诸关节，以求难老。吾有一术，名五禽之戏：一曰虎，二曰鹿，三曰熊，四曰猨，五曰鸟。亦以除疾，兼利蹄足，以当导引。体有不快，起作一禽之戏，怡而汗出，因以著粉，身体轻便而欲食。"普施行之，年九十余，耳目聪明，齿牙完坚。

阿善针术。凡医咸言背及匈藏之间不可妄针，针之不可过四分，而阿针背入一二寸，巨阙匈藏乃五六寸，而病皆瘳。阿从佗求方可服食益于人者，佗授以漆叶青黏散：漆叶屑一斗，青黏十四两，以是为率。言久服，去三虫，利五藏，轻体，使人头不白。阿从其言，寿百余岁。漆叶处所而有。青黏生于丰、沛、彭城及朝歌间。

汉世异术之士甚众，虽云不经，而亦有不可诬，故简其美者列于传末：

泠寿光、唐虞、鲁女生三人者，皆与华佗同时。寿光年可百五六十岁，行容成公御妇人法，常屈颈鸱息，须发尽白，而色理如三四十时，死于江陵。唐虞道赤眉、张步家居里落，若与相及，死于乡里不其县。鲁女生数说显宗时事，甚明了，议者疑其时人也。董卓乱后，莫知所在。

译文：

华佗字元化，沛国谯县人，又叫旉。曾在徐州一带游历求学，兼通几门儒家经学。通晓养生之术，年近百岁时看上去仍然身强体壮，当时人把他当作仙人。沛国相陈珪以孝廉科目推举他，太尉黄琬征辟他，都没有应召入仕。

他精通医方药物，药剂配方一般不过几种，全凭经验抓药，心中能分辨毫厘，不用任何称量工具。用针灸治病也不过几针几处而已。如果疾病的症结是在体内，在针刺和药物都不能奏效的位置，就让患者先用酒将一种称为麻沸散的麻醉药吞服下去，然后酒醉而失去知觉,于是剖开腹背,割除积瘤。如果病在肠胃,就截断来清洗,除去病灶的污垢,然后缝合,敷用一种神奇的药膏,四五日之内创口愈合,一个月之内身体恢复健康。

一次华佗走在路上,见到一个人咽喉患病说不出话来,就对他说:"在你来的方向道边有个卖饼的人,萍齑菜的汤汁很酸,可以取三升喝下,你的病自然会好的。"那人便按照华佗的话去做,立刻吐出一条蛇,于是把蛇挂在车上等候华佗的再次到来。当时华佗的小儿子在自家大门洞内玩耍,迎面看见车上挂着一条蛇,自言自语道:"来客车边挂有那东西,一定是遇到了我父亲。"等客人进入宅院,看见北墙后面挂着十几条蛇,才知道华佗有绝妙的医术。

又有一个郡守重病已久,华佗认为只要引发他的盛怒便可病愈。于是收了郡守许多财货却不给他认真治病。不久索性弃他而去,还留下一封书信大骂一通。那太守果然大怒,派人追杀华佗,还没等追上,就因为生气,大口大口地吐了几升黑血,病也就好了。

还有一名患者,到华佗这里就医,华佗说:"你的病根很深,应当剖腹治疗。然而你的寿命也不过还有十年了,这个病一时也不会置你于死地。"患者实在不堪痛苦,一定要求为他治疗,华佗就为他做了手术,很快病愈,活了十年这个病人果然死了。

广陵郡太守陈登患胸中烦闷病,面色赤红,不思饮食。华佗为他把脉后告诉他:"您的胃中有虫,就会长成体内毒疮,这是吃腥食所造成的。"立即煎了两升汤药,患者服用两次,一会儿,吐出大约三升虫,虫头赤色,在蠕动着,虫的下半身像是生鱼脍,陈登的病痛就解除了。华佗说:"这病三年后会复发,如遇到好医生可以救治。"三年后,陈登旧病发作,当时华佗不在,他就死了。

曹操听说华佗医术高明而召见他,让他经常在左右侍奉。曹操长期被一种头疼眼花病所折磨,华佗替他扎针,当时病就好了。

有位李将军,妻子病了,让华佗去看脉。华佗说:"她伤了身体,而胎儿却没有去掉。"将军说近来确实伤了身子,但是胎儿已经去掉了。华佗说:"按脉象看,胎儿没有去掉。"将军认为诊断不对。他妻子的病稍好一些,一百多天后腹内又有病状,再叫来华佗。华佗说:"脉理与先前一样,是双胞胎。先生的胎儿已去掉了,母体流血过多,所以后面的胎儿无法生出。后胎已经死了,血脉不能还原,势必会干燥地黏附在母体的背部。"就给她扎针,还让她喝汤药。于是那妇人想要生产但产不出来。华佗说:"死胎枯燥,势必自己不能出生。"让人探取,果然拿出个死胎,人形可以识别,但胎儿颜色已经变黑。华佗的绝妙医术,都如同这类情况。

华佗为人性情不好,难得称心如意,况且又对以医术来参与政治事业感到耻辱,加之远离家乡思念亲人,于是向曹操请求回家取药方。回家后便以妻子患病为借口,几次逾期不归。曹操多次致信叫他,又命令华佗所在郡县遣送他回去,但华佗仗恃才能,厌恶侍候别人,仍然不肯回去。曹操大怒,派人考察,发现他妻子是诈称有病,就将华佗逮捕下狱审讯。华佗在拷问验证下服罪招供。荀彧向曹操请求说:"华佗的医术确实精湛,事关人们的性命,应当加以宽恕才是。"曹操不听劝告,竟杀了华佗。华佗临死时,拿出一卷书给狱吏,说:"这书可以救活病人。"狱吏惧怕违法不敢接受,华佗也不勉强他,就要来火种把书烧掉了。

当初,军吏李成苦于咳嗽病,昼夜不得安睡。华佗认为他患的是肠溃疡,给了他二钱药散服下,当即吐出二升脓血,从此咳嗽病逐渐好转。华佗这才告诫那人说：十八年后，这病会复发，如果得不到这种药，病就治不好了。"于是又分给他一些散药。五六年后，有个乡亲患了和李成先前同样的病，寻求药物十分急切，李成可怜他，就把存放的药散给了他。于是仍去谯县再向华佗求药，恰巧碰上华佗被捕，不忍心说求药的话。后来到了第十八年头上，李成的病发作，因为没有那种药散而病死。

广陵郡人吴普、彭城人樊阿都跟华佗学医。吴普遵照华佗的治疗方法诊病，治疗救活了许多人。

华佗对吴普说："人体是要得到劳动锻炼的，只是不应当过度罢了。运动可以使饮食中的养分消化，血脉流通，疾病就无从产生了，就如同门轴是经常转动的，所以始终不会腐朽。因此，古代的长生仙人练习气功导引之事，模仿熊攀缘和鹰顾盼的动作，伸屈腰体，活动各个关节，来求得长寿不老。我这里有一套方法，名叫五禽戏：一叫虎，二叫鹿，三叫熊，四叫猿，五叫鸟。这一套运动，既可用来解除疾病，又利于腿脚矫健，可用来当作导引气功。身体有些不适，起身做一种禽戏，活动到愉快、出汗时，就扑洒些爽身粉，会觉得浑身轻便而增进食欲。"吴普按华佗的教导去做了，九十多岁时，还是耳聪目明，牙齿完整坚固。

樊阿擅长针刺。一般的医生都说背部和胸脏之间不可轻易用针，要进针也不能超过四分深，但樊阿在背部进针深至一二寸，扎巨阙穴和胸脏竟深至五六寸，而疾病都治愈了。樊阿向华佗索取可以服用而健身的药方，华佗传授他漆叶青黏散药方：漆叶屑一斗，青黏十四两，按此比例为标准配方。告诉说长期服用，可以去除三虫，有益五藏，轻便身体，使人头发不白。樊阿按照华佗说的去配药服用，最终活了一百多岁。漆叶到处都有，青黏生长在丰、沛、彭城及朝歌一带。

汉代通晓方术之士很多。虽然有些荒诞不经的，但是也有些不可诬蔑的，因此选择其中优秀的人物列于本传之末：

冷寿光、唐虞、鲁女生三人，都与华佗处于同一时代。冷寿光年纪高达一百五六十岁，他施行容成公发明的御妇人法，常习练屈颈鹜息的功法，须发都白了，可面色肌理却如同三四十岁一般，后来死在江陵。唐虞曾谈及赤眉、张步等人的家乡故里，似乎与他们有过交往，他死在故乡不其县。鲁女生屡次谈到汉明帝时期的事，而且说得非常明确，评论者很怀疑他是明帝时期就在世的人。至董卓作乱之后，就无人知道鲁女生的下落了。

后汉书卷八十三

逸民列传第七十三

逢萌列传

逢萌字子康,北海都昌人也。家贫,给事县为亭长。时尉行过亭,萌候迎拜谒,既而掷盾叹曰:"大丈夫安能为人役哉!"遂去之长安学,通《春秋经》。时王莽杀其子宇,萌谓友人曰:"三纲绝矣!不去,祸将及人。"即解冠挂东都城门,归,将家属浮海,客于辽东。

萌素明阴阳,知莽将败,有顷,乃首戴瓦盎,哭于市曰:"新乎新乎!"因遂潜藏。

及光武即位,乃之琅邪劳山,养志修道,人皆化其德。

北海太守素闻其高,遣吏奉谒致礼,萌不答。太守怀恨而使捕之。吏叩头曰:"子康大贤,天下共闻,所在之处,人敬如父,往必不获,只自毁辱。"太守怒,收之系狱,更发它吏。行至劳山,人果相率以兵弩捍御。吏被伤流血,奔而还。后诏书征萌,托以老耄,迷路东西,语使者云:"朝廷所以征我者,以其有益于政,尚不知方面所在,安能济时乎?"即便驾归。连征不起,以寿终。

初，萌与同郡徐房、平原李子云、王君公相友善，并晓阴阳，怀德秽行。房与子云养徒各千人，君公遭乱独不去，侩牛自隐。时人谓之论曰："避世墙东王君公。"

译文：

逢萌，字子康，北海都昌人。他家庭贫穷，就在县里供职，任亭长。那时，县尉路经这亭，逢萌恭候迎接，拜见县尉。后来，逢萌扔掉盾牌，感叹说："大丈夫怎么能被人差使呢！"于是离去，到长安来求学，通晓了《春秋经》。当时，王莽杀了他的儿子王宇，逢萌对朋友说："君臣、夫妇、父子这三纲灭绝了！不离去，恐怕人要遭灾祸了。"马上解下帽子挂在东都城门，回到家里，带着家里人在海上漂游，客居于辽东。

逢萌平素懂阴阳术，知道王莽将要失败，过了不久，就用脑袋顶着瓦盆，在街市上哭着说："新啊、新啊！"于是就隐居起来。

到光武帝登基之后，逢萌就到琅玡劳山，修养心志和道德，人们都受到他道德的感化。

北海太守一直听说他的大名，就派官吏拿着名帖向他致以敬礼，逢萌不加理会。于是，太守心怀恼恨，就派人去捉捕他。官吏叩头说："逢子康是大贤人，天下的人都知道，他所在的地方，人们像对父亲那样敬重他，如果前去一定捉不到，只是糟蹋、羞辱自己罢了。"太守生气，把那位官吏逮捕入狱，另外派官吏去。太守的人马走到劳山，人们果然相约地用武器、弓箭来抵抗，官吏受伤流血，逃跑着回去。后来，有诏书征召逢萌，逢萌就托称年纪太大，分不清东西方向，告诉使者说："朝廷之所以征召我，是因为我对政务有好处，我现在连方向都分不清，怎么能对时势有所增益呢？"就坐着轻便的车子回去。接连几次征召，他都不去，最后年老而死。

早先，逢萌和同郡的徐房、平原人李子云、王君公他们很友好，并且都通晓阴阳术，怀有高尚的道德而干低贱的事情。徐房和李子云都收养学生有一千人。王君公遭逢乱世，而独自不去当官，当牛贩子而把自己隐埋起来。当时人给他评论说："避世墙东王君公。"

井丹列传

井丹字大春，扶风郿人也。少受业太学，通《五经》，善谈论，故京师为之语曰："《五经》纷纶井大春。"性清高，未尝修刺侯人。

建武末，沛王辅等五王居北宫，皆好宾客，更遣请丹，不能致。信阳侯阴就，光烈皇后弟也，以外戚贵盛，乃诡说五王，求钱千万，约能致丹，而别使人要劫之。丹不得已，既至，就故为设麦饭葱叶之食。丹推去之，曰："以君侯能供甘旨，故来相过，何其薄乎？"更置盛馔，乃食。及就起，左右进辇。丹笑曰："吾闻桀驾人车，岂此邪？"坐中皆失色。就不得已而令去辇。自是隐闭，不关人事，以寿终。

译文：

井丹，字大春，扶风郿县人。他少年时在太学学习，通晓《五经》，善于谈吐辩论，所以京城人替他下评语说："五经纷纶井大春。"他性格清高，从来没有置备名片来问候别人。

建武末年，沛王刘辅等五位王居住在北宫，都喜欢结交宾客，轮番派人去请井丹，都没有能请来。信阳侯阴就是光烈皇后的弟弟，凭着外戚的身份而十分显贵。于是，他骗说五个王，请求给他一千万钱，发誓能把井丹招来，却另外派人要胁、劫持井丹。井丹不得已，就前来了。阴就故意给他安排麦屑做的饭和葱叶做的菜，给他吃。井丹把这些饭菜推开，说："凭着您的身份，应该能供得起美味的食物，所以我来探访您，为什么这样简单呢？"阴就给他换上丰盛的食物，他才吃。到阴就起身要走的时候，旁边的人把车子拉过来。井丹笑着说："我听说夏桀坐的是人拉的车子，难道就是这辆吗？"在座的人听了都变了脸色。阴就不得已，让人把车子拉走。从这以后，井丹隐居不出门，不管世间之事情。最后他年老而死。

梁鸿列传

梁鸿字伯鸾，扶风平陵人也。父让，王莽时为城门校尉，封脩远伯，使奉少昊后，寓于北地而卒。鸿时尚幼，以遭乱世，因卷席而葬。

后受业太学，家贫而尚节介，博览无不通，而不为章句。学毕，乃牧豕于上林苑中。曾误遗火，延及它舍。鸿乃寻访烧者，问所去失，悉以豕偿之。其主犹以为少。鸿曰："无它财，愿以身居作。"主人许之。因为执勤，不懈朝夕。邻家耆老见鸿非恒人，乃共责让主人，而称鸿长者。于是始敬异焉，悉还其豕。鸿不受而去，归乡里。

势家慕其高节，多欲女之，鸿并绝不娶。同县孟氏有女，状肥丑而黑，力举石臼，择对不嫁，至年三十。父母问其故。女曰："欲得贤如梁伯鸾者。"鸿闻而娉之。女求作布衣、麻屦，织作筐缉绩之具。及嫁，始以装饰入门。七日而鸿不答。妻乃跪床下请曰："窃闻夫子高义，简斥数妇，妾亦偃蹇数夫矣。今而见择，敢不请罪。"鸿曰："吾欲裘褐之人，可与俱隐深山者尔。今乃衣绮缟,傅粉墨,岂鸿所愿哉?"妻曰:"以观夫子之志耳。妾自有隐居之服。"乃更为椎髻,着布衣,操作而前。鸿大喜曰:"此真梁鸿妻也。能奉我矣!"字之曰德曜,〔名〕孟光。

居有顷,妻曰:"常闻夫子欲隐居避患,今何为默默?无乃欲低头就之乎?"鸿曰:"诺。"乃共入霸陵山中,以耕织为业,咏《诗》《书》,弹琴以自娱。仰慕前世高士,而为四皓以来二十四人作颂。因东出关,过京师,作《五噫之歌》曰:"陟彼北芒兮,噫!顾览帝京兮,噫!宫室崔嵬兮,噫!人之劬劳兮,噫!辽辽未央兮,噫!"肃宗闻而非之,求鸿不得。乃易姓运期,名耀,字侯光,与妻子居齐鲁之间。

有顷,又去适吴。将行,作诗曰:

逝旧邦兮遐征,将遥集兮东南。心怛怛兮伤悴,志菲菲兮升降。欲乘策兮纵迈,疾吾俗兮作谗。竞举枉兮措直,咸先佞兮唌唌。(聊)固靡慭兮独建,冀异州兮尚贤。聊逍遥兮遨嬉,缵仲尼兮周流。倘云睹兮我悦,遂舍车兮即浮。过季札兮延陵,求鲁连兮海隅。虽不察兮光貌,幸神灵兮与休。惟季春兮华阜,麦含含兮方秀。哀茂时兮逾迈,愍芳香兮日臭。悼吾心兮不获,长委结兮焉究!口嚣嚣兮余讪,嗟恓恓兮谁留?

遂至吴,依大家皋伯通,居庑下,为人赁舂。每归,妻为具食,不敢于鸿前仰视,举案齐眉。伯通察而异之,曰:"彼佣能使其妻敬之如此,非凡人也。"乃方舍之于家。鸿潜闭著书十余篇。疾且困,告主人曰:"昔延陵季子葬子于嬴博之间,不归乡里,慎勿令我子持丧归去。"及卒,伯通等为求葬地于吴要离冢傍。咸曰："要离烈士，而伯鸾清高，可令相近。"葬毕，妻子归扶风。

初，鸿友人京兆高恢，少好《老子》，隐于华阴山中。及鸿东游思恢，作诗曰："鸟嘤嘤兮友之期，念高子兮仆怀思，相念恢兮爰集兹。"二人遂不复相见。恢亦高抗，终身不仕。

译文：

梁鸿，字伯鸾，扶风平陵人。他父亲叫梁让，在王莽时期任城门校尉，被封为修远伯，主管祭祀少昊的事情，居住在北地，并在那里去世。梁鸿当时还年幼，加上遭逢乱世，因而只是用草席包裹着把他父亲埋葬了。

后来，梁鸿进入太学学习，家境贫寒，但崇尚节俭；广泛地阅读各种书籍，没有不通晓的，可是不做章句烦琐之学。学业完成后，他就在上林苑中放猪。他曾经误失火苗，大火烧及别人的房屋，梁鸿就寻找到被烧的人家，问他们有什么损失，然后把全部的猪都用来赔偿。那家主人还认为赔偿得少了。梁鸿说："我没有别的财产了，愿意在你家干活来抵偿。"主人答应了。于是，梁鸿为那家人勤恳干活，不分早晚。邻居的老人发现梁鸿不是普通的人，就一同责备那家主人，而称赞梁鸿是谨厚的人。那家主人才开始敬重他，认为他不寻常，把猪全部还给他。梁鸿没有接受就离去，回到家乡。

有权势的人家敬慕梁鸿高尚的节操，许多人都想把女儿嫁给他，梁鸿一一都回绝了。同县姓孟的人家有个女儿，身体很肥胖，长得又丑又黑，力气大得可以举起石臼，挑选对象都没成。到三十岁了还未结婚。她父母问她为什么，她说："想找个像梁伯鸾那样贤良的人。"梁鸿听到了，就送聘礼与她订了婚。孟家女儿请求父母给她制作布衣、麻鞋，还要了一些织布、纺线、做筐的工具。到出嫁的时，她才打扮得漂漂亮亮进入梁鸿的家门。结婚七天，而梁鸿不和她说话。他妻子就跪在床下请求说："我私下听说夫子您有高尚的品格，回绝过许多女子，我也拒绝过许多男子的求婚。现在我被您抛在一边，怎敢不请罪。"梁鸿说："我希望找个穿粗布衣服的人，可以和我一起隐居在深山。现在你却穿着丝织衣服，涂抹粉黛，怎么会是我所希望的呢？"妻子说："我是来考察夫子您的志向罢了。我自然有隐居的衣服。"于是，她把头发改为椎子髻，穿上粗布衣服，在丈夫面前操作女红。梁鸿十分高兴，说："这才真正是梁鸿的妻子。能够侍奉我终身。"替她取字为"德曜"，名叫"孟光"。

过了不久，梁鸿的妻子说："我常听说您想隐居山林来躲避祸患，现在为什么不提这事了？恐怕是想低头趋就时势了吧？"梁鸿说："好吧。"于是一同进入霸陵山中，从事耕作、纺织，吟诵《诗经》《尚书》，弹奏琴瑟来自我娱乐。梁鸿敬慕前代的超越世俗的人，于是为其中西汉"四皓"以来的二十四人撰写颂辞。梁鸿因为东出函谷关，路过京都洛阳，作了《五噫之歌》，歌词是："登上那北芒山呵，噫！回头看看帝都呵，噫！宫殿多么雄伟高大呵，噫！人民多么辛劳啊，噫！苦日子没有尽头呵，噫！"肃宗听到后，很不满意，派人寻找梁鸿，没有找到。于是，梁鸿改姓运期，名耀，字侯光，和妻子儿女居住在齐、鲁之间。

不久，梁鸿又离开齐鲁到吴地去。临行的时候，他作诗说：

离开老地方啊而踏上遥远的征途，将远远地寄居在东南异乡。心情忧伤啊又痛苦，思绪飘忽而不定。我要加鞭策马尽量远去，憎恨这里世俗小人的逸言诽谤。争着抬举邪佞小人啊，把正直的人弃置一帝；事事都让这些坏人占先，流言蜚语转眼就落在身上。我无愧于特立独行，希望别的地方还有尊贤的风尚。姑且逍遥自在地游玩一番吧；学孔子来周游四方。假如能见到我喜欢的地方，陆路走尽了我就舍弃车马而登上舟船。在延陵访问季札啊，在海边探寻鲁仲连。虽然见不到先贤的光辉形象，却希望他们的灵魂能嘉许我的主张。想到暮春时节啊鲜花盛开，麦苗正含苞吐穗。哀伤兴盛的时代过得太快啊，可怜芬芳的花草日渐凋零。我的心情哀伤啊人理解，长期抑郁啊怎样才能了结呢！小人们诽谤我啊那样喧嚣，我惶恐叹息啊归宿在何处？

梁鸿于是到了吴国，投奔了有封地的皋伯通家，住在他家的廊房下，被人雇用来舂米。每天干活回来，梁鸿的妻子为他准备好饭菜，不敢在他面前抬头仰视，手托着盛饭菜的盘子举到同眼眉一样高的地方。皋伯通发觉这事后，觉得很奇怪，说："那个雇工能够使他的妻子这样尊敬他，不会是一般的人士。"于是才让他们居住在家里面。梁鸿闭门著书十多篇。梁鸿生病，快要死了，就告诉皋伯通说："过去延陵季子把儿子安葬在嬴、博之间，不送丧回故乡，您千万不要让我的儿子把我送丧回老家。"到他死时，皋伯通等人替他在吴国义士要离的墓地旁边找了块地方安葬他。人们都说："要离是义士，而梁伯鸾清洁高尚，可以让他们葬在一起。"安葬完毕后，梁鸿的老婆、孩子就回扶风去了。

早先，梁鸿的朋友，京兆人高恢，在少时就喜欢《老子》，隐居在华阴山中。梁鸿东游之后，想念高恢，作诗道："鸟嘤嘤地叫，寻找朋友，我想念高子，渴望和他相聚。"他们两人就最终也没有再见面。高恢也很刚强，终身都不做官。

后汉书卷八十四

列女传第七十四

乐羊子妻传

河南乐羊子之妻者,不知何氏之女也。羊子尝行路,得遗金一饼,还以与妻,妻曰:"妾闻志士不饮盗泉之水,廉者不受嗟来之食,况拾遗求利,以污其行乎!"羊子大惭,乃捐金于野,而远寻师学。一年来归,妻跪问其故。羊子曰:"久行怀思,无它异也。"妻乃引刀趋机而言曰:"此织生自蚕茧,成于机杼,一(丝)而累,以至于寸,累寸不已,遂成丈匹。今若断斯织也,则捐失成功,稽废时日。夫子积学,当日知其所亡,以就懿德。若中道而归,何异断斯织乎?"羊子感其言,复还终业,遂七年不反。妻常躬勤养姑,又远馈羊子。

尝有它舍鸡谬入园中,姑盗杀而食之,妻对鸡不餐而泣。姑怪问其故。妻曰:"自伤居贫,使食有它肉。"姑竟弃之。

后盗欲有犯妻者,乃先劫其姑。妻闻,操刀而出。盗人曰:"释汝刀从我者可全,不从我者,则杀汝姑。"妻仰天而叹,举刀刎颈而死。盗亦不杀其姑。太守闻之,即捕杀贼盗,而赐妻缣帛,以礼葬之,号曰"贞义"。

译文：

　　河南郡乐羊子的妻子，不知是谁家的女儿。有一次，羊子在路上拾到一块别人遗失的金子，回家后把它交给了妻子。妻子说："我听说有志气的人不饮盗泉之水，廉洁的人不受嗟来之食，何况占便宜捡别人丢下的东西来玷污自己的名声呢！"羊子十分羞愧，便把金子丢到田野中，远离家乡去寻师求学。一年后，羊子回来了，妻子跪着问他回家的原因。羊子说："外出很久了，想念亲人，并没有别的什么原因。"于是，妻子抽出刀来，快步走到织机前，说道："这些纺织品是从蚕茧中抽出丝来，再用梭子织成的。一梭一梭地积累，好容易才织出一寸；一寸一寸地积累，最后才织成一丈一匹。现在，如果我把机上的这些纺织品割断，就会断送已经取得的成果白白地浪费时间，您现在积累学问，应当'每天都学会一些原来不懂的东西'，来成就您的美德。如果你半途而废，那与割断这些纺织品又有什么不同呢？"羊子听了，很受感动，又回去修完了学业，竟然一过七年都没有回家。妻子每天亲自奉养婆婆，还经常给远方的羊子送去物品。

　　一次，有一只别人家的鸡误入了她的庭园，婆婆偷偷把鸡杀了做菜吃。羊子妻看着鸡，一口也不吃，反而哭了起来。婆婆奇怪，问她是什么原因。她说："我难过的是家里太穷，以至于菜食中有别人家的鸡肉。"婆婆终于把鸡肉倒掉了。

　　后来，强盗过来了，想侮辱羊子妻，就先把她的婆婆抓住了。她听到门外动静，拿着刀就冲了出来。强盗说："放下你的刀，听从我的话！可以留下性命；若不服从，我就杀了你的婆婆。"羊子妻听了，仰天长叹，举刀刎颈自杀。这样，强盗也就没再杀老人。太守闻知此事，立即捕杀了这个强盗，同时赐予缣帛为羊子妻办丧事，按照礼仪安葬了她，并且赐予她"贞义"的荣誉称号。

孝女曹娥传

孝女曹娥者，会稽上虞人也。父盱，能弦歌，为巫祝。汉安二年五月五日，于县江溯涛（迎）婆娑〔迎〕神，溺死，不得尸骸。娥年十四，乃沿江号哭，昼夜不绝声，旬有七日，遂投江而死。至元嘉元年，县长度尚改葬娥于江南道傍，为立碑焉。

译文：

孝女曹娥，是会稽郡上虞县人。曹娥的父亲叫曹盱，能够将诗配上琴瑟等乐器歌咏吟诵，从事巫祝这一专门勾通鬼神的迷信职业。东汉顺帝汉安二年五月五日，曹盱在本县江水中迎着大浪，婆娑起舞招迎河神时，不慎落水溺死，尸体顺流漂去，寻觅不见。当时曹娥年仅十四岁，为了寻找到父亲，便沿江奔走，呼号痛哭之声，昼夜不断，十七天后她也投江而死。到桓帝元嘉元年，上虞县长度高将曹娥改葬在县江南面的路旁，并为她立了一块碑，以表彰宣扬曹娥的孝行。

董祀妻传

陈留董祀妻者，同郡蔡邕之女也，名琰，字文姬。博学有才辩，又妙于音律。适河东卫仲道。夫亡无子，归宁于家。兴平中，天下丧乱，文姬为胡骑所获，没于南匈奴左贤王，在胡中十二年，生二子。曹操素与邕善，痛其无嗣，乃遣使者以金璧赎之，而重嫁于祀。

祀为屯田都尉，犯法当死，文姬诣曹操请之。时公卿名士及远方使驿坐者满堂,操谓宾客曰:"蔡伯喈之女在外,今为诸君见之。"及文姬进,蓬首徒行,叩头请罪,音辞清辩,旨甚酸哀,众皆为改容。操曰:"诚实相矜,然文状已去,奈何?"文姬曰:"明公厩马万匹,虎士成林,何惜疾足一骑,而不济垂死之命乎!"操感其言,乃追原祀罪。时且寒,赐以头巾履袜。操因问曰:"闻夫人家先多坟籍,犹能忆识之不?"文姬曰:"昔亡父赐书四千许卷,流离涂炭,罔有存者。今所诵忆,裁四百余篇耳。"操曰:"今当使十吏就夫人写之。"文姬曰:"妾闻男女之别,礼不亲授。乞给纸笔,真草唯命。"于是缮书送之,文无遗误。

后感伤乱离,追怀悲愤,作诗二章。其辞曰:

汉季失权柄,董卓乱天常。志欲图篡弒,先害诸贤良。逼迫迁旧邦,拥主以自强。海内兴义师,欲共讨不祥。卓众来东下,金甲耀日光。平土人脆弱,来兵皆胡羌。猎野围城邑,所向悉破亡。斩截无孑遗,尸骸相撑拒。马边县男头,马后载妇女。长驱西入关,迥路险且阻。还顾邈冥冥,肝脾为烂腐。所略有万计,不得令屯聚。或有骨肉俱,欲言不敢语。失意机微间,辄言毙降虏。要当以亭刃,我曹不活汝。岂复惜性命,不堪其詈骂。或便加棰杖,毒痛参并下。旦则号泣行,夜则悲吟坐,欲死不能得,欲生无一可。彼苍者何辜,乃遭此厄祸!边荒与华异,人俗少义理。处所多霜雪,胡风春夏起。翩翩吹我衣,肃肃入我耳。感时念父母,哀叹无穷已。有客从外来,闻之常欢喜。迎问其消息,辄复非乡里。邂逅徼时愿,骨肉来迎己。己得自解免,当复弃儿子。天属缀人心,念别无会期。存亡永乖隔,不忍与之辞。儿前抱我颈,问母欲何之。"人言母当去,岂复有还时。阿母常仁恻，今何更不慈？我尚未成人，奈何不顾思！"见此崩五内，恍惚生狂痴。号泣手抚摩，当发复回疑。兼有同时辈，相送告离别。慕我独得归，哀叫声摧裂。马为立踟蹰，车为不转辙。观者皆歔欷，行路亦呜咽。去去割情恋，遄征日遐迈。悠悠三千里，何时复交会？念我出腹子，匈臆为摧败。既至家人尽，又复无中外。城郭为山林，庭宇生荆艾。白骨不知谁，从横莫覆盖。出门无人声，豺狼号且吠。茕茕对孤景，怛咤糜肝肺。登高远眺望，魂神忽飞逝。奄若寿命尽，旁人相宽大。为复强视息，虽生何聊赖！托命于新人，竭心自勖厉。流离成鄙贱，常恐复捐废。人生几何时，怀忧终年岁！

其二章曰：

嗟薄（祜）兮遭世患，宗族殄兮门户单。身执略兮入西关，历险阻兮之羌蛮。山谷眇兮路漫漫，眷东顾兮但悲叹。冥当寝兮不能安，饥当食兮不能餐，常流涕兮眦不干，薄志节兮念死难，虽苟活兮无形颜。惟彼方兮远阳精，阴气凝兮雪夏零。沙漠壅兮尘冥冥，有草木兮春不荣。人似禽兮食臭腥，言兜离兮状窈停。岁聿暮兮时迈征，夜悠长兮禁门扃。不能寐兮起屏营，登胡殿兮临广庭。玄云合兮翳月星，北风厉兮肃泠泠。胡笳动兮边马鸣，孤雁归兮声嘤嘤。乐人兴兮弹琴筝，音相和兮悲且清。心吐思兮匈愤盈，欲舒气兮恐彼惊，含哀咽兮涕沾颈。家既迎兮当归宁，临长路兮捐所生。儿呼母兮号失声，我掩耳兮不忍听。追持我兮走茕茕，顿复起兮毁颜形。还顾之兮破人情，心怛绝兮死复生。

赞曰：端操有踪，幽闲有容。区明风烈，昭我管彤。

译文：

陈留郡董祀的妻子，是同郡蔡邕的女儿，名琰，字文姬。她博学，富于才辩，而且精于音乐。后来嫁给了河东郡卫仲道，仲道去世，又没有孩子，文姬便回到了娘家。兴平（公元194—195年）中，天下大乱，她被胡人骑卒掳去，让南匈奴左贤王占有了，在那里生活了十二年，生下两个孩子。曹操与蔡邕素来交情很好，怜悯他没有后嗣，便派使者到匈奴，用金璧把文姬赎了回来，把她重又嫁给了董祀。

董祀任屯田都尉，犯了国法，罪当处死，文姬便赶到曹操府中，为董祀求情。当时公卿名士及远方使者济济一堂，曹操对众宾客说："蔡伯喈之女在门外，今天让各位见见她。"等到文姬进来，只见她头发蓬乱，光着脚跪到曹操面前，为董祀叩头认罪，请求宽减。说话清爽，有条有理，讲得很伤心。众人听了，都为之改容。曹操说："我也确实怜悯他，但是治罪的文状已经发出，怎么办呢？"文姬说："明公厩中良马万匹，帐下虎士如林，却为何吝惜一匹快马，而不肯救垂死之人一命呢？"曹操被她的话感动了，因此赦免了董祀的罪行。当时天气快变冷了，曹操又赐给文姬头巾和鞋袜。接着，曹操问她："听说夫人家里从前有很多书籍，你还记得出吗？"文姬笑道："以前先父给我赐书四千多卷，这些年流离涂炭，已经没有留下什么了。于今能背诵的只有四百多篇了。"曹操说："现在应当派十名书吏到您家去抄写出来。"文姬说："小女子听说男女有别，论礼不当亲授。求您供给纸笔，用楷书还是用草书写出，听您吩咐。"于是她回到家中，亲自缮写，然后送给曹操，没有漏掉或写错一个字。

文姬后来想起这些年来的乱离生活,不禁悲愤满腔,写了两首《悲愤诗》。诗词是这样的:

汉季失权柄,董卓乱天常。志欲图篡弑,先害诸贤良。逼迫迁旧邦,拥主以自强。海内兴义师,欲共伐不祥。卓众来东下,金甲耀日光。平士人脆弱,来兵皆胡羌。猎野围城邑,所向悉破亡。斩戳无孑遗,尸骸相撑拒。马边悬男头,马后载妇女。长驱西入关,回路险且阻。还顾邈冥冥,肝脾为烂腐。所略有万计,不得令屯聚。或有骨肉俱,欲言不敢语。失意机微间,辄言毙降虏。要当以亭刃,我曹不活汝。岂复惜性命,不堪其詈骂。或便加棰杖,毒痛参并下。旦则号泣行,夜则悲吟坐。欲死不能得,欲生无一可。彼苍者何辜,乃遭此厄祸!边荒与华异,人俗少义理。处所多霜雪,胡风春夏起。翩翩吹我衣,肃肃入我耳。感时念父母,哀叹无穷已。有客从外来,闻之常欢喜。迎问其消息,辄复非乡里。邂逅徼时愿,骨肉来迎己。己得自解免,当复弃儿子。天属缀人心,念别无会期。存亡永乖隔,不忍与之辞。儿母前抱我头,问母欲何之。"人言母当去,岂复有还时。阿母常仁恻,今何更不慈?我尚未成人,奈何不顾思!"见此崩五内,恍惚生狂痴。号泣手抚摩,当发复回疑。兼有同时辈,相送告离别。慕我独得归,哀叫声摧裂。马为立踟蹰,车为不转辙。观者皆歔欷,行路亦呜咽。去去割情恋,遄征日遐迈。悠悠三千里,何时复交会?念我出腹子,匈意为摧败。既至家人尽,又复无中外。城郭为山林,庭宇生荆艾。白骨不知谁,纵横莫覆盖。出门无人声,豺狼号且吠。茕茕对孤景,怛咤糜肝肺。登高远眺望,魂神忽飞逝。奄寿命尽,旁人相宽大。为复强视息,虽生何聊赖!托命于新人,竭心自勖厉。流离成鄙贱,常恐复捐废。人生几何时,怀忧终年岁!

第二首《悲愤诗》说:

嗟薄祜兮遭世患,宗族殄兮门户单。身执略兮入西关,历险阻兮之羌蛮。山谷眇兮路漫漫,眷东顾兮但悲叹。冥当寝兮不能妄,饥当食兮不能餐,常流涕兮皆不干,薄志节兮念死难,虽苟活兮无形颜。惟彼方兮远阳精,阴气凝兮雪复零。沙漠壅兮尘冥冥,有草木兮春不荣。人似禽兮食臭腥,言兜离兮状窈停。岁聿暮兮时迈征,夜悠长兮禁门扃。不能寐兮起屏营,登胡殿兮临广庭。玄云合兮翳月星,北风厉兮肃泠泠。胡笳动兮边马鸣,孤雁归兮声嘤嘤。乐人兴兮弹琴筝,音相和兮悲且清。心吐思兮匈愤盈,欲舒气兮恐彼惊,含哀咽兮涕沾颈。家既迎兮当归宁,临长路兮捐所生。儿呼母兮号失声,我掩耳兮不忍听。追持我兮走茕茕,顿复起兮毁颜形。还顾之兮破人情,心怛绝兮死复生。

史家赞曰:妇女端正自己的节操,有事迹可以记述的,以及幽都闲婉有礼有容的,我都区别她们的遗风余烈,而使妇女历史的记载更光彩照人。

后汉书卷八十五

东夷列传第七十五

高句骊列传

高句骊,在辽东之东千里,南与朝鲜、濊貊,东与沃沮,北与夫余接。地方二千里,多大山深谷,人随而为居。少田业,力作不足以自资,故其俗节于饮食,而好修宫室。东夷相传以为夫余别种,故言语法则多同,而跪拜曳一脚,行步皆走。凡有五族,有消奴部、绝奴部、顺奴部、灌奴部、桂娄部。本消奴部为王,稍微弱,后桂娄部代之。其置官,有相加、对卢、沛者、古邹大加、主簿、优台、使者、帛衣先人。武帝灭朝鲜,以高句骊为县,使属玄菟,赐鼓吹伎人。其俗淫,皆洁净自熹,暮夜辄男女群聚为倡乐。好祠鬼神、社稷、零星,以十月祭天大会,名曰"东盟"。其国东有大穴,号襚神,亦以十月迎而祭之。其公会衣服皆锦绣,金银以自饰。大加、主簿皆著帻,如冠帻而无后;其小加著折风,形如弁。无牢狱,有罪,诸加评议便杀之,没入妻子为奴婢。其昏姻皆就妇家,生子长大,然后将还,便稍营送终之具。金银财币尽于厚葬,积石为封,亦种松柏。其人性凶急,有气力,习战斗,好寇钞,沃沮、东濊皆属焉。

句骊一名貊（耳），有别种，依小水为居，因名曰小水貊。出好弓，所谓"貊弓"是也。

王莽初，发句骊兵以伐匈奴，其人不欲行，强迫遣之，皆亡出塞为寇盗。辽西大尹田谭追击，战死。莽令其将严尤击之，诱句骊侯驺入塞，斩之，传首长安。莽大说，更名高句骊王为下句骊侯，于是貊人寇边愈甚。建武八年，高句骊遣使朝贡，光武复其王号。二十三年冬，句骊蚕支落大加戴升等万余口诣乐浪内属。二十五年春，句骊寇右北平、渔阳、上谷、太原，而辽东太守祭肜以恩信招之，皆复款塞。

后句骊王宫生而开目能视，国人怀之，及长勇壮，数犯边境。和帝元兴元年春，复入辽东，寇略六县，太守耿夔击破之，斩其渠帅。安帝永初五年，宫遣使贡献，求属玄菟。元初五年，复与濊貊寇玄菟，攻华丽城。建光元年春，幽州刺史冯焕、玄菟太守姚光、辽东太守蔡讽等，将兵出塞击之，捕斩濊貊渠帅，获兵马财物。宫乃遣嗣子遂成将二千余人逆光等，遣使诈降；光等信之，遂成因据险厄以遮大军，而潜遣三千人攻玄菟、辽东，焚城郭，杀伤二千余人。于是发广阳、渔阳、右北平、涿郡属国三千余骑同救之，而貊人已去。夏，复与辽东鲜卑八千余人攻辽队，杀略吏人。蔡讽等追击于新昌，战殁，功曹耿耗、兵曹掾龙端、兵马掾公孙酺以身扞讽，俱殁于阵，死者百余人。秋，宫遂率马韩、濊貊数千骑围玄菟。夫余王遣子尉仇台将二万余人，与州郡并力讨破之。斩首五百余级。

是岁宫死，子遂成立。姚光上言欲因其丧发兵击之，议者皆以为可许。尚书陈忠曰："宫前桀黠，光不能讨，死而击之，非义也。宜遣吊问，因责让前罪，赦不加诛，取其后善。"安帝从之。明年，遂成还汉生口，诣玄菟降。诏曰："遂成等桀逆无状,当斩断菹醢,以示百姓,幸会赦令,乞罪请降。鲜卑、濊貊连年寇钞,驱略小民,动以千数,而裁送数十百人,非向化之心也。自今已后,不与县官战斗而自以亲附送生口者,皆与赎直,缣人四十匹,小口半之。"

遂成死,子伯固立。其后濊貊率服,东垂少事。顺帝阳嘉元年,置玄菟郡屯田六部。质、桓之间,复犯辽东西安平,杀带方令,掠得乐浪太守妻子。建宁二年,玄菟太守耿临讨之,斩首数百级,伯固降服,乞属玄菟云。

译文:

高句骊在辽东之东一千里,南与朝鲜、濊貊接,东与沃沮接,北与夫余接。土地方圆二千里,国中多大山深谷,其人随处而居。由于田地很少,国人努力耕作还不足以自给,所以其俗节于饮食而好修宫室。东夷相传高句骊为夫余的别种,所以二者言语法则多相同,而跪拜只伸一脚,行走则急趋。高句骊共有五族,有消奴部、绝奴部、顺奴部、灌奴部、桂娄部。消奴部本为王,后渐微弱,桂娄部取代之。其国官职,有相加、对卢、沛者、古邹大加、主簿、优台、使者、帛衣先人等。汉武帝灭朝鲜,以高句骊为县,使其属玄菟郡,赐其鼓吹技人。其俗好淫,讲洁净,夜晚则男女群聚以为倡乐。俗祭祀鬼神、社稷、零星,在十月举行祭天大会,名曰"东盟"。其国东有大穴,号曰禭神,也在十月迎而祭之。在公共大会时,参加者都穿锦绣,用金银装饰。大加、主簿全戴帻,如同中原的冠帻但无后。小加戴折风,形状如中原的弁帽。国中无牢狱,有犯罪者,诸加评议便杀之,没入其妻子为奴婢。其民婚姻全入妇家。待生子长大后,再领其还,并开始为他营造送终之具。金银财币尽用于厚葬,积石为坟,也种松柏。高句骊人性凶急,有气力,善战斗,好寇抄,沃沮、东濊全归属之。

句骊又名貊，有别种，依小水而居，因名为小水貊。出产好弓，"貊弓"就指此种。

王莽初年，征发句骊兵讨伐匈奴，其人不欲行，朝廷强迫遣之，句骊人全逃出境为寇盗。辽西大尹田谭追击之，战死。王莽令其将严尤击之，严尤引诱句骊侯驺入塞，斩之，送其首至长安。王莽大喜，将高句骊王改名为下句骊侯，于是貊人寇边更加厉害。建武八年，高句骊派使朝贡，光武帝恢复其王号。建武二十三年冬天，句骊蚕支落的大加戴升率一万多人到乐浪郡求内属。建武二十三年春天，句骊侵寇右北平、渔阳、上谷、太原，辽东太守祭肜用恩信招抚他们，句骊人皆塞诚服。

后句骊王宫一出生便能开目视人，国人全都归向他。及其长大后，勇敢强壮，多次侵犯边境。和帝元兴元年春，又入辽东，寇略六个县。太守耿夔将其击败，斩其头领。安帝永初五年，宫遣使贡献，请求属玄菟郡。元初五年，又与秽貊犯玄菟，攻华丽城。建光元年春天，幽州刺史冯焕、玄菟太守姚光、辽东太守蔡讽等人领兵出塞击句骊，捕斩秽貊首领，缴获其兵马财物。宫便派其太子遂成领二千多人迎姚光等人，遣使假降。姚光等人相信之，遂成乘机占据险要之地以阻拦大军，暗派三千人进攻玄菟、辽东，焚烧城郭，杀伤二千多人。于是，安帝发广阳、渔阳、右北平、涿郡属国三千多骑一同救之，然而貊人已经离去。这年夏天，句骊又与辽东鲜卑八千多人攻辽东，杀略吏人。蔡讽等追击到新昌，战死。功曹耿耗、兵曹掾龙端、兵马掾公孙酺以身捍卫蔡讽，同死于陈中，汉军死了一百多人。同年秋天，宫又率马韩、秽貊数千骑围玄菟。夫余王派子尉仇台率二万多人，与州郡同力讨破之，杀死句骊五百多人。

当年宫死，其子遂成立。姚光上言欲乘其丧发兵击之，朝廷议者皆以为可以批准。尚书陈忠说："宫先前凶狡，姚光不能讨，死而击之，这不合义。应该遣使进行吊问，借此责备其以前之罪，赦不加诛，取其后善。"安帝从之。第二年，遂成送还俘去的汉人，到玄菟郡归降。安帝下诏说："遂成等人凶逆无礼，当诛斩之以示百姓。有幸遇到赦令，乞罪请降。鲜卑、秽貊连年寇抄，驱略百姓，数以千计，而才送回数十上百人，这不是向化之心。从今以后，不与国家战斗而自动来降附送还人口的，朝廷都给他赎金，每还一人给四十匹缣，小孩减半。"

遂成死，其子伯固立。其后秽貊多服，东边安定。顺帝阳嘉元年，设置玄菟郡屯田六部。质帝、桓帝之间，句骊又侵犯辽东西安平，杀带方令，掳掠乐浪太守妻子。建宁二年，玄菟太守耿临率兵讨之，斩杀数百人，伯固降服，乞请属玄菟郡。

东沃沮列传

东沃沮在高句骊盖马大山之东，东滨大海，北与挹娄、夫余，南与濊貊接。其地东西夹，南北长，可折方千里。土肥美，背山向海，宜五谷，善田种，有邑落长帅。人性质直强勇，便持矛步战。言语、食饮、居处、衣服，有似句骊。其葬，作大木椁，长十余丈，开一头为户，新死者先假埋之，令皮肉尽，乃取骨置椁中。家人皆共一椁，刻木如（主）〔生〕，随死者为数焉。

武帝灭朝鲜，以沃沮地为玄菟郡。后为夷貊所侵，徙郡于高句骊西北，更以沃沮为县，属乐浪东部都尉。至光武罢都尉官，后皆以封其渠帅，为沃沮侯。其土迫小，介于大国之间，遂臣属句骊。句骊复置其中大人（遂）为使者，以相监领，（贵）〔责〕其租税，貂布鱼盐海中食物，发美女为婢妾焉。

又有北沃沮，一名置沟娄，去南沃沮八百余里。其俗皆与南同。界南接挹娄。挹娄人喜乘船寇抄，北沃沮畏之，每夏辄臧于岩穴，至冬船道不通，乃下居邑落。其耆者言，尝于海中得一布衣，其形如中人衣，而两袖长三丈。又于岸际见一人乘破船，顶中复有面，与语不通，不食而死。又说海中有女国，无男人。或传其国有神井，窥之辄生子云。

译文：

东沃沮在高句骊盖马大山的东边，东临大海，北与挹娄、夫余接，南与濊貊接。其地东西狭窄，南北长，方圆一千里。其土地肥美，背山临海，适宜五谷生长，所以其民善于耕种，邑落有长帅。其民性质直强勇，喜欢持矛步战。言语、食饮、居处、衣服等与句骊相似。其丧葬之俗，先作一个大木椁，长十余丈，开一端为门。新死者先暂时埋之，待其皮肉烂尽，再取其骨置椁中。家人共用一椁，然后刻死者木像，木像之数随死者之数。

汉武帝灭朝鲜后，以沃沮之地为玄菟郡。后被夷貊所侵，便将郡徙于高句骊西北，改沃沮为县，属乐浪东部都尉管辖。光武帝罢都尉之职，便封沃沮首领为沃沮侯。其国土迫小，介于大国之间，便臣服于句骊。句骊又置其中大人为使者，以此来监领其国，收其租税及貂布鱼盐、海中食物，征发其美女为婢妾。

又有北沃沮，亦名置沟娄，离南沃沮八百多里。其俗与南沃沮相同。其界南接挹娄。挹娄人喜乘船寇抄，北沃沮畏之，每年夏天都藏在山洞中，到冬天船道不通时，才下山居住在邑落里。据其国老人说，曾于海中得到一个布衣，其大小适于一般身材，而两袖却长三丈。又在岸边见一人乘破船，头顶上还有一个脸，与他说话而语言不通，后此人不吃东西而死。又说海中有女国。无男人。传说女国中有神井，窥视之就可生子。

后汉书卷八十六

南蛮西南夷列传第七十六

巴郡南郡蛮列传

巴郡南郡蛮,本有五姓:巴氏、樊氏、瞫氏,相氏,郑氏。皆出于武落钟离山。其山有赤黑二穴,巴氏之子生于赤穴,四姓之子皆生黑穴。未有君长,俱事鬼神,乃共掷剑于石穴,约能中者,奉以为君。巴氏子务相乃独中之,众皆叹。又令各乘土船,约能浮者,当以为君。余姓悉沉,唯务相独浮。因共立之,是为廪君。乃乘土船,从夷水至盐阳。盐水有神女,谓廪君曰:"此地广大,鱼盐所出,愿留共居。"廪君不许。盐神暮辄来取宿,旦即化为虫,与诸虫群飞,掩蔽日光,天地晦冥。积十余日,廪君(思)〔伺〕其便,因射杀之,天乃开明。廪君于是君乎夷城,四姓皆臣之。廪君死,魂魄世为白虎。巴氏以虎饮人血,遂以人祠焉。

及秦惠王并巴中,以巴氏为蛮夷君长,世尚秦女,其民爵比不更,有罪得以爵除。其君长岁出赋二千一十六钱,三岁一出义赋千八百钱。其民户出幏布八丈二尺,鸡羽三十鏃。汉兴,南郡太守靳强请一依秦时故事。

至建武二十三年，南郡潳山蛮雷迁等始反叛，寇掠百姓，遣武威将军刘尚将万余人讨破之，徙其种人七千余口置江夏界中，今沔中蛮是也。和帝永元十三年，巫蛮许圣等以郡收税不均，怀怨恨，遂屯聚反叛。明年夏，遣使者督荆州诸郡兵万余人讨之。圣等依凭阻隘，久不破。诸军乃分道并进，或自巴郡、鱼复数路攻之，蛮乃散走，斩其渠帅。乘胜追之，大破圣等。圣等乞降，复悉徙置江夏。灵帝建宁二年，江夏蛮叛，州郡讨平之。光和三年，江夏蛮复反，与庐江贼黄穰相连结，十余万人，攻没四县，寇患累年。庐江太守陆康讨破之，余悉降散。

译文：

巴郡南郡蛮本有五姓：巴氏、樊氏、瞫氏、相氏、郑氏。他们都出于武落钟离山。此山有赤、黑两个山洞，巴氏之子生于赤色山洞，余下四姓之子都生于黑色山洞。他们没有君长，都侍奉鬼神，便共同往石洞投掷佩剑，事先约定，能投中者便被奉为君。巴氏子务相乃独自投中之，众人皆叹。又各乘土船，相约能使船浮者为君。结果四姓船皆沉，唯独务相之船漂浮。因此众人共立他为君，这就是廪君。廪君便乘上船，从夷水到盐阳。盐水有神女，她对廪君说："此地广大，出产鱼盐，愿你留下和我共居于此。"廪君不应。盐神女就夜晚来住宿，早晨就变化为虫，与诸虫群飞，遮蔽日光，使得天昏地暗。如此有十多天，廪君找个机会将盐神女射杀，天地才复明。于是，廪君在夷城为君，四姓全为其臣。廪君死，魂魄世为白虎。巴氏认为虎饮人血，便以人祭祀他。

后秦惠王兼并巴中，以巴氏为蛮夷君长，世代娶秦女，其民爵秩不变，有罪可以以除爵相抵。其君长一年出赋二千一十六钱，三年出一次义赋一千八百钱。其民每户出嫁布八丈二尺，鸡羽三十鏃。汉朝建立后，南郡太守靳强请求一切依秦时旧例。

到建武二十三年，南郡潺山蛮雷迁等开始反叛，寇掠百姓。光武帝遣武威将军刘尚领一万多人讨破之，迁徙其种人七千多口置于江夏界中，令沔中蛮就是他们的后代。和帝永元十三年，巫蛮许圣等人认为郡收税不均，心怀怨恨，遂屯聚反叛。第二年夏天，和帝遣使者督荆州诸郡兵一万多人讨伐。许圣等人依凭险隘，汉兵久攻不破。诸军便分道并进，从巴郡，鱼复等几路进攻，蛮众才散走。汉军斩其首领，乘胜追之，大破许圣。许圣等乞求投降，又都被徙置于江夏。灵帝建宁二年，江夏蛮反叛，州郡讨平之。光和三年，江夏蛮又反，与庐江贼黄穰相联结，有十多万人。他们攻没四县，多年为寇患。庐江太守陆康讨破之，余众全都降散。

夜郎列传

夜郎者，初有女子浣于遁水，有三节大竹流入足间，闻其中有号声，剖竹视之，得一男儿，归而养之。及长，有才武，自立为夜郎侯，以竹为姓。武帝元鼎六年，平南夷，为牂柯郡，夜郎侯迎降，天子赐其王印绶。后遂杀之。夷獠咸以竹王非血气所生，甚重之，求为立后。牂柯太守吴霸以闻，天子乃封其三子为侯。死，配食其父。今夜郎县有竹王三郎神是也。

初，楚顷襄王时，遣将庄豪从沅水伐夜郎，军至且兰，椓船于岸而步战。既灭夜郎，因留王滇池。以且兰〔有〕椓船牂柯处，乃改其名为牂柯。牂柯地多雨潦，俗好巫鬼禁忌，寡畜生，又无蚕桑，故其郡最贫。句町县有桄桹木，可以为面，百姓资之。公孙述时，大姓龙、傅、尹、董氏，与郡功曹谢暹保境为汉，乃遣使从番禺江奉贡。光武嘉之，并加褒赏。桓帝时，郡人尹珍自以生于荒裔，不知礼义，乃从汝南许慎、应奉受经书图纬，学成，还乡里教授，于是南域始有学焉。珍官至荆州刺史。

译文：

很早以前，有一个女子在遁水边洗衣服，有一段三节大竹漂到她的脚边。她听到竹子里面有哭声，便把竹子剖开，发现里面是个男婴，便把他抱回去抚养。这个孩子长大以后，有才干武略，自立为夜郎侯，以竹为姓。汉武帝元鼎六年，平南夷，建置牂柯郡，夜郎侯前来迎降，汉武帝赐给他王之印绶。后来又把他杀掉。夷獠之人都认为竹王不是血气所生，特别看重他，请求为他立后。牂柯太守吴霸将这个要求奏知给朝廷，汉武帝便封他的三个儿子为侯。死后配其父灵位享食祭祀。至今夜郎县还有竹王三郎神。

当初，楚顷襄王时，曾派将领庄豪从沅水征伐夜郎，楚军到且兰后，便毁船登岸进行步战。灭掉夜郎以后，庄豪便留在滇池称王。因为且兰有毁船牂柯之处，便改且兰为牂柯。牂柯气候多雨，其俗好巫鬼禁忌，牲畜很少，又无蚕桑，所以其郡最贫穷。句町县有一种叫枕根木的植物，可以做面，百姓因以之为食。公孙述时，牂柯大姓龙氏、傅氏、尹氏、董氏，与郡功曹谢暹保境从汉，并派遣使节从番江出来到朝廷贡献。光武帝嘉赞之，并给他们赏赐。桓帝时，郡人尹珍自以为生在荒远之处，不知礼仪，便向汝南人许慎、应奉学习经书图纬。学成后回乡里教授，于是南域开始有学人。尹珍官至荆州刺史。

白马氐列传

白马氐者，武帝元鼎六年开，分广汉西部，合以为武都。土地险阻，有麻田，出名马、牛、羊、漆、蜜。氐人勇戆抵冒，贪货死利。居于河池，一名仇池，方百顷，四面斗绝。数为边寇，郡县讨之，则依固自守。元封三年，氐人反叛，遣兵破之，分徙酒泉郡。昭帝元凤元年，氐人复叛，遣执金吾马適建、龙頟侯韩增、大鸿胪田广明，将三辅、太常徒讨破之。

及王莽篡乱，氐人亦叛。建武初，氐人悉附陇蜀，及隗嚣灭，其酋豪乃背公孙述降汉，陇西太守马援上复其王侯君长，赐以印绶。后嚣族人隗茂反，杀武都太守。氐人大豪齐钟留为种类所敬信，威服诸豪，与郡丞孔奋击茂，破斩之。后亦时为寇盗，郡县讨破之。

论曰：汉氏征伐戎狄，有事边远，盖亦与王业而终始矣。至于倾没疆垂，丧师败将者，不出时岁，卒能开四夷之境，肆殊俗之附。若乃文约之所沾渐，风声之所周流，几将日所出入处也。著自山经、水志者，亦略及焉。虽服叛难常，威泽时旷，及其化行，则缓耳雕脚之伦，兽居鸟语之类，莫不举种尽落，回面而请吏，陵海越障，累译以内属焉。故其录名中郎、校尉之署，编数都护、部守之曹，动以数百万计。若乃藏山隐海之灵物，沉沙栖陆之玮宝，莫不呈表怪丽，雕被宫幄焉。又其賨幏火毲驯禽封兽之赋，軨积于内府；夷歌巴舞殊音异节之技，列倡于外门。岂柔服之道，必足于斯？然亦云致远者矣。蛮夷虽附阻岩谷，而类有土居，连涉荆、交之区，布护巴、庸之外，不可量极。然其凶勇狡算，薄于羌狄，故陵暴之害，不能深也。西南之徼，尤为劣焉。故关守永昌，肇自远离，启土立人，至今成都焉。

赞曰：百蛮蠢居，仞彼方徼。镂体卉衣，凭深阻峭。亦有别夷，屯彼蜀表。参差聚落，纡余岐道。往化既孚，改襟输宝。俾建永昌，同编亿兆。

译文：

白马氏所居之地，是汉武帝元鼎六年所开。当时分出广汉西部，与此合为武都。其地势险阻，有麻田，出名马、牛、羊、漆、蜜。氐人勇憨，敢冲在前头，贪财，为求利不怕死。其居地名河池，又名仇池，方圆百顷，四面陡绝。白马氏多次寇犯边界，郡县讨之，他们就依险固守。元封三年，氐人反叛，汉武帝遣兵破之，将氐人分徙至酒泉郡。汉昭帝元凤元年，氐人又叛。昭帝派遣执金吾马适建、龙頟侯韩增、大鸿胪田广明率领三辅、太常之兵讨破之。

王莽篡政后，天下大乱，氐人也叛。建武初年，氐人全依附陇蜀。隗嚣被灭后，氐人豪茜便背叛公孙述归降东汉，陇西太守马援上书奏请免除氐人王侯君长的赋役，赐给其印绶。后隗嚣族人隗茂逆反，杀武都太守。氐人大豪齐钟留被其种族所敬信，威服诸豪。他与郡丞孔奋一起进击隗茂，破斩之。后氐人也时为寇盗，郡县讨破之。

史家论曰：汉朝征伐夷狄，兴兵边远地区，是与他的王业相终始的。为此甚至于倾没边疆，丧师败将，不过一年，终于开拓四夷之境，使殊俗之人诚服。这样才使文书要约所沾，风声所流，几乎到达太阳所出处之地。那些描写山水地理之书，也能略谈到四夷。四夷虽叛服无常，但由于长时间的威泽所施，及教化大行，那些风俗语言各异的夷人，全部率种落，跨海越障，辗转翻译请求归降内属。所以汉朝的中郎将、校尉等官署收录其名，将他们编入都护、部守之曹，差不多有几百万人。这样就使那些隐藏于山海中的灵物，沉沙栖陆的玮宝，全都呈献于朝廷，装饰在宫幄中。又使四夷的賨钱、㡨布、火浣布、鹦鹉、大象等贡赋充积在内库，夷歌巴舞殊音异节之技列唱于外门。难道怀柔服远之道，必定要得到这么多的东西吗？然而这又可以说是使远人来致的结果。蛮夷虽居于险峻的山谷中，但也有的种族守土定居，分布在荆、交之地，巴、庸之外，不能尽数。然而他们的凶勇狡算，还比不上羌狄，所以陵暴之害不是很深。西南之境，为害尤其弱小。所以自从远方的哀牢夷归属，就开始创立永昌郡，从建郡至今，此地已发展为都市了。

史家赞曰：那些弱小的百蛮所居之都，多以高山为境。他们纹身穿草，依凭深山险阻。也有个别的夷人种落，屯聚在蜀郡之上。他们的邑落，参差不齐地坐落于蜿蜒曲折的岐道上。中原的教化在此风行之后，他们都改变自己的习俗，向朝廷输送宝物。朝廷于此建永昌郡，将他们编为国家的民户。

后汉书卷八十七

西羌传第七十七

羌无弋爰剑传

羌无弋爰剑者,秦厉公时为秦所拘执,以为奴隶。不知爰剑何戎之别也。后得亡归,而秦人追之急,藏于岩穴中得免。羌人云爰剑初藏穴中,秦人焚之,有景象如虎,为其蔽火,得以不死。既出,又与劓女遇于野,遂成夫妇。女耻其状,被发覆面,羌人因以为俗,遂俱亡入三河间。诸羌见爰剑被焚不死,怪其神,共畏事之,推以为豪,河湟间少五谷,多禽兽,以射猎为事,爰剑教之田畜,遂见敬信,庐落种人依之者日益众。羌人谓奴为无弋,以爰剑尝为奴隶,故因名之。其后世世为豪。

至爰剑曾孙忍时,秦献公初立,欲复穆公之迹,兵临渭首,灭狄獂戎。忍季父卬畏秦之威,将其种人附落而南,出赐支河曲西数千里,与众羌绝远,不复交通。其后子孙分别,各自为种,任随所之。或为氂牛种,越巂羌是也;或为白马种,广汉羌是也;或为参狼种,武都羌是也。忍及弟舞独留湟中,并多娶妻妇。忍生九子为九种,舞生十七子为十七种,羌之兴盛,从此起矣。

及忍子研立，时秦孝公雄强，威服羌戎。孝公使太子驷率戎狄九十二国朝周显王。研至豪健，故羌中号其后为研种。及秦始皇时，务并六国，以诸侯为事，兵不西行，故种人得以繁息。秦既兼天下，使蒙恬将兵略地，西逐诸戎，北却众狄，筑长城以界之，众羌不复南度。

至于汉兴，匈奴冒顿兵强，破东胡，走月氏，威震百蛮，臣服诸羌。景帝时，研种留何率种人求守陇西塞，于是徙留何等于狄道、安故，至临洮、氐道、羌道县。及武帝征伐四夷，开地广境，北却匈奴，西逐诸羌，乃度河、湟，筑令居塞；初开河西，列置四郡，通道玉门，隔绝羌胡，使南北不得交关。于是障塞亭燧出长城外数千里。时先零羌与封养牢姐种解仇结盟，与匈奴通，合兵十余万，共攻令居、安故，遂围枹罕。汉遣将军李息、郎中令徐自为将兵十万人击平之。始置护羌校尉，持节统领焉。羌乃去湟中，依西海、盐池左右。汉遂因山为塞，河西地空，稍徙人以实之。

至宣帝时，遣光禄大夫义渠安国觇行诸羌，其先零种豪言："愿得度湟水，逐人所不田处以为畜牧。"安国以事奏闻，后将军赵充国以为不可听。后因缘前言，遂度湟水，郡县不能禁。至元康三年，先零乃与诸羌大共盟誓，将欲寇边。帝闻，复使安国将兵观之。安国至，召先零豪四十余人斩之，因放兵击其种，斩首千余级。于是诸羌怨怒，遂寇金城。乃遣赵充国与诸将将兵六万人击破平之。至研十三世孙烧当立。元帝时，乡姐等七种羌寇陇西，遣右将军冯奉世击破降之。从爰剑种五世至研，研最豪健，自后以研为种号。十三世至烧当，复豪健，其子孙更以烧当为种号。自乡姐羌降之后数十年，四夷宾服，边塞无事。至王莽辅政，欲燿威德，以怀远为名，乃令译讽旨诸羌，使共献西海之地，初开以为郡，筑五县，边海亭燧相望焉。

译文：

羌人无弋爱剑，在秦厉公时曾被秦国拘禁，让他做奴隶。不知爱剑是哪一支戎人的别支。后来他得以逃身，秦人在后边紧紧追赶，他躲藏在山洞里才得以幸免。羌人传说，爱剑当初藏在洞中的时候，秦人放火烧他，这时出现了一个像虎一样的形象来为他遮蔽烈火，他才大难不死。他从洞中出来，在山野里遇到一个被割掉鼻子的女子，于是两人成为了夫妻。女子为自己的相貌感到羞耻，把头发披散覆盖在脸上，因此羌人就把这作为自己的风俗习惯。以后他们全部逃进了黄河、赐支河、湟水之间的地方。羌人们见爱剑被烧而大难不死，非常惊奇，以为他有神力，所以全都畏惧他、服从他，推举他为首领（"豪"）。黄河、湟水之间的地方五谷少，禽兽多，羌人以射猎为生。爱剑教他们耕田种地，牧养牲畜，因此羌人尊敬信任他，来依附他的人越来越多。羌人把奴隶叫作无弋，就是因为爱剑曾经当过奴隶，所以以他的名字来作为称呼。爱剑的后人世世代代都是首领。

到了爱剑的曾孙忍的时候，秦献公刚刚即位，打算恢复穆公的业绩，称霸西戎。秦国军队到达渭首，消灭了狄獂戎。忍的季父卬畏惧秦国的威势，带领他的部族和依附部落向南，越出赐支河曲向西数千里，与各羌人部族相距极远，不再往来。这以后，其子孙析分离别，各自立为部族，分散到了各处。或者叫作耗牛种，也就是越巂羌；或者叫作白马种，也就是广汉羌；或者叫作参狼种，也就是武都羌。只有忍和他的弟弟舞留在了湟中，都娶了很多妻妾。忍生了九个儿子，成为九个部族，舞生了十七个儿子，成为十七个部族，羌人自此兴盛起来。

到忍的儿子研即位的时候，秦孝公威武强盛，以威势使羌戎顺服。秦孝公派太子驷率领戎狄的九十二个国家去向周显王朝贡。研非常强横刚健，所以在羌人中把他的后人称为研种。到秦始皇时候，秦国致力于兼并六国，把力量集中在各诸侯国方面，军队不再派往西边，所以羌人得以生殖繁衍。秦国兼并天下后，派蒙恬率领军队攻城夺地，西边驱逐戎人，北边击退狄人，修筑了长城，把他们阻挡在长城之外，羌人不能再向南进犯了。

到汉朝兴起时，匈奴冒顿兵力强盛，攻破东胡人，赶走月氏人，威势使蛮人震慑，使羌人称臣。汉景帝时，研种的留何率领种人要求守卫陇西塞，于是把留何等人从狄道、安故，迁到临洮、氐道、羌道县。汉武帝时，出兵征伐四周的国家，开辟地域，扩大国境，北边击退匈奴，西边驱逐羌人，又渡过黄河、湟水，修筑了令居塞；开辟了河西地方，设置了酒泉、武威、张掖、敦煌四郡，开辟疏通了到达玉门的道路，把羌人、胡人隔绝开来，使南北不能往来。自此，边关城堡、要塞、哨所、烽火等修筑到了长城以外数千里的地方。当时先零羌与封养牢姐种两部分人化解仇怨，结为联盟，与匈奴勾结，集合十多万兵力，共同攻打令居、安故，围困了枹罕。汉朝派遣将军李息、郎中令徐自为，率领十万兵马，把他们击败荡平。从这时起，开始设置了护羌校尉的官职，受皇帝之命，持节管理羌人。于是羌人离开湟中，依傍着西海、盐池左右居住下来。汉朝即以山作为防守屏障。这时河西地方荒漠无人，朝廷移入了一部分人口，来充实这个地方。

到汉宣帝时候，朝廷派遣光禄大夫义渠安国巡视羌人的情况。先零种的首领说："情愿渡过湟水，在无人种田的地方从事畜牧。"义渠安国把这件事上奏给皇帝，后将军赵充国认为不能听信他们的话。后来羌人依照自己的要求,未经允许渡过湟水,郡县官员都不能阻止他们。元康三年,先零种与各羌人部族结盟立誓,想要进犯汉朝边境。皇帝听说了,再次派遣义渠安国率领军队去观察他们的动静。安国到达后,把先零首领等四十多人召来杀掉了,然后进军攻打他们部族的人,斩杀一千余人。各羌人部族因此而怨恨,立即进犯金城郡。朝廷派遣赵充国与各位将领率领六万人马将他们击败。研的十三世孙烧当即位。汉元帝时,彡姐等七个羌种进犯陇西,朝廷派了右将军冯奉世把他们击败,迫使他们归降。从爱剑种起历经五世到研时,研是最强横刚健的,此后就以研作为部族的称号。又历经十三世到烧当,烧当也很强健,他的子孙便改变称号,以烧当作为部族的称号。自彡姐羌归降以后数十年,四周的国家都服从汉朝,边境平安无事。到王莽当政时,想要炫耀自己的威势,以安抚远方的人为名义,命令译官去向羌人宣布皇帝的谕旨,让他们共同献出西海地方,在这里初次开辟为郡,设置了五个县,沿西海的边境线上,哨所、烽火遥遥相望。

后汉书卷八十八

西域传第七十八

安息传

安息国居和椟城,去洛阳二万五千里。北与康居接,南与乌弋山离接。地方数千里,小城数百,户口胜兵最为殷盛。其东界木鹿城,号为小安息,去洛阳二万里。

章帝章和元年,遣使献师子、符拔。符拔形似麟而无角。和帝永元九年,都护班超遣甘英使大秦,抵条支。临大海欲度,而安息西界船人谓英曰:"海水广大,往来者逢善风三月乃得度,若遇迟风,亦有二岁者,故入海人皆赍三岁粮。海中善使人思土恋慕,数有死亡者。"英闻之乃止。十三年,安息王满屈复献师子及条支大鸟,时谓之安息雀。

自安息西行三千四百里至阿蛮国。从阿蛮西行三千六百里至斯宾国。从斯宾南行度河,又西南至于罗国九百六十里,安息西界极矣。自此南乘海,乃通大秦。其土多海西珍奇异物焉。

译文:

安息国居住在和椟城,离洛阳二万五千里。北与康居接壤,南与乌弋山离国邻接。土地方圆数千里，有数百座小城，户数人口能胜任兵役者最多。它的东界木鹿城，号称小安息，离洛阳二万里。

章帝章和元年，安息国派使臣献狮子、符拔。符拔外形似麟但没有角。和帝永和九年，都护班超派甘英出使大秦，到达安息。至大海边想渡海，而安息国西界船民对甘英说："海水广大，来往的人遇顺风三个月才能渡过去，若遇逆风，也有二年才到的，因此入海的人都带着三年的粮食。在海中会使人悲怀思土，因而多有死亡者。"甘英听到这些便作罢。永元十三年，安息王满屈又献狮子与条支大鸟，当时称为安息雀。

从安息西行三千四百里到阿蛮国。从阿蛮国西行三千六百里到斯宾国。从斯宾国南行渡过河，又向西南到于罗国九百六十里，安息国西界到头了。由此向南渡海，便通往大秦。当地多海西珍奇异物。

天竺传

天竺国一名身毒，在月氏之东南数千里。俗与月氏同，而卑湿暑热。其国临大水。乘象而战。其人弱于月氏，修浮图道，不杀伐，遂以成俗。从月氏、高附国以西，南至西海，东至磐起国，皆身毒之地。身毒有别城数百，城置长。别国数十，国置王。虽各小异，而俱以身毒为名，其时皆属月氏。月氏杀其王而置将，令统其人。土出象、犀、瑇瑁、金、银、铜、铁、铅、锡，西与大秦通，有大秦珍物。又有细布、好毾㲪、诸香、石蜜、胡椒、姜、黑盐。

和帝时，数遣使贡献，后西域反畔，乃绝。至桓帝延熹二年、四年，频从日南徼外来献。

世传明帝梦见金人，长大，顶有光明，以问群臣。或曰："西方有神，名曰佛，其形长丈六尺而黄金色。"帝于是遣使天竺，问佛道法，遂于中国图画形象焉。楚王英始信其术，中国因此颇有奉其道者。后桓帝好神，数祀浮图、老子，百姓稍有奉者，后遂转盛。

东离国居沙奇城，在天竺东南三千余里，大国也。其土气、物类与天竺同。列城数十，皆称王。大月氏伐之，遂臣服焉。男女皆长八尺，而怯弱。乘象、骆驼，往来邻国。有寇，乘象以战。

栗弋国属康居。出名马、牛、羊、蒲萄众果，其土水美，故蒲萄酒特有名焉。

严国，在奄蔡北，属康居，出鼠皮以输之。

奄蔡国改名阿兰聊国，居地城，属康居。土气温和，多桢松、白草。民俗衣服与康居同。

译文：

天竺国一名身毒，在月氏东南方几千里外的地方。风俗与月氏相同，而该地地势低下潮湿气候酷热。该国毗邻大河。乘坐大象打仗。该国人比月氏人还怯弱，修炼佛法，不杀人，成为习惯。从月氏、高附国向西，南到西海，东到磐起国，都是身毒的国土。身毒国内另有城堡数百座，每座城都设首领。另有几十个小国，每国都设国王。各国间虽小有差异，但都以身毒为名，当时都臣服于月氏。月氏人杀国王而设将，令统辖该国民众。当地出产象、犀、玳瑁、金、银、铜、铁、铅、锡，西边与大秦相通，有大秦珍奇物品。又有细布、好氍毹一类毛席，诸香、石蜜、胡椒、姜、黑盐。

和帝时,身毒多次派遣使者进贡,后来西域反叛,才断绝往来。到桓帝延熹二年、四年,多次从日南边境处来进贡。

世间传言明帝梦见金人,很长很大,顶上有光,明帝向群臣询问此事。有人说:"西方有神,名叫佛,形状长一丈六寸尺而呈黄金色。"于是,明帝派使者到天竺问佛教的道法,便在中国摹画佛的形象。楚王英首先相信佛的道术。中国由此有很多人信奉佛法。后桓帝好神,多次祀佛、老子,百姓信奉的稍多,后来就转而兴盛起来。

东离国居住在沙奇城;在天竺东南方三千多里的地方,是一个大国。该国土壤气候、物产与天竺相同。有城几十个,都称王。大月氏讨伐他们,于是臣服于月氏。男女都身长八尺,而生性怯弱。乘坐象、骆驼,往来邻国。有敌人入侵,乘象作战。

栗弋国附属于康居。出产名马牛羊、葡萄等多种水果,该国土壤水质好,因此葡萄酒很有名。

严国在奄蔡北方,附属于康居,出产鼠皮以供康居。

奄蔡国改名阿兰聊国,居住在地城,臣属康居。土气温和,多桢松、白草,民众风俗衣服与康居相同。

- 史记
- 汉书
- 后汉书
- **三国志**
- 晋书
- 宋书
- 南齐书
- 梁书
- 陈书
- 魏书
- 北齐书
- 周书
- 隋书
- 南史
- 北史
- 旧唐书
- 新唐书
- 旧五代史
- 新五代史
- 宋史
- 辽史
- 金史
- 元史
- 明史

三国志

魏 书

三国志卷一

魏书一

武帝纪第一

太祖武皇帝，沛国谯人也，姓曹，讳操，字孟德，汉相国参之后。桓帝世，曹腾为中常侍、大长秋，封费亭侯。养子嵩嗣，官至太尉，莫能审其生出本末。嵩生太祖。

太祖少机警，有权数，而任侠放荡，不治行业，故世人未之奇也；惟梁国桥玄、南阳何颙异焉。玄谓太祖曰："天下将乱，非命世之才不能济也，能安之者，其在君乎！"年二十，举孝廉为郎，除洛阳北部尉，迁顿丘令，征拜议郎。

光和末，黄巾起。拜骑都尉，讨颍川贼。迁为济南相，国有十余县，长吏多阿附贵戚，赃污狼藉，于是奏免其八；禁断淫祀，奸宄逃窜，郡界肃然。久之，征还为东郡太守；不就，称疾归乡里。顷之，冀州刺史王芬、南阳许攸、沛国周旌等连结豪杰，谋废灵帝，立合肥侯，以告太祖，太祖拒之。芬等遂败。

金城边章、韩遂杀刺史、郡守以叛，众十余万，天下骚动。征太祖为典军校尉。会灵帝崩，太子即位，太后临朝。大将军何进与袁绍谋诛宦官，太后不听。进乃召董卓，欲以胁太后，卓未至而进见杀。卓到，废帝为弘农王而立献帝，京都大乱。卓表太祖为骁骑校尉，欲与计事。太祖乃变易姓名，间行东归。出关，过中牟，为亭长所疑，执诣县，邑中或窃识之，为请得解。卓遂杀太后及弘农王。太祖至陈留，散家财，合义兵，将以诛卓。冬十二月，始起兵于己吾，是岁中平六年也。

初平元年春正月，后将军袁术、冀州牧韩馥、豫州刺史孔伷、兖州刺史刘岱、河内太守王匡、勃海太守袁绍、陈留太守张邈、东郡太守桥瑁、山阳太守袁遗、济北相鲍信同时俱起兵，众各数万，推绍为盟主。太祖行奋武将军。

二月，卓闻兵起，乃徙天子都长安。卓留屯洛阳，遂焚宫室。是时绍屯河内，邈、岱、瑁、遗屯酸枣，术屯南阳，伷屯颍川，馥在邺。卓兵强，绍等莫敢先进。太祖曰："举义兵以诛暴乱，大众已合，诸君何疑？向使董卓闻山东兵起，倚王室之重，据二周之险，东向以临天下；虽以无道行之，犹足为患。今焚烧宫室，劫迁天子，海内震动，不知所归，此天亡之时也。一战而天下定矣，不可失也。"遂引兵西，将据成皋。邈遣将卫兹分兵随太祖到荥阳汴水，遇卓将徐荣，与战不利，士卒死伤甚多。太祖为流矢所中，所乘马被创，从弟洪以马与太祖，得夜遁去。荣见太祖所将兵少，力战尽日，谓酸枣未易攻也，亦引兵还。

太祖到酸枣，诸军兵十余万，日置酒高会，不图进取。太祖责让之，因为谋曰："诸君听吾计，使勃海引河内之众临孟津，酸枣诸将守成皋，据敖仓，塞轘辕、太谷，全制其险；使袁将军率南阳之军军丹、析，入武关，以震三辅：皆高垒深壁，勿与战，益为疑兵，示天下形势，以顺诛逆，可立定也。今兵以义动，持疑而不进，失天下之望，窃为诸君耻之！"邈等不能用。太祖兵少，乃与夏侯惇等诣扬州募兵，刺史陈温、丹杨太守周昕与兵四千余人。还到龙亢，士卒多叛。至铚、建平，复收兵得千余人，进屯河内。

刘岱与桥瑁相恶，岱杀瑁，以王肱领东郡太守。袁绍与韩馥谋立幽州牧刘虞为帝，太祖拒之。绍又尝得一玉印，于太祖坐中举向其肘，太祖由是笑而恶焉。

二年春，绍、馥遂立虞为帝，虞终不敢当。夏四月，卓还长安。秋七月，袁绍胁韩馥取冀州。

黑山贼于毒、白绕、眭固等十余万众略魏郡、东郡，王肱不能御，太祖引兵入东郡，击白绕于濮阳，破之。袁绍因表太祖为东郡太守，治东武阳。

三年春，太祖军顿丘，毒等攻东武阳。太祖乃引兵西入山，攻毒等本屯。毒闻之，弃武阳还。太祖要击眭固，又击匈奴于夫罗于内黄，皆大破之。

夏四月，司徒王允与吕布共杀卓。卓将李傕、郭汜等杀允攻布，布败，东出武关。傕等擅朝政。

青州黄巾众百万入兖州，杀任城相郑遂，转入东平。刘岱欲击之，鲍信谏曰："今贼众百万，百姓皆震恐，士卒无斗志，不可敌也。观贼众群辈相随，军无辎重，唯以钞略为资，今不若畜士众之力，先为固守。彼欲战不得，攻又不能，其势必离散，后选精锐，据其要害，击之可破也。"岱不从，遂与战，果为所杀。信乃与州吏万潜等至东郡迎太祖领兖州牧。遂进兵击黄巾于寿张东。信力战斗死，仅而破之。购求信丧不得，众乃刻木如信形状，祭而哭焉。追黄巾至济北。乞降。冬，受降卒三十余万，男女百余万口，收其精锐者，号为青州兵。

袁术与绍有隙，术求援于公孙瓒，瓒使刘备屯高唐，单经屯平原，陶廉屯发干，以逼绍。太祖与绍会击，皆破之。

四年春，军鄄城。荆州牧刘表断术粮道，术引军入陈留，屯封丘，黑山余贼及于夫罗等佐之。术使将刘详屯匡亭。太祖击详，术救之，与战，大破之。术退保封丘，遂围之，未合，术走襄邑，追到太寿，决渠水灌城。走宁陵，又追之，走九江。夏，太祖还军定陶。下邳阙宣聚众数千人，自称天子；徐州牧陶谦与共举兵，取泰山华、费，略任城。秋，太祖征陶谦，下十余城，谦守城不敢出。是岁，孙策受袁术使渡江，数年间遂有江东。

兴平元年春，太祖自徐州还。初，太祖父嵩，去官后还谯，董卓之乱，避难琅邪，为陶谦所害，故太祖志在复雠东伐。夏，使荀彧、程昱守鄄城，复征陶谦，拔五城，遂略地至东海。还过郯，谦将曹豹与刘备屯郯东，要太祖。太祖击破之，遂攻拔襄贲，所过多所残戮。

会张邈与陈宫叛迎吕布，郡县皆应。荀彧、程昱保鄄城，范、东阿二县固守，太祖乃引军还。布到，攻鄄城不能下，西屯濮阳。太祖曰："布一旦得一州，不能据东平，断亢父、泰山之道乘险要我，而乃屯濮阳，吾知其无能为也。"遂进军攻之。布出兵战，先以骑犯青州兵。青州兵奔，太祖阵乱，驰突火出，坠马，烧左手掌。司马楼异扶太祖上马，遂引去。未至营止，诸将未与太祖相见，皆怖。太祖乃自力劳军，令军中促为攻具，进复攻之，与布相守百余日。蝗虫起，百姓大饿，布粮食亦尽，各引去。

秋九月，太祖还鄄城。布到乘氏，为其县人李进所破，东屯山阳。于是绍使人说太祖，欲连和。太祖新失兖州，军食尽，将许之。程昱止太祖，太祖从之。冬十月，太祖至东阿。

是岁谷一斛五十余万钱，人相食，乃罢吏兵新募者。陶谦死，刘备代之。

二年春，袭定陶。济阴太守吴资保南城，未拔。会吕布至，又击破之。夏，布将薛兰、李封屯巨野，太祖攻之，布救兰，兰败，布走，遂斩兰等。布复从东缗与陈宫将万余人来战，时太祖兵少，设伏，纵奇兵击，大破之。布夜走，太祖复攻，拔定陶，分兵平诸县。布东奔刘备，张邈从布，使其弟超将家属保雍丘。秋八月，围雍丘。冬十月，天子拜太祖兖州牧。十二月，雍丘溃，超自杀。夷邈三族。邈诣袁术请救，为其众所杀，兖州平，遂东略陈地。

是岁，长安乱，天子东迁，败于曹阳，渡河幸安邑。

建安元年春正月，太祖军临武平，袁术所置陈相袁嗣降。太祖将迎天子，诸将或疑，荀彧、程昱劝之，乃遣曹洪将兵西迎，卫将军董承与袁术将苌奴拒险，洪不得进。

汝南、颍川黄巾何仪、刘辟、黄邵、何曼等，众各数万，初应袁术，又附孙坚。二月，太祖进军讨破之，斩邵等，仪及其众皆降。天子拜太祖建德将军，夏六月，迁镇东将军，封费亭侯。秋七月，杨奉、韩暹以天子还洛阳，奉别屯梁。太祖遂至洛阳，卫京都，暹遁走。天子假太祖节钺，录尚书事。洛阳残破，董昭等劝太祖都许。九月，车驾出轘辕而东，以太祖为大将军，封武平侯。自天子西迁，朝廷日乱，至是宗庙社稷制度始立。

天子之东也，奉自梁欲要之，不及。冬十月，公征奉，奉南奔袁术，遂攻其梁屯，拔之。于是以袁绍为太尉，绍耻班在公下，不肯受。公乃固辞，以大将军让绍。天子拜公司空，行车骑将军。是岁用枣祗、韩浩等议，始兴屯田。

吕布袭刘备，取下邳。备来奔。程昱说公曰："观刘备有雄才而甚得众心，终不为人下，不如早图之。"公曰："方今收英雄时也，杀一人而失天下之心，不可。"张济自关中走南阳。济死，从子绣领其众。二年春正月，公到宛。张绣降，既而悔之，复反。公与战，军败，为流矢所中，长子昂、弟子安民遇害。公乃引兵还舞阴，绣将骑来抄，公击破之。绣奔穰，与刘表合。公谓诸将曰："吾降张绣等，失不便取其质，以至于此。吾知所以败。诸卿观之，自今已后不复败矣。"遂还许。

袁术欲称帝于淮南，使人告吕布。布收其使，上其书。术怒，攻布，为布所破。秋九月，术侵陈，公东征之。术闻公自来，弃军走，留其将桥蕤、李丰、梁纲、乐就；公到，击破蕤等，皆斩之。术走渡淮。公还许。公之自舞阴还也，南阳、章陵诸县复叛为绣，公遣曹洪击之，不利，还屯叶，数为绣、表所侵。冬十一月，公自南征，至宛。表将邓济据湖阳。攻拔之，生擒济，湖阳降。攻舞阴，下之。

三年春正月，公还许，初置军师祭酒。三月，公围张绣于穰。夏五月，刘表遣兵救绣，以绝军后。公将引还，绣兵来［追］，公军不得进，连营稍前。公与荀彧书曰："贼来追吾，虽日行数里，吾策之，到安众，破绣必矣。"到安众，绣与表兵合守险，公军前后受敌。公乃夜凿险为地道，悉过辎重，设奇兵。会明，贼谓公为遁也，悉军来追。乃纵奇兵步骑夹攻，大破之。秋七月，公还许。荀彧问公："前以策贼必破，何也？"公曰："虏遏吾归师，而与吾死地战，吾是以知胜矣。"

吕布复为袁术使高顺攻刘备，公遣夏侯惇救之，不利。备为顺所败。九月，公东征布。冬十月，屠彭城，获其相侯谐。进至下邳，布自将骑逆击。大破之，获其骁将成廉。追至城下，布恐，欲降。陈宫等沮其计，求救于术，劝布出战，战又败，乃还固守，攻之不下。时公连战，士卒罢，欲还，用荀攸、郭嘉计，遂决泗、沂水以灌城。月余，布将宋宪、魏续等执陈宫，举城降，生禽布、宫，皆杀之。太山臧霸、孙观、吴敦、尹礼、昌豨各聚众。布之破刘备也，霸等悉从布。布败，获霸等，公厚纳待，遂割青、徐二州附于海以委焉，分琅邪、东海、北海为城阳、利城、昌虑郡。

初，公为兖州，以东平毕谌为别驾。张邈之叛也，邈劫谌母弟妻子；公谢遣之，曰："卿老母在彼，可去。"谌顿首无二心，公嘉之，为之流涕。既出，遂亡归。及布破，谌生得，众为谌惧，公曰："夫人孝于其亲者，岂不亦忠于君乎！吾所求也。"以为鲁相。

四年春二月，公还至昌邑。张杨将杨丑杀杨，眭固又杀丑，以其众属袁绍，屯射犬。夏四月，进军临河，使史涣、曹仁渡河击之。固使杨故长史薛洪、河内太守缪尚留守，自将兵北迎绍求救，与涣、仁相遇犬城。交战，大破之，斩固。公遂济河。围射犬。洪、尚率众降，封为列侯，还军敖仓。以魏种为河内太守，属以河北事。

初，公举种孝廉。兖州叛，公曰："唯魏种且不弃孤也。"及闻种走，公怒曰："种不南走越、北走胡，不置汝也！"既下射犬，生禽种，公曰："唯其才也！"释其缚而用之。

是时袁绍既并公孙瓒，兼四州之地，众十余万，将进军攻许。诸将以为不可敌，公曰："吾知绍之为人，志大而智小，色厉而胆薄，忌克而少威，兵多而分画不明，将骄而政令不一，土地虽广，粮食虽丰，适足以为吾奉也。"秋八月，公进军黎阳，使臧霸等入青州破齐、北海、东安，留于禁屯河上。九月，公还许，分兵守官渡。冬十一月，张绣率众降，封列侯。十二月，公军官渡。

袁术自败于陈，稍困，袁谭自青州遣迎之。术欲从下邳北过，公遣刘备、朱灵要之。会术病死。程昱、郭嘉闻公遣备，言于公曰："刘备不可纵。"公悔，追之不及。备之未东也，阴与董承等谋反，至下邳，遂杀徐州刺史车胄，举兵屯沛。遣刘岱、王忠击之，不克。

庐江太守刘勋率众降，封为列侯。

五年春正月，董承等谋泄，皆伏诛。公将自东征备，诸将皆曰："与公争天下者，袁绍也。今绍方来而弃之东，绍乘人后，若何？"公曰："夫刘备，人杰也，今不击，必为后患。袁绍虽有大志，而见事迟，必不动也。"郭嘉亦劝公，遂东击备，破之，生禽其将夏侯博。备走奔绍，获其妻子。备将关羽屯下邳，复进攻之，羽降。昌豨叛为备，又攻破之。公还官渡，绍卒不出。

二月，绍遣郭图、淳于琼、颜良攻东郡太守刘延于白马，绍引兵至黎阳，将渡河。夏四月，公北救延。荀攸说公曰："今兵少不敌，分其势乃可。公到延津，若将渡兵向其后者，绍必西应之，然后轻兵袭白马，掩其不备，颜良可禽也。"公从之。绍闻兵渡，即分兵西应之。公乃引军兼行趣白马，未至十余里，良大惊，来逆战。使张辽、关羽前登，击破，斩良。遂解白马围，徙其民，循河而西。绍于是渡河追公军，至延津南。公勒兵驻营南阪下，使登垒望之，曰："可五六百骑。"有顷，复白："骑稍多，步兵不可胜数。"公曰："勿复白。"乃令骑解鞍放马。是时，白马辎重就道。诸将以为敌骑多，不如还保营。荀攸曰："此所以饵敌，如何去之！"绍骑将文丑与刘备将五六千骑前后至。诸将复白："可上马。"公曰："未也。"有顷，骑至稍多，或分趣辎重。公曰："可矣。乃皆上马。时骑不满六百，遂纵兵击，大破之，斩丑。良、丑皆绍名将也，再战，悉禽，绍军大震。公还军官渡。绍进保阳武。关羽亡归刘备。

八月，绍连营稍前，依沙堆为屯，东西数十里。公亦分营与相当，合战不利。时公兵不满万，伤者十二三。绍复进临官渡，起土山地道。公亦于内作之，以相应。绍射营中，矢如雨下，行者皆蒙盾，众大惧。时公粮少，与荀彧书，议欲还许。彧以为"绍悉众聚官渡，欲与公决胜败。公以至弱当至强，若不能制，必为所乘，是天下之大机也。且绍，布衣之雄耳，能聚人而不能用。夫以公之神武明哲而辅以大顺，何向而不济！"公从之。

孙策闻公与绍相持，乃谋袭许，未发，为刺客所杀。

汝南降贼刘辟等叛应绍，略许下。绍使刘备助辟，公使曹仁击破之。备走，遂破辟屯。袁绍运谷车数千乘至，公用荀攸计，遣徐晃、史涣邀击，大破之，尽烧其车。公与绍相拒连月，虽比战斩将，然众少粮尽，士卒疲乏。公谓运者曰："却十五日为汝破绍，不复劳汝矣。"冬十月，绍遣车运谷，使淳于琼等五人将兵万余人送之，宿绍营北四十里。绍谋臣许攸贪财，绍不能足，来奔，因说公击琼等。左右疑之，荀攸、贾诩劝公。公乃留曹洪守，自将步骑五千人夜往，会明至。琼等望见公兵少，出阵门外。公急击之，琼退保营，遂攻之。绍遣骑救琼。左右或言"贼骑稍近，请分兵拒之。"公怒曰："贼在背后，乃白！"士卒皆殊死战，大破琼等，皆斩之。绍初闻公之击琼，谓长子谭曰："就彼（攻）琼等，吾攻拔其营，彼固无所归矣！"乃使张郃、高览攻曹洪。郃等闻琼破，遂来降。绍众大溃，绍及谭弃军走，渡河。追之不及，尽收其辎重图书珍宝，虏其众。公收绍书中，得许下及军中人书，皆焚之。冀州诸郡多举城邑降者。

初，桓帝时有黄星见于楚、宋之分，辽东殷馗善天文，言"后五十岁当有真人起于梁、沛之间，其锋不可当"。至是凡五十年，而公破绍，天下莫敌矣。

六年夏四月，扬兵河上，击绍仓亭军，破之。绍归，复收散卒，攻定诸叛郡县。九月，公还许。绍之未破也，使刘备略汝南，汝南贼共都等应之。遣蔡扬击都，不利，为都所破。公南征备。备闻公自行，走奔刘表，都等皆散。

七年春正月，公军谯，令曰："吾起义兵，为天下除暴乱。旧土人民，死丧略尽，国中终日行，不见所识，使吾凄怆伤怀。其举义兵已来，将士绝无后者，求其亲戚以后之，授土田，官给耕牛，置学师以教之。为存者立庙，使祀其先人，魂而有灵，吾百年之后何恨哉！"遂至浚仪，治睢阳渠，遣使以太牢祀桥玄。进军官渡。

绍自军破后，发病呕血，夏五月死。小子尚代，谭自号车骑将军，屯黎阳。秋九月，公征之，连战。谭、尚数败退，固守。

八年春三月，攻其郭，乃出战，击，大破之，谭、尚夜遁。夏四月，进军邺。五月还许，留贾信屯黎阳。己酉，令曰："《司马法》'将军死绥'，故赵括之母，乞不坐括。是古之将者，军破于外，而家受罪于内也。自命将征行，但赏功而不罚罪，非国典也。其令诸将出征，败军者抵罪，失利者免官爵。"

秋七月，令曰："丧乱已来，十有五年，后生者不见仁义礼让之风，吾甚伤之。其令郡国各修文学，县满五百户置校官，选其乡之俊造而教学之，庶几先王之道不废，而有以益于天下。"

八月，公征刘表，军西平。公之去邺而南也，谭、尚争冀州，谭为尚所败，走保平原。尚攻之急，谭遣辛毗乞降请救。诸将皆疑，荀攸劝公许之，公乃引军还。冬十月，到黎阳，为子整与谭结婚。尚闻公北，乃释平原还邺。东平吕旷、吕翔叛尚，屯阳平，率其众降，封为列侯。

九年春正月，济河，遏淇水入白沟以通粮道。二月，尚复攻谭，留苏由、审配守邺。公进军到洹水，由降。既至，攻邺，为土山、地道。武安长尹楷屯毛城，通上党粮道。夏四月，留曹洪攻邺，公自将击楷，破之而还。尚将沮鹄守邯郸，又击拔之。易阳令韩范、涉长梁岐举县降，赐爵关内侯。五月，毁土山、地道，作围堑，决漳水灌城；城中饿死者过半，秋七月，尚还救邺。诸将皆以为"此归师，人自为战，不如避之"。公曰："尚从大道来，当避之；若循西山来者，此成禽耳。"尚果循西山来，临滏水为营。夜遣兵犯围，公逆击破走之，遂围其营。未合，尚惧，〔遣〕故豫州刺史阴夔及陈琳乞降，公不许，为围益急。尚夜遁，保祁山，追击之。其将马延、张顗等临阵降，众大溃，尚走中山。尽获其辎重，得尚印绶节钺，使尚降人示其家，城中崩沮。八月，审配兄子荣夜开所守城东门内兵。配逆战，败，生禽配，斩之，邺定。公临祀绍墓，哭之流涕；慰劳绍妻，还其家人、宝物，赐杂缯絮，廪食之。

初，绍与公共起兵，绍问公曰："若事不辑，则方面何所可据？"公曰："足下意以为何如？"绍曰："吾南据河，北阻燕、代，兼戎狄之众，南向以争天下，庶可以济乎？"公曰："吾任天下之智力，以道御之，无所不可。"

九月，令曰："河北罹袁氏之难，其令无出今年租赋！"重豪强兼并之法，百姓喜悦。天子以公领冀州牧，公让还兖州。公之围邺也，谭略取甘陵、安平、勃海、河间。尚败，还中山。谭攻之，尚奔故安，遂并其众。公遗谭书，责以负约，与之绝婚，女还，然后进军。谭惧，拔平原，走保南皮。十二月，公入平原，略定诸县。

十年春正月，攻谭，破之，斩谭，诛其妻子，冀州平。下令曰："其与袁氏同恶者，与之更始。"令民不得复私雠，禁厚葬，皆一之于法。是月，袁熙大将焦触、张南等叛攻熙、尚，熙、尚奔三郡乌丸。触等举其县降，封为列侯。初讨谭时，民亡椎冰，令不得降。顷之，亡民有诣门首者，公谓曰："听汝则违令，杀汝则诛首，归深自藏，无为吏所获。"民垂泣而去，后竟捕得。

夏四月，黑山贼张燕率其众十余万降，封为列侯。故安赵犊、霍奴等杀幽州刺史、涿郡太守。三郡乌丸攻鲜于辅于犷平。秋八月，公征之，斩犊等，乃渡潞河救犷平，乌丸奔走出塞。

九月，令曰："阿党比周，先圣所疾也。闻冀州俗，父子异部，更相毁誉。昔直不疑无兄，世人谓之盗嫂；第五伯鱼三娶孤女，谓之挝妇翁；王凤擅权，谷永比之申伯；王商忠议，张匡谓之左道：此皆以白为黑。欺天罔君者也。吾欲整齐风俗，四者不除，吾以为羞。"冬十月，公还邺。

初，袁绍以甥高干领并州牧，公之拔邺，干降，遂以为刺史。干闻公讨乌丸，乃以州叛，执上党太守，举兵守壶关口。遣乐进、李典击之，干还守壶关城。十一年春正月，公征干。干闻之，乃留其别将守城，走入匈奴，求救于单于，单于不受。公围壶关三月，拔之。干遂走荆州，上洛都尉王琰捕斩之。

秋八月，公东征海贼管承，至淳于，遣乐进、李典击破之，承走入海岛。割东海之襄贲、郯、戚以益琅邪，省昌虑郡。

三郡乌丸承天下乱，破幽州，略有汉民合十余万户。袁绍皆立其酋豪为单于，以家人子为己女，妻焉。辽西单于蹋顿尤强，为绍所厚，故尚兄弟归之，数入塞为害。公将征之，凿渠，自呼沲入泒水，名平虏渠；又从泃河口凿入潞河，名泉州渠，以通海。

十二年春二月，公自淳于还邺。丁酉，令曰："吾起义兵诛暴乱，于今十九年，所征必克，岂吾功哉？乃贤士大夫之力也。天下虽未悉定，吾当要与贤士大夫共定之；而专飨其劳，吾何以安焉！其保定功行封。"于是大封功臣二十余人，皆为列侯，其余各以次受封，乃复死事之孤，轻重各有差。

将北征三郡乌丸，诸将皆曰："袁尚，亡虏耳，夷狄贪而无亲，岂能为尚用？今深入征之，刘备必说刘表以袭许。万一为变，事不可悔。"惟郭嘉策表必不能任备，劝公行。夏五月，至无终。秋七月，大水，傍海道不通，田畴请为乡导，公从之。引军出卢龙塞，塞外道绝不通，乃堑山堙谷五百余里，经白檀，历平冈，涉鲜卑庭，东指柳城。未至二百里，虏乃知之。尚、熙与蹋顿、辽西单于楼班、右北平单于能臣抵之等将数万骑逆军。八月，登白狼山，卒与虏遇，众甚盛。公车重在后，被甲者少，左右皆惧。公登高，望虏陈不整，乃纵兵击之，使张辽为先锋，虏众大崩，斩蹋顿及名王已下，胡、汉降者二十余万口。辽东单于速仆丸及辽西、北平诸豪，弃其种人，与尚、熙奔辽东，众尚有数千骑。初，辽东太守公孙康恃远不服。及公破乌丸，或说公遂征之，尚兄弟可禽也。公曰："吾方使康斩送尚、熙首，不烦兵矣。"九月，公引兵自柳城还，康即斩尚、熙及速仆丸等，传其首。诸将或问："公还而康斩送尚、熙，何也？"公曰："彼素畏尚等，吾急之则并力，缓之则自相图，其势然也。"十一月至易水，代郡乌丸行单于普富卢、上郡乌丸行单于那楼将其名王来贺。

十三年春正月，公还邺，作玄武池以肄舟师。汉罢三公官，置丞相、御史大夫。夏六月，以公为丞相。

秋七月，公南征刘表。八月，表卒，其子琮代，屯襄阳，刘备屯樊。九月，公到新野，琮遂降，备走夏口。公进军江陵，下令荆州吏民，与之更始。乃论荆州服从之功，侯者十五人，以刘表大将文聘为江夏太守，使统本兵，引用荆州名士韩嵩、邓义等。益州牧刘璋始受征役，遣兵给军。十二月，孙权为备攻合肥。公自江陵征备,至巴丘,遣张憙救合肥。权闻憙至,乃走。公至赤壁,与备战,不利。于是大疫,吏士多死者,乃引军还。备遂有荆州、江南诸郡。

十四年春三月,军至谯,作轻舟,治水军。秋七月,自涡入淮,出肥水,军合肥。辛未,令曰:"自顷已来,军数征行,或遇疫气,吏士死亡不归,家室怨旷,百姓流离,而仁者岂乐之哉?不得已也。其令死者家无基业不能自存者,县官勿绝廪,长吏存恤抚循,以称吾意。"置扬州郡县长吏,开芍陂屯田。十二月,军还谯。

十五年春,下令曰:"自古受命及中兴之君,曷尝不得贤人君子与之共治天下者乎!及其得贤也,曾不出闾巷。岂幸相遇哉?上之人不求之耳。今天下尚未定,此特求贤之急时也。'孟公绰为赵、魏老则优,不可以为滕、薛大夫'。若必廉士而后可用,则齐桓其何以霸世!今天下得无有被褐怀玉而钓于渭滨者乎?又得无盗嫂受金而未遇无知者乎?二三子其佐我明扬仄陋,唯才是举,吾得而用之。"冬,作铜雀台。

十六年春正月,天子命公世子丕为五官中郎将,置官属,为丞相副。太原商曜等以大陵叛,遣夏侯渊、徐晃围破之。张鲁据汉中,三月,遣钟繇讨之。公使渊等出河东与繇会。

是时关中诸将疑繇欲自袭,马超遂与韩遂、杨秋、李堪、成宜等叛。遣曹仁讨之。超等屯潼关,公敕诸将:"关西兵精悍,坚壁勿与战。"秋七月,公西征,与超等夹关而军。公急持之,而潜遣徐晃、朱灵等夜渡蒲阪津,据河西为营。公自潼关北渡,未济,超赴船急战。校尉丁斐因放牛马以饵贼,贼乱取牛马,公乃得渡,循河为甬道而南。贼退,拒渭口,公乃多设疑兵,潜以舟载兵入渭,为浮桥,夜,分兵结营于渭南。贼夜攻营,伏兵击破之。超等屯渭南，遣信求割河以西请和，公不许。九月，进军渡渭。超等数挑战，又不许；固请割地，求送任子，公用贾诩计，伪许之。韩遂请与公相见，公与遂父同岁孝廉，又与遂同时侪辈，于是交马语移时，不及军事，但说京都旧故，拊手欢笑。既罢，超等问遂："公何言？"遂曰："无所言也。"超等疑之。他日，公又与遂书，多所点窜，如遂改定者；超等愈疑遂。公乃与克日会战，先以轻兵挑之，战良久，乃纵虎骑夹击，大破之，斩成宜、李堪等。遂、超等走凉州，杨秋奔安定，关中平。诸将或问公曰："初，贼守潼关，渭北道缺，不从河东击冯翊而反守潼关，引日而后北渡，何也？"公曰："贼守潼关，若吾入河东，贼必引守诸津，则西河未可渡，吾故盛兵向潼关；贼悉众南守，西河之备虚，故二将得擅取西河；然后引军北渡，贼不能与吾争西河者，以有二将之军也。连车树栅，为甬道而南，既为不可胜，且以示弱。渡渭为坚垒，虏至不出，所以骄之也；故贼不为营垒而求割地。吾顺言许之，所以从其意，使自安而不为备，因畜士卒之力，一旦击之，所谓'疾雷不及掩耳'。兵之变化，固非一道也。"始，贼每一部到，公辄有喜色。贼破之后，诸将问其故。公答曰："关中长远，若贼各依险阻，征之，不一二年不可定也。今皆来集，其众虽多，莫相归服，军无适主，一举可灭，为功差易，吾是以喜。"

冬十月，军自长安北征杨秋，围安定。秋降，复其爵位，使留抚其民人。十二月，自安定还，留夏侯渊屯长安。

十七年春正月，公还邺。天子命公赞拜不名，入朝不趋，剑履上殿，如萧何故事。马超余众梁兴等屯蓝田，使夏侯渊击平之。割河内之荡阴、朝歌、林虑，东郡之卫国、顿丘、东武阳、发干，巨鹿之廮陶、曲周、南和，广平之任城，赵之襄国、邯郸、易阳以益魏郡。冬十月，公征孙权。

十八年春正月，进军濡须口，攻破权江西营，获权都督公孙阳，乃引军还。诏书并十四州，复为九州。夏四月，至邺。

五月丙申，天子使御史大夫郗虑持节策命公为魏公曰：

朕以不德，少遭愍凶，越在西土，迁于唐、卫。当此之时，若缀旒然，宗庙乏祀，社稷无位；群凶觊觎，分裂诸夏，率土之民，朕无获焉，即我高祖之命将坠于地。朕用夙兴假寐，震悼于厥心，曰："惟祖惟父，股肱先正，其孰能恤朕躬？"乃诱天衷，诞育丞相，保乂我皇家，弘济于艰难，朕实赖之。今将授君典礼，其敬听朕命。

昔者董卓初兴国难，群后释位以谋王室，君则摄进，首启戎行，此君之忠于本朝也。后及黄巾反易天常，侵我三州，延及平民，君又翦之以宁东夏，此又君之功也。韩暹、杨奉专用威命，君则致讨，克黜其难，遂迁许都，造我京畿，设官兆祀，不失旧物，天地鬼神于是获义，此又君之功也。袁术僭逆，肆于淮南，慑惮君灵，用丕显谋，蕲阳之役，桥蕤授首，稜威南迈，术以陨溃，此又君之功也。回戈东征，吕布就戮，乘辕将返，张杨殂毙，眭固伏罪，张绣稽服，此又君之功也。袁绍逆乱天常，谋危社稷，凭恃其众，称兵内侮，当此之时，王师寡弱，天下寒心，莫有固志，君执大节，精贯白日，奋其武怒，运其神策，致届官渡，大歼丑类，俾我国家拯于危坠，此又君之功也。济师洪河，拓定四州，袁谭、高幹，咸枭其首，海盗奔迸，黑山顺轨，此又君之功也。乌丸三种，崇乱二世，袁尚因之，逼据塞北，束马县车，一征而灭，此又君之功也。刘表背诞，不供贡职，王师首路，威风先逝，百城八郡，交臂屈膝，此又君之功也。马超、成宜，同恶相济，濒据河、潼，求逞所欲，殄之渭南，献馘万计，遂定边境，抚和戎狄，此又君之功也。鲜卑、丁零，重译而至，（单于）[箪于]、白屋，请吏率职，此又君之功也。君有定天下之功，重之以明德，班叙海内，宣美风俗，旁施勤教，恤慎刑狱，吏无苛政，民无怀慝；敦崇帝族，表继绝世，旧德前功，罔不咸秩；虽伊尹格于皇天，周公光于四海，方之蔑如也。

朕闻先王并建明德，胙之以土，分之以民，崇其宠章，备其礼物，所以藩卫王室，左右厥世也。其在周成，管、蔡不静，惩难念功，乃使邵康公赐齐太公履，东至于海，西至于河，南至于穆陵，北至于无棣，五侯九伯，实得征之，世祚太师，以表东海；爰及襄王，亦有楚人不供王职，又命晋文登为侯伯，锡以二辂、虎贲、鈇钺、秬鬯、弓矢，大启南阳，世作盟主。故周室之不坏，繄二国是赖。今君称丕显德，明保朕躬，奉答天命，导扬弘烈，绥爰九域，莫不率俾，功高于伊、周，而赏卑于齐、晋，朕甚恧焉。朕以眇眇之身，托于兆民之上，永思厥艰，若涉渊冰，非君攸济，朕无任焉。今以冀州之河东、河内、魏郡、赵国、中山、常山、巨鹿、安平、甘陵、平原凡十郡，封君为魏公。锡君玄土，苴以白茅，爰契尔龟，用建冢社。昔在周室，毕公、毛公入为卿佐，周、邵师保出为二伯，外内之任，君实宜之。其以丞相领冀州牧如故。又加君九锡，其敬听朕命。以君经纬礼律，为民轨仪，使安职业，无或迁志，是用锡君大辂、戎辂各一，玄牡二驷。君劝分务本，穑人昏作，粟帛滞积，大业惟兴，是用锡君衮冕之服，赤舄副焉。君敦尚谦让，俾民兴行，少长有礼，上下咸和，是用锡君轩县之乐，六佾之舞。君翼宣风化，爰发四方，远人革面，华夏充实，是用锡君朱户以居。君研其明哲，思帝所难，官才任贤，群善必举，是用锡君纳陛以登。

君秉国之钧，正色处中，纤毫之恶，靡不抑退，是用锡君虎贲之士三百人。君纠虔天刑，章厥有罪，犯关干纪，莫不诛殛，是用锡君鈇钺各一。君龙骧虎视，旁眺八维，掩讨逆节，折冲四海，是用锡君彤弓一，彤矢百，玈弓十，玈矢千。君以温恭为基，孝友为德，明允笃诚，感于朕思，是用锡君秬鬯一卣，珪瓒副焉。魏国置丞相已下群卿百寮，皆如汉初诸侯王之制。往钦哉，敬服朕命！简恤尔众，时亮庶功，用终尔显德，对扬我高祖之休命！

秋七月，始建魏社稷宗庙。天子聘公三女为贵人，少者待年于国。九月，作金虎台，凿渠引漳水入白沟以通河。冬十月，分魏郡为东西部，置都尉。十一月，初置尚书、侍中、六卿。马超在汉阳，复因羌、胡为害，氐王千万叛应超，屯兴国。使夏侯渊讨之。

十九年春正月，始耕籍田。南安赵衢、汉阳尹奉等讨超，枭其妻子，超奔汉中。韩遂徙金城，入氐王千万部，率羌、胡万余骑与夏侯渊战，击，大破之，遂走西平。渊与诸将攻兴国，屠之。省安东、永阳郡。安定太守毌丘兴将之官，公戒之曰："羌、胡欲与中国通，自当遣人来，慎勿遣人往。善人难得，必将教羌、胡妄有所请求，因欲以自利；不从便为失异俗意，从之则无益事。"兴至，遣校尉范陵至羌中，陵果教羌，使自请为属国都尉。公曰："吾预知当尔，非圣也，但更事多耳。"

三月，天子使魏公位在诸侯王上，改授金玺、赤绂、远游冠。秋七月，公征孙权。

初，陇西宋建自称河首平汉王，聚众枹罕，改元，置百官，三十余年。遣夏侯渊自兴国讨之。冬十月，屠枹罕，斩建，凉州平。公自合肥还。

十一月，汉皇后伏氏坐昔与父故屯骑校尉完书，云帝以董承被诛怨恨公，辞甚丑恶，发闻，后废黜死，兄弟皆伏法。十二月，公至孟津。天子命公置旄头，宫殿设钟虡。乙未，令曰："夫有行之士未必能进取，进取之士未必能有行也。陈平岂笃行，苏秦岂守信邪？而陈平定汉业，苏秦济弱燕。由此言之，士有偏短，庸可废乎！有司明思此义，则士无遗滞，官无废业矣。"又曰："夫刑，百姓之命也，而军中典狱者或非其人，而任以三军死生之事，吾甚惧之。其选明达法理者，使持典刑。"于是置理曹掾属。

二十年春正月，天子立公中女为皇后。省云中、定襄、五原、朔方郡，郡置一县领其民，合以为新兴郡。三月，公西征张鲁，至陈仓，将自武都入氐；氐人塞道，先遣张郃、朱灵等攻破之。夏四月，公自陈仓以出散关，至河池。氐王窦茂众万余人，恃险不服，五月，公攻屠之。西平、金城诸将麹演、蒋石等共斩送韩遂首。秋七月，公至阳平。张鲁使弟卫与将杨昂等据阳平关，横山筑城十余里，攻之不能拔，乃引军还。贼见大军退，其守备解散。公乃密遣解㣆、高祚等乘险夜袭，大破之，斩其将杨任，进攻卫，卫等夜遁，鲁溃奔巴中。公军入南郑，尽得鲁府库珍宝。巴、汉皆降。复汉宁郡为汉中；分汉中之安阳、西城为西城郡，置太守；分锡、上庸郡，置都尉。八月，孙权围合肥，张辽、李典击破之。

九月，巴七姓夷王朴胡、賨邑侯杜濩举巴夷、賨民来附，于是分巴郡，以胡为巴东太守，濩为巴西太守，皆封列侯。天子命公承制封拜诸侯守相。

冬十月，始置名号侯至五大夫，与旧列侯、关内侯凡六等，以赏军功。十一月，鲁自巴中将其余众降。封鲁及五子皆为列侯。刘备袭刘璋，取益州，遂据巴中；遣张郃击之。十二月，公自南郑还，留夏侯渊屯汉中。

二十一年春二月，公还邺。三月壬寅，公亲耕籍田。夏五月，天子进公爵为魏王。代郡乌丸行单于普富卢与其侯王来朝。天子命王女为公主，食汤沐邑。秋七月，匈奴南单于呼厨泉将其名王来朝，待以客礼，遂留魏，使右贤王去卑监其国。八月，以大理钟繇为相国。冬十月，治兵，遂征孙权，十一月至谯。

二十二年春正月，王军居巢，二月，进军屯江西郝溪。权在濡须口筑城拒守，遂逼攻之，权退走。三月，王引军还，留夏侯惇、曹仁、张辽等屯居巢。夏四月，天子命王设天子旌旗，出入称警跸。五月，作泮宫。六月，以军师华歆为御史大夫。冬十月，天子命王冕十有二旒，乘金根车，驾六马，设五时副车，以五宫中郎将丕为魏太子。刘备遣张飞、马超、吴兰等屯下辩；遣曹洪拒之。

二十三年春正月，汉太医令吉本与少府耿纪、司直韦晃等反，攻许，烧丞相长史王必营，必与颍川典农中郎将严匡讨斩之。

曹洪破吴兰，斩其将任夔等。三月，张飞、马超走汉中，阴平氐强端斩吴兰，传其首。夏四月，代郡、上谷乌丸无臣氐等叛，遣鄢陵侯彰讨破之。

六月，令曰："古之葬者，必居瘠薄之地。其规西门豹祠西原上为寿陵，因高为基，不封不树。《周礼》冢人掌公墓之地，凡诸侯居左右以前，卿大夫居后，汉制亦谓之陪陵。其公卿大臣列将有功者，宜陪寿陵，其广为兆域，使足相容。"

秋七月，治兵，遂西征刘备，九月，至长安。冬十月，宛守将侯音等反，执南阳太守，劫略吏民，保宛。初，曹仁讨关羽，屯樊城，是月使仁围宛。

二十四年春正月，仁屠宛，斩音。夏侯渊与刘备战于阳平，为备所杀。三月，王自长安出斜谷，军遮要以临汉中，遂至阳平。备因险拒守。夏五月，引军还长安。

秋七月，以夫人卞氏为王后。遣于禁助曹仁击关羽。八月，汉水溢，灌禁军，军没，羽获禁，遂围仁。使徐晃救之。九月，相国钟繇坐西曹掾魏讽反免。

冬十月，军还洛阳。孙权遣使上书，以讨关羽自效。王自洛阳南征羽，未至，晃攻羽，破之，羽走，仁围解。王军摩陂。

二十五年春正月，至洛阳。权击斩羽，传其首，庚子，王崩于洛阳，年六十六。遗令曰："天下尚未安定，未得遵古也。葬毕，皆除服。其将兵屯戍者，皆不得离屯部。有司各率乃职。敛以时服，无藏金玉珍宝。"谥曰武王。二月丁卯，葬高陵。

评曰：汉末，天下大乱，雄豪并起，而袁绍虎眎四州，强盛莫敌。太祖运筹演谋，鞭挞宇内，擥申、商之法术，该韩、白之奇策，官方授材，各因其器，矫情任算，不念旧恶，终能总御皇机，克成洪业者，惟其明略最优也。抑可谓非常之人，超世之杰矣。

译文：

太祖武皇帝，沛国谯县人，姓曹名操，字孟德，是西汉相国曹参的后代。汉桓帝时，曹腾当中常侍大长秋，被封为费亭侯。曹腾死后，养子曹嵩继承了爵位，官做到太尉，但没有人详知曹嵩出生的前后情况。曹嵩生太祖。

太祖小时机灵聪明，有应变的智谋，但好负气仗义，任性放纵，不注重道德修养和学业，因此当时人并不觉得他有什么奇特之处。只有梁国人桥玄、南阳人何颙觉得他不平凡。桥玄对太祖说："天下将乱，没有经邦济世的才能是不能扭转局面的，能够安天下的，看来就是您吧！"二十岁的时候，被推荐为孝廉，作郎官，后被任命为洛阳县北部尉，升顿丘县令，被征入朝授职做议郎。

汉灵帝光和末年，黄巾起事。太祖被任为骑都尉，讨伐颍川的贼寇。升为济南国相。济南国辖十几个县，县官大都迎合阿附皇帝贵族，贪赃受贿，声名狼藉，于是太祖上奏罢黜了其中的八个；又禁绝不合礼制的祭祀活动。犯法的人逃窜他乡，郡国内秩序安定。过了很久，被召回朝廷任命为东郡太守；但他不愿就职，称病回到家乡。不久，冀州刺史王芬、南阳人许攸、沛国人周旌等，联络地方豪强，图谋废掉汉灵帝，另立合肥侯为帝，并将此事告诉了太祖，太祖拒绝了他们。王芬等人失败了。

金城人边章、韩遂杀死刺史和太守，发动叛乱，拥兵十多万，天下骚动不安。朝廷召太祖为典军校尉。正逢汉灵帝去世，太子即位，太后临朝听政。大将军何进与袁绍策谋诛杀宦官，太后不同意。何进就召董卓入京，想用武力胁迫太后，董卓还没到，何进就被宦官杀害了。董卓入京，废少帝，封他为弘农王，另立汉献帝，京城洛阳大乱。董卓上表举荐太祖为骁骑校尉，打算同太祖共议朝事。太祖改名换姓，从小路向东返回谯郡。出了虎牢关，路过中牟县境时，被一个亭长怀疑，抓起来送到县城；县里有人暗地里认出了他，替他说清，就得到释放。这时董卓杀死了太后和弘农王。太祖回到陈留，变卖家产，召集义兵，准备讨伐董卓。冬十二月，太祖在己吾起兵。这一年是汉灵帝中平六年。

初平元年春正月，后将军袁术、冀州牧韩馥、豫州刺史孔伷、兖州刺史刘岱、河内太守王匡、勃海太守袁绍、陈留太守张邈、东郡太守桥瑁、山阳太守袁遗、济北相鲍信同时起兵，各拥兵数万，推举袁绍为盟主。太祖代行奋武将军。

二月，董卓听到各地起兵，就胁迫汉献帝迁都长安。他自己留在洛阳,焚烧了汉家宫殿。这时,袁绍驻扎在河内,张邈、刘岱、桥瑁、袁遗驻扎在酸枣,孔伷驻扎在颍川,袁术驻扎在南阳,韩馥驻扎在邺县。董卓兵力强盛,袁绍等人不敢首先进兵。太祖说:"兴起义兵讨伐暴乱,大军都已汇集起来,诸位还迟疑什么呢?假使当初董卓听到山东起兵,倚仗朝廷的威望,据守二周之地的险要,向东出兵来控制天下,尽管他用不合道义的手段干这些事,仍然是很大的忧患。现在,他焚烧宫室,劫走皇帝,全国震惊,人们不知归依何处,这正是上天使他灭亡的机会。一战就可定天下,可不能丧失了这个良机啊!"于是,便率军西进,去攻打成皋。张邈派遣将领卫兹带领一部分军队随同太祖。进军到荥阳附近的汴水岸边,遇到董卓部将徐荣,交战失败,士兵死伤很多。太祖被流矢射中,骑的马也受了伤,堂弟曹洪将自己的坐骑让给太祖,太祖才得以在夜里逃脱。徐荣看见太祖带领的军队不多,却竭力奋战了一整天,认为酸枣不容易攻打,也领兵返回了。

太祖回到酸枣时,各路义军已经有十多万人,每天摆酒设宴,不考虑进兵的事。太祖责备他们,并趁机为他们谋划说:"请诸位听我的计划,让勃海太守袁绍率领河内的军队前往孟津,酸枣的各位将领防守成皋,占据敖仓,封锁轘辕、太谷二关,将这些险要的地方控制住;再让袁术将军率领南阳的部队进驻丹水县和析县,挺进武关,使关中惊恐;各路大军都高筑垒壁,深挖堑壕,不要与敌军交战,多设疑兵,表明天下的形势,以正义之师讨伐叛逆,天下很快就可以平定。现在军队已经高举义旗行动起来,如果还迟疑不敢进兵,就会使天下的人失望,我私下替诸位感到羞耻!"张邈等人不肯采纳。太祖兵少,就和夏侯惇等人到扬州招募军队,扬州刺史陈温、丹阳太守周昕给了四千多人。回到龙亢县时,新招士兵大多数都已叛逃。到铚县和建平县时，又招收新兵一千多名，于是进驻河内。

刘岱和桥瑁相互仇怨，刘岱杀了桥瑁，让王肱兼任东郡太守。袁绍和韩馥谋划立幽州牧刘虞当皇帝，太祖反对。袁绍又曾经得到一块玉印，从太祖座位举向他的肘旁，太祖因此发笑而厌恶袁绍。

初平二年春天，袁绍、韩馥便立刘虞当皇帝，但刘虞始终不敢当。夏四月，董卓回到长安。秋七月，袁绍胁迫韩馥，夺取冀州。

黑山一带的贼寇于毒、白绕、眭固等十多万人到魏郡和东郡抢掠，王肱无法抵挡，太祖率军进入东郡，攻击白绕于濮阳，打败了他。袁绍表奏朝廷举荐太祖为东郡太守，郡治在东武阳县。

初平三年春天，太祖驻扎在顿丘，于毒等人攻打东武阳。太祖便率兵西进黑山，进攻于毒等人的大本营。于毒听说以后，便放弃东武阳回兵。太祖在半路上截击眭固，接着又在内黄县攻打匈奴于夫罗，全部击败了他们。

夏四月，司徒王允和吕布共同杀死了董卓。董卓的部将李傕等人又杀死王允攻打吕布，吕布战败，向东逃出武关。李傕等人把持了朝政。

青州黄巾军百万人开进兖州地界，杀了任城国相郑遂后，又转入东平国境内。兖州刺史刘岱打算攻打黄巾，济北国相鲍信进言劝阻说："现在黄巾贼有上百万人，百姓都震惊恐惧，我们的兵士也没有斗志，不能抵挡。我看黄巾有成群的老少相随，而且军队没有后备的兵器、粮草，全凭强取掠夺作为给养。眼下不如让我们的部队养精蓄锐，坚持固守。这样，他们想打打不成，想攻攻不下。势必涣散，然后我们挑选精锐，占据险要，就可以把他们打败。"刘岱不听，于是与黄巾交战，果然被杀。鲍信就和州吏万潜等人到东郡去迎接太祖兼任兖州牧。于是太祖进击寿张县东面的黄巾。鲍信奋战而死，才勉强打败了黄巾军。太祖悬赏寻找鲍信的尸体，没有找到，大家只好用块木头刻出鲍信的形象，哭着祭奠他。太祖追击黄巾一直到济北，黄巾求降。这年冬天，太祖得降兵三十余万，家属男女百余万口，收编了其中的精锐，号称"青州兵"。

袁术和袁绍有矛盾，袁术向公孙瓒求援，公孙瓒就派刘备驻兵高唐，单经驻兵平原，陶谦驻兵发干，以威胁袁绍。太祖和袁绍会同出击，将他们全部打败了。

初平四年春天，太祖驻军鄄城。荆州牧刘表切断了袁术的粮道，袁术率军进入陈留，驻兵封丘，黑山残存贼寇和于夫罗等帮助他。袁术派部将刘详驻守匡亭。太祖攻打刘详，袁术去救援，发生交战，把袁术打得大败。袁术退守封丘，太祖包围他，还没等到合围，袁术便逃往襄邑，曹军追到太寿，决开渠水灌城。袁术逃往宁陵，太祖继续追击，袁术又逃往九江。夏天，太祖回军定陶。下邳人阙宣聚集了几千人，自称天子；徐州牧陶谦和阙宣一同起兵，攻占了泰山郡的华县和费县，夺取了任城。秋天，太祖征讨陶谦，攻下了十余座城，陶谦坚守，不敢出战。这一年，孙策受袁术派遣渡过长江，数年之间就占有了江东。

兴平元年春天，太祖从徐州返回。当初，太祖的父亲曹嵩卸任后回到谯县，董卓作乱，他避难到了琅邪，被陶谦害死，所以太祖立志报仇。这年夏天，太祖派荀彧、程昱驻守鄄城，自己再次讨伐陶谦，攻下了五座城。于是夺取地盘一直到东海郡地界。回军经过郯县时，陶谦部将曹豹和刘备驻扎在郯县东面，截击太祖。太祖打败了他们，于是攻克了襄贲，经过的地方大多有破坏和屠杀。

这时适逢张邈和陈宫叛变，迎请吕布，兖州郡县纷纷响应。荀彧和程昱保住鄄城，范县和东阿也坚守，太祖带领军队撤回。

吕布军到，攻鄄城不下，就驻守在西面的濮阳。太祖说："吕布忽然之间得到一个州，但没有占据东平，切断亢父、泰山的通道，凭借险要地形来截击我们，反而驻守濮阳，我断定他做不了什么。"于是进军攻打。吕布出兵迎战，先用骑兵侵袭青州兵。青州兵败逃，太祖阵势乱了，他骑马急速冲出火阵，落马，左手掌被烧伤。司马楼异扶太祖上马，这才撤出。还未返回营寨就停了下来，将士们没有看见太祖，都很惊慌。太祖就勉强支撑着去慰劳将士，下令军中赶快制作攻城器械，再次进军攻打吕布，和吕布对峙一百多天。这时起了蝗灾，老百姓十分饥饿，吕布军粮也吃完了，双方各自退兵。

秋九月，太祖回到鄄城。吕布到乘氏县，被当地人李进打败，便往东驻扎山阳。这时，袁绍派人劝说太祖，想联合起来。太祖因新近失去兖州，军粮也没有了，打算答应他。程昱劝阻，太祖听从了他的意见。冬十月，太祖到了东阿县。

这一年米谷一斛值五十多万钱，人吃人，于是官府遣散了新招募的士兵和力役。陶谦死去，刘备接替他继任徐州牧。

兴平二年春天，太祖袭击定陶。济阴太守吴资固守定陶南城，没有攻破。正好吕布来了，太祖打败了他。这年夏天，吕布部将薛兰、李封驻守巨野，太祖攻打他们，吕布援救薛兰，薛兰兵败，吕布逃走，于是太祖杀了薛兰等人。吕布又从东缗与陈宫率领一万多人来参战。这时太祖兵少，设下埋伏，以奇兵袭击，把吕布打得大败。吕布连夜败逃，太祖再次进攻，占领定陶，分兵平定周围各县。吕布东逃投奔刘备，张邈跟随吕布，让弟弟张超带着家属守住雍丘。秋八月，太祖围攻雍丘。冬十月，献帝任命太祖为兖州牧。十二月，雍丘溃败，张超自杀。太祖诛灭了张邈的三族。张邈到袁术那里去求援，被自己的部下杀死。兖州平定后,太祖接着向东攻取陈国一带。

这年,长安发生混乱,献帝东迁,在曹阳溃败,渡过黄河逃到安邑。

建安元年春正月,太祖的军队到达武平,袁术任命的陈国相袁嗣投降。

太祖要迎接献帝,将领中有人表示疑虑,但荀彧、程昱鼓励太祖,于是太祖就派曹洪率军向西去迎接,卫将军董承和袁术的部将苌奴凭险抗拒,曹洪无法前进。

汝南、颍川二郡的黄巾军何仪、刘辟、黄邵、何曼等,各有军队数万,起初追随袁术,后又依附孙坚。这年二月,太祖进军讨伐打败了他们,杀了刘辟、黄邵等人,何仪及其部众投降。献帝任命太祖为建德将军,夏六月,又升为镇东将军,封费亭侯。秋七月,杨奉、韩暹将献帝送回洛阳,杨奉驻在梁县。太祖随即到洛阳,守卫京城,韩暹逃走。献帝授予太祖节钺,并录尚书事,总领朝政。洛阳残破,董昭等劝太祖迁都许县。九月,献帝出轘辕关到达许都,任命太祖为大将军,封武平侯。自从皇帝西迁,朝廷一天比一天混乱。直到这时,宗庙社稷和各种礼仪制度才重新建立起来。

献帝东迁的时候,杨奉打算由梁县出兵拦截,但没赶上。冬十月,曹公讨伐杨奉,杨奉南逃,投奔袁术。于是曹公便进攻他在梁县的营垒,一举攻克。这时朝廷任命袁绍为太尉,袁绍因位列曹公之后而感到耻辱,不肯接受。于是曹公坚决辞谢,把大将军的职位让给袁绍。献帝改任曹公为司空,代行车骑将军。这一年,曹公采纳了枣祗、韩浩等人的建议,实行屯田。

吕布袭击刘备,夺取下邳。刘备投奔曹公。程昱劝曹公:"我看刘备有雄才大略,而且很得人心,终究不会甘居人下,不如趁早除掉他。"曹公说:"现在正是招揽英雄的时候,杀掉一个人而失去天下人的心,不能这样做。"张济从关中逃到南阳。张济死后,侄儿张绣统领他的部队。建安二年春正月,曹公到宛城。张绣投降,不久又后悔了,再次反叛。曹公交战兵败,被乱箭射中,大儿子曹昂、侄子曹安民遇害。于是曹公领兵退回舞阴,张绣率领骑兵来进攻,曹公打败了他。张绣逃奔穰县,与刘表联合。曹公对将领们说:"我接受张绣投降,错在没有立即取得他们的人质,才弄到这种地步。我已明白了失误的原因。诸位看着吧,从今以后再不会失败了。"于是回到许。

袁术想在淮南称帝,派人通知吕布。吕布扣留了他的使者,把他的书信上报朝廷。袁术大怒,攻打吕布,被吕布击败。秋九月,袁术进犯陈国,曹公往东去征讨他。袁术听说曹公亲自前来,丢下军队逃跑,只留下部将桥蕤、李丰、梁纲、乐就防守;曹公兵到,打败了桥蕤等人,把他们都杀了。袁术逃过淮河,曹公回到许。曹公从舞阴返回时,南阳、章陵等县又反叛归属张绣,曹公派曹洪去攻打,交战不利,退兵驻守叶县,又多次被张绣、刘表侵袭。冬十一月,曹公亲自南征,到达宛城。刘表部将邓济据守湖阳。曹公攻破湖阳城,活捉邓济,湖阳投降。又攻下舞阴。

建安三年春正月,曹公回到许都,第一次设置了军师祭酒的官职。三月间,曹公在穰县包围了张绣。夏五月,刘表派兵援救张绣,截断曹军的后路。曹公想撤退,张绣军队追来,曹军很难前进,就摆开连营阵势逐渐推进。曹公给荀彧去信说:"敌军来追赶我,虽然我每天只行进数里,但我估计,走到安众县,必能打败张绣。"到了安众,张绣和刘表的军队合在一起据守险要,曹军前后受敌。曹公连夜在险要的地方开凿地下通道,全部运走辎重,埋伏下奇兵。这时正好天亮了,敌军以为曹公已经逃跑,就全军来追。曹公出动伏兵和步兵骑兵夹攻,把张绣打得大败。秋七月,曹公回到许。荀彧问曹公:"战前就知道敌军必定失败,为什么?"曹公说:"敌人阻挡我们返回的军队,同我处于死地的军队进行决战,我因此知道要胜利。"

吕布帮助袁术,派高顺攻打刘备,曹公派夏侯惇援助刘备,交战不利。刘备被高顺打败。九月,曹公东征吕布。冬十月,屠杀了彭城,俘获了国相侯谐。进军到下邳,吕布亲自率领骑兵迎战,曹公把吕布打得大败,俘虏了他的勇将成廉。一直追到城下。吕布害怕,想要投降。陈宫等人阻止了他,向袁术求救,并劝吕布出战,交战又失败了,回城固守。曹军攻城攻不下来。这时因曹公连续征战,士兵疲困,打算退兵,采用荀攸、郭嘉的计策,决开泗河和沂河引水灌下邳城。一个多月后,吕布的部将宋宪、魏续等人活捉陈宫,献城投降。曹公活捉吕布、陈宫,把他们都杀了。当初泰山郡的臧霸、孙观、吴敦、君礼、昌豨等各自拉起队伍,在吕布打败刘备时,臧霸等人全部归附了吕布。这次战败吕布,曹公俘获了臧霸等人,宽厚地接纳款待他们,还划出青州、徐州沿海的地方委托他们管理,从琅邪郡、东海郡和北海国中分出一部分,设立城阳郡、利城郡和昌虑郡。

当初曹公做兖州牧时,曾任命东平人毕谌为别驾。张邈叛变时,扣押了毕谌的母亲、弟弟和妻子儿女;曹公向他道歉,让他走,说:"老母在那边,您可以离开这儿。"毕谌叩头表示没有异心,曹公称赞了他,还感动得流下了眼泪。毕谌出来后,就逃跑去归附张邈。这次吕布兵败,毕谌被捉拿,大家都为毕谌担心,曹公却说:"孝顺父母的人,难道会不忠于君主吗?这正是我们所要寻找的人啊。"就任命毕谌为鲁国相。

四年春二月,曹公回到昌邑。张杨的部将杨丑杀了张扬。眭固又杀了杨丑,将他的部队归附了袁绍,驻扎在射犬。夏四月,曹公进军到黄河边,派史涣、曹仁渡河攻打眭固。眭固派原先任张杨长史的薛洪、河内太守缪尚留守射犬,自己领军北去迎接袁绍,要求援救,和史涣、曹仁在犬城相遇。两军交战,曹军把眭固打得大败,杀死眭固。于是,曹公渡过黄河,包围射犬。薛洪、缪尚率领部队投降,被封为列侯。曹军回到敖仓,任命魏种为河内太守,把黄河以北的事交付给他。

当初,曹公曾举荐魏种为孝廉。兖州叛乱时,曹公说:"只有魏种不会背弃我。"但听说魏种也逃跑时,曹公怒气冲冲地说:"只要你魏种不是南逃到越,北逃到胡,我决不会放过你!"等到攻下射犬,活捉了魏种,曹公却说:"他是个有才能的人啊。"替他松绑并任用了他。

这时袁绍已经并吞了公孙瓒,兼有四州之地,有十多万军队,要进攻许。曹军将领们认为无法抵挡。曹公说:"我熟悉袁绍的为人,志向大,才能低,外表严厉,内心怯懦,对人嫉妒,威信不高,士兵虽多,但部署不得当,将领骄横而政令不统一。因此土地虽然广大,粮食虽然丰富,却正好奉送给我。"秋八月,曹公进军黎阳,派臧霸等人进入青州,攻破齐、北海、东安等地,留于禁驻防黄河岸边。九月,曹公回到许都,分出部分兵力守卫官渡。冬十一月,张绣率领部队投降,被封为列侯。十二月,曹公驻军官渡。

袁术自从在陈国被打败后,日渐困窘,袁谭从青州派人迎接他。袁术打算经过下邳北上,曹公派刘备、朱灵截击他。恰在这时袁术病死。程昱、郭嘉听到曹公派刘备出去,就对曹公说:"刘备不能放走!"曹公后悔,派人追赶刘备,但已经来不及了。当刘备还没走的时候,曾暗中和董承等人图谋反叛。到了下邳，刘备就杀了徐州刺史车胄，拉出人马驻扎在沛县。曹公派刘岱、王忠去攻打他，但未能取胜。

庐江太守刘勋率领部下投降曹公，被封为列侯。

五年春正月，董承等人的阴谋暴露了，全都被处死。曹公要亲自东征刘备，将领们都劝阻说："和您争夺天下的是袁绍。现在袁绍正率兵前来，而您却撇开他东征刘备，要是袁绍抄了我们的后路。怎么办？"曹公说："刘备是人当中的豪杰啊，现在不打败他，一定会成为后患，袁绍虽有大志，但遇事难下决断，一定不会怎么样。"郭嘉也支持曹公。于是曹公向东进攻刘备，打败了他，活捉他的部将夏侯博。刘备逃奔袁绍，曹公俘获了刘备的妻儿。刘备的部将关羽驻军下邳，曹公又进攻他。关羽投降。因为昌豨曾反叛投靠刘备，曹公也把他打败。直到曹公回到官渡，袁绍一直没有出兵。

二月，袁绍派郭图、淳于琼、颜良进攻驻扎在白马的东郡太守刘延，袁绍领兵到黎阳，将要渡过黄河。夏四月，曹公往北援救刘延。荀攸劝曹公说："现在我们兵力少，敌不过袁绍，分散他的兵力才可取胜。您到延津，做出将要进兵渡河攻其后方的样子，袁绍必定会分兵向西来应战，然后我们用轻装部队攻打白马，乘其不备，颜良就可以捉住。"曹公采纳了他的意见。袁绍听说曹军要渡河，立即分兵西去应战。曹公便率军日夜兼程奔向白马，离白马还有十多里，颜良大惊，慌忙迎战。曹公派张辽、关羽首先出阵，打败袁军，杀了颜良。于是解了白马之围，迁徙当地百姓沿黄河往西撤退。袁绍这时渡过黄河追赶曹军，到延津南边。曹公收住部队扎营于南坡下，派人登上壁垒瞭望袁军，瞭望的人说："大约有五六百骑兵。"过一会儿，又报告说："骑兵逐渐增多，步兵多得数不清。"曹公说："不要再报了。"就命令骑兵解下马鞍把马放开。这时,从白马所缴获的辎重正被运上大路。将领们认为敌人骑兵多,不如撤回保护营寨。荀攸说:"这是用来引诱敌人的,怎么能撤走!"袁绍的骑兵将领文丑和刘备带领五六千骑兵先后追到。曹军将领们又说:"可以上马了。"曹公说:"还不到时候。"过了一会儿,袁绍的骑兵越来越多,有的纷纷奔向辎重。曹公说:"可以了。"于是全部上马。当时曹军骑兵不满六百,出兵进击,大破袁军,杀了文丑。颜良、文丑都是袁绍的名将,打了两仗,就都被杀死,袁军大为震动。曹公回军官渡。袁绍进军保卫阳武。这时关羽乘机逃归刘备。

八月,袁绍前后结营步步推进,靠着沙堆扎营,东西数十里。曹公也分兵扎营与他相对抗,但交战不利。这时曹公的军队不满一万,受伤的有十分之二三。袁绍的军队又进逼官渡,堆土山挖地道。曹公也在营内作土山地道应战。袁军向曹营射击,箭如雨下,营内行走的人都用盾掩蔽身体,大家很恐慌。这时曹军粮食缺少,曹公给荀彧写信,商议准备撤回。荀彧认为:"袁绍全部人马集中在官渡,想要和您决一胜负。您以极弱的兵力去抵挡极强的敌军,如果不能制服他,就一定会被他战胜。这是天下成败的关键时刻啊!况且袁绍不过是一个平庸的首领罢了,能聚集人才,却不会使用。凭您非凡的勇武和智慧,再加上代天子讨伐奸贼名正言顺,无往而不胜!"曹公听从了他的意见。

孙策听说曹公与袁绍互相对峙,就策划袭击许都,还未行动,便被刺客杀死。

汝南投降的刘辟等人叛变曹公,响应袁绍,抢掠许都城郊。袁绍派遣刘备去援助刘辟。曹公派出曹仁打败刘备。刘备逃跑,于是曹军攻下了刘辟的营寨。袁绍的运粮车来了好几千辆,曹公用荀攸的计策,派徐晃、史涣截击,大败袁军,把粮车全部烧光。曹公和袁绍相持了数月,虽然屡次战斗斩杀敌将,但兵少粮尽,士兵疲乏。曹公对运粮的人说:"再过十五天等打败了袁绍,就不再使你们劳累了。"冬十月,袁绍又派车运粮,命令淳于琼等五个将领带兵一万多人护送,驻扎在袁绍的大营北面四十里。袁绍的谋臣许攸贪财,袁绍不能满足许攸,许攸便来投奔曹公,并劝曹公攻打淳于琼等人。曹公左右的人有些怀疑,只有荀攸、贾诩二人劝曹公采纳。于是,曹公留曹洪守营,自己带领步兵、骑兵五千人连夜出动。正好天明到达。淳于琼等看见曹军人少,出门外摆开阵势。曹公迅猛进攻敌军,淳于琼退守营寨,曹公便挥军攻击营垒。袁绍派骑兵来援救淳于琼。曹公左右有人说:"贼军骑兵逐渐靠近了,请分兵抵挡。"曹公发怒说:"贼军到了身后,再来报告!"士兵们都拼命作战,大败淳于琼等人,把他们都杀了。袁绍刚听到曹公攻打淳于琼等人的消息时,对大儿子袁谭说:"趁他打淳于琼等人的时候,我去攻占他的大营,他就无处可归了!"于是派张郃、高览攻打曹洪。张郃等人听到淳于琼战败,就来投降了曹公。袁军溃败,袁绍和袁谭丢下军队逃跑,渡过黄河。曹军追赶不及,缴获了他们的全部辎重、地图、户口册和珍宝,俘虏了袁军将士。曹公在所缴获的袁绍信件中,获得了不少许都和自己军队里的人与袁绍相互来往的信件,他全部烧了,不加追究。冀州很多郡都献城投降了曹公。

当初,汉桓帝时在楚、宋上空出现了一颗黄星,辽东郡人殷馗精于天文,预言五十年后会有真命天子起于梁、沛之间,其锋锐不可当。到这时共五十年,恰好曹公打败了袁绍,天下再也没有人能敌得过曹公了。

建安六年夏四月,曹公在黄河边炫耀兵力,攻击袁绍仓亭的守军,打败了他们。袁绍逃回冀州后,又收罗了溃兵,平定了反叛的郡县。九月，曹公回到许都。当袁绍还没被打败的时候，曾派刘备攻取汝南郡，汝南黄巾共都等人响应刘备。曹公派蔡扬去攻打共都，交战不利，被共都打败。曹公又南征刘备。刘备听说曹公亲自出征，逃跑去投奔刘表，共都等人也就全部溃散了。

建安七年春正月，曹公驻军谯，下令说："我起义兵，为天下铲除暴乱。故乡人民，差不多都死亡了，在县境内走上一整天，看不到一个认识的人，使我悲痛伤心。自我起义兵以来，凡将士绝了后的，就找他们的亲戚当他们的后嗣，分给田地，由官府配给耕牛；设立学校教师教育他们。建立宗庙，使活着的后代能够祭祀自己的祖先。这样，如果死者的游魂还有灵的话，我死后还有什么可遗憾的呢！"接着曹公到浚仪县，治理睢阳渠。又派人用太牢祭祀桥玄。此后便进军官渡。

袁绍自从军队溃败后，发病吐血，夏五月死去，小儿子袁尚接替了他的职位，袁谭自称为车骑将军，驻扎在黎阳。秋九月，曹公讨伐他们，接连打了几仗。袁谭、袁尚屡次战败，退兵固守。

建安八年春三月，曹公攻黎阳外城，袁军出战，曹公大败袁军，袁谭、袁尚连夜逃走。夏四月，曹公进攻邺城。五月间回到了许都，留贾信驻守黎阳。五月二十五日，曹公下令说："《司马法》上规定'将军临阵退却要处以死刑'，所以赵括的母亲，请求不要因为赵括打败仗而被连坐治罪。这说明古代将领，在外面打了败仗，在家的亲属都要被连带治罪。自我派遣将领出征以来，只赏有功的而不处罚有罪的，这不合于国家制度。现命令诸将出征时，打败仗的要依法治罪，失利者免除官职和爵位。"

秋七月，曹公下令说："战乱以来，已有十五年了，青年人没见过仁义礼让的风尚，我感到很忧伤。现在命令各郡都要提倡和重视文献典籍的研究和学校的建设，满五百户的县要设置学官,挑选本地的优秀子弟给予教育,这样或许使先王之道不致废绝,从而有利于天下。"

八月,曹公讨伐刘表,驻军在西平县。当曹公离开许都南下时,袁谭、袁尚争夺冀州,袁谭被袁尚打败,跑到平原县固守。袁尚加紧攻打平原城,袁谭派辛毗向曹公乞降并请求援救。诸将都怀疑,而荀攸劝曹公答应他,于是曹公带领军队返回。冬十月,曹公到黎阳,让儿子曹整和袁谭的女儿结婚。袁尚听到曹军北去,就放弃对平原的进攻,回到邺城。东平人吕旷、吕翔叛变袁尚,驻扎在阳平,率领自己的人马投奔曹公,被封为列侯。

九年春正月,曹军渡过黄河,堵截淇水引入白沟,以便沟通漕运。二月,袁尚又攻打袁谭,留苏由、审配守邺城。曹公进军到洹水时,苏由投降。曹军到达后便攻邺城,修土山,挖地道。武安县长尹楷驻守在毛城,使通往上党的粮道保持通畅。夏四月,曹公留曹洪攻打邺城,亲自率领军队攻打尹楷,击溃后回师。袁尚的将领沮鹄守邯郸,曹军又攻破了邯郸。易阳县令韩范、涉县县长梁岐献城投降。曹公赐给他们关内侯的爵位。五月,曹军毁掉土山、地道,挖围城壕沟,掘开漳水灌城,城里的人多半饿死。秋七月,袁尚回来援救邺城,曹军将领们都认为:"这是返回的军队,人人都会主动奋战,不如避开他们。"曹公说:"袁尚如果从大路来,应当避开他,如果沿西山而来,就一定会被我活捉了。"袁尚果然沿西山而来,靠着滏水扎下营寨,夜里派兵进攻围城的曹军。曹公迎击,把袁军打得大败,又趁势包围袁尚的营寨。还没交战,袁尚就害怕了,派前豫州刺史阳夔和陈琳求降。曹公不答应,围攻得越来越紧。袁尚趁夜逃走,据守祁山,曹军追击。袁尚部将马延、张顗等人临阵投降,袁军溃散,袁尚逃往中山。曹军缴获了袁尚的全部辎重,并得到了袁尚的印章、绶带、符节、斧钺,又派已经投降的袁尚将士把这些东西举给他们在城里的家属们看,于是城中人心瓦解。八月,审配的侄子审荣夜里打开他所守卫的东城门让曹兵进城。审配迎战失利,曹公活捉审配并杀了他,邺城平安。曹公亲自到袁绍墓前祭奠,为他痛哭流涕,慰劳袁绍的妻子,送还他家里的仆人和珍宝物品,赐给他各种丝绸丝绵,并由官府供给粮食。

当初,袁绍与曹公共同起兵时,袁绍问曹公说:"如果大事不能成功,那么什么地方可以归依呢?"曹公说:"您的意见呢?"袁绍说:"我南面据守黄河,北面凭仗燕、代,兼有戎狄士众,向南争夺天下,这样大概可以成功了吧?"曹公说:"我依靠天下人士的才智和力量,用王道加以治理,这就能无往而不胜。"

九月,曹公下令说:"黄河以北遭受了袁氏家族造成的灾难,特令不交今年的田租和赋税。"他还加重了关于豪强兼并土地的惩治法令,老百姓很高兴。献帝让曹操兼任冀州牧,曹公辞去了原兖州牧的官职。曹公围攻邺城的时候,袁谭夺取了甘陵县、平安县、勃海国和河间国。袁尚战败后,回到中山国。袁谭又进攻袁尚,袁尚逃往故安县,袁谭就吞并了袁尚的军队。曹公写信给袁谭,指责他违反约定,就和他断绝了联姻关系,让自己女儿回娘家,然后进军讨伐。袁谭很害怕,便离开平原县,逃到南皮据守。十二月,曹公进入平原县,又夺取平定了附近几个县。

建安十年春正月,曹公进攻袁谭,打败袁军,杀了袁谭和他的妻子儿女,冀州因而平安。曹公下令说:"与袁氏共同作恶的人,允许他们改过自新。"又命令居民不得报私仇,禁止铺张的丧葬,违者一概依法制裁。同月,袁熙的大将焦触、张南等反叛并攻打袁熙、袁尚,袁熙和袁尚投奔三郡乌丸族。焦触等人献城投降,曹公封他们为列侯。当初讨伐袁谭时,不愿服役椎冰通航的人都逃跑了。曹公曾下令不接受这些人归降。不久，逃亡的百姓有前往军门自首认罪的。曹公对他说："听凭你逍遥法外，就违反了命令。如果杀掉你，又是杀了自首认罪的人。回去以后躲藏起来，不要被官吏们抓获。"这人流泪离去，但后来终于被捕获了。

夏四月，黑山一带的贼寇张燕率领他的十多万部众投降，曹公封他为列侯。故安人赵犊、霍奴等人杀死了幽州刺史和涿郡太守。三郡乌丸族在犷平县攻打鲜于辅。秋八月，曹操征讨他们，杀了赵犊等人，并渡过潞河援救犷平，乌丸逃往塞外。

这年九月，曹公下令说："袒护同党，结伙营私，是古代的圣贤所痛恨的。听说冀州地方的风俗，即便是父子也各结一帮，互相诽谤。从前，直不疑没有哥哥，而世人却说他与嫂子私通；第五伯鱼三次娶的都是孤女，而人们却说他殴打岳父；王凤独断朝政，谷永把他捧为申伯；王商忠诚公正，张匡却攻击他搞歪门邪道，这些都是颠倒黑白、欺天骗君的例子。我将要整顿社会风气，上述四种弊端不革除，我认为是耻辱。"十月，曹公回到邺城。

当初，袁绍用他外甥高干当并州牧，曹公攻下邺城后，高干投降，曹公仍让他作并州刺史。高干听到曹公讨伐乌丸，就在并州发动叛乱，劫持上党太守，发兵去守壶关，曹公派乐进和李典去进攻他，高干退回固守壶关城。建安十一年春正月，曹公征讨高干。高干听到消息，就留下别的将领守城，自己跑到匈奴那儿，向单于求救，但单于没有收留他。曹公军队包围壶关城三个月，攻下了它，高干逃往荆州，被上洛都尉王琰抓住杀了。

秋八月，曹公东征海贼管承，到了淳于，派乐进、李典打败了管承，管承逃入海岛。曹公划出原来东海郡的襄贲、郯、戚三县充实琅邪郡，撤销了昌虑郡。

三郡乌丸乘天下大乱，攻破幽州，掳掠汉民十多万户。从前袁绍把他们的部落首领都立为单于，以本族姑娘作为自己的女儿，嫁给他们。辽西单于蹋顿势力特别强大，被袁绍优待，所以袁尚、袁熙兄弟投奔了他们。他们多次侵入边塞骚扰破坏。曹公准备征伐他们，因此开凿河渠，从呼沲河入泒水，起名平虏渠，又从沟河口挖到潞河，起名泉州渠，与大海相通。

十二年春二月，曹公从淳于回到邺城。二月初五日，下令说："从我起兵讨伐叛乱，到现在已经十九年了，每战必胜，难道是我个人的功劳吗？都是贤能的文武官员献策出力的结果啊！天下虽然没有完全平定，我总要和各位文武官员一起来平定它；但独自占有这些功劳，我怎么能心安呢？现在要赶快给大家评定功劳，进行封赏。"于是大封有功之臣二十多人，作为列侯，其余的人也按功劳大小依次受封，还免除了死者子女的赋税徭役，轻重各有等差。

曹公将要北征三郡乌丸，将领们都说："袁尚只不过是一个逃敌罢了，夷狄贪婪而不讲亲戚之情，哪能被袁尚利用呢？现在深入乌丸境内，刘备定会劝说刘表来偷袭许都。万一出了事，就后悔莫及了。"只有郭嘉料定刘表必不能信任刘备，劝说曹公出征。夏五月，曹公到了无终县。秋七月，发了大水，沿海道路不通，田畴请求当向导，人马跟着他。于是田畴带领大军出了卢龙塞，但塞外路断不能通行，就开山填谷五百多里。经白檀，过平冈，跋涉到鲜卑首领的驻地，向东直逼柳城。离柳城只有二百里了，敌人才得知消息。袁尚、袁熙与蹋顿、辽西单于楼班、右北平单于能臣抵之等人率领几万骑兵前来迎战。八月，曹公率军登上白狼山，突然和乌丸军队遭遇，敌兵很多，当时曹公的辎重都在后面，穿着铠甲的人很少，随从都很害怕。曹公登高，远望乌丸阵容很不整齐，就挥兵出击，以张辽为先锋，乌丸军一下子崩溃了,斩了蹋顿和许多乌丸首领,胡、汉二十余万人投降。辽东单于速仆丸和辽西、右北平的许多乌丸酋帅,丢下他们本族人,和袁尚、袁熙一同逃奔辽东,只剩下几千名骑兵。当初,辽东太守公孙康仗着居地甚远,不服从曹公。及至曹公大破乌丸,有人劝他乘胜征讨公孙康,这样袁尚兄弟就可以抓到。曹公说:"我将使公孙康斩送袁尚、袁熙的头来,不用再动兵了。"九月,曹公率兵从柳城回来,公孙康斩了二袁和速仆丸等人,送来了他们的首级。有的将领问曹公:"您一回师,公孙康就斩了袁尚、袁熙的头送来,这是为什么?"曹公说:"公孙康平常就怕袁尚等人,我逼急了,他们就会合力抵抗,我暂缓进攻,他们就会互相残杀,这是势所必然的事。"十一月,曹公到达易水,代郡乌丸代理单于普富卢、上郡乌丸代理单于那楼率领乌丸首领们前来朝贺。

十三年春正月,曹公回到邺城,开凿玄武池训练水军。汉朝廷废除三公官职,设置了丞相、御史大夫。夏六月,任命曹公为丞相。

秋七月,曹公南征刘表。八月,刘表病死,他的儿子刘琮代立,驻扎襄阳,刘备驻军樊城。九月,曹公到了新野,刘琮投降。刘备逃往夏口。曹公进军江陵,下令让荆州的官吏和百姓一起除旧布新。于是评定荆州降服的功劳,封侯的有十五人,任命刘表的大将文聘做了江夏太守,让他统领原来的军队,又起用了荆州名士韩嵩、邓义等人。益州牧刘璋开始接受征调服役,派兵去补充曹公的军队。十二月,孙权为了援救刘备而攻打合肥。曹公率军从江陵出发去征讨刘备,到了巴丘,派张心喜去救合肥。孙权听说张心喜来到,就退兵走了。曹公到了赤壁,和刘备交战,失利。这时军中瘟疫流行,官兵死亡很多,曹公只得收兵回来。于是刘备占了荆州、江南的几个郡。

十四年春三月，曹公军队到了谯县，造快船，训练水军。秋七月，大军从涡水进入淮河经过肥水，驻军合肥。八月二十四日，曹公下令说："近年以来，军队多次出征，有时遇到瘟疫，官兵死亡，不能回家，夫妻不能团聚，青年男女不能婚配，百姓流离失所。仁爱的人难道乐意这样吗？实在是不得已啊！现命令：战死者家中缺乏产业，家属不能养活自己的，政府不得停止口粮供应，地方官吏要对他们抚恤慰问，这样才符合我的心意。"安排任命了扬州各郡县的长官，开芍陂，实行屯田。十二月，曹军回到谯县。

建安十五年春天，曹公下令说："自古以来开国和中兴的君主，哪个不是得到有才能的人和他共同治理天下的呢？而君主得到的有才能的人，往往不出里巷，难道是侥幸碰上的吗？是当政的人不去求访罢了！现在天下还没有完全平定，这正是求贤的时候。孟公绰做赵、魏两家的家臣是才力有余的，却不能胜任滕、薛那样小国的大夫。倘若一定要廉洁之士才能任用，那么齐桓公怎么能称霸天下！现在天下难道没有像吕尚那样身披布衣，怀抱高才，在渭水旁边垂钓的人吗？又有没有像陈平那样蒙受'盗嫂受金'的恶名，还未遇到魏无知推荐的呢？你们要帮助我举荐任用那些地位卑贱的贤能之士，唯才是举，使我能够任用他们。"这年冬天，修建了铜雀台。

建安十六年春正月，汉献帝任命曹公的世子曹丕为五官中郎将，设置官属，作为丞相的副手。太原人商曜等据守大陵叛乱，曹公派夏侯渊、徐晃包围并打败了商曜。张鲁占据汉中，三月，曹公派钟繇去征讨，又派夏侯渊等人从河东郡出兵，和钟繇会合。

这时，关中诸将都怀疑钟繇要袭击他们，于是马超和韩遂、杨秋、李堪、成宜等反叛。曹公派曹仁去证讨他们。马超等人驻兵潼关，曹公告诫诸将说："关西兵精锐强悍，你们坚守壁垒不要和敌人交战。"秋七月，曹公西征，和马超军隔着潼关驻扎下来。曹公从正面紧逼牵制马超，同时暗中派徐晃、朱灵等乘夜渡过蒲阪津，占据黄河西岸。曹公从潼关北渡黄河，还没完全渡过，马超军急攻曹军的渡船。校尉丁斐放出牛马引诱敌人，敌人乱抢牛马，曹公才得以渡过黄河，又沿河修了窄狭的通道向南推进。敌人后退，占据渭河口抵抗，曹公就设置了许多疑兵，暗中用船把士兵送入渭河，架设浮桥，夜里分兵在渭水南岸扎营。敌人夜攻营寨，曹公伏兵打败他们。马超的军队移驻渭水南岸，派使者请求割让黄河以西来讲和，曹公不答应。九月，曹军渡过渭河。马超等人多次挑战，曹公又不理睬；马超一再请求割地，请求送子弟作人质，曹公采用贾诩的计策假装允许他们。韩遂请求同曹公相见。曹公同韩遂的父亲同一年举孝廉，又和韩遂年纪相当，辈份相等，于是交马相会，晤谈多时，不涉及军事，只谈京城老友旧事。直谈得拍手欢笑。谈完了，马超等人问韩遂："曹公讲了些什么？"韩遂说："没有讲什么。"马超等人起了疑心。过了几天，曹公又给韩遂来信，将信中文字做了很多涂改，像是韩遂改过的样子。马超等人更加怀疑韩遂。于是，曹公限定日期会战。先用轻装部队来挑战，打了很久，才出动勇猛的骑兵前后夹击，大破敌人，斩了成宜、李堪等人。韩遂、马超等逃到凉州，杨秋逃到安定，关中得以平定。将领中有人问曹公说："当初，敌人把守潼关，渭水北岸防守空虚，我军不从河东出击冯翊，反而守住潼关，拖延好些天才北渡黄河，这是为什么呢？"曹公说："敌方把守潼关，如果我军进入河东，敌人一定引兵守住河上的渡口，那就不可能渡过西河。我故意领大队人马进逼潼关，敌人尽全力来把守南边，西河的守备空虚，徐晃、朱灵二将才能专力攻占西河。然后，我再率军北渡，敌人不能与我争夺，因为那儿已有徐晃、朱灵的军队了。我军以兵车相连，竖立栅栏，筑通道向南推进，既做了不可战胜的实际准备，又示弱于敌人，麻痹他们。渡过渭水修筑了坚固的营垒，敌人来了不和他们交战，以此使敌人产生骄傲轻敌的心理，所以他们不筑营垒而请求割地讲和。我就顺着他们的话答应了，这样顺从他们的意思，使他们安下心不作防备，趁此时机我们的士卒养精蓄锐，一旦进攻他们，就形成迅雷不及掩耳之势。用兵之道变化多端，本来就没有一定的途径啊。"开始时，敌人每有一支军队到来，曹公就露出高兴的样子。马超被打败后，将领们问他当初高兴的缘故，曹公回答说："关中地域辽阔，如果他们各自凭险而守，那要征讨他们，没有一两年的工夫是不能平定的。现在他们都集中到一起来了，虽然人数众多，却彼此不服，没有统一的统帅，一举便可歼灭，成功比较容易，我因此感到高兴。"

冬十月，曹军从长安北征杨秋，包围安定，杨秋投降，曹公恢复了他原来的爵位，让他留在本地安抚那里的百姓。十二月，曹公从安定回来，留下夏侯渊屯守长安。

建安十七年春正月，曹公回到邺城，汉献帝特许曹公朝拜时赞礼不称姓名，入朝时不趋；还可以穿朝靴、佩带宝剑上殿，就像当年萧何那样。马超的残余力量梁兴等盘踞蓝田，曹公派夏侯渊讨平了他们。又划出河内郡的荡阴、朝歌、林虑等县，东郡的卫国、顿丘、东武阳、发干等县，巨鹿郡的廮陶、曲周、南和等县，广平郡的任城县，赵郡的襄国、邯郸、易阳等县来扩充魏郡。冬十月，曹公征讨孙权。

建安十八年春正月，曹公进军濡须口，攻破孙权长江西岸的营地，俘获了孙权的都督公孙阳，然后回军。汉献帝下诏书合并十四个州仍为九州。夏四月，曹公回到邺城。

五月丙申日，汉献帝派御史大夫郗虑拿着皇帝的符节册封曹公为魏公。策文说：

我因为不修德行，从小就遭受祸难，先被劫持播迁到长安，后又逃难于唐、卫。那时，我好像连接在旗帜上的飘带一样动荡不定。宗庙无人去祭祀，社稷没有地方安置。许多坏人野心勃勃，使天下分裂，整个国土上的人民，我都无权管理，高祖开创的基业眼看就要颠覆崩溃了。我因此早起晚睡，内心非常哀痛，常常默念说："我祖我父，能干的先臣啊，谁能帮助我呢？"于是感动了天心，诞生了丞相，保护我们皇室平安，把我从艰难困苦的环境中拯救出来，我有了依靠。现在授给您典则礼仪，望您敬听我的命令。

从前董卓首先作乱，诸侯都放下自己的私政起来保卫王室。您督促他们，并首先攻打贼军，这是您对本朝的忠诚。后来黄巾犯上作乱，侵占三州，祸乱扩展到平民百姓，您又剪除了他们，平定了东方，这是您的功劳。韩暹和杨奉专权乱政，您就加以讨伐，平定了他们的祸乱。于是迁都到许，重建我们的京城，重新设置百官，修建宗庙社稷，恢复旧日的典章文物，天地鬼神因此都得以安宁，这又是您的功劳。袁术伪称帝号，横行于淮南，但还是畏惧您的神威。您施展宏谋大略，蕲阳一战，桥蕤被斩首，声威南驰，袁术丧命，其众崩溃，这又是您的功劳。回师东征，吕布被诛戮，班师回朝，又使张杨送了命，眭固受诛，张绣叩头降服，这又是您的功劳。袁绍谋逆，淆乱天常，图谋危害国家，凭借兵将众多，举兵进犯朝廷。这时国家的军队力量弱小，天下人恐惧，没有坚定的意志，而您却坚持了大节，精诚感动上天，振作您的英武，运用您的奇妙策略，亲临官渡，大歼逆贼，从危亡中拯救了我的国家，这又是您的功劳。率军渡过黄河，平定四州，袁谭、高幹都被斩首示众，海盗奔窜，黑山军投顺了朝廷，这又是您的功劳。三郡乌丸两代作乱，袁尚依靠他们，盘踞塞北，您率军在险途中束马悬车，一战消灭了他们，这又是您的功劳。刘表背叛，不向朝廷进贡纳赋，您率军出征，神威远播，荆州的八郡百县，都交臂屈膝地投降，这又是您的功劳。马超、成宜，狼狈为奸，据守黄河、潼关，图谋实现他们的狂妄野心。您把他们消灭在渭南，割耳献功数以万计，平定了边境，和睦了戎狄，这又是您的功劳。鲜卑、于零等族，辗转翻译到京城朝贡，箄于、白屋诸民，请派官吏去治理并纳贡，这又是您的功劳。您有平定天下的功勋，加上高尚的德行，整顿天下秩序，宣扬并改善了风俗，普遍而勤奋地施行教化，小心谨慎地量刑定罪，官吏没有苛酷的政令，老百姓不怀狡诈之心；您厚重真诚地尊崇皇帝宗族，上表使绝了代的王族能得到继承，对于过去德高功大的人，无不给予合理的安排，虽然伊尹的功德感动上天，周公的政绩光被四海，但同您相比，就不如了。

我听说先代的帝王分封功大德高的人，赐给他们土地，分给他们人民，使他们得到优厚的礼遇，配给他们完备的礼物，为的是捍卫王室，辅佐当代的君主。在周成王时，管叔、蔡叔作乱，惩治叛乱之后，评定功臣，于是派邵康公赐给齐国姜太公土地，东到海边，西到黄河，南到穆陵，北到无棣，五侯九伯，（如果有罪）都可以征讨，世代担任太师之职，显耀于东海。到了周襄王的时候，又有楚国不纳贡，不述职，于是又命晋文公为诸侯盟主，赐给他二辂、勇士、鈇钺、香酒和弓箭，在南阳开辟大片土地，世代担任盟主。周朝之所以不亡，全靠了齐、晋二国。现在您的功大德高，保卫我的安全，以顺迎天意，发扬宏大的功绩，安定九州，使普天下的人都奉公守法，论功业您比伊尹、周公还大，论赏赐却不如齐太公、晋文公那样多。因而我感到很惭愧。我是一个很渺小的人，居于亿万民众之上，常思执政的艰难，真是如临深渊，如履薄冰，要不是您的辅助，我是不能胜任的。现在把冀州的河东、河内、魏郡、赵国、中山、常山、巨鹿、安平、甘陵、平原共十郡分给您，封您为魏公。赐给您黑土，用白茅草包上，您就去灼龟占卜，建立魏国的宗庙社稷。以前的周期、毕公、毛公进入朝廷作公卿，周公、召公在朝廷里作太师太保，在外为燕、鲁方伯。外镇和内辅的重任，由您担任是很合适的，现在命您仍以丞相职位兼任冀州牧。另外，加赐您九锡，望您敬听我的命令。因为您把礼制和法律组织在一起，作为老百姓遵行的轨范和准则，使他们各安其业，没有人怀有二心，所以赐给您金车、兵车各一辆，枣红色的马八匹。您教百姓有无相济，崇本务农，使农民努力耕作，粮食和布帛大量储备，国家大业兴旺发达，所以赐给您衮冕礼服和礼帽，并配上红色的鞋子。您切实地提倡谦让，使老百姓仿效实行，因而使少长之间都有礼貌，上下之间都很和睦，所以赐给您三面悬挂的乐器，六列的舞蹈队。您以教令感化人，并且启发全国四方，使边远地方的人洗心革面，中原本土更加富裕充实，所以赐给您朱户之居。您研习先王的智慧，思考连尧、舜都感到为难的事，授官给有才者，任用贤能的人，凡是优秀的人才必能得到推荐，所以赐给您纳陛以便上殿。您掌握国家大权，庄严地处于不偏不倚的地位，即使有一点恶习的人，也没有不加以抑制斥退的，所以赐给您出行护卫的勇士三百人。您谨慎地督察朝廷的刑罚，揭露和宣布那些罪犯，凡是触犯国家法纪的人，没有不被诛杀的。所以赐给您鈇和钺各一件。您像龙马高昂着头，像老虎注视着攫取的对象一样，旁观八方，征讨逆臣贼子，捍卫四海，所以赐给您红色的弓一张，红色的箭一百支，黑色的弓十张，黑色的箭一千支。您以温良恭俭为根本，以孝顺父母、友爱兄弟为美德，聪明、守信、笃实、忠诚，感动了我的心，所以赐给您香酒一樽，并配上玉的酒勺。魏国可以设置自丞相以下各高级官职和一般官职，全部依照汉朝初年封王的制度。希望您回到魏国之后，恭敬地执行我的命令，选拔、勉励您的部下，随时做好各种事情，用以完成您的伟大功德，来还报和称扬我高祖的美好遗愿！

建安十八年秋七月，开始建立魏国的社稷宗庙，汉献帝聘娶了曹公的三个女儿为贵人，最小的暂时留在魏国等待长大。九月，修金虎台，开挖渠道引漳水经白沟流入黄河。冬十月，把魏郡划分为东西两部，设置都尉。十一月，开始设置尚书、侍中、六卿等官。马超在汉阳再次依仗羌族兴兵作乱，氐王千万也叛变响应马超，驻扎在兴国。曹公派夏侯渊前去讨伐。

建安十九年春正月，曹公第一次举行了"耕籍田"的仪式。南安郡赵衢、汉阳郡尹奉等人征讨马超，杀了马超的妻儿，马超逃往汉中。韩遂逃到金城，进入氐王千万的部落，率领羌胡的一万多骑兵和夏侯渊交战，夏侯渊迎击，把他们打得大败。韩遂逃往西平郡。夏侯渊与其他将领占领了兴国并屠城，裁省了安东、永阳两郡。安定太守毌丘兴将要赴任，曹公告诫他说："羌族打算和中原交重往，应该让他们派人来，千万不要派人去。好人很难找到，派去的人一定会教羌族提出非分的要求，以便自己从中谋利；要不答应，就会失去羌人的心，要是答应了，又不利于国家。"毌丘兴到了安定郡后，派校尉范陵到了羌人那里，范陵果然唆使羌人头子，请求让自己作属国都尉。曹公说:"我事先预料到会是这样,并非我是圣人,只不过经历的事情多点罢了。"

三月,汉献帝把曹公的地位升到诸侯王之上,改授给他金质印玺,红色绶带,和称为远游冠的帽子。秋七月,曹公征讨孙权。

当初,陇西人宋建自称河首平汉王,在枹罕聚集兵众,改年号,设置百官,割据已经三十多年了。曹公派夏侯渊从兴国去征讨他。冬十月,屠灭枹罕城,杀死宋建,平定凉州。曹公从合肥回到邺城。

十一月,汉献帝的皇后伏氏因为过去曾经写给她父亲原屯骑校尉伏完一封信,说汉献帝因为董承被诛而怨恨曹公,言辞恶毒,被发觉后,伏后被废而死,她的兄弟也全被处死。十二月,曹公到孟津。汉献帝特许曹公设置旄头的仪仗,宫殿中摆设钟虡十二月十九日,曹公下令说:"有德行的人,不一定能够上进,能够上进的人,不一定有德行。陈平难道有纯厚的德行?苏秦又哪里恪守信用呢?但陈平却奠定了汉朝的帝业,苏秦却扶助了弱小的燕国。由此说来,一个人总有缺点,怎能废置不用呢!有关的部门好好考虑这个道理,那么有才能的人就不会被遗漏,官府也就没有旷废的事了。"又说:"刑法是关系众人性命的。但是军队里主管刑狱的有的并不称职,把三军将士的生死命运交给他们,我非常担心。要选用通法明理的人,使他们来掌管刑法。"于是专门设置了管理刑狱的理曹掾属。

建安二十年春正月,汉献帝策立曹公的第二个女儿做了皇后。撤销了云中、定襄、五原、朔方四郡,各改成一个县,管辖当地民户,并把这四县合并为新兴郡。三月,曹公西征张鲁,到了陈仓,准备从武都进入氐人地区;氐人阻塞断绝了道路。曹公先派张郃、朱灵等人打败了他们。夏四月,曹公从陈仓出大散关,到了河池。氐王窦茂带领一万多人,凭借险要地势,拒不降服。五月,曹公率兵进攻并屠灭河池城。西平、金城将领麴演、蒋石等共同杀死了韩遂,献上头颅。秋七月,曹公到了阳平。张鲁派他弟弟张卫和他的将领杨昂等人据守阳平关,并在山腰修起十多里长的城墙,曹军攻不下来,只好撤军。敌人看到大军撤退,防守就松懈下来了。于是,曹公暗中派解慑、高祚等人凭借险要夜袭,打败了敌人,斩了敌人大将杨任,接着又进攻张卫,张卫等人趁夜逃走,张鲁溃败,逃奔巴中。曹公军队进入南郑,收取了张鲁府库中的所有珍宝。巴郡、汉中郡都投降了。曹公把汉宁郡改为汉中郡;又把汉中的安阳、西城划出来设立西城郡,设置郡太守;又分锡、上庸两县为上庸郡,设置了都尉。八月,孙权围攻合肥,张辽、李典击败了他。

九月,巴郡的七姓夷王朴胡和賨邑侯杜濩率领巴郡夷人和賨民前来归附。曹公便分巴郡为东西两郡。让朴胡做了巴东郡太守,杜濩做了巴西郡太守,两人都封为列侯。汉献帝授给曹公分封诸侯、任命太守和国相的权力。

冬十月,曹公设置名号侯到五大夫的爵位,和旧封的列侯关内侯共有六等,用来奖赏有军功的人。十一月,张鲁从巴中率领残部来投降。曹公封张鲁和他的五个儿子都为列侯。刘备袭击刘璋,夺取了益州,于是占据了巴中。曹公派张郃去攻打他。十二月,曹公从南郑回来,留夏侯渊屯守汉中。

建安二十一年春二月,曹公回邺城。三月壬寅,曹公亲耕籍田。夏五月,汉献帝晋封曹公为魏王。代郡乌丸的代理单于普富卢和他的侯王前来朝贺。汉献帝封魏王的女儿为公主,赐给汤沐邑。秋七月,匈奴的南单于呼厨泉率领他的名王前来朝贺,魏王用客礼招待他们,呼厨泉留在魏国,让右贤王去卑代管匈奴国事。八月，魏王任命大理钟繇做了相国。冬十月，魏王训练军队，征讨孙权，十一月到了谯县。

建安二十二年春正月，魏王的军队驻扎在居巢。二月，又进驻长江西岸的郝溪。孙权在濡须口筑城拒守，魏军逼攻，孙权撤退。三月，魏王回到邺城，留夏侯惇、曹仁、张辽等人屯守居巢。夏四月，汉献帝命令魏王使用天子用的旌旗，出入时像皇帝那样，警诫清道。五月，修建泮宫。六月，让军师华歆做魏国的御史大夫。冬十月，汉献帝命令魏王戴十二旒的冕，坐金根车，套六马拉车，并设置五时副车，立五官中郎将曹丕为魏国的太子。刘备派张飞、马超、吴兰等人驻兵下辩，魏王派曹洪前去抵抗他们。

建安二十三年春正月，汉朝的太医令吉本和少府耿纪、司直韦晃等反叛，攻打许都，烧了丞相长史王必的兵营，王必和颍川郡典农中郎将严匡出兵讨伐，杀死了他们。

曹洪打败吴兰，杀了吴兰的将领任夔等人。这年三月，张飞和马超逃到汉中，阴平氐人强端杀了吴兰，把他的头送到魏国来。夏四月，代郡、上谷的乌丸单于、无臣氐等叛乱，魏王派鄢陵侯曹彰讨伐打败了他们。

六月，魏王下令说："古代的墓葬，一定安置在瘠薄的土地上。现在划出西门豹祠两边的高地作为我的陵地。就依照原来的高度作为圹基，不堆土，也不种树。《周礼》规定，冢人掌管国家的墓地，所有诸侯都葬在王墓的左右两边，诸侯在前，卿大夫在后，汉朝制度也叫作陪陵。凡是公卿大夫和诸将有功的，死后可陪葬寿陵。要扩大墓地范围，使它能够容纳得下。"

秋七月，魏王整训军队，西征刘备。九月，魏王到长安。冬十月，宛城守将侯音等叛乱，捉住了南阳太守，并劫持官吏和百姓，据守宛城，早先曹仁因征讨关羽，驻扎在樊城。这个月，魏王派曹仁去围攻宛城。

建安二十四年春正月，曹仁屠宛城，斩侯音。夏侯渊和刘备在阳平交战，被刘备杀死。三月，魏王率兵从长安出斜谷，一路派兵扼守险要，进军汉中，到了阳平。刘备凭借险要地势坚守抵抗。夏五月，魏王率军退回长安。

秋七月，魏王立夫人卞氏做了王后。派于禁帮助曹仁攻打关羽。八月，汉水大涨，淹了于禁军营，全军覆没。关羽活捉了于禁，就去包围曹仁，魏王派徐晃前去救援。九月，魏相国钟繇因为西曹掾魏讽谋反被牵连而免官。

冬十月，大军回到洛阳。孙权派使者向魏王上书，愿意讨伐关羽以效力。魏王从洛阳南征关羽，还没有到，徐晃进攻并打败了关羽。关羽逃走，曹仁得以解围。魏王军队驻扎在摩陂。

建安二十五年春正月，魏王回到洛阳。孙权进攻关羽，并斩了他，把他的头送到洛阳。正月二十三日，魏王死于洛阳，享年六十六岁。遗令说："天下还没有安定，不能遵守古代丧葬的制度，安葬完毕，大家都脱掉丧服。带兵驻防的将领，都不要离开驻地。各级官吏，都要各尽职守。入殓时穿平时所穿的衣服，不要在墓穴里埋葬金玉珠宝。"谥号"武王"。二月二十一日，葬于高陵。

评论说：汉朝末年天下大乱，豪强群雄同时起兵。袁绍虎视眈眈，占据四州，强盛无敌。魏太祖运用谋略，以武力征讨四方，采用了申不害、商鞅的治国方法，兼用韩信、白起出奇制胜的策略，按照不同的才能授予不同的官职，发挥特长，克制感情，讲求策略，不计私仇，终于能够完全掌握国家大事，完成建国大业，就因为他具有非常卓越的聪明谋略。因此可以说他是个非凡的人物，盖世的豪杰！

三国志卷二

魏书二

文帝纪第二

文皇帝讳丕，字子桓，武帝太子也。中平四年冬，生于谯。建安十六年，为五官中郎将、副丞相。二十二年，立为魏太子。太祖崩，嗣位为丞相，魏王。尊王后曰王太后。改建安二十五年为延康元年。

元年二月壬戌，以大中大夫贾诩为太尉，御史大夫华歆为相国，大理王朗为御史大夫。置散骑常侍、侍郎各四人，其宦人为官者不得过诸署令；为金策著令，藏之石室。

初，汉熹平五年，黄龙见谯，光禄大夫桥玄问太史令单飏："此何祥也？"飏曰："其国后当有王者兴，不及五十年，亦当复见。天事恒象，此其应也。"内黄殷登默而记之。至四十五年，登尚在。三月，黄龙见谯，登闻之曰："单飏言，其验兹乎！"

己卯，以前将军夏侯惇为大将军。濊貊、扶余单于、焉耆、于阗王皆各遣使奉献。

夏四月丁巳，饶安县言白雉见。庚午，大将军夏侯惇薨。

五月戊寅，天子命王追尊皇祖太尉曰太王，夫人丁氏曰太王后，封王子叡为武德侯。是月，冯翊山贼郑甘、王照率众降，皆封列侯。酒泉黄华、张掖张进等各执太守以叛。金城太守苏则讨进，斩之。华降。

六月辛亥，治兵于东郊，庚午，遂南征。

秋七月庚辰，令曰："轩辕有明台之议，放勋有衢室之问，皆所以广询于下也。百官有司，其务以职尽规谏，将率陈军法，朝士明制度，牧守申政事，缙绅考六艺，吾将兼览焉。"

孙权遣使奉献。蜀将孟达率众降。武都氐王杨仆率种人内附，居汉阳郡。

甲午，军次于谯，大飨六军及谯父老百姓于邑东。八月，石邑县言凤皇集。

冬十一月癸卯，令曰："诸将征伐，士卒死亡者或未收敛，吾甚哀之；其告郡国给槥椟殡敛，送致其家，官为设祭。"丙午，行至曲蠡。

汉帝以众望在魏，乃召群公卿士，告祠高庙。使兼御史大夫张音持节奉玺绶禅位，册曰："咨尔魏王：昔者帝尧禅位于虞舜，舜亦以命禹，天命不于常，惟归有德。汉道陵迟，世失其序，降及朕躬，大乱兹昏，群凶肆逆，宇内颠覆。赖武王神武，拯兹难于四方，惟清区夏，以保绥我宗庙，岂予一人获乂，俾九服实受其赐。今王钦承前绪，光于乃德，恢文武之大业，昭尔考之弘烈。皇灵降瑞，人神告征，诞惟亮采，师锡朕命，金曰尔度克协于虞舜，用率我唐典，敬逊尔位。于戏！天之历数在尔躬，允执其中，天禄永终；君其祗顺大礼，飨兹万国，以肃承天命。"乃为坛于繁阳。庚午，王升坛即阼，百官陪位。事讫，降坛，视燎成礼而反。改延康为黄初，大赦。

黄初元年十一月癸酉，以河内之山阳邑万户奉汉帝为山阳公，行汉正朔，以天子之礼郊祭，上书不称臣，京都有事于太庙，致胙；封公之四子为列侯。追尊皇祖太王曰太皇帝，考武王曰武皇帝，尊王太后曰皇太后。赐男子爵人一级，为父后及孝悌力田人二级。以汉诸侯王为崇德侯，列侯为关中侯。以颍阴之繁阳亭为繁昌县。封爵增位各有差。改相国为司徒，御史大夫为司空，奉常为太常，郎中令为光禄勋，大理为廷尉，大农为大司农。郡国县邑，多所改易。更授匈奴南单于呼厨泉魏玺绶，赐青盖车、乘舆、宝剑、玉玦。十二月，初营洛阳宫，戊午幸洛阳。是岁，长水校尉戴陵谏不宜数行弋猎，帝大怒；陵减死罪一等。

二年春正月，郊祀天地、明堂。甲戌，校猎至原陵，遣使者以太牢祠汉世祖。乙亥，朝日于东郊。初令郡国口满十万者，岁察孝廉一人；其有秀异，无拘户口。辛巳，分三公户邑，封子弟各一人为列侯。壬午，复颍川郡一年田租。改许县为许昌县。以魏郡东部为阳平郡，西部为广平郡。

诏曰："昔仲尼资大圣之才，怀帝王之器，当衰周之末，无受命之运，在鲁、卫之朝，教化乎洙、泗之上，栖栖焉，遑遑焉，欲屈已以存道，贬身以救世。于时王公终莫能用之，乃退考五代之礼，修素王之事，因鲁史而制《春秋》，就太师而正《雅颂》，俾千载之后，莫不宗其文以述作，仰其圣以成谋，咨！可谓命世之大圣，亿载之师表者也。遭天下大乱，百祀堕坏，旧居之庙，毁而不修，褒成之后，绝而莫继，阙里不闻讲颂之声，四时不睹烝尝之位，斯岂所谓崇礼报功，盛德百世必祀者哉！其以议郎孔羡为宗圣侯，邑百户，奉孔子祀。"令鲁郡修起旧庙，置百户吏卒以守卫之，又于其外广为室屋以居学者。

春三月，加辽东太守公孙恭为车骑将军。初复五铢钱。夏四月，以车骑将军曹仁为大将军。五月，郑甘复叛，遣曹仁讨斩之。六月庚子，初祀五岳四渎，咸秩群祀。丁卯，夫人甄氏卒。戊辰晦，日有食之，有司奏免太尉，诏曰："灾异之作，以谴元首，而归过股肱，岂禹、汤罪己之义乎？其令百官各虔厥职，后有天地之眚，勿复劾三公。"

秋八月，孙权遣使奉章，并遣于禁等还。丁巳，使太常邢贞持节拜权为大将军，封吴王，加九锡。冬十月，授杨彪光禄大夫。以谷贵，罢五铢钱。己卯，以大将军曹仁为大司马。十二月，行东巡。是岁筑陵云台。

三年春正月丙寅朔，日有蚀之。庚午，行幸许昌宫。诏曰："今之计、考，古之贡士地；士室之邑，必有忠信，若限年然后取士，是吕尚、周晋不显于前世也。其令郡国所选，勿拘老幼；儒通经术，吏达文法，到皆试用。有司纠故不以实者。"二月，鄯善、龟兹、于阗王各遣使奉献，诏曰："西戎即叙，氐、羌来王，《诗》《书》美之。顷者西域外夷并款塞内附，其遣使者抚劳之。"是后西域遂通，置戊己校尉。

三月乙丑，立齐公叡为平原王，帝弟鄢陵公彰等十一人皆为王。初制封王之庶子为乡公，嗣王之庶子为亭侯，公之庶子为亭伯。甲戌，立皇子霖为河东王。甲午，行幸襄邑。夏四月戊申，立鄄城侯植为鄄城王。癸亥，行还许昌宫。五月，以荆、扬江表八郡为荆州，孙权领牧故也；荆州江北诸郡为郢州。闰月，孙权破刘备于夷陵。初，帝闻备兵东下，与权交战，树栅连营七百余里，谓群臣曰："备不晓兵，岂有七百里营可以拒敌者乎！'苞原隰险阻而为军者为敌所禽'，此兵忌也。孙权上事今至矣。"后七日，破备书到。

秋七月，冀州大蝗，民饥，使尚书杜畿持节开仓廪以振之。八月，蜀大将黄权率众降。

九月甲午,诏曰:"夫妇人与政,乱之本也。自今以后,群臣不得奏事太后,后族之家不得当辅政之任,又不得横受茅土之爵;以此诏传后世,若有背违,天下共诛之。"庚子,立皇后郭氏。赐天下男子爵人二级;鳏寡笃癃及贫不能自存者赐谷。

冬十月甲子,表首阳山东为寿陵,作终制曰:"礼,国君即位为椑,存不忘亡也。昔尧葬谷林,通树之,禹葬会稽,农不易亩,故葬于山林,则合乎山林。封树之制,非上古也,吾无取焉。寿陵因山为体,无为封树,无立寝殿,造园邑,通神道。夫葬也者,藏也,欲人之不得见也。骨无痛痒之知,冢非栖神之宅,礼不墓祭,欲存亡之不黩也,为棺椁足以朽骨,衣衾足以朽肉而已。故吾营此丘墟不食之地,欲使易代之后不知其处。无施苇炭,无藏金银铜铁,一以瓦器,合古涂车、刍灵之义。棺但漆际会三过,饭含无以珠玉,无施珠襦玉匣,诸愚俗所为也。季孙以玙璠敛,孔子历经而救之,譬之暴骸中原。宋公厚葬,君子谓华元、乐莒不臣,以为弃君于恶。汉文帝之不发,霸陵无求也;光武之掘,原陵封树也。霸陵之完,功在释之;原陵之掘,罪在明帝。是释之忠以利君,明帝爱以害亲也。忠臣孝子,宜思仲尼、丘明、释之之言,鉴华元、乐莒、明帝之戒,存于所以安君定亲,使魂灵万载无危,斯则贤圣之忠孝矣。自古及今,未有不亡之国,亦无不掘之墓也。丧乱以来,汉氏诸陵无不发掘,至乃烧取玉匣金缕,骸骨并尽,是焚如之刑,岂不重痛哉!祸由乎厚葬封树。'桑、霍为我戒',不亦明乎?其皇后及贵人以下,不随王之国者,有终没皆葬涧西,前又以表其处矣。盖舜葬苍梧,二妃不从,延陵葬子,远在嬴博,魂而有灵,无不之也,一涧之间,不足为远。若违今诏,妄有所变改造施,吾为戮尸地下,戮而重戮,死而重死。臣子为蔑死君父,不忠不孝,使死者有知,将不福汝。其以此诏藏之宗庙，副在尚书、秘书、三府。"

是月，孙权复叛，复郢州为荆州。帝自许昌南征，诸军兵并进，权临江拒守。十一月辛丑，行幸宛。庚申晦，日有食之。是岁，穿灵芝池。

四年春正月，诏曰："丧乱以来，兵革未戢，天下之人，互相残杀。今海内初定，敢有私复仇者皆族之。"筑南巡台于宛。三月丙申，行自宛还洛阳宫。癸卯，月犯心中央大星。丁未，大司马曹仁薨。是月大疫。夏五月，有鹈鹕鸟集灵芝池，诏曰："此诗人所谓污泽也。《曹诗》'刺恭公远君子而近小人'，今岂有贤智之士处于下位乎？否则斯鸟何为而至？其博举天下俊德茂才、独行君子，以答曹人之刺。"

六月甲戌，任城王彰薨于京都。甲申，太尉贾诩薨。太白昼见。是月大雨，伊、洛溢流，杀人民，坏庐宅。秋八月丁卯，以廷尉钟繇为太尉。辛未，校猎于荥阳，遂东巡。论征孙权功，诸将已下进爵增户各有差。九月甲辰，行幸许昌宫。

五年春正月，初令谋反大逆乃得相告，其余皆勿听治；敢妄相告，以其罪罪之。三月，行自许昌还洛阳宫。夏四月，立太学，制五经课试之法，置《春秋穀梁》博士。五月，有司以公卿朝朔望日，因奏疑事，听断大政，论辩得失。秋七月，行东巡，幸许昌宫。八月，为水军，亲御龙舟，循蔡、颍，浮淮，幸寿春。扬州界将吏士民，犯五岁刑已下，皆原除之。九月，遂至广陵，赦青、徐二州，改易诸将守。冬十月乙卯，太白昼见。行还许昌宫。十一月庚寅，以冀州饥，遣使者开仓廪振之。戊申晦，日有食之。

十二月，诏曰："先王制礼，所以昭孝事祖，大则郊社，其次宗庙，三辰五行，名山大川，非此族也，不在祀典。叔世衰乱，崇信巫史，至乃宫殿之内，户牖之间，无不沃酹，甚矣其惑也。自今，其敢设非祀之祭，巫祝之言，皆以执左道论，著于令典。"是岁穿天渊池。

六年春二月，遣使者循行许昌以东尽沛郡，问民所疾苦，贫者振贷之。三月，行幸召陵，通过讨渠。乙巳，还许昌宫。并州刺史梁习讨鲜卑轲比能，大破之。辛未，帝为舟师东征。五月戊申，幸谯。壬戌，荧惑入太微。六月，利成郡兵蔡方等以郡反，杀太守徐质。遣屯骑校尉任福、步兵校尉段昭与青州刺史讨平之；其见胁略及亡命者，皆赦其罪。

秋七月，立皇子鉴为东武阳王。八月，帝遂以舟师自谯循涡入淮，从陆道幸徐。九月，筑东巡台。冬十月，行幸广陵故城，临江观兵，戎卒十余万，旌旗数百里。是岁大寒，水道冰，舟不得入江。乃引还。十一月，东武阳王鉴薨。十二月，行自谯过梁，遣使以太牢祀故汉太尉桥玄。

七年春正月，将幸许昌，许昌城南门无故自崩，帝心恶之，遂不入。壬子，行还洛阳宫。三月，筑九华台。夏五月丙辰，帝疾笃，召中军大将军曹真、镇军大将军陈群、征东大将军曹休、抚军大将军司马宣王，并受遗诏辅嗣主。遣后宫淑媛、昭仪已下归其家。丁巳，帝崩于嘉福殿，时年四十。六月戊寅，葬首阳陵。自殡及葬，皆以终制从事。

初，帝好文学，以著述为务，自所勒成垂百篇。又使诸儒撰集经传，随类相从，凡千余篇，号曰《皇览》。

评曰：文帝天资文藻，下笔成章，博闻强识，才艺兼该；若加之旷大之度，励以公平之诚，迈志存道，克广德心，则古之贤主，何远之有哉！

译文：

魏文帝曹丕，字子桓，是武帝曹操的太子。东汉灵帝中平四年冬季，生于谯县。汉献帝建安十六年，被任命为五官中郎将，成为丞相曹操处理军国事务的副手。建安二十二年，被立为魏王太子。曹操逝世后，他继位为丞相、魏王，把自己的母亲、魏王后卞氏尊称为王太后。同时，把建安二十五年改为延康元年。

延康元年二月壬戌，任命大中大夫贾诩为太尉，御史大夫华歆为相国，大理王郎为御史大夫。设置散骑常侍、散骑侍郎各四人。规定后宫宦官担任官职，不得超过诸署的署令，把这命令用黄金做成的简策记录下来，收藏在石室中。

起初，东汉灵帝熹平五年，有黄龙出现在谯县，光禄大夫桥玄为此询问太史令单飏说："这是什么祥瑞呢？"单飏回答说："在这个地方以后会有王者兴起，不到五十年，黄龙还会再度出现。上天安排的事情都会有预兆的，这就是与天意相对应的。"内黄人殷登暗自把这件事记下来。过了四十五年，殷登还活着。这年三月，又有黄龙出现在谯县，殷登听到后说："单V的预言，大概就应验在这里了。"

三月己卯，任命前将军夏侯惇为大将军。濊貊单于、扶余单于、焉耆王、于阗王等都分别派遣使者前来进奉贡品。

夏季，四月丁巳，饶安县上书报告说有白雉出现。庚午，大将军夏侯惇逝世。

五月戊寅，东汉献帝命令魏王曹丕为祖父太尉曹嵩追加尊号，称太王，称曹嵩夫人丁氏为太王后。同时，封曹丕的儿子曹叡为武德侯。本月，冯翊山贼郑甘、王照率领部众归降朝廷，都被封为列侯。酒泉人黄华、张掖人张进各自捉住本郡太守，背叛朝廷。金城郡太守苏则讨伐张进，将张进杀死。黄华投降。

六月辛亥，在邺城东郊操练军队，庚午，曹丕率大军出发，向南征伐吴国。

秋季，七月庚辰，曹丕下令说："黄帝在明台听取贤人的议论，尧在道路旁修建房屋，以便听到百姓的谈话，都是去广泛征询下面的意见。朝廷各部分的官员，都要尽到进行规谏的职责，将帅们可以谈论军务、军纪，朝士们议论制度，地方长官报告政务，士大夫们考察六艺，我都要详细审看。"

孙权派遣使者前来进奉贡品。蜀国大将孟达率领部众归降魏国。氐人武都部落首领杨仆率领部落归附魏国，内迁到汉阳郡居住。

七月甲午，曹丕统帅大军抵达故乡谯县，在东郊为随行军队及谯县的父老百姓举行盛宴。八月，石邑县上书报告，说有凤凰聚集。

冬季，十月癸卯，曹丕下令说："诸位将领在进行征伐时，战死的士兵有的还没有被埋葬，我对此很怜悯。命令各郡、国预备棺材，把战死士兵装入棺内，送回他的家中，由官府为他安排祭礼。"丙午，曹丕率军抵达曲蠡。

汉献帝因为群臣都已依附魏王曹丕，于是召集朝中大小官员，祭祀汉高祖刘邦的祭庙，并禀告祖先，命令兼任御史大夫张音持符节把皇帝的御玺、绶带进献给曹丕，表示把皇帝的位置让给曹丕。诏书说："告诉魏王：从前帝尧让位给虞舜，舜又让位给大禹，上天的意旨并不固定不变，只是由有德望的人来进行统治。汉朝的统治衰败已久，天下失去正常的秩序，等到我这一代，战乱更加严重，许多凶暴之人横行肆虐，汉朝的统治已经被颠覆。幸亏武王曹操英明神武，把天下从这场灾难中拯救出来，重新安定，保护了汉朝的宗庙、社稷，不仅是我一个人享受太平,实在是天下都受到他的恩德。现在魏王曹丕继承父亲的事业,加以发扬光大,恢复周文王、周武王的大业,发展您父亲的宏图大计。上天降下祥瑞,人、神都提出预兆,建立了显赫的业绩,大家献言,让我下达命令,都指出您的品德才干与虞舜相同,因此,我遵循尧的做法,把皇帝的位置恭敬地让给您。呜呼!上天已把使命交付给您,运用得当,就能永保天禄。请您恭顺大礼,治理天下万国,以上承天命。"于是,为曹丕在繁阳修筑举行即位仪式的高坛。十月庚午,魏王曹丕登上高坛,正式接受皇帝称号,朝廷大臣都参加了即位仪式。仪式完毕后,曹丕下坛,燃火祭祀天地山川,然后,返回宫殿。改延康元年为黄初元年,大赦天下。

黄初元年十一月癸酉,曹丕封汉献帝刘协为山阳公,把河内郡山阳县一万户百姓所居住的地方作为刘协的封地。在封地内,仍实行汉朝的年号,刘协可以用天子的规格祭祀天地,向皇帝上书时可以不称臣。当皇帝在京城祭祀太庙时,要赐予刘协祭肉。同时,封刘协的四个儿子为列侯。曹丕追尊祖父太王曹嵩为太皇帝,父亲武王曹操为武皇帝,尊称母亲武王太后卞氏为皇太后。赐予天下的男人每人晋爵一级,继承父亲成为家长的、孝顺父母、尊敬兄长以及努力耕田的人晋爵二级。把汉朝的诸侯王降封为崇德侯,列侯降封为关中侯。把颍阳的繁阳亭改为繁昌县。朝廷大臣分别受到增加爵位和晋升官职的赏赐。对官职名称进行改动:相国改为司徒、御史大夫改为司空、奉常改为太常、郎中令改为光禄勋、大理改为廷尉、大农改为大司农。郡、国、县及城镇的名称,也有很多改动。重新授予南匈奴单于呼厨泉魏国的玺印、绶带,赐给他青盖车、帝王用的乘舆、宝剑、玉玦等。十二月,开始修建洛阳宫。戊午,曹丕到达洛阳。这一年,长水校尉戴陵劝阻曹丕，不要经常出去打猎，曹丕大怒，戴陵被判处比死罪轻一等的处分。

黄初二年春季，正月，曹丕到郊外祭祀天地、明堂。甲戌，曹丕到原陵打猎，派遣使者用太牢的规格祭祀东汉光武帝刘秀。乙亥，在东郊举行朝日仪式。开始命令各郡、国户口在十万以上的，每年推荐孝廉一名，有特别优秀的人才，不受名额限制。辛巳，从三公的封地中划分出一块，各封他们的子弟一人为列侯，以那块划出来的土地为封地。壬午，免除颍川郡一年的田租。改许县为许昌县。把魏郡的东部改为阳平郡，西部改为广平郡。

曹丕下诏说："从前，孔子有大圣人的才干，怀有帝王的器度，但他生于衰败的周期末期，没有受天命的机运。他在鲁国、卫国，在洙水和泗水流域，栖栖遑遑，想要委屈自己以保护自己的政治主张和思想，贬低自己的身份去拯救世人。当时，各国的王、公终究不能任用他，于是他就隐退去考证五代的礼仪制度，代替帝王立法，在鲁国史书的基础上编撰《春秋》，到乐官那里去改正《雅》《颂》。使得千年以后，全都按照他的文章进行写作，依靠他的圣明制定谋略，啊！真可称之为绝世的大圣人，可以作为万代的师表了。现在遭到天下大乱，各种祭祀活动都受到毁坏，他的旧居祭庙，也毁坏而无人修理。他的后裔在汉朝曾被封为褒成侯，但这个爵位现在也没有人继承。在他故乡阙里听不到讲解和诵读经书的声音，每年的四季也没有人进行祭祀，这怎么能称为尊崇礼敬，报答他对世人的恩德，符合百代以后，也要祭祀对天下有大恩德人的制度呢？现在，任命议郡孔羡为宗圣侯，享有一百户的封地，作为孔子的后裔，负责按时祭祀。"命令鲁郡把孔子的旧祭庙重新修好，设置一百户官吏和士兵专门守卫祭庙，又在祭庙的外面大修房屋，供学者在那里居住、学习。

三月，晋升辽东太守公孙恭为车骑将军。开始恢复五铢钱，可以作为货币在市上流通。夏季，四月，任命车骑将军曹仁为大将军。五月，郑甘再次反叛，派遣曹仁进行讨伐，杀死郑甘。六月庚子，开始祭祀五岳、四渎，规定各种祭祀的规格。丁卯，曹丕的夫人甄氏逝世。戊辰，出现日食。有关部门提出应该罢免太尉，曹丕下诏说："上天降下灾异，是对元首进行谴责，而把过错都推给辅政的大臣，怎么符合大禹、商汤归罪于自己的本意呢？现在，命令文、武百官各尽职守，以后天地出现灾异，不要再弹劾三公。"

秋季，八月，孙权派遣使者进奉表章，并送于禁等人回来。丁巳，曹丕命令太常邢贞持符节到江东拜孙权为大将军，封吴王，并赐予九锡——使用九种帝王御用器物的特权。冬季，十月，任命杨彪为光禄大夫。因为粮食价格过高，废止五铢钱的使用。己卯，任命大将军曹仁为大司马。十二月，曹丕向东方出巡。这一年，修筑陵云台。

黄初三年春季，正月丙寅朔，出现日食。庚午，曹丕到达许昌宫。下诏说："现在的计吏、孝廉，就是古代的贡士。十户人家的村镇，必定会有忠信之人，如果限制年龄然后选取人才，那么，姜子牙、周太子晋就不会在前代有显赫的业绩了。现在，命令各郡、国在选取人才时，不要限制老幼；只要儒士精通经术，吏士通晓文法，一到就可以试用。由有关部门来检举推荐不实的人。"二月，鄯善、龟兹、于阗等国的国王各自派遣使者前来进献贡品。曹丕下诏说："西戎归附大禹，氐人、羌人服从周朝的统治，《诗经》《尚书》中都大为赞美。最近，西域各国的少数族统治者纷纷都来到边塞，请求归附。派遣使者去安抚、慰劳他们。"以后，与西域的联系再度恢复，设置戊己校尉。

三月乙丑，曹丕封儿子齐公曹叡为平原王，同时，封自己的弟弟鄢陵公曹彰等十一人都为王。开始制定封王的庶子为乡公，嗣王的庶子为亭侯，嗣公的庶子为亭伯的制度。甲戌，曹丕封儿子曹霖为河东王。甲午，曹丕出巡，到达襄邑。夏季，四月戊申，封鄄城侯曹植为鄄城王。癸亥，曹丕回到许昌宫。五月，把荆州、扬州在江南的八个郡称为荆州，是因为由孙权兼任荆州牧的原因。把荆州在长江以北的各郡改设为郢州。闰六月，孙权在夷陵大败刘备统率的蜀军。起初，曹丕听说刘备统军东下，与孙权交战，建立营寨，绵延不断，有七百余里，就告诉大臣们说："刘备不懂得军事，哪里有七百里连营可以进攻敌人的！'在大片低洼和险要地区驻扎军队的，容易被敌人擒获'，这是兵法中的大忌。孙权报告战况的奏书就要到了。"过了七天，孙权击败刘备的奏书果然送到。

秋季，七月，冀州蝗灾严重，百姓饥饿，派尚书杜畿持符节打开官府粮库赈济饥民。八月，蜀军大将黄权率领部下投降魏国。

九月甲午，曹丕下诏说："妇人干预政治，是祸乱的原因。从此以后，大臣们不得向太后奏报政事，外戚不能担任辅政的职务，也不能无故接受封爵。把这个诏书传到后世，如果有人违背，天下共诛之。"庚子，立郭氏为皇后。赐天下男子每人晋爵二级，对鳏夫、寡妇、病重、有残疾以及贫困无法生活的人赐给粮食。

冬季，十月甲子，曹丕把首阳山东划定为自己的陵墓，事先安排自己的丧葬事宜，说："依按礼制，国君在即位后就安排制作棺材，表示存不忘亡。从前，尧葬在穀林，都种上树；大禹葬在会稽，农民没有改变耕地的方向，所以埋葬在山林，就要合乎山林自然。修造坟墓，植树作为标志的制度，不是上古的制度，我不采用。我的陵墓依仗山势作为主体，不要再堆土做成高丘及四面种植树木，不要建立寝殿、园林，不要修筑神道。安葬的目的就是把人体埋葬起来，想要不再被别人看到。尸骨已没有痛痒的知觉，坟墓也不是神灵存身的地方。依照礼制，不在坟墓处设祭，为了不轻慢死者，制作的棺椁能够装殓尸骨，衣服被褥能够遮尸体就行了。所以我选择在这丘陵不生长庄稼的地方修建陵墓，希望改朝换代之后，不再知道陵墓的位置。在墓内不要改置苇草木炭，不要收藏金、银、铜、铁器物，全部使用陶器，以符合古代用泥作的涂车，茅草扎成的人、马来送葬的制度。棺材只要在应该油漆的时候漆三遍，死后不要把珠玉含在我的嘴里，不要给穿上珠子做成的衣服，盛放在玉匣中，不要搞这些庸俗愚昧之人所做的事情。从前，当季孙要以君王佩带的美玉殉葬时，孔子赶紧登上台阶去劝阻，把这个举动比喻作将死者的尸骨暴露在原野中。宋国的国君厚葬后，当时的君子都说华元、乐莒没有尽到臣子的职责。因为他们眼看君王犯了错误而不加阻止。汉文帝的霸陵在战乱中没有被发掘，是因为其中没有收藏值得挖掘的宝物。光武帝的原陵被挖掘，是因为修筑了高丘，并四面植树，作为标记，墓中也有大批陪葬的器物。霸陵保存完整的功劳在于张释之，原陵被发掘的过错在于汉明帝。因此，是张释之的忠心有利于君主，而明帝对父亲的爱心反而损害了亲人。忠臣孝子，应该考虑孔子、左丘明、张释之的议论，借鉴华元、乐莒、明帝的错误教训，心里存有怎样能使君主、亲人的遗骨安定不动，使死者的魂灵万年不危的想法，这就是圣贤的忠孝了。从古至今，没有不灭亡的国家，也没有不被挖掘的坟墓。战乱以来，汉朝皇帝的陵墓都遭到挖掘，甚至放火焚烧，以取得盛放尸骨的玉匣和死者身上穿的金缕衣，使得死者的尸骨也被烧尽，这犹如在受焚刑，怎能不深为痛苦呢！受祸的原因都在于修坟厚葬。前人已说，'要以桑弘羊和霍显因骄奢而招祸为戒'，这不是很明显的道理吗！将来，皇后以及贵人以下的妃嫔，凡不随她儿子到王国去的，死后都埋葬在涧西，以前我已划定那里作为墓地。之所以这样做，是因为舜死后安葬在苍梧，他的两个妃子都没有与他葬在一起；延陵季子则把儿子远葬在泰山一带。魂魄如果有灵验，就没有不能到的地方，一涧的距离，不能算远。如果违背我这个诏书，妄加改动，修筑陵墓或厚葬，我死后在地下还将被戮尸，戮后还会再戮，真是死了一遍还要再死一遍。身为臣子的要是那样做，就是轻蔑死去的君父，不忠不孝，假如死者有知，将不会给你降福。把这个诏书收藏在宗庙，副本存在尚书、秘书和三府。"

这个月，孙权再次背叛魏国。恢复郢州为荆州。曹丕从许昌出军南征孙权，各路兵马齐头并进，孙权沿长江部署军队，抵抗魏军。十一月辛丑，曹丕到达宛城。庚申晦，出现日食。这一年，修凿灵芝池。

黄初四年春季，正月，曹丕下诏说："自从丧乱以来，战事不断，天下的人都互相残杀。现在，四海之内已经初步安定，以后，有敢于私自报仇，杀害别人的，要处死他的全族。"在宛城修筑南巡台。三月丙申，曹丕从宛城返回洛阳宫，癸卯，月亮运行到心宿中间那一颗大星附近。于未，大司马曹仁逝世，这一个月，瘟疫流行。夏季，五月，有鹈鹕鸟聚集在灵芝池。曹丕下诏说："这就是诗人所称的污泽。《诗经·曹风》讲这是讽刺曹恭公疏远君子而亲近小人。如今，是否有贤能才智之士还被困留在下位？否则，这鸟为什么会来呢？现在，要广泛推荐天下品德出众、才能过人、操行高尚的人，以答复曹人的讽刺。"

六月甲戌，任城王曹彰在京城洛阳逝世。甲申，太尉贾诩逝世。太白星在白天出现。这个月大雨不停，伊水、洛水泛滥成灾，淹死百姓，冲坏房屋。秋季，八月丁卯，任命廷尉钟繇为太尉。辛未，曹丕在荥阳打猎，并乘势巡视东方。评定征伐孙权的战功，各军将领以下分别受到晋升爵位、增加封地的赏赐。九月甲辰，曹丕到达许昌宫。

黄初五年春季，正月，开始下令只有犯下谋反和大逆不道的罪过，才允许互相揭发，其余的罪名不再受理。如果有人诬告别人，就以他揭发的罪名来判处他。三月，曹丕从许昌返回洛阳宫。夏季，四月，建立太学，制定五经考试的方法，设置讲授《春秋穀梁传》的博士。五月，有关部门制订在每月初一、十五大臣朝见皇帝时，上奏有疑问的事情，听取决断大的施政方针，议论朝政的得失。秋季，七月，曹丕巡视东方，到达许昌宫。八月，曹丕调集水军，自己亲自乘坐龙舟，顺蔡水、颍水进入淮河，直达寿春。扬州界内的将领、官吏、士人和一般百姓，凡犯有判处五年刑期以下轻罪的人，都得到赦免。九月，曹丕到达广陵，下令在青州、徐州境内实行大赦，改换这一地区的统兵将领和官吏。冬季，十月乙卯，太白星在白天出现。曹丕返回许昌宫。十一月庚寅，因为冀州百姓缺粮，派遣使者打开官仓赈济饥民。十一月戊申，出现日食。

十二月，曹丕下诏说："从前，先王制定礼仪制度，是为了奉事祖先，显示孝道。最重要的是在郊外祭祀天地，其次是在宗庙祭祀祖先，然后是祭祀日、月、星等三辰，金、木、水、火、土等五行以及各地的名山大川，在这范围以外的，都不是经典所记载应该祭祀的。到了末代，有的人信仰巫史，甚至在宫殿以内，门窗之间，到处都要把酒洒在地上祭祀鬼神，这是太过于困惑了。从此以后，有敢于进行这种经典所不记载的祭祀，相信巫史的话,都以信奉旁门邪道论处,把这点写入法律条文中。"这一年,修凿天渊池。

黄初六年春季,二月,派遣使者在许昌以东巡视,直到沛郡,慰问百姓的疾苦,对贫困者发放赈济。三月,曹丕出行到达召陵,派人打通讨虏渠。乙巳,曹丕返回许昌宫。并州刺史梁习率军讨伐鲜卑人首领轲比能,大破鲜卑军。辛未,曹丕统率水军东征孙权。五月戊申,曹丕到达谯县。壬戌,火星运行到天空中被称作"太微"的区域中。六月,利城郡士兵蔡方等造反,占领郡城,杀死太守徐质。派遣屯骑校尉任福、步兵校尉段昭与青州刺史讨伐蔡方,平安了这次叛乱。凡被裹胁叛乱的以及逃亡在外的,都赦免了他们的罪过。

秋季,七月,曹丕封儿子曹鉴为东武阳王。八月,曹丕率水军从谯县顺涡水进入淮河,从陆路到达徐州。九月,修筑东巡台。冬季,十月,曹丕到达广陵旧城,在长江边进行阅兵仪式,显示军威。魏军十余万人,旌旗招展,绵延数百里。这一年天气严寒,河流全部结冰,船不能进入长江,于是曹丕率军退回北方。十一月,东武阳王曹鉴逝世。十二月,曹丕从谯县经过梁国,派遣使者以太牢的规格祭祀已故汉朝太尉桥玄。

黄初七年春季,正月,曹丕将要到达许昌,许昌城的南门无缘无故自己崩坏,曹丕心中对此很不愉快,就没有进入许昌。壬子,曹丕返回洛阳宫。三月,修筑九华台。夏季,五月丙辰,曹丕病势垂危,召见中军大将军曹真、镇军大将军陈群、征东大将军曹休、抚军大将军司马懿,他们一齐领受曹丕遗诏,辅佐将要继承皇位的幼主曹叡。曹丕让后宫自淑媛、昭仪已下的妃嫔都出宫回到各自家中。丁巳,曹丕在嘉福殿逝世,终年四十岁。六月戊寅,把曹丕安葬在首阳陵,从殡敛到下葬,都是按照他生前的安排进行的。

起初，曹丕喜好文学，以撰写诗、赋、文、论为工作，自己写成的有将近一百篇。又让儒士们编撰前人所著的经书以及注释等，按类编排在一起，有一千余篇，称作《皇览》。

评论说：曹丕拥有上天赐给他的文采，下笔成章，博闻多识，记性过人，兼通才艺。如果他的器度能更大一些，以诚心待人，处事公平，勤勉的维护道义，增加对下属的恩德，那么，与古代贤能的君王，也就相距不远了。

三国志卷三

魏书三

明帝纪第三

明皇帝讳叡,字元仲,文帝太子也。生而太祖爱之,常令在左右。年十五,封武德侯,黄初二年为齐公,三年为平原王。以其母诛,故未建为嗣。七年夏五月,帝病笃,乃立为皇太子。丁巳,即皇帝位,大赦。尊皇太后曰太皇太后,皇后曰皇太后。诸臣封爵各有差。癸未,追谥母甄夫人曰文昭皇后。壬辰,立皇弟蕤为阳平王。

八月,孙权攻江夏郡,太守文聘坚守。朝议欲发兵救之,帝曰:"权习水战,所以敢下船陆攻者,几掩不备也。今已与聘相持,夫攻守势倍,终不敢久也。"先时遣治书侍御史荀禹慰劳边方,禹到,于江夏发所经县兵及所从步骑千人乘山举火,权退走。

辛巳,立皇子冏为清河王。吴将诸葛瑾、张霸等寇襄阳,抚军大将军司马宣王讨破之,斩霸,征东大将军曹休又破其别将于寻阳。论功行赏各有差。冬十月,清河王冏薨。十二月,以太尉钟繇为太傅,征东大将军曹休为大司马,中军大将军曹真为大将军,司徒华歆为太尉,司空王朗为司徒,镇军大将军陈群为司空，抚军大将军司马宣王为骠骑大将军。

太和元年春正月，郊祀武皇帝以配天，宗祀文皇帝于明堂以配上帝。分江夏南部，置江夏南部都尉。西平麹英反，杀临羌令、西都长，遣将军郝昭、鹿磐讨斩之。二月辛未，帝耕于籍田。辛巳，立文昭皇后寝庙于邺。丁亥，朝日于东郊。夏四月乙亥，行五铢钱。甲申，初营宗庙。秋八月，夕月于西郊。冬十月丙寅，治兵于东郊。焉耆王遣子入侍。十一月，立皇后毛氏。赐天下男子爵人二级，鳏寡孤独不能自存者赐谷。十二月，封后父毛嘉为列侯。新城太守孟达反，诏骠骑将军司马宣王讨之。

二年春正月，宣王攻破新城，斩达，传其首。分新城之上庸、武陵、巫县为上庸郡，锡县为锡郡。蜀大将诸葛亮寇边，天水、南安、安定三郡吏民叛应亮。遣大将军曹真都督关右，并进兵。右将军张郃击亮于街亭，大破之。亮败走，三郡平。丁未，行幸长安。夏四月丁酉，还洛阳宫。赦系囚非殊死以下。乙巳，论讨亮功，封爵增邑各有差。五月，大旱。六月，诏曰："尊儒贵学，王教之本也。自顷儒官或非其人，将何以宣明圣道？其高选博士，才任侍中常侍者。申敕郡国，贡士以经学为先。"秋九月，曹休率诸军至皖，与吴将陆议战于石亭，败绩。乙酉，立皇子穆为繁阳王。庚子，大司马曹休薨。冬十月，诏公卿近臣举良将各一人。十一月，司徒王朗薨。十二月，诸葛亮围陈仓，曹真遣将军费曜等拒之。辽东太守公孙恭兄子渊，劫夺恭位，遂以渊领辽东太守。

三年夏四月，元城王礼薨。六月癸卯，繁阳王穆薨。戊申，追尊高祖大长秋曰高皇帝，夫人吴氏曰高皇后。

秋七月，诏曰："礼，王后无嗣，择建支子以继大宗，则当纂正统而奉公义，何得复顾私亲哉！汉宣继昭帝后，加悼考以皇号；哀帝以外藩援立，而董宏等称引亡秦，或误时朝，既尊恭皇，立庙京都，又宠藩妾，使比长信，叙昭穆于前殿，并四位于东宫，僭差无度，人神弗祐，而非罪师丹忠正之谏，用致丁、傅焚如之祸。自是之后，相踵行之。昔鲁文逆祀，罪由夏父；宋国非度，讥在华元。其令公卿有司，深以前世行事为戒。后嗣万一有由诸侯入奉大统，则当明为人后之义；敢为佞邪导谀时君，妄建非正之号以干正统，谓考为皇，称妣为后，则股肱大臣诛之无赦。其书之金策，藏之宗庙，著于令典。"

冬十月，改平望观曰听讼观。帝常言"狱者，天下之性命也"，每断大狱，常幸观临听之。初，洛阳宗庙未成，神主在邺庙。十一月，庙始成，使太常韩暨持节迎高皇帝、太皇帝、武帝、文帝神主于邺，十二月己丑至，奉安神主于庙。癸卯，大月氏王波调遣使奉献，以调为亲魏大月氏王。

四年春二月壬午，诏曰："世之质文，随教而变。兵乱以来，经学废绝，后生进趣，不由典谟。岂训导未洽，将进用者不以德显乎？其郎吏学通一经，才任牧民，博士课试，擢其高第者，亟用；其浮华不务道本者，皆罢退之。"戊子，诏太傅三公：以文帝《典论》刻石，立于庙门之外。癸巳，以大将军曹真为大司马，骠骑将军司马宣王为大将军，辽东太守公孙渊为车骑将军。夏四月，太傅钟繇薨。六月戊子，太皇太后崩。丙申，省上庸郡。秋七月，武宣卞后祔葬于高陵。诏大司马曹真、大将军司马宣王伐蜀。八月辛巳，行东巡，遣使者以特牛祠中岳。乙未，幸许昌宫。九月，大雨，伊、洛、河、汉水溢，诏真等班师。冬十月乙卯，行还洛阳宫。庚申，令："罪非殊死，听赎各有差。"十一月，太白犯岁星。十二月辛未，改葬文昭甄后于朝阳陵。丙寅，诏公卿举贤良。

五年春正月，帝耕于籍田。三月，大司马曹真薨。诸葛亮寇天水，诏大将军司马宣王拒之。自去冬十月至此月不雨，辛巳，大雩。夏四月，鲜卑附义王轲比能率其种人及丁零大人儿禅诣幽州贡名马。复置护匈奴中郎将。秋七月丙子，以亮退走，封爵增位各有差。乙酉，皇子殷生，大赦。

八月，诏曰："古者诸侯朝聘，所以敦睦亲亲协和万国也。先帝著令，不欲使诸王在京都者，谓幼主在位，母后摄政，防微以渐，关诸盛衰也。朕惟不见诸王十有二载，悠悠之怀，能不兴思！其令诸王及宗室公侯各将適子一人朝。后有少主、母后在宫者，自如先帝令，申明著于令。"冬十一月乙酉，月犯轩辕大星。戊戌晦，日有蚀之。十二月甲辰，月犯镇星。戊午，太尉华歆薨。

六年春二月，诏曰："古之帝王，封建诸侯，所以藩屏王室也。诗不云乎，'怀德惟宁，宗子维城'。秦、汉继周，或强或弱，俱失厥中。大魏创业，诸王开国，随时之宜，未有定制，非所以永为后法也。其改封诸侯王，皆以郡为国。"三月癸酉，行东巡，所过存问高年鳏寡孤独，赐谷帛。乙亥，月犯轩辕大星。夏四月壬寅，行幸许昌宫。甲子，初进新果于庙。五月，皇子殷薨，追封谥安平哀王。秋七月，以卫尉董昭为司徒。九月，行幸摩陂，治许昌宫，起景福、承光殿。冬十月，殄夷将军田豫帅众讨吴将周贺于成山，杀贺。十一月丙寅，太白昼见。有星孛于翼，近太微上将星。庚寅，陈思王植薨。十二月，行还许昌宫。

青龙元年春正月甲申，青龙见郏之摩陂井中。二月丁酉，幸摩陂观龙，于是改年；改摩陂为龙陂，赐男子爵人二级，鳏寡孤独无出今年租赋。三月甲子，诏公卿举贤良笃行之士各一人。夏五月壬申，诏祀故大将军夏侯惇、大司马曹仁、车骑将军程昱于太祖庙庭。戊寅，北海王蕤薨。闰月庚寅朔，日有蚀之。丁酉，改封宗室女非诸王女皆为邑主。诏诸郡国山川不在祠典者勿祠。六月，洛阳宫鞠室灾。

保塞鲜卑大人步度根与叛鲜卑大人轲比能私通，并州刺史毕轨表，辄出军以外威比能，内镇步度根。帝省表曰："步度根以为比能所诱，有自疑心。今轨出军，适使二部惊合为一，何所威镇乎？"促敕轨，以出军者慎勿越塞过句注也。比诏书到，轨以进军屯阴馆，遣将军苏尚、董弼追鲜卑。比能遣子将千余骑迎步度根部落，与尚、弼相遇，战于楼烦，二将没。步度根部落皆叛出塞，与比能合寇边。遣骁骑将军秦朗将中军讨之，虏乃走漠北。

秋九月，安定保塞匈奴大人胡薄居姿职等叛，司马宣王遣将军胡遵等追讨，破降之。冬十月，步度根部落大人戴胡阿狼泥等诣并州降，朗引军还。

十二月，公孙渊斩送孙权所遣使张弥、许晏首，以渊为大司马乐浪公。

二年春二月乙未，太白犯荧惑。癸酉，诏曰："鞭作官刑，所以纠慢怠也，而顷多以无辜死。其减鞭杖之制，著于令。"三月庚寅，山阳公薨，帝素服发哀，遣使持节典护丧事。己酉，大赦。夏四月，大疫。崇华殿灾。丙寅，诏有司以太牢告祠文帝庙。追谥山阳公为汉孝献皇帝。葬以汉礼。

是月，诸葛亮出斜谷，屯渭南，司马宣王率诸军拒之。诏宣王："但坚壁拒守以挫其锋，彼进不得志，退无与战，久停则粮尽，虏略无所获，则必走矣。走而追之，以逸待劳，全胜之道也。"

五月，太白昼见。孙权入居巢湖口，向合肥新城，又遣将陆议、孙韶各将万余人入淮、沔。六月，征东将军满宠进军拒之。宠欲拔新城守，致贼寿春，帝不听，曰："昔汉光武遣兵县据略阳，终以破隗嚣，先帝东置合肥，南守襄阳，西固祁山，贼来辄破于三城之下者，地有所必争也。纵权攻新城，必不能拔。敕诸将坚守，吾将自往征之，比至，恐权走也。"秋七月壬寅，帝亲御龙舟东征，权攻新城，将军张颖等拒守力战，帝军未至数百里，权遁走，议、韶等迹退。群臣以为大将军方与诸葛亮相持未解，车驾可西幸长安。帝曰："权走，亮胆破，大将军以制之，吾无忧矣。"遂进军幸寿春，录诸将功，封赏各有差。八月己未，大曜兵，飨六军，遣使者持节犒劳合肥、寿春诸军。辛巳，行还许昌宫。

司马宣王与亮相持，连围积日，亮数挑战，宣王坚垒不应。会亮卒，其军退还。

冬十月乙丑，月犯镇星及轩辕。戊寅，月犯太白。十一月，京都地震，从东南来，隐隐有声，摇动屋瓦。十二月，诏有司删定大辟，减死罪。

三年春正月戊子，以大将军司马宣王为太尉。己亥，复置朔方郡。京都大疫。丁巳，皇太后崩。乙亥，陨石于寿光县。三月庚寅，葬文德郭后，营陵于首阳陵涧西，如终制。

是时，大治洛阳宫，起昭阳、太极殿，筑总章观。百姓失农时，直臣杨阜、高堂隆等各数切谏，虽不能听，常优容之。

秋七月，洛阳崇华殿灾。八月庚午，立皇子芳为齐王，询为秦王。丁巳，行还洛阳宫。命有司复崇华，改名九龙殿。冬十月己酉，中山王衮薨。壬申，太白昼见。十一月丁酉，行幸许昌宫。

四年春二月，太白复昼见，月犯太白，又犯轩辕一星，入太微而出。夏四月，置崇文观，征善属文者以充之。五月乙卯，司徒董昭薨。丁巳，肃慎氏献楛矢。

六月壬申，诏曰："有虞氏画象而民弗犯，周人刑错而不用。朕从百王之末，追望上世之风，邈乎何相去之远？法令滋章，犯者弥多，刑罚愈众，而奸不可止。往者按大辟之条，多所蠲除，思济生民之命，此朕之至意也。而郡国蔽狱，一岁之中尚过数百，岂朕训导不醇，俾民轻罪，将苛法犹存，为之陷阱乎？有司其议狱缓死，务从宽简，及乞恩者，或辞未出而狱以报断，非所以究理尽情也。其令廷尉及天下狱官，诸有死罪具狱以定，非谋反及手杀人，亟语其亲治，有乞恩者，使与奏当文书俱上，朕将思所以全之。其布告天下，使明朕意。"

秋七月，高句骊王宫斩送孙权使胡卫等首，诣幽州。甲寅，太白犯轩辕大星。冬十月巳卯，行还洛阳宫。甲申，有星孛于大辰，乙酉，又孛于东方。十一月己亥，彗星见，犯宦者天纪星。十二月癸巳，司空陈群薨。乙未，行幸许昌宫。

景初元年春正月壬辰，山茌县言黄龙见。于是有司奏，以为魏得地统，宜以建丑之月为正。三月，定历改年为孟夏四月。服色尚黄，牺牲用白，戎事乘黑首白马，建大赤之旂，朝会建大白之旗。改太和历曰景初历。其春夏秋冬孟仲季月虽与正岁不同，至于郊祀、迎气、祔祠、蒸尝、巡狩、蒐田、分至启闭、班宣时令、中气早晚、敬授民事，皆以正岁斗建为历数之序。

五月己巳，行还洛阳宫。己丑，大赦。六月戊申，京都地震。己亥，以尚书令陈矫为司徒，尚书右仆射卫臻为司空。丁未，分魏兴之魏阳、锡郡之安富、上庸为上庸郡。省锡郡，以锡县属魏兴郡。

有司奏：武皇帝拨乱反正，为魏太祖，乐用武始之舞。文皇帝应天受命，为魏高祖，乐用咸熙之舞。帝制作兴治，为魏烈祖，乐用章斌之舞。三祖之庙，万世不毁。其余四庙，亲尽迭毁，如周后稷、文、武庙祧之制。

秋七月丁卯，司徒陈矫薨。孙权遣将朱然等二万人围江夏郡，荆州刺史胡质等击之，然退走。初，权遣使浮海与高句骊通，欲袭辽东。遣幽州刺史毌丘俭率诸军及鲜卑、乌丸屯辽东南界，玺书征公孙渊。渊发兵反，俭进军讨之，会连雨十日，辽水大涨，诏俭引军还。右北平乌丸单于寇娄敦、辽西乌丸都督王护留等居辽东，率部众随俭内附。己卯，诏辽东将吏士民为渊所胁略不得降者，一切赦之。辛卯，太白昼见。渊自俭还，遂自立为燕王，置百官，称绍汉元年。

诏青、兖、幽、冀四州大作海船。九月，冀、兖、徐、豫四州民遇水，遣侍御史循行没溺死亡及失财产者，在所开仓振救之。庚辰，皇后毛氏卒。冬十月丁未，月犯荧惑。癸丑，葬悼毛后于愍陵。乙卯，营洛阳南委粟山为圜丘。十二月壬子冬至，始祀。丁巳，分襄阳临沮、宜城、旍阳、邔四县，置襄阳南部都尉。己未，有司奏文昭皇后立庙京都。分襄阳郡之邔叶县属义阳郡。

二年春正月，诏太尉司马宣王帅众讨辽东。

二月癸卯，以大中大夫韩暨为司徒。癸丑，月犯心距星，又犯心中央大星。夏四月庚子，司徒韩暨薨。壬寅，分沛国萧、相、竹邑、符离、蕲、铚、龙亢、山桑、洨、虹十县为汝阴郡。宋县、陈郡苦县皆属谯郡。以沛、杼秋、公丘、彭城丰国、广戚，并五县为沛王国。庚戌，大赦。五月乙亥，月犯心距星，又犯中央大星。六月，省渔阳郡之狐奴县，复置安乐县。秋八月，烧当羌王芒中、注诣等叛，凉州刺史率诸郡攻讨，斩注诣首。癸丑，有慧星见张宿。

丙寅，司马宣王围公孙渊于襄平，大破之，传渊首于京都，海东诸郡平。冬十一月，录讨渊功，太尉宣王以下增邑封爵各有差。初，帝议遣宣王讨渊，发卒四万人。议臣皆以为四万兵多，役费难供。帝曰："四千里征伐，虽云用奇，亦当任力，不当稍计役费。"遂以四万人行。及宣王至辽东，霖雨不得时攻，群臣或以为渊未可卒破，宜诏宣王还。帝曰："司马懿临危制变，擒渊可计日待也。"卒皆如所策。

壬午，以司空卫臻为司徒，司隶校尉崔林为司空。闰月，月犯心中央大星。十二月乙丑，帝寝疾不豫。辛巳，立皇后。赐天下男子爵人二级，鳏寡孤独谷。以燕王宇为大将军，甲申免，以武卫将军曹爽代之。初，青龙三年中，寿春农民妻自言为天神所下，命为登女，当营卫帝室，蠲邪纳福。饮人以水，及以洗疮，或多愈者。于是立馆后宫，下诏称扬，甚见优宠。及帝疾，饮水无验，于是杀焉。

三年春正月丁亥，太尉宣王还至河内，帝驿马召到，引入卧内，执其手谓曰："吾疾甚，以后事属君，君其与爽辅少子。吾得见君，无所恨！"宣王顿首流涕。即日，帝崩于嘉福殿，时年三十六。癸丑，葬高平陵。

评曰：明帝沉毅断识，任心而行，盖有君人之至概焉。于是百姓彫弊，四海分崩，不先聿修显祖，阐拓洪基，而遽追秦皇、汉武，宫馆是营，格之远猷，其殆疾乎！

译文：

魏明帝曹叡，字元仲，是文帝曹丕的太子。曹叡生下后，祖父曹操很喜爱他，常让他在自己的左右。曹叡十五岁时，被封为武德侯。黄初二年，进封为齐公。黄初三年，进封为平原王。因为他的生母甄氏被父亲曹丕杀死，所以他未被曹丕立为继承人。黄初七年夏季，五月，曹丕病势危重，才把曹叡立为皇太子。丁巳，曹叡即皇帝位，大赦天下。尊祖母皇太后卞氏为太皇太后，母亲皇后郭氏为皇太后。朝廷大臣也都各自加官晋爵不等。癸未，曹叡追谥自己的生母甄夫人为文昭皇后。壬辰，封弟弟曹蕤为阳平王。

八月，孙权进攻江夏郡，江夏太守文聘坚守城池。朝中大臣商议，想要发兵去救援文聘。曹叡说："孙权长于水战，他之所以敢于下船到陆地上来进攻，是乘我军不加防备进行袭击。现在，文聘已守住城池，与他相持，进攻与防守的形势要相差很多，孙权终究不敢长期围攻下去。"先前，曾派遣治书侍御史荀禹到边境去慰劳，荀禹到达那里，在江夏征发所经过各县的兵马及自己所带领的步骑兵一千人，在山上举起烽火，孙权以为救兵已到，就收兵退回。

八月辛巳，曹叡封儿子曹冏为清河王。东吴大将诸葛瑾、张霸等率军进攻襄阳，抚军大将军司马懿率军击败吴军，杀死张霸，征东大将军曹休又在寻阳击败吴军的一支小部队。对立功将士论功行赏。冬季，十月，清河王曹冏逝世。十二月，任命太尉钟繇为太傅，征东大将军曹休为大司马，中军大将军曹真为大将军，司徒华歆为太尉，司空王朗为司徒，镇军大将军陈群为司空，抚军大将军司马懿为骠骑大将军。

太和元年春季，正月，曹叡在郊外祭祀武帝曹操以配天，在明堂祭祀文帝曹丕以配上帝。分江夏郡南部，设置江夏南部都尉。西平人麴英起来造反，杀死临羌县令、西都县长，曹叡派遣将军郝昭、鹿磐率军讨伐，杀死麴英。二月辛未，曹叡举行亲自耕田的仪式。辛巳，在邺城修建文昭皇后甄氏的寝庙。丁亥，在东郊举行朝日的仪式。夏季，四月乙亥，再次允许五铢钱在市上流通。甲申，开始营建宗庙。秋季，八月，在西郊举行夕月的仪式。冬季，十月丙寅，在东郊操演军队。焉耆国王派遣他的儿子到洛阳来作为皇帝的侍从。十一月，立毛氏为皇后。赐天下男子每人晋爵二级，对鳏夫、寡妇以及孤独而生活不能自给的人，都赐给粮食。十二月，封皇后的父亲毛嘉为列侯。新城郡太守孟达造反，曹叡下诏命令骠骑将军司马懿统领大军进行讨伐。

太和二年春季，正月，司马懿攻破新城，斩孟达，把孟达的头颅传送到洛阳。把新城郡的上庸、武陵、巫县划出，另立上庸郡；锡县划出，立为锡郡。蜀国大将诸葛亮进攻边境，天水、南安、安定三郡的官吏和百姓叛变，响应诸葛亮。曹叡派遣大将军曹真都督关中地区各路军队，一齐进兵。右将军张郃在街亭进攻诸葛亮，大破蜀军。诸葛亮战败后退走，天水等三郡重新平定。丁未，曹叡出巡到达长安。夏季，四月丁酉，返回洛阳宫。除罪大恶极的死刑犯外，赦免关在监狱中的犯人。乙巳，评定讨伐诸葛亮的功劳，有功将领分别受到加官晋爵及扩大封地的奖赏。五月，大旱。六月，曹叡下诏说："尊崇儒学，重视学者，是推行王道教化的根本。最近，讲授儒学的官员有的不是精通经典的学者，怎么能宣扬阐述圣贤之道？现在要仔细挑选博士，才能可以胜任侍中、散骑常侍的人。告诉各郡、国，推荐人才要以精通经典为首要条件。"秋季，九月，曹休率领诸军到达皖城，在石亭与东吴大将陆议作战，魏军战败。乙酉，曹叡封儿子曹穆为繁阳王。庚子，大司马曹休逝世。冬季，十月，下诏命令公、卿及侍从官员每人推荐良将一名。十一月，司徒王朗逝世。十二月，诸葛亮率军包围陈仓，曹真派遣将军费曜等前去抵抗。辽东郡太守公孙恭的侄子公孙渊用武力夺取公孙恭的地位，于是魏国任命公孙渊兼任辽东太守。

太和三年夏季，四月，元城王曹礼逝世。六月癸卯，繁阳王曹穆逝世。戊申，曹叡追尊高祖大长秋曹腾为高皇帝，他的夫人吴氏为高皇后。

秋季，七月，曹叡下诏说："依照古代礼仪制度，王后没有儿子时，可以选择庶子来继承大宗，但必须继承正统，尊奉公义，怎么能再顾念原来的亲人呢！汉宣帝继承昭帝的皇位，但竟把自己的生父称为悼皇。汉哀帝以藩王的身份被立为皇帝，而董宏等人援引已灭亡的秦王朝的例子，迷惑当时的朝廷，哀帝既尊生父为恭皇，为他在京城建立祭庙，又尊宠作为藩国姬妾的祖母傅昭仪，使她的地位与居住在长信宫的太皇太后一样，在祭庙的前殿把生父恭皇与成帝并列，同时建有四个太后宫，把皇家礼制破坏无遗，使得人神共怒，而且哀帝还怪罪忠言直谏的师丹，一意孤行，终于招致生母丁太后和祖母傅昭仪的坟墓在哀帝死后都被平毁，棺椁被焚的后果。从此以后，继位君主多效仿哀帝的做法。从前，鲁文公逆反顺序来祭祀祖先，是由于听信了夏父的胡言；宋国厚葬国君，舆论一致批评华元。现在命令公卿及有关部门，都要深以前代的过失为戒。将来，万一有由诸侯继承皇位的情况，则应当明确作为皇位继承人的大义；如果有人敢于以奸佞邪恶之道谄媚当时的君主，为他的亲生父母妄建尊号，称他生父为皇，生母为后，以干犯皇室正统，则朝中辅政大臣，应立即诛杀那些佞臣，绝不能宽赦。把这道诏书用金策书写，收藏在宗庙里，并记载在国家法令上。"

冬季，十月，改平望观为听讼观。曹叡经常讲："司法审判，是关乎天下性命的大事。"每次进行重要审判，他经常亲自到听讼观去旁听。起初，洛阳的宗庙未修建好，曹氏祖先的神主牌位都供奉在邺城宗庙里。本年十一月，宗庙才建成，派太常韩暨持符节到邺城去奉迎高皇帝曹腾、太皇帝曹嵩、武帝曹操、文帝曹丕的神主牌位。十二月己丑，到达洛阳，把神主安放到宗庙里。癸卯，大月氏王波调派遣使者前来进献贡品，任命波调为亲魏大月氏王。

太和四年春季，二月壬午，曹叡下诏说："世风质朴还是富于文辞，是随教化而改变的。自从战乱以来，经学教育已经废绝，年轻后生不再由学习经典而取得入仕的机会。莫非是没有广泛训导，还是进用的人没有以品德著称呢？以后，凡郎官、小吏能学通一经，并且具有管理百姓才能的，由博士进行考试，成绩优等者，立即加以任用。品行浮华，不学经典者，都加以黜免。"戊子，下诏给太傅、三公，责令把文帝曹丕所撰的《典论》刻在石牌上，立在庙门外。癸巳，任命大将军曹真为大司马，骠骑将军司马懿为大将军，辽东太守公孙渊为车骑将军。夏季，四月，太傅钟繇逝世。六月戊子，太皇太后卞氏逝世。丙申，撤销上庸郡。秋季，七月，给太皇太后卞氏上谥号为武宣，把她祔葬在高陵，与武帝曹操合葬。下诏由大司马曹真、大将军司马懿统率大军讨伐蜀国。八月辛巳，曹叡出巡东方，派遣使者到中岳嵩山用特牛进行祭祀。乙未，曹叡到达许昌宫。九月，大雨，伊水、洛水、黄河、汉水都泛滥成灾。下诏命令曹真等班师。冬季，十月乙卯，曹叡返回洛阳宫。庚申，下令："除犯有判处斩刑的大罪外，犯其他罪行的人，可以交纳不同数量的财物来赎罪。"十一月，太白星出现在木星附近。十二月辛未，把文昭皇后甄氏改葬在朝阳陵。丙寅，下诏命令公卿推荐贤良的人才。

太和五年春季，正月，曹叡举行亲自耕田的仪式。三月，大司马曹真逝世。蜀国诸葛亮进犯天水郡，下诏命令大将军司马懿率军进行抵抗。自从去年冬天十月到这个月一直没有下雨。辛巳，举行大型的祈雨祭祀仪式。夏季，四月，鲜卑附义王轲比能率领自己的部落以及丁零人首领儿禅到幽州进贡名马。重新设置护匈奴中郎将。秋季，七月丙子，因诸葛亮退走，有功将士受到加官晋爵的奖励。乙酉，皇子曹殷出生，大赦天下。

八月，曹叡下诏说："古代诸侯入京朝聘，是为增进亲属间的亲厚和睦，使天下万国协调融洽。先帝发布命令，不愿让诸王住在京城，是因为皇帝年幼，由母后摄政，要防微杜渐，这关系到国家的安危盛衰。我已有十二年没有见到诸王，心中怎么能不思念呢！现在，命令诸王及宗室公侯各自携带嫡子一人入朝。以后，如果有皇帝年幼，母后在官摄政的情况，仍旧如先帝的命令，要把这训示明确记载在法令中。"冬季，十一月乙酉，月亮运行到轩辕大星附近。戊戌晦，出现日食。十二月甲辰，月亮运行到土星附近。戊午，太尉华歆逝世。

太和六年春季，二月，曹叡下诏说："古代的帝王封建诸侯，是为了作为王室的屏障。《诗经》中不是说：'施用德政以安定国家，宗子就像城墙一样是国家的屏障。'秦、汉继承周朝的统治，对诸侯权力的规定时强时弱，都不够妥当。大魏创业以来，对诸王的封国措施，都是随时制定适宜的规定，没有固定的制度，不能作为后代的永久法令。现在，改封诸侯王的封地，都以郡为国。"三月癸酉，曹叡出行，巡视东方，沿途慰问老年人、鳏夫、寡妇、孤儿和年老无子的人，并赐给粮食、丝绸。乙亥，月亮运行到轩辕大星附近。夏季，四月壬寅，曹叡到达许昌宫。甲子，开始向祭庙进奉新鲜水果。五月，皇子曹殷逝世，追封并加谥号，称安平哀王。秋季，七月，任命卫尉董昭为司徒。九月，曹叡到达摩陂。下令修建许昌宫，建造景福殿、承光殿。冬季，十月，殄夷将军田豫率军到成山讨伐东吴大将周贺，杀死周贺。十一月丙寅，白天可以见到太白星。在翼宿星处出现彗星，接近太微上将星。庚寅，陈思王曹植逝世。十二月，曹叡返回许昌宫。

青龙元年春季，在郏县摩陂的井中出现青龙。二月丁酉，曹叡到摩陂去观看青龙，于是改年号；并把摩陂改为龙陂，赐天下男子每人晋爵二级，鳏妇、孤儿和年老无子的人都不再交纳今年的租赋。三月甲子，下诏命令公卿每人举荐道德高尚、品行淳厚的士人一名。夏季，五月壬申，下诏命令在太祖曹操祭庙的前庭设立已故大将军夏侯惇、大司马曹仁和车骑将军程昱的牌位，一同祭祀。戊寅，北海王曹蕤逝世。闰五月庚寅朔，出现日食。丁酉，改封诸王的女儿以外的宗室女都为邑主。下诏命令各郡、国的山川不在经典所载祭祀范围内的，都不要再进行祭祀。六月，洛阳宫鞠室发生火灾。

保卫边塞的鲜卑人首领步度根与已背叛的鲜卑人首领轲比能私下往来，并州刺史毕轨上表报告，并说自己立即统军出动，对外威胁轲比能，对内镇抚步度根。曹叡看到表章后说："步度根已经被轲比能所引诱，存有疑心。如今毕轨出军，只会使这两个鲜卑部落因惊恐而合在一起，还怎么能威镇呢？"立刻下诏命令毕轨，即使出军，也不要越过句注，远出边塞。等到诏书到时，毕轨已率军进驻阴馆，派遣将军苏尚、董弼追赶鲜卑。轲比能派儿子率领千余名骑兵迎接步度根部落，与苏尚、董弼相遇，在楼烦大战一场，魏军战败，苏尚、董弼战死。步度根部落全部背叛，逃出边塞，与轲比能联合，一同侵犯边境。派遣骁骑将军秦朗统率中军部队进行讨伐，鲜卑人逃到大漠以北。

秋季，九月，安定郡保卫边塞的匈奴人首领胡薄居姿职等背叛，司马懿派遣将军胡遵等追赶讨伐，匈奴人大败，投降。冬季，十月，步度根部落首领戴胡阿狼泥等到并州投降，秦朗率军班师还朝。

十二月，公孙渊杀死孙权所派遣的使臣张弥、许晏，把他们的头颅砍下送到洛阳，任命公孙渊为大司马、乐浪公。

青龙二年春季，二月乙未，太白星运行到火星附近。癸酉，曹叡下诏说："鞭子作为官刑，是用以纠正怠慢行为的，但近来许多人无辜被鞭打致死，现在减轻鞭、杖的制度，并记载在法令上。"三月庚寅，山阳公刘协逝世。曹叡穿上丧服，为刘协发哀，并派遣使者持符节安排丧葬事务。己酉，大赦天下。夏季，四月，瘟疫流行。崇华殿发生火灾。丙寅，下诏命令有关部门以太牢的规格祭祀文帝曹丕的祭庙，并向文帝的神主牌位报告山阳公的死讯。追谥山阳公刘协为汉孝献皇帝，用汉朝皇帝的礼仪制度来安葬刘协。

本月，诸葛亮率蜀军经由斜谷，进驻渭南，司马懿率领诸军抵抗蜀军。曹叡下诏给司马懿："只要坚守营寨，挫伤蜀军锐气，使得他们进不能攻，退不能战，长期停留就会缺乏军粮，四处抢掠也抢不到什么东西，则必然会退兵。我军乘势追赶，以逸待劳，是稳获全胜的策略。"

五月，太白星在白天出现。孙权进入居巢湖口，向合肥新城进军，又派遣大将陆议、孙韶各自统率一万余人进入淮河、沔水。六月，征东将军满宠率军抵抗吴军。满宠准备放弃合肥新城的防守，引诱吴军深入到寿春。曹叡不同意，说："从前，汉光武帝派兵据守略阳，终于攻破隗嚣；先帝在东方设置合肥，在南方坚守襄阳，在西边固守祁山，贼来就被破于这三城之下的原因，就在于这三城都是兵家必争的险要之地。即使孙权进攻新城，也一定不会攻下。命令诸将坚守，我将亲自率兵前去征讨，等我到时，只怕孙权已经逃走了。"秋季，七月壬寅，曹叡亲自乘坐龙舟向东征讨。孙权进攻新城，将军张颖等坚守城池，拼死作战。曹叡大军离合肥新城还差几百里地，孙权就赶快撤军，陆议、孙韶等也退回东吴。大臣们认为大将军司马懿正在与诸葛亮统率的蜀军相持，不分胜负，建议曹叡亲统大军向西巡幸长安，作司马懿的后援。曹叡说："孙权退走，诸葛亮的胆已被吓破，大将军一定可以对付，我不必再担忧了。"于是，曹叡进军到达寿春，记录诸将的功劳，分别加以封赏。八月己未，举行大规模阅兵仪式，犒赏六军，派遣使者持符节犒劳驻守合肥、寿春的诸军。辛巳，返回许昌宫。

司马懿与诸葛亮相持多日，各筑营寨，诸葛亮几次挑战，司马懿坚守营寨，拒不应战。正在这时诸葛亮因病逝世，蜀军退回汉中。

冬季，十月乙丑，月亮运行到土星及轩辕星附近。戊寅，月亮运行到太白星附近。十一月，京城洛阳地震，从东南方向来，声音隐约，摇动房屋上的瓦片。十二月，下诏命令有关部门删改确定死罪条例，减免死罪。

青龙三年春季，正月戊子，任命大将军司马懿为太尉。己亥，重新设置朔方郡。京城洛阳瘟疫流行。丁巳，皇太后郭氏逝世。乙亥，有陨石落在寿光县。三月庚寅，给皇太后郭氏上谥号为文德，在首阳陵涧西为她修建陵墓，完全按曹丕生前的安排进行。

在这一时期，大规模营建洛阳宫，修造昭阳殿、太极殿和总章观。百姓因被征服徭役，而耽误农时，正直的大臣杨阜、高堂隆等分别多次恳切地向曹叡进言，劝阻他的这种做法。曹叡虽然不能听从劝告，但对大臣们很宽容。

秋季，七月，洛阳崇华殿发生火灾。八月庚午，立皇子曹芳为齐王,曹询为秦王。丁巳,曹叡返回洛阳宫。命令有关部门修复崇华殿,改名九龙殿。冬季,十月己酉,中山王曹衮逝世。壬申,太白星在白天出现。十一月丁酉,曹叡出行,到达许昌宫。

青龙四年春季,二月,太白星再次在白天出现,月亮运行到太白星附近,又运行到轩辕星官的一颗星附近,进入天空中被称作"太微"的区域,而后出来。夏季,四月,设置崇文观,征召善于撰写文章的人入观。五月乙卯,司徒董昭逝世。丁巳,肃慎部落进献楛矢。

六月壬申,曹叡下诏说:"从前,有虞氏在罪人衣服上画五刑的图像以示惩罚,百姓即不犯法;周朝时因无人犯法,刑法搁置不用。我追随百王之后,仰望前世的民风,怎么相差那么遥远?法令规则越多,犯法的人也越多,刑罚范围日趋广泛,却仍不能制止奸恶。先前,审查判处死刑的法令条文,减除很多条,我的心意是想拯救百姓的生命。而各郡、国处死的人,一年还要超过数百人,莫非是我训导不够,使百姓轻于犯法,还是严苛的法令仍存在,成为百姓的陷阱?有关部门在审理死刑案件时,要以宽大为主。乞求恩典来赦免的情况,有的还未来得及申诉,而已经判决,这不是追究法理,以尽人情的做法。现在,命令廷尉以及天下的司法官员,凡犯有死罪,案情已定的,只要不是谋反以及亲手杀人的,都要立即告诉他的亲属,有乞求宽赦的,要与案情报告一齐上报,我将考虑怎样可以宽免。把这个诏书布告天下,使百姓都能知道我的心意。"

秋季,七月,高句丽王位宫斩杀孙权的使者胡卫等人,把他们的人头送到幽州。甲寅,太白星运行到轩辕大星附近。冬季,十月己卯,曹叡返回洛阳宫。甲申,有彗星出现在大辰星附近。乙酉,彗星又出现在东方。十一月己亥,彗星出现在宦者天纪星附近。

十二月癸巳，司空陈群逝世。乙未，曹叡出行，到达许昌宫。

景初元年春季，正月壬辰，出茌县报告说有黄龙出现。于是有关部门上奏，认为魏国符合解释朝代更迭的三统说中的地统，应该依照商朝，以十二月为正月。三月，定历法，改年号，把青龙五年三月改为景初元年四月。衣服的颜色崇尚黄色，会祀用的牲畜用白色的，有军事行动时骑乘黑头白马，竖立大红的旗帜，在朝会时则竖立大白的旗帜。改太和历为景初历。春、夏、秋、冬四季以及每季的孟、仲、季月虽然与原来实行的夏历不同，但在郊外祭祀天地、在五郊举行迎气仪式、四时祭祀宗庙、出巡礼察、外出打猎、宣告节气时令的早晚、指导百姓从事农业，都以夏历的月份作为历数的顺序。

五月己巳，曹叡返回洛阳宫。己丑，大赦天下。六月戊申，京城洛阳地震。己亥，任命尚书令陈矫为司徒，尚书右仆射卫臻为司空。丁未，划分魏兴郡的魏阳县、锡郡的安富县和上庸县，设置上庸郡。撤销锡郡，将锡县拨属于魏兴郡。

有关部门上奏："武皇帝拨乱反正，为魏国太祖，用武始舞作为祭乐。文皇帝顺应天意，接受天命，为魏国高祖，用咸熙舞作为祭乐。陛下制礼作乐，大兴文治，为魏国烈祖，用章斌舞作为乐舞。这三祖的祭庙，万代不毁。其余四位祖先的祭庙，与在位皇帝的亲属关系疏远后就销毁更换，就如周朝祭祀后稷、文王、武王的制度一样。"

秋季，七月丁卯，司徒陈矫逝世。孙权派遣大将朱然等二万人包围江夏郡，荆州刺史胡质等进击吴军，朱然退走。起初，孙权派遣使者渡海与高句丽联系，准备袭击辽东。曹叡派遣幽州刺史毌丘俭率领诸军以及鲜卑、乌丸等驻在辽东的南界，用玺书征召公孙渊入朝。公孙渊发兵造反，毌丘俭进军讨伐公孙渊。正好一连下了十天雨,辽水大涨,曹叡下诏命令毌丘俭率军撤回。右北平乌丸单于寇娄敦、辽西乌丸都督王护留等本来居住在辽东,他们率领部众一同内迁,降附魏国。己卯,下诏赦免所有受到公孙渊胁迫而不能投降的辽东将士、官吏、士人和百姓。辛卯,太白星在白天出现。自从毌丘俭退军后,公孙渊就自立为燕王,设置百官,称绍汉元年。

曹叡下诏命令青、兖、幽、冀四州大规模地修造海船。九月,冀、兖、徐、豫四州的百姓遭受水灾,派遣侍御史到灾区巡察被淹死以及失去财产的人,所到之处打开官府仓库赈济灾民。庚辰,皇后毛氏逝世。冬季,十月丁未,月亮运行到火星附近。癸丑,把皇后毛氏安葬在愍陵。乙卯,把洛阳以南的委粟山营建为圜丘。十二月壬子,冬至,开始祭祀圜丘。丁巳,分襄阳郡的临沮、宜城、旍阳、邔县四县,设置襄阳南部都尉。己未,有关部门奏请为文昭皇后甄氏在京城洛阳设立祭庙。分襄阳郡的郾叶县属于义阳郡。

景初二年春季,正月,下诏命令太尉司马懿统率大军讨伐辽东。

二月癸卯,任命大中大夫韩暨为司徒。癸丑,月亮运行到心距星附近,又运行到心中央大星附近。夏季,四月庚子,司徒韩暨逝世。壬寅,分沛国的萧、相、竹邑、符离、蕲、铚、龙亢、山桑、洨、虹等十县,设立汝阴郡。宋县和陈郡的苦县都属于谯郡。以沛、杼秋、公丘以及彭城郡的丰国、广戚等五县为沛王国。庚戌,大赦天下。五月乙亥,月亮运行到心距星附近,又运行到中央大星附近。六月,撤销渔阳郡的狐奴县,复置安乐县。秋季,八月,烧当部落羌王芒中、注诣等造反,凉州刺史率领各郡郡兵前去讨伐,砍下注诣的头颅。癸丑,有彗星出现在天空中被称为张宿的区域。

丙寅，司马懿在襄平包围公孙渊，大破辽东军，杀死公孙渊，把他的头颅传送到洛阳，海东诸郡全部平定。冬季，十一月，记载讨伐公孙渊的战功，太尉司马懿以下的将士分别受到增加封地和封爵等赏赐。起初，曹叡与大臣商议派遣司马懿讨伐公孙渊，发兵四万人。参与商议的大臣们都以为四万人太多，难于供给徭役和费用。曹叡说："远征四千里去讨伐敌人，虽说是运用计谋，也要有军力作后盾，不应当太计较役费。"于是，派遣四万人出征。等到司马懿到达辽东，大雨连绵，不能立刻开始进攻，大臣中有人认为公孙渊不能一下攻破，应当下诏命令司马懿退军。曹叡说："司马懿遇到危险能随机应变，捉住公孙渊的日子不用等待太久了。"最后，都如曹叡所预计的一样。

壬午，任命司空卫臻为司徒，司隶校尉崔林为司空。闰十一月，月亮运行到心中央大星附近。十二月乙丑，曹叡患病。辛巳，立郭氏为皇后。赐天下男子每人晋爵二级，并赐给鳏夫、寡妇、孤儿和年老无子的人粮食。任命燕王曹宇为大将军。甲申，免除曹宇的职务，任命武卫将军曹爽为大将军，取代曹宇。起初，青龙三年中，寿春一个农民的妻子自己说是被天神派下来的，命令她为登女，去卫护魏国王室，驱邪纳福。她给病人喝水，并用水清洗病人疮口，有许多人的病就好了。于是曹叡在后宫为她建立馆舍，下诏称赞她的效验，非常宠信，待遇甚好。这次曹叡患病，饮用她奉献的水没有效用，就把她杀掉。

景初三年春季，正月丁亥，太尉司马懿回到河内，曹叡命令用驿马传诏，召司马懿立即来洛阳。司马懿赶到后，被引入曹叡卧室内，曹叡握着他的手说："我病势已重，把后事托付给您，您与曹爽辅佐少子。我能见到您,就不再有什么恨事了。"司马懿叩头流泪。当天,曹叡在嘉福殿逝世,当时他只有三十六岁。癸丑,把曹叡安葬于高平陵。

评论说:明帝曹叡为人沉着、刚毅,果断,博闻多识,处理事物任心而行,很有君主的气概。当时百姓生活凋敝,天下没有统一,但他不先考虑光耀祖先,开拓宏图大业,而急于追仿秦始皇、汉武帝,营造宫殿馆阁,用治国的远大谋略来衡量,这大概要算是他的缺点了。

三国志卷四

魏书四

三少帝纪第四

齐王讳芳，字兰卿。明帝无子，养王及秦王询；宫事事秘，莫有知其所由来者。青龙三年，立为齐王。景初三年正月丁亥朔，帝病甚，乃立为皇太子。是日，即皇帝位，大赦。尊皇后曰皇太后。大将军曹爽、太尉司马宣王辅政。诏曰："朕以眇身，继承鸿业，茕茕在疚，靡所控告。大将军、太尉奉受末命，夹辅朕躬，司徒、司空、冢宰、元辅总率百寮，以宁社稷，其与群卿大夫勉勖乃心，称朕意焉。诸所兴作宫室之役，皆以遗诏罢之。官奴婢六十已上，免为良人。"二月，西域重译献火浣布，诏大将军、太尉临试以示百寮。

丁丑诏曰："太尉体道正直，尽忠三世，南擒孟达，西破蜀虏，东灭公孙渊，功盖海内。昔周成建保傅之官，近汉显宗崇宠邓禹，所以优隆隽乂，必有尊也。其以太尉为太傅，持节统兵都督诸军事如故。"三月，以征东将军满宠为太尉。夏六月，以辽东东沓县吏民渡海居齐郡界，以故纵城为新沓县以居徙民。秋七月，上始亲临朝，听公卿奏事。八月，大赦。冬十月，以镇南将军黄权为车骑将军。

十二月，诏曰："烈祖明皇帝以正月弃背天下，臣子永惟忌日之哀，其复用夏正；虽违先帝通三统之义，斯亦礼制所由变改也。又夏正于数为得天正，其以建寅之月为正始元年正月，以建丑月为后十二月。"

正始元年春二月乙丑，加侍中中书监刘放、侍中中书令孙资为左右光禄大夫。丙戌，以辽东汶、北丰县民流徙渡海，规齐郡之西安、临菑、昌国县界为新汶、南丰县，以居流民。

自去冬十二月至此月不雨。丙寅，诏令狱官亟平冤枉，理出轻微；群公卿士谠言嘉谋，各悉乃心。夏四月，车骑将军黄权薨。秋七月，诏曰："《易》称损上益下，节以制度，不伤财，不害民。方今百姓不足而御府多作金银杂物，将奚以为？今出黄金银物百五十种，千八百余斤，销冶以供军用。"八月，车驾巡省洛阳界秋稼，赐高年力田各有差。

二年春二月，帝初通《论语》，使太常以太牢祭孔子于辟雍，以颜渊配。夏五月，吴将朱然等围襄阳之樊城，太傅司马宣王率众拒之。六月辛丑，退。己卯，以征东将军王凌为车骑将军。冬十二月，南安郡地震。

三年春正月，东平王徽薨。三月，太尉满宠薨。秋七月甲申，南安郡地震。乙酉，以领军将军蒋济为太尉。冬十二月，魏郡地震。

四年春正月，帝加元服，赐群臣各有差。夏四月乙卯，立皇后甄氏，大赦。五月朔，日有食之，既。秋七月，诏祀故大司马曹真、曹休、征南大将军夏侯尚、太常桓阶、司空陈群、太傅钟繇、车骑将军张郃、左将军徐晃、前将军张辽、右将军乐进、太尉华歆、司徒王朗、骠骑将军曹洪、征西将军夏侯渊、后将军朱灵、文聘、执金吾臧霸、破虏将军李典、立义将军庞德、武猛校尉典韦于太祖庙庭。冬十二月，倭国女王俾弥呼遣使奉献。

五年春二月，诏大将军曹爽率众征蜀。夏四月朔，日有蚀之。五月癸巳，讲《尚书》经通，使太常以太牢祀孔子于辟雍，以颜渊配；赐太傅、大将军及侍讲者各有差。丙午，大将军曹爽引军还。秋八月，秦王询薨。九月，鲜卑内附，置辽东属国，立昌黎县以居之。冬十一月癸卯，诏祀故尚书令荀攸于太祖庙庭。己酉，复秦国为京兆郡。十二月，司空崔林薨。

六年春二月丁卯，南安郡地震。丙子，以骠骑将军赵俨为司空；夏六月，俨薨。八月丁卯，以太常高柔为司空。癸巳，以左光禄大夫刘放为骠骑将军，右光禄大夫孙资为卫将军。冬十一月，祫祭太祖庙，始祀前所论佐命臣二十一人。十二月辛亥，诏故司徒王朗所作《易传》，令学者得以课试。乙亥，诏曰："明日大会群臣，其令太傅乘舆上殿。"

七年春二月，幽州刺史毌丘俭讨高句骊，夏五月，讨濊貊，皆破之。韩那奚等数十国各率种落降。秋八月戊申，诏曰："属到市观见所斥卖官奴婢，年皆七十，或癃疾残病，所谓天民之穷者也。且官以其力竭而复鬻之，进退无谓，其悉遣为良民。若有不能自存者，郡县振给之。"

己酉，诏曰："吾乃当以十九日亲祠，而昨出已见治道，得雨当复更治，徒弃功夫。每念百姓力少役多，夙夜存心。道路但当期于通利，闻乃挝捶老小，务崇修饰，疲困流离，以至哀叹，吾岂安乘此而行，致馨德于宗庙邪？自今已后，明申敕之。"冬十二月，讲《礼记》通，使太常以太牢祀孔子于辟雍，以颜渊配。

八年春二月朔，日有蚀之。夏五月，分河东之汾北十县为平阳郡。

秋七月，尚书何晏奏曰："善为国者必先治其身，治其身者慎其所习。所习正则其身正，其身正则不令而行；所习不正则其身不正，其身不正则虽令不从。是故为人君者，所与游必择正人，所观览必察正象，放郑声而弗听，远佞人而弗近，然后邪心不生而正道可弘也。季末暗主，不知损益，斥远君子，引近小人，忠良疏远，便辟褒狎，乱生近昵，譬之社鼠；考其昏明，所积以然，故圣贤谆谆以为至虑。舜戒禹曰'邻哉邻哉'，言慎所近也，周公戒成王曰'其朋其朋'，言慎所与也。(《诗》)[《书》]云：'一人有庆，兆民赖之。'可自今以后，御幸式乾殿及游豫后园，皆大臣侍从，因从容戏宴，兼省文书，询谋政事，讲论经义，为万世法。"冬十二月，散骑常侍谏议大夫孔乂奏曰："礼，天子之宫，有斫砻之制，无朱丹之饰，宜循礼复古。今天下已平，君臣之分明，陛下但当不懈于位，平公正之心，审赏罚以使之。可绝后园习骑乘马，出必御辇乘车，天下之福，臣子之愿也。"晏、乂咸因阙以进规谏。

九年春二月，卫将军中书令孙资，癸巳，骠骑将军中书监刘放，三月甲午，司徒卫臻，各逊位，以侯就第，位特进。四月，以司空高柔为司徒；光禄大夫徐邈为司空，固辞不受。秋九月，以车骑将军王凌为司空。冬十月，大风发屋折树。

嘉平元年春正月甲午，车驾谒高平陵。太傅司马宣王奏免大将军曹爽、爽弟中领军羲、武卫将军训、散骑常侍彦官，以侯就第。戊戌，有司奏收黄门张当付廷尉，考实其辞，爽与谋不轨。又尚书丁谧、邓飏、何晏、司隶校尉毕轨、荆州刺史李胜、大司农桓范皆与爽通奸谋，夷三族。语在《爽传》。丙午，大赦。丁未，以太傅司马宣王为丞相，固让乃止。

夏四月乙丑，改年。丙子，太尉蒋济薨。冬十二月辛卯，以司空王凌为太尉。庚子，以司隶校尉孙礼为司空。

二年夏五月，以征西将军郭淮为车骑将军。冬十月，以特进孙资为骠骑将军。十一月，司空孙礼薨。十二月甲辰，东海王霖薨。乙未，征南将军王昶渡江，掩攻吴，破之。

三年春正月，荆州刺史王基、新城太守州泰攻吴，破之，降者数千口。二月，置南郡之夷陵县以居降附。三月，以尚书令司马孚为司空。四月甲申，以征南将军王昶为征南大将军。壬辰，大赦。丙午，闻太尉王凌谋废帝，立楚王彪，太傅司马宣王东征凌。五月甲寅，凌自杀。六月，彪赐死。秋七月壬戌，皇后甄氏崩。辛未，以司空马孚为太尉。戊寅，太傅司马宣王薨，以卫将军司以景王为抚军大将军，录尚书事。乙未，葬怀甄后于太清陵。庚子，骠骑将孙资薨。十一月，有司奏诸功臣应飨食于太祖庙者，更以官为次，太傅司马宣王功高爵尊，最在上。十二月，以光禄勋郑冲为司空。

四年春正月癸卯，以抚军大将军司马景王为大将军。二月，立皇后张氏，大赦。夏五月，鱼二，见于武库屋上。冬十一月，诏征南大将军王昶、征东将军胡遵、镇南将军毌丘俭等征吴。十二月，吴大将军诸葛恪拒战，大破众军于东关。不利而还。

五年夏四月，大赦。五月，吴太傅诸葛恪围合肥新城，诏太尉司马孚拒之。秋七月，恪退还。

八月，诏曰："故中郎西平郭脩，砥节厉行，秉心不回。乃者蜀将姜维寇抄脩郡，为所执略。往岁伪大将军费祎驱率群众，阴图窥窬，道经汉寿，请会众宾，脩于广坐之中手刃击祎，勇过聂政，功逾介子，可谓杀身成仁，释生取义者矣。夫追加褒宠，所以表扬忠义；祚及后胤，所以奖劝将来。其追封脩为长乐乡侯，食邑千户，谥曰威侯；子袭爵，加拜奉车都尉；赐银千饼，绢千匹,以光宠存亡,永垂来世焉。"

自帝即位至于是岁,郡国县道多所置省,俄或还复,不可胜纪。

六年春二月己丑,镇东将军毌丘俭上言:"昔诸葛恪围合肥新城,城中遣士刘整出围传消息,为贼所得,考问所传,语整曰:'诸葛公欲活汝,汝可具服。'整骂曰:'死狗,此何言也!我当必死为魏国鬼,不苟求活,逐汝去也。欲杀我者,便速杀之。'终无他辞。又遣士郑像出城传消息,或以语恪,恪遣马骑寻围迹索,得象还。四五人的头面缚,将绕城表,敕语像,使大呼,言'大军已还洛,不如早降。'像不从其言,更大呼城中曰:'大军近在围外,壮士努力!'贼以刀筑其口,使不得言,像遂大呼,令城中闻知。整、像为兵,能守义执节,子弟宜有差异。"诏曰:"夫显爵所以褒元功,重赏所以宠烈士。整、像召募通使,越蹈重围。冒突白刃,轻身守信,不幸见获,抗节弥厉,扬六军之大势,安城守之惧心,监难不顾,毕志传命。昔解杨执楚,有陨无贰,齐路中大夫以死成命,方之整、像,所不能加。今追赐整、像爵关中侯,各除士名,使子袭爵,如部曲将死事科。"

庚戌,中书令李丰与皇后父光禄大夫张缉等谋废易大臣,以太常夏侯玄为大将军。事觉,诸所连及者皆伏诛。辛亥,大赦。三月,废皇后张氏。夏四月,立皇后王氏,大赦。五月,封后父奉车都尉王夔为广明乡侯、光禄大夫,位特进,妻田氏为宣阳乡君。秋九月,大将军司马景王将谋废帝,以闻皇太后。甲戌,太后令曰:"皇帝芳春秋已长,不亲万机,耽淫内宠,沈漫女德,日延倡优,纵其丑谑;迎六宫家人留止内房,毁人伦之叙,乱男女之节;恭孝日亏,悖慠滋甚,不可以承天绪,奉宗庙。使兼太尉高柔奉策,用一元大武告于宗庙,遣芳归藩于齐,以避皇位。"是日迁居别宫,年二十三。使者持节送卫,营齐王宫于河内之重门,制度皆如藩国之礼。

丁丑,令曰:"东海王霖,高祖文皇帝之子。霖之诸子,与国至亲,高贵乡公髦有大成之量,其以为明皇帝嗣。"

高贵乡公讳髦,字彦士,文帝孙,东海定王霖子也。正始五年,封郯县高贵乡公。少好学,夙成。齐王废,公卿议迎立公。十月己丑,公至于玄武馆,群臣奏请舍前殿,公以先帝旧处,避止西厢;群臣又请以法驾迎,公不听。庚寅,公入于洛阳,群臣迎拜西掖门南,公下舆将答拜,傧者请曰:"仪不拜。"公曰:"吾人臣也。"遂答拜。至止车门下舆。左右曰:"旧乘舆入。"公曰:"吾被皇太后征,未知所为。"遂步至太极东堂,见于太后。其日即皇帝位于太极前殿,百僚陪位者欣欣焉。诏曰:"昔三祖神武圣德,应天受祚。齐王嗣位,肆行非度,颠覆厥德。皇太后深惟社稷之重,延纳宰辅之谋,用替厥位,集大命于余一人。以眇眇之身,托于王公之上,夙夜祇畏,惧不能嗣守祖宗之大训,恢中兴之弘业,战战兢兢,如临于谷。今群公卿士股肱之辅,四方征镇宣力之佐,皆积德累功,忠勤帝室;庶凭先祖先父有德之臣,左右小子,用保乂皇家,俾朕蒙暗,垂拱而治。盖闻人君之道,德厚侔天地,润泽施四海,先之以慈爱,示之以好恶,然后教化行于上,兆民听于下。朕虽不德,昧于大道,思与宇内共臻兹路。《书》不云乎:'安民则惠,黎民怀之'。"大赦,改元。减乘舆服御,后宫用度,及罢尚方御府百工技巧靡丽无益之物。

正元元年冬十月壬辰,遣侍中持节分适四方,观风俗,劳士民,察冤枉失职者。癸巳,假大将军司马景王黄钺,入朝不趋,奏事不名，剑履上殿。戊戌，黄龙见于邺井中。甲辰，命有司论废立定策之功，封爵、增邑、进位、班赐各有差。

二年春正月乙丑，镇东将军毌丘俭、扬州刺史文钦反。（戊戌）[戊寅]，大将军司马景王征之。癸未，车骑将军郭淮薨。闰月己亥，破钦于乐嘉。钦遁走，遂奔吴。甲辰，安风津都尉斩俭，传首京都。壬子，复特赦淮南士民诸为俭、钦所诖误者。以镇南将军诸葛诞为镇东大将军。司马景王薨于许昌。二月丁巳，以卫将军司马文王为大将军，录尚书事。

甲子，吴大将孙峻等众号十万至寿春，诸葛诞拒击破之，斩吴左将军留赞，献捷于京都。三月，立皇后卞氏，大赦。夏四月甲寅，封后父卞隆为列侯。甲戌，以征南大将军王昶为骠骑将军。秋七月，以征东大将军胡遵为卫将军，镇东大将军诸葛诞为征东大将军。

八月辛亥，蜀大将军姜维寇狄道，雍州刺史王经与战洮西，经大败，还保狄道城。辛未，以长水校尉邓艾行安西将军，与征西将军陈泰并力拒维。戊辰，复遣太尉司马孚为后继。九月庚子，讲《尚书》业终，赐执经亲授者司空郑冲、侍中郑小同等各有差。甲辰，姜维退还。冬十月，诏曰："朕以寡德，不能式遏寇虐，乃令蜀贼陆梁边陲。洮西之战，至取负败，将士死亡，计以千数，或没命战场，冤魂不反，或牵掣虏手，流离异域，吾深痛愍，为之悼心。其令所在郡典农及安、抚夷二护军各部大吏慰恤其门户，无差赋役一年；其力战死事者，皆如旧科，勿有所漏。"

十一月甲午，以陇石四郡及金城连年受敌，或亡叛投贼，其亲戚留在本土者不安，皆特赦之。癸丑，诏曰："往者洮西之战，将吏士民或临陈战亡，或沈溺洮水，骸骨不收，弃于原野，吾常痛之。其告征西、安西将军，各令部人于战处及水次钩求尸丧，收敛藏埋，以慰存亡。"

甘露元年春正月辛丑，青龙见轵县井中。乙巳，沛王林薨。

夏四月庚戌，赐大将军司马文王衮冕之服，赤舄副焉。

丙辰，帝幸太学，问诸儒曰："圣人幽赞神明，仰观俯察，始作八卦，后圣重为之六十四，立爻以极数，凡斯大义，罔有不备，而夏有《连山》，殷有《归藏》，周曰《周易》，《易》之书，其故何也？"《易》博士淳于俊对曰："包羲因燧皇之图而制八卦，神农演之为六十四，黄帝、尧、舜通其变，三代随时，质文各繇其事。故《易》者，变易也，名曰《连山》，似山出内气，连天地也；《归藏》者，万事莫不归藏于其中也。"帝又曰："若使包羲因燧皇而作《易》，孔子何以不云燧人氏没包羲氏作乎？"俊不能答。帝又问曰："孔子作彖、象，郑玄作注，虽圣贤不同，其所释经义一也。今彖、象不与经文相连，而注连之，何也？"俊对曰："郑玄合彖、象于经者，欲使学者寻省易了也。"帝曰："若郑玄合之，于学诚便，则孔子曷为不合以了学者乎？"俊对曰："孔子恐其与文王相乱，是以不合，此圣人以不合为谦。"帝曰："若圣人以不合为谦，则郑玄何独不廉邪？"俊对曰："古义弘深，圣问奥远，非臣所能详尽。"帝又问曰："《系辞》云'黄帝、尧、舜垂衣裳而天下治'，此包羲、神农之世为无衣裳。但圣人化天下，何殊异尔邪？"俊对曰："三皇之时，人寡而禽兽众，故取其羽皮而天下用足，及至黄帝，人众而禽兽寡，是以作为衣裳以济时变也。"帝又问："乾为天，而复为金，为玉，为老马，与细物并邪？"俊对曰："圣人取象，或远或近，近取诸物，远则天地。"

讲《易》毕，复命讲《尚书》。帝问曰："郑玄云'稽古同天，言尧同于天也。'王肃云'尧顺考古道而行之'。三义不同，何者为是？"博士庾峻对曰："先儒所执，各有乖异，臣不足以定之。然《洪范》称'三人占，从二人之言'。贾、马及肃皆以为'顺考古道'。以《洪范》言之，肃义为长。"帝曰："仲尼言'唯天为大，唯尧则之'。尧之大美，在乎则天，顺考古道，非其至也。今发篇开义以明圣德，而舍其大，更称其细，岂作者之意邪？"峻对曰："臣奉遵师说，未喻大义，至于折中，裁之圣思。"次及四岳举鲧，帝又问曰："夫大人者，与天地合其德，与日月合其明，思无不周，明无不照，今王肃云'尧意不能明鲧，是以试用'。如此，圣人之明有所未尽邪？"峻对曰："虽圣人之弘，犹有所未尽，故禹曰'知人则哲，惟帝难之'，然卒能改授圣贤，缉熙庶绩，亦所以成圣也。"帝曰："夫有始有卒，其唯圣人。若不能始，何以为圣？其言'惟帝难之'，然卒能改授，盖谓知人，圣人所难，非不尽之言也。《经》云：'知人则哲，能官人。'若尧疑鲧，试之九年，官人失叙，何得谓之圣哲？"峻对曰："臣窃观经传，圣人行事不能无失，是以尧失之四凶，周公失之二叔，仲尼失之宰予。"帝曰："尧之任鲧，九载无成，汩陈五行，民用昏垫。至于仲尼失之宰予，言行之间，轻重不同也。至于周公、管、蔡之事，亦《尚书》所载，皆博士所当通也。"峻对曰："此皆先贤所疑，非臣寡见所能究论。"次及"有鳏在下曰虞舜"，帝问曰："当尧之时，洪水为害，四凶在朝，宜速登贤圣济斯民之时也。舜年在既立，圣德光明，而久不进用，何也？"峻对曰："尧咨嗟求贤，欲逊己位，岳曰'否德忝帝位'。尧复使岳扬举仄陋，然后荐舜。荐舜之本，实由于尧，此益圣人欲尽众心也。"帝曰："尧既闻舜而不登用，又时忠臣亦不进达，乃使岳扬仄陋而后荐举，非急于用圣恤民之谓也。"峻对曰："非臣愚见所能逮及。"

于是复命讲《礼记》。帝问曰:"'太上立德,其次务施报'。为治何由而教化各异,皆修何政而能致于立德,施而不报乎?"博士马照对曰:"太上立德,谓三皇五帝之世以德化民,其次报施,谓三王之世以礼为治也。"帝曰:"二者致化薄厚不同,将主有优劣邪?时使之然乎?"照对曰:"诚由时有朴文,故化有薄厚也。"

五月,邺及上洛并言甘露降。夏六月丙午,改元为甘露。乙丑,青龙见元城县界井中。秋七月己卯。卫将军胡遵薨。

癸未,安西将军邓艾大破蜀大将姜维于上邽,诏曰:"兵未极武,丑虏摧破,斩首获生,动以万计,自顷战克,无如此者。今遣使者犒赐将士,大会临飨,饮宴终日,称朕意焉。"

八月庚午,命大将军司马文王加号大都督,奏事不名,假黄钺。癸酉,以太尉司马孚为太傅。九月,以司徒高柔为太尉。冬十月,以司空郑冲为司徒,尚书左仆射卢毓为司空。

二年春二月,青龙见温县井中。三月,司空卢毓薨。

夏四月癸卯,诏曰:"玄菟郡高显县吏民反叛,长郑熙为贼所杀。民王简负担熙丧,晨夜星行,远致本州,忠节可嘉。其特拜简为忠义都尉,以旌殊行。"

甲子,以征东大将军诸葛诞为司空。

五月辛未,帝幸辟雍,会命群臣赋诗。侍中和逌、尚书陈骞等作诗稽留,有司奏免官,诏曰:"吾以暗昧,爱好文雅,广延诗赋,以知得失,而乃尔纷纭,良用反仄。其原逌等。主者宜敕自今以后,群臣皆当玩习古义,修明经典,称朕意焉。"

乙亥,诸葛诞不就征,发兵反,杀扬州刺史乐綝。丙子,赦淮南将吏士民为诞所诖误者。丁丑,诏曰:"诸葛诞造为凶乱,荡覆扬州。昔黥布逆叛,汉祖亲戎,隗嚣违戾,光武西伐,及烈祖明皇帝躬征吴、蜀，皆所以奋扬赫斯，震耀威武也。今宜皇太后与朕暂共临戎，速定丑虏，时宁东夏。"己卯，诏曰："诸葛诞造构逆乱，迫胁忠义，平寇将军临渭亭侯庞会、骑督偏将军路蕃，各将左右，斩门突出，忠壮勇烈，所宜加异。其进会爵乡侯，蕃封亭侯。"

六月乙巳，诏："吴使持节都督夏口诸军事镇军将军沙羡侯孙壹，贼之枝属，位为上将，畏天知命，深鉴祸福，翻然举众，远归大国，虽微子去殷，乐毅遁燕，无以加之。其以壹为侍中车骑将军、假节、交州牧、吴侯，开府辟召仪同三司，依古侯伯八命之礼，衮冕赤舃，事从丰厚。"

甲子，诏曰："今车驾驻项，大将军恭行天罚，前临淮浦。昔相国大司马征讨，皆与尚书俱行，今宜如旧。"乃令散骑常侍裴秀、给事黄门侍郎钟会咸与大将军俱行。秋八月，诏曰："昔燕刺王谋反，韩谊等谏而死，汉朝显登其子。诸葛诞创造凶乱，主簿宣隆、部曲督秦絜秉节守义，临事固争，为诞所杀，所谓无比干之亲而受其戮者。其以隆、絜子为骑都尉，加以赠赐，光示远近，以殊忠义。"

九月，大赦。冬十二月，吴大将全端、全怿等率众降。

三年春二月，大将军司马文王陷寿春城，斩诸葛诞。三月，诏曰："古者克敌，收其尸以为京观，所以惩昏逆而章武功也。汉孝武元鼎中，改桐乡为闻喜，新乡为获嘉，以著南越之亡。大将军亲总六戎，营据丘头，内夷群凶，外殄寇虏，功济兆民，声振四海。克敌之地，宜有令名，其改丘头为武丘，明以武平乱，后世不忘，亦京观二邑之义也。"

夏五月，命大将军司马文王为相国，封晋公，食邑八郡，加之九锡，文王前后九让乃止。

六月丙子，诏曰："昔南阳郡山贼扰攘，欲劫质故太守东里衮，功曹应余独身捍衮，遂免于难。余颠沛殒毙，杀身济君。其下司徒，署余孙伦吏，使蒙伏节之报。"

辛卯，大论淮南之功，封爵行赏各有差。

秋八月甲戌，以骠骑将军王昶为司空。丙寅，诏曰："夫养老兴教，三代所以树风化垂不朽也，必有三老、五更以崇至敬，乞言纳诲，著在惇史，然后六合承流，下观而化。宜妙简德行，以充其选。关内侯王祥，履仁秉义，雅志淳固。关内侯郑小同，温恭孝友，帅礼不忒。其以祥为三老，小同为五更。"车驾亲率群司，躬行古礼焉。是岁，青龙、黄龙仍见顿丘、冠军、阳夏县界井中。

四年春正月，黄龙二，见宁陵县界井中。夏六月，司空王昶薨。秋七月，陈留王峻薨。冬十月丙寅，分新城郡，复置上庸郡。十一月癸卯，车骑将军孙壹为婢所杀。

五年春正月朔，日有蚀之。夏四月，诏有司率遵前命，复进大将军司马文王位为相国，封晋公，加九锡。

五月己丑，高贵乡公卒，年二十。皇太后令曰："吾以不德，遭家不造，昔援立东海王子髦，以为明帝嗣，见其好书疏文章，冀可成济，而情性暴戾，日月滋甚。吾数呵责，遂更忿恚，造作丑逆不道之言以诬谤吾，遂隔绝两宫。其所言道，不可忍听，非天地所覆载。吾即密有令语大将军，不可以奉宗庙，恐颠覆社稷，死无面目以见先帝。大将军以其尚幼，谓当改心为善，殷勤执据。而此儿忿戾，所行益甚，举弩遥射吾宫，祝当令中吾项，箭亲堕吾前。吾语大将军，不可不废之，前后数十。此儿具闻，自知罪重，便图为弑逆，赂遗吾左右人，令因吾服药，密因酖毒，重相设计。事已觉露，直欲因际会举兵入西宫杀吾，出取大将军，呼侍中王沈、散骑常侍王业、尚书王经，出怀中黄素诏示之，言今日便当施行。吾之危殆，过于累卵。吾老寡，岂复多惜余命邪？但伤先帝遗意不遂，社稷覆为痛耳。赖宗庙之灵，沈、业即驰语大将军，得先严警，而此儿便将左右出云龙门，雷战鼓，躬自拔刃，与左右杂卫共入兵陈间，为前锋所害。此儿既行悖逆不道，而又自陷大祸，重令吾悼心不可言。昔汉昌邑王以罪废为庶人，此儿亦宜以民礼葬之，当令内外咸知此儿所行。又尚书王经，凶逆无状，其收经及家属皆诣廷尉。"

庚寅，太傅孚、大将军文王、太尉柔、司徒冲稽首言："伏见中令，故高贵乡公悖逆不道，自陷大祸，依汉昌邑王罪废故事，以民礼葬。臣等备位，不能匡救祸乱，式遏奸逆，奉令震悚，肝心悼慄。《春秋》之义，王者无外，而书'襄王出居于郑'，不能事母，故绝之于位也。今高贵乡公肆行不轨，几危社稷，自取倾覆，人神所绝，葬以民礼，诚当旧典。然臣等伏惟殿下仁慈过隆，虽存大义，犹垂哀矜，臣等之心实有不忍，以为可加恩以王礼葬之。"太后从之。

使使持节行中护军中垒将军司马炎北迎常道乡公璜嗣明帝后。辛卯，群公奏太后曰："殿下圣德光隆，宁济六合，而犹称令，与藩国同。请自今殿下令书，皆称诏制，如先代故事。"

癸卯，大将军固让相国、晋公、九锡之宠。太后诏曰："夫有功不隐，《周易》大义；成人之美，古贤所尚。今听所执，出表示外，以章公之谦光焉。"

戊申，大将军文王上言："高贵乡公率将从驾人兵，拔刃鸣金鼓向臣所止；惧兵刃相接，即敕将士不得有所伤害，违令以军法从事。骑督成倅弟太子舍人济，横入兵阵伤公，遂至陨命；辄收济行军法。臣闻人臣之节，有死无二，事上之义，不敢逃难。前者变故卒至，祸同发机，诚欲委身守死，唯命所裁。然惟本谋乃欲上危皇太后，倾覆宗庙。臣忝当大任，义在安国，惧虽身死，罪责弥重。欲遵伊、周之权，以安社稷之难，即骆驿申敕，不得迫近辇舆，而济遽入阵间，以致大变。哀怛痛恨，五内摧裂，不知何地可以陨坠？科律大逆无道，父母妻子同产皆斩。济凶戾悖逆，干国乱纪，罪不容诛。辄敕侍御史收济家属，付廷尉，结正其罪。"太后诏曰："夫五刑之罪，莫大于不孝。夫人有子不孝，尚告治之，此儿岂复成人主邪？吾妇人不达大义，以谓济不得便为大逆也。然大将军志意恳切，发言恻怆，故听如所奏。当班下远近，使知本末也。"

六月癸丑，诏曰："古者人君之为名字，难犯而易讳。今常道乡公讳字甚难避，其朝臣博议改易，列奏。"

陈留王讳奂，字景明，武帝孙，燕王宇子也。甘露三年，封安次县常道乡公。高贵乡公卒，公卿议迎立公。六月甲寅，入于洛阳，见皇太后，是日即皇帝位于太极前殿，大赦，改年，赐民爵及谷帛各有差。

景元元年夏六月丙辰，进大将军司马文王位为相国，封晋公，增封二郡，并前满十，加九锡之礼，一如前诏；诸群从子弟，其未有侯者皆封亭侯，赐钱千万，帛万匹，文王固让乃止。己未，故汉献帝夫人节薨，帝临于华林园，使使持节追谥夫人为献穆皇后。及葬，车服制度皆如汉氏故事。癸亥，以尚书右仆射王观为司空，冬十月，观薨。

十一月，燕王上表贺冬至，称臣。诏曰："古之王者，或有所不臣，王将宜依此义。表不称臣乎！又当为报。夫后大宗者，降其私亲，况所继者重邪！若便同之臣妾，亦情所未安。其皆依礼典处，当务尽其宜。"有司奏，以为"礼莫崇于尊祖，制莫大于正典。陛下稽德期运，抚临万国，绍大宗之重，隆三祖之基。伏惟燕王体尊戚属，正位藩服，躬秉虔肃，率蹈恭德以先万国；其于正典，阐济大顺，所不得制。圣朝诚宜崇以非常之制，奉以不臣之礼。臣等平议以为燕王章表，可听如旧式。中诏所施，或存好问，准之义类，则燕觌之敬'也，可少顺圣敬，加崇仪称，示不敢斥，宜曰'皇帝敬问大王侍御'。至于制书，国之正典，朝廷所以辨章公制，宣昭轨仪于天下者也，宜循法，故曰'制诏燕王'。凡诏命、制书、奏事、上书诸称燕王者，可皆上平。其非宗庙助祭之事，皆不得称王名，奏事、上书、文书及吏民皆不得触王讳，以彰殊礼，加于群后。上遵王典尊祖之制，俯顺圣敬烝烝之心，二者不愆，礼实宜之，可普告施行。"

十二月甲申，黄龙见华阴县井中。甲午，以司隶校尉王祥为司空。

二年夏五月朔，日有食之。秋七月，乐浪外夷韩、濊貊各率其属来朝贡。八月戊寅，赵王幹薨。甲寅，复命大将军进爵晋公，加位相国，备礼崇锡，一如前诏；又固辞乃止。

三年春二月，青龙见于轵县井中。夏四月，辽东郡言肃慎国遣使重译入贡，献其国弓三十张，长三尺五寸，楛矢长一尺八寸，石弩三百枚，皮骨铁杂铠二十领，貂皮四百枚。冬十月，蜀大将姜维寇洮阳，镇西将军邓艾拒之，破维于侯和，维遁走。是岁，诏祀故军祭酒郭嘉于太祖庙庭。

四年春二月，复命大将军进位爵赐一如前诏，又固辞乃止。

夏五月，诏曰："蜀，蕞尔小国，土狭民寡，而姜维虐用其众，曾无废志；往岁破败之后，犹复耕种沓中，刻剥众羌，劳役无已，民不堪命。夫兼弱攻昧，武之善经，致人而不致于人，兵家之上略。蜀所恃赖，唯维而已，因其远离巢窟，用力为易，今使征西将军邓艾督帅诸军，趣甘松、沓中以罗取维，雍州刺史诸葛绪督诸军趣武都、高楼，首尾蹴讨。若擒维，便当东西并进，扫灭巴蜀也。"又命镇西将军钟会由骆谷伐蜀。

秋九月，太尉高柔薨。冬十月甲寅，复命大将军进位爵赐一如前诏。癸卯，立皇后卞氏。十一月，大赦。

自邓艾、钟会率众伐蜀，所至辄克。是月，蜀主刘禅诣艾降，巴蜀皆平。十二月庚戌，以司徒郑冲为太保。壬子，分益州为梁州。癸丑，特赦益州士民，复除租赋之半五年。乙卯，以征西将军邓艾为太尉，镇西将军钟会为司徒。皇太后崩。

咸熙元年春正月壬戌，槛车征邓艾。甲子，行幸长安。壬申，使使者以璧币祀华山。是月，钟会反于蜀，为众所讨；邓艾亦见杀。二月辛卯，特赦诸在益土者。庚申，葬明元郭后。三月丁丑，以司空王祥为太尉，征北将军何曾为司徒，尚书左仆射荀顗为司空。己卯，进晋公爵为王，封十郡，并前二十。丁亥，封刘禅为安乐公。夏五月庚申，相国晋王奏复五等爵。甲戌，改年。癸未，追命舞阳宣文侯为晋宣王，舞阳忠武侯为晋景王。六月，镇西将军卫瓘上雍州兵于成都县获璧玉印各一，印文似"成信"字，依周成王归禾之义，宣示百官，藏于相国府。

初，自平蜀之后，吴寇屯逼永安，遣荆、豫诸军掎角赴救。七月，贼皆遁退。八月庚寅，命中抚军司马炎副贰相国事，以同鲁公拜后之义。

癸巳，诏曰："前逆臣钟会构造反乱，聚集征行将士，劫以兵威，始吐奸谋，发言桀逆，逼胁众人，皆使下议，仓卒之际，莫不惊慑。相国左司马夏侯和、骑士曹属朱抚时使在成都，中领军司马贾辅、郎中羊琇各参会军事；和、琇、抚皆抗节不挠，拒会凶言，临危不顾，词指正烈。辅语散将王起，说'会奸逆凶暴，欲尽杀将士'，又云'相国已率三十万众西行讨会'，欲以称张形势，感激众心。起出，以辅言宣语诸军，遂使将士益怀奋励。宜加显宠，以彰忠义。其进和、辅爵为乡侯、琇、抚爵关内侯。起宣传辅言，告令将士，所宜赏异。其以起为部曲将。"癸卯，以卫将军司马望为骠骑将军。九月戊午，以中抚军司马炎为抚军大将军。

辛未，诏曰："吴贼政刑暴虐，赋敛无极。孙休遣使邓句，敕交阯太守锁送其民，发以为兵。吴将吕兴因民心愤怒，又承王师平定巴蜀，即纠合豪杰，诛除句等，驱逐太守长吏，抚和吏民，以待国命。九真、日南郡闻兴去逆即顺，亦齐心响应，与兴协同。兴移书日南州郡，开示大计，兵临合浦，告以祸福；遣都尉唐谱等指进乘县，因南中都督护军霍弋上表自陈。又交阯将吏各上表，言'兴创造事业，大小承命。郡有山寇，入连诸郡，惧其计异，各有携贰。权时之宜，以兴为督交阯诸军事、上大将军、定安县侯，乞赐褒奖，以慰边荒'。乃心款诚，形于辞旨。昔仪父朝鲁，《春秋》所美；窦融归汉，待以殊礼。今国威远震，抚怀六合，方包举殊裔，混一四表。兴首向王化，举众稽服，万里驰义，请吏帅职，宜加宠遇，崇其爵位。即使兴等怀忠感悦，远人闻之，必皆竞劝。其以兴为使持节、都督交州诸军事、南中大将军，封定安县侯，得以便宜从事，先行后上。"策命未至，兴为下人所杀。

冬十月丁亥，诏曰："昔圣帝明王，静乱济世，保大定功，文武殊涂，勋烈同归。是故或舞干戚以训不庭，或陈师旅以威暴慢。至于爱民全国，康惠庶类，必先修文教，示之轨仪，不得已然后用兵，此盛德之所同也。往者季汉分崩，九土颠覆，刘备、孙权乘间作祸。三祖绥宁中夏，日不暇给，遂使遗寇僭逆历世。幸赖宗庙威灵，宰辅忠武，爰发四方，拓定庸、蜀，役不浃时，一征而克。自顷江表衰弊，政弄荒暗，巴、汉平定，孤危无援，交、荆、扬、越，靡然向风。今交阯伪将吕兴已帅三郡，万里归命；武陵邑侯相严等纠合五县，请为臣妾；豫章庐陵山民举众叛吴，以助北将军为号。又孙休病死，主帅改易，国内乖违，人各有心。伪将施绩，贼之名臣，怀疑自猜，深见忌恶。众叛亲离，莫有固志，自古及今，未有亡征若此之甚。若六军震曜，南临江、汉，吴会之域必扶老携幼以迎王师，必然之理也。然兴动大众，犹有劳费，宜告喻威德，开示仁信，使知顺附和同之利。相国参军事徐绍、水曹掾孙彧，昔在寿春，并见虏获。绍本伪南陵督，才质开壮；彧，孙权支属，忠良见事。其遣绍南还，以彧为副，宣扬国命，告喻吴人，诸所示语，皆以事实，若其觉悟，不损征伐之计，盖庙胜长算，自古之道也。其以绍兼散骑常侍，加奉车都尉，封都亭侯；彧兼给事黄门侍郎，赐爵关内侯。绍等所赐妾及男女家人在此者，悉听自随，以明国恩，不必使还，以开广大信。"

丙午，命抚军大将军新昌乡侯炎为晋世子。是岁，罢屯田官以均政役，诸典农皆为太守，都尉皆为令长；劝募蜀人能内移者，给廪二年，复除二十岁。安弥、福禄县各言嘉禾生。

二年春二月甲辰，朐䏰县获灵龟以献，归之于相国府。庚戌，以虎贲张修昔于成都驰马至诸营言钟会反逆，以至没身，赐修弟倚爵关内侯。夏四月，南深泽县言甘露降。吴遣使纪陟、弘璆请和。

五月，诏曰："相国晋王诞敷神虑，光被四海；震耀武功，则威盖殊荒，流风迈化，则旁洽无外。愍恤江表，务存济育，戢武崇仁，示以威德。文告所加，承风向慕，遣使纳献，以明委顺，方宝纤珍，欵以效意。而王谦让之至，一皆簿送，非所以慰副初附，从其款愿也。孙皓诸所献致，其皆还送，归之于王，以协古义。"王固辞乃止。又命晋王冕十有二旒，建天子旌旗，出警入跸，乘金根车六马，备五时副车，置旄头云罕，乐舞八佾，设钟虡宫县。进王妃为王后，世子为太子，王子、王女、王孙，爵命之号如旧仪。癸未，大赦。秋八月辛卯，相国晋王薨。壬辰，晋太子炎绍封袭位，总摄百揆，备物典册，一皆如前。是月，襄武县言有大人见，[长]三丈余，迹长三尺二寸，白发，着黄单衣，黄巾，柱杖，呼民王始语云："今当太平。"九月乙未，大赦。戊午，司徒何曾为晋丞相。癸亥，以骠骑将军司马望为司徒，征东大将军石苞为骠骑将军，征南大将军陈骞为车骑将军。乙亥，葬晋文王。闰月庚辰，康居、大宛献名马，归于相国府，以显怀万国致远之勋。

十二月壬戌，天禄永终，历数在晋。诏群公卿士具仪设坛于南郊，使使者奉皇帝玺绶册，禅位于晋嗣王，如汉魏故事。甲子，使使者奉策。遂改次于金墉城，而终馆于邺，时年二十。

评曰：古者以天下为公，唯贤是与。后代世位，立子以適，若適嗣不继，则宜取旁亲明德，若汉之文、宣者，斯不易之常准也。明帝既不能然，情系私爱，抚养婴孩，传以大器，托付不专，必参枝族，终于曹爽诛夷，齐王替位。高贵公才慧夙成，好问尚辞，盖亦文帝之风流也；然轻躁忿肆，自蹈大祸。陈留王恭己南面，宰辅统政，仰遵前式，揖让而禅，遂飨封大国，作宾于晋，比之山阳，班宠有加焉。

译文：

齐王曹芳，字兰卿。明帝曹叡没有儿子，抱养曹芳及秦王曹询；宫禁里面对此事十分保密，没有人知道他们是从哪里来的。青龙三年，被立为齐王。景初三年正月丁亥朔，明帝病势垂危，于是，立曹芳为皇太子。当天，明帝逝世，曹芳即位为皇帝，大赦天下。尊皇后郭氏为皇太后。由大将军曹爽、太尉司马懿辅政。曹芳下诏说："我以微薄之身，继承鸿业，孤单而且悲痛，没有地方去诉说。大将军、太尉奉受先帝遗命，辅佐于我，司徒、司空、冢宰、元辅率领百官，安定社稷，与群卿、大夫们相互勉励，忠心王室，以符合我的心意。所有修筑宫殿的工程，都以遗诏的名义停止。官奴婢年龄在六十岁以上的，放免为平民。"二月，西域地区的国家，经过辗转翻译，献上火浣布，下诏命令大将军、太尉亲自试验给百官看。

丁丑，下诏说："太尉司马懿遵行道义，为人正直，尽忠于朝廷，已经历三代。南擒孟达，西破蜀军，东灭公孙渊，功盖天下。以前，周成王设立太保、太傅的官职，近代，汉显宗用以尊宠邓禹，所以要优待特殊的人才，必然要授以尊位。现在，任命太尉为太傅，持符节、统率军队及都督诸军事如故。"三月，任命征东将军满宠为太尉。夏季，六月，因为辽东郡东沓县的官吏和百姓渡海后居住在齐郡境内，把原来的纵城改为新沓县，居住这些迁徙过来的百姓。秋季，七月，曹芳开始亲自临朝，听取公卿等官员奏报政事。八月，大赦天下。冬季十月，任命镇南将军黄权为车骑将军。

十二月，下诏说："烈祖明皇帝是在正月离开天下臣民的，臣子们长久因忌日而哀痛。现在恢复使用夏历，虽然违背先帝关于天、地、人三统的论述，但这也是礼制改变的缘由。另外，夏历在历数上属天正,现以建寅之月为正始元年正月,以建丑月为后十二月。"

正始元年春季,二月乙丑,加侍中、中书监刘放为左光禄大夫,侍中、中书令孙资为右光禄大夫。丙戌,因为辽东郡汶县、北丰县的百姓渡海流徙到齐郡境内,从齐郡的西安、临淄、昌国三县界内划出一块地盘,成立新汶、南丰两县,以居住辽东来的流民。

自从去年十二月到这个月一直没有下雨。丙寅,下诏命令司法官员立即平反冤案,理出犯法轻微的罪人;朝廷官员们要各进良谋,议论公正,以表示对朝廷的忠诚。夏季,四月,车骑将军黄权逝世。秋季,七月,下诏说:"《易经》上讲'损上益下',用制度来调节,可以不伤财,不害民。如今,百姓衣食不足,而御府大量用金银制作日用杂物,要用来做什么?现在,拿出金银器物一百五十种,共有一千八百余斤,销铸以供军用。"八月,曹芳巡视洛阳境内的秋庄稼,对老年及努力耕田的人分别给予赏赐。

正始二年春季,二月,曹芳开始读通《论语》,命令太常在辟雍以太牢的规格祭祀孔子,以颜渊配享。夏季,五月,东吴大将朱然等包围襄阳的樊城,太傅司马懿率军前去抵挡。六月辛丑,吴军退走。己卯,任命征东将军王凌为车骑将军。冬季,十二月,南安郡发生地震。

正始三年春季,正月,东平王曹徽逝世。三月,太尉满宠逝世。秋季,七月甲申,南安郡发生地震。乙酉,任命领军将军蒋济为太尉。冬季,十二月,魏郡发生地震。

正始四年春季,正月,曹芳举行加冠仪式,对朝中大臣分别给予赏赐。夏季,四月乙卯,立甄氏为皇后,大赦天下。五月朔，出现日全食。秋季，七月，下诏在太祖曹操祭庙的前庭祭祀已故大司马曹真、曹休、征南大将军夏侯尚、太常桓阶、司空陈群、太傅钟繇、车骑将军张郃、左将军徐晃、前将军张辽、右将军乐进、太尉华歆、司徒王朗、骠骑将军曹洪、征西将军夏侯渊、后将军朱灵、文聘、执金吾臧霸、破虏将军李典、立义将军庞德、武猛校尉典韦。冬季，十二月，倭国女王俾弥呼派遣使者前来进献贡品。

正始五年春季，二月，下诏命令大将军曹爽率军征讨蜀国。夏季，四月朔，出现日食。五月癸巳，讲《尚书》经通，命令太常在辟雍以太牢的规格祭祀孔子，以颜渊配享；同时，分别赏赐太傅、大将军以及侍讲的官员。丙午，大将军曹爽率军撤回。秋季，八月，秦王曹询逝世。九月，鲜卑人归降，向内地迁徙，设置辽东属国，建立昌黎县让鲜卑人居住。冬季，十一月癸卯，下诏在太祖曹操祭庙的前庭祭祀已故尚书令荀攸。己酉，恢复秦国为京兆郡。十二月，司空崔林逝世。

正始六年春季，二月丁卯，南安郡发生地震。丙子，任命骠骑将军赵俨为司空。夏季，六月，赵俨逝世。八月丁卯，任命太常高柔为司空。癸巳，任命左光禄大夫刘放为骠骑将军，右光禄大夫孙资为卫将军。冬季，十一月，在太祖曹操的祭庙举行祫祭仪式，开始祭祀前面所提到的佐命功臣二十一人。十二月辛亥，下诏命令学者用已故司徒王朗所作的《易传》考试。乙亥，下诏说："明日大会群臣，命令太傅司马懿乘舆上殿。"

正始七年春季，二月，幽州刺史毌丘俭讨伐高句丽，夏季，五月，又讨伐濊貊，都攻破敌军。韩那奚等数十国各自率领本部落来投降。秋季，八月戊申，下诏说："我到市上恰看到拍卖官奴婢，年龄都已到七十，或者衰弱残病，可称为天下百姓中最穷困的。而且官府因为他们的气力衰竭，不堪使用，却又去拍卖，进退都不合情理。现在，把他们全部放免为平民。如果有无法生存的，由郡、县加以赈济。"

己酉，下诏说："我应当在十九日亲自去主持春祭，但昨天出去已见到在修治道路，如果下雨，还要重新修治，徒然浪费工夫。经常想到百姓力少而徭役繁多，我为此而日夜忧虑。道路的修治是为了通畅便利，但听说官吏们鞭打老幼，一定要修饰得很漂亮，使得百姓疲惫不堪，流离失所，甚至哀叹不已，我怎能安心地在道上乘车而行，到宗庙去表达流芳久远的德业呢？从此以后，要明确告知下边。"冬季，十二月，曹芳全部通晓了《礼记》，命令太常在辟雍以太牢的规格祭祀孔子，以颜渊配享。

正始八年的春季，二月朔，出现日食。夏季，五月，把河东郡在汾水以北的十个县划分出来，设立平阳郡。

秋季，七月，尚书何晏上奏说："善于管理国家的人，必先治理好自身；治理自身则要谨慎选择自己亲幸的人。亲幸的人正直则自身公正，自身公正则不令而行；亲幸的人不正直则自身也难于公正，自身不公正则虽令不行。所以作为君王，交游时必须选择正人君子，观览时必须选看端正形象，抛弃淫荡的郑声而不听，疏远佞人而不去接近，然后可以不生邪心，专门弘扬正道。末代昏庸的帝王，不知利弊，排斥君子，亲近小人，疏远忠良，宠信佞邪，前人把这种帝王身边仗势作恶的小人，比作社庙中的老鼠；考察帝王的昏庸与圣明，就是把这些事情积累起来，所以圣贤对此谆谆教诲，认为是最大的忧虑。舜告诫大禹说'邻哉邻哉'，是说要谨慎选择所接近的臣子。周公告诫成王说'其朋其朋'，是说交游时要慎重，切忌朋党。《尚书》中说：'天子一人作善事，亿兆百姓都受到好处。'从现在以后，陛下驾式乾殿以及到后园游玩,都由大臣侍从,在游戏、宴饮的同时,可以阅览文书,商议政事,回答陛下的询问,还可为陛下讲解儒家经义。可以把这定为万代的法度。"冬季,十二月,散骑常侍、谏议大夫孔衎上奏说:"依照礼制,天子的宫殿里,屋椽加以雕饰,并加磨制,但不用朱红色的彩饰,应该遵循礼典,恢复古制。如今,天下已经太平,君臣的名分已定,陛下在位应该毫不懈怠,用公正之心,审慎地行使赏罚的权力。可以停止在后园学习骑马,外出时一定要乘坐车、辇,这是天下的福分,也是臣子们的愿望。"何晏、孔衎都是针对曹芳的缺点来进行规劝的。

正始九年春季,二月,卫将军、中书令孙资,癸巳,骠骑将军、中书监刘放,三月甲午,司徒卫臻各自退位,以侯爵的身份回到府第,都被任命为特进。四月,任命司空高柔为司徒。任命光禄大夫徐邈为司空,徐邈坚决辞让,拒不接受。秋季,九月,任命车骑将军王凌为司空。冬季,十月,大风毁坏房屋,刮断大树。

嘉平元年春季,正月甲午,曹芳拜谒高平陵。太傅司马懿上奏罢免大将军曹爽、曹爽的弟弟中领军曹羲、武卫将军曹训、散骑常侍曹彦的官职,以侯爵的身份回到府第。戊戌,有关部门上奏逮捕黄门张当交付廷尉,拷打后取得他的口供,供认与曹爽等同谋不轨。另外,尚书丁谧、邓飏、何晏、司隶校尉毕轨、荆州刺史李胜、大司农桓范都与曹爽通谋,他们及其三族全部遭到杀戮。具体记载在曹爽传里。丙午,大赦天下。丁未,任命太傅司马懿为丞相,司马懿坚决辞让,才停止任命。

夏季,四月乙丑,改年号。丙子,太尉蒋济逝世。冬季,十二月辛卯,任命司空王凌为太尉。庚子,任命司隶校尉孙礼为司空。

嘉平二年夏季,五月,任命征西将军郭淮为车骑将军。冬季，十月，任命特进孙资为骠骑将军。十一月，司空孙礼逝世。十二月甲辰，东海王曹霖逝世。乙未，征南将军王昶率军渡过长江，袭击吴国，攻破吴军。

嘉平三年春季，正月，荆州刺史王基、新城太守州泰率军进攻吴国，获胜，有数千人归降。二月，设置南郡夷陵县，以供降附的人居住。三月，任命尚书令司马孚为司空。四月甲申，任命征南将军王昶为征南大将军。壬辰，大赦天下。丙午，听说太尉王凌阴谋废掉皇帝曹芳，改立楚王曹彪为皇帝，太傅司马懿率军东征王凌。五月甲寅，王凌自杀。六月，曹彪被赐死。秋季，七月壬戌，皇后甄氏逝世。辛未，任命司空司马孚为太尉。戊寅，太傅司马懿逝世，任命卫将军司马师为抚军大将军，总领尚书事务。乙未，安葬皇后甄氏于太清陵。庚子，骠骑将军孙资逝世。十一月，有关部门上奏：有资格在太祖曹操祭庙中享受祭祀的诸位功臣，以官位大小为次序重新排列，太傅司马懿功高爵尊，排在最上。十二月，任命光禄勋郑冲为司空。

嘉平四年春季，正月癸卯，任命抚军大将军司马师为大将军。二月，立张氏为皇后，大赦天下。夏季，五月，有两条鱼出现在武库的房顶上。冬季，十一月，下诏命令征南大将军王昶、征东将军胡遵、镇南将军毌丘俭等征伐吴国。十二月，吴国大将军诸葛恪迎战，在东关大破众军。魏军失利而还。

嘉平五年夏季，四月，大赦天下。五月，吴国太傅诸葛恪包围合肥新城，下诏命令太尉司马孚率军抵抗。秋季，七月，诸葛恪退还吴国境内。

八月，下诏说："已故中郎西平人郭修，砥砺节行，保持忠心，坚贞不屈。以前，蜀国大将姜维进犯郭修所在的郡，把郭修捉回蜀国。去年，伪大将军费祎驱率兵众，阴谋侵犯我国边境，途经汉寿时,大宴宾客,郭修在大庭广众之中,亲手刺死费祎,勇猛超过聂政,功劳高于傅介子,可把他称作杀身成仁,舍生取义的人。追加荣宠,是为了表扬忠义的行为;赐福给他的子孙,是为了奖励和劝导将来的人仿效他的行为。现在,追封郭修为长乐乡侯,享受一千户的封地,赐谥号为威侯;由他的儿子承袭爵位,并加拜为奉车都尉;赐给白银一千饼,绢一千匹,以作为死者与生者的荣耀,并永垂后世。"

自从曹芳即位以来,直到本年,不断新设或撤销郡、国、县、道,有的不久又加以恢复,这类情况不可胜纪。

嘉平六年春季,二月己丑,镇东将军毌丘俭上书说:"以前诸葛恪包围合肥新城时,城中派遣兵士刘整冲出包围圈去传递消息,被贼军捉住,考问他所传递的消息,对刘整说:'诸葛公打算饶你一命,你可全部说出来。'刘整大骂说:'死狗,这是什么话!我必定要死为魏国之鬼,决不苟且求活,随你们而去。想杀死我,就快来杀!'刘整至死没有说其他的话。城中又派遣兵士郑像出城传递消息,有人告诉诸葛恪,诸葛恪派骑兵沿包围圈追寻踪迹,把郑像捉回。四五个人用马鞭把郑像捆住,带着他沿城边绕行,告诉他,让他向城内大喊:'大军已返回洛阳,不如乘早投降。'郑像没有听他们的话,反而向城内大喊:'大军已近在包围圈外,壮士们努力!'贼军用刀砍他的嘴,使他无法说话,于是郑像大声喊叫,让城中的人听到。刘整、郑像身为兵士,能固守道义,坚持节操,他们的子弟应该受到与一般不同的待遇。"下诏说:"显赫的爵位是为了褒扬功臣,丰厚的赏赐是为了宠待烈士。刘整、郑像响应招募,出城送信,冲破重围,不避刀枪,不顾自身,坚守信义。不幸被擒后,更加坚持节操,宣扬六军的大势,安定守城人的畏惧之心,临危不顾,一心传达命令。从前，解杨被楚国人捉住，有死无贰，西汉时齐国的路中大夫以死完成使命，与刘整、郑像相比，也不能再超过他们。现在，追赐刘整、郑像爵关中侯，分别除去他们的兵士籍贯，让他们的儿子承袭爵位，后事按照部曲将死于国事的规格办理。"

庚戌，中书令李丰与皇后的父亲光禄大夫张缉等密谋废除并更换辅政大臣，任命太常夏侯玄为大将军。事情败露后，所有参与者全部被杀死。辛亥，大赦天下。三月，皇后张氏被废黜。夏季，四月，立皇后王氏。大赦天下。五月，封皇后的父亲奉车都尉王夔为广明乡侯、光禄大夫，位特进，王夔的妻子田氏为宣阳乡君。秋季，九月，大将军司马师策划废黜皇帝曹芳，把打算告诉皇太后。甲戌，太后下令："皇帝曹芳年龄已大，但不亲自处理国家政务，沉溺内宠，流连女色，每日召引倡优，放纵他们丑言戏谑。迎接六宫的家人停留内房，毁坏人伦之叙，败乱男女之节。恭顺孝敬之心日减，悖逆傲慢之态日甚，不可以上承天绪，供奉宗庙。命令兼太尉高柔亲奉简策，用礼牛祭告于宗庙，让曹芳回到齐国去依旧担任藩王，以避让皇位。"当天，曹芳被迁到别宫居住，当时他二十三岁。使者持符节护送警卫，在河内郡的重门修建齐王宫，制度都依照藩国的规格。

丁丑，郭太后下令说："东海王曹霖，是高祖文皇帝的儿子。曹霖的儿子们，与国家关系最为亲近，高贵乡公曹髦有大成的度量，现在以他作为明皇帝的嗣子。"

高贵乡公曹髦，字彦士，是文帝曹丕的孙子，东海定王曹霖的儿子。正始五年，被封为郯县高贵乡公。他自幼好学，少年早成。齐王曹芳被废黜，公卿商议迎立曹髦继承皇位。十月己丑，曹髦到达玄武馆，大臣们上奏请求他住在前殿，曹髦因为那是先帝住过的地方，避开前殿，住在西厢房。大臣们又请用法驾迎接他，曹髦也不接受。庚寅，曹髦进入洛阳，大臣们在西掖门南面迎拜，曹髦下舆将要答拜，傧者在旁告诉说："按照礼仪，不必答拜。"曹髦说："我还是人臣。"于是答拜。到止车门，曹髦下舆。左右的人说："按照旧制，是乘舆入宫的。"曹髦说："我受到皇太后的征召，还不知道要做什么！"于是，他步行走到太极东堂，拜见太后。当天，曹髦在太极前殿正式登上皇帝宝座，参加即位仪式的百官都很高兴。曹髦下诏说："从前，三祖神武圣德，上应天命，接受皇位。齐王继位后，违反法度，肆意胡行，颠覆其德。皇太后以社稷为重，采纳辅政大臣的谋略，废黜齐王，把治理天下的重任交付给我。我以微薄之身，位于王公之上，日夜敬畏，深怕不能继承祖宗的大训，恢复中兴的弘业，战战兢兢，如临深谷。如今，朝中的辅政大臣和四方的统兵将领，都积累功德，忠于帝室；凭着这些先祖、先父的有德之臣，左右臣僚，辅佐于我，来安定国家，使我虽然暗昧，却可以垂拱而治。听说作为君王的大道，恩德要与天地一样厚，惠泽要遍施于四海，对民以慈爱为先，并且示民以好恶，然后可以教化流行于上，百姓听命于下。我虽然德业不够，距君王的大道尚远，但愿与天下共循此道而行。《尚书》上不是说：'使百姓安定就是恩惠，百姓会怀念的。'"大赦天下，更改年号。减少皇帝御用的车马、衣服和后宫的开支，并停止尚方、御府所生产的各种奢华而没有实际用途的器物。

正元元年冬季，十月壬辰，派遣侍中持符节分别到四方去巡视，观察民间风俗，慰问士大夫和百姓，考察冤枉及失职的人。癸巳，授予大将军司马师象征有权随意处置高级官员的黄金大斧。赐予司马师入朝见到皇帝时不必迈小步向前急走；在拜见皇帝时，司仪官只称他的官职，而不称名字；并可佩剑穿鞋上殿的特权。戊戌，有黄龙出现在邺县井中。甲辰，命令有关部门评定制订策略、废立皇帝的功劳，分别给予加官、晋爵、增加封地以及给予不同的奖励。

正元二年春季，正月乙丑，镇东将军毌丘俭、扬州刺史文钦造反。戊寅，大将军司马师率军前去征讨。癸未，车骑将军郭淮逝世。闰正月己亥，在乐嘉攻破文钦，文钦逃走，投奔了吴国。甲辰，安风津都尉杀死毌丘俭，把他的头颅传送到京城洛阳。壬子，再特别赦免淮南士大夫和百姓中被毌丘俭、文钦所欺骗的人。任命镇南将军诸葛诞为镇东大将军。司马师在许昌逝世。二月丁巳，任命卫将军司马昭为大将军，总领尚书事务。

甲子，吴国大将孙峻等率领号称十万人的军队到达寿春，诸葛诞迎战，大败吴军，杀死吴国左将军留赞，把捷报及一些缴获物资送到京城洛阳。三月，立卞氏为皇后，大赦天下。夏季，四月甲寅，封皇后的父亲卞隆为列侯。甲戌，任命征南大将军王昶为骠骑将军。秋季，七月，任命征东大将军胡遵为卫将军，镇东大将军诸葛诞为征东大将军。

八月辛亥，蜀国大将军姜维进犯狄道，雍州刺史王经在洮西与姜维大战，王经大败，退守狄道城。辛未，任命长水校尉邓艾代理安西将军，与征西将军陈泰合力抵抗姜维。戊辰，又派遣太尉司马孚统率大军作为后继部队。九月庚子，讲解《尚书》完毕，给亲自执经讲授的司空郑冲、侍中郑小同等人不同的赏赐。甲辰，姜维退还蜀国境内。冬季，十月，下诏说："我因德业不足，不能遏制敌寇肆虐，使得蜀国贼军侵犯边境。洮西一战，我军失利，死亡的将士数以千计，或者战死沙场，冤魂不得归来，或被贼军俘虏，流落异域，我为之哀悼，并深加怜悯。现在，命令所在郡的典农以及安夷、抚夷二护军等各部的主要官吏分别慰问、抚恤死亡人员家属，一年不要差发赋役；凡拼死作战而死的，都依照旧的制度处理，不要有所遗漏。"

十一月甲午，因为陇西郡以及金城郡连年受到敌军侵袭，有的人叛变投贼，他的亲属中留在国内的心中不安，所以特别下诏全部赦免。癸丑，下诏说："先前的洮西之战，将士与官吏、百姓有的临阵战死，有的淹死在洮水，尸骨无人收理，都堆积在原野上，我常为之痛心。现在告知征西、安西将军，各令部下在战场及河边收积尸骨，收敛埋葬，以告慰死者及其家属。"

甘露元年春季，正月辛丑，青龙出现在轵县的井中。乙巳，沛王曹林逝世。

夏季，四月庚戌，赐给大将军司马昭龙袍、冕冠并配以红色的礼鞋。

丙辰，曹髦视察太学，询问儒生们说："圣人深明神明之道，仰观天象，俯察地理，为使幽深的事理能为人所见，开始制作八卦，后来的圣人又发展为六十四卦。依极数立爻，就大义而言，已包罗万象，而夏代有《连山》，殷代有《归藏》，周代称《周易》，这是什么缘故？"易博士淳于俊回答说："包羲在燧皇之图基础上制作八卦，神农氏发展为六十四卦，黄帝、尧、舜都通其变化，三代随时制宜，繁简各由其事。所以称'易'，就是变易，称作'连山'，是好比高山出纳云气，连接天地；'归藏'是指万事全部归藏在其中。"曹髦又说："假如是包羲因燧皇而制作《易》，那么，孔子为什么不说燧人氏死后包羲氏作呢？"淳于俊不能回答。曹髦又问："孔子作彖、象，郑玄作注，虽然圣贤不同，但所解释的经义是相同的。如今，彖、象不与经文要连，而注将其连在一起，是为什么？"淳于俊回答说："郑玄把象、彖与经合在一起,是想让学者在翻检时较为省事。"曹髦说:"如果郑玄合起来的做法,对学者很方便,则孔子为什么不合起来以方便学者?"淳于俊回答说:"孔子恐怕他的解释与周文王的混在一起,所以不合,这是圣人因谦虚而不合。"曹髦说:"假如圣人以不合在一起为谦虚,则为什么唯独郑玄不谦虚?"淳于俊回答说:"古典经义宏大深邃,圣上所问的高深奥妙,不是臣所能详尽答复的。"曹髦又问:"《系辞》说'黄帝、尧、舜垂衣裳而天下治',这是说在包羲、神农的时代没有衣裳。但圣人教化天下,为什么有这么大的区别?"淳于俊回答说:"三皇的时代,人少而禽兽多,所以取禽兽的羽毛兽皮天下人就够用了。到黄帝时,人多而禽兽少,所以制作衣裳来适应时代变化。"曹髦又问:"乾代表天,但又可代表金、代表玉、代表老马,怎么能与这些琐细的事物并提呢?"淳于俊回答说:"圣人在进行比喻时,或远或近,近时取身边诸物,远则比拟天地。"

讲完《易经》后,曹髦又命令讲《尚书》。曹髦问道:"郑玄说:'稽古同天,言尧同于天也。'王肃说:'尧顺考古道而行之。'这两个人的注释不同,哪一个对?"博士庾峻回答说:"先儒的解释,各有不同,臣不足以决定孰是孰非。但《洪范》中讲:'三人占卜,要听从意见一致的二人的看法。'贾逵、马融及王肃都认为'顺考古道',按《洪范》的讲法,王肃的讲法较为准确。"曹髦说:"孔子说:'天是世间最大的,尧是以天为法。'尧最大的美德,在于他法天行事。顺考古道,并不是最重要的。如今,在全篇开始介绍圣人的德行时,舍弃大德,而称颂细微,这怎么会是作者的本意?"庾峻回答说:"臣遵奉老师的说法,未能明了大义,至于如何折中各家学说,请陛下圣断。"其次谈到四岳举荐鲧的问题,曹髦又问道:"古代的大人,德合天地,明并日月,思无不周,明无不照。如今,王肃说:'尧不能完全了解鲧,所以要试用他。'那么,圣人的贤明也有所不足吗?"庚峻回答说:"即使是圣人的宏大,也会有所不足。所以大禹说:'能知人则是明智,连尧也以知人为难。'但他最终能改授圣贤,取得成绩,所以也就能成为圣人了。"曹髦说:"有始有终,只有圣人能做到。如果不能有良好的开始,怎么能称为圣人?大禹说'惟帝难之',然而最终能改授圣贤,是指知人是圣人也感觉困难的事情,而不是说圣人有不足之处。《尚书》的经文说:'能知人则是明智,就可以任用人担任官职。'如果尧怀疑鲧,试用了他九年,是任人失职,怎么能称为圣哲?"庚峻回答说:"我在阅览经传时看到,圣人做事也不会不出差错,所以尧对于四凶,周公对于二叔,孔仲尼对于宰予都犯过错误。"曹髦说:"尧任用鲧,九年没有取得成效,水害泛滥,百姓受灾,流离失所。至于孔子在宰予问题上的过失,是在言行之间,与尧相比,轻重不同。至于周公与管、蔡二叔的事情,也是《尚书》中所记载的,都是博士应当通晓的。"庚峻回答说:"这些问题都是先贤就有疑问的,不是臣的微薄见识所能说清的。"向下又谈到《尚书》:"有一个鳏夫,在下民之中,名叫虞舜"一段。曹髦问道:"在尧统治的时期,洪水为害,四凶在朝,是应当赶快选用圣贤,拯救百姓的时候。舜年龄已大,圣德光明,而久未得到任用,是因为什么?"庚峻回答说:"尧叹息着渴求贤才,打算让位,四岳说:'我们没有德行,不能使帝位蒙辱。'尧又让他们举荐在僻隐鄙陋之处的贤才,然后他们才举荐虞舜。举荐虞舜的根本原因,还是在于尧,这是圣人想要满足众人心愿的做法。"曹髦说:"尧已经听说虞舜而不能及时任用，另外，当时的忠臣也不推荐他，直到让四岳举荐在僻隐鄙陋之处的贤才之后才加以举荐，不能说是急于任用圣贤，抚恤百姓。"庾峻回答说："这真不是臣的愚见所能看到的。"

于是，曹髦又命令讲《礼记》。曹髦问道："'太上立德，其次务施报。'治国使用什么方法而教化不同，都实行什么政治措施而能达到建立德行，施而不报的境界？"博士马照回答说："太上立德，是指三皇五帝时期以德行教化百姓；其次务施报，是指夏、商、周三代以礼教治理国家。"曹髦说："这两者达到教化的境界有薄厚不同，是君主有优劣之分呢？还是时势使之然呢？"马照回答说："实在是因时势有淳朴与文教之分，所以教化有薄厚的不同。"

五月，邺城以及上洛都上书报告降下甘露。夏季，六月丙午，改年号为甘露元年。乙丑，有青龙出现在元城县界内的井中。秋季，七月己卯，卫将军胡遵逝世。

癸未，安西将军邓艾在上邽大破蜀国大将姜维，下诏说："我军尚未全力出击，丑恶的敌军就已被打垮，生擒与杀死的敌寇，数以万计。最近的胜利，没有像这么大的。现在，派遣使者犒赏将士，为他们举行盛大的宴会，让他们整天欢乐地饮酒，来表达我的心意。"

八月庚午，命令大将军司马昭加号大都督；在入朝奏事时，司仪官只称官职，而不再称他的名字，以示尊重；并赐予他象征着有权随意处置高级官员的黄金大斧。癸酉，任命太尉司马孚为太傅。九月，任命司徒高柔为太尉。冬季，十月，任命司空郑冲为司徒，尚书左仆射卢毓为司空。

甘露二年春季，二月，有青龙出现在温县的井中。三月，司空卢毓逝世。

夏季，四月癸卯，下诏说："玄菟郡高显县的官吏和百姓起来造反，县长郑熙被叛贼杀死。百姓王简护送他的遗体，星夜奔驰，远送到州里，王简的忠义节操，值得嘉奖。现在特别任命王简为忠义都尉，以表彰他的突出行为。"

甲子，任命征东大将军诸葛诞为司空。

五月辛未，曹髦前往辟雍，在集会中命令大臣们当场作诗。侍中和逌、尚书陈骞等作诗超过时间限制，有关部门提出罢免他们的官职。曹髦下诏说："我为人愚钝，但喜欢文雅之事，广收诗赋，以知得失，而竟如此杂乱，使人转侧不安。现在，赦免和逌等人。负责官员应当告知大臣们，自今以后，都要学习经典，通晓古义，以满足我的期望。"

乙亥，诸葛诞不服从征召，发兵造反，杀死扬州刺史乐綝。丙子，朝廷赦免淮南地区被诸葛诞所胁迫的将士、官吏、士大夫和百姓。丁丑，下诏说："诸葛诞犯上作乱，使扬州动荡，凶暴一时。从前，黥布反叛，汉高祖刘邦亲自讨伐；隗嚣违抗朝廷，光武帝刘秀西征；本朝烈祖明皇帝曹叡也曾亲征吴、蜀，都是为奋扬军威，维护朝廷尊严。如今，皇太后与我应当亲自征讨，迅速平定丑恶的叛虏，安定扬州。"己卯，下诏说："诸葛诞造反叛逆，胁迫忠义，平寇将军、临渭亭侯庞会，骑督、偏将军路蕃等，各自率领部下，冲出扬州，复归朝廷，忠勇壮烈，应当予以嘉奖。现在，进封庞会为乡侯，路蕃为亭侯。"

六月乙巳，下诏说："吴国的使持节、都督夏口诸军事、镇军将军、沙羡侯孙壹，是逆贼的亲属，又位为上将，但他敬畏天命，深知祸福，率领部众幡然悔悟，远道归顺大国。即使是微子离开殷朝，乐毅逃出燕国，也不过是这样了。现在，任命孙壹为侍中、车骑将军、假节、交州牧、吴侯，并允许他开设府署，聘用僚属，享受三公的待遇，依照古代侯伯州牧的礼制，赐给龙袍、冕冠和红色礼鞋，各种待遇都要优厚。"

甲子，下诏说："现在，我暂时驻在项县，大将军司马昭亲自代天讨伐叛逆，前临淮浦。从前，相国、大司马司马师出征时，都带尚书一同前往，如今，应当沿用旧制。"于是，命令散骑常侍裴秀、给事黄门侍郎钟会都与大将军司马昭一起到前线去。秋秀，八月，下诏说："从前，燕刺王刘旦谋反，韩谊等人因劝阻而被杀，汉朝授予他们儿子显赫的官职。诸葛诞创造凶乱，主簿宣隆、部曲督秦絜坚守忠义，当时坚决劝阻，被诸葛诞杀死。这是没有殷代比干那样的亲任，却与比干同样因忠谏而死的人。现在，任命宣隆、絜的儿子为骑都尉，加以馈赠和赏赐，并广泛宣传，以表彰他们的忠义行为。"

九月，大赦天下。冬季，十二月，吴国大将全端、全怿等率领部下投降。

甘露三年春季，二月，大将军司马昭攻陷寿春城，杀死诸葛诞。三月，下诏说："古代杀敌获胜，把敌军尸体堆积起来，称为京观，是为惩罚昏逆，表彰武功。汉武帝元鼎中，改桐乡为闻喜，新乡为获嘉，是因攻灭南越而改名。大将军亲统六军，扎营在丘头，内平群凶，外灭贼寇，拯救万民，声震四海。攻克敌人的地方，应当有一个好地名，现在改丘头为武丘，表明是以武力平定叛乱，使得后世不忘，这也是京观和汉朝改二邑之名的意思。"

夏季，五月，任命大将军司马昭为相国，封晋公，封地有八个郡，并加九锡，司马昭前后辞让九次，才得到允许。

六月丙子，下诏说："从前，南阳郡山贼作乱，想要劫持太守东里衮作为人质，功曹应余独自挺身捍卫东里衮，使他幸免于难。应余在颠沛流离之中，以身捍卫长官，因此而丧命。现在，命令司徒，任命他的孙子应伦为官吏，使应余坚持节义的行为得到报答。"

辛卯，大规模评定淮南的战功，分别给予封爵和赏赐。

秋季，八月甲戌，任命骠骑将军王昶为司空。丙寅，下诏说："尊养老人，大兴教化，是三代所以能建树风化，以垂不朽的原因。一定要尊崇三老、五更，聆听他们的教诲，并记载下来，然后天下以此为法则，民间风气自会改善。应当好好选择德行高尚的人来充任此职。关内侯王祥，素行仁义，作风淳朴，志趣专一。关内侯郑小同，温良恭顺，孝敬友爱，坚持礼法，没有差错。现在，任命王祥为三老，郑小同为五更。"曹髦率领有关大臣，亲自按照古代礼仪来尊奉三老、五更。这一年，青龙、黄龙还出现在顿丘、冠军、阳夏等县界内的井中。

甘露四年春季，正月，有两条黄龙出现在宁陵县界内的井中。夏季，六月，司空王昶逝世。秋季，七月，陈留王曹峻逝世。冬季，十月丙寅，分新城郡，复置上庸郡。十一月癸卯，车骑将军孙壹被侍婢杀死。

甘露五月春季，正月朔，出现日食。夏季，四月，下诏命令有关部门遵奉以前的命令，再任命大将军司马昭为相国，封晋公，加九锡。

五月己丑，高贵乡公曹髦逝世，终年二十岁。皇太后郭氏下令说："我以不德之身，遭遇家庭不幸。从前，援立东海王曹霖的儿子曹髦，作为明帝的嗣子。看他喜欢书疏文章，希望他能担当起这副重任。但他性情暴戾，而且日益严重。我数次进行责备，他反更愤恨，制造丑逆不道的言论来诬蔑、诽谤我，隔绝了两宫间的联系。他所说的话，让人不忍听，简直无法存于世上。我当即秘密告诉大将军，不能让曹髦担当承奉宗庙的重任，恐怕他会颠覆社稷，使我死后也没有面目去见先帝。大将军以他年龄尚幼，说他会逐渐改心向善，坚持为他说情。而这个小儿愤恨不已，行为更加过分，曾举弩远远向我宫中射去，祝愿弩箭能射中我的脖子，我亲眼见到箭落在我的面前。我对大将军讲，不可不废黜曹髦，前后讲过几十次。这个孩子都听到了，自知罪行深重，就阴谋策划弑逆，贿赂我的左右侍从，命令利用我吃药的机会，秘密下毒，曾几次计划下手。事情败露后，他就打算乘机直接率兵冲入西宫杀我，再出外害大将军。他召唤侍中王沈、散骑常侍王业、尚书王经，拿出怀里的诏书给他们看，说今天就要施行。我的危险程度，过于累卵。我年老寡居，不会再可惜自己剩下的年月，只是伤心先帝的遗意未能实现，为社稷要曹遭到颠覆而悲痛。幸亏宗庙祖宗神灵保佑，王沈、王业立即报告大将军，得以先作警诫。而这个孩子就率领左右冲出云龙门，擂动战鼓，亲自拔刀与左右侍卫等进入兵阵中，被前锋杀死。这个孩子既然做出这种悖逆不道的行为，而又自己陷入大祸，使我心中哀悼，无可言说。从前，汉朝昌邑王刘贺因罪被废为庶人，这个孩子也应当以平民的礼节埋藏，还要让朝廷内外都知道他所做的事情。另外，尚书王经，凶逆无礼，现在，逮捕王经及其家属，送交廷尉。"

庚寅，太傅司马孚、大将军司马昭、太尉高柔、司徒郑冲跪在地上，叩头上奏说："臣等谨见中令：已故高贵乡公悖逆不道，自陷大祸，依照汉代废除昌邑王刘贺的先例，用庶民的礼节来安葬。臣等身居大臣之位，不能匡救祸乱，遏制奸逆，奉令震恐，心中惶惧。依照《春秋》大义，王者以天下为家，但文中又写道'周襄王出去到郑国居住'，是因为他不能奉事母亲，故没有沿用天子的体例来写他。如今高贵乡公肆意胡为，阴谋不轨，几乎危害社稷，自取灭亡，人神共弃，用庶民的礼仪安葬，确实是符合旧制的。但臣等考虑殿下以仁慈为怀,虽然心存大义,却犹有哀痛怜悯之情,臣等心中实在有所不忍,认为可以加恩用藩王的礼仪安葬。"太后听从了。

郭太后命令使持节、代理中护军、中垒将军司马炎到北方迎接常道乡公曹奂作为明帝曹叡的继承人,承即皇位。辛卯,群公上奏太后说:"殿下圣德广大,安定天下,而下书仍称令,与藩国一样。请从今以后,殿下的令书都称诏制,如前代的旧例。"

癸卯,大将军司马昭坚决辞让相国、晋公、九锡的特别恩宠。太后下诏说:"有功不隐,是《周易》的大义,成人之美,是古代贤人所崇尚的。如今,听从大将军的辞让,把他的表章宣示朝廷内外,以显示他的谦虚礼让风度。"

戊申,大将军司马昭上言:"高贵乡公率领侍从兵马,拔出刀剑,擂动战鼓向臣的住处冲去,我害怕交锋时有意外,当即下令将士不许有所伤害,违命者以军法从事。骑督成倅的弟弟,太子舍人成济,冲入兵阵刺伤高贵乡公,使他因此致死,已逮捕成济,按军法处置。臣听说作为人臣的节操,即使是去死也不敢怀有二心,奉事君主的道义,是不能逃避危难。以前,变故突然发生,大祸如同扣发弩机一样迅速降临,我确实打算弃身守职而死,唯皇帝所定。然而,他的根本打算是准备向上危害皇太后,并颠覆宗庙社稷。臣忝居辅政重任,应当以安定国家为原则,害怕在听命身死之后,罪过和责任会更重。因此,打算遵循伊尹、周公的措施,以安定社稷的危难。即不断派人宣告命令,不能迫近皇帝所在的车辇,而成济突然冲入阵中,以致发生大变。闻讯后,臣惊痛哀伤,心中如绞,不知该去死于何地?依照法律,犯下大逆无道之罪,父母、妻子、儿女及兄弟都要判处斩刑。成济凶暴悖逆,触犯国法,罪不容诛。已下令让侍御史逮捕成济的家属，交付廷尉，判决他们的罪行。"太后下诏说："在应当受到五刑惩罚的罪行中，最大的就是不孝顺父母。一般人的儿子不孝，还要到官府去告他，并加以惩处。这个孩子的行为，怎么还能算是君主呢？我是个妇人，不通晓大义，但也认为不能把成济列为大逆不道。然而大将军态度恳切，出言哀痛，所以听从他的上奏。把这件事传达到远近各地，让人们知道它的来龙去脉。"

六月癸丑，下诏说："古代君王的名字，容易避讳，不容易触犯。如今，常道乡公的名字很难避开，现在，由朝中大臣广泛商议怎么改合适，分别奏上来。"

陈留王曹奂，字景明，是武帝曹操的孙子，燕王曹宇的儿子。甘露三年，被封为安次县常道乡公。高贵乡公曹髦逝世后，朝中大臣共同商议迎接曹奂继承皇位。六月甲寅，他进入洛阳，拜见皇太后，当天在太极前殿即皇帝位，大赦天下，改年号，赐天下百姓晋爵，并赏给不同数量的粮食和绸缎。

景元元年夏季，六月丙辰，晋升大将军司马昭为相国，封晋公，增加二郡的封地，加上以前的，一共有十个郡，加九锡，一切都与以前的诏书相同；凡司马昭的从兄弟及侄子中未封侯的，一律封为亭侯；赐给钱一千万，绸缎一万匹，司马昭坚决辞让，才停止封授。己未，已故汉献帝的夫人曹节逝世，曹奂在华林园举行哀悼仪式，命令使者持符节追谥曹节为献穆皇后。在下葬时，车辆、服饰以及其他制度都依照汉代的旧例。癸亥，任命尚书右仆射王观为司空。冬季，十月，王观逝世。

十一月，燕王曹宇上表贺冬至，在表上称臣。下诏说："古代的君王，对有的人不用臣下的礼仪来相待，对燕王就应依照这种情况。这次上表燕王已经称臣，但是我还要作答复。凡作为大宗后嗣的人,对自己的生身父母的礼节就要稍微予以降格,何况是继承这样的重任。但如果就把父母视作臣妾,也于情不安。现在,都要依照礼法来处理,使国家法度与私人情感都能有适宜的表现。"有关部门上奏,认为"礼制最高的就是尊敬祖宗,制度中最大的是国家正式仪典。陛下稽考德行,上应天数,君临万国,承袭大宗的重任,发扬三祖的基业。燕王是宗室中的尊长,被封为藩王,自己虔恭肃敬,首先表示谦逊之德,以为万国的表率;这符合国家正典,不能加以改动。圣朝确实应该给予燕王特殊待遇,不使用臣子的礼仪。臣等商议后认为,燕王上奏的章表,可以听任他依从旧例。陛下的诏书,可以加以尊敬,比照条例,可以算是在亲属宴会上按辈分施行的私人礼敬,稍微表示陛下的尊敬之意,加以敬称,表示不敢忘怀,应当说:'皇帝敬问大王侍御。'至于制书,是国家正典,朝廷办理公事,宣告仪典于天下,应当遵循法度,所以用'制诏燕王'。所有诏命、制书、奏事、上书中称到燕王的地方,应写在本行的开头。凡不是在宗庙助理祭祀的活动,都不得称呼燕王的名字,奏书、上书、文书以及官吏、百姓都不得触犯燕王的名讳,以显示对他的特殊礼遇,在诸侯之上。这样,上遵王典和尊祖的制度,下顺陛下的孝敬之心,二者并行,礼制与情感都能适合,可以宣告天下施行。"

十二月甲申,有黄龙出现在华阴县井中。甲午,任命司隶校尉王祥为司空。

景元二年夏季,五月朔,出现日食。秋季,七月,乐浪郡境外的夷人韩和濊貊部落首领各自率领部属前来朝贡。八月戊寅,赵王曹干逝世。甲寅,再次下诏命进大将军司马昭为晋公,任命他为相国,加九锡,一如前诏,司马昭再次坚决辞让,没有就任。

景元三年春季,二月,有青龙出现在轵县井中。夏季,四月,辽乐郡报告说,肃慎国派遣使者,经过辗转翻译前来进贡,献上他们国家的弓三十张,长三尺五寸,楛矢长一尺八寸,石弩二百枚,皮骨铁杂铠二十领,貂皮四百张。冬季,十月,蜀国大将姜维进犯洮阳,镇西将军邓艾迎战,在侯和大败姜维,姜维逃走。本年,下诏在太祖曹操祭庙的前庭祭祀已故军祭酒郭嘉。

景元四年春季,二月,又命令大将军司马昭晋爵,加官及接受赏赐,一如前诏,又因司马昭坚决辞让而停止。

夏季,五月,下诏说:"蜀是个小国,土地狭窄,百姓稀少,而姜维暴虐地役使百姓,一直没有停息。去年他战败之后,还在沓中屯田耕种,剥削羌人,劳役不休,百姓已不堪忍受。兼并弱小,攻击愚昧,是用兵之道;攻击敌人,而不为敌人所攻击,是兵家的上策。蜀国所倚仗的,只是姜维,乘他远离巢窟发动进攻,可以事半功倍。如今,命令征西将军邓艾统率诸军直奔甘松、沓中去包围、捉获姜维。雍州刺史诸葛绪统率诸军进取武都、高楼,首尾夹攻。如果捉住姜维,就可以东西并进,一举扫灭巴蜀。"又命令镇西将军钟会由骆谷征伐蜀国。

秋季,九月,太尉高柔逝世。冬季,十月甲寅,又下令给大将军司马昭晋爵,加官及赏赐,与以前的诏书相同。癸卯,立卞氏为皇后。十一月,大赦天下。

自从邓艾、钟会率领大军讨伐蜀国,攻无不克。本月,蜀国君主刘禅向邓艾投降,巴蜀全部平定。十二月庚戌,任命司徒郑冲为太保。壬子,分益州的一部分,设置梁州。癸丑,特别赦免益州的士大夫与百姓,免除他们应交纳租赋的一半,免除期限为五年。乙卯,任命征西将军邓艾为太尉,镇西将军钟会为司徒。皇太后郭氏逝世。

咸熙元年春季,正月壬戌,用囚车征召邓艾入朝。甲子,曹奂出巡，到达长安。壬申，派使者用玉璧及绸缎祭祀华山。本月，钟会在蜀国造反，被军中众将士讨平，邓艾也被杀死。二月辛卯，特赦在益州境内的人。庚申，为皇太后郭氏上谥号为明元，给她举行安葬仪式。三月丁丑，任命司空王祥为太尉，征北将军何曾为司徒，尚书左仆射荀𫖮为司空。己卯，进晋公司马昭的爵位为王，增封十郡，与以前的加在一起，封地共有二十个郡。丁亥，封刘禅为安乐公。夏季，五月庚申，相国、晋王司马昭上奏，恢复五等爵。甲戌，改年号。癸未，下诏追命舞阳宣文侯司马懿为晋宣王，舞阳忠武侯司马师为晋景王。六月，镇西将军卫瓘献上雍州兵士在成都县获得的玉璧和玉印各一块，印文好像是"成信"字样，依照周成王归禾于周公的旧例，展示给百官后，收藏在相国府。

起初，自平蜀之后，吴国敌寇进逼永安，派荆州、豫州的诸军一同出兵援救，成犄角之势。七月，贼军全部退走。八月庚寅，命令中抚军司马炎作为相国司马昭处理国务的副手，与鲁公拜后的意义相同。

癸巳，下诏说："前逆臣钟会造反作乱，聚集征蜀的随行将士，用武力相胁迫，才说出自己的奸谋及大逆不道的打算，同时逼迫众人都要发言，仓卒之间，将士无不惊骇畏惧。相国左司马夏侯和、骑士曹属朱抚当时正奉命出使在成都，中领军司马贾辅、郎中羊琇都受命参谋钟会的军事。夏侯和、羊琇、朱抚都坚持节义，毫不屈挠，拒绝钟会的凶恶打算，临危不怯，言辞正烈。贾辅告诉散将王起，说'钟会奸逆凶暴，打算把将士全部杀死'，又说'相国已率领三十万大军向西来讨伐钟会'，打算宣传形势，激动将士们之心。王起出来后，把贾辅的话宣告诸军，遂使得将士们更加奋励。应该加以明显的宠任，以表彰他们的忠义行为。现在，晋升夏侯和、贾辅的爵位为乡侯，封羊琇、朱抚为关内侯。王起宣传贾辅的话，告令将士，应该得到特殊赏赐，现任命王起为部曲将。"癸卯，任命卫将军司马望为骠骑将军。九月戊午，任命中抚军司马炎为抚军大将军。

辛未，下诏说："吴贼政治与司法都十分残暴凶虐，催逼租赋，没有极限。孙休派遣使臣邓句，下令交趾太守用锁链押送属下的百姓，征发为兵士。吴国大将吕兴利用民心愤怒，又乘王师平定巴蜀的机会，纠合豪杰，杀死邓句等，驱逐太守及主要官吏，安抚官吏和百姓，以等待国家命令。九真、日南郡听说吕兴背弃逆贼，归顺朝廷，也齐心响应，与吕兴联合。吕兴发公文给日南州郡官员，告知大计，又率兵到达合浦，示以祸福。派遣都尉唐谱等到进乘县，通过南中都督护军霍弋上表禀报。另外，交趾的将士、官吏各自上表，说：'吕兴创造事业，大小官吏都秉承他的命令。郡中有山贼，势力连接诸郡，恐怕他们意见不同，怀有二心。作为暂时措施，以吕兴为都督交趾诸军事、上大将军、安定县侯，请求朝廷赐以褒奖，以安慰边境荒凉之地。'忠心诚意，形之于言辞之中。从前，春秋时期邾国国君仪父尊奉大国，与鲁国结盟，受到《春秋》的称赞；窦融归顺汉朝，受到特殊的礼遇。如今，国威远震，安抚六合，正要包举天下，统一海内。吕兴首先投向朝廷，率众归顺，在万里外举起义旗，请派官吏，以管理政务，应当加以优厚待遇，授以高官显爵。即使吕兴等人心怀忠义，感动欣悦，边远地区的百姓听到，也必然会竞相仿效。现在任命吕兴为使持节、都督交州诸军事、南中大将军，封安定县侯，可以因地制宜，先采取措施，再向上奏报。"册封吕兴的诏书还未到，吕兴已被部下杀死。

冬季，十月丁亥，下诏说："从前的圣明帝王，平定祸乱，拯救世人，保全大局，以建立功业，虽然所用方式不同，但取得的勋绩是一样的。所以有的通过干戚之舞来教训不遵奉号令的人，有的以大军压境来威服凶暴轻慢之人。至于爱护百姓，保全国家，施恩惠于庶民，必然要先修文教，告民法则，不得已而后用兵，这是历代圣明君主所共同的。过去，汉末天下分裂，九州颠覆，刘备、孙权乘机作乱。三祖安定中原，日不暇给，遂使得留下贼寇未平，已经历数代。幸亏依仗宗庙威灵，辅政大臣忠诚勇武，于是征发四方，平定巴蜀，未经多时，一战而克。近来，吴国衰弱，统治荒乱，蜀国被平定后，已经是孤立无援，属下的交、荆、扬、越四州的百姓，纷纷想投靠朝廷。如今，交趾的伪将吕兴已率领三郡，在万里外归顺朝廷；武陵邑侯相严等纠合五县，请朝廷接纳；豫章、庐陵的山民聚集起来反叛吴国，用助北将军作为他们首领的称号。另外，孙休病死，主帅换人，国中不稳，人心浮动。伪将施绩是贼中名臣，怀疑自猜，深受忌恨。众叛亲离，人有离心，从古至今，没有灭亡的征兆像这样明显的。如果大军出动，南临长江、汉水，江南的百姓一定会扶老携幼来迎接王师，这是必然的道理。然而出动大军，还会有劳役、费用，最好是宣告朝廷的威信德望，显示皇帝的仁义信用，使吴国上下知道归顺依附的利益。相国参军事徐绍、水曹掾孙彧都是从前在寿春被我军俘获的。徐绍本来是伪南陵督，才干不凡，孙彧是孙权的旁支子孙，忠义贤良。现在，派遣徐绍回到江南，以孙彧作为他的副手，去宣扬朝廷命令，告喻吴人，所说的话，都有事实作根据，如果他们能觉悟，则不必进行征伐，这是朝廷制定的克敌制胜的策略，也是自古之道。现在，以徐绍兼任散骑常侍，加授奉车都尉，封都亭侯；孙彧兼任给事黄门侍郎，赐爵关内侯。徐绍等人所受赐的侍妾以及男女家人在这里的，都听任他们带走,以表明国家的恩义,不必再使他们回来,以推广朝廷的大信。"

丙午,命令抚军大将军、新昌乡侯司马炎为晋王司马昭的世子。这一年,废除管理屯田的官员,以使政治和徭役能均衡一致,各典农中郎将都改为太守,典农都尉改为县令、长。劝募蜀国百姓能内迁中原地区的,供应粮食二年,免除徭役二十年。安弥、福禄县分别上报,说有嘉禾生长。

咸熙二年春季,二月甲辰,朐䏰县捉获灵龟,献给朝廷,皇帝命令收藏到相国府。庚戌,因为虎贲士张修从前在成都骑马到各营去通知钟会叛逆的消息,并为此而死,所以赐张修的弟弟张倚爵关内侯。夏季,四月,南深泽县上书,报告有甘露降下。吴国派遣使者纪陟、弘璆向朝廷请和。

五月,下诏说:"相国晋王广施神虑,光被天下,炫显武功,则威加边荒,推行教化,则流遍天下。怜惜江南地区的百姓,以拯救、抚育为先,抑制武力,崇尚仁教,显示朝廷的威德。文告一到,吴国就立即回应,派遣使者进奉贡献,以表明委顺之心,异方珍宝,纤巧之物,都用以致意。而晋王过于谦让,把所有物品都记载清楚地上交朝廷,这不是安慰才归附的吴国,遵从他们进奉诚意的做法。孙皓所奉献的各种器物,全部送还给晋王,以符合古义。"晋王坚决辞让,才停止。又命令晋王的冕冠上加有十二旒,建立天子的旌旗,出入的警卫及名称都与天子相同,乘坐金根车,用六匹马驾车,置备五时副车,设置旄头云罕,八佾乐舞以及四面悬挂的宫廷钟乐。晋王妃进称为王后,晋王世子进称为太子,王子、王女、王孙的爵令之号都按照以前的礼仪。癸未,大赦天下。秋季,八月辛卯,相国、晋王司马昭逝世。壬辰,晋太子司马炎承袭王位与官职,总统全国政务,所有待遇，都与前一样。这个月，襄武县上书报告，说有一个高大的人出现，高三丈余，脚印有三尺二寸，白头发，穿黄色单衣，黄色头巾，拄着杖，招呼百姓王始，并对他说："如今应当太平了。"九月乙未，大赦天下。戊午，任命司徒何曾为晋国丞相。癸亥，任命骠骑将军司马望为司徒，征东大将军石苞为骠骑将军，征南大将军陈骞为车骑将军。乙亥，安葬晋文王司马昭。闰月庚辰，康居、大宛进献名马，下诏命令送到相国府，以显示相国招怀万国，致送远物的勋劳。

十二月壬戌，魏国的天命已终，历数已移在晋国。下诏命令朝中大臣具备仪式，建坛在洛阳南郊，派使者奉上皇帝的玺印、绶带与册书，禅位于晋王司马炎，与汉魏禅让的旧例相同。甲子，派使者奉上策书。于是，曹奂移出宫殿，搬到金墉城。后来就一直居住在邺城馆舍，当时他二十岁。

评论说：古代君王以天下为公，选择贤能之人授予。后代世袭王位，选立嫡子。如果没有嫡子，则应当选取有德行的旁系亲属，如汉代的文帝、宣帝，这是不能改变的常规。明帝则没有做到这样，以私爱为重，抚养婴孩，传以皇位，又没能托付合适的专人，一定要加上宗室旁支，终于使曹爽被杀，齐王曹芳也被废黜。高贵乡公曹髦才干聪慧，少年早成，喜欢询问，爱好辞章，大致也有文帝的风度；但他为人轻躁，忿怨后肆意行动，终于自蹈大祸。陈留王曹奂不问政事，大权旁落，由宰辅统掌政权，并仰遵汉魏前例，禅位于晋，于是受封大国，成为晋代的宾客，比之山阳公，所受的宠信与赏赐还要多一些。

三国志卷六

魏书六

董二袁刘传第六

董卓字仲颖，陇西临洮人也。少好侠，尝游羌中，尽与诸豪帅相结。后归耕于野，而豪帅有来从之者，卓与俱还，杀耕牛与相宴乐。诸豪帅感其意，归相敛，得杂畜千余头以赠卓。汉桓帝末，以六郡良家子为羽林郎。卓有才武，旅力少比，双带两鞬，左右驰射。为军司马，从中郎将张奂征并州有功，拜郎中，赐缣九千匹，卓悉以分与吏士。迁广武令，蜀郡北部都尉，西域戊己校尉，免。征拜并州刺史、河东太守，迁中郎将，讨黄巾，军败抵罪。韩遂等起凉州，复为中郎将，西拒遂。于望垣硤北，为羌、胡数万人所围，粮食乏绝。卓伪欲捕鱼，堰其还道当所渡水为池，使水浐满数十里，默从堰下过其军而决堰。比羌、胡闻知追逐，水已深，不得渡。时六军上陇西，五军败绩，卓独全众而还，屯住扶风。拜前将军，封斄乡侯，征为并州牧。

灵帝崩，少帝即位。大将军何进与司隶校尉袁绍谋诛诸阉官，太后不从。进乃召卓使将兵诣京师，并密令上书曰："中常侍张让等窃幸乘宠，浊乱海内。昔赵鞅兴晋阳之甲，以逐君侧之恶。臣辄鸣钟鼓如洛阳，即讨让等。"欲以胁迫太后。卓未至，进败。中常侍段珪等劫帝走小平津，卓遂将其众迎帝于北芒，还宫。时进弟车骑将军苗为进众所杀，进、苗部曲无所属，皆诣卓。卓又使吕布杀执金吾丁原，并其众，故京都兵权唯在卓。

先是，进遣骑都尉太山鲍信所在募兵，适至，信谓绍曰："卓拥强兵，有异志，今不早图，将为所制；及其初至疲劳，袭之可禽也。"绍畏卓，不敢发，信遂还乡里。

于是以久不雨，策免司空刘弘而卓代之，俄迁太尉，假节钺虎贲。遂废帝为弘农王。寻又杀王及何太后。立灵帝少子陈留王，是为献帝。卓迁相国，封郿侯，赞拜不名，剑履上殿，又封卓母为池阳君，置家令、丞。卓既率精兵来，适值帝室大乱，得专废立，据有武库甲兵，国家珍宝，威震天下。卓性残忍不仁，遂以严刑胁众，睚眦之隙必报，人不自保。尝遣军到阳城。时适二月社，民各在其社下，悉就断其男子头，驾其车牛，载其妇女财物，以所断头系车辕轴，连轸而还洛，云攻贼大获，称万岁。入开阳城门，焚烧其头，以妇女与甲兵为婢妾。至于奸乱宫人公主。其凶逆如此。

初，卓信任尚书周毖、城门校尉伍琼等，用其所举韩馥、刘岱、孔伷、张咨、张邈等出宰州郡。而馥等至官，皆合兵将以讨卓。卓闻之，以为毖、琼等通情卖己，皆斩之。

河内太守王匡，遣泰山兵屯河阳津，将以图卓。卓遣疑兵若将于平阴渡者，潜遣锐众从小平北渡，绕击其后，大破之津北，死者略尽。卓以山东豪杰并起，恐惧不宁。初平元年二月，乃徙天子都长安。焚烧洛阳宫室，悉发掘陵墓，取宝物。卓至西京，为太师，号曰尚父。乘青盖金华车，爪画两𫐓，时人号曰竿摩车。卓弟旻为左将军，封鄠侯；兄子璜为侍中、中军校尉，典兵；宗族内外并列朝廷。公卿见卓，谒拜车下，卓不为礼。召呼三台尚书以下自诣卓府启事。筑郿坞、高与长安城埒，积谷为三十年储，云："事成，雄据天下；不成，守此足以毕老。"尝至郿行坞，公卿已下祖道于横门外。卓豫施帐幔饮，诱降北地反者数百人，于坐中先断其舌，或斩手足，或凿眼，或镬煮之，未死，偃转杯案间。会者皆战栗亡失匕箸，而卓饮食自若。太史望气，言当有大臣戮死者。故太尉张温时为卫尉，素不善卓，卓心怨之，因天有变，欲以塞咎，使人言温与袁术交关，遂笞杀之。法令苛酷，爱憎淫刑，更相被诬，冤死者千数。百姓嗷嗷，道路以目。悉椎破铜人、钟虡，及坏五铢钱。更铸为不钱，小五分，无文章，肉好无轮郭，不磨鑢。于是货轻而物贵，谷一斛至数十万。自是后钱货不行。

三年四月，司徒王允、尚书仆射士孙瑞、卓将吕布共谋诛卓。是时，天子有疾新愈，大会未央殿。布使同郡骑都尉李肃等将亲兵十余人伪著卫士服守掖门，布怀诏书。卓至，肃等格卓。卓惊呼："布所在？"布曰"有诏！"遂杀卓，夷三族。主簿田景前趋卓尸，布又杀之；凡所杀三人，余莫敢动。长安士庶咸相庆贺，诸阿附卓者皆下狱死。

初，卓女婿中郎将牛辅典兵别屯陕，分遣校尉李傕、郭汜、张济略陈留、颍川诸县。卓死，吕布使李肃至陕，欲以诏命诛辅。辅等逆与肃战，肃败走弘农，布诛肃。其后辅营兵有夜叛出者，营中惊，辅以为皆叛，乃取金宝，独与素所厚（友胡）[支胡]赤儿等五六人相随，逾城北渡河，赤儿等利其金宝，斩首送长安。

及傕等还，辅已败，众无所依，欲各散归。既无赦书，而闻长安中欲尽诛凉州人，忧恐不知所为。用贾诩策，遂将其众而西，所在收兵，比至长安，众十余万，与卓故部曲樊稠、李蒙、王方等合围长安城。十日城陷，与布战城中，布败走。傕等放兵略长安老少，杀之悉尽，死者狼籍。诛杀卓者，尸王允于市。葬卓于郿，大风暴雨震卓墓，水流入藏，漂其棺椁。傕为车骑将军、池阳侯，领司隶校尉、假节。汜为后将军、美阳侯。稠为石将军、万年侯。傕、汜、稠擅朝政。济为骠骑将军、平阳侯，屯弘农。

是岁，韩遂、马腾等降，率众诣长安。以遂为镇西将军，遣还凉州；腾征西将军，屯郿。侍中马宇与谏议大夫种邵、右中郎将刘范等谋，欲使腾袭长安，已为内应，以诛傕等。腾引兵至长平观，宇等谋泄，出奔槐里。稠击腾，腾败走，还凉州；又攻槐里，宇等皆死。时三辅民尚数十万户，傕等放兵劫略，攻剽城邑，人民饥困二年间相啖食略尽。

诸将争权，遂杀稠，并其众。汜与傕转相疑，战斗长安中。傕质天子于营，烧宫殿城门，略官寺，尽收乘舆服御物置其家。傕使公卿诣汜清和，汜皆执之。相攻击连月，死者万数。

傕将杨奉与傕军吏宋果等谋杀傕，事泄，遂将兵叛傕。傕众叛，稍衰弱。张济自陕和解之，天子乃得出，至新丰、霸陵间。郭汜复欲胁天子还都郿。天子奔奉营，奉出汜破之。汜走南山，奉及将军董承以天子还洛阳。傕、汜悔遣天子，复相与和追及天子于弘农之曹阳。奉急招河东故白波帅韩暹、胡才、李乐等合，与傕、汜大战。奉兵败，傕等纵兵杀公卿百官，略宫人入弘农。天子走陕，北渡河，失辎重，步行，唯皇后、贵人从，至大阳，止人家屋中。奉、暹等遂以天子都安邑，御乘牛车。太尉杨彪、太仆韩融近臣从者十余人。以暹为征东、才为征西、乐征北将军，并与奉、承持政。遣融至弘农，与傕、汜等连和，还所略宫人公卿百官，及乘舆车马数乘。是时蝗虫起，岁旱无谷，从官食枣菜。诸将不能相率，上下乱，粮食尽。奉、暹、承乃以天子还洛阳。出箕关，下轵道，张杨以食迎道路，拜大司马。语在《杨传》。天子入洛阳，宫室烧尽，街陌荒芜，百官披荆棘，依丘墙间。州郡各拥兵自卫，莫有至者。饥穷稍甚，尚书郎以下，自出樵采，或饥死墙壁间。

太祖乃迎天子都许。暹、奉不能奉王法，各出奔，寇徐、扬间，为刘备所杀。董承从太祖岁余，诛。建安二年。遣谒者仆射裴茂率关西诸将诛催，夷三族。汜为其将五习所袭，死于郿。济饥饿，至南阳寇略，为穰人所杀，从子绣摄其众。才、乐留河东，才为怨家所杀，乐病死。遂、腾自还凉州，更相寇。后腾入为卫尉，子超领其部曲。十六年，超与关中诸将及遂等反，太祖征破之。语在《武纪》。遂奔金城，为其将所杀。超据汉阳，腾坐夷三族。赵衢等举义兵讨超，超走汉中从张鲁，后奔刘备，死于蜀。

袁绍字本初，汝南汝阳人也。高祖父安，为汉司徒。自安以下四世居三公位，由是势倾天下。绍有姿貌威容，能折节下士，士多附之，太祖少与交焉。以大将军掾为侍御史，稍迁中军校尉，至司隶。

灵帝崩，太后兄大将军何进与绍谋诛诸阉官，太后不从。乃召董卓，欲以胁太后。常侍、黄门闻之，皆诣进谢，唯所错置。时绍劝进便可于此决之，至于再三，而进不许。令绍使洛阳方略武吏检司诸宦者。又令绍弟虎贲中郎将术选温厚虎贲二百人，当入禁中，代持兵黄门陛守门户。中常侍段珪等矫太后命，召进入议，遂杀之，宫中乱。术将虎贲烧南宫嘉德殿青琐门，欲以迫出珪等。珪等不出，劫帝及帝弟陈留王走小平津。绍既斩宦者所署司隶校尉许相，遂勒兵捕诸阉人，无少长皆杀之。或有无须而误死者，至自发露形体而后得免。宦者或有行善自守而犹见及。其滥如此。死者二千余人。急追珪等，珪等悉赴河死。帝得还宫。

董卓呼绍，议欲废帝，立陈留王。是时绍叔父隗为太傅，绍伪许之，曰："此大事，出当与太傅议。"卓曰："刘氏种不足复遗。"绍不应，横刀长揖而去。绍既出，遂亡奔冀州。侍中周毖、城门校尉伍琼、议郎何颙等，皆名士也，卓信之，而阴为绍，乃说卓曰："夫废立大事，非常人所及。绍不达大体，恐惧故出奔，非有他志也。今购之急，势必为变。袁氏树恩四世，门生故吏遍于天下，若收豪杰以聚徒众，英雄因之而起，则山东非公之有也。不如赦之，拜一郡守，则绍喜于免罪，必无患矣。"卓以为然，乃拜绍勃海太守，封邟乡侯。

绍遂以勃海起兵，将以诛卓。语在《武纪》。绍自号车骑将军，主盟，与冀州牧韩馥立幽州牧刘虞为帝，遣使奉章诣虞，虞不敢受。后馥军安平，为公孙瓒所败。瓒遂引兵入冀州，以讨卓为名，内欲袭馥。馥怀不自安。会卓西入关，绍还军延津，因馥惶遽，使陈留高干、颍川荀谌等说馥曰："公孙瓒乘胜来向南，而诸郡应之。袁车骑引军东向，此其意不可知，窃为将军危之。"馥曰："为之奈何？"谌曰："公孙提燕、代之卒，其锋不可当。袁氏一时之杰，必不为将军下。夫冀州，天下之重资也。若两雄并力，兵交于城下，危亡可立而待也。夫袁氏，将军之旧，且同盟也，当今为将军计，莫若举冀州以让袁氏。袁氏得冀州，则瓒不能与之争，必厚德将军。冀州入于亲交，是将军有让贤之名，而身安于泰山也。愿将军勿疑！"馥素恇怯，因然其计。馥长史耿武、别驾闵纯、治中李历谏馥曰："冀州虽鄙，带甲百万，谷支十年。袁绍孤客穷军，仰我鼻息，譬如婴儿在股掌之上，绝其哺乳，立可饿杀。奈何乃欲以州与之？"馥曰："吾，袁氏故吏，且才不如本初，度德而让，古人所贵，诸君独何病焉！"从事赵浮、程奂请以兵拒之，馥又不听。乃让绍，绍遂领冀州牧。

从事沮授说绍曰："将军弱冠登朝，则播名海内；值废立之际，则忠义奋发；单骑出奔，则董卓怀怖；济河而北，则勃海稽首。振一郡之卒，撮冀州之众，威震河朔，名重天下。虽黄巾猾乱，黑山跋扈，举军东向，则青州可定；还讨黑山，则张燕可灭；回众北首，则公孙必丧；震胁戎狄；则匈奴必从。横大河之北，合四州之地，收英雄之才，拥百万之众，迎大驾于西京，复宗庙于洛邑，号令天下，以讨未复，以此争锋，谁能敌之？比及数年，此功不难。"绍喜曰："此吾心也。"即表授为监军、奋威武将军。卓遣执金吾胡母班、将作大匠吴脩赍诏书喻绍，绍使河内太守王匡杀之。卓闻绍得关东，乃悉诛绍宗族太傅隗等。当是时，豪侠多附绍。皆思为之报，州郡蜂起，莫不假其名。馥怀惧，从绍索去，往依张邈。后绍遣使诣邈，有所计议，与邈耳语。馥在坐上，谓见图构，无何起至溷自杀。

初，天子之立非绍意，及在河东，绍遣颍川郭图使焉。图还说绍迎天子都邺，绍不从。会太祖迎天子都许，收河南地，关中皆附。绍悔，欲令太祖徙天子都鄄城以自密近，太祖拒之。天子以绍为太尉，转为大将军，封邺侯，绍让侯不受。顷之，击破瓒于易京，并其众。出长子谭为青州，沮授谏绍："必为祸始。"绍不听，曰："孤欲令诸儿各据一州也。"又以中子熙为幽州，甥高幹为并州。众数十万，以审配、逢纪统军事，田丰、荀谌、许攸为谋主，颜良、文丑为将率，简精卒十万，骑万匹，将攻许。

先是,太祖遣刘备诣徐州拒袁术。术死,备杀刺史车胄,引军屯沛。绍遣骑佐之。太祖遣刘岱、王忠击之,不克。建安五年,太祖自东征备。田丰说绍袭太祖后,绍辞以子疾,不许。丰举杖击地曰:"夫遭难遇之机,而以婴儿之病失其会,惜哉!"太祖至,击破备;备奔绍。

绍进军黎阳,遣颜良攻刘延于白马。沮授又谏绍:"良性促狭。虽骁勇,不可独任。"绍不听。太祖救延,与良战,破斩良。绍渡河,壁延津南,使刘备、文丑挑战。太祖击破之,斩丑,再战,禽绍大将。绍军大震。太祖还官渡。沮授又曰:"北兵数众而果劲不及南,南谷虚少而货财不及北;南利在于急战,北利在于缓搏。宜徐持久,旷以日用。"绍不从。连营稍前,逼官渡,合战,太祖军不利,复壁。绍为高橹,起土山,射营中,营中皆蒙盾,众大惧。太祖乃为发石车,击绍楼,皆破,绍众号曰霹雳车。绍为地道,欲袭太祖营。太祖辄于内为长堑以拒之,又遣奇兵袭击绍运车。大破之,尽焚其谷。太祖与绍相持日久,百姓疲乏,多叛应绍,军食乏。会绍遣淳于琼等将兵万余人北迎运车,沮授说绍:"可遣将蒋奇别为支军于表,以断曹公之钞。"绍复不从。琼宿乌巢,去绍军四十里。太祖乃留曹洪守,自将步骑五千候夜潜往攻琼。绍遣骑救之,败走。破琼等,悉斩之。太祖还,未至营,绍将高览、张郃等率其众降。绍众大溃,绍与谭单骑退渡河。余众伪降,尽坑之。沮授不及绍渡,为人所执,诣太祖,太祖厚待之。后谋还袁氏,见杀。

初,绍之南也。田丰说绍曰:"曹公善用兵,变化无方,众虽少,未可轻也,不如以久持之。将军据山河之固,拥四州之众,外结英雄,内修农战,然后简其精锐,分为奇兵,乘虚迭出,以扰河南,救右则击其左,救左则击其右,使敌疲于奔命,民不得安业；我未劳而彼已困，不及二年，可坐克也。今释庙胜之策，而决成败于一战，若不如志，悔无及也。"绍不从。丰恳谏，绍怒其，以为沮众，械系之。绍军既败，或谓丰曰："君必见重。"丰曰："若军有利，吾必全，今军败，吾其死矣。"绍还，谓左右曰："吾不用田丰言，果为所笑。"遂杀之。绍外宽雅，有局度，忧喜不形于色，而内多忌害，皆此类也。

冀州城邑多叛，绍复击定之。自军败后发病，七年，忧死。

绍爱少子尚，貌美，欲以为后而未显。审配、逢纪与辛评、郭图争权，配、纪与尚比，评、图与谭比。众以谭长，欲立之。配等恐谭立而评等为己害，缘绍素意，乃奉尚代绍位。谭至，不得立，自号车骑将军。由是谭、尚有隙。太祖北征谭、尚。谭军黎阳，尚少与谭兵，而使逢纪从谭。谭求益兵，配等议不与。谭怒，杀纪。太祖渡河攻谭，谭告急于尚。尚欲分兵益谭，恐谭遂夺其众，乃使审配守邺，尚自将兵助谭，与太祖相拒于黎阳。自九月至二月，大战城下，谭、尚败退，入城守。太祖将围之，乃夜遁。追至邺，收其麦，拔阴安，引军还许。太祖南征荆州，军至西平。谭、尚遂举兵相攻，谭败奔平原。尚攻之急，谭遣辛毗诣太祖请救。太祖乃还救谭，十月至黎阳。尚闻太祖北，释平原还邺。其将吕旷、吕翔叛尚归太祖，谭复阴刻将军印假旷、翔。太祖知谭诈，与结婚以安之，乃引军还。尚使审配、苏由守邺，复攻谭平原。太祖进军将攻邺，到洹水，去邺五十里，由欲为内应，谋泄，与配战城中，败，出奔太祖。太祖遂进攻之，为地道，配亦于内作堑以当之。配将冯礼开突门，内太祖兵三百余人，配觉之，从城上以大石击突中栅门，栅门闭，入者皆没。太祖遂围之，为堑，周四十里，初令浅，示若可越。配望而笑之，不出争利。太祖一夜掘之，广深二丈，决漳水以灌之，自五月至八月，城中饿死者过半。尚闻邺急，将兵万余人还救之，依西山来，东至阳平亭，去邺十七里，临滏水，举火以示城中，城中亦举火相应。配出兵城北，欲与尚对决围。太祖逆击之，败还，尚亦破走，依曲漳为营，太祖遂围之。未合，尚惧，遣阴夔、陈琳乞降，不听。尚还走滥口，进复围之急，其将马延等临陈降，众大溃，尚奔中山。尽收其辎重，得尚印绶、节钺及衣物，以示其家，城中崩沮。配兄子荣守东门，夜开门内太祖兵，与配战城中，生禽配。配声气壮烈，终无挠辞，见者莫不叹息。遂斩之。高幹以并州降，复以幹为刺史。

太祖之围邺也，谭略取甘陵、安平、勃海、河间，攻尚于中山。尚走故安从熙，谭悉收其众。太祖将讨之，谭乃拔平原，并南皮，自屯龙凑。十二月，太祖军其门，谭不出，夜遁奔南皮，临清河而屯。十年正月，攻拔之，斩谭及图等。熙、尚为其将焦触、张南所攻，奔辽西乌丸。触自号幽州刺史，驱率诸郡太守令长，背袁向曹，陈兵数万，杀白马盟，令曰："违命者斩！"众莫敢语，各以次歃。至别驾韩珩，曰："吾受袁公父子厚恩，今其破亡，智不能救，勇不能死，于义阙矣；若乃北面于曹氏，所弗能为也。"一坐为珩失色。触曰："夫兴大事，当立大义，事之济否，不待一人，可卒珩志，以励事君。"高幹叛，执上党太守，举兵守壶口关。遣乐进、李典击之，未拔。十一年，太祖征幹。幹乃留其将夏昭、邓升守城，自诣匈奴单于求救，不得，独与数骑亡，欲南奔荆州，上洛都尉捕斩之。十二年，太祖至辽西击乌丸。尚、熙与乌丸逆军战，败走奔辽东，公孙康诱斩之，送其首。太祖高韩珩节，屡辟不至，卒于家。

袁术字公路，司空逢子，绍之从弟也。以侠气闻。举孝廉，除郎中，历职内外，后为折冲校尉、虎贲中郎将。董卓之将废帝，以术为后将军；术亦畏卓之祸，出奔南阳。会长沙太守孙坚杀南阳太守张咨，术得据其郡。南阳户口数百万，而术奢淫肆欲，征敛无度，百姓苦之。既与绍有隙，又与刘表不平，而北连公孙瓒；绍与瓒不和而南连刘表。其兄弟携贰，舍近交远如此。引军入陈留。太祖与绍合击，大破术军。术以余众奔九江，杀扬州刺史陈温，领其州。以张勋、桥蕤等为大将军。李傕入长安，欲结术为援，以术为左将军，封阳翟侯，假节，遣太傅马日磾因循行拜授。术夺日磾节，拘留不遣。

时沛相下邳陈珪，故太尉球弟子也。术与珪俱公族子孙，少共交游，书与珪曰："昔秦失其政，天下群雄争而取之，兼智勇者卒受其归。今世事纷扰，复有瓦解之势矣，诚英义有为之时也。与足下旧交，岂肯左右之乎：若集大事，子实为吾脊。"珪中子应时在下邳，术并胁质应，图必致珪。珪答书曰："昔秦末世，肆暴恣情，虐流天下，毒被生民，下不堪命，故遂土崩。今虽季世，未有亡秦苛暴之乱也。曹将军神武应期，兴复典刑，将拨平凶慝，清定海内，信有征矣。以为足下当戮力同心，匡翼汉室，而阴谋不轨，以身试祸，岂不痛哉！若迷而知反，尚可以免。吾备旧知，故陈至情，虽逆于耳，骨肉之惠也。欲吾营私阿附，有犯死不能也。"

兴平二年冬，天子败于曹阳。术会群下谓曰："今刘氏微弱，海内鼎沸。吾家四世公辅，百姓所归，欲应天顺民，于诸君意如何？"众莫敢对。主簿阎象进曰："昔周自后稷至于文王，积德累功，三分天下有其二，犹服事殷。明公虽奕世克昌，未若有周之盛，汉室虽微，未若殷纣之暴也。"术嘿然不悦。用河内张炯之符命，遂僭号。以九江太守为淮南尹。置公卿，祠南北郊。荒侈滋甚，后宫数百皆服绮縠，余粱肉，而士卒冻馁，江淮间空尽，人民相食。术前为吕布所破，后为太祖所败，奔其部曲雷薄、陈兰于灊山，复为所拒，忧惧不知所出。将归帝号于绍，欲至青州从袁谭，发病道死。妻子依术故吏庐江太守刘勋，孙策破勋，复见收视。术女入孙权宫，子燿拜郎中，燿女又配于权子奋。

刘表字景升，山阳高平人也。少知名，号八俊。长八尺余，姿貌甚伟。以大将军掾为北军中侯。灵帝崩，代王叡为荆州刺史。是时山东兵起，表亦合兵军襄阳。袁术之在南阳也，与孙坚合从，欲袭夺表州，使坚攻表。坚为流矢所中死，军败，术遂不能胜表。李傕、郭汜入长安，欲连表为援，乃以表为镇南将军、荆州牧，封成武侯，假节。天子都许，表虽遣使贡献，然北与袁绍相结，治中邓羲谏表，表不听，羲辞疾而退，终表之世。张济引兵入荆州界，攻穰城，为流矢所中死。荆州官属皆贺，表曰"济以穷来，主人无礼，至于交锋，此非牧意，牧受吊，不受贺也。"使人纳其众；众闻之喜，遂服从。长沙太守张羡叛表，表围之，连年不下。羡病死，长沙复立其子怿，表遂攻并怿，南收零、桂、北据汉川，地方数千里，带甲十余万。

太祖与袁绍方相持于官渡，绍遣人求助，表许之而不至，亦不佐太祖，欲保江汉间，观天下变。从事中郎韩嵩、别驾刘先说表曰："豪杰并争，两雄相持，天下之重，在于将军。将军若欲有为，起乘其弊可也；若不然，固将择所从。将军拥十万之众，安坐而观望。夫见贤而不能助，请和而不得，此两怨必集于将军，将军不得中立矣。夫以曹公之明哲，天下贤俊皆归之，其势必举袁绍，然后称兵以向江汉，恐将军不能御也。故为将军计者，不若举州以附曹公，曹公必重德将军；长享福祚，垂之后嗣，此万全之策也。"表大将蒯越亦劝表，表狐疑，乃遣嵩诣太祖以观虚实。嵩还，深陈太祖威德，说表遣子入质。表疑嵩反为太祖说，大怒，欲杀嵩，考杀随嵩行者，知嵩无他意，乃止。表虽外貌儒雅，而心多疑忌，皆此类也。

刘备奔表，表厚待之，然不能用。建安十三年，太祖征表，未至，表病死。

初，表及妻爱少子琮，欲以为后，而蔡瑁、张允为之支党，乃出长子琦为江夏太守，众遂奉琮为嗣。琦与琮还为仇隙。越、嵩及东曹掾傅巽等说琮归太祖，琮曰："今与诸君据全楚之地，守先君之业。以观天下，何为不可乎？"巽对曰："逆顺有大体，强弱有定势。以人臣而拒人主，逆也；以新造之楚而御国家，其势弗当也；以刘备而敌曹公，又弗当也。三者皆短，欲以抗王兵之锋，必亡之道也。将军自料何与刘备？"琮曰："吾不若也。"巽曰："诚以刘备不足御曹公乎，则虽保楚地，不足以自存也；诚以刘备足御曹公乎，则备不为将军下也。愿将军勿疑。"太祖军到襄阳，琮举州降。备走奔夏口。

太祖以琮为青州刺史、封列侯。蒯越等侯者十五人。越为光禄勋；嵩，大鸿胪；羲，侍中，先，尚书令；其余多至大官。

评曰：董卓狼戾贼忍，暴虐不仁，自书契已来，殆未之有也。袁术奢淫放肆，荣不终己，自取之也。袁绍、刘表，咸有威容、器观，知名当世。表跨蹈汉南，绍鹰扬河朔，然皆外宽内忌，好谋无决，有才而不能用，闻善而不能纳，废嫡立庶，舍礼崇爱，至于后嗣颠蹶，社稷倾覆，非不幸也。昔项羽背范增之谋，以丧其王业；绍之杀田丰，乃甚于羽远矣！

译文：

董卓字仲颖，是陇西临洮人。年轻时喜欢做侠义的事情，曾经到羌族中游历，尽和羌族各个首领相结交。后来回乡种田，羌族首领有来跟随他的，董卓和他们一起回家，杀了耕牛和他们一起宴饮取乐。那些羌族首领被董卓的心意感动，回去一起征集，得到一千多头各类牲畜来送给董卓。汉桓帝末年，作为六郡的良家子充当羽林郎。董卓有才能，又勇敢，体力很少有人比得上，带两只箭袋，左右手都可在马上射箭。董卓当了军司马，跟随中郎将张奂征伐并州立了功，拜为郎中，被赐给九千匹细绢，董卓都把它分给了士兵。董卓升任广武令、蜀郡北部都尉、西域戊己校尉。被免职又征拜为并州刺史、河东太守，升任中郎将，讨伐黄巾军，打了败仗，因罪免职。韩遂等人在凉州起事，董卓又当了中郎将，在西边抵抗韩遂。他在望垣硖的北面被几万名羌胡人所包围，没有粮食。董卓假装要捕鱼，在往回的路上修筑堤坝，把要渡过的河流拦成池塘，使得河水几十里内停流涨满，董卓悄悄让军队从坝下过去，又把堤坝掘开。等到羌胡听说后追来，河流已经很深，不能渡过。当时六支军队上陇西去，五支军队大败，唯独董卓军队全部返回，在扶风驻扎下来。董卓被拜为前将军，封为鏊乡侯，被征为并州牧。

灵帝死后，少帝即位。大将军何进和司隶校尉袁绍策划杀死宦官，太后不肯听从。于是，何进召董卓，让他率领军队到京师来，并且秘密命令他上书说：'中常侍张让等人窃取皇帝的恩幸，利用皇帝的宠爱，扰乱国家。过去赵鞅发动晋阳的军队，来赶走君王身边的坏人。我就敲响钟鼓到洛阳，来讨伐张让等人。'想以此来威胁强迫太后。董卓没到京师，何进就失败了。中常侍段珪等人劫持皇帝逃到小平津，于是董卓率领自己的部队在北芒迎接皇帝回宫。当时何进弟弟车骑将军何苗被何进部下所杀,何进、何苗的军队无处归依,都到了董卓那里。董卓又派吕布杀了执金吾丁原,吞并了丁原的军队,所以京都的军权只在董卓一人手中。

在这以前,何进曾派骑都尉太山人鲍信于所在的地方招募士兵,董卓正好也来到。鲍信对袁绍说:"董卓拥有强大的军队,有反叛的心思,现在不早点谋取他,将会被他所控制。趁着他刚到,疲惫劳累,袭击他是一定能抓住他的。"袁绍害怕董卓,不敢出兵,于是鲍信返回家乡。

这时很久没有下雨,少帝下诏免去刘弘司空职务而让董卓代替他。不久董卓升任太尉,授予节钺虎贲,于是董卓把少帝废为弘农王,不久又杀掉他和何太后,立灵帝的小儿子陈留王,这就是献帝。董卓升为相国,被封为郿侯,朝拜皇帝时司仪者可不直呼他的姓名,可以带剑穿鞋上殿。献帝又封董卓母亲为池阳君,设置了家令和丞。董卓原来是率领精锐部队而来,正逢皇室大乱,因此得以独擅皇帝的废立,占有武器库、戎衣铠甲和各种武器,以及国家的珍宝,威震天下。董卓性格十分残忍,不讲仁道,用严厉的刑罚威胁人,一点小仇也必定报复,因而人人不能自保。董卓曾经派军队到阳城,当时正逢二月社日,百姓各在自己的社下,董卓军队把他们男子的头全都砍下,赶着他们的车和牛,装着他们的妇女和财产物品,把砍下的头颅系在车辕和车轴上,车连车地回到了洛阳,说是进攻敌人获得大胜,高呼万岁。军队进入开阳城门,焚烧那些头颅,把妇女给士兵当婢女和小妾。董卓甚至于淫乱宫女和公主。他的凶残犯上就到了这种地步。

当初,董卓信任尚书周毖、城门校尉伍琼等人,任用他们荐举的韩馥、刘岱、孔伷、张咨、张邈等人出任州郡长官。但韩馥等人到任后，都联合军队要来攻打董卓。董卓听说此事，以为周毖、伍琼等人知道内情，出卖了自己，把他们都杀了。

　　河内太守王匡派遣泰山兵驻扎在河阳津，将要谋取董卓。董卓派出一支好像要在平阴渡过黄河的疑兵，而暗自派精锐部队从小平北渡，绕到敌军后方进攻，在河阳津北面大败泰山军，泰山军差不多死光了。董卓因为东方豪杰都起来了，恐惧不安。初平元年二月，便把天子移到长安定都，烧毁洛阳宫殿，把陵墓都挖出来，获取珍贵物品。董卓到西京，当了太师，号称尚父，乘坐用金花装饰、青色顶盖的车子，车盖弓头为爪形，有两个车厢，当时人们把它叫作竿摩车。董卓弟弟董旻当了左将军，封为鄠侯，哥哥的儿子董璜做了侍中、中军校尉，主管军事。董氏宗族内外的人都做了朝官。公卿见到董卓，通名跪拜在车下，董卓不还礼。下令叫三台、尚书以下官吏自己到董卓府里汇报事务。董卓修建了郿坞，和长安城一样高，存放了备用三十年的粮食，说事情成功了，便统治天下，如果不成功，就守在郿坞足以度过晚年。董卓曾经到郿坞，公卿以下官吏在横门外面给他饯行。董卓预先设置了帐幕喝酒，在座位上把几百名被诱降的北地反叛者先割掉他们的舌头，有的砍下手和脚，有的挖去眼睛，有的用大锅煮，没有死的人倒在地上，在酒杯桌案之间滚来滚去，与会的人都颤抖得掉下饭勺和筷子，董卓自己却从容地吃饭喝酒。太史观望天象，说将有大臣被杀死。原来的太尉张温当时是卫尉，向来和董卓关系不好。董卓心中怨恨他，打算让他当替罪鬼，派人说张温和袁术相勾结，于是打死了他。董卓的法令严厉残酷，喜欢乱用刑罚，加上被诬告的，受冤枉死去的人数以千计。百姓一片愁叹之声，路上遇到只用眼睛打招呼。董卓把铜人、钟和钟架全部打碎，又毁坏五铢钱，另外铸成小钱，五分大，没有文字和花纹，钱边和钱眼没有轮廓，不经磨治。因此货币贬值，物价飞涨，一斛谷子价值几十万钱，此后钱币便不能流通。

初平三年四月，司徒王允、尚书仆射士孙瑞、董卓部将吕布一起策划杀死董卓。这时候，天子患病刚刚痊愈，在未央殿大宴群臣。吕布派同郡的骑都尉李肃等人，率领十几个亲兵，穿上卫士衣服假装卫士守在官殿侧门。吕布怀揣诏书。董卓一到，李肃等打他。董卓惊呼吕布在什么地方。吕布说："有诏书。"于是杀了董卓，灭了他的三族。主簿田景往前奔向董卓的尸体，吕布又杀了他。吕布一共杀了三个人，剩下的没有敢动弹的。长安士人平民都互相庆祝，那些阿谀依附董卓的人全都入狱死去。

当初，董卓的女婿中郎将牛辅率军队另外驻在陕，分别派遣校尉李傕、郭汜、张济夺取陈留、颍川各县。董卓死后，吕布派李肃到陕，想用诏书命令杀掉牛辅。牛辅等人反与李肃作战，李肃战败，逃到弘农。吕布杀了李肃。这以后牛辅营中有夜里叛逃出来的士兵，营中惊骇，牛辅以为都叛变了，就拿了金子和珍宝，只和一向交情深厚的胡人赤儿等五六个人一起翻墙出城，往北渡黄河。胡人赤儿等贪图他的金子和珍宝，砍下了他的首级送往长安。

等到李傕等人回来，牛辅已经失败，军队无处归依，想要各自解散回家。他们既没有赦书，又听说长安城里要杀尽凉州人，忧虑害怕得不知道做些什么。李傕采用贾诩的计策，于是率领自己的军队往西，在所到的地方招收士兵。等到了长安，李傕有了十几万军队。和董卓旧部樊稠、李蒙、王方等人联合围困长安城。十天后长安陷落，和吕布在城里战斗，吕布战败逃走。李傕等纵容士兵抢劫长安城的百姓，几乎把他们全杀光了，死的人到处都是。李傕等处死了杀董卓的人，把王允的尸体陈列在市上，把董卓埋在郿坞。大风暴雨震撼了董卓的坟墓，水流进了塞穴，把董卓的棺椁漂了起来。李傕当了车骑将军、池阳侯，兼司隶校尉，假节。郭汜做了后将军、美阳侯。樊稠是右将军、万年侯。李傕、郭汜、樊稠操纵朝廷政务。张济是骠骑将军、平阳侯，驻扎弘农。

这一年，韩遂、马腾等人投降了，率领军队到了长安。朝廷用韩遂做镇西将军，把他派回凉州，马腾为征西将军，驻扎在郿。侍中马宇和谏议大夫种邵、左中郎将刘范等人策划，想使马腾袭击长安，自己作为内应，来杀掉李傕等人。马腾带军队到了长平观，马宇等人的计划泄露，出逃到槐里。樊稠进攻马腾，马腾战败逃走，回到凉州。樊稠又进攻槐里，马宇等人都死了。当时三辅还有几十万户百姓，李傕等人放纵军队抢劫，攻掠城镇。人民饥饿穷困，两年内人吃人，几乎死光了。

各将领争逐权力，于是杀了樊稠，吞并了他的军队，郭汜和李傕变得互相怀疑，在长安城里打仗。李傕把天子扣押在营里，焚烧宫殿和城门，抢劫官府，把车子、衣服等皇帝的东西全收来放在自己家里。李傕派公卿到郭汜那里请求讲和，郭汜把他们都抓了起来。两人互相攻打了几个月，死的人数以万计。

李傕的部将杨奉和李傕的军吏宋果等人策划杀死李傕，事情泄露，就率军反叛李傕。李傕因军队叛乱，渐渐衰弱了。张济从陕为他们和解，天子这才得以出来，到了新丰、霸陵之间。郭汜又想挟持天子回到郿定都。天子投奔杨奉的军营，杨奉进攻郭汜并打败了他。郭汜逃到南山，杨奉和将军董承带着天子回到洛阳。李傕、郭汜后悔放走了天子，又互相和好，在弘农的曹阳追上了天子。杨奉急忙招来河东原来的白波帅韩暹、胡才、李乐等人，联合起来大战李傕、郭汜。杨奉的军队战败了，李傕等人放纵军队杀害公卿百官，把宫人抢入弘农。天子逃到陕，向北渡过黄河，失去了辎重，徒步行走，只有皇后、贵人跟随他。到了大阳，住在百姓家里，杨奉、韩暹等人就让天子定都安邑，天子坐牛车。太尉杨彪、太仆韩融等十几个亲近的臣子跟随着。天子用韩暹任征东将军，胡才当征西将军，李乐为征北将军，和杨奉、董承一起执掌朝政。派遣韩融到弘农和李傕、郭汜等人讲和，李傕、郭汜归还了抢走的宫人和公卿百官，及几辆皇帝乘坐的马车。这时候闹起蝗灾，气候干旱，没有粮食，跟随天子的官吏吃枣子和菜。各将领不能互相督率，上下次序混乱，粮食吃光了。杨奉、韩暹、董承于是带天子返回洛阳。他们从箕关出来，到了轵道，张杨带着食物在道路上迎接，被拜为大司马。此事见于《张杨传》。天子进入洛阳，宫中房屋烧光了，街道荒凉，野草丛生，官员们分开荆棘，在废墟的墙壁之间住下来。州郡各自拥兵自保，没有到洛阳的。饥饿和穷困渐渐更厉害了，尚书郎以下的官员自己出去砍柴采野菜，有的就在墙壁之间饿死了。

太祖于是迎接天子，定都于许。韩暹、杨奉不能尊奉王法，各自出逃，在徐、扬之间骚扰，被刘备杀掉。董承跟了太祖一年多，被杀。建安二年，派谒者仆射裴茂率领关西各将领杀了李傕，灭了他的三族。郭汜遭到他的部将五习袭击，在郿死去。张济没有饭吃，饿得厉害，到南阳骚扰掠夺，被穰县人杀死，侄子张绣收聚统率了他的军队。胡才、李乐留在河东，胡才被仇家杀害，李乐病死。韩遂、马腾自从回到凉州，又互相攻打骚扰，后来马腾入朝当了卫尉，儿子马超统率他的军队。建安十六年，马超和关中各将领以及韩遂都造反，太祖征讨并打败了他们。此事见于《武帝纪》。韩遂逃向金城，被部将杀害。马超占据汉阳，马腾连坐被灭了三族。赵衢等人起义兵讨伐马超，马超逃到汉中跟随张鲁,后来投奔刘备,在蜀国死去。

袁绍,字本初,汝南郡汝阳县人。他的高祖父袁安,做过汉朝的司徒。从袁安以后的四代人都位居三公的位置,因此袁家的势力在全国最有影响。袁绍容貌修美,仪态威武,能够屈节尊敬地位低的士人,很多士人归附他。曹操年轻时和他有过交往。他从大将军掾做了侍御史,逐渐地又升为中军校尉,官一直做到司隶。

汉灵帝去世后,太后的哥哥大将军何进同袁绍策划杀死所有宦官,太后不同意。于是他们就征召董卓,打算以此胁迫太后。常侍和黄门们听说后,都到何进那里去请罪,听凭何进对他们处置。这时袁绍劝说何进乘便在这里解决了他们,以至于费尽了口舌,可何进没有同意。何进派袁绍出使洛阳和武官们谋划安排监视那些宦官。又命令袁绍的弟弟虎贲中郎将袁术挑选虎贲士兵二百人,马上进入皇宫,接替手拿兵器的黄门夹陛守卫门户。中常侍段珪等人假借太后的旨意,召见何进入宫议事,于是就把他杀了,宫中顿时大乱。袁术率领虎贲兵烧毁了南宫嘉德殿青琐门,打算把段珪等人逼出皇宫。段珪等人不出来,反而劫持了皇帝和皇帝的弟弟陈留王逃跑到小平津去了。袁绍杀了宦官安插的司隶校尉许相以后,就带兵搜捕那些宦官,不分老幼都杀死。有的人因没有胡须而被误杀了,人们竟要自己裸露身体查验后才能幸免于难。宦官中有的人一向行善,自守节操,也还是被连累上。袁绍的滥杀就到了这种地步。死的人有两千多。后来又急速追击段珪等人,段珪等人全投河自杀了。皇帝才得以返回皇宫。

董卓招呼袁绍,商量想要废掉皇帝,立陈留王为皇帝。当时袁绍的叔父袁隗是皇帝的太傅,袁绍假装答应董卓,说:"这是大事,我回去后必定和太傅商量。"董卓说:"刘家的这个种儿不能再留下。"袁绍没有回答，横着长刀施过礼就走了。袁绍回去以后，就逃奔到冀州。侍中周珌、城门校尉伍琼、议郎何颙等人，都是有名望的人，董卓信任他们，可他们暗中帮助袁绍，就对董卓说："废立皇帝的大事，不是平常人能够做到的。袁绍不了解大局，因为恐惧才逃走，并非有其他想法。现在悬赏捉拿他太急了，势必会引发兵变。袁氏一家四代人都有恩德，门人旧部遍布全国，如果他招收豪杰，聚集徒众，天下英雄就会因此起来造反，那么崤山以东就不会归你所有了。倒不如赦免他，封他为一个郡守，那么袁绍乐于被免罪，肯定没有祸患了。"董卓认为说得对，于是就封袁绍为勃海太守，又封他为邟乡侯。

袁绍于是就在勃海发兵，将要讨伐董卓。这件事情记载在《武帝纪》里。袁绍自己号称车骑将军，成为盟主，同冀州牧韩馥立幽州牧刘虞为皇帝，派使者带着章表送给刘虞，刘虞不敢接受。后来乾馥驻扎安平，被公孙瓒打败。公孙瓒就带领军队进入冀州。以讨伐董卓为名，暗中打算偷袭韩馥。韩馥心中不安。正好董卓从西面进入函谷关，袁绍回师驻守延津，他利用韩馥的惶恐不安，派陈留人高幹、颍川人荀谌等人游说韩馥，说："公孙瓒乘胜而来，直向南方，很多郡都在响应他。袁绍带军队向东，他这样行动的意图是无法得知的，我们私下为将军感到危险。"韩馥说："对此我该怎么办呢？"荀谌说："公孙瓒带领燕、代两地的军队，他的锐气不可能阻挡。袁绍是一时的豪杰，必定不肯居于将军之下。冀州是天下的军事重地，如果两强一起争夺，在城下交战，冀州的危亡就会在顷刻之间。袁绍是将军的故交，而且是同盟，现在我为将军打算，不如把整个冀州让给袁绍。袁绍得到了冀州，那么公孙瓒就不能和他争夺了，袁绍一定会深深地感谢将军。冀州交给了亲近的故交，这样将军有了让贤的美名，而将军的处境也会比泰山还安稳。希望将军不要怀疑！"韩馥平素胆小，于是同意了他的计策。韩馥的长史耿武、别驾闵纯、治中李历劝告韩馥说："冀州虽然偏僻，可有军队百万，有够吃十年的粮食。袁绍孤军深入，粮草匮乏，只能仰仗我们的援助，好像婴儿抱在手心里，断了他的哺乳，他立刻会饿死。为什么却要把冀州交给他？"韩馥说："我是袁氏的旧部下，而且才能不如袁本初，根据别人的德才来让贤，是古人所推崇的，各位还担心什么呢？"从事赵浮、程奂请求派兵抵抗袁绍，韩馥没有听从，却把冀州让给了袁绍，于是袁绍就兼任了冀州牧。

从事沮授劝说袁绍道："将军刚成年就进朝做官，名声远扬海内，正值废立皇帝的时刻，又为忠义奋起兴兵，单枪匹马外出逃奔，却使董卓心怀恐怖，渡过黄河向北进军，则使勃海叩首臣服。发动一郡的士卒，集中冀州的兵众，威势震动河朔，名望慑服天下。即使黄巾犯上作乱，黑山飞扬跋扈，将军只要率军向东进军，那么青州可以平定；回师讨伐黑山，那么张燕可以消灭；率众返回北方，那么公孙瓒必然溃丧；威胁戎狄，那么匈奴一定会服从。横扫黄河以北，联合四州地域，网罗英雄人才，拥有百万兵众，在西京恭迎皇帝，在洛邑恢复刘氏宗庙，向全国发号施令，来讨伐天下不服从的人，凭这个势力同其他人争锋，谁能抵得过？等到几年以后，建立这个大功不难。"袁绍高兴地说："这正是我的心愿。"马上宣布沮授任监军、奋威将军。董卓派执金吾胡母班、将作大匠吴修携带诏书劝导袁绍，袁绍派河内太守王匡杀了他们。董卓听说袁绍得到关东地区，就把和袁绍同族的太傅袁隗等人杀了。在这时候，英雄豪杰多半归依袁绍，都想替他报复董卓，各州郡也蜂拥而起，没有不借用袁绍的名义的。韩馥心里恐惧，跟袁绍请求离开，去投奔张邈。后来袁绍派使者拜见张邈，有事要和张邈商量，就同张邈小声耳语。韩馥也在座，他以为他们在算计他，没办法就起身到厕所自杀了。

起初，天子的确立不是袁绍的主意，等天子到了河东时，袁绍派颍川人郭图到天子那里出使。郭图回来后就劝说袁绍迎接皇帝在邺县建都，袁绍不同意。正好碰上曹操迎接皇帝在许昌建都，收复黄河以南地区，关中都归附曹操了。袁绍很懊悔，想让曹操迁帝都到鄄城，以便靠近自己，曹操拒绝了他。皇帝封袁绍为太尉，又改任大将军，封他为邺侯，袁绍推辞侯爵没有接受。不久，他在易京打败了公孙瓒，兼并了公孙瓒的人民。派出长子袁谭管辖青州，沮授劝诫袁绍说："这样做一定是灾祸的开始。"袁绍没有听从，说："我想让所有的儿子各自占据一个州。"又派二儿子袁熙管辖幽州，外甥高幹管辖并州。他聚集几十万军队用审配、逢纪管理军事，田丰、荀谌、许攸做谋主，颜良、文丑做将军，选精兵十万，战马万匹，准备攻打许昌。

在这以前，曹操派刘备到徐州抗击袁术。袁术死后，刘备杀了刺史车胄，率领军队驻扎在沛地。袁绍派骑兵帮助他。曹操派刘岱、王忠攻打他，没有攻下。建安五年，曹操从东面讨伐刘备。田丰劝说袁绍偷袭曹操的背后，袁绍推辞说儿子有病，没有答应他。田丰拿手杖击打地面说："在遇到难以得到的时机时，却因小孩生病失去机会，可惜啊！"曹操到后，打败了刘备，刘备投奔袁绍。

袁绍进军黎阳，派颜良在白马攻打刘延。沮授又劝诫袁绍："颜良生性急躁狭隘，虽然勇猛，但不能独自承担重任。"袁绍不听。曹操出兵援救刘延，同颜良交战，打败并杀死颜良。袁绍渡过黄河，驻扎在延津南面，派刘备、文丑挑战。曹操打败了他们，杀了文丑，再次交战，活捉了袁绍的大将。袁绍的军队大为震惊。曹操回到官渡。沮授又对袁绍说:"北方军队数量虽多,但勇猛果敢比不上南方,南方军队粮食不多,货财比不上北方;南方军队适合于速战,北方适合于持久战。应当慢慢打持久战,把时间拖得长一些。"袁绍不答应。集中军队逐渐向前,迫近官渡,和敌人交战,曹操的军队失利,退守军营内。袁绍搭起高高的楼台,堆起土山,用箭射曹操的军营,曹操的军营中都蒙上盾牌,大家都很害怕。曹操就制造发石车,攻击袁绍的楼台,把楼台都砸破了,袁绍的部下叫它霹雳车。袁绍又挖地道,想偷袭曹操的军营。曹操立即在里面挖长沟来抗击他,又派出奇兵偷袭袁绍辎重车,大败他们,全部焚毁了袁绍的粮草。曹操同袁绍相持了很长时间,老百姓疲乏不堪,很多人叛变响应袁绍,军队的粮食十分缺乏。正在这时袁绍派淳于琼带兵一万多人迎接北边的辎重车,沮授劝诫袁绍说:"可以派将领蒋奇另外在外面作为援军,以便截击曹操的掠夺。"袁绍还是不采纳。淳于琼在乌巢过夜,离袁绍的军队有四十里。曹操就留下曹洪把守军营,自己率步兵、骑兵五千人等到夜深偷偷去攻打淳于琼。袁绍派骑兵去救他,被曹操打败逃跑。曹操打败了淳于琼等人,把他们全部杀了。曹操返回来,还没到军营,袁绍的将领高览、张郃等人率领他们的部下投降。袁绍的兵马大乱,袁绍和袁谭单枪匹马败退渡过黄河。他的余部诈降,都被活埋了。沮授没有追随袁绍渡黄河,被人捕获,送到曹操那里,曹操厚待他。后来他阴谋回到袁绍那里,被曹操杀了。

起初,袁绍到南方去,田丰劝诫袁绍说:"曹操善于用兵,变化无常,他的人马虽少,不可以轻视,不如用持久战的办法对付他。将军占据山河的险固,拥有四州的民众,对外结交英雄,对内修整农业、军事,然后挑选精锐部队,分为各路奇兵出击,乘敌虚弱不断出击，以骚扰黄河以南的地区。敌人救援右侧，就攻击他的左侧，援救左侧，就攻击他的右侧，迫使敌人疲于奔命，百姓不能安居乐业；我们没受劳苦但敌人已经困窘，不到两年，可以轻易地战胜敌人。现在放弃在庙堂之上筹划的稳操胜券的谋略，却要在一次战役中决定胜败，如果不能如愿得胜，后悔就来不及了。"袁绍没有听从。田丰诚恳建议，袁绍很生气，认为他破坏军队的士气，给他带上镣铐关押起来。袁绍被打败后，有人对田丰说："你一定被重用。"田丰说："如果军队打胜了，我一定能保全性命，现在军队打败了，我恐怕该死了。"袁绍回来后，对手下的人说："我不采纳田丰的建议，果然被他耻笑。"于是杀了他。袁绍外表宽宏博雅，有器量，忧喜不在脸上露出来，而内心却很嫉妒，都像处理这件事一样。

冀州城有很多人反叛，袁绍又出兵攻击平定了他们。自从兵败后得了大病，过了七年，因忧虑致死。

袁绍喜爱小儿子袁尚，他长得容貌俊美，袁绍想要立他作为继承人，却没有流露出来。审配、逢纪同辛评、郭图争夺权力，审配、逢纪同袁尚接近，辛评、郭图同袁谭接近。众人因为袁谭年长，想立他为继承人。审配等人害怕袁谭被拥立以后，辛评等人成为自己的祸害，就按袁绍平素的意愿，尊奉袁尚接替袁绍的职位。袁谭来到时，不能被拥立，就自己号称车骑将军。从此袁谭和袁尚之间有了隔阂。曹操向北讨伐袁谭、袁尚。袁谭驻扎在黎阳，袁尚给袁谭很少军队，还派逢纪跟随袁谭。袁谭请求增兵，审配等人商议不给增兵。袁谭大怒，杀了逢纪。曹操渡过黄河进攻袁谭，袁谭向袁尚告急。袁尚想分派军队增援袁谭，又怕袁谭乘机强取这些军队，就派审配守卫邺县，袁尚自己率领军队援助袁谭，在黎阳和曹操相持。从九月到第二年二月，在城下大战，袁谭、袁尚败退，退到城中据守。曹操将要包围城池时，他们就在夜里逃跑了。曹操追杀到邺县，抢收了那里的麦子，攻克了阴安，率军返回许昌。曹操向南攻打荆州，军队来到西平。袁谭、袁尚于是互相攻杀起来，袁谭被打败逃奔平原郡。袁尚猛攻他，袁谭派辛毗到曹操那儿求救。曹操就回来救袁谭，十月到了黎阳。袁尚听说曹操北上，就放弃平原郡，回到邺县。他的部将吕旷、吕翔背叛他归顺了曹操，袁谭又暗中刻将军印借给吕旷、吕翔。曹操知道袁谭心怀欺诈，就和他联姻以稳定他，然后才率军返回。袁尚派审配、苏由守卫邺县，再到平原郡攻打袁谭。曹操进军，准备攻打邺县，到了洹水，离邺县还有五十里远。苏由想做内应，阴谋败露，同审配在城内交战，失败了，就逃出来投奔曹操。于是，曹操进攻邺县，派人挖掘地道，审配也在城内挖掘壕沟来阻挡。审配的部将冯礼开城下的小门，放入曹操官兵三百多人，审配发觉，从城上用大石头砸中栅门，栅门封闭了，进来的人全都覆没。于是，曹操包围了城池，挖掘壕沟，周长四十里，开始让挖得很浅，看着好像可以越过。审配见了便嘲笑曹操，不出来争利。曹操一夜之间再挖下去，宽深有两丈，决开漳河水灌进去，从五月至八月，城中饿死的人超过一半。袁尚听说邺县危急，率领军队一万多人回来援救，靠着西山过来，往东到了阳平亭，离邺县十七里，面临滏水，举火把向城内示意，城中也举火把回应。审配出兵到城北，想同袁尚对着攻破包围圈。曹操迎头打击，他被打败退回城内，袁尚也被打败逃跑，靠近曲漳设立军营，于是曹操包围了他。还没交战，袁尚害怕，派阴夔、陈琳乞求投降，曹操不答应。袁尚跑回到滥口，曹操进军，又包围了他，攻势很猛，袁尚的部将马延等人临阵投降，军队大乱，袁尚逃奔中山。曹操作部收缴了他的辎重，得到了袁尚的印绶、节钺和衣物，让他家里的人看，城内顿时崩溃瓦解。审配哥哥的儿子审荣守东门，夜间开城门把曹操军队放进来，同审配在城内交战，生擒审配。审配神情壮烈，始终没有屈服的言辞，看到的人没有不赞赏叹息的。于是他被杀了。高幹在并州投降，曹操又任命高幹为刺史。

曹操围攻邺县时，袁谭夺取了甘陵、安平、勃海、河间，在中山攻打袁尚。袁尚逃到故安跟随袁熙，袁谭收编了他的全部人马。曹操将要讨伐他，袁谭就攻克了平原，兼并了南皮，自己驻扎在龙凑。十二月，曹操在他城门下安营，袁谭不出来交战，夜间逃到南皮，面临清河驻扎。建安十年正月，曹操攻克袁谭的驻地，杀了袁谭和郭图等人。袁熙、袁尚被他们的部将焦触、张南攻击，逃奔到辽西乌丸。焦触自己号称幽州刺史，驱使率领各郡太守以及令长，背叛袁氏投奔曹氏，布兵几万，杀白马盟誓，命令说："违抗命令杀头！"众人不敢说话，各自按次序歃血。轮到别驾韩珩歃血时，他说："我蒙受袁公父子的大恩，现在他们败亡了，我的智慧不能够救他们，我的胆量不能够为他们去死，在仁义方面是个缺陷；至于向曹氏称臣，这是我所不能做的。"满座的人都被韩珩一席话吓得变了脸色。焦触说："要干大事，应该是大义，事情的成败与否，不差一个人，可以满足韩珩的意愿，用来鼓励忠君的人。"高幹反叛，拘捕了上党太守，发兵据守壶口关。曹操派乐进、李典攻打他，没有攻克。建安十一年，曹操讨伐高幹。高幹就留下他的部将夏昭、邓升守城，自己到匈奴向单于求救，没有得到援兵，独自和几名骑兵逃亡，想往南逃奔荆州，被上洛都尉抓住杀了。建安十二年，曹操到辽西攻打乌丸。袁尚、袁熙同乌丸一起迎战曹军，被打败以后逃奔到辽东，公孙康诱杀了他们，送他们的头给曹操。曹操认为韩珩气节高尚，多次征召他，韩珩都推辞了，在家中去世。

袁术，字公路，司空袁逢的儿子，袁绍的堂弟。因为有侠胆义气而著称。他被推举为孝廉，升为郎中，历任朝廷内外职务，后来担任折冲校尉、虎贲中郎将。董卓将要废掉皇帝时，任命袁术做后将军。袁术也害怕董卓的危害，出奔南阳。正好这时长沙太守孙坚杀了南阳太守张咨，袁术得以占据张咨的南阳郡。南阳有几百万户人，可袁术骄奢淫逸，为所欲为，征敛无度，百姓被他害苦了。袁术同袁绍有了隔阂以后，又因同刘表不和而联合北方的公孙瓒；袁绍同公孙瓒不和就同南方的刘表联合。他们兄弟俩彼此不和，就是这样舍弃亲人而结交疏远的人。袁术率军进入陈留。曹操同袁绍联合攻打他，大败袁术的军队。袁术带领余下的军队逃奔九江，杀了扬州刺史陈温，统理他的州府。任命张勋、桥蕤等人为大将军。李傕进入长安，想结交袁术作为援军，任命袁术为左将军，封为阳翟侯，授予符节，派太傅马日䃅按惯例前去拜授。袁术抢走马日䃅的符节，拘留不放他回去。

当时的沛相下邳人陈珪，是过去的太尉陈球弟弟的儿子。袁术同陈珪都是王公的后代，小时候一起交往过，袁术写信给陈珪说："过去秦朝丧失统治，天下群雄争相夺取他的政权，身兼智勇的人终于接受了秦朝归还的天命。如今世上的事务混乱，又有瓦解的趋势，的确是英雄有所作为的时候。我和你是老朋友，你怎么能帮助曹操呢？如果我成功了大事，你实在是我的心腹。"陈珪的二儿子陈应在下邳，袁术同时威胁要用陈应做人质，企图把陈珪引过来。陈珪回信说："从前秦朝末世，非常残暴荒淫无度，罪恶布满天下，毒害广施百姓，下面的人无法活命，因此秦朝就土崩瓦解了。现在虽然是汉朝末世,却没有亡秦苛刻残暴的悖乱。曹操将军英明威武,顺应时代的机遇,振兴恢复典章法律,将要扫平凶恶的势力,平定全国,确实有了成功的征兆。我认为您应该同心协力,辅佐汉朝,而暗自图谋不轨,亲自试祸,怎么不令人痛心呢!如果你迷途知返,尚且可以免除灾祸。我作为您的故交,所以向您吐露真情,虽然不顺耳,但这是骨肉般的惠爱。要让我营求私利献媚奉迎您,我即使冒犯死罪也不能做。"

兴平二年冬天,天子在曹阳被打败。袁术召集部下对他们说:"现在刘氏衰落了,海内大乱。我家四代都是王公大臣,是百姓归附的对象,我要顺应天意迎合民心,各位的想法怎么样?"众人没有敢回答的。主簿阎象上前说:"从前周朝从后稷到周文王,积累仁德屡建功勋,天下如分三份他们已经占了两份,他们尚且服侍商朝。您虽然世代繁荣,但还是不如周朝的昌盛,汉朝虽然衰微,但不像商纣王那样残暴。"袁术沉默不语,很不高兴。袁术利用河内人张炯的符命,于是就僭号称帝。他任命九江太守做了淮南尹。设置公卿,在城北郊进行春祭,在城南郊进行冬祀。荒淫奢侈更加严重,后宫几百人都穿着华丽服饰,浪费很多粮肉食物,而士兵却挨冻受饿,江淮一带极端穷困,百姓到了人吃人的程度。袁术先被吕布打败,后又被曹操打败,到灊山投奔他的部下雷薄、陈兰,又被拒绝,忧虑恐惧不知所从。他准备把帝号让给袁绍,想到青州投奔袁谭,却因疾病发作死在道上。妻子儿女归依袁术的老部下庐江太守刘勋,孙策打败刘勋后,他们又被孙策收容。袁术的女儿纳入孙权的后宫,儿子袁耀担任郎中,袁耀的女儿又嫁给了孙权的儿子孙奋。

刘表,字景升,山阳郡高平人。从小就出了名,号称八俊之一。他身高八尺多,仪态非常魁伟。从大将军掾升为北军中侯。汉灵帝去世后,他接替王叡做荆州刺史。这时崤山以东的地区义军纷起,刘表也聚集军队驻扎在襄阳。袁术驻扎在南阳时,和孙坚联合,想偷袭夺取刘表的荆州,他派孙坚进攻刘表。孙坚被流箭射中死了,军队遭到失败,袁术终于不能战胜刘表。李傕、郭汜进入长安后,想联合刘表作为援军,就任命刘表做镇南将军、荆州牧,封他为成武侯,授予符节。天子在许昌建都,刘表虽然派使者进贡,却在北面和袁绍勾结。治中邓羲劝诫刘表,刘表不听,邓羲借口有病辞职了,一直到刘表去世也没出来任职。张济率领军队进入荆州地界,进攻穰城,被流箭射死。荆州的官员都庆贺,刘表说:"张济因走投无路才来,主人对他无礼,以至于宾主交锋,这不是我的意图。我只接受吊唁,不接受祝贺。"派人收容他的军队。他的军队听说后都很高兴,于是就服从了刘表。长沙太守张羡背叛刘表,刘表围攻了几年都没有攻下。张羡病死了,长沙又拥立他儿子张怿,于是刘表就继续攻打张怿,往南收复了零陵、桂阳,往北占领了汉川,控制的地区方圆有几千里,军队有十几万。

曹操正同袁绍的军队在官渡相持,袁绍派人来求援,刘表答应了却没有去,他也不帮助曹操,想保守长江汉水一带地区,静观天下的变化。从事中郎韩嵩、别驾刘先劝刘表说:"豪杰相争,两雄相持,天下的重任就在于将军了。将军如果想要有作为,起兵利用他们的衰微就能成功;如果不这样,那就一定要选择好您要追随的人。将军拥有十万大军,安然坐在那里观望,看到贤人不能帮助,人家请求调解又不做,这两家的怨气必定会集中在将军身上,将军不可能保持中立。凭借曹操的明哲,天下的贤能都归依他,看那趋势一定会攻下袁绍,然后举兵进攻江汉一带，恐怕将军不能抗击。因此替将军打算，不如率全州归顺曹操，曹操一定会深深感谢将军；将军就会永远享受福祚，并流传给后代，这是万全的策略。"刘表的大将军蒯越也劝刘表，刘表犹疑不决，就派韩嵩到曹操那里去看看虚实。韩嵩回来，尽力陈述曹操的威望恩德，劝说刘表派儿子作为人质送去。刘表怀疑韩嵩背叛反替曹操游说，大怒，要杀韩嵩，拷问杀害了韩嵩的随行人员，知道韩嵩没有别的意思，才停止杀人。刘表虽然外貌儒雅，可内心多疑嫉妒，都像这类事情一样。

刘备投奔刘表，刘表厚待了他，可是不能重用他。建安十三年，曹操讨伐刘表，还没到荆州，刘表就病死了。

起初，刘表和妻子都喜爱小儿子刘琮，想立他继位，而以蔡瑁、张允作为支持刘琮的同党，就派出长子刘琦做江夏太守，大家就奉刘琮为嗣子。于是，刘琦和刘琮就有了嫌隙。蒯越、韩嵩和东曹掾傅巽等人劝说刘琮归依曹操，刘琮说："现在我同各位占据整个楚地，保守先父的事业，静观天下，为什么不可以呢？"傅巽回答说："逆顺有大致的情况，强弱有固定的趋势。凭着臣子的地位抗拒君主，是背叛；凭借刚开辟的楚地去抗击国家的力量，那情势是无法敌对的；凭借刘备来抵抗曹操，还是不能应对。三方面都不足，想抵抗国家的军队，这是必然灭亡的道路。将军自己估计比刘备怎样？"刘琮说："我不如他。"傅巽说："假如凭刘备都不足以抵御曹操，那么即使保全了楚地，也不能用来保存自己；假如刘备足以抵御曹操，那么刘备就不会在将军的位置之下了。希望将军不要怀疑。"曹操的军队到了襄阳，刘琮率领全州投降。刘备逃到夏口。

曹操任命刘琮做青州刺史，封为列侯。蒯越等十五人被封侯。蒯越又做了光禄勋，韩嵩做了大鸿胪，邓羲做侍中，刘先做尚书。其余人也多半谋得高级官职。

评论说：董卓乖戾残忍，暴虐不仁，自有文字记载的历史以来恐怕还没有过。袁术骄奢淫逸，荣耀不能始终归自己，是他自找的。袁绍、刘表，都有威武的容貌、博雅的器量，在当时闻名。刘表跨越汉水以南，袁绍驰骋黄河以北，可他们都外表宽宏而内心嫉妒，喜欢谋略而没有决断，有人才而不能使用，听良言却不能采纳，废黜嫡子，推立庶子，抛弃礼仪，崇尚偏爱，以至于后世坍塌，社稷倾覆，也并非不幸的事情。从前项羽违背范增的谋略，以至于丧失了王业；袁绍杀害田丰，比项羽就更过分了。

三国志卷七

魏书七

吕布臧洪传

吕布字奉先，五原郡九原人也。以骁武给并州。刺史丁原为骑都尉，屯河内，以布为主簿，大见亲待。灵帝崩，原将兵诣洛阳。与何进谋诛诸黄门，拜执金吾。进败，董卓入京都，将为乱，欲杀原，并其兵众。卓以布见信于原，诱布令杀原。布斩原首诣卓，卓以布为骑都尉，甚爱信之，誓为父子。

布便弓马，膂力过人，号为飞将。稍迁至中朗将，封都亭侯。卓自以遇人无礼，恐人谋己，行止常以布自卫。然卓性刚而褊，忿不思难，尝小失意。拔手戟掷布。布拳捷避之，为卓顾谢，卓意亦解。由是阴怨卓。卓常使布守中閤，布与卓侍婢私通，恐事发觉，心不自安。

先是，司徒王允以布州里壮健，厚接纳之。后布诣允，陈卓几见杀状。时允与仆射士孙瑞密谋诛卓，是以告布使为内应。布曰："奈如父子何！"允曰："君自姓吕，本非骨肉。今忧死不暇，何谓父子？"布遂许之，手刃刺卓。语在《卓传》。允以布为（奋威）[奋武]将军，假节，仪比三司，进封温侯，共秉朝政。布自杀卓后，畏恶凉州人，凉州人皆怨。由是李傕等遂相结还攻长安城。布不能拒，傕等遂入长安。卓死后六旬，布亦败。将数百骑出武关，欲诣袁术。

布自以杀卓为术报仇，欲以德之。术恶其反复，拒而不受。北诣袁绍，绍与布击张燕于常山，燕精兵万余，骑数千。布有良马曰赤兔。常与其亲近成廉、魏越等陷锋突陈，遂破燕军。而求益兵众，将士抄掠，绍患忌之。布觉其意，从绍求去。绍恐还为己害，遣壮士夜掩杀布，不获。事露，布走河内，与张杨合。绍令众追之，皆畏布，莫敢副近者。

张邈字孟卓，东平寿张人也。少以侠闻，振穷救急，倾家无爱，士多归之。太祖、袁绍皆与邈友。辟公府，以高第拜骑都尉，迁陈留太守。董卓之乱，太祖与邈首举义兵。汴水之战，邈遣卫兹将兵随太祖。袁绍既为盟主，有骄矜色，邈正议责绍。绍使太祖杀邈，太祖不听，责绍曰："孟卓，亲友也，是非当容之。今天下未定，不宜自机危也。"邈知之，益德太祖。太祖之征陶谦，敕家曰："我若不还，往依孟卓。"后还，见邈，垂泣相对。其亲如此。

吕布之舍袁绍从张杨也，过邈，临别，把手共誓。绍闻之，大恨。邈畏太祖终为绍击己也，心不自安。兴平元年，太祖复征谦，邈弟超，与太祖将陈宫、从事中郎许汜、王楷共谋叛太祖。宫说邈曰："今雄杰并起，天下分崩，君以千里之众，当四战之地，抚剑顾眄，亦足以为人豪，而反制于人，不以鄙乎！今州军东征，其处空虚，吕布壮士，善战无前，若权迎之，共牧兖州，观天下形势，俟时事之变通，此亦纵横之一时也。"邈从之。太祖初使宫将兵留屯东郡，遂以其众东迎布为兖州牧，据濮阳。郡县皆应,唯鄄城、东阿、范为太祖守。太祖引军还,与布战于濮阳,太祖军不利,相持百余日。是时岁旱、虫蝗、少谷,百姓相食,布东屯山阳。二年间,太祖乃尽复收诸城,击破布于巨野。布东奔刘备。邈从布,留超将家属屯雍丘。太祖攻围数月,屠之,斩超及其家。邈诣袁术请救,未至,自为其兵所杀。

备东击术,布袭取下邳,备还归布。布遣备屯小沛。布自称徐州刺史。术遣将纪灵等步骑三万攻备,备求救于布。布诸将谓布曰:"将军常欲杀备,今可假手于术。"布曰:"不然,术若破备,则北连太山诸将,吾为在术围中,不得不救也。"便严步兵千、骑二百,驰往赴备,灵等闻布至,皆敛兵不敢复攻。布于沛西南一里安屯,遣铃下请灵等,灵等亦请布共饮食。布谓灵等曰:"玄德,布弟也。弟为诸君所困,故来救之。布性不喜合斗,但喜解斗耳。"布令门侯于营门中举一只戟,布言:"诸君观布射戟小支,一发中者诸君当解去,不中可留决斗。"布举弓射戟,正中小支。诸将皆惊,言"将军天威也"!明日复欢会,然后各罢。

术欲结布为援,乃为子索布女,布许之。术遣使韩胤以僭号议告布,并求迎妇。沛相陈珪恐术、布成婚,则徐、扬合纵,将为国难,于是往说布曰:"曹公奉迎天子,辅赞国政,威灵命世,将征四海,将军宜与协同策谋,图太山之安。今与术结婚,受天下不义之名,必有累卵之危。"布亦怨术初不己受也,女已在涂,追还绝婚,械送韩胤,枭首许市。珪欲使子登诣太祖,布不肯遣。会使者至,拜布左将军。布大喜,即听登往,并令奉章谢恩。登见太祖,因陈布勇而无计,轻于去就,宜早图之。太祖曰:"布,狼子野心,诚难久养,非卿莫能究其情也。"即增珪秩中二千石,拜登广陵太守。临别,太祖执登手曰:"东方之事，便以相付。"令登阴合部众以为内应。

始，布因登求徐州牧，登还，布怒，拔戟斫几曰："卿父劝吾协同曹公，绝婚公路；今吾所求无一获，而卿父子并显重，为卿所卖耳！卿为吾言，其说云何？"登不为动容，徐喻之曰："登见曹公言：'待将军譬如养虎，当饱其肉，不饱则将噬人。'公曰：'不如卿言也。譬如养鹰，饥则为用，饱则扬去。'其言始此。"布意乃解。

术怒，与韩暹、杨奉等连势，遣大将张勋攻布。布谓珪曰："今致术军，卿之由也，为之奈何？"珪曰："暹、奉与术，卒合之军耳，策谋不素定，不能相维持，子登策之，比之连鸡，势不俱栖，可解离也。"布用珪策，遣人说暹、奉，使与己并力共击术军，军资所有，悉许暹、奉。于是暹、奉从之，勋大破败。

建安三年，布复叛为术，遣高顺攻刘备于沛，破之。太祖遣夏侯惇救备，为顺所败。太祖自征布，至其城下，遗布书，为陈祸福。布欲降，陈宫等自以负罪深，沮其计。布遣人求救于术，自将千余骑出战，败走，还保城，不敢出。术亦不能救。布虽骁猛，然无谋而多猜忌，不能制御其党，但信诸将。诸将各异意自疑，故每战多败。太祖堑围之三月，上下离心，其将侯成、宋宪、魏续缚陈宫，将其众降。布与其麾下登白门楼。兵围急，乃下降。遂生缚布，布曰："缚太急，小缓之。"太祖曰："缚虎不得不急也。"布请曰："明公所患不过于布，今已服矣，天下不足忧。明公将步，令布将骑，则天下不足定也。"太祖有疑色。刘备进曰："明公不见布之事丁建阳及董太师乎！"太祖颔之。布因指备曰："是儿最叵信者。"于是缢杀布。布与宫、顺等皆枭首送许，然后葬之。

太祖之禽宫也，问宫欲活老母及女不？宫对曰："宫闻孝治天下者不绝人之亲，仁施四海者不乏人之祀，老母在公，不在宫也。"太祖召养其母终其身，嫁其女。

陈登者，字元龙，在广陵有威名。又掎角吕布有功，加伏波将军，年三十九卒。后许汜与刘备并在荆州牧刘表坐，表与备共论天下人，汜曰："陈元龙湖海之士，豪气不除。"备谓表曰："许君论是非？"表曰："欲言非，此君为善士，不宜虚言；欲言是，元龙名重天下。"备问汜："君言豪，宁有事邪？"汜曰："昔遭乱过下邳，见元龙。元龙无客主之意，久不相与语，自上大床卧，使客卧下床。"备曰："君有国士之名，今天下大乱，帝主失所，望君忧国忘家，有救世之意，而君求田问舍，言无可采，是元龙所讳也，何缘当与君语？如小人，欲卧百尺楼上，卧君于地，何但上下床之间邪？"表大笑。备因言曰："若元龙文武胆志，当求之于古耳，造次难得比也。"

臧洪字子源，广陵射阳人也。父旻，历匈奴中郎将、中山、太原太守，所在有名。洪体貌魁梧，有异于人，举孝廉，为郎。时选三署郎以补县长；琅邪赵昱为莒长，东莱刘繇下邑长，东海王朗菑丘长，洪即丘长。灵帝末，弃官还家，太守张超请洪为功曹。

董卓杀帝，图危社稷，洪说超曰："明府历世受恩，兄弟并据大郡，今王室将危，贼臣未枭，此诚天下义烈报恩效命之秋也。今郡境尚全，吏民殷富，若动枹鼓，可得二万人，以此诛除国贼，为天下倡先，义之大者也。"超然其言，与洪西至陈留，见兄邈计事。邈亦素有心，会于酸枣，邈谓超曰："闻弟为郡守，政教威恩，不由己出，动任臧洪，洪者何人？"超曰："洪才略智数优超，超甚爱之，海内奇士也。"邈即引见洪，与语大异之。致之于刘兖州公山、孔豫州公绪，皆与洪亲善。乃设坛场，方共盟誓，诸州郡更相让，莫敢当，咸共推洪。洪乃升坛操槃歃血而盟曰："汉室不幸，皇纲失统，贼臣董卓乘衅纵害，祸加至尊，虐流百姓，大惧沦丧社稷，翦覆四海。兖州刺史岱、豫州刺史仙、陈留太守邈、东郡太守瑁、广陵太守超等，纠合义兵，并赴国难。凡我同盟，齐心戮力，以致臣节，殒首丧元，必无二志。有渝此盟，俾坠其命，无克遗育。皇天后土，祖宗明灵，实皆鉴之！"洪辞气慷慨，涕泣横下，闻其言者，虽卒伍厮养，莫不激扬，人思致节。顷之，诸军莫适先进，而食尽众散。

超遣洪诣大司马刘虞谋，值公孙瓒之难，至河间，遇幽、冀二州交兵，使命不达。而袁绍见洪，又奇重之，与结分合好。会青州刺史焦和卒，绍使洪领青州以抚其众。洪在州二年，群盗奔走。绍叹其能，徙为东郡太守，治东武阳。

太祖围张超于雍丘，超言："唯恃臧洪，当来救吾。"众人以为袁、曹方睦，而洪为绍所表用，必不败好招祸，远来赴此。超曰："子源，天下义士，终不背本者，但恐见禁制，不相及逮耳，"洪闻之，果徒跣号泣，并勒所领兵，又从绍请兵马，求欲救超，而绍终不听许。超遂族灭。洪由是怨绍，绝不与通。绍兴兵围之，历年不下。绍令洪邑人陈琳书与洪，喻以祸福，责以恩义。洪答曰：

隔阔相思，发于寤寐。幸相去步武之间耳，而以趣舍异规，不得相见，其为怆悢，可为心哉！前日不遗，比辱雅贶，述叙祸福，公私切至。所以不即奉答者，既学薄才钝，不足塞诘；亦以吾子携负侧室，息肩主人，家在东州，仆为仇敌。以是事人，虽披中情，堕肝胆，犹身疏有罪，言甘见怪，方首尾不救，何能恤人？且以子之才，穷该典籍，岂将暗于大道，不达余趣哉！然犹复云云者，仆以是知足下之言，信不由衷，将以救祸也。必欲算计长短，辩咨是非，是非之论，言满天下，陈之更不明。不言无所损。又言伤告绝之义，非吾所忍行也，是以捐弃纸笔，一无所答。亦冀遥忖其心，知其计定，不复渝变也。重获来命，援引古今，纷纭六纸，虽欲不言，焉得已哉！

仆小人也，本因行役，寇窃大州，恩深分厚，宁乐今日自还接刃！每登城勒兵，望主人之旗鼓，感故友之周旋，抚弦搦矢，不觉流涕之覆面也。何者？自以辅佐主人，无以为悔。主人相接，过绝等伦。当受任之初，自谓究竟大事，共尊王室。岂悟天子不悦，本州风侵，郡将遘牖里之厄，陈留克创兵之谋，谋计栖迟，丧忠孝之名，杖策携背，亏交友之分。揆此二者，与其不得已，丧忠孝之名与亏交友之道，轻重殊涂，亲疏异画故便收泪告绝。若使主人少垂故人，住者侧席，去者克己，不汲汲于离友，信刑戮以自辅，则仆抗季札之志，不为今日之战矣。何以效之？昔张景明亲登坛喢血，奉辞奔走，卒使韩牧让印，主人得地；然后但以拜章朝主，赐爵获传之故，旋时之间，不蒙观过之贷，而受夷灭之祸。吕奉先讨卓来奔，请兵不获，告去何罪？复见衅剌，滨于死亡。刘子璜奉使逾时，辞不获命，畏威君怀亲，以诈求归，可谓有志忠孝，无捐霸道者也；然辄僵毙麾下，不蒙亏除。仆虽不敏，又素不能原始见终，睹微知著，窃度主人之心，岂谓三子宜死，罚当刑中哉？实且欲一统山东，增兵讨仇，惧战士狐疑，无以沮劝，故抑废王命以崇承制，慕义者蒙荣，待放者被戮，此乃主人之利，非游士之愿也。故仆鉴戒前人，困穷死战。仆虽下愚，亦尝闻君子之言矣。此实非吾心也，乃主人招焉。凡吾所以背弃国民，用命此城者，正以君子之违，不适敌国故也。是以获罪主人,见攻逾时,而足下更引此义以为吾规,无乃辞同趋异,非吾子所为休戚者哉!

吾闻之也,义不背亲,忠不违君,故东宗本州以为亲援,中扶郡将以安社稷,一举二得以徼忠孝,何以为非?而足下欲使吾轻本破家,均君主人。主人之于我也,年为吾兄,分为笃友,道乖告去,以安君亲,可谓顺矣。若子之言,则包胥宜致命于伍员,不当号哭于秦庭矣。苟区区于攘患,不知言乖乎道理矣。足下或者见城围不解,救兵未至,感婚姻之义,惟平生之好,以屈节而苟生,胜守义而倾覆也。昔晏婴不降志于白刃,南史不曲笔以求生,故身著图象,名垂后世,况仆据金城之固,驱士民之力,散三年之畜,以为一年之资,匡困补乏,以悦天下,何图筑室反耕哉!但惧秋风扬尘,伯珪马首南向,张杨、飞燕、膂力作难,北鄙将告倒悬之急,股肱奏乞归之诚记耳。主人当鉴我曹辈,反旌退师,治兵邺垣,何宜久辱盛怒,暴威于吾城下哉?足下讥吾恃黑山以为救,独不念黄巾之合从邪!加飞燕之属悉以受王命矣。昔高祖取彭越于巨野,光武创基兆于绿林,卒能龙飞中兴,以成帝业,苟可辅主兴化,夫何嫌哉!况仆亲奉承玺书,与之从事。

行矣孔璋!足下徼利于境外,臧洪授命于君亲;吾子托身于盟主,臧洪策名于长安。子谓余身死而名灭,仆亦笑子生死而无闻焉,悲哉!本同而末离,努力努力,夫复何言!

绍见洪书,知无降意,增兵急攻。城中粮谷以尽,外无强救,洪自度必不免,呼吏士谓曰:"袁氏无道,所图不轨,且不救洪郡将。洪于大义不得不死,念诸君无事空与此祸!可先城未败,将妻子出。"将吏士民皆垂泣曰:"明府与袁氏本无怨隙,今为本朝郡将之故，自致残困，吏民何忍当舍明府去也！"初尚掘鼠煮筋角，后无可复食者。主簿启内厨米三斗，请中分稍以为糜粥，洪叹曰："独食此何为！"使作薄粥，众分歠之，杀其爱妾以食将士。将士咸流涕，无能仰视者。男女七八千人相枕而死，莫有离叛。

城陷，绍生执洪。绍素亲洪，盛施帏幔，大会诸将见洪，谓曰："臧洪，何相负若此！今日服未？"洪据地瞋目曰："诸袁事汉，四世五公，可谓受恩。今王室衰弱，无扶翼之意，欲因际会，希冀非望，多杀忠良以立奸威。洪亲见呼张陈留为兄，则洪府君亦宜为弟，同共戮力，为国除害，何以拥众观人屠灭！惜洪力劣，不能推刃为天下报仇，何谓服乎！"绍本爱洪，意欲令屈服，原之；见洪辞切，知终不为己用，乃杀之。洪邑人陈容少为书生，亲慕洪，随洪为东郡丞；城未败，洪遣出。绍令在坐，见洪当死，起谓绍曰："将军举大事，欲为天下除暴，而专先诛忠义，岂合天意！臧洪发举为郡将，奈何杀之！"绍惭，左右使人牵出，谓曰："汝非臧洪俦，空复尔为！"容顾曰："夫仁义岂有常，蹈之则君子，背之则小人。今日宁与臧洪同日而死，不与将军同日而生！"复见杀。在绍坐者无不叹息，窃相谓曰："如何一日杀二烈士！"先是，洪遣司马二人出，求救于吕布；比还，城已陷，皆赴敌死。

评曰：吕布有虓虎之勇，而无英奇之略，轻狡反复，唯利是视。自古及今，未有若此不夷灭也。昔汉光武谬于庞萌，近魏太祖亦蔽于张邈。知人则哲，唯帝难之，信矣！陈登、臧洪并有雄气壮节，登降年夙陨，功业未遂，洪以兵弱敌强，烈志不立，惜哉！

译文：

吕布字奉先，五原郡九原人。因为骁勇武猛而调配到并州任职。并州刺史丁原为骑都尉屯兵河内时，用吕布做主簿，很被丁原亲近和善待。汉灵帝逝世后，丁原统率军兵赴洛阳，与国舅何进合谋诛杀专断朝政的权宦黄门官，曾官拜执金吾。何进失败以后，董卓进入京都，将要作乱，想杀掉丁原，收并他的兵丁人众。董卓因为吕布很被丁原信用，就劝诱吕布去杀丁原。吕布斩了丁原的首级去见董卓，董卓任用吕布为骑都尉，特别钟爱和信任他。二人发誓，相约如父子。

吕布弓马娴熟，膂力过人，号为飞将军。后来，他的官职稍有升迁，做到了中郎将，被封为都亭侯。董卓因为自己平素待人无礼，恐怕有人要谋害自己，出行、居住常用吕布来自卫。然而董卓生性刚愎自用而偏激任性，一到气头上便不顾有可能引起的灾难性后果。有一次小不如意，伸手就拿画戟掷刺吕布。吕布迅速闪开了投来的手戟，又向董卓致意谢过。董卓的怒意尽管当时已得到消解，但吕布却从此暗暗地怨恨起了董卓。董卓经常使派吕布守卫中閤，吕布乘便就与董卓的侍婢私通。他唯恐这事被董卓发觉，所以心中一直很是不安。

此前，司徒王允因为吕布是同郡州里中雄壮伟键的勇士，所以深厚地接交亲近他。后来吕布求见王允，陈述了董卓几乎要杀掉他的情状，当时王允正与仆射士孙瑞密谋要诛杀董卓，所以把这事密告了吕布并让吕布做内应。吕布说："我与他就像父子，怎么能这样做呢！"王允说："您原来姓吕，同他本来就不是什么亲骨肉。如今你死祸临头，自顾不暇，还与他论的什么父子？"吕布这才答应了王允的请求并亲手刺杀了董卓。这些事都记载在《董卓传》中。杀掉董卓后，王允任用吕布做了奋武将军，假节，仪仗与三司相等，进封他为温侯，共同执掌朝政。吕布自从杀了董卓以后，非常畏惧和厌恶董卓带来的那帮凉州人，那帮凉州人也都很怨恨他。因为这个缘故，董卓手下的凉州故将李傕等人就相互勾结回师攻打长安城。吕布无法抗拒，李傕等人就攻入了长安。董卓死了以后六十天，吕布也遭到了失败。他率领了数百骑兵闯出了武关，想要去投奔袁术。

吕布自以为他杀了董卓是为袁术报了仇，想要袁术因此而感激他的恩德。但是袁术对他的反复无常很厌恶，对他拒而不纳。吕布只好向北去投奔袁绍，袁绍与吕布共同在常山讨伐张燕。张燕有精兵一万多，骑兵数千人。吕布有一匹好马叫赤兔，他经常与他的亲近偏将成廉、魏越等冲锋陷阵，很快就攻破了张燕军。此后，吕布不断要求袁绍为他扩充兵员，加上吕布部下的将士到处抄抢劫掠，使得袁绍对他特别害怕和忌恨。不久，吕布也感觉到了袁绍的怒意，到袁绍那儿要求让他离去。袁绍恐怕吕布去而复还祸害自己，因此派遣壮士乘夜掩杀吕布的军队，然而没有成功。吕布夜走河内，与那里的张杨合兵一处。袁绍命令兵从追击吕布，但大家都特别畏惧他，没有人敢逼近靠前。

张邈，字孟卓，东平郡寿张县人。年轻时因侠义闻名，为了赈济穷人，救人危难，倾家荡产也在所不惜，很多士人归服他。曹操、袁绍都是张邈的朋友。他被征召到官府，由于工作出色做了骑都尉，又升任陈留太守。董卓乱国时，曹操同张邈首先发动义军，汴水战役时，张邈派卫兹带兵跟随曹操。袁绍做了盟主以后，露出了骄傲自大的神色，张邈义正词严地斥责袁绍。袁绍让曹操杀张邈，曹操不听，批评袁绍说："张邈是我的好朋友，不论他正确还是错误，都应该容纳他。现在天下还没有安定，不应当自己危害自己人。"张邈知道这件事后,更加感激曹操。曹操讨伐陶谦时,告诫家人说:"我如果回不来,就去归依张孟卓。"后来他返回,见到张邈,面对面地流下眼泪。他们的关系就是这样亲密。

吕布舍弃袁绍跟随张扬时,拜访了张邈,临别时两个人握手盟誓。袁绍听说后,非常恼恨。张邈怕曹操最终替袁绍杀了自己,心里很是不安。兴平元年,曹操又讨伐陶谦,张邈的弟弟张超同曹操的部将陈宫、从事中郎许汜、王楷共同谋划背叛曹操。陈宫劝说张邈道:"当今英雄豪杰一同兴起,天下分崩离析,您拥有方圆千里的广大土地,处在四面战争的境地,抚剑观望,也足以成为人中豪杰,却反而被人挟制,不也太下贱了吗!现在州里的军队东征,地方空虚,吕布是个壮士,英勇善战所向无敌,如果权且迎接他,共同治理兖州,静观天下形势,等待时机灵活行事,这也是驰骋天下的一个机会。"张邈听从了他的话。曹操刚刚派陈宫带军队留守东郡,陈宫就带领他的部众从东面迎来吕布做了兖州州牧,占据濮阳。各郡县都响应吕布,只有鄄城、东阿、范县为曹操守卫。曹操带军队回来,同吕布在濮阳交战,曹操进攻不利,相持了一百多天。当时气候干旱,蝗虫成灾,缺少粮食,百姓已经到了人吃人的地步,吕布在东面驻扎在山阳。两年间,曹操就收复了很多的城邑,在钜野打败吕布。吕布向东投奔了刘备。张邈跟随吕布,留下张超带领家属驻扎在雍丘。曹操进攻围困几个月后,屠杀了他们,杀了张超及其全家人。张邈到袁术那里请求救兵而救兵没有来,他自己被部下的士兵杀了。

刘备从东面攻击袁术,吕布偷袭下邳,刘备回来后归依了吕布。吕布派刘备驻扎在小沛。吕布自称徐州刺史。袁术派将领纪灵等率步、骑兵三万人进攻刘备,刘备向吕布求救。吕布的几位部将对吕布说:"将军常常想杀掉刘备,现在可借袁术的手杀他。"吕布说:"不能这样。袁术如果打败刘备,就会联合北方的将领,我会处在袁术的包围中,不能不救刘备。"就整饬步兵一千、骑兵二百奔赴刘备处。纪灵等人听说吕布来了。都收兵不敢再进攻。吕布在小沛西南一里安营扎寨,派手下人请纪灵等人,纪灵等人也请吕布一起喝酒。吕布对纪灵等人说:"刘备是我弟弟。弟弟被各位围困,因此我来救他。我生性不喜欢交战,只喜欢调解争斗。"吕布命令门侯在营门中举起一只戟,吕布说:"各位看我射戟上小支,一发射中了,诸位应该和解离去,射不中可以留下决斗。"吕布举弓射戟,正中小支。所有将领都很惊讶,说:"将军真是天威啊!"第二天又欢宴聚会,然后各自罢手了。

袁术想结交吕布做援军,就替儿子求娶吕布的女儿,吕布答应了。袁术派使者韩胤用僭越的皇帝称号议告吕布,并请求迎娶儿媳。沛相陈珪惧怕袁术和吕布联姻后,徐州和扬州联合起来,将要成为国家的灾难,因此就去劝诫吕布说:"曹操奉迎天子,辅助国家朝政,其威势难测,名高于世,将要征服四海,将军应该同他联合谋划,以图泰山那样的安定。现在同袁术联姻,承受天下不义的坏名声,一定有累卵一样的危险。"吕布也怨恨袁术当初不接纳自己,女儿已经上路了,他就把女儿追回来,断绝了婚姻,给韩胤带上镣铐,押到许市砍了头。陈珪想派儿子陈登拜见曹操,吕布不肯派。正好这时曹操的使者来了,任命吕布为左将军。吕布非常高兴,就听凭陈登去见曹操,并让他拿着奏章去谢恩。陈登拜见曹操,趁机告诉曹操,吕布有勇无谋,轻于背叛或投靠,应该尽早谋取他。曹操说:"吕布是狼子野心,实在难以久养,不是你,我还不能推究他的情况。"随即增加陈珪的官价为二千石,任命陈登为广陵太守。临别时,曹操握着陈登的手说:"东面的事情就托付给你了。"让陈登暗中聚合部队做内应。

起初,吕布想利用陈登谋求徐州州牧的官职,陈登回来后,吕布很生气,拔出戟砍在桌几上说:"你的父亲曾劝我协同曹操,断绝同袁术的联姻;现在我所请求的一无所获,可你们父子倒一块显耀,我被你们出卖了!你给我说说,你去说了些什么?"陈登没有因吕布的话改变脸色,他慢慢地开导吕布说:"我见到曹操时说:'对待将军如同养虎,应当让它吃饱肉,不饱就要吃人。'曹操说:'不是你说的样子。好像养鹰,饿的时候能用它,饱了就飞走了。'他的话就这样。"吕布心里的愤恨才消除。

袁术很气愤,就同韩暹、杨奉等人联合,派大将张勋进攻吕布。吕布对陈珪说:"现在招致袁术的进攻,是因为你的缘故,怎么办吧?"陈珪说:"韩暹、杨奉同袁术不过是仓促联合的军队罢了,策谋不是平时制定的,不可能维持下去,我儿子陈登策划此事,他认为他们好像连在一起的鸡,不会在一起栖息,能够把他们分开。"吕布采用陈珪的计策,派人游说韩暹、杨奉,使他们和自己合力共同攻打袁术的军队。军队所需要的物资,全部答应供给韩暹、杨奉。因此韩暹、杨奉同他联合,张勋被打得大败。

建安三年,吕布又叛变同袁术联合,派高顺进攻刘备的小沛,小沛被攻破。曹操派夏侯惇去救刘备,被高顺打败。曹操就亲自讨伐吕布,到了吕布的城下,给吕布写信,向他陈述利害关系。吕布打算投降,陈宫等人认为自己负罪太深,就阻止了吕布的打算。吕布派人向袁术求救,袁术亲自带一千多人马出战,战败后逃跑了,回去保守自己的城池,不敢出城。袁术也不能够救助吕布。吕布虽然勇猛,但却没有主见,而且多疑好妒,不能驾驭他的部下,只相信几位将领。可几位将领彼此意见不同,互不信任，因此每次战斗多被打败。曹操挖壕沟围困吕布几个月，吕布的阵营上下离心离德，他的将领侯成、宋宪、魏续捆绑陈宫，带领他们的部下投降了曹操。吕布和部下登上白门楼。围兵围攻紧急，吕布只好出城投降。于是就生擒捆绑吕布，吕布说："捆得太紧了，稍微放松些。"曹操说："捆绑老虎不得不紧。"吕布请求说："您忧虑的不过是我吕布，现在我已经服气了，天下就不值得让您担心了。您带领步兵，派我吕布带骑兵，那么天下就很容易平定了。"曹操听了面带疑色。刘备上前道："您没有看见吕布侍奉丁建阳、董太师的教训吗？"曹操点点头。吕布因此指着刘备说："这个小儿最不可信。"于是就绞杀了吕布。吕布和陈宫、高顺被砍下头颅送到许昌，然后埋葬了他们。

曹操擒获陈宫时，问他是否要他的老母和女儿活命。陈宫回答说："我听说以孝治理天下的人不杀绝他人的亲属，把仁义广施四海的人不断绝他人的香火，我老母亲的死活与否在于您，不在于我。"曹操召养了陈宫的母亲，为她送了终，并嫁出了陈宫的女儿。

陈登，字元龙，在广陵很有威望名声。因牵制吕布有功，加官为伏波将军，三十九岁时去世。后来许汜和刘备一同在荆州州牧刘表那儿做客，刘表同他们一起谈论天下的人物，许汜说："陈元龙只是个闯湖海的人物，豪强的劲头改不了。"刘备对刘表说："许君说的对不对？"刘表说："要说不对，这位先生是善士，不会说假话；要说对，陈元龙却名重天下。"刘备问许汜说："您说的豪强，难道还有故事吗？"许汜说："过去遭到祸乱，我路过下邳，拜见陈登，陈登不讲主客的礼仪，久久没有开口，独自上大床上躺着，让客人在床下休息。"刘备说："您有国士的名望，现在天下大乱，帝王流离失所，期望您能忧国忘家，有救世的意愿，而您只关心田园住所，言谈无可取之处，这是陈元龙所忌讳的，他为什么要同您说话呢？假如要是我，还想躺在百尺高的楼上，却让您躺在地上，哪里只是床上床下的分别呢？"刘表大笑。刘备接着说："像陈元龙的文武胆略，只能从古人当中寻求，仓促间很难找到可以和他相比的人。"

臧洪，字子源，广陵郡射阳县人。他父亲臧旻历任匈奴中郎将、中山和太原太守，所在之处都有声望。臧洪身体魁梧，相貌端庄，和常人不同，他被推举为孝廉做了郎，当时选拔三署郎来增补县长，琅邪人赵昱做了莒县县长，东莱人刘繇做了下邑县长，东海人王朗做了甾丘县长，臧洪做了即丘县长。汉灵帝末年，臧洪弃官回来，太守张超请臧洪做了功曹。

董卓杀了皇帝，图谋危害国家，臧洪劝导张超说："您历代受皇恩，兄弟同时占据大郡，现在王室将要倾危，乱臣贼子还未除掉，这正是天下仁义忠烈之士报恩救命的时候。现在郡内还能够保全，官民很富足，如果擂鼓招兵，可以召集两万人，凭这些军队铲除国贼，为天下倡导先行，这是最大的义了。"张超同意他的说法，就和臧洪往西来到陈留，找他哥哥张邈商量。张邈平时也有这个想法，两个人在酸枣会面，张邈对张超说："听说弟弟做郡守，政令教化威势恩惠，都不是你自己干出来的，总是任用臧洪，臧洪是什么人呢？"张超说："臧洪才略智谋比我强，我很喜欢他，他是海内的奇士。"张邈随即召见臧洪，同他谈话后感到很惊奇。把他带到兖州刺史刘公山、豫州刺史孔公绪那里，他们都和臧洪友善。于是就设立坛场，正要共同盟誓，各州郡都互相推让，没有人敢承担盟主的角色，共同推举臧洪。臧洪就登坛拿起盘子歃血，然后宣誓说："汉室不幸，纲纪混乱，乱臣贼子董卓乘机危害国家，加害帝王，虐待百姓，威胁败坏社稷，骚扰颠覆四海，兖州刺史刘岱、豫州刺史孔伷、陈留太守张邈、东郡太守桥瑁、广陵太守张超等人，集合义军，共赴国难。凡是我们共同盟誓的人，应齐心协力，以奉献臣子的气节，即使人头落地，也绝没有二心。有人违背这个盟约，使他不得好死，不能繁育后代。皇天后土，祖宗神灵，都来作个鉴证吧！"臧洪言辞慷慨，涕泪横流，听他这番话的人，即使是士兵杂役，也没有不情绪激昂的，人人都想尽力效命。不久，各路军队没有决定向前挺进，因而粮食吃完后，众人也就散伙了。

张超派臧洪到大司马刘虞那里谋事，正碰上公逊瓒的兵乱，到了河间，遇到幽州、冀州的军队在交战，使命没有完成。而袁绍见到臧洪，也非常器重他，同他结下情谊建立友情。正好这时青州刺史焦和去世了，袁绍派臧洪兼任青州刺史以安抚那里的部众。臧洪在青州两年，许多强盗都逃窜了。袁绍赞叹他的才能，改任他做东郡太守，郡治在东武阳。

曹操在雍丘包围了张超，张超说："只有依靠臧洪了，他必定来救我。"众人认为袁绍和曹操正在交好，而臧洪又为袁绍的任用，他一定不会毁掉自己的好运而招致灾祸，从远道赶赴这里。张超说"臧洪是天下的义士，是始终不会背叛根本的人，只怕被袁绍所限制，不能赴到这里罢了。"臧洪听说后，果然光着脚痛哭，并且部署他的军队，又向袁绍请救兵马，要求援救张超，而袁绍到底不答应。张超终于被灭族。臧洪从此怨恨袁绍，和他绝交不相来往。袁绍发动军队围攻他，一年也没有攻下。袁绍让臧洪的老乡陈琳写信给臧洪，告诉他利害关系，并用恩情义气来责备他。臧洪给陈琳回信说：

好久不见，很是惦念，甚至梦中也见到您。幸好我们相隔只是几步的距离而已，但由于我们志趣不同，不能相见，这种情况令人悲伤，而这种悲伤只能藏在心里。前日承蒙您没有忘记我，辱赐芳函，陈述祸福，于公于私都非常切实周到。我所以没有马上回信奉答的原因，一方面是因为我学识浅薄，才能鲁钝，无法应付您的诘问，另一方面也是因为您携带妻室，在主人处止息，家安在东州，我却成了主人的仇敌。凭着这样的条件侍奉他人，即使我倾吐内情，肝胆涂地，也还是行动亲近些要获罪，言语甜蜜些被责怪，您正处在首尾难顾的情况，又怎么能体恤别人呢？况且凭着您的人才，穷读经典，怎么能昧于至理，不理解我的志趣呢？然而我还是答复如下几条的原因，是因为我从信中看到您的话，实在是言不由衷，我还要帮助您摆脱灾祸。如果想算计长短，论辩是非的话，那么有关是非的言论，已经布满天下，谈论它更糊涂，不说它也无损害。另外您谈了为我宣告绝交而伤心的道理，那并非我忍心做出的事情，因此我搁置纸笔，一无所答。也希望您在远处思考我的用心，知道我的主意已经拿定，不会再改变了。重新得到您的来信，信中援引古今，洋洋洒洒地写了六页纸，我即使不想答复，又怎么能控制得了我的感情呢？

我是个卑贱的小民百姓，本来是因为服役的机会，窃据了大州，主人的恩情可谓深厚，我怎么能乐于今天亲自回来接刃开战呢？每当我登上城墙部署兵马，看到主人的旗鼓，为故友的斡旋所感触，我抚弄着弓箭，不觉泪流满面。为什么呢？我自以为辅佐主人，没有什么值得后悔的。主人对我的接待，已超过一般的水准。在接受任职的当初，我自以为这是最终的大事，可以共同尊奉汉王室。哪里想到天子不高兴，本州被侵犯，郡将遭受像周文王在羑里那样的厄运，陈留被重兵的阴谋所攻克，我却谋计迟迟，丧失忠孝的名分，执鞭离心，损害了交友的情谊。考虑这两方面的原因，与其在不得已的情况下，丧失忠孝的名分和交友的道谊，不如依据情谊的轻重分路，依据关系的亲疏划界，因此我就擦干泪水宣布绝交。您如果能使主人稍微垂念故友，对留下的人侧席相待，对离去的人克制私怨，不要急急忙忙地报复离去的朋友，施展刑法来辅佐自己，那么我就发扬季札的精神，不进行今日这场战争。用什么来证实我的话呢？从前张景明亲自登坛歃血，奉主人之命往来奔走，终于使韩馥让出了州牧和印绶，使主人得到了土地，然后只是因为朝拜天子奉献章表而被赐予爵位得到符信的缘故，转眼的工夫，还没有得到观察改错的宽恕，就遭到灭顶的灾祸。吕奉先因为讨伐董卓前来投奔，请求援兵，没有获准，他宣告离去，又有什么罪过？却又被砍杀，几乎死亡。刘子璜奉命出使，超过了期限，告辞又得不到批准，他惧怕威势，怀念亲人，用欺骗的手段要求返回，可以说是有志于忠孝而无损于称霸大业的人，然而他终于倒在帐下，得不到减免罪过的机会。我虽然愚蠢，又一向不能善始善终，见微如著，私下考虑主人的思想，怎么能说那三个人应当处死，主人的处罚正符合刑律的条文呢？实际主人是要想一统崤山以东的地区，增加兵力讨伐仇敌，又担心战士心存疑虑，没有办法劝止他们，所以就废弃王命而推崇惩罚的制度，仰慕其思想的人就蒙受荣耀，准备离开的人就要遭受杀戮，这只是主人的利益，并非游士们的愿望。因此我借鉴先前几个人的教训，走投无路便拼死战斗。我虽然是下愚之人，也曾经听过君子的教诲。这实在不是我心里愿意做的，而是主人造成的后果。总之，我所以背弃国家百姓，在这座孤城拼命的原因，正是根据君子的忌讳，不投奔敌国的缘故。因此我得罪了主人，长期遭到主人围攻，而您又援引这些道理作为我的约束，恐怕我们虽然言辞相同，但志趣各异，并非君子所谓休戚与共的情况吧！

我听说过，仁义的人不背离父母，忠诚的人不违抗君主，因此，我在东面尊崇本州以作为援军，在内部扶助郡将以安定社稷，一举两得以尽忠尽孝，凭什么认为我错啦？而您却想使我轻视根本败坏门庭，把君主和主人同等看待。主人对于我来说，年龄上是我的兄长，情分上是我的挚友，因为道路不同而告辞离去，以安定君主，可以说是顺乎常情。如果按您的说法，那么包胥就应当同伍员拼命，而不应当在秦国朝廷号哭。您随随便便以攘除内患而自得，却不知您的话违背了通常的道理。您或许看到城围不解，救兵未到，感念联姻的情谊，思想平生的友好，以为屈节而偷生，胜过守义而灭亡，以前晏婴在屠刀面前不降低志向，南史不以曲笔寻求活路，因此他们的身影画进图像中，名字流传在后世，况且我占据金城的坚固，驱使士民的力量，消耗多年的积蓄，作为一年的给养，匡补困乏，以取悦天下，哪里想到主人会筑室于此，分兵归田，长久不去呢！只怕秋风扬起尘土时，伯珪马首向南进发，张杨、飞燕共同发难，北部边境传报沦陷的危急，左右辅臣就会奉献要求退兵的诚心了。主人应当明察我们这些人的思想，掉转旗帜，撤回军队，在邺城整顿军队，怎么能长期为盛怒所羞辱，在我的城下施展威风呢？您嘲弄我依赖黑山作为救兵，却不想想与黄巾的联合行动，何况，飞燕之类已经全部接受王命了。从前汉高祖在矩野收服了彭越，光武帝在绿林中打下了基础，终于做到黄龙飞腾，世道中兴，完成了帝业，如果可以辅助君主兴隆教化，又有什么可嫌弃的呢？况且我是亲自奉接玺书诏令，和他们谋事的。

走您的吧,陈孔璋!你在境外谋求利益,我献身于君主;您为盟主效力,我在长安挂名做官。您认为我身死名灭,我也笑您生活都将默默无闻,可悲啊!我们的根本相同,却走上不同的道路,希望您努力自勉,我还能再说什么!

袁绍看到臧洪折信,知道他没有投降的意思,增兵猛攻。城内的粮食吃完了,外面没有强大救兵,臧洪知道自己肯定不会逃脱灾难,就招呼官兵们说:"袁绍没有道义,图谋不轨,而且不援救我的郡将。我臧洪为了大义,不得不死,只顾念各位是无缘无故地白白遭此灾祸!可以在城池还没有被攻破以前,你们带着妻子儿女逃出去。"官兵、百姓都流着泪说:"您同袁绍本来没有隔阂,现在您为朝廷郡将的缘故,自己招致残败的困窘,官民怎么能忍心舍弃您离去呢?"起初还挖老鼠煮筋角吃,后来没有可再吃的东西了。主簿打开内厨的三斗米请求分成两份慢慢地熬米粥吃,臧洪叹息道:"为什么要独自吃呢!"派人做成稀粥,让众人分着喝,杀了他的爱妾给将士们吃。将士们都流了泪,没有人能够抬起头看的。男女共七八千人一个压一个地死了,没有背叛的人。

城池被攻破了,袁绍活捉了臧洪。袁绍一向喜欢臧洪,便大规模地设置帷帐,聚集所有将领来见臧洪,对他说:"臧洪,你为什么如此背叛我!现在你服气吗?"臧洪站在地上瞪着眼睛说:"袁家侍奉汉朝廷,四代五公,可以说受到了恩惠,现在王室衰弱,你没有扶助的意思,只是想利用这个机会图谋非分之想,拼命杀害忠臣良将建立你的淫威。我亲眼看到您呼张陈留为兄长,那么我这个府君也应当是弟弟,我们应当共同协力,为国除害,为什么统帅部众却看着别人被杀害呢!只可惜我力量弱小，不能拿刀为天下报仇，什么叫服气呢！"袁绍本来爱惜臧洪，意思是让他屈服后，赦免他；见臧洪言辞激切，知道他最终不能为自己所用，就杀了他。臧洪的同乡陈容年轻时是个书生，仰慕臧洪，跟随臧洪做了东郡丞；城池还没有被攻破时，臧洪派他出去。袁绍让他也在座，他看到臧洪将被杀死，站起来对袁绍说"袁将军做大事，想要替天下除暴，却专门先杀忠义的人，哪里符合天意！臧洪的举动是为了郡将，为什么杀他！"袁绍很惭愧，手下人派人把他拉出去，对他说："你不是臧洪的同党，白白再去送死吗？"陈容回头说："仁义的事情哪里会经常发生，实践它就是君子，背离它就是小人。今天我宁愿同臧洪同日共死，也不和将军同日而生！"他也被杀害了。在袁绍座席上的人没不叹息的，私下互相说道："怎么能一天杀了两位忠烈之士呢！"在此之前，臧洪曾派司马两人出去，向吕布求救，等到回来时，城池已经陷落，他们都奔赴敌阵战死。

评论说：吕布有猛虎般的勇力，但没有英明的高超的谋略，浅薄、狡诈，反复无常，唯利是图。从古到今，像这样的人没有不被消灭的。从前汉光武帝被庞萌欺骗了，近世曹操也被张邈所蒙蔽。了解别人就是圣哲，只有皇帝难以做到，的确是这样！陈登、臧洪都有英雄的气概，壮士的气节，陈登盛年去世，功业没有完成，臧洪用弱小的军队抵御强大的敌人，壮志没有实现，可惜啊！

三国志卷九

魏书九

诸夏侯曹传第九

夏侯惇字元让,沛国谯人,夏侯婴之后也。年十四,就师学,人有辱其师者,惇杀之,由是以烈气闻。太祖初起,惇常为裨将,从征伐。太祖行奋武将军,以惇为司马,别屯白马,迁折冲校尉,领东郡太守。太祖征陶谦,留惇守濮阳。张邈叛迎吕布,太祖家在鄄城,惇轻军往赴,适与布会,交战。布退还,遂入濮阳,袭得惇军辎重。遣将伪降,共执持惇,责以宝货,惇军中震恐。惇将韩浩乃勒兵屯惇营门,召军吏诸将,皆案甲当部不得动,诸营乃定。遂诣惇所,叱持质者曰:"汝等凶逆,乃敢执劫大将军,复欲望生邪!且吾受命讨贼,宁能以一将军之故,而纵汝乎?"因涕泣谓惇曰:"当奈国法何!"促召兵击持质者。持质者惶遽叩头,言'我但欲乞资用去耳'!浩数责,皆斩之。惇既免,太祖闻之,谓浩曰:"卿此可为万世法。"乃著令:"自今已后有持质者,皆当并击,勿顾质。"由是劫质者遂绝。

太祖自徐州还,惇从征吕布,为流矢所中,伤左目。复领陈留、济阴太守,加建武将军,封高安乡侯。时大旱,蝗虫起,惇乃断太寿水作陂，身自负土，率将士劝种稻，民赖其利。转领河南尹。太祖平河北，为大将军后拒。邺破，迁伏波将军，领尹如故，使得以便宜从事，不拘科制。建安十二年，录惇前后功，增封邑千八百户，并前二千五户。二十一年，从征孙权还，使惇都督二十六军，留居巢。赐伎乐名倡，令曰："魏绛以和戎之功，犹受金石之乐，况将军乎！"二十四年，太祖军于摩陂，召惇常与同载，特见亲重，出入卧内，诸将莫得比也。拜前将军，督诸军还寿春，徙屯召陵。文帝即王位，拜惇大将军，数月薨。

惇虽在军旅，亲迎师受业。性清俭，有余财辄以分施，不足资之于官，不治产业。谥曰忠侯。子充嗣。帝追思惇功，欲使子孙毕侯，分惇邑千户，赐惇七子二孙爵皆关内侯。惇弟廉及子楙素自封列侯。初，太祖以女妻楙，即清河公主也。楙历位侍中、尚书、安西、镇东将军，假节。充薨，子廙嗣。廙薨，子劭嗣。

韩浩者，河内人。沛国史涣与浩俱以忠勇显。浩至中护军，涣至中领军，皆掌禁兵，封列侯。

夏侯渊字妙才，惇族弟也。太祖居家，曾有县官事，渊代引重罪，太祖营救之，得免。太祖起兵，以别部司马、骑都尉从，迁陈留、颍川太守。及与袁绍战于官渡，行督军校尉。绍破，使督兖、豫、徐州军粮；时军食少，渊传馈相继，军以复振。昌豨反，遣于禁击之，未拔，复遣渊与禁并力，遂击豨，降其十余屯，豨诣禁降。渊还，拜典军校尉。济南、乐安黄巾徐和、司马俱等攻城，杀长吏，渊将泰山、齐、平原郡兵击，大破之，斩和，平诸县，收其粮谷以给军士。十四年，以渊为行领军。太祖征孙权还，使渊督诸将击庐江叛者雷绪，绪破，又行征西护军，督徐晃击太原贼，攻下二十余屯，斩贼帅商曜，屠其城。从征韩遂等，战于渭南。又督朱灵平鄃縻、汧氐。与太祖会安定，降杨秋。

十七年，太祖乃还邺，以渊行护军将军，督朱灵、路招等屯长安，击破南山贼刘雄鸣，降其众。围遂、超余党梁兴于鄠，拔之，斩兴，封博昌亭侯。马超围凉州刺史韦康于冀，渊救康，未到，康败。去冀二百余里，超来逆战，军不利。汧氐反，渊引军还。十九年，赵衢、尹奉等谋讨超，姜叙起兵卤城以应之。衢等谲说超，使出击叙，于后尽杀超妻子。超奔汉中，还围祁山。叙等急求救，诸将议者欲须太祖节度。渊曰："公在邺，反复四千里，比报，叙等必败，非救急也。"遂行，使张郃督步骑五千在前，从陈仓狭道入，渊自督粮在后。郃至渭水上，超将氐、羌数千逆郃。未战，超走，郃进军收超军器械。渊到，诸县皆已降。韩遂在显亲，渊欲袭取之，遂走。渊收遂军粮，追至略阳城，去遂二十余里，诸将欲攻之，或言当攻兴国氐。渊以为遂兵精，兴国城固，攻不可卒拔，不如击长离诸羌。长离诸羌多在遂军，必归救其家。若［舍］羌独守则孤，救长离则官兵得与野战，可必虏也。渊乃留督将守辎重，轻兵步骑到长离，攻烧羌屯，斩获其众。诸羌在遂军者，各还种落。遂果救长离，与渊军对陈。诸将见遂众，恶之，欲结营作堑乃与战。渊曰："我转斗千里，今复作营堑，则士众罢弊，不可久。贼虽众，易与耳。"乃鼓之，大破遂军，得其旌麾，还略阳，进军围兴国。氐王千万逃奔马超，余众降。转击高平屠各，皆散走，收其粮谷牛马。乃假渊节。

初，枹罕宋建因凉州乱，自号河首平汉王。太祖使渊帅诸将讨建。渊至，围枹罕，月余拔之，斩建及所置丞相已下。渊别遣张郃等平河关，渡河入小湟中，河西诸羌尽降，陇右平。太祖下令曰："宋建造为乱逆三十余年，渊一举灭之，虎步关右，所向无前。仲尼有言：'吾与尔不如也'"二十一年，增封三百户，并前八百户。还击武都氐羌下辩,收氐谷十余万斛。太祖西征张鲁,渊等将凉州诸将侯王已下,与太祖会休亭。太祖每引见羌、胡,以渊畏之。会鲁降,汉中平,以渊行都护将军,督张郃、徐晃等平巴郡。太祖还邺,留渊守汉中,即拜渊征西将军。二十三年,刘备军阳平关,渊率诸将拒之,相守连年。二十四年正月,备夜烧围鹿角。渊使张郃护东围,自将轻兵护南围。备挑郃战,郃军不利。渊分所将兵半助郃,为备所袭,渊遂战死。谥曰愍侯。

初,渊虽数战胜,太祖常戒曰:"为将当有怯弱时,不可但恃勇也。将当以勇为本,行之以智计;但知任勇,一匹夫敌耳。"

渊妻,太祖内妹。长子衡,尚太祖弟海阳哀侯女,恩宠特隆。衡袭爵,转封安宁亭侯。黄初中,赐中子霸,太和中,赐霸四弟,爵皆关内侯。霸,正始中为讨蜀护军、右将军,进封博昌亭侯,素为曹爽所厚。闻爽诛,自疑,亡入蜀。以渊旧勋赦霸子,徙乐浪郡。霸弟威,官至兖州刺史。威弟惠,乐安太守。惠弟和,河南尹。衡薨,子绩嗣,为虎贲中郎将。绩薨,子褒嗣。

曹仁字子孝,太祖从弟也。少好弓马弋猎。后豪杰并起,仁亦阴结少年,得千余人,周旅淮、泗之间,遂从太祖为别部司马,行厉锋校尉。太祖之破袁术,仁所斩获颇多。从征徐州,仁常督骑,为军前锋。别攻陶谦将吕由,破之,还与大军合彭城,大破谦军。从攻费、华、即墨、开阳,谦遣别将救诸县,仁以骑击破之。太祖征吕布,仁别攻句阳,拔之,生获布将刘何。太祖平黄巾,迎天子都许,仁数有功,拜广阳太守。太祖器其勇略,不使之郡,以议郎督骑。太祖征张绣,仁别徇旁县,虏其男女三千余人。太祖军还,为绣所追,军不利,士卒丧气,仁率厉将士甚奋,太祖壮之,遂破绣。

太祖与袁绍久相持于官渡，绍遣刘备徇隐强诸县，多举众应之。自许以南，吏民不安，太祖以为忧。仁曰："南方以大军方有目前急，其势不能相救，刘备以强兵临之，其背叛固宜也。备新将绍兵，未能得其用，击之可破也。"太祖善其言，遂使将骑击备，破走之，仁尽复收诸叛县而还。绍遣别将韩荀抄继西道，仁击荀于鸡洛山，大破之。由是绍不敢复分兵出。复与史涣等抄绍运车，烧其粮谷。

河北既定，从围壶关。太祖令曰："城拔，皆坑之。"连月不下。仁言于太祖曰："围城必示之活门，所以开其生路也。今公告之必死，将人自为守。且城固而粮多，攻之则士卒伤，守之则引日久；今顿兵坚城之下，以攻必死之虏，非良计也。"太祖从之，城降。于是录仁前后功，封都亭侯。

从平荆州，以仁行征南将军，留屯江陵，拒吴将周瑜。瑜将数万众来攻，前锋数千人始至，仁登城望之，乃募得三百人，遣部曲将牛金逆与挑战。贼多，金众少，遂为所围。长史陈矫俱在城上，望见金等垂没，左右皆失色。仁意气奋怒甚，谓左右："取马来！"矫等共援持之。谓仁曰："贼众盛，不可当也。假使弃数百人何若，而将军以身赴之！"仁不应，遂被甲上马，将其麾下壮士数十骑出城。去贼百余步，迫沟，矫等以为仁当住沟上，为金形势也，仁径渡沟直前，冲入贼围，金等乃得解。余众未尽出，仁复直还突之，拔出金兵，亡其数人，贼众乃退。矫等初见仁出，皆惧，及见仁还，乃叹曰："将军真天人也！"三军服其勇。太祖益壮之，转封安平亭侯。

太祖讨马超，以仁行安西将军，督诸将拒潼关，破超渭南。苏伯、田银反，以仁行骁骑将军，都督七军讨银等，破之。复以仁行征南将军，假节，屯樊，镇荆州。侯音以宛叛，略傍县众数千人，仁率诸军攻破音，斩其首，还屯樊，即拜征南将军。关羽攻樊，时汉水暴溢，于禁等七军皆没，禁降羽。仁人马数千人守城，城不没者数板。羽乘船临城，围数重，外内断绝，粮食欲尽，救兵不至。仁激励将士，示以必死，将士感之皆无二。徐晃救至，水亦稍减，晃从外击羽，仁得溃围出，羽退走。

仁少时不修行检，及长为将，严整奉法令，常置科于左右，案以从事。鄢陵侯彰北征乌丸，文帝在东宫，为书戒彰曰："为将奉法，不当如征南邪！"及即王位，拜仁车骑将军，都督荆、扬、益州诸军事，进封陈侯，增邑二千，并前三千五百户。追赐仁父炽谥曰陈穆侯，置守冢十家。后召还屯宛。孙权遣将陈邵据襄阳，诏仁讨之。仁与徐晃攻破邵，遂入襄阳，使将军高迁等徙汉南附化民于汉北，文帝遣使即拜仁大将军。又诏仁移屯临颍，迁大司马，复督诸军据乌江，还屯合肥。黄初四年薨，谥曰忠侯。子泰嗣，官至镇东将军，假节，转封宁陵侯。泰薨，子初嗣。又分封泰弟楷、范、皆为列侯，而牛金官至后将军。

仁弟纯，初以议郎参司空军事，督虎豹骑从围南皮。袁谭出战，士卒多死。太祖欲缓之，纯曰："今千里蹈敌，进不能克，退必丧威；且县师深入，难以持久。彼胜而骄，我败而惧，以惧敌骄，必可克也。"太祖善其言，遂急攻之，谭败。纯麾下骑斩谭首。及北征三郡，纯部骑获单于蹋顿。以前后功封高陵亭侯，邑三百户。从征荆州，追刘备于长坂，获其二女、辎重，收其散卒。进降江陵，从还谯。建安十五年薨。文帝即位，追谥曰威侯。子演嗣，官至领军将军，正元中进封平乐乡侯。演薨，子亮嗣。

曹洪字子廉，太祖从弟也。太祖起义兵讨董卓，至荥阳，为卓将徐荣所败。太祖失马，贼追甚急，洪下，以马授太祖，太祖辞让，洪曰："天下可无洪，不可无君。"遂步从到汴水，水深得渡，洪循水得船，与太祖俱济，还奔谯，扬州刺史陈温素与洪善，洪将家兵千余人，就温募兵，得庐江上甲二千人，东到丹杨复得数千人，与太祖会龙亢。太祖征徐州，张邈举兖州叛迎吕布。时大饥荒，洪将兵在前，先据东平、范，聚粮谷以继军。太祖讨邈、布于濮阳，布破走，遂据东阿，转击济阴、山阳、中牟、阳武、京、密十余县，皆拔之。以前后功拜鹰扬校尉，迁扬武中郎将。天子都许，拜洪谏议大夫。别征刘表，破表别将于舞阳、阴叶、堵阳、博望，有功，迁厉锋将军，封国明亭侯。累从征伐，拜都护将军。文帝即位，为卫将军，迁骠骑将军，进封野王侯，益邑千户，并前二千一百户，位特进；后徙封都阳候。

始，洪家富而性吝啬，文帝少时假求不称，常恨之，遂以舍客犯法，下狱当死。群臣并救莫能得，卞太后谓郭后曰："令曹洪今日死，吾明日敕帝废后矣。"于是泣涕屡请，乃得免官削爵土。洪先帝功臣，时人多为觖望。明帝即位，拜后将军，更封乐城侯，邑千户，位特进，复拜骠骑将军。太和六年薨，谥曰恭侯。子馥，嗣侯。初，太祖分洪户封子震列侯。洪族父瑜，修慎笃敬，官至卫将军，封列侯。

曹休字文烈，太祖族子也。天下乱，宗族各散去乡里。休年十余岁，丧父，独与一客担丧假葬，携将老母，渡江至吴。以太祖举义兵，易姓名转至荆州，间行北归，见太祖。太祖谓左右曰："此吾家千里驹也。"使与文帝同止，见待如子。常从征伐，使领虎豹骑宿卫。刘备遣将吴兰屯下辩，太祖遣曹洪征之，以休为骑都尉，参洪军事。太祖谓休曰："汝虽参军，其实帅也。"洪闻此令，亦委事于休。备遣张飞屯固山，欲断军后。众议狐疑，休曰：

"贼实继道者,当伏兵潜行。今乃先张声势,此其不能也。宜及其未集,促击兰,兰破则飞自走矣。"洪从之,进兵击兰,大破之,飞果走。太祖拔汉中诸军还长安,拜休中领军。文帝即王位,为领军将军,录前后功,封东阳亭侯。夏侯惇薨,以休为镇南将军,假节,都督诸军事,车驾临送,上乃下舆执手而别。孙权遣将屯历阳,休到,击破之,又别遣兵渡江,烧贼芜湖营数千家。迁征东将军,领扬州刺史,进封安阳乡侯。帝征孙权,以休为征东大将军,假黄钺,督张辽等及诸州郡二十余军,击权大将吕范等于洞浦,破之。拜扬州牧。明帝即位,进封长平侯。吴将审德屯皖,休击破之,斩德首,吴将韩综、翟丹等前后率众诣休降。增邑四百,并前二千五百户,迁大司马,都督扬州如故。太和二年,帝为二道征吴,遣司马宣王从汉水下,(督休)[休督]诸军向寻阳。贼将伪降,休深入,战不利,退还宿石亭。军夜惊,士卒乱,弃甲兵辎重甚多。休上书谢罪,帝遣屯骑校尉杨暨慰谕,礼赐益隆。休因此痈发背薨,谥曰壮侯。子肇嗣。

肇有当世才度,为散骑常侍、屯骑校尉。明帝寝疾,方与燕王宇等属以后事。帝意寻变,诏肇以侯归第。正始中薨,追赠卫将军。子兴嗣。初,文帝分休户三百封肇弟纂为列侯,后为殄吴将军,薨,追赠前将军。

曹真字子丹,太祖族子也。太祖起兵,真父邵募徒众,为州郡所杀。太祖哀真少孤,收养与诸子同,使与文帝共止。常猎,为虎所逐,顾射虎,应声而倒。太祖壮其骛勇,使将虎豹骑。讨灵丘贼,拔之,封灵寿亭侯。以偏将军将兵击刘备别将于下辩,破之,拜中坚将军。从至长安,领中领军。是时,夏侯渊没于阳平,太祖忧之。以真为征蜀护军,督徐晃等破刘备别将高详于阳平。太祖自至汉中，拔出诸军，使真至武都迎曹洪等还屯陈仓。文帝即王位，以真为镇西将军，假节，都督雍、凉州诸军事。录前后功，进封东乡侯。张进等反于酒泉，真遣费曜讨破之，斩进等。黄初三年还京都，以真为上军大将军，都督中外诸军事，假节钺。与夏侯尚等征孙权，击牛渚屯，破之。转拜中军大将军，加给事中。七年，文帝寝疾，真与陈群、司马宣王等受遗诏辅政。明帝即位，进封邵陵侯，迁大将军。

诸葛亮围祁山，南安、天水、安定三郡反应亮。帝遣真督诸军军郿，遣张郃击亮将马谡，大破之。安定民杨条等略吏民保月支城，真进军围之。条谓其众曰："大将军自来，吾愿早降耳。"遂自缚出。三郡皆平。真以亮惩于祁山，后出必从陈仓，乃使将军郝昭、王生守陈仓，治其城。明年春，亮果围陈仓，已有备而不能克。增邑，并前二千九百户。四年，朝洛阳，迁大司马，赐剑履上殿，入朝不趋。真以"蜀连出侵边境，宜遂伐之，数道并入，可大克也"。帝从其计。真当发西讨，帝亲临送。真以八月发长安，从子午道南入。司马宣王溯汉水，当会南郑。诸军或从斜谷道，或从武威入。会大霖雨三十余日，或栈道断绝，诏真还军。

真少与宗人曹遵、乡人朱赞并事太祖。遵、赞早亡，真愍之，乞分所食邑封遵、赞子。诏曰："大司马有叔向抚孤之仁，笃晏平久要之分。君子成人之美，听分真邑赐遵、赞子爵关内侯，各百户。"真每征行，与将士同劳苦，军赏不足，辄以家财班赐，士卒皆愿为用。真病还洛阳，帝自幸其第省疾。真薨，谥曰元侯。子爽嗣。帝追思真功，诏曰："大司马蹈履忠节，佐命二祖，内不恃亲戚之宠，外不骄白屋之士，可谓能持盈守位，劳谦其德者也。其悉封真五子羲、训、则、彦、皑皆为列侯。"

初，文帝分真邑二百户，封真弟彬为列侯。

爽字昭伯，少以宗室谨重，明帝在东宫，甚亲爱之。及即位，为散骑侍郎，累迁城门校尉，加散骑常侍，转武卫将军，宠待有殊。帝寝疾，乃引爽入卧内，拜大将军，假节钺，都督中外诸军事，录尚书事，与太尉司马宣王并受遗诏辅少主。明帝崩，齐王即位，加爽侍中，改封武安侯，邑万二千户，赐剑履上殿，入朝不趋，赞拜不名。丁谧画策，使爽白天子，发诏转宣王为太傅，外以名号尊之，内欲令尚书奏事先来由己，得制其轻重也。爽弟羲为中领军，训武卫将军，彦散骑常侍侍讲，其余诸弟，皆以列侯侍从，出入禁闼，遭宠莫盛焉。南阳何晏、邓飏、李胜、沛国丁谧、东平毕轨咸有声名，进趣于时，明帝以其浮华，皆抑黜之；及爽秉政，乃复进叙，任为腹心。飏等欲令爽立威名于天下，劝使伐蜀，爽从其言，宣王止之不能禁。正始五年，爽乃西至长安，大发卒六七万人，从骆谷入。是时，关中及氐、羌转输不能供，牛马骡驴多死，民夷号泣道路。入谷行数百里，贼因山为固，兵不得进。爽参军杨伟为爽陈形势，宜急还，不然将败。飏与伟急于爽前，伟曰："飏、胜将败国家事，可斩也。"爽不悦，乃引军还。

初，爽以宣王年德并高，恒父事之，不敢专行。及晏等进用，咸共推戴，说爽以权重不宜委之于人。乃以晏、飏、谧为尚书，晏典选举，轨司隶校尉，胜河南尹，诸事希复由宣王。宣王遂称疾避爽。晏等专政，共分割洛阳、野王典农部桑田数百顷，及坏汤沐地以为产业，承势窃取官物，因缘求欲州郡。有司望风，莫敢忤旨。晏等与廷尉卢毓素有不平，因毓吏微过，深文致毓法，使主者先收毓印绶，然后奏闻。其作威如此。爽饮食车服，拟于乘舆；尚方珍玩，充牣其家；妻亲盈后庭，又私取先帝才人七八人，及将吏、师工、鼓吹、良家子女三十三人，皆以为伎乐。诈作诏书，发才人五十七人送邺台，使先帝倢伃教习为伎。擅取太乐乐器、武库禁兵。作窟室，绮疏四周，数与晏等会其中，饮酒作乐。羲深以为大忧，数谏止之。又著书三篇，陈骄淫盈溢之致祸败，辞旨甚切，不敢斥爽，托戒诸弟以示爽。爽知其为己发也，甚不悦。羲或时以谏喻不纳，涕泣而起。宣王密为之备。九年冬，李胜出为荆州刺史，往诣宣王。宣王称疾困笃，示以羸形。胜不能觉，谓之信然。

十年正月，车驾朝高平陵，爽兄弟皆从。宣王部勒兵马，先据武库，遂出屯洛水浮桥，奏爽曰："臣昔从辽东还，先帝诏陛下、秦王及臣升御床，把臣臂，深以后事为念。臣言'二祖亦属臣以后事，此自陛下所见，无所忧苦；万一有不如意，臣当以死奉明诏'。黄门令董箕等，才人侍疾者，皆所闻知。今大将军爽背弃顾命，败乱国典，内则僭拟，外专威权；破坏诸营，尽据禁兵，群官要职，皆置所亲；殿中宿卫，历世旧人皆复斥出，欲置新人以树私计；根据槃互，纵恣日甚。外既如此，又以黄门张当为都监，专共交关，看察至尊，伺候神器，离间二宫，伤害骨肉。天下汹汹，人怀危惧，陛下但为寄坐，岂得久安！此非先帝诏陛下及臣升御床之本意也。臣虽朽迈，敢忘往言？昔赵高极意，秦氏以灭；吕、霍早断，汉祚永世。此乃陛下之大鉴，臣受命之时也。大尉臣济、尚书令臣孚等，皆以爽为有无君之心，兄弟不宜典兵宿卫，奏永宁宫。皇太后令敕臣如奏施行。臣辄敕主者及黄门令罢爽、羲、训吏兵，以侯就第，不得逗留以稽车驾；敢有稽留，便以军法从事。臣辄力疾将兵屯洛水浮桥，伺察非常。

爽得宣王奏事，不通，迫窘不知所为。大司农沛国桓范闻兵起，不应太后召，矫诏开平昌门，拔取剑戟，略将门候，南奔爽。宣王知，曰："范画策，爽必不能用范计。"范说爽使车驾幸许昌，招外兵。爽兄弟犹豫未决，范重谓羲曰："当今日，卿门户求贫贱复可得乎？且匹夫持质一人，尚欲望活，今卿与天子相随，令于天下，谁敢不应者？"羲犹不能纳。侍中许允、尚书陈泰说爽，使早自归罪。爽于是遣允、泰诣宣王，归罪请死，乃通宣王奏事。遂免爽兄弟，以侯还第。

初，张当私以所择才人张、何等与爽。疑其有奸，收当治罪。当陈爽与晏等阴谋反逆，并先习兵，须三月中欲发，于是收晏等下狱。会公卿朝臣廷议，以为"《春秋》之义，'君亲无将，将而必诛'。爽以支属，世蒙殊宠，亲爱先帝握手遗诏，托以天下，而包藏祸心，蔑弃顾命，乃与晏、飏及当等谋图神器，范党同罪人，皆为大逆不道"。于是收爽、羲、训、晏、飏、谧、轨、胜、范、当等，皆伏诛，夷三族。嘉平中，绍功臣世，封真族孙熙为新昌亭侯，邑三百户，以奉真后。

晏，何进孙也。母尹氏，为太祖夫人。晏长于宫省，又尚公主，少以才秀知名，好《老》《庄》言，作《道德论》及诸文赋著述凡数十篇。

夏侯尚字伯仁，渊从子也。文帝与之亲友。太祖定冀州，尚为军司马，将骑从征伐，后为五官将文学。魏国初建，迁黄门侍郎。代郡胡叛，遣鄢陵侯彰征讨之，以尚参彰军事，定代地，还。太祖崩于洛阳，尚持节，奉梓宫还邺。并录前功，封平陵亭侯，拜散骑常侍，迁中领军。文帝践阼，更封平陵乡侯，迁征南将军，领荆州刺史，假节，都督南方诸军事。尚奏："刘备别军在上庸，山道险难，彼不我虞，若以奇兵潜行，出其不意，则独克之势也。"遂勒诸军击破上庸，平三郡九县，迁征南大将军。孙权虽称藩，尚益修攻讨之备，权后果有贰心。黄初三年，车驾幸宛，使尚率诸军与曹真共围江陵。权将诸葛瑾与尚军对江，瑾渡入江中渚，而分水军于江中。尚夜多持油船，将步骑万余人，于下流潜渡，攻瑾诸军，夹江烧其舟船，水陆并攻，破之。城未拔，会大疫，诏敕尚引诸军还。益封六百户，并前千九百户，假钺，进为牧。荆州残荒，外接蛮夷，而与吴阻汉水为境，旧民多居江南。尚自上庸通道，西行七百余里，山民蛮夷多服从者，五六年间，降附数千家。五年，徙封昌陵乡侯。尚有爱妾嬖幸，宠夺适室；适室；曹氏女也，故文帝遣人绞杀之。尚悲感，发病恍惚，既葬埋妾，不胜思见，复出视之。文帝闻而恚之曰："杜袭之轻薄尚，良有以也。"然以旧臣，恩宠不衰。六年，尚疾笃，还京都，帝数临幸，执手涕泣。尚薨，谥曰悼侯。子玄嗣。又分尚户三百，赐尚弟子奉爵关内侯。

玄字太初。少知名，弱冠为散骑、黄门侍郎。尝进见，与皇后弟毛曾并坐，玄耻之，不悦形之于色。明帝恨之。左迁为羽林监。正始初，曹爽辅政，玄，爽之姑子也。累迁散骑常侍、中护军。

太傅司马宣王问以时事，玄议以为："夫官才用人，国之柄也，故铨衡专于台阁，上之分也，孝行存乎闾巷，优劣任之乡人，下之叙也。夫欲清教审选，在明其分叙，不使相涉而已。何者？上过其分，则恐所由之不本，而干势驰骛之路开；下逾其叙，则恐天爵之外通，而机权之门多矣。夫天爵下通，是庶人议柄也；机权多门，是纷乱之原也。自州郡中正品度官才之来，有年载矣，缅缅纷纷，未闻整齐，岂非分叙参错，各失其要之所由哉！若令中正但考行伦辈，伦辈当行均，斯可官矣。何者？夫孝行著于家门，岂不忠恪于在官乎？仁恕称于九族，岂不达于为政乎？义断行于乡党，岂不堪于事任乎？三者之类，取于中正，虽不处其官名，斯任官可知矣。行有大小，比有高下，则所任之流，亦焕然明别矣。奚必使中正干铨衡之机于下，而执机柄者有所委仗于上，上下交侵，以生纷错哉？且台阁临下，考功校否，众职之属，各有官长，旦夕相考，莫究于此；闾阎之议，以意裁处，而使匠宰失位，众人驱骇，欲风俗清静，其可得乎？天台县远，众所绝意。所得至者，更在侧近，孰不修饰以要所求？所求有路，则修己家门者，已不如自达于乡党矣。自达乡党者，已不如自求之于州邦矣。苟开之有路，而患其饰真离本，虽复严责中正，督以刑罚，犹无益也。岂若使各帅其分，官长则各以其属能否献之台阁，台阁则据官长能否之第，参以乡闾德行之次，拟其伦比，勿使偏颇。中正则唯考其行迹，别其高下，审定辈类，勿使升降。台阁总之，如其所简或有参错，则其责负自在有司。官长所第，中正辈拟，比随次率而用之，如其不称，责负在外。然则内外相参，得失有所，互相形检，孰能相饰？斯则人心定而事理得，庶可以静风俗而审官才矣。"又以为："古之建官，所以济育群生，统理民物也。故为之君长以司牧之。司牧之主，欲一而专，一则官任定而上下安，专则职业修而事不烦。夫事简业修，上下相安而不治者，未之有也。先王建万国，虽其详未可得而究，然分疆画界，各守土境，则非重累羁绊之体也。下考殷、周五等之叙，徒有小大贵贱之差，亦无君官臣民而有二统互相牵制者也。夫官统不一，则职业不修；职业不修，则事何得而简？事之不简，则民何得而静？民之不静，则邪恶并兴，而奸伪滋长矣。先王达其如此，故专其职司而一其统业。始自秦世，不师圣道，私以御职，奸以待下；惧宰官之不修，立监牧以董之，畏督监之容曲，设司察以纠之；宰牧相累，监察相司，人怀异心，上下殊务，汉承其绪，莫能匡改。魏室之隆，日不暇及，五等之典，虽难卒复，可粗立仪准以一治制。今之长吏，皆君吏民，横重以郡守，累以刺史。若郡所摄，唯在大较，则与州同，无为再重。宜省郡守，但任刺史；刺史职存则监察不废，郡吏万数，还亲农业，以省烦费，丰财殖谷，一也。大县之才，皆堪郡守，是非之讼，每生意异，顺从则安，直己则争。夫和羹之美，在于合异，上下之益，在能相济，顺从乃安，此琴瑟一声也，荡而除之，则官省事简，二也。又干郡之吏，职监诸县，营护党亲，乡邑旧故，如有不副，而因公掣顿，民之困弊，咎生于此，若皆并合，则乱原自塞，三也。今承衰弊，民人彫落，贤才鲜少，任事者寡，郡县良吏，往往非一，郡受县成，其剧在下，而吏之上选，郡当先足，此为亲民之吏，专得底下，吏者民命，而常顽鄙，今如并之，吏多选清良者造职，大化宣流，民物获宁，四也。制使万户之县，名之郡守，五千以上，名之都尉，千户以下，令长如故，自长以上，考课迁用，转以能升，所牧亦增，此进才效功之叙也，若经制一定，则官才有次，治功齐明，五也。若省郡守，县皆径达，事不拥隔，官无留滞，三代之风，虽未可必，简一之化，庶几可致，便民省费，在于此矣。"又以为："文质之更用，犹四时之迭兴也，王者体天理物，必因弊而济通之，时弥质则文之以礼，时泰侈则救之以质。今承百王之末，秦汉余流，世俗弥文，宜大改之以易民望。今科制自公、列侯以下，位从大将军以上，皆得服绫锦、罗绮、纨素、金银饰镂之物，自是以下，杂彩之服，通于贱人，虽上下等级，各示有差，然朝臣之制，已得侔至尊矣，玄黄之采，已得通于下矣。欲使市不鬻华丽之色，商不通难得之货，工不作雕刻之物，不可得也。是故宜大理其本，准度古法，文质之宜，取其中则，以为礼度。车舆服章，皆从质朴，禁除末俗华丽之事，使干朝之家，有位之室，不复有锦绮之饰，无兼采之服，纤巧之物，自上以下，至于朴素之差，示有等级而已，勿使过一二之觉。若夫功德之赐，上恩所特加，皆表之有司，然后服用之。夫上之化下，犹风之靡草。朴素之教兴于本朝，则弥侈之心自消于下矣。"

宣王服书曰："审官择人，除重官，改服制，皆大善。礼乡间本行，朝廷考事，大指如所示。而中间一相承习，卒不能改。秦时无刺史，但有郡守长吏。汉家虽有刺史，奉六条而已，故刺史称传车，其吏言从事，居无常治，吏不成臣，其后转更为官司耳。昔贾谊亦患服制，汉文虽身服弋绨，犹不能使上下如意。恐此三事，当待贤能然后了耳。"玄又书曰："汉文虽身衣弋绨，而不革正法度，内外有僭拟之服，宠臣受无限之赐，由是观之，似指立在身之名，非笃齐治制之意也。今公侯命世作宰，追踪上古，将隆至治，抑末正本，若制定于上，则化行于众矣。夫当宜改之时，留殷勤之心，令发之日，下之应也犹响寻声耳，犹垂谦谦，曰'待贤能'，此伊周不下殷勤之心，令发之日，下之应也犹响寻声耳，犹垂谦谦，曰'待贤能'，此伊周不正殷姬之典也。窃未喻焉。"

顷之，为征西将军，假节，都督雍、凉州诸军事。与曹爽共兴骆谷之役，时人讥之。爽诛，征玄为大鸿胪，数年徙太常。玄以爽抑绌，内不得意。中书令李丰虽宿为大将军司马景王所亲待，然私心在玄，遂结皇后父光禄大夫张缉，谋欲以玄辅政。丰既内握权柄，子尚公主，又与缉俱冯翊人，故缉信之。丰阴令弟兖州刺史翼求入朝，欲使将兵入，并力起。会翼求朝，不听，嘉平六年二月,当拜贵人,丰等贵人,丰等欲因御临轩,诸门有陛兵,诛大将军,以玄代之,以缉为骠骑将军。丰密语黄门监苏铄、永宁署令乐敦、冗从仆射刘贤等曰:"卿诸人居内,多有不法,大将军严毅,累以为言,张当可以为诫。"铄等皆许以从命。大将军微闻其谋,请丰相见,丰不知而往,即杀之。事下有司,收玄、缉、铄、敦、贤等送廷尉。廷尉钟毓奏:"丰等谋迫胁至尊,擅诛冢宰,大逆无道,请论如法。"于是会公卿朝臣廷尉议,咸以为"丰等各受殊宠,典综机密,缉承外戚椒房之尊,玄备世臣,并居列位,而包藏祸心,构图凶逆,交关阉竖,授以奸计,畏惮天威,不敢显谋,乃欲要君胁上,肆其诈虐,谋诛良辅,擅相建立,将以倾覆京室,颠危社稷。毓所正皆如科律,报毓施行"。诏书:"齐长公主,先帝遗爱,原其三子死命。"于是丰、玄、缉、(铄)、敦、贤等皆夷三族,其余亲属徙乐浪郡。玄格量弘济,临斩东市,颜色不变,举变自若,时年四十六。正元中,绍功臣世,封尚从孙本为昌陵亭侯,邑三百户,以奉尚后。

初,中领军高阳许允与丰、玄亲善。先是有诈作尺一诏书,以玄为大将军,允为太尉,共录尚书事。有何人天未明乘马以诏版付允门吏,曰"有诏",因便驰走。允即投书烧之,不以开关吴呈司马景王。后丰等事觉,徙允为镇北将军,假节,督河北诸军事。未发,以放散官物,收付廷尉,徙乐浪,道死。

清河王经亦与允俱称冀州名士。甘露中为尚书,坐高贵乡公事诛。始终为郡守,经母谓经曰:"汝田家子,今仕至二千石,物太过不祥,可以止矣。"经不能从,历二州刺史、司隶校尉,终以致败。允友人同郡崔赞,亦尝以处世太盛戒允云。

评曰：夏侯、曹氏，世为婚姻，故惇、渊、仁、洪、休、尚、真等并以亲旧肺腑贵重于时，左右勋业，咸有效劳。爽德薄位尊，沈溺盈溢，此固《大易》所著，道家所忌也。玄以规模局度，世称其名，然与曹爽中外缱绻；荣位如斯，曾未闻匡弼其非，援致良才。举兹以论，焉能免之乎！

译文：

夏侯惇字元让，沛国谯郡人，是汉初开国功臣滕公夏侯婴的后裔。他在十四岁时，从师学习。有人侮辱了他的老师，夏侯惇便杀了这个人。由此他就因禀性刚烈而闻名。魏太祖曹操初起兵时，夏侯惇常常做裨将，随从征伐。曹操做奋武将军后，任用夏侯惇作司马，率兵单独屯驻在白马地区。不久，便升迁为折冲校尉，兼领东郡太守之职。曹操征伐陶谦，留夏侯惇驻守濮阳。张邈叛变、迎纳吕布时，曹操的家眷还在鄄城。夏侯惇担心吕布袭击曹家，便率领军士轻装奔赴鄄城，途中正好与吕布相会，发生了一场遭遇战。吕布引军退回，顺势就进入了濮阳，缴获了夏侯惇守军留下的粮草辎重。吕布秘密派些将领伪装投降，到曹营合伙捉拿、劫持了夏侯惇，要曹营拿宝物来交换。夏侯惇军中闻讯后一片震恐。于是，夏侯惇的部将韩浩集合兵丁把守在营门，召集军吏和诸将，让他们先回到各部约束士兵不许妄动，各营秩序才归于安定。然后，韩浩等将领来到夏侯惇的住处，叱责劫持人质的人说："你们这帮凶贼叛逆，居然敢劫持大将军，你们还想不想活啦！况且我们奉命讨伐叛贼，怎么能因为一位将军的缘故，而放纵你们呢？"接着哭泣着对夏侯惇说："这是国法，我们也没有办法呀！"说罢当即召唤兵士攻击劫持人质的那帮人。劫持人质的那些人惶恐慌乱，连忙叩头赔罪说："我们只想乞讨点宝货财物就放人！"韩浩多次责骂他们，最后把他们都斩了。夏侯惇脱险以后，曹操听说了这件事，对韩浩说："您这样做，完全可以作为万世奉行的楷模。"于是，就公布法令说，从今以后如再有劫持人质的人，大家都应当合力痛击，不要顾惜人质。从此，劫持人质的人也就绝迹了。

曹操从徐州回师后，夏侯惇随从大军征讨吕布，激战中被流矢射中，伤了左眼。伤愈后，夏侯惇又兼任陈留、济阴太守之职，加官为建武将军，封为高安乡侯。时逢大旱，蝗虫四起，夏侯惇就截断太寿河，蓄水为水田，他本人亲自背土，率领将士劳动，并提倡种植水稻，那里的民众仰赖夏侯惇首倡的水田和稻子而大获福利。后来，他又转担任河南尹。魏太祖平定河北时，夏侯惇身为大将军，担当断后拒敌的重任。河北袁绍的都城邺城被攻破后，夏侯惇被升迁为伏波将军，但仍然像过去那样任河南尹，以便让他能够以他认为方便、合宜的方式处理事务，而不被死板的科条律例所限制。建安十二年，朝廷记录了夏侯惇前后的功绩，增封他食邑一千八百户。与从前已封的合并，共是二千五百户。建安二十一年，夏侯惇跟太祖征伐孙权回师后，太祖让夏侯惇都督二十六军，留守居巢，并赐给他伎乐和名娼。赐令上说："春秋时晋国的大将魏绛因为有与戎族媾和那样的功绩，还领收了金钟石磬等鼓乐赏赐，更何况将军您呢！"建安二十四年，太祖击退关羽后驻军在摩陂，经常召请夏侯惇与他同车共载而行，特别表示亲近和看重。他还可以在曹操的卧室内自由出入，诸位将领中无人能和他相比。不久，他被拜为前将军。督领诸军回师寿春，后来又移驻到了召陵。魏立帝曹丕即王位后，拜夏侯惇为大将军。几个月后，夏侯惇便逝世了。

夏侯惇虽然常在军旅，却能亲自迎请老师，授受学业。他为人生性清廉俭朴，只要有多余钱财，就拿来分发施舍；不够用了，就靠官府资助。从来不置办田地产业。逝世后被赐谥号叫忠侯，由他的儿子夏侯充继嗣。魏文帝追念夏侯惇的功勋，想让他的子孙都封侯位，于是从夏侯惇的食邑中提出一千户，分封夏侯惇七个儿子和两个孙子，爵位都是关内侯。夏侯惇的弟弟夏侯廉及夏侯惇的儿子夏侯楙以前已靠自己的功劳封做了列侯，所以无需另封。起初，太祖把女儿许配给了夏侯楙为妻，这个女儿就是清河公主。夏侯楙历任侍中尚书、安西镇东将军等职，曾假节领军出征。夏侯充逝世后，由他的儿子夏侯廙继嗣；夏侯廙逝世后，又由他的儿子夏侯劭继嗣。

韩浩，河内人。沛国的史涣与韩浩都因为忠义勇武而显露声名。韩浩的官职曾做到中护军，史涣的官职也曾做到中领军，都曾掌管禁军，被封为列侯。

夏侯渊，字妙才，是夏侯惇的族弟。太祖曹操当年在家作平民时，曾因有罪而将要被县官拘捕，夏侯渊挺身而出把重罪揽在自己身上，替太祖受过。后来经太祖设法营救，他也得到了解脱。太祖起兵后，他以别部司马和骑都尉的身份跟随，升迁为陈留和颍川的太守。及至与袁绍在官渡大战时，又让他暂领督军校尉之职。击破袁绍后，命他掌管运输兖、豫、徐三州的军粮。当时军中粮少，夏侯渊带人传送运输相继不断，使曹军因而复振。昌豨谋反，太祖派于禁攻击他们，未能攻下，再派夏侯渊与于禁合力进攻，才击败了昌豨，招降了他们十多个营屯的军士。昌豨也求见于禁，请求投降。夏侯渊回师后，被拜为典军校尉。不久，济南、乐安等地的黄巾军徐和、司马俱等部攻略城邑，杀死地方官吏。夏侯渊统领泰山、齐和平原诸郡的军兵联合出击，大破黄巾军,斩杀了徐和,平定了诸县。把这里的粮谷收集起来供给军士。建安十四年,用夏侯渊作行领军。太祖征孙权回来后,派夏侯渊督领诸将进击庐江的叛贼雷绪。雷绪被攻破后,又让夏侯渊暂领征西护军职,督领徐晃进击太原的叛贼,攻下了二十多个营寨,斩杀了叛贼的首领商曜,屠灭了他所盘踞的城邑。他征伐韩遂等人,曾与他们在渭南大战。此外,还曾督帅朱灵部平定了隃糜和汧氐;与太祖会师安定,使杨秋投降。

建安十七年,太祖就要返回邺都,临行前任命夏侯渊领护军将军职,督领朱灵、路招等将领屯戍长安,击破了南山的贼寇刘雄,收降了这部分人众。又在鄠县包围了韩遂、马超的余党梁兴部,攻克了该部,斩杀了梁兴。夏侯渊也因功被封为博昌亭侯。不久,马超又在冀城围困了魏凉州刺史韦康,夏侯渊率兵去救韦康,未等赶到,韦康就城陷兵败了。在离冀城二百余里处,马超率军来迎战驰援韦康的夏侯渊军,魏军接战失利。加上汧氐又叛变了,夏侯渊只得引军而回。建安十九年,赵衢、尹奉等人谋划讨伐马超,姜叙从卤城起兵响应。赵衢等人用谎话诓骗马超,怂勇马超出冀城迎战姜叙。等马超一出城,他们就随后把马超的妻、儿押上城头全都杀了。马超中计兵败,投奔了汉中张鲁,从那里讨兵回师包围了祁山,姜叙等人急忙飞报夏侯渊求救。诸将中发言的人都说,这个仗必须要等太祖曹操到来亲自调度指挥。夏侯渊说:"魏公还在邺都,从我们派人送信求救到魏公驾临,往返行程四千多里。我们这里刚把信儿报给魏公,姜叙他们肯定也就兵败了,这恐怕不是救急的良策。"于是,夏侯渊当即就决定援军出发,命令张郃督帅步骑军兵五千人在前,从陈仓的狭道进军,夏侯渊率大军亲自督粮在后跟进。张郃率军行至渭水上头,马超与率领氐、羌族数千人众前来迎战。未及开战,马超就慌忙退走了。张郃便进军收缴了大批马超军兵扔下的刀枪器械。等夏侯渊率军赶到，反叛诸县又都已经归降魏国了。当时韩遂驻军在显亲，夏侯渊正要率军袭击他，韩遂就退走了。夏侯渊收取了韩遂的军糒，尾追到略阳城，离韩遂大军还有二十余里。诸将中有的要攻击韩遂，有的又说应当攻取兴国城氐人。夏侯渊却认为，韩遂的兵将都是精锐，兴国城又很坚固，进攻这两处都不可能迅速攻克，不如去攻击长离一带的羌族诸部。长离的羌族诸部中的精壮，大多在韩遂的军中。我们攻长离，韩遂军中的羌人必然要回去救援他们的家人。韩遂若放走羌人独守大营，则势单力孤；若与羌人同救长离，则官兵就能在途中与韩军野战，并一定可以虏获他们。夏侯渊就留下少数将领在大营看守辎重，大部分骑兵则随他轻装奔袭长离，攻取、焚烧羌人屯落，斩杀和俘获的羌人特别多。韩遂军中的诸部羌人，果然个个奔回自家的种姓屯落，韩遂也果然率大军奔救长离。韩军行至中途，与夏侯渊军相遇。两军对阵，夏侯渊诸将一见韩遂军兵精人众，如遇凶神恶煞，就想先结好营寨，做好壕堑再与他们决战。夏侯渊说："我军转战千里，现在如果再作营掘堑，士兵军众就会更加疲敝，不能久战。贼兵虽多，其实也很容易对付。"说罢就急擂战鼓开战，果然一鼓作气，大胜韩遂军，缴获了他的旌旗麾旄，还师略阳，进军合围了兴国。兴国氐王名叫千万的慌忙出逃，投奔了马超。其余兵众，纷纷归降。夏侯渊挥师转出高平、屠各，敌军都望风逃散，夏侯军乘势收取了他们丢弃下来的粮谷和马牛。太祖闻讯大喜，就让夏侯渊假符节督镇西方。

当初，枹罕羌王宋建乘着凉州战乱，自号为河首平汉王，已经叛变很长时间了。太祖便派夏侯渊率领诸将讨伐宋建。夏侯渊军至枹罕，立即挥师合围。历时月余，便攻克了，杀了宋建及他所设置的丞相以下官员。夏侯渊另外派遣张郃等将率师扫平河关,渡河进入小湟中,河西的羌族诸部全部归降,陇右平定。魏太祖曹操下达嘉奖令说:"宋建叛乱为逆,已经三十余年了。夏侯渊一举就消灭了他,真是虎步关右,所向无前。这就像孔夫子所说的:'我和你都不如他啊!'"建安二十一年,增封夏侯渊食邑三百户,加上从前的共八百户。夏侯渊回军下辩进击武都的氐羌,收取了氐人粮谷十几万斛。魏太祖曹操西征张鲁时,夏侯渊率领凉州侯王以下诸将,与太祖在休亭会师。太祖每当接见羌胡酋豪时,都用夏侯渊作陪来吓唬他们。恰逢张鲁归降,汉中平定,魏太祖就用夏侯渊任都护将军,督领张郃、徐晃等将领去平定巴郡。魏太祖回师邺都后,留下夏侯渊守御汉中,当即就拜夏侯渊为征西将军。建安二十三年,刘备进军阳平关,夏侯渊率领诸将抗拒,双方相持长达一年多。建安二十四年正月,刘备乘夜派兵火烧魏军围营的鹿角树障。夏侯渊派张郃领兵保护营东的围障,自己率领轻兵保护营南的围障。刘备军向张郃挑战,张郃军接战不利。夏侯渊把自己所带领的精兵分拨了一半去援助张郃。结果,被刘备军袭击,夏侯渊当场战死。死后赠给他谥号为愍侯。

起初,夏侯渊虽然数战数胜,但是魏太祖经常告诫他说:"做大将也会有怯弱不顺的时候,这时不可光凭勇气。做大将应当以勇气为根基,再辅之以智略和计谋;如果只知施展勇力,一个莽汉就能敌住他。"

夏侯渊的妻子,是魏太祖的妻妹。他的长子夏侯衡娶的妻子是太祖的弟弟海阳哀侯的女儿,恩宠特别的隆厚。夏侯衡承袭了夏侯渊的封爵,后来又转封为安宁亭侯。黄初年间,赐爵夏侯渊的中子夏侯霸,太和年间,赐给夏侯霸的四个弟弟爵位,都是关内侯。夏侯霸,正始年间曾做过讨蜀护军右将军,进封为博昌亭侯，素来就被曹爽所看重。后来，夏侯霸因为听说魏都发生政变，曹爽被诛杀，自怀疑惧，逃入了蜀国。魏国因为夏侯渊是开国的元老功臣，特别赦免了夏侯霸的儿子，把他迁徙到乐浪郡。夏侯霸的弟弟夏侯威，官职做到了兖州刺史。夏侯威的弟弟夏侯惠，曾做过乐安太守。夏侯惠的弟弟夏侯和，做过河南尹。夏侯衡逝世，由他的儿子夏侯绩继嗣。夏侯绩曾做过虎贲中郎将。夏侯绩逝世后，由他的儿子夏侯褒袭爵。

曹仁字子孝，是魏太祖曹操的堂弟。他从小就喜好弯弓射箭、骑马行猎。后来豪杰并起，天下大乱，曹仁也暗中联结青少年，聚得了千余人，周游在淮河、泗水之间。以后就跟从魏太祖曹操做了别部司马、行厉锋校尉。太祖消灭袁术时，曹仁斩杀和俘获的敌人很多。跟随太祖征伐徐州时，曹仁经常督领骑兵，作为大军的前锋。也率军另外去攻击陶谦的部将吕由，大破该部，回师与大军在彭城会合，又大破陶谦的军众。后来移师攻打费、华、即墨和开阳，陶谦另外派遣将领救援这几个县，曹仁用骑兵击破了陶谦的援军。太祖征伐吕布时，曹仁率偏师另外进攻句阳，并攻克了该城，生擒了吕布的部将刘何。太祖平定黄巾军，迎接天子定都许昌，曹仁都屡立战功，因而被任为广阳太守。太祖特别器重曹仁的能力和谋略，不让他到郡城做地方官，而让他以议郎的身份统领骑兵。太祖征讨张绣时，曹仁率军另外去攻击近旁的府县，俘虏了张绣部的男女人口三千多人。太祖率军从宛城撤退，被张绣所穷追，出军不利，士卒们都垂头丧气的，独有曹仁身为表率，激励将士，精神特别振奋。太祖对曹仁遇败不馁的豪壮气概很赞赏。于是，借重曹仁所部大破了张绣的追兵。

当太祖与袁绍在官渡长期相持时，袁绍派遣刘备率军另外去讨伐灊强等各县，很多县举兵响应刘备。搞得在许昌以南的吏民心中惶惶不安，太祖曹操对此十分忧虑。曹仁对太祖说："南方各县吏民认为我们的大军目前正与袁绍大军对峙，情势危急，不可能分兵相救。刘备率强兵临其城下，这些县城因而背叛本是很合乎情理的。刘备刚刚统领袁绍的军兵，还没有能获得将士们的全力支持，他是完全可以被击破的。"太祖认为他说得很好，于是就派他率领骑兵进攻刘备，把刘备军立即攻破、赶走了。曹仁把一度叛变的各县又全部收复，凯旋。袁绍又另外派遣偏将韩荀迂回包抄，切断曹军与后方联系的西部通道，曹仁在鸡洛山进击韩荀，大破韩荀军。从此，袁绍再也不敢分兵别出，扰乱曹军的后方了。然而曹仁却与史涣等将领深入袁军后侧，包抄伏击了袁绍押运粮谷的军队，烧掉了袁军的粮谷。

河北平定后，曹仁跟随大军合围壶关。太祖下令说："城池攻下以后，把城里的人全给我活埋了。"结果壶关被围数月，却久久不能攻下。曹仁这时对太祖说："围攻城池时必须向城里人表示已经给他们留下了活路，用这打开一条他们求生的门路。如今明公您告诉他们都必须去死，城中就会人人拼死相守。况且这里城池坚固，储粮又多。强攻它，我方士卒伤亡就会很大；困守它，耗费的时日也会很长。如今军队在坚城之下，来攻人人有必死之心的敌人，这恐怕不是什么好计策。"太祖听从了他的建议，决定给投降者一条生路，城中人很快就归降了。于是记录曹仁前后的功劳，封他做了都亭侯。

跟随平定荆州后，太祖用曹仁作征南将军，留他在江陵屯守，阻挡吴将周瑜。不久，周瑜率领数万军众来攻，数千人的前锋刚刚抵达。曹仁登城瞭望后，随即招募到了三百人，派部曲将牛金迎上去向他们挑战。敌方人多，牛金的兵众少，很快就被敌人包围了。

长史陈矫等人都在城头上，望见牛金等人即刻就要被消灭，左右将佐全都大惊失色。只有曹仁意气风发、愤怒无比，对左右高呼"取马来"，陈矫等众人一起拉住他，对他说："贼兵人多势盛，不可抵挡。就是舍弃了这几百人也没有什么，何苦将军您也要把自己搭进去呢！"曹仁对这些苦劝一概不听，立即就披甲上马，率领他麾下的壮士数十名骑兵出城去了。离贼兵还有百余步时，走近了一条沟。陈矫等人以为曹仁应当在沟边停住，远远地替陷入重围的牛金等人壮壮声势。谁知曹仁径直过沟，勇往直前地冲入了贼军重围，牛金等人才得以解脱。回头一看，还剩下部分兵众没有能够突出包围，曹仁又回马再突入重围，把剩下的牛金部下兵丁救出，死在阵中的只有少数的几个人。贼众见势，也引军退去。陈矫等人刚见曹仁出战，都很畏惧。及至见到曹仁得胜回城，才赞叹说："将军您可真是天神啊！"三军将士都叹服他的威勇。太祖曹操更觉得他英雄豪壮，转封他做了安平亭侯。

太祖征讨马超时，用曹仁为安西将军。督师诸将拒守潼关，在渭南大破马超。苏伯、田银反叛时，又用曹仁为骁骑将军，都督七军讨伐田银等人，击破了他们。其后，又用曹仁为征南将军，假符节，屯兵樊城，镇压荆州。侯音占据宛城谋叛，劫略近旁诸县的人口数千人，曹仁率诸路军兵攻破侯音，斩了他的头，回师屯驻樊城，太祖拜曹仁为征南将军。不久，关羽进攻樊城，其时汉水暴涨，于禁等所率七军都被洪水淹没，于禁也投降了关羽。当时樊城只有曹仁率人马数千人守城。城墙只差几层夯筑木板高而侥幸没有被洪水淹没。关羽乘船驶临城外，把城包围了好几重，隔断了曹军城内与城外的联系。城内眼看粮食将要吃尽，而救兵却不见到来。曹仁激励将士，向他们表示了自己必死的精神坚守樊城的决心，将士们个个被他感动，全都决心同他一心守城。不久，徐晃的救兵来到，城外水势也稍有衰减。徐晃从城外猛击关羽，使得曹仁能乘机破围而出，关羽也引兵退走。

曹仁少年时不修边幅、行为放荡不检，等到长大成人为将时，却严整法令，常常把有关的科条律例放在左右，按照它们来办事。鄢陵侯曹彰北征乌丸，当时魏文帝还在东宫为太子。文帝修书告诫曹彰说："你做大将要奉令守法，难道不该象征南将军曹仁那样吗！"等到文帝即魏王位，立即拜曹仁为车骑将军，都督荆、扬、益州诸路军事，进封为陈侯，增加他的食邑二千户，与从前的合并一共是三千五百户。追赐曹仁的父亲曹炽谥号为陈穆侯，并为他的坟墓设置了守护的民户十家。后来文帝又下诏让曹仁回师改屯宛城。不久，孙权派遣将军陈邵据守襄阳，魏文帝颁诏给曹仁，令他率军讨伐陈邵。曹仁与徐晃攻破陈邵的防线，曹军便进入了襄阳。曹仁又派将军高迁等人把汉江以南新近归附魏国的民众，迁徙到汉江以北安置。魏文帝派遣使臣当即就拜曹仁做了大将军，随即又诏令曹仁移师屯驻临颍，升迁他为大司马，再次督帅诸路大军据守乌江，回师屯兵合肥。黄初四年，曹仁逝世，赐谥号叫忠侯，封爵由他的儿子曹泰继承。曹泰后来曾官至镇东将军，假节，被转封为宁陵侯。曹泰逝世，封爵由他的儿子曹初继承。文帝又分封曹泰的弟弟曹楷、曹范都为列侯。而曹仁麾下的勇将牛金，后来官职升迁至后将军。

曹仁的弟弟曹纯，起初曾以议郎参谋司空军事，督帅虎豹部骑兵跟从大军合围南皮。南皮守将袁谭率军出战，曹纯部下士卒大多战死。太祖曹操想要暂缓攻城。曹纯说："如今我军远行千里赴敌，现在前进尚无法克敌，后退必定有丧军威；况且孤军深入，难以持久。他们新获胜利势必骄傲，我军新遭失败势必忧惧哀愤。以忧惧哀愤的我军与骄傲松懈的袁军为敌，我军必定能战胜敌军。"太祖认为他说得很好,就督师急攻,结果袁谭军大败,曹纯麾下的骑兵斩下了袁谭的首级。及至北征三郡时,曹纯所部的骑兵又擒获了乌丸的单于蹋顿。曹纯因为前后的功劳被封为高陵亭侯,食邑三百户。从征荆州时,曹纯追赶刘备到长坂坡,截获了他的两个女儿及辎重,收容了他们的散卒。继续进兵又在江陵接受了刘琮的投降,后随太祖回谯郡。建安十五年去世。魏文帝即位,追谥曹纯为威侯,爵位由他的儿子曹演继承。曹演,官职做到领军将军,正元年间他又被进封为平乐乡侯,曹演逝世,爵位由他的儿子曹亮继承。

曹洪字子廉,是魏太祖曹操的堂弟。太祖起义兵讨伐董卓,兵至荥阳,被董卓的部将徐荣所击败,太祖曹操丢失了坐骑,贼兵追杀很急,曹洪下马,把自己的马交给太祖乘骑,太祖正在辞让,曹洪大声说:"天下可以没有我曹洪,但却不可以没有您。"于是,便徒步跟从太祖来到汴水河边。不料,河水太深,不能涉渡。曹洪就沿河顺水终于找到了一条船,与太祖同舟登上了对岸,回到了故乡谯郡。扬州刺史陈温平素就与曹洪友善,曹洪率领家兵千余人去陈温那里招募兵员,募得庐江地区的上等甲士二千余人,东到丹阳又招募到了数千人,最后与太祖相会在龙亢。太祖征伐徐州时,张邈以兖州背叛了曹操迎接吕布。当时正逢特大饥荒,曹洪将兵在前,首先攻占了东平、范县,屯聚粮谷以供给军队。太祖在濮阳征讨张邈、吕布时,吕布被击破败逃,曹洪就率军占据了东阿,转师进击济阴、山阳、中牟、阳武、京、密等十余县,都被曹军占领。曹洪以他前后的战功而被任为鹰扬校尉,又升为扬武中郎将。天子迁都许昌后任曹洪为谏议大夫,令曹洪率师去征伐刘表,在舞阳、阴叶、堵阳、博望等地打败了刘表的属下将领。因又有战功，被升迁为厉锋将军，封国明亭侯。曹洪屡从征伐，后官拜都护将军。魏文帝即位后，用曹洪为卫将军。又升迁为骠骑将军，进封为野王侯，增加他的食邑一千户，加上从前的共二千一百户，位列特进，后来又移封为都阳侯。

开始时，曹洪家财殷富而生性吝啬。魏文帝曹丕年少时曾到曹洪家求借未能称心如愿，经常忌恨他。即帝位后，曹丕就以家中门客舍人犯法为借口，把曹洪连坐下狱定为死罪。满朝文武群臣一同营救说情，也没能救出他来。最后，魏文帝曹丕的生母卞太后为营救曹洪，亲自找到曹丕的宠妃郭皇后，对她说："假如曹洪今日死，我明日就敕令皇帝把你的皇后给废了。"于是郭皇后涕泪俱下，屡次在文帝面前替曹洪请救哀免，曹洪才得到了免官削去爵位的宽大处理。曹洪是魏室的先帝功臣，遭到魏文帝如此迫害，时人大多数都替他鸣不平、抱屈。魏明帝即位后，重拜曹洪为后将军，改封他为乐城侯，食邑一千户，位列特进，后来又拜他做了骠骑将军。太和六年，曹洪逝世，赠给他谥号叫恭侯。他的儿子曹馥，承嗣了他的侯位。太祖时，曾分出曹洪的部分邑户封他的儿子曹震为列侯。曹洪的族父曹瑜，修明谨慎。笃诚恭敬，官职曾做到卫将军，也被封为列侯。

曹休字文烈，是太祖曹操的本家子弟。东汉末年，天下大乱，曹氏宗族个个散去，回归乡里。曹休十余岁时就丧失了父亲，他独自一人与门客们抬着父亲的灵柩，临时借了一块坟地把父亲埋葬了。然后携带着老母，渡江到吴地避难。后来，听说太祖曹操举事起义兵，曹休就改名换姓辗转到达荆州，从荆州潜行疾走北归中原，见到了太祖。太祖指着曹休对左右的人说："这是我们家的千里驹呀！"太祖便让他与后来的魏文帝曹丕一同起卧居止，对他就像对自己的儿子一样。曹休常常跟从太祖征伐四方，太祖让他统领虎豹部骑兵宿卫。刘备派遣将军吴兰屯驻下辩时，太祖曹操派遣曹洪征讨他，用曹休做骑都尉，参谋曹洪的军机大事。临行前太祖对曹休说："你的职务虽然是参军，其实也就是这支部队的主帅。"曹洪听说太祖的这道命令后，也就把军机大事委让给曹休去掌管。不久，刘备又派遣张飞屯兵固山，想要切断曹洪军的后路。众将议及此事，大多瞻前顾后，狐疑不决。这时曹休说："贼兵如果真是想要切断我们的归道后路，他应当暗中伏兵、悄然潜行。然而如今张飞却先虚张声势，这说明他其实没有什么能力。我军应当在他们还没有来得及集结时，赶快痛击吴兰。把吴兰击破了，张飞也就自己走了。"曹洪听从了曹休的建议，当即进兵攻击吴兰。大破吴兰以后，张飞果然退走了。魏太祖曹操攻拔汉中后，诸军返还长安，曹休被任命为中领军。魏文帝曹丕即魏王位时，任命曹休做了领军将军。记录曹休前后的战功，封他做了东阳亭侯。夏侯惇逝世后，又用曹休做了镇南将军，假节都督诸路的军事，车驾亲临郊送，皇上还下了銮舆与曹休亲切执手，互道珍重而别。此前，孙权已先派遣了将军屯兵历阳，曹休到任后，立即击破了这路吴军。同时，又另外派遣大兵渡江，烧掉了吴贼设在芜湖的兵营数千家，文帝传旨，升迁曹休为征东将军，领扬州刺史，进封他为安阳乡侯。文帝亲征孙权时，又用曹休为征东大将军，假黄钺，督率张辽等将领以及从诸州郡征集的二十余路大军，到洞浦进击孙权的大将吕范等军，并迅速击破了他们。文帝随即进封曹休做了扬州牧。魏明帝即位后，又进封曹休为长平侯。吴将审德率兵屯皖，曹休击破了这路吴军，斩杀了审德的首级，吴将韩综、翟丹等人先后率领兵众找到曹休求降。明帝传旨增加曹休的食邑四百户,合并从前已有的共二千五百户,升迁他为大司马,同从前一样都督扬州诸路军事。太和二年,魏明帝兵分二路同时征吴,派遣宣王司马懿率军顺汉水而下,命令曹休都督各军队向寻阳进发。由于贼将伪装投降,引诱曹休孤军深入而误中吴军埋伏,致使战事失利,曹休败军退还,宿营在石亭。军兵夜宿惊恐,士卒慌乱,抛弃的甲兵辎重很多。曹休上书明帝请罪,明帝特别派遣屯骑校尉杨暨慰劳劝谕,礼遇和赏赐比以前更加隆厚。曹休愧悔交加,因此在后背上突发痈疽而逝世,赐谥号叫壮侯,爵位由他的儿子曹肇承嗣。

曹肇有当世少有的才识和风度,曾官为散骑常侍和屯骑校尉。魏明帝卧病临终时,刚把曹肇与燕王曹宇召进宫,要把后事嘱托给他们二人。不料明帝的心意立即又转变了,诏令曹肇以侯位回到自己的府第中去待命。曹肇逝世于正始年间,死后被追赠为卫将军,他的爵位由他的儿子曹兴来承嗣。当初,魏文帝曾分出曹休食邑三百户封曹肇的弟弟曹纂为列侯。曹纂后来曾做过殄吴将军,逝世后,又被追赠为前将军。

曹真字子丹,是魏太祖曹操的本家子弟。太祖起兵时,曹真的父亲曹邵因为招募徒众响应,被州郡察觉而杀害。太祖哀怜曹真少年就成了孤儿,收养他就好像对待自己的儿子一样,让他与自己的儿子曹丕共同居止。曹真常常与人一起围猎。有一次围猎,曹真被一只猛虎所追逐,他回头射虎,猛虎应弓弦之声而毙倒。太祖称赞他的勇猛雄武,让他统领了虎豹部骑兵。派他讨伐灵丘贼兵,那贼兵很快就被攻克了,他也因功被封为灵寿亭侯。后来,曹真又以偏将军的官位领兵到下辩进击刘备部下的一员别将,并攻克了该敌,他本人也被拜为中坚将军。跟随太祖回到长安，领中领军职。这时，正逢夏侯渊战死于阳平关，太祖曹操对此特别担忧。不久，太祖就任用曹真为征蜀护军，督帅徐晃等将领在阳平关击破了刘备的别将高详。太祖也亲临汉中，拔出了屯驻在那里的诸路大军，派曹真到武都迎回曹洪等将回军屯驻陈仓。魏文帝即魏王位后，用曹真为镇西将军，假节都督雍、凉诸州的军事。登录曹真前后的战功，进封他做了东乡侯。张进等人在酒泉郡谋反时，曹真派遣费曜讨破了该敌，斩杀了张进等人。黄初三年，曹真返回京都。文帝又用曹真为上军大将军，让他都督中外诸军事，假节钺。曹真与夏侯尚等人一同征讨孙权，进击并攻破了吴国的军事要塞牛渚屯。魏文帝又转任曹真为中军大将军，加给事中。黄初七年，魏文帝患病床不起、生命垂危。曹真与陈郡、司马懿等人同受遗诏辅政。明帝即位后，进封曹真为邵陵侯，升迁为大将军。

诸葛亮围攻祁山时，南安、天水、安定三郡相继叛反而应从诸葛亮。魏明帝派遣曹真督掌诸军驻军郿邑，曹真派遣张郃进击并打垮了诸葛亮的部将马谡。安定郡人杨条等胁迫吏民据守月支城响应诸葛亮，曹真进军包围了月支城。杨条对他的部众们说："现在大将军亲自来了，我情愿早点归降。"就自己捆绑了出城请降，三郡也都复归于平定。曹真认为诸葛亮一定会接受这次从祁山出师失利的教训，今后出师必定会从东仓着手，就预派将军郝昭、王生把守陈仓，认真地、大规模地缮治陈仓城。明年春天，诸葛亮果然首先出师包围了陈仓，但由于陈仓早已有充分准备而未能攻克。曹真因有先见之明而被明帝传旨增加他的食邑，使它与从前的合并共达二千九百户。太和四年，曹真赴洛阳朝拜魏明帝，明帝升任曹真为大司马，赐他可以佩剑登履上殿，入朝时可以不急走。曹真上奏明帝说："蜀汉接连数次出师侵略我边境，我方应当就此对它大张讨伐，兵分几路，齐头并进，这样就可以一举大胜蜀军。"明帝听从了他的计谋。在曹真出发西征讨伐蜀国时，明帝曾亲临郊送。曹真于当年八月从长安出发，从子午道向南入伐蜀国，宣王司马懿逆汉水而上，应当与曹真在南郊会合。其他诸军，有的从斜谷道入蜀，有的从武威入蜀。他们有的因为恰逢一连三十余天的大霖雨，有的因为栈道被山洪冲断、路途隔绝，都无法入蜀。于是魏明帝颁诏，让曹真等诸军班师回军。

曹真少年时与同宗人曹遵，以及乡人朱赞等一同奉事太祖曹操。曹遵和朱赞很早就亡故了，曹真很怜悯他们，乞求皇上允许把属他名下的食邑分出少许来，分封曹遵和朱赞的儿子。明帝颁诏说："大司马曹真有当年晋国的叔向代抚友人孤儿的仁德，笃守齐相晏平仲久要之分的古训。君子应当成人之美，现在我听从曹真的意思，把他的食邑分赐给曹遵、朱赞的儿子，封他们爵位都为关内侯，食邑各一百户。"曹真每遇出征行军，都能与将士们同劳共苦。军中赏赐不足时，往往就拿自己的家财分赐将士，所以士卒都很愿意为他所用。曹真病重回洛阳养息，明帝亲自来到他的府第探视他的病情。曹真逝世后，赐予他谥号叫元侯，爵位由他的儿子曹爽继嗣。明帝追念曹真的功勋，下诏说："已故大司马曹真严守忠义，辅佐效命于太祖与文帝二帝。他对内不倚仗亲戚之宠，对外不傲视白屋贫素的寒士，可以说得上是一个善能保持尊贵、谨守高位、勤劳恭谨的有德贤臣了。现在，我就封曹真的五个儿子曹羲、曹训、曹则、曹彦、曹皑全得到列侯爵号。"当初，文帝时早已先分了曹真的食邑二百户，封给曹真的弟弟曹彬做了列侯。

曹爽字昭伯，年少时因为他身为皇帝宗室而谨慎持重，很得当时还在东宫太子的魏明帝亲近爱重。及至明帝即位，先用曹爽做了散骑常侍，后又累经升迁，先后做过城门校尉、加散骑常侍，转为武卫将军，很得特殊的恩宠和优待。明帝病危卧床不起，就引见曹爽入卧室内拜他为大将军，假节钺，都督中外诸军事，录尚书事，与太尉司马懿同受遗诏辅弼幼主。明帝驾崩后，幼主齐王曹芳即帝位，加拜曹爽为侍中，改封他为武安侯，食邑一万二千户，赐他可佩剑穿鞋上殿，入朝可以不急走，赞拜可以不称名。不久，丁谧替曹爽出谋，让曹爽请求天子发诏书转司马宣王为太傅，外表用名号尊重他，内里要让尚书奏事时先由自己审听，好让自己能得到对奏章权衡轻重利弊、决定取舍予夺的特权。同时，曹爽任用弟弟曹羲为中领军，曹训为武卫将军，曹彦为散骑常侍侍讲。其余诸弟，也都以列侯的身份侍从幼主，出入宫禁之中，没有谁的贵宠比他们更隆盛。南阳的何晏、邓飏、李胜，沛国的丁谧，东平的毕轨都很有声名，进取爱好都很赶时髦，魏明帝认为他们过于浮夸奢华，对他们一概加以贬抑，黜退。及至曹爽执政，才把他们再次叙用晋升，当成了心腹。邓飏等人想要让曹爽在天下人心目中树立威名，就竭力劝导怂恿曹爽伐蜀，曹爽听从了他们的煽动，司马懿虽然曾阻止他们，但也禁制不住。正始五年，曹爽西到长安，征发士卒六七万人，从骆谷进兵。那时，关中以及氐、羌各地的运输不能从应军粮，牛马骡驴大多累病而死，沿路有黎民百姓号哭。进入骆谷前行数百里，蜀兵借山势设险把守，使魏兵不能继续前进。曹爽的参军杨伟向曹爽陈述形势，告诫他应当急速回师，不然将要遭到惨败。邓飏与杨伟在曹爽面前激烈争论。杨伟说："邓飏、李胜将要败坏国家的大事，简直该杀。"曹爽听了心中很不痛快，最后才很不情愿地引军退了回来。

起初，曹爽由于司马懿年高德重，一直像对父亲那样侍奉他，遇事并不敢专行。等到何晏等人被进用，这帮人都一致推戴曹爽，以如此重大的威权不应当委让给别人为由，劝说曹爽把权力垄断过来。于是就用何晏、邓飏为尚书，用何晏负责选举官吏，用毕轨为司隶校尉，用李胜为河南尹，诸般军国大事很少再让司马懿过问。司马懿就称病躲避曹爽。何晏等人专断朝政，合谋瓜分了典农所属洛阳和野王的桑田好几百顷。他们还剥夺皇帝预备赏赐王公近臣的汤沐田，作为私家的产业；倚重权势，公然窃取官府公物；利用机缘向州郡求索，以满足他们的私欲。各州郡官府曹署望风承应，没人敢违背他们的意旨。何晏等人与廷尉卢毓平素就积怨不和，他们抓住卢毓属下官吏的细微过失，编造公文，罗织罪名，定卢毓犯法，让主管此事的人先没收卢毓的印绶，然后奏明皇上听闻。他们这帮人，就是这样妄作威福。曹爽的饮食车马服饰，足可与皇上的乘舆相比拟；尚方宫廷的珍宝古玩，充斥于他家的每个角落。他的后庭中妻妾充盈，他还私下迎娶了先帝宫中女官才人七八人为妾，把将吏、师工、鼓吹乐师和良家女共三十三人硬留在家中，全都作为伎乐伶优。曹爽还伪造诏书，发送皇宫中女官才人五十七人到邺都铜雀等台，让先帝的嫔妃倢伃们教她们演习歌舞用为乐伎。曹爽又擅自取用过皇家太乐部的乐器和武器库的兵器。曹爽还营造洞窟密室，悬挂绮罗于四周作锦障，多次与何晏等人欢会其中，饮酒作乐。曹爽的弟弟曹羲深深地认为这种奢靡行为是曹家的大忧大患，多次地劝谏拦阻过曹爽。黄羲又曾著书三篇，痛陈骄淫盈溢是致祸招财的根由，言辞意旨十分激切。他不敢直接斥责曹爽，就假托为告诫诸弟的书信给曹爽过目。曹爽心知这三篇书是为他自己而发，很不痛快。曹羲有时竟因为谏讽喻不被曹爽采取，痛哭流涕，离座而起。司马宣王也秘密地为对付曹爽先做了周密防备。太和九年冬天，李胜放出为荆州刺史，临行前特地去与司马懿告别。司马宣王谎称病势沉重，装出了一副羸弱不堪的样子迷惑李胜。李胜对司马宣王的伪装未能察觉，还以为真是这样呢！

太和十年正月，幼主的车驾朝拜先帝高平陵，曹爽兄弟也都随从。司马懿当即部署聚集兵马，首先占据了武库，然后就出发屯驻、控制了洛水浮桥，接着向幼帝上奏章参劾曹爽说："臣司马懿昔日刚从辽东回师，先帝就诏命陛下、秦王和臣登上御床，先帝把着臣的臂膀，特别挂念他身后的事情。臣当时对先帝说：'太祖与文帝二帝也曾把后事嘱托给臣，这也是陛下您亲眼所见的。请陛下您不要为后事担忧痛苦。万一将来有什么意料之外的事发生，臣当会用死来执行陛下您今天托孤的明诏'。这些事，当时黄门令董箕等人，以及先帝近旁的才人中侍奉先帝病体的人，都曾听说，也都知道。如今大将军曹爽背弃先帝顾命时的遗诏，败坏搅乱国家的法典。对内，他僭越等级、私拟帝王；对外，他专断权柄，独擅威福。他破坏诸营建制，把禁兵全部据为己有；文武百官中的重要职位，安置的也都是他所亲信的人。皇宫御殿中的宿卫，经历了好几代的旧人都被斥逐出去，想要安插新人来树立他的私党。他们这帮人盘根错节、相互勾结，纵欲恣情，日甚一日。对外既已如此，对内又以黄门张当为都监，专门与曹爽共同交通关节，看守侦察陛下的情况，等待着伺机篡夺皇帝的宝座。他离间皇太后与皇上两宫，伤害母子之间的骨肉感情。如今天下汹汹，动荡恐慌，人人都满怀危险与畏惧的心情。陛下您只是寄坐在曹爽膝下的孩子，怎么可能长治久安呢！当前这样的局面，绝不是当年先帝诏令陛下以及臣升登御床时的本意。臣我虽老朽年迈，但怎么敢忘却以往对先帝的誓言呢？昔年赵高得意，秦朝就亡灭了；吕家、霍家的祸根及早斩断，汉室的福祚就永世绵长。这正是需要陛下您大鉴明察，也需要臣受命而起、挽救国家的重要时刻。太尉臣蒋济、尚书令臣司马孚等，都认为曹爽有目无君上、篡夺皇位之心，因此他们兄弟不宜再掌管禁兵、入宫宿卫。臣等这份章奏已先奏闻永宁宫皇太后，皇太后敕令臣就像奏章中所说的去施行。臣就传敕令让宫中主事的人以及黄门令罢去曹爽、曹羲、曹训兄弟原所统辖的佐吏禁兵，让他们以侯的身份各回归府第待命，不得逗留而使皇上的车驾在外延迟不归。如果曹爽等人敢有稽迟逗留车驾的不轨行为，就把他们按军法从事。老臣我虽然年迈无力，但也已经统率军队屯驻在洛水浮桥，观察万一出现的非常情况。"

曹爽在高平陵皇帝车驾前先得到司马懿弹劾他的章奏，没有通报给幼帝，窘迫慌张得不知做什么好。大司农沛国桓范听说兵变起，他不听从太后的召请，假传皇上的诏令骗开了平昌门，拔取剑戟，劫持了守门侯官，出城向南投奔曹爽去了。司马懿知道这件事后说："桓范这是去给曹爽出谋划策去了，但我料定曹爽必定不能采用桓范的计谋。"桓范劝说曹爽让他带领皇上车驾去到许昌，召集外省兵马讨伐司马懿。曹爽兄弟听后犹豫不决。桓范又对曹羲强调说："当今之日，你们就是想要自立门户、甘求贫贱去做老百姓，还可能做到吗？况且一个莽夫劫持了一个人质，还有争取活命的欲望呢？如今您和天子相伴随，能号令于天下，谁敢不响应？"曹羲还是不能采纳他的建议。不久，侍中许允、尚书陈泰又来劝说曹爽，让他们兄弟乘早自己回家待罪。于是，曹爽派遣许允、陈泰去求见司马宣王，转告他做出的归家待罪请死的决定，然后才向皇帝通报了司马宣王的弹劾奏章。于是，幼帝从奏，免去了曹爽兄弟的官职，让他们以侯的身份回到自家府第。

起初，张当把他私下选好的宫中女官才人张氏、何氏等人送给曹爽。司马懿便怀疑张当与曹爽有所勾结，就收捕了张当要治他的罪。审问中，张当供认出曹爽曾与何晏等人阴谋造反叛逆，并且曾预先搞过军事演习，就等到三月中旬时就要发难。于是，立即把何晏等人收捕下狱，并大会公卿朝臣在朝堂合议。大家认为"《春秋》经书中的古义说，国君的亲属，最好不要做大将；他们要是做大将，后来必定被诛灭。曹爽以皇家支属的身份，世代蒙受朝廷的殊宠，曾亲自接受先帝握手颁赐的遗诏，把天下托付给了他。可是，他却包藏祸心，蔑视抛弃了先帝的顾命，而与何晏、邓飏及张当等人谋图帝位。桓范与罪人党同，都是大逆不道的叛臣"。于是，收捕了曹爽、曹羲、曹训、何晏、邓飏、丁谧、毕轨、李胜、桓范、张当等人。这些人都伏法被诛，夷灭了三族。嘉平年间，接续功臣世系，才另封曹真的族孙曹熙为新昌亭侯，赐邑三百户，来奉祀曹真，为其后嗣。

何晏是何进的孙子。他的母亲尹氏，后来又做了魏太祖曹操的夫人。何晏在皇宫禁省中长大，又娶公主为妻。少年时就以才学华秀而知名。他喜好老子、庄子的言辞，曾作《道德论》以及各种文赋著述数十篇。

夏侯尚，字伯仁，是夏侯渊的侄子。魏文帝曹丕与他特别亲近友善。魏太祖曹操平定冀州的时候，夏侯尚是军司马，统领骑兵随从征伐，后来又做过五官将文学。初建魏国时，升迁为黄门侍郎。代郡胡人反叛，太祖派遣鄢陵侯曹彰率军征讨，用夏侯尚参赞曹彰的军事，平定了代地。回师时，恰逢太祖在洛阳逝世，夏侯尚又持节，奉侍曹操的梓宫灵柩回邺都安葬。事毕，合并记录夏侯尚从前的功绩，封他为平陵亭侯，任为散骑常侍，又升迁为中领军。文帝登上皇帝位，改封夏侯尚为平陵乡侯，升迁为征南将军，领荆州刺史，假节都督南方诸路的军事。夏侯尚上奏章说："刘备有一支偏师在上庸，那里山道险阻难行，他们对我军没有戒备，如果出奇兵潜走暗行，出其不意，就是个必定胜利的形势。"于是就约集诸军击破了上庸，平定了那里的三郡九县，夏侯尚也因此而升迁为征南大将军。孙权虽然一度臣服称藩，但夏侯尚却更加紧修置攻讨孙权的军事装备，后来孙权果然表现出他有反叛的二心。黄初三年，文帝车驾南巡宛城，就令夏侯尚率诸军与曹真共同围攻江陵。孙权的大将诸葛瑾与夏侯尚两军隔江相对摆阵。诸葛瑾本人渡江进入江中心的洲渚屯驻，而把水军分置于大江之中。夏侯尚在夜里派大量油船，率领步骑兵万余人，从下游潜行暗渡，突然攻袭诸葛瑾所率诸军，从江两岸夹攻火烧吴军的舟船，水陆两路同时进攻，打败了诸葛瑾军。江陵城还未及攻下，正好又赶上了大瘟疫，于是文帝便下诏敕令夏侯尚引领诸军回师。回师后，加封他食邑六百户，合并从前的共是一千九百户，让他假钺，进封他为荆州牧。荆州残破荒凉，四境与蛮夷接界，边境又与吴以汉水为界，旧时黎民百姓大多数都居住在江南。夏侯尚自从上庸道路打通后，曾入山西行七百余里，山民蛮夷部落很多都服从了他。五六年时间里归降内附的有数千家。黄初五年，文帝徙封他为昌陵乡侯。夏侯尚有一个爱妾，很得嬖爱宠幸，她的宠遇盖过了夏侯尚的嫡室正妻。他的嫡室正妻是曹氏之女。由于正妻的哭诉，所以魏文帝曹丕就派人把夏侯尚的这个爱妾给绞杀了。夏侯尚因悲痛感愤而触发大病，经常精神恍惚，神志不清。爱妾既已埋葬，又不胜眷恋想见，于是又把她挖出来看看。魏文帝闻听这件事就很恼怒地说："杜袭当年轻视小看夏侯尚，原来是很有道理的呀。"话虽如此，但因为夏侯尚是元老旧臣，所以文帝对他的恩宠仍然不曾衰减。黄初六年，夏侯尚病势沉重，回京都，魏文帝曾数次去他家里探问，与他握手哭泣。夏侯尚逝世后，赠谥号叫悼侯，爵位由他的儿子夏侯玄承嗣。又分出夏侯尚的食邑三百户，给夏侯尚弟弟的儿子夏侯奉，赐予他爵号关内侯。

夏侯玄表字太初，从小知名于世，二十岁左右就做了散骑黄门侍郎。他曾在进见皇帝时与皇后的弟弟毛曾并坐，觉得很羞耻，不高兴的心情全都表现在脸上。明帝为此很恼恨夏侯玄，将他贬去做了羽林监。正始初年，曹爽辅政。夏侯玄，就是曹爽姑姑的儿子。这一时期夏侯玄累次升迁，做到散骑常侍和中护军。

太傅司马懿曾向夏侯玄询问有关时事的问题，夏侯玄的答复认为："选用贤人、官尽其才，是国家的权柄。故而把对权衡人才良莠的任务专门交给京都的台阁去处理，这是上层的职责；把人才的孝悌操行存在于闾里坊巷，把人才品德的优劣任从他乡人的评判，这是下层的高低叙别。而要肃清教化、审慎选举，就在于明确上层的职责和下层的次序之间的界限，不让这两者互相干涉、牵扯而已。这是为什么呢？上层如超过了他本身的权限，就恐怕他们的职责没有根本的依据，而干请权势、奔走后门的歪路就会大开；下层的叙别如逾越了常规，就恐怕本当由朝廷颁赐的爵赏全由外间下层掌握了，而投机取巧、玩弄权术的门道就多起来了。而朝廷的爵赏如果下放，这就造成庶民百姓议论并掌握国家权柄；而机巧权术门路的增多，正是造成吏治纷乱的根源。自从州郡以中正品评度量官吏人才以来，已经有年头儿了。然而议论纷纷，至今还没听说怎么整齐。这难道不是因为上面的职责与下面的次序参差交错，各自都违反它们的要旨常规而造成的吗？如果让中正只考核士人的品德才能，品德才能很全面，这个人就可以去做官。为什么呢？一个人如果在家中是个有名的孝子，在官位上他岂能不忠于自己的职守？在九族中以仁慈宽恕传称的人，难道能不懂怎样从政吗？忠义谋断能在乡党中行用的人，难道不能在官府执事任职吗？像上面所说的这三种人，如在中正处被录取，虽然还没有处在一定的官位名号上，但他们都可以被任用为官吏，则是明白可知的。义行有大小，排比有高下，那么他们各自所应当任职的品流，也就自然有所区别了。何必又让州郡中正从下层干涉台阁权衡的权柄，而在上层执掌机柄的人遇事又有了向下推诿凭仗的地方，使得二者上下交侵，从而滋生出纷乱和错失呢？况且台阁以上临下，考察功过、核校臧否，众职司的属员，也各有官长。这些人对各级官吏天天进行考核，但对这些官吏仍然没人能考究清楚。而间里乡间的评议，各从自己意愿出发随便裁处，从而使得品德才能可以担任要职的人失去他们的官位，众人则望风驱驰。在这样的形势下，要想做到风俗清平肃静，可能吗？天庭台阁高渺悬远，这是众人所灰心绝望的。他们所能达到的，就在他们的左侧近旁。谁能不大加修饰，从附近得到他们所要求得到的东西呢？所要求的利禄既另有谋求的门路，那么在自己家门中维持，已经不如把自己推荐到乡党中去了。而自身推荐到乡党的人，又已经不如自己到州郡去求告了。果真开辟有可以求托的门路，而又害怕这些求托的人虚假粉饰、谎言离本，虽然严厉斥责中正，再用刑罚监督，也还是没有多大效益。还不如让他们各司其职，官长就各自把他们的下属官吏的贤能或拙劣报告给台阁，台阁就根据官长报告的他们下属优劣的品第，参照乡间排定的德行的次序，拟定各级官员的品辈等级，不让其中出现偏颇。中正则只需要考查各人的品行事迹，区别他们的高下，审定他们的辈分类别，不要让他们的等级随意升降。台阁汇总他们的排比，就像他们上报的简牍所书。如果有什么参差错误，则应当由上报的有关职司部门负责。官长所排定的官员顺序，中正所拟就的推荐名次，应当结合适应实际需要的次序而使用他们。如果有不称职的，在外上报情况的官长、中正应当负责。然而就像这样内外互相参照，得失是非有所稽查，互相经常检查，又有谁还能用谎言巧饰呢？像这样，就会人心安定而事理相得，差不多可以得到肃静风俗并审慎地选用为官的人才了。"夏侯玄又以为："古代建制职官，是要用他们来赈济抚育百姓、统一管理民众的财物，所以，才为百姓们树立郡长来管理牧养他们。建立司牧的主旨，是要单一而专门。单一，任职的官吏就确定，上下也就相安；专门，职业就会修明精擅，办事就不会烦难。办事简练、职业修明、上下相安的国家而得不到治理，这样的事是从来也没有过的。先王封建万国，当时的详细情况虽然现在还不可能获得和查考，然而分割疆土，画定边界，使各守自己的土田四境，绝不会允许归属不明、司职重叠交错、相互羁绊的国体出现。下考殷、周时期五等爵的叙列，只有大小贵贱的差别，也没有君官臣民存在两个体系而互相牵制的状况存在。官僚的统属不一，职业就不会修明，职业不修明，处理政事怎么可能做到简捷呢？政事不简捷，民众怎么可能安静呢？民众不安静，邪恶就会并兴，而奸伪就会滋长了。先王知道事情的结果会像这样，所以就让职司专门而统业一致。从秦代开始，帝王才不师从圣人之道，而以自己一人的私智来统御各种职司，用奸诈的权术来对待下属。惧怕宰官不修明，就设立监牧来督率他们；畏惧监牧们对宰官庇护纵容，又设置司察来纠查他们。宰官与监牧互相重叠，监牧与司察又互相纠查，这就造成人人怀有异心，上下级之间政务不一，相互冲突。汉代承继秦代的制度，没能做出什么弥补修改。魏室兴隆以来，政事繁忙日不暇及，殷周五等爵的旧典虽然很难仓促恢复，但却完全可以先粗粗的立一个仪范准则，用来统一吏治官制。如今的县令长吏，都是国君委任来管理吏民的。可是，现在在他们的上边又横向重叠，设置了郡守，郡守的上边又累置了刺史。象郡守所管辖的政务，都只是一些考查大略的事情，大体与州相同，这两者似没有必要再重复。所以，应当省去郡守，只任用刺史，刺史的职司如仍然存在，那么监察的职能就不会废弛；全国数以万计的郡守长吏，回乡亲自去务农，用以节省烦冗的俸费，能使财源充裕，粮谷繁殖，这是其一。大县令长的才干，都足以担任郡守。然而狱讼的是非，却常常与郡守产生异议，顺从郡守则平安，坚持自己的意见就会有争论。调和羹汤这样的美味，要旨在于把味道相异的佐料恰当地配合在一起，分别上下级的主意、裨益，就在于这两者能和衷相济。下级顺从上级，才能确保平安，这就好比琴瑟和合，才能协奏出同一个声调。如果把郡守这一不必要的中间机构省略，官府政事就能精简，这是其二。又有，郡府的干办佐吏，其职责是监察各县。可是，他们往往帮助庇护他们的乡党亲友、里邑故旧。有什么不符他们愿望之处，他们就会假借公务刁难阻碍。民众的困苦灾难和祸害就是由此产生的。如今假若把郡都取消合并到州，那为乱的根源自然就被堵塞，这是其三。如今上承汉末衰弊，人民零落困苦，贤才就更加稀少，能够奉职任事的人实在罕见。郡与县的良佐循吏数字比例，往往很不一样。郡，坐受县的成果，政务的繁重本来在下面县级；但佐吏中的上选人物，却被郡抢先留足了。这就是说亲厚民众的良吏，本该专设于底下基层。佐吏，有关民众的身家性命，而县里的佐吏往往材质低下顽鄙。现在如果把郡合并取消了，县吏就会多选清廉贤良的人任职，这样就会王道大化，礼教广施、百姓从善如流，民众万物都会获得康宁，这是其四。现在如命令天下，使有人民万户以上的大县的长吏，都命名他叫郡守；民户五千以上的，就命名他叫都尉；千户以下的，还像过去的那样叫他令长。自令长以上，以考绩记功决定升降调用。把贤能的调转升迁，他所牧养的民户也随之增多。这就是进用贤才使考功有效的方法。如果这样的经纬制度一旦确定，那么官吏的材质就有了次序，治化的功效就会整齐而明达，这是其五。如若省去郡守，县能径直通达到州，政事不再拥挤阻隔，官员们也没有把政务滞留荒废的；三代的古风，虽未必能完全恢复，但简明划一的政制王化，却差不多可以做到。方便民众、节省官费的方略，也就在这里了。"夏侯玄又以为："文丽与质朴的更换使用，犹如春夏秋冬四时的轮流到了。王者体察天意治理万物，必然要借着世风流弊而去化济变通它们。如果时尚过于质朴了，就要让它变得文丽一些，用以隆尚礼仪；如果时尚太过奢侈了，就要用质朴的古风来补救它。而今承接百代帝王的末叶，秦汉时期的余风流响，是世俗太过文丽，所以应当大幅度地改变它，用来改变民众的时尚愿望。现今的科条礼制规定：自公、列侯以下，官位从大将军以上，都能穿戴使用绫锦、罗绮、纨素和金银刻镂的各类贵重华丽的物品。从这些贵人往下，五色杂彩的服装，一直能通用于平贱的庶人。虽然就他们中的上下等级各有规定，用以表示尊卑差别。然而，有关朝臣服饰的制度的本身，就已经让他们能够同至尊无上的皇帝相互比映了。黑黄这类本是皇家服饰中方可使用的色彩，已经能够在社会的下层流通了。在这样的形势下，想要让集市不买卖华丽色彩的布匹、服饰，商贾不流通难得的珍稀货物，工匠不制作雕刻的宝物，是不可能的。

因此,应该从根本上进行大的治理,以古法为标准尺度,确定文丽与质朴的合宜分寸,选取其中合乎原则的,来作为礼制的法度。皇上的车舆服饰纹章,都提倡质朴,禁止和废除末世流俗中华彩靡丽的事物,使得干预朝政的大臣之家,有爵位的贵室,不再有锦绫罗绮的华饰,也没有兼备两种色彩的衣服和纤巧的物事。自皇上以下,只显示出朴素的差别,只要能标示出等级就可以了,不要让他们之间差距过大。如若对有丰功伟德的人颁赐,或皇上龙恩所特加的,都要先到有司去备案然后才能穿着它们。从上往下推行一种习尚,就犹如大风吹动小草。朴素的礼教如果能从本朝先兴起,那些过分奢侈的心态就可以自然地在社会下层消解了。"

司马懿在回答的书信中说:"审慎地选用官吏,择别人才,除去重复的官职,改革服饰缺席,这些建议都很好。礼书中所说的由乡党闾里评品本人的行迹,由朝廷台阁考查各级官员的事迹,其大略指要基本就如你所示意的那样。自周以来,中间一脉相承、沿袭因循,未能做出什么突然而重大的改变。秦代时没有刺史,只有郡守长吏。汉家虽然初有刺史,但开始也只是奉行六条而已。故而刺史又称为传车,他的属吏叫作从事。刺史并没有通常固定的治所,属吏也不算正式的官员。此后,经过较长时间发展,才演化为正式的官司衙门的。过去,西汉初的贾谊也为服制问题担忧过。汉文帝虽自身用着较为粗糙的弋绨衣服,也还是不能使上下各式人等服装让他感到如意。这里你所说的三件事,恐怕要等待更为贤能的人出现后才能了结吧。"夏侯玄又复信说:"汉文帝虽然自身穿着的是弋绨的服装,但他并没有去改革扶正法度,在皇宫的内外很多地方僭越礼法,私拟皇家的服装穿戴,宠臣们受文帝的赏赐也不可限量。从这一点看,汉文帝的衣弋绨，似乎只是指望着以此来树立他在世时的俭朴美名，而并没有要以他为楷模来让世人都向他看齐、从而达到治理舆服之制的意思。今日公侯您受命执掌朝政，做着宰辅这样的重臣。您将要追踪上古的贤臣，使魏室兴隆，臻于至治；您将会抑末业，正根本。假若您在朝堂上制定了新的法令，这些新法令很快就会被民众接受而化为行动。处于目前这种适宜于改革的时代，只要您存留着有改革的积极想法，新令颁发之日，下面的响应也就像听见响动立即随着寻来一样。但是，您还是这样低头谦虚地说：'还是等贤能的人吧'，您这样做，就好似身为伊尹、周公而不去修正殷商、姬周的法典一样。这实在让我想不明白。"

不久，夏侯玄就被任命为征西将军，假节去都督雍、凉等州的诸路大军。他与曹爽共同发起和进行了入骆谷伐蜀的战役，很被当时的人所讥笑。曹爽伏诛后，夏侯玄被征用为大鸿胪，数年以后又转任为太常。夏侯玄因为与曹爽有牵连而屡遭贬抑罢黜，心内很不得意。中书令李丰虽然早就被大将军景王司马师所亲近厚待，但他的内心却放在夏侯玄身上。于是，他就联结了皇后的父亲光禄大夫张缉，图谋想要用夏侯玄来辅政。李丰既已经握有了内廷的权柄，而他的儿子又娶了公主，与张缉又都是冯翊人，所以张缉很信任他。李丰暗中命令他的弟弟兖州刺史李翼请求入朝晋见，想让他乘机带兵进京，合力起事。偏巧李翼要求朝见，而未被允准。嘉平六年二月，皇帝正好要拜封宫中女官贵人，李丰等人想要乘皇上亲临轩阁、皇宫诸门有陛阶禁兵的时机诛杀大将军，用夏侯玄来取代他，用张缉作骠骑将军。李丰秘密地对黄门监苏铄、永宁署令乐敦、冗从仆射刘贤等人说："你们这些人居住在皇宫大内里，有很多不法的勾当，大将军对人威严刚毅，他多次向我提起过你们的事，张当就可以作为你们的诫鉴。"

苏铄等人都许诺将听从李丰的命令。大将军多少风闻了李丰的阴谋，请李丰相见。李丰不知底细，贸然前往。结果，立即就被大将军杀了。这件事下发给有关职司部门处理，有关部门很快就收捕夏侯玄、张缉、苏铄、乐敦、刘贤等人送交廷尉收审。廷尉钟毓上奏说："李丰等人阴谋胁迫皇上，擅自诛杀冢宰，大逆不道，请依照法律给他们论罪。"于是大会公卿朝臣廷尉等人论议，大家都以为："李丰等人各受特殊的宠遇，管理并综合国家的机密，张缉蒙承外戚椒房之亲的尊荣，夏侯玄身为世臣，这几人并居在列侯的高位上，但却包藏祸心，图谋叛逆，与太监阉竖勾结，把奸谋密授给他们。这一小撮人害怕天威，不敢明目张胆地搞叛逆，却想要胁迫皇上，行诈肆虐，阴谋暗杀朝廷的良辅，互相勾结，妄图擅自建立要职，将要用这样的手段来倾覆京师王室，危害大魏的社稷。钟毓所论证的都与科律相符，请圣上批还钟毓，依法施行。"帝下诏书说："齐国长公主，是先帝的爱女，酌情宽宥她的三个儿子的性命。"于是，李丰、夏侯玄、张缉、乐敦、刘贤等人都被夷灭了三族，其余的亲属就都被流放，逐到乐浪郡。夏侯玄品格坚毅、器量深远，临斩于东市时，颜色不变，举止行动悠然自若，时年四十六岁。正元年间，继封功臣，封夏侯尚的堂孙夏侯本为昌陵亭侯，食邑三百户，用他来做奉祀夏侯尚的后嗣。

当初，中领军高阳人许允与李丰、夏侯玄亲近友善。在事变之前，有人曾假做了一尺一长的诏书，上面写着：以夏侯玄为大将军、许允为太尉，二人共同总管尚书的事务。不知是何人，天还未明就乘马把诏书交给许允家的门吏，说"有诏"，乘机就奔驰而去了。许允当即把这"诏书"投在火中烧了，而没有把他打开交给景王司马师。后来李丰等人谋反的事被发觉，朝廷调任许允为镇北将军,假节都督河北诸路的军事。未及出发,就因为曾私自散发官府的财物的罪名,被收捕交付廷尉。判为流放乐浪郡,死在流放的道路上了。

清河的王经与许允都曾被称扬为冀州的名士。甘露年间曾做过尚书,由于与高贵乡公的事有牵连而被诛杀。开始时王经为郡守,他的母亲曾对他说:"你是种田人的孩子,如今做官到郡守二千石了,物事繁盛过分了就会不吉祥,你到此可以停止了。"王经官欲太重,不能听从他母亲的劝告,后来又历任两个州的刺史和司隶校尉。最终,还是导致了毁败。许允的友人同郡人崔赞,据说也曾以处世为官运道太盛会招致失败告诫过许允。

评论说:夏侯氏、曹氏世代互为婚姻,故而夏侯惇、夏侯渊、曹仁、曹洪、曹休、夏侯尚、曹真等人都以亲戚故旧、肺腑股肱的身份,贵宠显重于当时,辅佐帝王,创造功业,他们都有很大的功劳。曹爽德业菲薄而官位尊宠,他沉溺于声色,盈溢于骄奢,这本来就是《大易》所明显告诫、道家所忌讳的凶征。夏侯玄以他的规格和局度,让世人盛称其名,然而他却与曹爽内外勾连,两情缱绻;荣宠和官位达到像他那样的高度,却未曾闻听过他匡正过曹爽什么过错,援纳招致过什么良才。从上面所举的这些行迹而论,他怎么能免于诛灭败亡呢!

三国志卷十

魏书十

荀彧荀攸贾诩传第十

荀彧字文若，颍川颍阴人也。祖父淑，字季和，朗陵令。当汉顺、桓之间，知名当世。有子八人，号曰八龙。彧父绲，济南阳。叔父爽，司空。

彧年少时，南阳何颙异之，曰："王佐才也。"永汉元年，举孝廉，拜守宫令。董卓之乱，求出补吏。除亢父令，遂弃官归，谓父老曰："颍川，四战之地也，天下有变，常为兵冲，宜亟去之，无久留。"乡人多怀土犹豫，会冀州牧同郡韩馥遣骑迎之，莫有随者，彧独将宗族至冀州。而袁绍已夺馥位，待彧以上宾之礼。彧弟谌及同郡辛评、郭图，皆为绍所任。彧度绍终不能成大事，时太祖为奋武将军，在东郡，初平二年，彧去绍从太祖。太祖大悦曰："吾之子房也。"以为司马，时年二十九。是时，董卓威陵天下，太祖以问彧，彧曰："卓暴虐已甚，必以乱终，无能为也。"卓遣李傕等出关东，所过虏略，至颍川、陈留而还。乡人留者多见杀略。明年，太祖领兖州牧，后为镇东将军，彧常以司马从。兴平元年，太祖征陶谦，任彧留事。会张邈、陈宫以兖州反,潜迎吕布。布既至,邈乃使刘翊告彧曰:"吕将军来助曹使君击陶谦,宜亟供其军食。"众疑惑。彧知邈为乱,即勒兵设备,驰召东郡太守夏侯惇,而兖州诸城皆应布矣。时太祖悉军攻谦,留守兵少,而督将、大吏多与邈、宫通谋。惇至,其夜诛谋叛者数十人,众乃定。豫州刺史郭贡帅众数万来至城下,或言与吕布同谋,众甚惧。贡求见彧,彧将往。惇等曰:"君,一州镇也,往必危,不可。"彧曰:"贡与邈等,分非素结也,今来速,计必未定;及其未定说之,纵不为用,可使中立,若先疑之,彼将怒而成计。"贡见彧无惧意,谓鄄城未易攻,遂引兵去。又与程昱计,使说范、东阿,卒全三城,以待太祖。太祖自徐州还击布濮阳,布东走。二年夏,太祖军乘氏,大饥,人相食。

陶谦死,太祖欲遂取徐州,还乃定布。彧曰:"昔高祖保关中,光武据河内,皆深根固本以制天下,进足以胜敌,退足以坚守,故虽有困败而终济大业。将军本以兖州首事,平山东之难,百姓无不归心悦服。且河、济,天下之要地也,今虽残坏,犹易以自保,是亦将军之关中、河内也,不可以不先定。今以破李封、薛兰,若分兵东击陈宫,宫必不敢西顾,以其间勒兵收熟麦,约食畜谷,一举而布可破也。破布,然后南结扬州,共讨袁术,以临淮、泗。若舍布而东,多留兵则不足用,少留兵则民皆保城,不得樵采。布乘虚寇暴,民心益危,唯鄄城、范、卫可全,其余非己之有,是无兖州也。若徐州不定,将军当安所归乎?且陶谦虽亡,徐州未易亡也。彼惩往年之败,将惧而结亲,相为表里。今东方皆以收麦,必坚壁清野以待将军,将军攻之不拔,略之无获,不出十日,则十万之众未战而自困耳。前讨徐州,威罚实行,其子弟念父兄之耻,必人自以守,无降心,就能破之，尚不可有也。夫事固有弃此取彼者，以大易小可也，以安易危可也，权一时之势，不患本之不固可也。今三者莫利，愿将军熟虑之。"太祖乃止。大收麦，复与布战，分兵平诸县。布败走，兖州遂平。

建安元年，太祖击破黄巾。汉献帝自河东还洛阳。太祖议奉迎都许，或以"山东未平，韩暹、杨奉新将天子到洛阳，北连张杨，未可卒制"。或劝太祖曰："昔晋文纳周襄王而诸侯景从，高祖东伐为义帝缟素而天下归心。自天子播越，将军首唱义兵，徒以山东扰乱，未能远赴关石，然犹分遣将帅，蒙险通使，虽御难于外，乃心无不在王室，是将军匡天下之素志也。今车驾旋轸，〔东京榛芜〕，义士有存本之思，百姓感旧而增哀。诚因此时，奉主上以从民望，大顺也；秉至公以服雄杰，大略也；扶弘义以致英俊，大德也。天下虽有逆节，必不能为累，明矣。韩暹、杨奉其敢为害！若不时定，四方生心，后虽虑之，无及。"太祖遂至洛阳，奉迎天子都许。天子拜太祖大将军，进彧为汉侍中，守尚书令。常居中持重，太祖虽征伐在外，军国事皆与彧筹焉。太祖问彧："谁能代卿为我谋者？"彧言"荀攸、钟繇"。先是，彧言策谋士，进戏志才。志才卒，又进郭嘉。太祖以彧为知人，诸所进达皆称职，唯严象为扬州，韦康为凉州，后败亡。

自太祖之迎天子也。袁绍内怀不服。绍既并河朔，天下畏其强。太祖方东忧吕布，南拒张绣，而绣败太祖军于宛。绍益骄，与太祖书，其辞悖慢。太祖大怒，出入动静变于常，众皆谓以失利于张绣故也。钟繇以问彧，彧曰："公之聪明，必不追咎往事，殆有他虑。"则见太祖问之，太祖乃以绍书示彧，曰："今将讨不义，而力不敌，何如？"彧曰："古之成败者，诚有其才，虽弱必强，苟非其人，虽强易弱，刘、项之存亡，足以观矣。今与公争天下者,唯袁绍尔。绍貌外宽而内忌,任人而疑其心,公明达不拘,唯才所宜,此度胜也。绍迟重少决,失在后机,公能断大事,应变无方,此谋胜也。绍御军宽缓,法令不立,士卒虽众,其实难用,公法令既明,赏罚必行,士卒虽寡,皆争致死,此武胜也。绍凭世资,从容饰智,以收名誉,故士之寡能好问者多归之,公以至仁待人,推诚心不为虚美,行己谨俭,而与有功者无所吝惜,故天下忠正效实之士咸愿为用,此德胜也。夫以四胜辅天子,扶义征伐,谁敢不从?绍之强其何能为?"太祖悦。或曰:"不先取吕布,河北亦未易图也。"太祖曰:"然。吾所惑者,又恐绍侵扰关中,乱羌、胡,南诱蜀汉,是我独以兖、豫抗天下六分之五也。为将奈何?"或曰:"关中将帅以十数,莫能相一,唯韩遂、马超最强。彼见山东方争,必各拥众自保。今若抚以恩德。遣使连和,相持虽不能久安,比公安定山东,足以不动。钟繇可属以西事。则公无忧矣。"

三年,太祖既破张绣,东禽吕布,定徐州,遂与袁绍相拒。孔融谓彧曰:"绍地广兵强;田丰、许攸,智计之士也,为之谋;审配、逢纪,尽忠之臣也,任其事;颜良、文丑,勇冠三军,统其兵:殆难克乎!"或曰:"绍兵虽多而法不整。田丰刚而犯上,许攸贪而不治。审配专而无谋,逢纪果而自用,此二人留知后事,若攸家犯其法,必不能纵也,不纵,攸必为变。颜良、文丑,一夫之勇耳,可一战而禽也。"五年,与绍连战。太祖保官渡,绍围之。太祖军粮方尽,书与彧,议欲还许以引绍。或曰:"今军食虽少,未若楚、汉在荥阳、成皋间也。是时刘、项莫肯先退,先退者势屈也。公以十分居一之众,画地而守之。扼其喉而不得进,已半年矣。情见势竭,必将有变,此用奇之时,不可失也。"太祖乃住。遂以奇兵袭绍别屯,斩其将淳于琼等，绍退走。审配以许攸家不法，收其妻子，攸怒叛绍；颜良、文丑临阵授首；甲丰以谏见诛：皆如彧所策。

六年，太祖就谷东平之安民，粮少，不足与河北相支，欲因绍新破，以其间击讨刘表。彧曰："今绍败，其众离心，宜乘其困，遂定之；而背兖、豫、远师江、汉，若绍收其余烬，承虚以出人后，则公事去矣。"太祖复次于河上。绍病死。太祖渡河，击绍子谭、尚，而高幹、郭授侵略河东，关右震动，钟繇帅马腾等击破之。语在《繇传》。八年，太祖录彧前后功，表封彧为万岁亭侯。九年，太祖拔邺，领冀州牧。或说太祖"宜复古置九州，则冀州所制者广大，天下服矣。"太祖将从之，彧言曰，若是，则冀州当得河东、冯翊、扶风、西河、幽、并之地，所夺者众。前日公破袁尚，禽审配，海内震骇，必人人自恐不得保其土地，守其兵众也；今使分属冀州，将皆动心。且人多说关右诸将以闭关之计；今闻此，以为必以次见夺。一旦生变，虽有（善守）[守善]者，转相胁为非，则袁尚得宽其死，而袁谭怀贰，刘表遂保江、汉之间，天下未易图也。愿公急引兵先定河北，然后修复旧京，南临荆州，责贡之不入，则天下咸知公意，人人自安。天下大定，乃议古制，此社稷长久之利也。"太祖遂寝九州议。

是时荀攸常为谋主。彧史衍以监军校尉守邺，都督河北事。太祖之征袁尚也，高幹密遣兵谋袭邺，衍逆觉，尽诛之，以功封列侯。太祖以女妻彧长子恽，后称安阳公主。彧及攸并贵重，皆谦冲节俭，禄赐散之宗族知旧，家无余财。十二年，复增彧邑千户，合二千户。

太祖将伐刘表，问彧策安出，彧曰："今华夏已平，南土知困矣。可显出宛、叶而间行轻进，以掩其不意。"太祖遂行。会表病死，太祖直趋宛、叶如彧计，表子琮以州逆降。

十七年，董昭等谓太祖宜进爵国公，九锡备物，以彰殊勋，密以咨彧。彧以为太祖本兴义兵以匡朝宁国，秉忠贞之诚，守退让之实；君子爱人以德，不宜如此。太祖由是心不能平。会征孙权，表请彧劳军于谯，因辄留彧，以侍中光禄大夫持节，参丞相军事。太祖军至濡须，彧疾留寿春，以忧薨，时年五十。谥曰敬侯。明年，太祖遂为魏公矣。

子恽，嗣侯，官至虎贲中郎将。初，文帝与平原侯植并有拟论，文帝曲礼事彧。及彧卒，恽又与植善，而与夏侯尚不穆，文帝深恨恽。恽早卒，子甝、霬，以外甥故犹宠待。恽弟俣，御史中丞，俣弟诜，大将军从事中郎，皆知名，早卒。诜弟顗，咸熙中为司空。恽子嗣甝，为散骑常侍，进爵广阳乡侯，年三十薨，子頵嗣。霬官至中领军，薨，谥曰贞侯，追赠骠骑将军。子恺嗣。霬妻，司马景王、文王之妹也，二王皆与亲善。咸熙中，开建五等，霬以著勋前朝，改封恺南顿子。

荀攸字公达，彧从子也。祖父昙，广陵太守。攸少孤。及昙卒，故吏张权求守昙墓。攸年十三，疑之，谓叔父衢曰："此吏有非常之色，殆将有奸！"衢寤，乃推问，果杀人亡命。由是异之。何进秉政，征海内名士攸等二十余人。攸到，拜黄门侍郎。董卓之乱，关东兵起，卓徙都长安。攸与议郎郑泰、何颙、侍中种辑、越骑校尉伍琼等谋曰："董卓无道，甚于桀、纣，天下皆怨之，虽资强兵，实一匹夫耳。今直刺杀之以谢百姓，然后据崤、函，辅王命，以号令天下，此桓、文之举也。"事垂就而觉，收颙、攸系狱，颙忧惧自杀，攸言语饮食自若，会卓死，得免。弃官归，复辟公府，举高第，迁任城相，不行。攸以蜀汉险固，人民殷盛，乃求为蜀都太守，道绝不得至，驻荆州。

太祖迎天子都许，遗攸书曰："方今天下大乱，智士劳心之时也，而顾观变蜀汉，不已久乎！"于是征攸为汝南太守，入为尚书。太祖素闻攸名，与语大悦，谓荀彧、钟繇曰："公达，非常人也，吾得与之计事，天下当何忧哉！"以为军师。建安三年，从征张绣。攸言于太祖曰："绣与刘表相恃为强，然绣以游军仰食于表，表不能供也，势必离。不如缓军以待之，可诱而致也；若急之，其势必相救。"太祖不从，遂进军之穰，与战。绣急，表果救之。军不利，太祖谓攸曰："不用君言至是。"乃设奇兵复战，大破之。

是岁，太祖自宛征吕布，至下邳，布败退固守，攻之不拔，连战，士卒疲，太祖欲还。攸与郭嘉说曰："吕布勇而无谋，今三战皆北，其锐气衰矣。三军以将为主，主衰则军无奋意。夫陈宫有智而迟，今及布气之未复，宫谋之未定，进急攻之，布可拔也。"乃引沂、泗灌城，城溃，生禽布。

后从救刘延于白马，攸画策斩颜良。语在《武纪》。太祖拔白马还，遣辎重循河而西。袁绍渡河追，卒与太相遇。诸将皆恐，说太祖还保营，攸曰："此所以禽敌，奈何去之！"太祖目攸而笑。遂以辎重饵贼，贼竞奔之，陈乱。乃纵步骑击，大破之，斩其骑将文丑，太祖遂与绍相拒于官渡。军食方尽，攸言于太祖曰："绍运车旦暮至，其将韩莫锐而轻敌，击可破也。"太祖曰："谁可使？"攸曰："徐晃可。"乃遣晃及史涣邀击，破走之，烧其辎重。会许攸来降，言绍遣淳于琼等将万余兵迎运粮，将骄卒惰，可要击也。众皆疑，唯攸与贾诩劝太祖。太祖乃留攸及曹洪守。太祖自将攻破之，尽斩琼等。绍将张郃、高览烧攻橹降，绍遂弃军走，郃之来，洪疑不敢受，攸谓洪曰："郃计不用，怒而来，君何疑？"乃受之。

七年，从讨袁谭、尚于黎阳。明年，太祖方征刘表，谭、尚争冀州。谭遣辛毗乞降请救，太祖将许之，以问群下。群下多以为表强，宜先平之，谭、尚不足忧也。攸曰："天下方有事，而刘表坐保江、汉之间，其无四方志可知矣。袁氏据四州之地，带甲十万，绍以宽厚得众，借使二子和睦以守其成业，则天下之难未息也。今兄弟遘恶，此势不两全。若有所并则力专，力专则难图也。及其乱而取之，天下定矣，此时不可失也。"太祖曰："善"。乃许谭和亲，遂还击破尚。其后谭叛，从斩谭于南皮。冀州平，太祖表封攸曰："军师荀攸，自初佐臣，无征不从，前后克敌，皆攸之谋也。"于是封陵树亭侯。十二年，下令大论功行封，太祖曰："忠正密谋，抚宁内外，文若是也。公达其次也。"增邑四百，并前七百户，转为中军师。魏国初建，为尚书令。

攸深密有智防，自从太祖征伐，常谋谟帷幄，时人及子弟莫知其所言。太祖每称曰："公达外愚内智，外怯内勇，外弱内强，不伐善，无施劳，智可及，愚不可及，虽颜子、宁武不能过也。"文帝在东宫，太祖谓曰："荀公达，人之师表也，汝当尽礼敬之。"攸曾病，世子问病，独拜床下，其见尊异如此。攸与钟繇善，繇言："我每有所行，反复思惟，自谓无以易；以咨公达，辄复过人意。"公达前后凡画奇策十二，唯繇知之，繇撰集未就，会薨，故世不得尽闻也。攸从征孙权，道薨。太祖言则流涕。

长子缉，有攸风，早没。次子适嗣，无子，绝。黄初中，绍封攸孙彪为陵树亭侯，邑三百户，后转封丘阳亭侯。正始中，追谥攸曰敬侯。

贾诩字文和，武威姑臧人也。少时人莫知，唯汉阳阎忠异之，谓诩有良、平之奇。察考廉为郎，疾病去官，西还至汧，道遇叛氐，同行数十人皆为所执。诩曰："我段公外孙也。汝别埋我，我家必厚赎之。"时太尉段颎，昔久为边将，威震西土，故诩假以惧氐。氐果不敢害，与盟而送之，其余悉死。诩实非段甥，权以济事，咸此类也。

董卓之入洛阳，诩以太尉掾为平津都尉，迁讨虏校尉。卓婿中郎将牛辅屯陕，诩在辅军。卓败，辅又死，众恐惧，校尉李傕、郭汜、张济等欲解散，间行归乡里。诩曰："闻长安中议欲尽诛凉州人，而诸君弃众单行，即一亭长能束君矣。不如率众而西，所在收兵，以攻长安，为董公报仇，幸而事济，奉国家以征天下，若不济，走未后也。"众以为然。傕乃西攻长安。语在《卓传》。后诩为左冯翊，傕等欲以功侯之。诩曰："此救命之计，何功之有！"固辞不受。又以为尚书仆射，诩曰："尚书仆射，官之师长，天下所望，诩名不素重，非所以服人也。纵诩昧于荣利，奈国朝何！"乃更拜诩尚书，典选举，多所匡济，傕等亲而惮之。会母丧去官，拜光禄大夫。傕、汜等斗长安中，傕复请诩为宣义将军。傕等和，出天子，祐护大臣，诩有力焉。天子既出，诩上还印绶。是时将军段煨屯华阴，与诩同郡，遂去傕托煨。诩素知名，为煨军所望。煨内恐其见夺，而外奉诩礼甚备，诩愈不自安。

张绣在南阳，诩阴结绣，绣遣人迎诩。诩将行，或谓诩曰："煨待君厚矣，君安去之？"诩曰："煨性多疑，有忌诩意，礼虽厚，不可恃，久将为所图。我去必喜，又望吾结大援于外，必厚吾妻子。绣无谋主，亦愿得诩，则家与身必俱全矣。"诩遂往，绣执子孙礼，煨果善视其家。诩说绣与刘表连和。太祖比征之，一朝引军退，绣自追之。诩谓绣曰："不可追也，追必败。"绣不从，进兵交战，大败而还。诩谓绣曰："促更追之，更战必胜。"绣谢曰："不用公言，以至于此。今已败，奈何复追？"诩曰："兵势有变，亟往必利。"绣信之，遂收散卒赴追，大战，果以胜还。问诩曰："绣以精兵追退军，而公曰必败，退以败卒击胜兵，而公曰必克。悉如公言，何其反而皆验也？"诩曰："此易知耳。将军虽善用兵，非曹公敌也。军虽新退，曹公必自断后；追兵虽精，将既不敌，彼士亦锐，故知必败。曹公攻将军无失策，力未尽而退，必国内有故；已破将军，必轻军速进，纵留诸将断后，诸将虽勇，亦非将军敌，故虽用败兵而战必胜也。"绣乃服。是后，太祖拒袁绍于官渡，绍遣人招绣，并与诩书结援。绣欲许之，诩显于绣坐上谓绍使曰："归谢袁本初，兄弟不能相容，而能容天下国士乎？"绣惊惧曰："何至于此！"窃谓诩曰："若此，当何归？"诩曰："不如从曹公。"绣曰："袁强曹弱，又与曹为仇，从之如何？"诩曰："此乃所以宜从也。夫曹公奉天子以令天下，其宜从一也；绍强盛，我以少众从之，必不以我为重，曹公众弱，其得我必喜，其宜从二也；夫有霸王之志者，固将释私怨以明德于四海；其宜从三也。愿将军无疑！"绣从之，率众归太祖。太祖见之，喜，执诩手曰："使我信重于天下者，子也。"表诩为执金吾，封都亭侯，迁冀州牧。冀州未平，留参司空军事。袁绍围太祖于官渡，太祖粮方尽，问诩计焉出，诩曰："公明胜绍，勇胜绍，用人胜绍，决机胜绍，有此四胜而半年不定者，但顾万全故也。必决其机，须臾可定也。"太祖曰："善。"乃并兵出，围击绍三十余里营，破之。绍军大溃，河北平。太祖领冀州牧，徙诩为太中大夫。建安十三年，太祖破荆州，欲顺江东下。诩谏曰："明公昔破袁氏，今收汉南，威名远著，军势既大；若乘旧楚之饶，以飨吏士，抚安百姓，使安土乐业，则可不劳众而江东稽服矣。"太祖不从，军遂无利。太祖后与韩遂、马超战于渭南，超等索割地以和，并求任子。诩以为可伪许之。又问诩计策，诩曰："离之而已。"太祖曰："解。"一承用诩谋。语在《武纪》。卒破遂、超，诩本谋也。

是时，文帝为五官将，而临菑侯植才名方盛，各有党与，有夺宗之议。文帝使人问诩自固之术，诩曰："愿将军恢崇德度，躬素士之业，朝夕孜孜，不违子道。如此而已。"文帝从之，深自砥砺。太祖又尝屏除左右问诩，诩嘿然不对。太祖曰："与卿言而不答，何也？"诩曰："属适有所思，故不即对耳。"太祖曰："何思？"诩曰："思袁本初、刘景升父子也。"太祖大笑，于是太子遂定。诩自以非太祖旧臣，而策谋深长，惧见猜嫌，阖门自守，退无私交，男女嫁娶，不结高门，天下之论智计者归之。

文帝即位，以诩为太尉，进爵魏寿乡侯，增邑三百，并前八百户。又分邑二百，封小子访为列侯。以长子穆为驸马都尉。帝问诩曰："吾欲伐不从命以一天下，吴、蜀何先？"对曰："攻取者先兵权，建本者尚德化。陛下应期受禅，抚临率土，若绥之以文德而俟其变，则平之不难矣。吴、蜀虽蕞尔小国，依阻山水，刘备有雄才，诸葛亮善治国，孙权识虚实，陆议见兵势，据险守要，泛舟江湖，皆难卒谋也。用兵之道，先胜后战，量敌论将，故举无遗策。臣窃料群臣，无备、权对，虽以天威临之，未见万全之势也。昔舜舞于戚而有苗服，臣以为当今宜先文后武。"文帝不纳。后兴江陵之役，士卒多死。诩年七十七，薨，谥曰肃侯。子穆嗣，历位郡守。穆薨，子模嗣。

评曰：荀彧清秀通雅，有王佐之风，然机鉴先识，未能充其志也。荀攸、贾诩，庶乎算无遗策，经达权变，其良、平之亚欤！

译文：

荀彧字文若，是颍川郡颍阴县人。他的祖父荀淑，字季和，曾任朗陵令，生当东汉的顺帝与桓帝之间，为当世所知名。荀淑有儿子八人，号称八龙。荀彧的父亲荀绲，曾做过济南相。他的叔父荀爽，曾做过司空。

荀彧少年时，南阳的何颙看到他很惊异。何颙说："这孩子长大了，一定是辅佐帝王的贤才。"永汉元年，荀彧被举荐为孝廉，拜为守宫令。董卓作乱时，他要求外出做官吏被任命为亢父的县令。不久，他就弃官归里了。归里后，他对家乡父老们说："颍川，是四面迎战的险地。天下形势一有变化，这里就经常作为兵家的必争的战场。应当赶紧离开这里，千万不要久留。"故乡人大多怀恋故土犹豫不决，恰遇与荀彧同郡的冀州牧韩馥派遣车马来迎接他，邻里中无人愿随荀彧去冀州，荀彧就独自把他家的宗族领往冀州去了。然而抵达冀州时，袁绍已经夺取了韩馥的官位。袁绍用对上宾之礼接待了荀彧。荀彧的弟弟荀谌以及同郡的辛评、郭图，也都被袁绍所任用。荀彧估计袁绍终归不能成大事，而当时魏太祖曹操恰为奋武将军，在东郡创业。在初平二年，荀彧离开袁绍跟从了太祖曹操。太祖对荀彧的到来十分高兴，说："他就是我的张子房。"于是用荀彧为司马，当时他年仅二十九岁。那时，董卓的淫威陵迫天下，太祖就此询问荀彧，荀彧说："董卓的暴虐已经太过分了，他必定以乱亡终结，不会有什么作为。"董卓派遣李傕等人出至关东，掳掠抢夺他们所经过的每处地方，一直深入到颍川、陈留而还。荀彧故乡留下的乡人，大多数都遭到了杀戮和抢掠。第二年，魏太祖曹操任兖州牧，后来又被封为镇东将军，荀彧经常以司马的职位随从。兴平元年，太祖征讨陶谦，任命荀彧为留事，恰逢张邈、陈宫拿兖州作据点反叛曹操，暗中迎纳了吕布。吕布到兖州后，张邈就派刘翊告诉荀彧说："吕将军特来帮助曹使君进击陶谦，你应当赶紧供应吕将军所部的军粮。"众人听了都疑惑不定，只有荀彧已经知道这是张邈在作乱，立即约束军兵预作防备，派人急驰去召唤东郡太守夏侯惇。夏侯惇尚未赶至鄄城，而兖州所属诸城就都已经背叛曹操而响应吕布了。当时太祖把军兵悉数调去攻打陶谦了，留守的士兵很少，而督兵的将领官吏又多数与张邈、陈宫通同合谋。夏侯惇来到鄄城后，连夜诛杀了数十名图谋反叛的人，众人的心情才趋于平定。豫州刺史郭贡率领兵众数万人来到鄄城下。有人说他们也许与吕布同谋，城中人众听了都很惧怕。郭贡求见荀彧，荀彧即将前往会见。这时夏侯惇等人说："您，是一州的统领，您前往必定有危险，不能去。"荀彧说："郭贡与张邈等，从情分上讲并不是平常就有勾结，如今来得这么快，主意必然还没有确定。我赶在他主意未定时去劝说他，纵然不能使他为我所用，也可尽量劝他保持中立。如果我们现在先怀疑他，他将由于恼怒而必然倒向张邈。"郭贡见荀彧没有惧怕的意思，认为鄄城不是那么容易攻克的，就领兵离去了。荀彧又与程昱定计，派程昱去劝说范县和东阿县的守将，竟保全了这三座城池，以此来等待太祖的归来。太祖从徐州回军后，在濮阳迎击了吕布，迫使吕布向东败走。兴平二年的夏天，太祖驻扎乘氏，年逢大饥，不少地方人吃人。

陶谦死后，太祖想要乘机夺取徐州，回过头来再平定吕布。荀彧说："昔年汉高祖保有关中，汉光武占据河内，都先深根固本以此为基础制服天下。这样，前进，足足可以战胜敌人；后退,足足可以坚守。故而虽然屡有困难和失败,却能最终成就大业。将军您本来以兖州为根本首倡义事,在您平定山东的祸乱以后,百姓们没有不归心悦服的。况且,黄河、济水之间是天下的要地。而今虽然有些残破,但仍然比较容易自保。所以,它也是将军您的关中和河内呀!这块地方不可以不首先平定。现今已经击破李封、薛兰,如若再分兵东击陈宫,陈宫必然不敢向西顾及吕布。再利用这个空间约束兵丁赶紧进行麦收,同时节约军粮,省用库粮,养精蓄锐,吕布可以一举而击破。击破了吕布,然后再向南结好扬州,共同讨伐袁术,继而进兵淮、泗地区。现今若抛开吕布东征徐州,多留兵驻守,前方的兵员就会不够用;少留兵驻守,后方的民众就要都被征集来守城池,连打柴的人也抽不出来。吕布再乘虚寇掠施暴,民心就会更加危险,只有鄄城、范县、卫邑三城到时或能保全,其余就不是我们自己所能保有的了。这样,兖州也就丢了。如若徐州再没有平定,请问将军,到那时您又能回到哪里去呢?况且,陶谦虽说死了,徐州也不是那么容易就破亡的。他们鉴于往年的失败,将由于恐惧而团结亲近起来,人们相互依为表里唇齿。如今东方各地都已经收完麦子了,那里必然用坚壁清野来对待将军。将军攻城攻不下,掳掠无所获,不用超出十天,您的十万之众就不战自困了。前些时讨伐徐州,您威罚必行,说杀就杀。如今那里的子弟怀恨他们父兄上次遭到的耻辱,必然人自为守,决无投降的心意。将来就是勉强能攻破,但由于结仇太深,也还是不可能完全占有它。事情固然也有在这里放弃了,却能从那里捞取回来的。但只有在弃小得大时才可行,在用危险换来安全时才可行,权衡一时的形势,在用不着担心根本不牢固时才可行。如今参照这三者,对我们都不利。请将军深思熟虑这个问题。"太祖听了荀彧这番劝告,才中止了先取徐州的计划。改令兵众先大举收麦，然后再与吕布交战，分兵平定了诸县。最终吕布败走，兖州随之也就得到了平定。

建安元年，魏太祖击破了黄巾军，汉献帝也从河东回到了洛阳。太祖与谋士们商议有关奉迎献帝定都许昌的问题。有的人认为，山东尚未完全平定，韩暹、杨奉新近刚领着天子到洛阳，他们北与张杨联结，恐怕不是一下子就能制服的。荀彧这时劝告太祖说："以前晋文公迎接周襄王到洛都，诸侯就如日影追身般地相从；汉高祖东伐项羽，为被项羽残杀的义帝缟素戴孝，天下人心就纷纷归附。近年来，天子四处流亡，将军您曾首倡讨伐乱贼董卓的义军，只是因为山东连年扰战乱，没能远远地奔赴关右，到天子身边，然而您仍然不断地分批派遣将帅，冒着危险与天子通使节。将军虽然在外边替天子平定战乱，但您的心却无时无刻不放在王室。这说明，匡救天下正是将军您素有的志向。如今皇上的车驾刚刚从西京东返，而东京洛阳也是荆棘丛生，破败荒芜。忠臣义士都有保存国本的忧思，黎民百姓也都怀念旧都故主，睹物伤情，悲哀倍增。果真能利用这一时机，迎接主上，以此顺应民众的愿望，这是大顺；用秉承至公的行动来感服英雄豪杰，这是大略；用扶持大义来罗致英俊，这是大德。天下虽然还可能有少数抵制反对的人，但他们必然不能成为多大拖累和障碍，这也是明白无误的。韩暹、杨奉两人怎么敢为害！这一计划若不及时确定，让四方外人生了此心，再生变故，以后就是想要这么做，也来不及了。"于是，太祖曹操就赶至洛阳，奉迎天子迁都到了许昌。天子拜太祖为大将军，晋升荀彧为汉朝的侍中、兼任尚书令。荀彧经常居心中正、为人持重，太祖虽然带兵征伐在外，但一有军国大事仍然都要与荀彧筹算商量。魏太祖曹操曾问过荀彧："万一你的位子暂时空了，谁能代替您为我谋划呢？"荀彧说："荀攸和钟繇或许能行。"此前，荀彧谈到能人谋士，向太祖进荐了戏志才。后来戏志才亡故，荀彧又进荐了郭嘉。太祖认为荀彧很能做到"知人"，由荀彧所进荐提拔的人都很称职，只有严象做扬州刺史、韦康做凉州刺史，后来败亡了。

自从太祖曹操迎接天子以后，袁绍心中一直不服。袁绍既已兼并了河朔，天下都畏惧他的强大。太祖曹操那时正东面担忧吕布，南面又要拒挡张绣，而张绣恰好在宛城击败了魏太祖的大军。这时的袁绍愈益骄横，他交给曹操一封书信，信中的言辞十分狂悖傲慢。曹操读罢大怒，出入的行动变得很反常。众人都说这是因为与张绣作战失利的缘故。钟繇就此询问荀彧，荀彧说："以曹公的聪明，必定不会总是追究往事，恐怕是另有其他的忧虑吧。"于是荀彧就求见太祖曹操，向他询问。太祖就把袁绍的书信给荀彧看，并对他说："如今我将要兴师讨伐不义，但是力量不敌，怎么办？"荀彧说："纵观古代的成功与失败者，果真有才略，虽然弱小也必然会变得强大，如果不是理想的人选，虽然强大也极易变得弱小，刘邦与项羽的存亡，就足以看到这一点。如今与明公您争天下的，只有袁绍了。袁绍外貌宽厚而内心忌刻，既任用该人又怀疑他是否忠心；曹公您贤明豁达不拘一格，用人唯才，各得其宜，这是从气度上先胜了。袁绍遇事迟疑，顾虑重重，缺少决断，失误就在于他往往后于时机；明公您能决断大事，应变从没有固定的死板的方略，这是从谋略上先胜了。袁绍统御军队宽柔悠缓，法令的威权不能确立，士卒虽众多，其实很难使用；明公您法令既已明确，赏罚必定施行，士卒虽然寡少，但都争着去死，这是从武备上先胜了。袁绍凭借祖先累世的资历，悠闲从容，矫饰智计，用以沽名钓誉，故而士人中那些缺乏真实能力而爱好发问自炫的人大多数都归向了他；明公您用至高的仁德待人，推尚诚心而不做虚伪美饰的事，自己的行为谨慎而俭朴，而赐予有功的人却没有什么吝啬爱惜的，故而天下忠诚正直、注重实效的士人都愿意为您所用，这是从道德上先胜了。明公您以这四个先胜条件，再加上辅弼天子、扶持正义、征伐叛逆的优势，谁敢不顺从？袁绍他再强又有什么作为！"太祖听罢大喜。荀彧又说："如不先攻取吕布，河北也还是很不易图谋的。"太祖曹操说："是啊。我又有点疑惑不定的，是恐怕袁绍派人侵扰关中，搅乱羌、胡，往南诱反巴蜀汉中。这样，就成了我单独用兖、豫二州之地，与天下的六分之五相对抗了。为此该怎么办呢？"荀彧说："关中将帅的人数能用十来数，谁也不能统一号令他们。其中只有韩遂、马腾两支最强。他们一见山东诸侯正在纷争，必定各自拥众自保。现今若暂用恩德去安抚他们，派遣使节与他们连和，我们与他们虽不能长期共处，但在等到明公安定山东诸侯之前，却足以让他们按兵不动。西方的事您可以嘱托给钟繇，明公您就可以高枕无忧了。"

建安三年，太祖曹操既已击破张绣，又在东面擒住了吕布，在平定徐州之后，就与袁绍两军相拒了。孔融对荀彧说："袁绍地广兵强，田丰、许攸，是富于智谋的奇士，在为袁绍设谋；审配、逢纪，是尽忠的良臣，在为袁绍任职办事；颜良、文丑，勇冠三军，在为袁绍统领军兵。袁绍大概很难攻克吧！"荀彧说："袁绍的兵虽多，但法令不严整。田丰刚强而好犯上，许攸贪婪而不能自治，审配专断而没有谋略，逢纪果断而刚愎自用。审配、逢纪这二人被袁绍留在冀州管理后方大事，如若许攸家人触犯了法令，这二人必然不能放纵；不放纵，许攸必然要作叛变之举。颜良、文丑，匹夫之勇而已，一战就可擒获他们。"建安五年，曹操与袁绍连连接战。曹操退保官渡，袁绍包围了他。曹操的军粮也将要用尽，曹操寄了一封书信给荀彧，商议想要暂时退还许昌来引诱袁绍。荀彧回信说："如今军中粮食虽少，但还没有楚、汉在荥阳、成皋之间时那样紧张。那时刘邦、项羽谁也不肯先退，就是因为先退的人必然要屈居劣势。明公用十分之一的兵众，画地而守，扼住了袁绍的咽喉，使他寸步不能前进，已经有半年了。眼见袁绍已经势竭力尽，情况必然将会有剧变。这正是用奇制胜的好机会，万万不可坐失啊！"曹操这才决定坚持住不退。于是，就用奇兵袭击了袁绍屯住在别处的偏师，杀了那里的将军淳于琼等人，袁绍只好退走。审配因为许攸的家人不法，就收捕了他的妻儿，许攸因此大怒而背叛了袁绍；颜良、文丑临阵被斩；由丰因为进谏而被袁绍诛杀。事情的发展，完全都像荀彧事先所筹划的那样。

建安六年，太祖曹操率军在东平的安民地区筹措粮食，但那里的粮食太少，不足以与河北袁绍的军众相抗拒，因而曹操想借袁绍新败的机会，用这个空闲再回师向南，进攻刘表。荀彧劝阻曹操说："如今袁绍已败，他的部众离心，应当乘着他目前困穷，进而打败他。而您要背向兖、豫，远道劳师江、汉，如果袁绍收集他的余烬残兵，乘虚而出现在您的身后，到那时明公您的大事可就要完了！"于是太祖率军又驻扎到了黄河边上。不久，袁绍病死，曹操渡河，进击袁绍的儿子袁谭、袁尚。但是高幹、郭援却乘虚侵略河东，关右各地都为之震动。钟繇率领马腾等将领击破了他们，与此有关的事迹言语都记录在《钟繇传》中。建安八年，太祖曹操记录了荀彧的功劳，上书请封荀彧为万岁亭侯。建安九年，太祖攻下了河北都会邺城，自己兼任了冀州牧。有人劝说太祖曹操道："明公应当恢复上古制度，重新建置九州。上古九州中冀州所统制的地域就最为广大，您现在恰好兼任了冀州牧，今后天下人就顺服您了。"太祖听后就要采纳这一意见，荀彧劝阻说："如果是这样，那么冀州还应当得到河东、冯翊、扶风、西河、幽、并这数州的土地，这样被您侵夺土地的人就太众多了。前些日子明公击破了袁尚、擒获了审配，四海之内惧怕震动，必定人人自危，害怕不能再保有他们的土地、守有他们的兵众。如今使这些地方归属冀州，将会惹起众人骚扰。况且人们都说关右地区诸将实行的是闭关自守的策略，如今听说要并掉他们的地盘，他们必然一一前来争夺。一旦激出事变，虽然有洁身守善的人，也架不住有人来互相威胁，逼迫他们为非作歹。这样，袁尚就有可能得到宽松而逃过一死，而袁谭也会萌怀二心、图谋叛逆，刘表乘机就会占有江、汉之间的广袤土地，天下就不容易图谋了。我愿明公您急速引兵先彻底平定河北，然后再修复洛阳旧京，接着出师南临荆州，痛责刘表不向朝廷贡纳的罪行。这样，天下人就都知道了明公您为国的诚意，人人心中也就自安了。等天下大定之后，再议论是否恢复九州古制，这才是对社稷国家长久有利的战略部署。"于是，曹操就把恢复九州古制的动议搁置了起来。

这时荀攸也常是曹操谋士中的主角。荀彧的兄长荀衍以监军校尉的身份留守邺城，都督河北的军政大事。曹操征伐袁尚时，高幹秘密地派遣军兵阴谋偷袭邺城，被荀衍察觉，把这些人都给诛杀了，荀衍也因这功劳而被封为列侯。太祖曹操把女儿许给了荀彧的长子荀恽为妻，她就是后来被称作安阳公主的那位。荀彧及荀攸一并贵重显达，但又都很谦虚节俭，官禄赏赐都散布给宗族亲友、知交故旧，家中几乎没有什么多余的财产。建安十二年，又增加荀彧的食邑一千户，合上从前的共二千户。

曹操将要讨伐刘表，询问荀彧能献出什么计策。荀彧说：

"如今中原地区都已平定,割踞南方疆土的刘表应当知道他已面临危困了。明公可以大张旗鼓地发兵出宛、叶,而另以主力从小道速行、轻装疾进,出其不意地掩袭刘表。"曹操就领军出发了。恰逢刘表病死,曹操依荀彧计策直趋宛、叶,而以轻骑精锐奔袭荆州。刘表的儿子刘琮献出荆州,出城投降了曹操。

建安十七年,董昭等人说曹操应当晋爵为国公,配备九锡等车马随从仪仗,用来表彰他为国立下的特殊功勋。这些人把这件事拿来秘密地征求荀彧的意见。荀彧认为,曹操本来兴义兵是为了匡扶朝廷、安宁国家,他应当秉承忠贞的诚意,谨守退让的笃实品格。君子应当从德义上爱人,不应当像你们现在所倡议的这样。曹操从此内心里对荀彧很不满意。正逢要征讨孙权,曹操上表请朝廷派遣荀彧到谯县劳军,乘机就把荀彧留在了军中,以侍中光禄大夫持节的身份,参赞丞相的军事。曹操进军到濡须口时,荀彧因病留在了寿春,因为忧惧而逝世,享年五十岁。赠谥号敬侯。第二年,太福曹操就晋爵为魏公了。

荀彧的儿子荀恽,嗣位为侯,官职曾做到虎贲中郎将。起初,魏文帝曹丕与平原侯曹植同时都曾有被拟选为嗣子的动议。曹丕谦卑地敬事荀彧。及至荀彧亡故,荀彧的儿子荀恽却与曹植友善,而与曹丕的同党夏侯尚不和,曹丕由此深恨荀恽。荀恽很早就亡故了,他的儿子荀甝、荀霬因为是曹丕的外甥仍能得到宠爱和优待。荀恽的弟弟荀俣,官为御史中丞,荀俣的弟弟荀诜,官为大将军从事中郎,都很知名,也早就亡故了。荀诜的弟弟荀顗,咸熙年间曾做过司空。荀恽的儿子荀甝,承嗣荀恽做了散骑常侍,被晋爵为广阳乡侯,年龄三十就逝世了,由他的儿子荀颙承嗣。荀霬为官做到中领军,逝世后赐谥号贞侯,被追赠为骠骑将军,由他的儿子荀恺承嗣。荀霬的妻子,是景王司马师、文王司马昭的妹妹，这两位王爷与荀𫖮都很亲近友善。咸熙年间，设立公、侯、伯、子、男五等爵，因为荀𫖮在前朝立有卓著的功勋，所以改封他的儿子荀恺做了南顿子。

荀攸字公达，是荀彧的侄子。他的祖父荀昙，曾任过东汉的广陵太守。荀攸少年时便成了孤儿。等到荀昙去世时，荀昙的故吏张权要求为他守墓。荀攸当年才十三，有点怀疑张权，他对叔父荀衢说："这个佐吏脸上的神色反常，恐怕他将要做什么奸猾的事！"荀衢顿悟，就势推问，果然张权是个杀了人的亡命之徒。从此，大家对荀攸就都另眼相看了。何进执政后，征召海内的名士荀攸等二十多人。荀攸到朝廷后，被任为黄门侍郎。董卓作乱时，关东兴起了兵祸，董卓把都城迁徙到了长安。荀攸与议郎郑泰、何颙、侍中种辑、越骑校尉伍琼等人谋划说："董卓的残暴无道，胜过桀纣，天下人都怨恨他。虽然他有强兵作资本，其实不过是一个匹夫罢了。现在如果我们直接把他杀了来安慰百姓，然后再据守殽山、函谷关，辅佐王命，用这来号令天下，这可是像齐桓公、晋文公那样的王霸壮举呀！"这事在即将成功时被董卓发觉了。董卓把何颙、荀攸收捕后关押在牢狱中，何颙因为担忧害怕自杀了，荀攸却言语饮食都泰然自若。恰逢董卓被杀，荀攸也得幸免被释放。荀攸弃官归家后不久，又再被公府征召，举荐为高第，迁职为任城相，但他没有去。荀攸认为蜀汉形势险固，人民殷实富盛，就请求要去做蜀郡太守。因为道路阻绝不能到达，中途留在了荆州。

曹操奉迎天子定都许昌后，送给荀攸一封书信说："如今天下大乱，这正是智谋之士操心劳神的大好时机，然而足下却滞留荆州顾盼观望蜀汉的变乱，耽搁的时间是不是太久了！"于是征召荀攸作汝南太守，入朝为尚书。魏太祖素常就听说过荀攸的大名，与荀攸初次交谈后大为喜悦，他高兴地对荀彧、钟繇说："荀公达，可不是寻常人，我能够同他在一起合计事情，天下还有什么值得忧虑的呢！"便任命荀攸做了军师。建安三年，荀攸跟随曹操征讨张绣。他对太祖曹操说："张绣与刘表相互依恃作为豪强，然而张绣以一支无立足根基的游军仰赖乞食于刘表，刘表必然不能对张绣的军粮保障长期的供给，这种形势决定他们将来必然要分离。我看不如缓缓进军，用来等待他们之间分离。这样，通过诱降就可以把张绣招致麾下；如若逼他们太急，在这种形势下他们必然相互救援。"曹操没有听从荀攸的建议，就进军到了穰城，与张绣军交战。张绣军危急时，刘表果然派兵来救他，曹军形势很不利。这时曹操才对荀攸说："不采用您的建议才弄到这步田地。"然后就设奇兵与张绣军再战，结果大破张绣军。

这一年，曹操又从宛城出发去征讨吕布。曹军至下邳，吕布败退后固守，曹军久攻不下，经连续征战，士卒都很疲惫，曹操想要回军。荀攸和郭嘉劝说道："吕布有勇而无谋，如今他作战三次都失败了，他的锐气已经大减了。三军以大将为主，主将的锐气如果大减了，三军也就没有奋斗的意志了。像陈宫，虽然有智谋，但他设谋迟慢。如今我军应当赶在吕布的锐气尚未恢复、陈宫的谋略还没有设定的时机，就紧急攻击他们。这样，吕布就可以被攻破。"于是，曹操就引沂水、洒水灌下邳城，城墙被大水冲溃，吕布也被曹军生擒活捉了。

后来，荀攸又跟随曹操到白马去救刘延。荀攸为曹操出谋划策，斩了袁绍部下的勇将颜良，这事都详记在《武帝纪》中。太祖曹操攻下白马回师时，派遣辎重沿着黄河岸向西撤退。袁绍得讯后便派兵渡河追击，猝然与曹操相遇。左右诸将都很恐慌，纷纷劝说曹操扔掉辎重车辆回军确保营寨。当时荀攸在旁忙说："这些辎重就是要拿来为擒敌用的，怎么能把它们白扔掉呢？"曹操看着荀攸露出了会心的微笑。于是，就用这些辎重为钓饵引诱贼兵。贼兵为夺辎重竞相奔走，阵容大乱。曹操就出动步兵、骑兵痛击，大破袁军，斩杀了袁军的骑兵大将文丑。曹操就势回头，与袁绍在官渡相互峙拒守。在军中粮食刚要吃尽时，荀攸对太祖曹操进言说："袁绍的运粮车早晚之间就会来到，领兵的韩大荀虽勇敢但轻敌，派兵袭击就可以攻破他。"曹操说："派谁去可以呢？"荀攸说："徐晃可以。"于是，就派徐晃及史涣率军在半路上截击并攻破了韩大荀军，烧掉了他们押运的粮草辎重。正遇许攸来归降，许攸说袁绍派遣淳于琼等人率领万余士兵运送粮草。这帮人将领骄傲、士卒懒惰，完全可以派兵截击。曹营的将领谋士们听了都很怀疑，只有荀攸与贾诩力劝曹操采纳许攸的计谋。于是，就留下荀攸及曹洪固守大营，曹操亲自率军攻破这支袁军，把淳于琼等人全部斩首。袁绍部将张郃、高览烧毁了进攻故军的前哨堡坞来降，袁绍只得弃军逃走了。张郃等人的突然来降，使得曹洪心中狐疑不敢收讷。荀攸对曹洪说："张郃是因为他的计谋未被袁绍采用，恼怒而来，您还怀疑什么？"曹洪才接受了他们的归降。

建安七年，荀攸随军讨伐袁谭、袁尚到了黎阳。第二年，正当曹操征讨刘表时，袁谭、袁尚兄弟二人争夺冀州。袁谭派遣辛毗来乞求归降，请求援救，曹操将要应许他，拿这件事来询问部下。部下谋士众将大多认为刘表强大，应当先讨平他，袁谭、袁尚不值得担忧。荀攸说："正当天下混乱有事的年头，但刘表却稳坐留守在江、汉之间，他没有征服四方的雄心壮志由此就可知了。袁氏曾据有四川的地盘，拥有带甲的精兵十万。袁绍以他的宽厚赢得了士众，假使他的两个儿子能用和睦的态度来承守袁绍创成的基业，那样天下的苦难就不可能平息了。如今他们两兄弟关系恶化，这就使他们势不两全。如果其中有一人兼并，那么他们的力量就会变得专一，力量专一就很难图谋了。趁着他们战乱时攻取他们，天下就平定了，这个好时机可不能坐失呀！"曹操说："好。"就答应了袁谭的要求。于是回军击破了袁尚。此后袁谭又反叛，荀攸又随从大军在南皮杀了袁谭。冀州平定后，太祖曹操在请封荀攸的章奏中说："军师荀攸，自从当初辅佐臣子起，没有一次征战他不曾随从，臣前后能攻克那么多强敌，都是荀攸出的计谋。"于是，朝廷准奏封荀攸为陵树亭侯。建安十二年，朝廷下令大肆论功劳、行封赏，太祖曹操说："忠心正直、秘密谋划，安抚宁静内外大势的，是荀文若，仅次于他的是荀公达。"于是给荀攸增加食邑四百户，合并从前的共七百户，转迁荀攸为中军师。曹操初建魏国时，荀攸被任命为尚书令。

荀攸城府深沉，办事机密，富有智慧与警觉。自从跟随太祖曹操征伐，他就经常在帐幕中出谋划策，当时的人以及他家的子弟都无人知晓他说了些什么。曹操经常称赞他说："荀公达外表愚钝而内里机智，外表怯懦而内里勇敢，外表孱弱而内里刚强，不矜伐自己的特长，不居恃自己的功劳，他的机智可以达到，但他外表的愚拙却不可达到，虽然是颜子、宁武这样古代大智若愚的圣贤也不可能超过他。"当时，魏文帝曹丕还在东宫为世子，曹操对他说："荀公达，是人们的师表，你应当对他恭敬有礼，好好敬重他。"荀攸曾经有一次病了，世子曹丕去问候他的病情，竟独自拜倒在他的床下。他就是这样得到曹氏父子异乎寻常的尊重。荀攸与钟繇特别友善，钟繇说："我每要有所行动时，都要反复进行思考，自以为没有什么可以更改的了；可是拿去一向荀公达咨询，就能又发现一些不如人意的地方。"荀公达前后共谋划过十二条奇妙的计策，只有钟繇知情。钟繇撰述搜集这些奇策还没有完成，就逝世了。故而世人对此已不可能尽知尽闻了。荀攸跟随曹操征伐孙权，在路途中逝世了。曹操一谈起荀攸就痛哭流涕。

荀攸的长子荀缉，颇有荀攸遗风，可惜很早就夭亡了。他的次子荀适承嗣了他的爵封。荀适没有儿子，爵嗣便中断了。黄初年间，魏室续封荀攸的孙子荀彪为陵树亭侯，食邑三百户，后来又转封为丘阳亭侯。正始年间，追赠荀攸谥号为敬侯。

贾诩字文和，是武威郡姑臧县人。少年时人们都不知道他，只有汉阳的阎忠对他深感惊异，说贾诩胸有张良、陈平那样的奇谋。他曾经被乡党州郡举荐为孝廉，做过郎官。后因为有病离开官位，在西行还乡走到汧县时，遇到反叛的氐人，同行的数十人被他们捉住了。贾诩说："我是段公的外孙，你们别把我埋了，我家必定会拿厚礼来赎我。"当时太尉段颎，昔日曾长期为边关大将，威震西部疆土，故而贾诩说这种假话来吓唬他们。氐人果然不敢害他，并且与他结为盟友送走了他，其余的人却都被处死了。贾诩其实并不是段颎的外甥。他的应急从权，用机变来办成大事，都与此相类。

董卓入洛阳城时，贾诩以太尉掾的身份做了平津都尉，后来又升为讨虏校尉。董卓的女婿中郎将牛辅屯兵陕地，贾诩正在牛辅军中。董卓败亡后，牛辅又死了，原董卓的部众都很恐惧，校尉李傕、郭汜、张济等人想要解散兵众，从小道各自逃归乡里。贾诩说："听说长安城中的人议论说，要把董卓手下的凉州人诛杀尽，然而诸君却要舍弃兵众单独行走。这样，即使只是一个亭长就能把你们一一捆绑起来。我看不如率领兵众往西去，一路上再不断扩充我们的队伍，进攻长安，为董公报仇。如果侥幸能把事闹成了，我们再奉持国家来征服天下；如若不济事，再走也不算落后呀。"众人听了，都认为他说的很有道理。于是，李傕就西攻长安。这段事情都记在《董卓传》中。后来，贾诩为左冯翊太守李傕等人想要根据他的功劳封他为侯，贾诩说："我这不过是一条救命的计策，哪里有什么功噢！"坚决辞让不接受。他们又要任用贾诩为尚书仆射，贾诩说："尚书仆射，是众官的师长，为天下人所仰望，我贾诩素来名望就不太重，这样做恐怕不能服人吧。纵使我贾诩为荣禄名利弄昏了头，可是这么做怎么对得起国家和朝廷呢！"李傕等人就拜贾诩做了尚书，管理官吏的选举，匡正补救了很多事。李傕等人既亲近他，又惧怕他。因为遭逢母丧，贾诩离开了官位，被拜为光禄大夫，回归乡里。李傕、郭汜等人在长安城中争斗不休，李傕又请贾诩出任为宣义将军。李傕、郭汜等人言和，迎出天子，保护大臣，贾诩是出了不少力的。天子既已出京，贾诩就交还了自己为官的印绶。这时正值将军段煨兵屯华阴，段煨与贾诩是同郡的乡亲，贾诩就离开了李傕去依托段煨。贾诩素来为世人所知名，被段煨的军众们所仰望。段煨心里恐怕自己的军众被贾诩夺走，但外表对待贾诩的礼节却特别周到完备，这使贾诩自觉愈加不安。

这时张绣正在南阳，贾诩便暗中交结张绣，张绣就派人来迎接贾诩。在贾诩即将登程时，有人对贾诩说："段煨对待您够优厚的了，您怎么要离开他呢？"贾诩说："段煨生性多疑，已有了忌妒我贾诩的意思。他对我的礼遇虽然优厚，但却不能依赖，时间久了我可能被他谋害。现在我离他而去，他必定喜悦，他又巴望我替他到外面联结强大的支援，必定会厚待我的妻室子女。

张绣正没有人为他出谋划策,也愿得到我贾诩。这样,我的家室和自身就必然两相俱全了。"贾诩就到了张绣那里。张绣见到贾诩自执子孙的礼数,段煨果然也善待贾诩的家室。贾诩劝说张绣与刘表连和。魏太祖曹操刚去征伐张绣不久,在一天的早晨,主动领军退却了,张绣要亲自带兵去追击曹操,贾诩对张绣说:"不能追呀,追了必败。"张绣不听从,进兵与曹军交战,结果大败而还。这时,贾诩又对张绣说:"赶紧再追击曹军,再战必胜。"张绣向贾诩认错说:"刚才不听您的话,才到这步田地。如今已经败了,为什么还要追击呢?"贾诩说:"兵战的形势随时会有变化,您赶紧去追必定有利。"张绣信了他的话,就收拾散败的兵卒赶去追击,大战曹军,果然以胜利的结果而还。回来后他问贾诩说:"刚才张绣用精锐的兵卒追击败退的曹军,而贾公您说必定失败;我败退后用残兵败卒追击刚刚得胜的曹军,而贾公却说必克曹兵。结果,却都像您所说的那样。您的这些似乎违背常理的预言,为什么反而都能应验呢?"贾诩说:"这是很容易知晓的。将军您虽然善于用兵,但并非曹公的敌手。曹操大军虽然新败撤退,但曹公必定亲自率精兵断后;您的追兵虽精,但从将领上说您已敌不过曹公,加上他们的士卒也很精锐,所以我知道您必定失败。曹公起初攻打将军时并没有什么失策,他力量还没有完全显示出来就败退了,这必然是国内另有变故。曹公既已击破将军的追兵,必然要让军卒轻装、快速前进,纵然他要部诸将断后,部将纵然也很勇猛,但也不是将军您的敌手,所以,后来您虽然用败兵去交战,也必定胜利啊。"张绣听完,才真正服了。此后,曹操在官渡抗拒袁绍时,袁绍派人招降张绣,并且还给贾诩来了一封书信,要与贾诩结为外援。张绣刚想要应许袁绍,贾诩却公然在张绣的座上对袁绍的使者说:"回去替我谢谢袁本初,就说他们自家兄弟都不能相容,难道却能容纳天下的国士吗?"张绣顿时又惊又怕地说:"您为何要把话说成这样呢!"私下又悄悄地对贾诩说:"像这样,我们应当归往何处呢?"贾诩说:"不如跟从曹公。"张绣说:"袁绍强大而曹操弱小,我们又曾经与曹操为仇。跟随曹公又会怎么样?"贾诩说:"这正是我们应当跟随曹公的理由。象曹公,他奉事天子并以此来号令天下,这是我们应当跟随他的第一条理由。袁绍强盛,我们以这么少的兵众跟随他,他必定不会把我们看得很重。曹公兵众弱少,他要是能得到我们必定欢喜,这是我们应当跟随曹公的第二条理由。凡有要成就霸业王图志向的人,本来应当释去私怨,用以在四海之内显示他的威德,这是我们应当跟随曹公的第三条理由。希望将军不要再有什么疑虑!"张绣听从了他,率领部下归顺了曹操。曹操见到他们,大喜,握着贾诩的手说:"使我的信义在天下得到显重的,就是您哪!"曹操立即表荐贾诩为执金吾,封他作都亭侯,迁冀州牧。在冀州尚未平定时,暂留军中作司空参赞军事。袁绍把曹操围困在官渡时,曹操的军粮眼看将要吃尽,他询问贾诩有什么计策,贾诩说:"明公您的贤明胜过袁绍,武勇胜过袁绍,用人胜过袁绍,临战决断军机也胜过袁绍。您有这四点胜过他,然而却半年多也未能平定他的原因,是由于您只是顾虑到要万全的缘故啊。若必要时能果敢地决断战机,一瞬间袁绍就可以被平定。"曹操说:"好。"就派兵同时出动,围击袁绍三十余里的连营,各个击破了他们,袁绍军大溃惨败,河北平定。河北平定后,冀州牧改由曹操兼任,改任贾诩为太中大夫。建安十三年,曹操大破荆州后,想要顺江东下,攻打江东孙权。贾诩劝谏曹操说:"明公昔日攻破了袁氏,今日又收服了汉南,您的威名已经远著,您的军势也已经大张;

现在如果您能乘着旧有楚地的富饶，来犒赏吏士，安抚百姓，让他们都能安于乡土、乐于产业，那么就可以不用劳动兵众而让江东孙权稽首拜服了。"曹操没有听从贾诩的劝告，曹军也就没有能够获利。曹操后来与韩遂、马超在渭南决战，马超等人要求割地言和，并要求任用、分封他们的儿子为官。贾诩认为可以假装许诺他们。曹操又问贾诩这里有什么计策，贾诩说："离间他们就行了。"太祖曹操说："我懂了。"于是，他就一一地承受并采用了贾诩的计谋。这些事情都记录在《武帝本纪》中。最后能够迅速击破韩遂、马超，原本都是出于贾诩的良谋啊。

这时，魏文帝曹丕为五官中郎将，而临菑侯曹植那时的才气、名望正在鼎盛时期，两人各有党与，世人颇有二人想要争夺宗子嫡嗣之位的议论。文帝曹丕派人请问贾诩巩固自身地位的办法，贾诩说："我愿将军能崇尚发扬仁德气度，亲身力行素常士人的行为学业，朝朝夕夕，孜孜不倦，不违背人子的正道常礼。我所能告诉您的，也就是像这些而已。"曹丕听从了贾诩的教诲，自身深深地砥砺、磨炼。曹操又曾摒去了左右侍从私下就立嗣的问题询问贾诩，贾诩沉默不答。曹操说："我与您说话您却不回答，这是为什么？"贾诩说："属下刚才正好有个问题在思索，所以没有顾上立即对答。"曹操说："您在思索什么？"贾诩说："我在思索废长立幼因而导致败亡的袁本初和刘景升父子呢。"曹操听罢会心大笑，于是太子的归属也就最后敲定了。贾诩自认为他本不是曹操的旧臣，但是计策谋略却过于深长，惧怕被人猜忌怀疑。于是他经常闭门自守，回到家中也没有私交，子弟中的男女嫁娶，也从不结交权贵高门。天下谈论有智谋的能人都首归贾诩。

曹丕即帝位后，用贾诩为太尉，给他的封爵为魏寿乡侯，增加他的食邑三百户，合并从前的共八百户。又分出他的食邑二百户，加封贾诩的小儿子贾访为列侯，任贾诩的长子贾穆作驸马都尉。魏文帝曹丕问贾诩说："我想要征伐不从命的人以求一统天下，您看吴、蜀两国应当先讨伐谁呢？"贾诩回答说："攻取战胜，应当优先考虑兵机权谋；建本立业，崇尚德义和教化。陛下您生应吉期，受禅即位，统领群臣，称帝四方，如若能用文德安抚抗命的敌国而静待其变化，那么平定他们就不难了。吴、蜀虽然都是小国，却凭依山水的阻隔，况且刘备具有英雄才略，诸葛亮又善于治国，孙权能识别虚实，陆议能洞见兵机战势，他们据扼关险、固守要冲，泛舟于江湖之上，都是很难一下子图谋的。用兵之道，要先有胜算然后再投入战斗，要充分估量敌国，考查他的主将，故而才能做到一举一动都没有失算的时候。臣私下估量陛下的群臣，还没有一人是刘备、孙权的对手。虽然就是陛下用天威亲临，我也没有看出来有万全必胜的形势。昔年帝舜舞干戚，有苗一见就服了。臣以为当今之事，宜于先文德而后武功。"魏文帝没有采纳贾诩的建议。后来在江陵打了一仗，士卒死亡极多。贾诩七十七岁那年逝世，赐谥号号肃侯，爵封由他的儿子贾穆承嗣。贾穆曾历任郡守，贾穆逝世后，爵封由他的儿子贾模承嗣。

评论说："荀彧品格清正文秀，学识淹通博雅，有王者优秀辅弼的遗风，然而在机敏鉴别和预先推断出事物的发展方面，还不能说已经达到实现志向、满足理想的完美程度。荀攸、贾诩，差不多可以说是筹划没有失算过。这两人的经纬权谋，通达机变，大概仅次于张良、陈平吧！